Joachim Kaiser
ERLEBTE MUSIK

Eine persönliche Musikgeschichte
vom 18. Jahrhundert bis zur Gegenwart

ERSTER BAND

Joachim Kaiser

ERLEBTE MUSIK

*Eine persönliche Musikgeschichte
vom 18. Jahrhundert bis zur Gegenwart*

ERSTER BAND

List Verlag
München · Leipzig

Erweiterte und überarbeitete Ausgabe

ISBN: 3-471-77995-7

2. Auflage 1994
© 1994 Paul List Verlag
in der Südwest Verlag GmbH & Co KG München
Alle Rechte vorbehalten. Printed in Germany.
Satz: Compusatz GmbH, München
Druck und Bindung: Mohndruck, Gütersloh
Gedruckt auf chlor- und säurefreiem Papier

Für Susanne, Henriette und Philipp

Inhalt

Vorwort samt Gebrauchsanleitung 9

Privates und Allgemeines

Was Musik einem sein kann – Autobiographisches Präludium 17 Probleme der Musikkritik 23 Fortschritt auch bei der Musikinterpretation? 31 Was bewirken Wettbewerbe? 38 Uneigentliche Musik 44

Johann Sebastian Bach

Johann Sebastian Bach 47 Picander 53 Das *Weihnachtsoratorium* 55 *Die Matthäus-Passion* 64 Die *h-Moll-Messe* 77 *Das Wohltemperierte Klavier, 1. Teil* 84 *Das Wohltemperierte Klavier, 2. Teil* 88 Die *Goldberg-Variationen* 90 Die *Brandenburgischen Konzerte* 93 Solosonaten und Partiten für Violine 96 «Play Bach» 99

Keiser – Scarlatti – Händel – Gluck – Haydn

Reinhard Keiser: *Krösus* 102 Domenico Scarlatti 104 Georg Friedrich Händel: *Der Messias* 106 *Jephta* 112 *Julius Cäsar* 114 *Judas Maccabäus* 115 Christoph Willibald Gluck: *Orfeo ed Euridice* 117 Joseph Haydn: *Die Schöpfung* 120 *Die Jahreszeiten* 122 *Orfeo ed Euridice* 124

Wolfgang Amadeus Mozart

Der Abstand 127 Mozarts Operndramaturgie 127 *Idomeneo* 143 *Die Entführung aus dem Serail* 146 *Figaros Hochzeit* 148 Dallapiccola und *Don Giovanni* 153 Viermal *Don*

Giovanni 156   *La clemenza di Tito* 166   *Die Zauberflöte* 171
Die Zauberflöte, von Bergman verfilmt 176   *Die c-Moll-*
Messe 180   *Maurerische Trauermusik* 181   Karl Böhm und die
Symphonien 184 *Symphonie C-Dur KV 338* 188   *Klavierkonzert*
G-Dur KV 453 189   *Klavierkonzert d-Moll KV 466* 190   *Kla-*
vierkonzert B-Dur KV 595 191   Kadenzen zu Mozarts Konzerten.
Oder: Wie sie mit Mozart spielen 192   Streichquintette 198

Ludwig van Beethoven

Ludwig van Beethoven 202   *Fidelio* 212   *Missa solemnis* 216
Karajan und die Symphonien 223   Furtwängler-Aufnahmen 233
Carlos Kleiber: *4.* und *7. Symphonie* 236   *5. Symphonie* 238
9. Symphonie 240   Barenboim und die Klavierkonzerte 244
Klavierkonzert Nr. 3 c-Moll 247   *Klavierkonzert Nr. 5*
Es-Dur 249   Das *Violinkonzert D-Dur* 251   Die Klaviersona-
ten 255   *Klaviersonaten Opus 7* und *111* 259   *Sturmsonate* und
Bagatellen 260   *Waldstein-Sonate, Mondscheinsonate, Appassio-*
nata 263   *Opus 109, 110, 111* 265   Die *Diabelli-Variationen* 267
Die *Kreutzer-Sonate für Klavier und Violine* 269   Casals und die
Cellosonaten 270   Die *Streichquartette Opus 127* bis *135* 274
Streichquartett Opus 130 277   Lieder 279

Cherubini – Hoffmann – Weber – Marschner – Rossini – Donizetti – Bellini – Berlioz – Mendelssohn – Massenet

Luigi Cherubini: *Medea* 281   E.T.A. Hoffmann: *Undine* 284
Carl Maria von Weber: *Der Freischütz* 288   Heinrich Marschner:
Der Vampyr 291   Gioacchino Rossini: *Der Barbier von Sevil-*
la 294   *L'Italiana in Algeri* 296   Gaetano Donizetti: *Lucia di*
Lammermoor 299   Vincenzo Bellini: *Norma* 301   Hector Ber-
lioz: *Die Trojaner* 304   *Symphonie fantastique* 307   Das *Re-*
quiem 308   Felix Mendelssohn: *Schottische Symphonie* und
Sommernachtstraum-Musik 309   *Violinkonzert e-Moll* 311   Jules
Massenet: *Manon* 311

Franz Schubert

Melodien und Dimensionen 315   *Die schöne Müllerin* 323   Die *Winterreise* 326   *Schwanengesang* 331   Vokalduette, -terzette, -quartette 333   Die große *C-Dur-Symphonie* 336   Klaviermusik 340   *a-Moll-Sonate D 784* 342   Die kleine *A-Dur-Sonate* 344   *B-Dur-Sonate D 960* 345   *Klaviertrio B-Dur* 347   *Das Dreimäderlhaus* 348

Chopin – Schumann – Liszt

Frédéric Chopin: Mazurken 350   Michelangelis Reife 351   Die Balladen 353   *Klavierkonzert f-Moll* 354   Chopin und die Sonate 355   Robert Schumanns Kühnheit 368   *Kinderszenen* 385   *Carnaval* 400   Die *Noveletten* 402   Die *Kreisleriana* 402   *Nachtstücke* 405   *Klavierkonzert a-Moll* 406   2. *Symphonie* 408   *Dichterliebe* 410   *Das Paradies und die Peri* 411   *Violinkonzert d-Moll* 412   Die *Genoveva*-Oper 413   Franz Liszts *h-Moll-Sonate* 416   Liszts Klavierkonzerte 420   Funde bei Liszt 448

Giuseppe Verdi

Il finto Stanislao 423   *Der Troubadour* 424   *Rigoletto* 427   *Die Macht des Schicksals* 430   *Don Carlos* 432   *Ein Maskenball* 435   Das «Nil-C» 439   *Aida* 439   *Otello* 443   *Falstaff* 445   *Requiem* 448

Register

Komponisten und Werke 453   Interpreten und ausführende Künstler 457   Allgemeines Namenregister, Librettisten, Autoren und ihre Werke 461   Glossar 462

Vorwort
samt Gebrauchsanleitung

I.

Vor 17 Jahren, 1977, erschien die *Erlebte Musik* im Hoffmann- und Campe-Verlag als einbändige Ausgabe. Sie war bald vergriffen. 1982 legte ich dann – zugleich im Bärenreiter-Verlag und im dtv – eine zweibändige, veränderte und erweiterte Taschenbuchausgabe vor. Am Schluß meiner Vorbemerkung zu dieser Neuausgabe äußerte ich, damals 53 Jahre alt, die *verstohlene* Hoffnung, daß «auch diese Ausgabe der *Erlebten Musik* noch nicht die allerletzte zu sein» brauche.

Diese Hoffnung erfüllt sich nun. Die beiden im Buchhandel schon lange nicht mehr erhältlichen, aber von vielen Interessenten (die ihr Interesse hoffentlich nicht inzwischen ganz verloren haben) mit mich rührender, oft geradezu verzweifelter Anstrengung gesuchten Bände werden nun ein drittes Mal angeboten. Was hier vorliegt, ist eine beträchtlich aktualisierte, nun wohl definitive, in jeder Weise erweiterte und komplettierte Neuausgabe der *Erlebten Musik*. Hier finden sich mannigfache große und mir wichtige Texte, die ich in den 12 Jahren zwischen 1982 und 1994 oft in der Absicht schrieb, mit ihnen einige der Lücken und Schwächen zu beseitigen, die mich in den früheren Fassungen störten und die auch von freundlichen Kritikern oder kritischen Freunden beanstandet worden waren. Hier findet sich jetzt eine große, zusammenfassende und keineswegs unkritische Würdigung des genialischen Pianisten Glenn Gould, der seit seinem Tod zum Mythos avancierte; es finden sich neben Dutzenden anderer Erweiterungen nun zusammenfassende Betrachtungen über «Chopin und die Sonate», über Harnoncourts staunenswerte Durchdringung der Beethovenschen *Missa solemnis*. Aber auch mehr oder weniger ausführliche Erwägungen über die Virtuosität der Gruberova und über Donizetti, über Schumanns dissoziierende «Kühnheit», über Ravel und den «Ton des Richard Strauss» sowie über Bartóks Streichquartette, die zu den wichtigsten Kompositionen des 20. Jahrhunderts gehören und darum in einer solchen Bilanz wirklich nicht fehlen dürfen. Neu ist hier auch die große, von mir noch nie in diesem Umfang publizierte, um Gerechtigkeit *passioniert* bemühte

Vorwort

(Leidenschaft sei Liebe, die ein wenig zweifelt, definiert Thomas Mann in den *Betrachtungen eines Unpolitischen*), Zitate und Denkbewegungen einander gegenüberstellende Analyse über Wagners bemerkenswert wechselhaftes Verhalten zu den Juden.

Diese beiden Bände wollen mehr bieten als nur eine Sammlung von Rezensionen und Essays: Sie wollen durchaus «persönliche Musikgeschichte» sein und als solche gelesen, benutzt werden können. Wer sich, beispielsweise, über Beethovens Sonaten oder Symphonien informieren möchte, der sollte nicht bloß ins V. Kapitel schauen, wo die Beethoven-Texte stehen, sondern auch ins Register – weil im Zusammenhang mit Interpretenporträts auch oft eingehend erörtert wird, wie die Porträtierten sich mit bestimmten Werken Beethovens auseinandersetzen.

Der nach wie vor anstößige, weil ärgerlich pathetische Titel *Erlebte Musik* – aber ein besserer konnte mir bei der ganzen Anlage dieser Texte und dieser beiden Bände wohl leider kaum einfallen – will besagen, daß Musik hier nicht «als solche» bedacht, sondern als «lebendige», als «erklingende» erörtert wird. Das heißt auch: als *interpretierte*. Nun kann man die Fragestellung, ob Musik überhaupt un-interpretiert zu existieren vermöge, gewiß beiseite schieben, indem man sie «spekulativ» nennt. Doch un-interpretiert existiert Musik eigentlich nur, solange sie ungelesen, ungehört, ungesehen in verschlossenen Notenbänden west wie in papierenen Särgen. In dem Augenblick, da jemand – und sei es auch nur ein Professor mit absolutem Gehör, dem das stille Notenlesen genügt und der nie die Mühe auf sich nähme, ein leibhaftiges Konzert zu besuchen oder einer Schallplatte zu lauschen – sich die Musik lesend vorstellt, sie also vor seinem «inneren Ohr» zum Klingen bringt (so wie der alte, taube Beethoven glücklich in den von ihm herzlich geliebten Händel-Kompositionen las, die man ihm verschafft hatte), in dem Augenblick geschieht doch bereits unvermeidlich Interpretation! Denn: der lesende Professor oder das vor seinem inneren Ohr vergegenwärtigende Genie Beethoven – sie kommen nicht umhin, sich die Abfolge der Noten in einem gewissen Tempo vorzustellen, in bestimmter dynamischer Stärke, in der ihnen richtig scheinenden Phrasierung. Das aber ist bereits Interpretation: mögen die metronomischen Angaben, die Vortragsbezeichnungen noch so exakt sein. In dem Augenblick, da Noten, sei's für einen lesenden Interessenten, sei's für ein lauschendes Konzertpublikum, erklingen, sind sie bereits interpretiert...

Vorwort

Aus diesem Sachverhalt wird hier eine weitere Konsequenz gezogen. So wie Musik uninterpretiert schwerlich gedacht werden kann, so besagt «Interpretation», oft gerade wenn sie extrem oder anfechtbar ist, durchaus etwas Erhellendes über das Werk! Eben darum werden hier wichtige Werke mehrfach und im Licht verschiedener Interpretationen erörtert. War es die Hauptthese meines Buches *Beethovens 32 Klaviersonaten und ihre Interpreten*, daß es weder vernünftig noch «wissenschaftlich» sei, an all den Erkenntnissen vorbeizugehen, die in den großen, nachprüfbaren Beethoven-Interpretationen bedeutender Pianistinnen und Pianisten beschlossen liegen, so kann ich auch in dieser sehr persönlichen Musikgeschichte nicht außer acht lassen, daß man, indem man Musik ernst nimmt, sie als immer wieder anders, immer wieder verbindlich neu interpretierte erlebt. Erleben möchte.

II.

Das Vorwort, sagte ein kluger englischer Schriftsteller, sei der einzige Ort, wo man sich als Autor vollkommen frei und privat äußern dürfe, während man sonst immer an mannigfache Verpflichtungen, die aus dem Thema oder der Sache kommen, gebunden sei. Überblikke ich die hier gesammelten, eine Zeit von immerhin 43 Jahren umspannenden Texte, dann wird mir gerade bei den am weitesten zurückliegenden deutlich, wie sehr sich – für junge Autoren – mittlerweile die Verhältnisse geändert haben. Wieviel leichter es meine Generation doch hatte. Sie stieß auf ein erstaunliches öffentliches Interesse. Auf Bereitwilligkeit. Und nicht auf den Überdruß, der junge Talente heute gewiß oft entmutigt.

Der älteste hier vorgelegte Text, «Musik und Katastrophe», meine am 1. Juni 1951 gedruckte Rezension über Theodor W. Adornos *Philosophie der Neuen Musik*, entstand, wie – glaube ich – heute kaum mehr solche Aufsätze entstehen. Und er hatte auch eine Wirkung, die solche Zeitschriftenbeiträge kaum mehr ausüben können. Der private Anfang mag Zufall sein: Ich war als Göttinger Student mit einer Schauspielerin (an Hilperts Deutschem Theater) befreundet, die ihrerseits mit einem Redakteur der *Frankfurter Hefte*, Walter Maria Guggenheimer, befreundet war. Bei seinem Besuch in Göttingen stellte sie mich dem berühmten, mir uralt vorkommenden Manne vor (ich war 20, er Mitte 40). Guggenheimer brachte später die Rede auf Adorno, der damals gerade aus Amerika nach

Vorwort

Frankfurt zurückgekommen war und anfing, Star der linken Intellektuellenszene zu werden. Wer denn die hochkomplizierte *Philosophie der Neuen Musik* erstens zu verstehen vermöge und zweitens über sie schreiben könne... Ich hielt beides nicht für unmöglich.

So weit, so normal. Was aber damals anders war: Wir studierten längst nicht so «zielbewußt», reguliert, auf Scheine und Zwischenprüfungen gedrillt, wie es in den heutigen Massenuniversitäten offenbar unvermeidlich ist. Wir gingen engagiert unseren Interessen nach! Viel mehr als bei den akademischen Vorlesungen lernte ich aus Diskussionen mit Freunden, mit Kommilitonen: Über Werke, über Theorien, über Schallplatten. So hatte mir Rudolf Stephan (später Ordinarius in Berlin) den Zugang zu Schönberg, Webern und dem frühen Hindemith erleichtert. So hatte mir Carl Dahlhaus (dem ich die *Philosophie der Neuen Musik*-Rezension zum kritischen Gegenlesen gab und der acht Seiten korrigierender Bemerkungen machte) den Zugang zu Musiktheorie erleichtert – wir spielten auch Tag und Nacht lärmend an zwei Klavieren. (Später wurde er Ordinarius in Berlin, leider starb er vor Jahren schon.) So erschien plötzlich unser Freund Peter Michelsen (später germanistischer Ordinarius in Heidelberg) und berichtete, er habe in der UB was Tolles entdeckt: Walter Benjamins «Ursprung des deutschen Trauerspiels», das sei mühsam, aber sehr aufregend. (Die Benjamin-Ausgaben des Suhrkamp-Verlages, die in den sechziger Jahren eine gräßliche Benjamin-Mode auslösten, gab es damals, Ende der vierziger, Anfang der fünfziger Jahre, noch nicht.) Ich erwähne aus diesen so produktiven Göttinger Studienjahren einzig, was zu den – in freundschaftlichem und leidenschaftlichem Gesprächsumgang gewonnenen – Voraussetzungen gehört, die mich damals irgendwie instand setzten, als Student in einer meinungsbildenden und vielgelesenen Zeitschrift meinen ersten großen Aufsatz zu veröffentlichen. Und dann las man die Sache damals im Hessischen Rundfunk, und reagierte. Und dann las es *FAZ*-Feuilletonchef Karl Korn, und reagierte. Und vor allem las es der betroffene Theodor W. Adorno – und er lud mich, den Studenten, nach Frankfurt zum Tee ein mit Gretels berühmtem Likör.

III.

Viele der hier gesammelten Texte belegen, welch großer Platz einst in deutschen Zeitungen und Zeitschriften der Gattung Musikkritik eingeräumt wurde. Daß oft, unverhältnismäßig oft, Rezensionen

Vorwort

von Festspielaufführungen präsentiert werden, hängt mit Folgendem zusammen: Erstens war (und ist in gewissem Maße noch) das Interesse an den repräsentativen Bayreuther, Salzburger, Berliner, Münchner, Wiener Festspielen oder Festwochen in der lesenden Öffentlichkeit groß. Da kann und darf man als Kritiker ausführlich sein. Zweitens, noch wichtiger: Festspiele wären keine, wenn sie nicht dazu herausforderten, die höchste nur denkbare und mögliche Interpretationsqualität zu erwarten. Da gibt es nicht die «mildernden Umstände», auf die vielleicht der Kunst-Alltag ein Anrecht hat. Was die großen Verrisse betrifft, die gewiß in manchen Fällen eher die Bereitschaft zur Schadenfreude als den Wissensdurst der Leser befriedigen, so habe ich folgende Gründe, auch negative Kritiken in einen solchen Zusammenhang hineinzunehmen. Verrisse sollen ja nicht (nur) durch ihren Schwung bestechen, sondern indirekt für das Werk sprechen, dessen – wie es dem Rezensenten scheint – grundfalsche Interpretation sie bekämpfen. Manchmal wird durch eine anfechtbare Aufführung die (vermeintliche) Forderung der Sache weit deutlicher als durch eine vollkommene, selbstverständlich schöne. Aber wenn Herbert Wernicke (dem 1994 in Salzburg ein fabelhaft kühner *Boris Godunow* gelang) den *Fliegenden Holländer* absurd verkleinert und im Saal stattfinden läßt, gegen Geist und Buchstaben der Partitur; wenn Kagel große romantische Kunstlieder in seiner Deutschland-Revue verwitzelt, wenn Celibidache Schuberts *Große C-Dur-Symphonie*, wie mir damals selbst der ehemalige Direktor der Münchner Philharmoniker, Franz Xaver Ohnesorg, ins Ohr flüsterte, mehr *karikiert* als *musiziert*, dann ist argumentierende Polemik – weil im Bezirk der Kunst das «Rechte» nur auf dem Wege der Auseinandersetzung, der öffentlichen Diskussion ermittelt werden kann (wir haben keine gültigen Gesetzbücher und keine naturwissenschaftlich nachmeßbaren Fakten) – ein riskantes Werkzeug der Wahrheitsfindung. Und Irrtümer schlagen, genauso wie die Klassiker, zurück!

IV.

Es herrscht bei Lesern, Verlegern, und bei Journalisten erst recht, ein tiefes Mißtrauen gegen alles journalistische «Für-den-Tag-Schreiben». Die Eile, die Flüchtigkeit. Und nach 48 Stunden wickelt man Heringe ins Zeitungspapier. Natürlich kann – ich weiß, wovon ich rede – die Hektik fürchterlich sein. Am schlimmsten: bei Nachrufen.

Vorwort

Wenn jemand so unklug stirbt, am Freitagnachmittag, daß den journalistischen Grabrednern nicht mal mehr zwei, drei Stunden bleiben, ihre Gefühle, ihre Gedanken, ihre Worte zu ordnen. Trotzdem möchte ich besagtes «Für-den-Tag-Schreiben» in Schutz nehmen. Länger als acht oder höchstens zehn Schreibmaschinenseiten kann in Tageszeitungen der Aufsatz über ein Konzert oder eine Opernaufführung in aller Regel nicht sein. Diese acht Schreibmaschinenseiten – nehmen wir den schwierigsten Fall: die Rezension einer großen Wagner-, Strauss- oder Berg-Oper – werden aber nicht nur in jenen fünf oder sechs Stunden hergestellt, die dem Kritiker am nächsten Vormittag nach der Aufführung des vergangenen Abends bleiben. Man begegnet doch dem Werk nicht unvorbereitet, nicht zum erstenmal. Hat ein Leben, ein Studium lang darüber nachdenken können. Kann sich unmittelbar vorher informieren, sachkundig machen. Für das, was einem dann während der Aufführung an neuen, überraschenden Dingen aufgeht, über die man noch eine Nacht nachgrübeln darf, hat man am nächsten Morgen von 7 bis 12, 13 Uhr Formulier-Zeit. So furchtbar eilig scheint mir das nicht zu sein. Schreibt man ein großes Buch, in dem es schließlich auch Stelle für Stelle, Kapitel für Kapitel weitergeht, dann mag das Tempo gewiß etwas langsamer sein – man kann auch immer wieder zurückblättern, korrigieren. Doch so groß ist der Unterschied zwischen der Erarbeitung eines Buches und dem Entstehen eines Tageszeitungsaufsatzes gewiß nicht, falls auch der Tageszeitungsautor Profession und Sache ernst nimmt. Zu diesem Ernstnehmen gehört: selbst die winzigste, beiläufigste Glosse nie als Wegwerf-Artikel hinschmieren. Wer Berufsschriftsteller ist, für den müßte jede Äußerung so etwas wie die Seite eines Tagebuches sein, dessen er sich nie schämen möchte. Es gibt nämlich kein Nebenher. Man ist immer so gut (oder so jämmerlich) wie das Schwächste, Läppischste, was man macht. Die reservatio mentalis: auf den ephemeren Mist käme es doch gar nicht an, auf diese Scarlatti-Miscelle nicht und auf jene Brahms-Glosse auch nicht: Hauptsache sei später einmal das *Eigentliche,* für das man im Moment nur leider weder Zeit noch Konzentrationsmöglichkeit habe – diese Reservatio mentalis ist keineswegs nur feiner Vorbehalt. Sondern gewaltige Selbsttäuschung. Selbstbetrug. Dem diejenigen besonders leicht erliegen, die im Grunde ihres Herzens nur zu gut wissen, was ihr *Eigentliches* in Wahrheit ist: eine Fata Morgana.

Das Leben, das geistige wie das physische, materielle, besteht aus Momenten. Manche, wenige, sind groß und gesegnet. Aber auch für

Vorwort

die geringsten, an denen man produzierend beteiligt ist, trägt man Verantwortung. Wer weiß, ob wir beim Jüngsten Gericht nicht auch gefragt werden, ob und wie wir mit der Forderung des Tages zurechtkamen.

München, den 15. Mai 1994
Joachim Kaiser

Privates und Allgemeines

WAS MUSIK EINEM SEIN KANN
AUTOBIOGRAPHISCHES PRÄLUDIUM

Bei uns zu Hause wurde viel musiziert. Mein Vater war Arzt, und er wäre wohl lieber noch Geiger geworden, dann allerdings freilich auch richtig Solist, hübsch interkontinental gefeiert, mit Allüren und großen Gagen. Aber während seines Medizinstudiums hatte er berühmte Lehrer in Berlin und Königsberg konsultiert; die hatten ihn angehört, seinen (übrigens wirklich) fabelhaft kräftigen, temperamentvollen Ton gelobt, seine (übrigens im Alter schlimm hervortretende) Tendenz zur Unsauberkeit bedauert, ein paar kaum mehr korrigierbare Fehler festgestellt – und ihm abgeraten. Das hatte er sich gesagt sein lassen.

Doch eine Wunde blieb. Manchmal, wenn wir aus Konzerten mittelmäßiger Geiger nach Hause fuhren, dann brach es aus ihm heraus, wie schlecht der Solist gewesen sei und wie ganz anders dieses Stück gespielt werden müsse – regelmäßiges Üben vorausgesetzt. Wenn freilich ein großer Virtuose aufgetreten war, spürte ich meinem Vater nicht etwa Neid, sondern Erleichterung an. Er wußte wohl, daß er auch mit viel Fleiß den letzten Satz des Brahms-*Konzerts*, die Flageolett-Hürden aus dem Tschaikowsky-*Konzert* oder gewisse Paganini-Unannehmlichkeiten niemals podiumssicher geschafft hätte. Dann war er froh, nicht als gescheiterter Musiker irgendwo die zweite Geige zu spielen.

Also: ein Mediziner mit musikalischen Neigungen. Er hatte als Landarzt im masurischen Milken zu praktizieren begonnen. 1933 zog er nach Tilsit, wo einige Arztstellen – «Praxen» – frei geworden waren. Kluge jüdische Ärzte nämlich, die nicht glauben wollten, der NS-Spuk gehe schnell vorüber, emigrierten zu ihrem Heil schon damals. Für ihre jungen «arischen» Kollegen war das natürlich eine Chance, sosehr man die Weggezogenen (die Vertriebenen) auch bedauerte – als Freunde, als Kammermusikpartner, als Akademiker, denen so was zustieß. Jüngere können sich heute kaum mehr vorstellen, mit welch selbstverständlichem Ehrfurchtstremolo das Zauber-

Privates und Allgemeines

wort «Akademiker» vor gar nicht allzu langer Zeit ausgesprochen wurde, von Akademikern und Nichtakademikern.

Tilsit. Dreißig Jahre nach dem Ende des Zweiten Weltkriegs verwechselt die Enkelgeneration es bereits mit Tiflis. Muß, etwa von München aus gesehen, auch irgendwo weit hinten im Osten sein. Tilsit war eine Mittelstadt. 60000 Einwohner. Gelegen an der nordöstlichen Grenze des «Reiches», was man damals freilich ohne Anführungszeichen schrieb, sagte, dachte. Indirekt klingt Tilsit in der Nationalhymne mit: «... bis an die Memel.» Denn Tilsits Fluß war ja die Memel. Die Zeitung hieß *Memelwacht*. Der Musikverein veranstaltete Konzerte. Wenn der Karl Erb, der Heinrich Schlusnus, die Lore Fischer kamen, dann freute man sich lang und herzlich darauf. Erb kam übrigens mit einem jungen Begleiter namens Ferdinand Leitner, der während des Liederabends auch ein Solostück spielen durfte und mit dem der berühmte Tenor einmal so laut im Künstlerzimmer herumschrie, daß später die ganze Stadt darüber wisperte. Der Musikvereinsvorsitzende hatte den Auftritt (es ging um Geld, nicht um Kunst) nämlich erschauernd mit angehört und ein bißchen weitererzählt.

Edwin Fischer wurde Jahr für Jahr bewundert, Kempff hatte eine erlauchte Gemeinde von schönen, adligen Damen. Viel später lernte ich die diesbezügliche Aufklärungsterminologie kennen. Das seien die Frauen der Junker gewesen. Mit meiner Erinnerung an die freundlichen, vielleicht oberflächlichen, enthusiastisch kunstinteressierten, vielleicht nicht allzu kunst-«verständigen» Menschen, in deren Namen ein «von» vorkam, hat diese spätere demokratische und soziologische Belehrung über ostelbisches «Junkertum» wenig zu tun. Möglicherweise sieht man dergleichen als Kind, als junger Pennäler nicht. Ich müßte mir meine Erinnerung umlügen, müßte sie antifeudal mystifizieren, wenn ich irgendeine Schreckensreminiszenz vorbringen wollte. Schrecken und Angst verbanden sich damals für (manche) Kinder immer nur mit den konkret militanten Forderungen des Staates. Am liebsten wich man ins Private aus gegenüber der Diktatur, die ja nicht Abstraktum war, sondern übermächtiger Eingriff in den Zeitplan: dann und dann ist «Dienst», dann und dann droht unausweichlich der Drill, der Befehl, die physische Belastung. Argumente dagegen gibt es in Diktaturen nicht, sondern höchstens irgendein Ausweichen. Die «Junker» indessen hatten, zumindest für uns «Bürgerliche», überhaupt nichts Schreckliches. Sie lebten und ließen, vielleicht ein bißchen schlechter, leben. Nach 1945 zeigte sich

Was Musik einem sein kann – Autobiographisches Präludium

immerhin, wie diese Junker und erst recht ihre Frauen mit Unglück fertig zu werden vermochten ohne Weinerlichkeit. Sie fügten sich ins Unvermeidliche. Tapfer und hochmütig (obwohl, ja vielleicht gerade weil es ihnen «dreckig» ging).

Aber davon ließ man sich nichts träumen – oder höchstens etwas «träumen», was dann verdrängt wurde. Im übrigen war die Kunst wichtig. Also: der Fischer spielt halt mit einem Finger mal versehentlich auch zwei Töne. Aber, «der Fischer, der darf sich das leisten». Und Kulenkampff ist doch etwas fischblütig, etwas kühl, «trotzdem wohl unser bester Geiger», weil der Kreisler, der Hubermann, der Szigeti nicht mehr auftreten. Und ist nicht der Ton von Karl Freund fürs Brahms-*Konzert* etwas zu klein?

Tilsit hatte auch ein Stadttheater, ein Orchester, einen Generalmusikdirektor, der – sein lautes Mitsingen wurde gern parodiert – Klavierabende veranstaltete, über die in der *Memelwacht* zurückhaltende Betrachtungen erschienen, weil der Dirigent/Pianist halt ziemlich hoher Pg war. Es gab mehrere Chöre, die miteinander wetteiferten. Sie führten die großen Passions- und Requiemsmusiken auf. Verdis *Requiem* freilich schien ostpreußischen Protestanten schon zu opernhaft: «Das kann man nicht in der Kirche aufführen.»

Was die Oper und das Orchester betraf, so kamen die ganz großen Partituren – Bruckner, Wagner, Strauss – kaum vor. Kleinstadtbewohner neigen zum Lokalpessimismus, wollen zeigen, daß sie sich nicht von ihrem Städtchen die Maßstäbe vorschreiben lassen. Sagen darum, das Beste an ihrem Städtchen X sei doch die Eisenbahn oder Autobahn nach Y. Und Y ist dann die jeweils nächste Großstadt: für Tilsit war es Königsberg, im Falle Ingolstadt ist es München. An die *Meistersinger* traute man sich in Tilsit nicht heran, weil die Grenzlandtheater-Bühne zu klein sei. Mit der eher kammermusikalischen *Ariadne* hätte man Pech gehabt, weil die Solistenstimmen zu klein gewesen wären. Für die Titelpartie des *Don Giovanni* kam im Mozart-Jahr 1941 der Gast aus dem Reich. Er wohnte bei uns. Dem Dienstmädchen spendierte er zehn Reichsmark.

Im Mittelpunkt der klein- oder mittelstädtischen Musikkultur standen die Soloabende, weil eben der große Solist in Tilsit auch nicht schlechter spielt als im fernen Berlin – ja vielleicht sogar noch ein bißchen besser, freier, unnervöser. Spätabends dann Nachfeiern im kleinen, privaten Kreis, unter Honoratioren und Interessenten – für diesen «kleinen Kreis» möglicherweise wichtiger und für die Künstler möglicherweise anstrengender als das Konzert selbst.

Privates und Allgemeines

Neben den offiziellen Konzerten, keineswegs nur als Lückenbüßer, fanden die Hausmusikabende statt als selbstproduzierter Kontrapunkt. Woche für Woche Streichquartett. Weil der Kinderarzt gut Klavier spielte, auch mal Kammermusik mit Klavier. Zum *Forellenquintett* bat man einen Kontrabassisten aus dem Orchester. Ein Berufsmusiker, der ganz gern kam. An Zigarren und Wein fehlte es nicht. «Optimismus ist das beste Recht aller Musici», schrieb der Dirigent des Kirchenchores 1938 ins sorgfältig geführte Gästebuch.

Bestimmt kein Zufall, daß des Tilsiter Dichters Johannes Bobrowski in Tilsit spielender Musikerroman *Litauische Claviere* heißt. Wie gesagt, an Krieg und Vertreibungsende dachte damals, zwischen 1933 und 1938, aber wahrscheinlich noch länger, kein Mensch wirklich. Auch wenn gelegentlich geschimpft und geunkt wurde. Mein Vater nahm es «den Nazis» übel, daß er – wenn er in Hauskonzerten oder bei Chor- beziehungsweise Musikvereinsfeiern öffentlich auftrat – so viele Zugstücke nicht mehr vortragen konnte, die er doch «drauf»-hatte: Wieniawskis *d-Moll-Konzert*, Mendelssohns *e-Moll-Konzert* und den ganzen Fritz Kreisler. Zu Hause spielten wir das natürlich alles. Und der Landgerichtsdirektor Grimm (kein «Nazi», aber wie die allermeisten beamteten Juristen in der «Partei») spielte den Klavierpart des *d-Moll-Trios* von Mendelssohn in SA-Uniform. Er kam gerade von irgendeiner Veranstaltung. Man fühlte nicht oppositionell, sondern privat. Musik ist unpolitisch. Und die Hauptstadt Berlin und die Bewegungshauptstadt München waren weit.

So wuchs ich mit Kammermusik auf. Unter den Sextanern des staatlichen humanistischen Gymnasiums, das ich besuchte, hatten von 17 Schülern mehr als die Hälfte Klavierstunden: neun oder zehn. (Es gab ja noch keine Langspielplatten und schon gar kein Fernsehen.) Und Ärzte machten ja sowieso Musik.

Erstaunlich, was die Musik gerade den Ärzten sein kann! Woher eigentlich das auffällige Interesse so vieler Ärzte für Musik? Oder: woher das Vorurteil, dem zufolge Mediziner so häufig musikalisch seien? Man kann Hypothesen durchprobieren. Zunächst im Hinblick auf die Zahlenverhältnisse. Da die Ansicht, Ärzte seien musikalisch, weit verbreitet ist, fällt jeder entsprechende Fall als Bestätigungsfall auf. Schon wieder ein Arzt – sagt man, wenn Dr. med. Soundso Klavier spielt, wenn der berühmte Chirurg Z. Hauskonzerte veranstaltet. Schon wieder ein Arzt – denke ich, wenn mir ein Mediziner etwas zu meinen Kritiken oder Büchern schreibt. Freilich:

Was Musik einem sein kann – Autobiographisches Präludium

Falls Pfarrer musikalisch sind, wird das kaum konstatiert. Musik gehört zum Gottesdienst, zur Liturgie – ein Pfarrer muß singen können, klar. Jura wiederum ist musikneutral. Aber manche Musiker, bevor sie's wurden, fingen mit der Juristerei als einem Alibistudium an. (Heinrich Schütz, Robert Schumann, Karl Böhm.) Nur: sie blieben's dann nicht. Von der Medizin sattelt sich's weniger leicht um.

Doch auch wenn wir die relativen oder absoluten Zahlen aus dem Spiel lassen, der Ärzteorchester nicht gedenken, den Dr. Billroth ebenso vergessen wie den Dr. Peter Clemente – läßt sich erklären, warum denn die Ärzte, falls sie überhaupt «musisch» sind, sich eben gerade für Musik engagieren und offenbar doch seltener für Malerei, Lyrik, Architektur? Ärzte sind, im allgemeinen, Handarbeiter. Sie haben es mit Konkretem zu tun und neigen, weil sie als «Diener der leidenden Menschheit» Realisten sein müssen, gewiß nicht zum «Sprüchemachen», zur Schönrednerei, sind relativ selten literarisierende Intellektuelle. Von den produktiven Genies, also Arzt-Autoren wie Benn, Carossa, Céline, Döblin, abgesehen. Aber die normalen, die mittleren, die vielen Ärzte, sie weichen eben doch am liebsten in das «Musische» aus. Weil sie gern praktisch tätig sind, wollen sie auch beim Hobby manuell beschäftigt sein; und weil ihre Freizeittätigkeit begreiflicherweise nicht dem Fleischlich-Realen gelten soll, sondern etwas Reinem, Schönem, Harmonischem, Nicht-Sterbendem: darum die Vorliebe so vieler Ärzte für Musik.

Für mich hieß das also: in meiner Kindheit ziemlich regelmäßig Streichquartett der «Großen». Und die Erinnerungen an gewisse Stücke, an, wie man geschwollen sagt, erste «Begegnungen» mit Musikwerken (freilich auch einigen Literaturwerken), sie sind für mich, das mag seltsam klingen, weit realer als beispielsweise die Erinnerung an Orte, Häuser, Zimmer, Katastrophen. Ja, ich könnte mir eine Autobiographie vorstellen, die den Fortschritt des Lebens, des Lebensalters an ganz bestimmten Musikstücken festmacht.

Keine Angst, ich will das hier nicht ellenlang ausführen: wie ich mich zum Beispiel an einen Mozart-Satz, das Andante aus der *Es-Dur-Sonate für Klavier und Violine*, das unheimlich-trauermarschähnlich den Rhythmus des Allegrettos aus Beethovens *7. Symphonie* vorwegzunehmen scheint, wie ich mich an diesen finster und herrlich pochenden Satz klammerte, als endlich ganz klar war, daß der Krieg und der Osten verloren waren und daß – so mußte es scheinen – keine Zukunft mehr sei.

Privates und Allgemeines

Das erste Musikstück, das mir Eindruck machte, war ausgerechnet das *Klarinettenquintett* von Brahms. Am Abend vorher hatten die Erwachsenen bei uns gespielt, am nächsten Morgen, ich ging noch in den Kindergarten, sang ich das Hauptthema laut und vergnügt beim Schuheanziehen nach. Selten habe ich meinen Vater so stolz erlebt, er konnte gar nicht oft genug die Sechs-Achtel-Takt-Phrase von dem kleinen Bengel trompetet hören. Natürlich vergißt man so etwas schnell wieder. Aber bei der nächsten Begegnung mit Brahms' *Opus 115* erinnert man sich. Musik dringt anders in die Person ein, wenn sie so früh Spaß macht, als wenn man sie erst als begüterter Erwachsener mit Hilfe einer Langspielplatten-Kassette zur Kenntnis nimmt.

Jeder, der mit Musik zu tun hat, dürfte von Analogem berichten können. Die Quinta, das war für mich die Entdeckung, wie schön Mozarts *d-Moll-Klavierkonzert* sei. Etwas Herrlicheres kann es gar nicht geben! Ein ziemlich schwachsinniges Smetana-Rondo für Klavier zu acht Händen verschmolz ganz und gar mit der ersten Pubertätsverliebtheit – wobei anzumerken wäre, daß die restlichen sechs Hände bei der Erarbeitung dieses Werkes zwei kaum älteren Zwillingsschwestern und einer weiteren, wie mir schien, herrlich begabten Jungpianistin gehörten. Dann doch Chopin, *f-Moll-Fantasie*, Bach (nicht die *Matthäus-Passion*, wo mich Arien und Evangelist und das befohlene feierlich stille Zuhören langweilten, sondern *Violinkonzert E-Dur*), Schlusnus mit Schuberts «Musensohn», Beethovens *Cellosonate A-Dur*, die ein guter Freund, heute Solocellist in Kapstadt, einzustudieren versuchte, die *Waldstein-Sonate*, von der es eine geistvolle Wilhelm-Kempff-Plattenaufnahme gab, der *Eulenspiegel*, der uns, wie übrigens auch das *d-Moll-Klavierkonzert* von Brahms, als höchst moderne, schwerverständliche Musik vorkam. Und nicht der *Tristan*, sondern die *Meistersinger*. Danach – kurz vor dem Abitur in Hamburg – die *Walküre*.

Natürlich hat man als Schüler alle diese Werke zwar lebhaft, neugierig, begeistert an irgendeinem (für mich heute noch fixierbaren) Tag, verbunden mit irgendeinem für mich genauso fixierbaren Lebensereignis, kennengelernt.

Aber das heißt beileibe nicht, man hätte sie auch verstanden, völlig kapiert, analytisch «begriffen». Während ich diese Worte niederschreibe, mit denen sich Laien gern vor meist unangemessenen Fragen schützen – «Wissen Sie, ich liebe Musik sehr, aber ich verstehe nichts von ihr», sie sagen das, weil sie außerstande sind, den fach-

Probleme der Musikkritik

männischen oder soziologischen Jargon über Musik mitzumachen –, ist mir aber nur zu bewußt, daß die analytische Erklärung eines großen Werkes, um die man sich lebenslang bemühen muß, doch auch so etwas darstellt wie eine Schimäre. Natürlich: Musik ist nie neutral. Jedes Werk hat oder birgt Geheimnisse, die ihm entrissen werden können. Jeder Satz ist zugleich auch ein Problem, jede Lösung wirft neue Probleme auf. Wenn man jedoch von erlebter Musik etwas will, wenn sie einem unverwechselbar wird, dann ist die Frage, ob man alles oder «ganz» verstanden hat, nicht mehr entscheidend. Adäquates Begreifen, adäquate Aufführungen – was kann das eigentlich heißen? «Nur Begräbnisse sind adäquate Aufführungen», antwortete Günter Grass einmal auf die Suggestivfrage, ob er sich einer adäquaten Aufführung seines *Plebejer*-Dramas gern aussetzen würde. «Und ist es Ihnen nie zuviel? Es muß doch schrecklich sein, immer wieder die gleichen Sachen zu hören.» Antwort: Wenn man älter wird, neigt man sogar dazu, gegenüber dem Mittleren nachsichtiger zu werden. Trotzdem: Überdruß, entsetzlichen, lähmenden Überdruß empfinde ich, wenn überhaupt, nur bei der Begegnung mit dem Mittelmäßigen. Doch etwas Besonderes, ein neuer Ton, das neue Talent verdrängt allein Überdruß, weckt Enthusiasmus.

Ein Valéry-Zitat erklärt fast alles. «Die Welt hat durch das Außergewöhnliche Wert und durch das Durchschnittliche Bestand.»

1. III. 1985

PROBLEME DER MUSIKKRITIK

In Ländern, wo die Presse frei ist, kann jeder Mensch Musikkritiker werden. Er braucht, wenn er Rezensionen über Konzerte, Opernaufführungen oder moderne Musik verfassen will, keineswegs den Nachweis geführt zu haben, daß er ein Fachmann ist, braucht keine Examina, keinen Doktorhut oder Professorentitel. Das einzige, was er benötigt, ist irgendein Redakteur oder Freund oder Herausgeber, der ihm die Möglichkeit gewährt, Ansichten über Künstler und Komponisten öffentlich auszusprechen (oder er muß so reich sein, eine Zeitung im Eigenverlag herausbringen zu können).

Der geneigte Leser wird nach dem Bisherigen meinen, ich tadelte den soeben beschriebenen Zustand. Schließlich muß ja jeder Arzt, jeder Richter und Justizangestellte nachgewiesen haben, daß er sein Handwerk versteht, bevor man ihn auf die Menschheit losläßt. Warum soll es ein Musikkritiker leichter haben, dessen Rezensionen ja unter Umständen Schicksale verändern, enormen ökonomischen und auch psychischen Schaden in Künstlerseelen anrichten können?

Nun ist es natürlich für einen Kritiker (und eine Zeitung) angenehm, wenn der Rezensent sich Doktor oder gar Professor nennen kann. Er hat dann ja bewiesen, daß er zumindest einiges gelernt zu haben scheint – und er kann bei wütenden Beschwerden seine Anwortbriefe mit respektgebietenden Titeln unterzeichnen. Doch im übrigen beweisen Hochschulprüfung, Doktorhut und Professorenwürde überhaupt nicht, daß derjenige, der zu alledem kam, zum Kritiker tauge.

Im Gegenteil. Man hat ja den Versuch gemacht, ältere Künstler, routinierte Opernleute aus der Fülle ihrer Erfahrungen in Zeitungen schreiben zu lassen. Das Ergebnis war meist enttäuschend. Denn der Musikkritiker muß ja nicht nur von der Sache etwas verstehen, sondern er muß ein Schriftsteller sein. Er muß kritisches Temperament besitzen, er muß Gespür haben für wahre und falsche Töne, er muß mit dem Vergangenen vertraut und am Gegenwärtigen interessiert sein. So etwas kann keine Hochschule «prüfen»!

Ja, falls derjenige, der zum kritischen Richter in aller Öffentlichkeit bestellt wird, erst eine staatliche Prüfung hinter sich gebracht haben muß, dann könnte der Staat – wir haben es erlebt und erleben es noch – nur solche Figuren in die Öffentlichkeit lassen, welche auch die (vermeintlich) «richtigen» Überzeugungen hegen über gesunde und «kranke» Kunst, positive und «dekadente» Moderne, staatserhaltende und «zersetzende» Werke. Damit aber wäre es um die kritische Freiheit geschehen.

«Je heftiger sich die Kritiker stritten – desto mehr war der Autor mit sich im Einklang», hat Jean Cocteau irgendwo gesagt. In der Tat gibt es, wer wüßte es nicht, kein eindringlicheres Argument gegen Musikkritiken (und natürlich auch andere Kritiken) als ihre oft lächerliche Widersprüchlichkeit. Künstler, Konzertagenten, interessierte Musikfreunde und Zeitungsleser zucken oft nur zynisch-gottergeben die Achseln, wenn das Gespräch auf die Rolle der Musikkritik kommt. Gewiß ist es schwer, nicht zynisch zu reagieren, wenn man 48 Stunden nach einem Konzert liest, der Künstler habe stets zu laut

Probleme der Musikkritik

beziehungsweise immerfort zu leise gespielt; der Beifall war, so hörte es der eine Rezensent, ovationshaft, der andere vernahm nur höflich kurze Beifallsreaktionen; dem dritten schien der Interpret tief, dem vierten seicht, dem fünften von seiner Normalform weit entfernt, dem sechsten endlich auf der Höhe seiner Kunst.

Was soll man von einer solchen Branche halten? Natürlich gibt es kluge und dumme Kritiker, sensible oder hauptsächlich an der politisch-gesellschaftlichen Dimension von Musik interessierte Rezensenten, gibt es alte Herren, denen das «Neue» nicht recht gefällt, und junge Publizisten, die von dem «Alten» zu wenig verstehen. Aber nicht mit dieser naturgegebenen Verschiedenheit der Köpfe und Temperamente möchte ich die enormen tagtäglichen Widersprüche des Musikkritik-Betriebs erklären. Sondern vorab darauf hinweisen, daß die Differenzen in Wahrheit gar nicht so groß sind.

In dem Augenblick, da ein neues Phänomen, eine neue «Richtung», ein neuer Interpretationstyp erscheint, entsteht – natürlich – Streit in der Öffentlichkeit, Kontroverse, Krach. Aber nach verhältnismäßig kurzer Zeit, meist genügen wenige Jahre, ist man sich erstaunlich einig! Es gibt dann kaum mehr Rangfragen. Sondern trotz aller subjektiven Unterschiede steht gewissermaßen fest, daß Künstler wie Arrau oder Bernstein oder Furtwängler, Komponisten wie Bartók oder Webern oder Ligeti, Sänger wie Dietrich Fischer-Dieskau oder Jessye Norman sämtlich Musiker ersten Ranges sind! Und sehr viele andere, die ich hier aus Höflichkeit nicht nennen will, zweiten Ranges...

Man muß sich mithin die im publizistischen Meinungskampf entstehende Wahrheit als etwas gleichsam Bewegliches, Zitterndes, partiell Veränderbares, aber grundsätzlich eben doch Unzweideutiges vorstellen. Daß es ständig zu Widersprüchen und Veränderungen kommt, hängt schlicht zusammen mit unser aller Vergänglichkeit. Es begegnen sich zwei Biographien in einem Punkte, wenn ein Kritiker, sei er jung oder alt, einer Interpretation begegnet – sei sie von einem jungen oder alten Künstler. Der Kritiker wird nie mehr ganz genau so empfinden, wie er als 26jähriger empfunden hat; der Interpret wird sich (hoffentlich) auch verändern. Und trotzdem bestehen differenzierte Rangordnungen!

Wie aber verhält es sich nun mit der «Subjektivität»? Meine Antwort: Beim Betrachten von Kunst ist die Subjektivität nicht nur kein Störfaktor, sondern sie gehört entscheidend dazu. Ich kann eine Interpretationsleistung nicht naturwissenschaftlich unwiderlegbar

Privates und Allgemeines

messen (zwar kann ich stoppen, daß Lazar Berman den letzten Satz von Chopins *Trauermarschsonate* schneller spielt als Horowitz, doch was beweist dieser Zeitvergleich?); ich habe auch kein Gesetzbuch, welches mir mitteilt, was in Kunst richtig und falsch, erlaubt oder verboten ist.

Sondern ich muß, fühlend, denkend, nachspürend, die mögliche Existenz von Gesetzen, welche jederzeit gebrochen werden können, aus den Interpretationen, ihrer Wahrheit oder Unwahrheit heraushören. Wenn man aus dieser persönlichen Reaktion nun alles Individuelle oder Subjektive herausstreicht, dann bleibt – so ist das in der Kunst – eben nicht ein gültiges Ergebnis übrig, sondern bloß eine Leerformel. Nicht der «subjektive» Kritiker, der seine persönlichen Eindrücke entfaltet, ist gefährlich oder verwerflich. Der voreingenommene Rezensent ist es viel eher, der nur das wahrnimmt, was er aus taktischen oder persönlichen oder ideologischen Gründen wahrnehmen will. Sagen wir es differenzierter: Es kommt auf die Variierbarkeit von Vorurteilen an, wie sie unvermeidlich jeder Mensch hegt. Kritiker und Intellektuelle haben natürlich im allgemeinen ein gewisses Bild von Sachen und Menschen, von Werken und Stilen. Sie haben auch, in sich, gewisse ästhetische Überzeugungen, Vorlieben, Abneigungen. Bei der Begegnung mit einem Werk oder Interpreten kann sich – dies ist ein aufregender Moment während der kritischen Meinungsbildung – jäh herausstellen, daß Dinge, die man «eigentlich» nicht mag, die einem «eigentlich» nicht liegen, jeden Widerstand überwinden und tief beeindrucken! Mir «liegt» zum Beispiel Messiaen nicht, mir ist, abstrakt, Guldas Beethoven oft zu motorisch, zu reaktionsschnell. Aber bei der Begegnung mit Messiaens Musik oder Guldas Spiel erweist sich: die Vorbehalte verschwinden. Im eigenen Bewußtsein entsteht ein neues Bild, eine neue Ästhetik, die vielleicht irgendwie in ihm angelegt, aber noch nicht sichtbar war. In meiner Kindheit gab es Malbücher mit pseudoleeren Seiten. Man konnte darauf herumkritzeln. Plötzlich erschien ein Bild. So sollte sich das Urteil im Kritiker herstellen. Nicht ganz von außen. Aber auch nicht doktrinär vorhersehbar.

Derart als Abenteuer verstanden, ist das Schreiben von Kritiken ja auch kein Zwang, keine Total-Mühsal (ein wenig schon, das gehört zu jeder Profession), sondern ein elementarer Trieb, Konsequenz eines Äußerungsdranges. Der Wunsch, Menschen, denen man unterstellt, sie seien selbst interessiert, mit schönen, wichtigen Dingen, mit Überzeugungen oder Warnungen zu konfrontieren. Zudem hat

Probleme der Musikkritik

ein Kritiker ja nicht nur Neider, Feinde, Redakteure – sondern er kann sich auch einen Namen, eine «Gemeinde», eine Autorität schaffen.

Wenn ein Musikkritiker von seinem Metier nichts oder zu wenig versteht, merkt man es rasch. Die Musik ist nämlich eine sehr konkrete Kunst. Wer die *Waldstein-Sonate*, die *Aida*, den *Überlebenden aus Warschau* aufführt, setzt sich auseinander mit einem genauen System von Forderungen, die einzuhalten oder deren Nichteinhaltungen zu rechtfertigen sind. Jener des Französischen unkundige deutsche Musikkritiker, der annahm, Debussys Tondichtung *La Mer* handle nicht vom Ozean, sondern von *la mère*, der Mutter, und der darum befand, für gefühlstiefe Mütterlichkeit bewiese der französische Komponist in seinem Werk doch wenig Sinn, aber das Wiegenlied im zweiten Satz versöhne etwas, hatte sich erkennbar blamiert. Oder wenn scheinbar wohlinformierte Musikkritiker Programmänderungen nicht bemerken, Werke besprechen, die gar nicht aufgeführt wurden, Meinungen abschreiben, die mit der fraglichen Interpretation nichts zu tun haben – dann sind das eben auch erkennbare, erheiternde, aber im Grunde nicht allzu gefährliche Schwächen, wie Menschen sie halt an den Tag legen. Manchmal finde ich, es müßte unter Kritikern so etwas geben wie ein Ehrengericht, welches Kollegen, die nachweislich ahnungslos oder unverantwortlich oder lügnerisch handelten, zur Rechenschaft zieht. Doch alles das kommt gar nicht so häufig vor, ist bloße Randerscheinung.

Viel gefährlicher wirkt jener Kritiker, der nicht mit falschen Tatsachenaussagen oder bösen Urteilen schwindelt (was man leicht erkennen, verachten und ignorieren kann), sondern, wie Karl Kraus es formulierte, mit dem *Tonfall*. Vielleicht will er nicht weh tun, vielleicht spielen Beziehungen eine Rolle, vielleicht ist er Partei, vielleicht vertritt er die Interessen einer wirtschaftlichen Macht und nicht das Interesse der Wahrheit. Falls er schlau ist, wird er dann nicht direkt lügen – also das Gegenteil von dem schreiben, was er für richtig hält –, sondern er wird mit dem Tonfall mogeln. War die Aufführung tatsächlich schlecht, wird er das dann zwar auch durchklingen lassen, aber doch so, daß der Lesende meint, es sei ein interessanter, gewagter, lohnender Versuch gewesen. Falls die Aufführung gut gewesen ist, der Kritiker aber andere kulturpolitische Überzeugungen hegt als der Interpret, dann dürfte es für den *Ton-*

Privates und Allgemeines

fallschwindelnden ein leichtes sein, die Qualität so darzustellen, daß sie irgendwie säuerlich wirkt, langweilig, unwichtig. Man kann so etwas groben, oder feinen, Mißbrauch von Macht nennen.

Da Kritiker ihren subjektiven Reaktionen ein Moment von objektiver Wahrheit zuschreiben, da sie das fünfte Rad am Wagen und doch wichtig sind, ist Eitelkeit bei ihnen eine déformation professionnelle. Es mag uneitle Kritiker geben – sie gleichen dem Phönix aus Arabien, den Don Alfonso in *Così fan tutte* hämisch beschwört.

Das Lesepublikum nimmt indessen weniger die Eitelkeit übel als die sich daraus ergebende Konsequenz, daß Kritiken in bloße Selbstdarstellung ausarten. Der Kritiker soll – und das ist fast unmöglich – sich bekanntlich über ein Konzert so äußern, daß es dem Interpreten hilft, dem Fachmann etwas sagt, das Konzertpublikum (diese Funktion der Kritik könnte man eine *katalysatorische* nennen) zur Diskussion animiert und darüber hinaus noch alle diejenigen interessiert, die das Konzert gar nicht besucht haben, sich wohl aber allgemein mit unserem Musikleben verbunden fühlen.

Dagegen war die Arbeit des Sisyphus Sommerfrische. Wenn nun vom Kritiker verlangt wird, er solle doch bitte nicht immerfort auf Kosten des Künstlers zeigen, wie witzig, wie gebildet, wie kunsterfahren er ist, sondern kurz und deutlich mitteilen, wie es war, wie es ihm gefallen habe – dann steckt in dieser Forderung ein weiß Gott verständlicher Kern: Urteile deutlich, leiste Service für interessierte Leser!

Nur: ganz ohne Selbstdarstellung geht das eben nicht, weil es sich beim Kritisieren um einen sehr subjektiven, gefühlsbetonten Akt handelt. Einen Akt, zu dem noch die keineswegs leichte Arbeit hinzukommt, klingende Sachverhalte zu verbalisieren, sei's im «hohen», pathetischen Ton, sei's im ironischen Parlando… Es gibt gar nicht sehr viele Kritiker, die alles das können, problemlos können. Wenn aber ein Musikkritiker sich für seine Leser als zugleich interessant und verläßlich erweist, wenn er zur Autorität wird oder auch nur zur Mode, zum Liebling der interessierten Gesellschaft, zum Alptraum der Künstler, zum Herrscher in seinem Reich (übrigens sind die einsamen einzigen Kritiker in Kleinstädten oft viel monomaner und wichtiger als die von ihren Kollegen und Konkurrenten kontrollierten Großkritiker in Großstädten) – ist dann etwas Unzulässiges passiert?

Antwort: Nichts Unzulässiges, wohl aber etwas Gefährliches.

Probleme der Musikkritik

Doch wer ist eigentlich schuld an der Gefahr, die mit einem solchen Zustand verbunden sein mag? Wenn irgendwo – ich weiß, wovon ich rede – ein Kritiker «Papst» genannt wird, wenn voller Abscheu auf die Macht eines wahrlich doch auch von Irrtümern heimgesuchten Starpublizisten hingewiesen wird – wer hat da etwas falsch gemacht? Wir stoßen hier auf das Problem der Überinformation, der Idolisierung. Und auf die Tendenz Verantwortlicher, lieber mitzuschwimmen, als den eigenen Weg zu bestimmen.

Offensichtlich verhält es sich so, daß in einer Zeit der Überinformation, wo es an Worten, Schallplatten, an Sekundärliteratur, an Broschüren, Meinungen, Rundfunksendungen, Musikbüchern wahrhaftig nicht fehlt, die große Öffentlichkeit nicht etwa sicherer, sondern eher ratloser, des-informierter geworden ist. (Und man darf es der Öffentlichkeit wahrlich nicht vorwerfen, daß sie sich nicht aus lauter fachkundigen Spezialisten zusammensetzt.)

Schön und gut. Daß solche Menschen dazu tendieren, sich gewisse Meinungsgurus, nämlich Publizisten oder Autoren, denen sie vertrauen, zu suchen, ist auch verständlich. Bedenklich wird die Idolisierung von Publizisten oder meinungsbildenden Kritikern jedoch dann, wenn Redakteure, Programmacher, Konzertveranstalter entweder überhaupt keine eigene Meinung haben und sich nur nach dem Börsenstand der großen Feuilletons richten. Oder wenn sie zwar eine Meinung hegen, diese aber sogleich verleugnen, falls ein geachteter Kritiker eine andere Meinung vorbringt. Zur Strafe nennen sie ihn dann Papst. Es klingt unglaublich, daß negative Kritiken einzelner Rezensenten dazu führen konnten, bestimmte Künstler, die bereits Verträge in der Tasche hatten, arbeitslos zu machen.

Diese Verträge wurden dann unter irgendwelchen Vorwänden nicht mehr eingehalten, nur weil ein Verriß erschienen war. Ich könnte Namen nennen. Wahrscheinlich hängt die gefährliche «Macht» einzelner Personen nicht bloß damit zusammen, daß ihre Meinung vervielfacht wird, sondern auch mit dem anderen Umstand, daß die Organisatoren des Kunstbetriebes aus Angst oder Bequemlichkeit oder Selbstunsicherheit nicht zu ihrer eigenen Meinung stehen (falls sie eine haben).

Muß der Kritiker auf seine Unbefangenheit achten? Muß er sich aus Freundschaftszirkeln heraushalten, muß er «frei, aber einsam» bleiben? (Brahms, Schumann und Dietrich haben über dieses F-A-E sogar eine Sonate geschrieben). Es liegt nahe, auf alle diese Suggestivfragen mit einem freien, aber einsamen «Ja» zu antworten.

Privates und Allgemeines

In Wahrheit jedoch ist das nicht nur unlebbar, sondern auch unzuträglich. Gewiß, wenn man über ein Konzert zu berichten hat, soll man die Nachfeiern meiden, weil man Künstlern nicht unmittelbar nach ihrem Auftritt mäkelnde Worte ins Gesicht sagen darf, ihnen andererseits aber auch nicht schmeicheln kann, da ja 48 Stunden später die bittere Überzeugung doch im Blatte steht. Aber sonst? Mir scheint, daß man mit den schöpferischen und großen Figuren der Gegenwart nach Möglichkeit schon in einer gewissen Nähe, in einer «Tuchfühlung» leben sollte. Ich habe, um nur zwei Beispiele zu geben, aus Gesprächen mit Gulda, aus meiner Freundschaft mit Ponnelle (wie natürlich auch aus ausführlichen Begegnungen mit Henze, Grass und Ingeborg Bachmann) Wichtiges gelernt. Überdies ist gar nicht zu vermeiden, falls man sich nicht sektiererisch zurückhält, daß man im Lauf der Zeit bei Kongressen, Diskussionen, Begegnungen, Festspielen eigentlich allen Großen irgendwie begegnet, falls sie selber dem nicht entschieden aus dem Wege gehen oder man es als Kritiker tut. Gewiß machen solche Bekanntschaften das Bewußtsein reicher, aber die Arbeit schwerer. Wenn man spürt, daß eine Freundschaft eine negative Kritik nicht aushält, dann war an der Freundschaft nicht allzuviel dran, und der Bruch läßt sich verschmerzen. Auch tut man gut daran, sich nur mit denen zu befreunden, die man künstlerisch ohnehin schätzt. Doch als Kritiker mitzuerleben, wie ein Produzierender oder Reproduzierender an seiner Leistung arbeitet, welche Schwierigkeiten er hat, welche Nöte, welche Techniken; ich halte dergleichen für wichtig, für, wie man im Deutschen so unschön sagt, «unverzichtbar».

Gefährlicher sind wohl jene Solidarisierungen, welche die Öffentlichkeit mit einem gewissen Recht übelnimmt. Wenn ein Kritiker einen Künstler im Programmheft lobt, hochbezahlt, und dann über das betreffende Konzert schreibt. Aber alle diese Probleme scheinen mir jener anderen Frage untergeordnet, auf die es eigentlich ankommt. Sie lautet: Ist der in aller Öffentlichkeit arbeitende Kritiker grundsätzlich vertrauenswürdig, ist er grundsätzlich integer, oder ist er es nicht? Meist weiß er ja selbst, daß seine Integrität ein verdammt hohes Kapital darstellt, welches potentielle, potente Bestechende gar nicht so leicht überbieten können.

Ein Allerletztes: Das mutige, aggressive, clevere Kritikenschreiben ist, wie ich glaube, eigentlich eine Beschäftigung für junge Leute. Wenn ein junger Mann, mit Charme und Schaum vor dem Mund, den Fischer-Dieskau angreift, dann weiß die Öffentlichkeit, wie es ge-

Fortschritt auch bei der Musikinterpretation?

meint ist. Sie weiß, warum der Angriff stattfindet (vielleicht ist der Kritiker ein Belcanto-Fan), und sie weiß, was Fischer-Dieskau uns allen bedeutet. Zudem wird er den Angriff schon überleben und vielleicht sogar ein bißchen darüber nachdenken. Aber wenn ein 69jähriger Herr, mit Autorität, Lebenserfahrung und Weltkenntnis, sich in Tageszeitungen noch wie ein Robespierre gebärdet, dann stimmt etwas nicht. Oder sind das nur trübe Gedanken eines gealterten Kritikers?

1. XII. 1985

FORTSCHRITT AUCH BEI DER MUSIKINTERPRETATION?

Auf allen Gebieten, wo man Leistungen und Entwicklungen exakt nachmessen kann, werden in der Regel lauter Fortschritte, Verbesserungen, Rekorde produziert. Am sinnfälligsten gilt das für den Sport, wo immer sorgfältiger durchdachte Trainingsmethoden immer erstaunlichere Leistungen ermöglichen – so als ob der Mensch beim Laufen, Werfen und Springen nie an eine natürliche Grenze käme. Daß auch die Industrie, angewandte Physik und Chemie während der letzten Jahrzehnte ungeheuerliche Fortschritte machten, läßt sich wirklich nicht leugnen. Der Fortschrittsglaube des 19. und der – mittlerweile etwas gebrochene – Fortschrittsglaube auch unseres 20. Jahrhunderts hängen mit diesen staunenswerten meßbaren Leistungsverbesserungen zusammen.

Es ist üblich, den (gewiß nicht unproblematischen) technischen Fortschritt verantwortlich zu machen oder zumindest in direkten Zusammenhang zu bringen mit einer gewissen Stagnation auf dem Gebiet der großen spekulativen Philosophie, der gegenwärtigen Literatur, der Musik und Dramatik (weniger der Malerei). Philosophische Entwürfe, wie sie das griechische Denken oder die klassische deutsche Philosophie hervorgebracht hätten, gäbe es heute kaum mehr. Ob die «moderne» Musik Werke von der Welthaltigkeit, Fülle und Schönheit hervorbringe, wie sie im 18. und 19. Jahrhundert komponiert worden ist, sei zumindest sehr zweifelhaft...

Wie aber verhält es sich mit der Qualität, Freiheit, Gediegenheit und Korrektheit der Musikinterpretation in unserer Zeit? Darf man

Privates und Allgemeines

da auch dem Denkmodell des technischen Fortschritts vertrauen? Präziser: werden unsere jungen Sänger, Geiger, Pianisten nicht sehr viel effektiver, «wissenschaftlich» fundierter ausgebildet, so daß sie zumindest technisch und auch stilistisch den großen Interpreten der Vergangenheit überlegen sind? Dafür spräche, beispielsweise, der Umstand, daß etwa die Schwierigkeiten des Brahmsschen *Violinkonzertes* zur Uraufführungszeit auch von den berühmtesten Geigern des 19. Jahrhunderts, wenn wir recht informiert sind, kaum überwunden werden konnten, daß also ein Joseph Joachim die Brahmsschen Hürden nicht anstandslos, fehlerlos zu nehmen vermochte, was man doch heute von jedem guten jungen Geiger erwartet. Demnach dürfte ein Franz Liszt seine Rhapsodien weniger brillant und präzis vorgetragen haben, als es in unseren Jahrzehnten ein Horowitz, ein György Cziffra, eine Martha Argerich, ein Emil Gilels vermochten oder vermögen. Hat sich also, kurz gesagt, das technische Niveau gehoben?

Oder gilt auch für die Interpretation, was auf dem Felde der Komposition so unüberhörbar scheint: nämlich daß die Großen der Vergangenheit schlicht mehr «konnten» als die besten Künstler unserer Gegenwart? Daß sie offenbar glühender, phantasievoller, mit selbstverständlicherer Hingabe interpretierten? Es ist doch kein Zufall, daß manche Künstlernamen sich längst in unerreichbare Mythen verwandelten. So als könne heute niemand mehr, was einst Caruso, Tito Schipa, Lotte Lehmann, Fritzi Massary, Lauritz Melchior, Karl Erb, um eine ganz bunte Sängerreihe zusammenzustellen, in ihren höchst verschiedenen Gesangsfächern vermochten, als habe heute niemand mehr die – in der Tat phantastische – Technik von Josef Hofmann, die interpretatorische Kraft von Artur Schnabel oder Edwin Fischer oder Alfred Cortot (was die Pianisten betrifft), als stimme im Hinblick auf die Dirigenten Nathan Milsteins maliziöser Satz, er kenne nur zwei große, geistig machtvolle Dirigentenpersönlichkeiten: «nämlich Arturo Toscanini und Wilhelm Furtwängler. Alle übrigen sind wie der Horst Stein».

Dieses unablässige und unentscheidbare Gegeneinander-Aufrechnen von Qualitäten, Fortschritten, Rückschritten (also: Krisen), verklärten Erinnerungen und dogmatischen Behauptungen unter alten und jungen Musikern und Musikliebhabern – wie schwärmte Wilhelm Kempff im Gespräch vom Beethoven-Interpreten Eugen d'Albert, wie fasziniert beschrieb August Halm Sarasates Interpretation der

Fortschritt auch bei der Musikinterpretation?

Kreutzer-Sonate – hat etwas von einem ebenso amüsanten wie beklemmenden Gesellschaftsspiel. Das kann, je nachdem, wie jung oder kokett der gerade Urteilende ist, höchst verschieden ausgehen. Furtwängler, genial und monoman, sah überhaupt keinen ernstzunehmenden Dirigentennachwuchs. Horowitz will heute von den «jungen» Pianisten nichts wissen, womit er aber denn doch den Gulda, Brendel, Pollini einiges Unrecht tut. Umgekehrt sagte in einem Gespräch für die *Opera News*, September 1980, der bedeutende und kompetente Dirigent James Levine zu seinem Partner R. Jacobson (nachzulesen bei Jürgen Kesting: *Die großen Sänger*): «Ich halte es für dumm, von einem Niedergang des Singens zu sprechen. Wollen wir einmal genau hinsehen. Nur in den letzten zwei oder drei Jahren konnten wir die Lulu von Teresa Stratas hören, den Komponisten von Tatjana Troyanos, Hildegard Behrens' Fidelio, Jon Vikkers' Parsifal und Placido Domingos Otello und Des Grieux, Renata Scottos Butterfly und Adriana, Luciano Pavarottis *Bohème* und *Favorità*, Kurt Molls Osmin, José van Dams Wozzeck. Der Punkt ist, daß diese Aufführungen so groß – oder gar größer – sind wie die ihrer Vorgänger.»

Klar, daß man Levine in Verlegenheit bringen könnte, wenn man ihn bäte, seine These von der Blütezeit der Gesangskunst zu untermauern mit ein paar Namen von Heldentenören: für den Tristan, den Stolzing, den Siegfried (des *Siegfried*, aber erst recht der *Götterdämmerung*). Da herrscht nämlich ein ziemliches Schweigen im Wagner-Walde – und die verzweifelt wenigen, die es annähernd schaffen, werden umworben (wie René Kollo) oder verschlissen (wie Peter Hofmann).

Doch bei der Beurteilung, ob die Gesangskunst oder das Interpretationsvermögen der Künstler unseres zu Ende gehenden 20. Jahrhunderts nun besser, reicher, richtiger – oder dünner, langweiliger, mechanischer geworden sei (oder ob sich manches verbessert habe, manches gleichblieb, manches schlechter wurde), sind wir nicht nur auf unnachprüfbare Erinnerungen oder Mythen angewiesen. Seit spätestens 1925 gibt es die zahlreichen punktuellen Schallplatten, seit spätestens 1955 die fast flächendeckende Langspielplatten-Dokumentation. Konkrete Vergleiche lassen sich mithin anstellen. Wie Mozart, Beethoven, Paganini, Chopin, Robert und Clara Schumann, Brahms, Wagner oder Mahler spielten, wie sie dirigierten, können wir kaum mehr exakt eruieren, leider. Aber wie Strawinsky,

Privates und Allgemeines

Bartók oder Richard Strauss ihre Musik verstanden wissen wollten, bezeugen tönende Testamente, die zwar wahrlich nicht jede Frage beantworten, sich aber doch, von allem anderen abgesehen, «auswerten» lassen. Und an einer mittlerweile von Jahr zu Jahr beklemmend anwachsenden Zahl von Gesangsaufnahmen, Kammermusik-, Klavier-, Symphonie-Interpretationen fehlt es nicht.

Freilich: man darf nicht nur Schallplatten hören. Das schafft eine falsche Hörperspektive. Denn die faszinierenderen, eindringlicheren, persönlichkeitsbestimmenderen Musikerfahrungen macht man eben doch im Konzertsaal. Übrigens stimmt es nicht, daß die Schallplatte alle die Interpreten, die einen Teil ihrer Lebensarbeit diesem Medium widmen, zu einer sterilen Perfektion erzieht. Zwar ist beflissenes Achten auf «Fehlerlosigkeit» natürlich ein Feind alles spontan-improvisatorischen Musizierens. Aber andererseits wirkt manuelle Virtuosität auf Schallplatten eher weniger stark als im Konzert. Man weiß ja, da wurde so lange wiederholt und so perfekt geschnitten, bis keine Patzer mehr passierten. Weil man es aber weiß, setzt man es als selbstverständlich voraus. Und erwartet von einer guten Schallplatten-Interpretation, daß sie eine Überzeugung verkünde, eine Haltung, eine interpretatorische Botschaft, die mehr sein muß als bloß korrekt. Ohnehin läßt sich mit der vielberufenen «Manipulation» auch nur ebendiese – ja nicht sehr staunenswerte – Korrektheit erreichen. Doch nicht mehr. Deshalb gibt es zwar zahllose zweitklassige Aufnahmen erstklassiger Künstler (wenn sie eben nicht gut disponiert, nicht gut «in Form» waren), aber nach erstklassigen Aufnahmen zweitklassiger Künstler kann man lange suchen. Die existieren nicht – trotz aller Manipulationschancen...

Was läßt sich nun – wenn man als «Chronist» gut vier Jahrzehnte lang Konzerte besucht und mit fleißiger Neugier Schallplatten ernst genommen hat – über die Situation gegenwärtigen Interpretierens pauschal zusammenfassend sagen? Es scheint mir am sinnvollsten, im Hinblick auf unsere Interpreten doch beim Generations- oder Jahrgangsschema zu bleiben, bei der Beurteilung dessen aber, was die Generationen oder Jahrgänge «leisteten», nicht allgemeine Qualitäten ein bißchen nebulos miteinander zu vergleichen, sondern konkret nachzufragen. Also etwa: Was haben die jungen, mittleren, älteren oder die nur noch auf Schallplatte existenten großen toten Interpreten zum Bilde Bachs, Beethovens, Schuberts, Schumanns, Chopins, Brahms', Wagners beigesteuert? Es zeigt sich sogleich: Das Ergebnis einer solchen Prüfung ist keineswegs uniform. Mit den Beethoven-

34

Fortschritt auch bei der Musikinterpretation?

Deutungen der Titanen, der großen Alten, können die allermeisten jüngeren Beethoven-Spieler nicht konkurrieren. Fragt man jedoch nach Schubert oder nach Bach, dann schneiden die Interpreten, die seit 1960 unser Musikleben bestimmten, entschieden besser ab. Man ist mittlerweile bei Schubert Dingen auf der Spur, von denen ein Eduard Erdmann, der es immerhin überhaupt wagte, die Sonaten öffentlich zu spielen, oder selbst ein Schnabel, noch nicht allzuviel wußten. Brendel oder Fischer-Dieskau setzten neue Standards. Auf die Frage nach der Situation zeitgenössischen Interpretierens läßt sich eben nicht mit einem Unisono-Lob oder einem Gesamtverriß reagieren, sondern nur so differenziert, wie halt die Sache liegt.

Große Beethoven-Interpretation ist so selten geworden, weil für Beethovens Symphonien und Sonaten eine noch so perfekte Technik, eine noch so innige Musikalität, eine noch so sensible Reizbarkeit keineswegs genügen. Da scheint etwas anderes gefordert: der Interpret muß eine Ganzheit herstellen können, die mehr ist als die Summe noch so einleuchtender Teile, er muß die Reize des Einzelnen empfinden und trotzdem sich mit diesen Reizen nicht mimetisch identifizieren – wie es gewiß bei manchen Werken Chopins oder Skrjabins genügt. Mit einem Wort: große Beethoven-Interpretation hängt davon ab, daß nicht nur Musik hörbar, sondern darüber hinaus auch eine «Idee» erahnbar wird, die hinter alledem wirkt, die aber um keinen Preis gleichsam als sie selbst forciert dargeboten werden darf, sondern nur durch die einzelnen – heute sagt man – «Parameter» des Komponierten.

Das ist offenbar sehr schwer. Kann weder mit bloßem «Stilwillen» noch auch mit Askese und Verzicht auf «Äußerlichkeiten» erreicht werden, vielmehr einzig dadurch, daß der Interpretierende einen Kosmos der Beziehungen, eine erfüllte Zeit der Entwicklungen herzustellen imstande ist.

Unser Jahrzehnt ist keine Epoche bedeutender Beethoven-Interpretation. Friedrich Gulda, der die rhythmischen Spannungen Beethovens auf einen überraschenden Interpretationsnenner brachte, Daniel Barenboim, der die Ruhe für Beethovens Adagios besitzt, waren doch die letzten stilbildenden Beethoven-Interpreten. Glücklicherweise kann auch – was die relativ jüngeren Interpreten betrifft – das Wiener Alban-Berg-Quartett genannt, die fesselnde *Fidelio*-Sängerin Hildegard Behrens gerühmt werden. Doch ist wohl wirklich kein jüngerer (das heißt immerhin: unter fünfzig Jahre alter) Dirigent sichtbar, der mit Furtwängler, Klemperer, Bruno Walter,

35

Privates und Allgemeines

Toscanini in einem Atem zu nennen wäre, und kein Pianist, der Beethoven so fesselnd spielt, wie Schnabel oder Arrau oder Solomon oder auf ganz andere, persönliche Weise Wilhelm Kempff ihn darzubieten wußten. Daß die junge Ausnahmeerscheinung unter den Geigern und Geigerinnen – Anne-Sophie Mutter – Beethovens *Violinkonzert* in beispiellos reiner, apollinischer Strenge vorträgt, daß Gidon Kremer diesem Konzert und einigen Sonaten mit bemerkenswerter Sensibilität beizukommen vermag, ändert nichts an dem alles in allem deprimierenden Gesamtbild momentaner Beethoven-Vergegenwärtigung.

Was die Aneignung J. S. Bachs angeht, so zeugt bereits der heftige Streit von Schulen, Dirigenten und Organisten über «richtiges» oder «unerlaubtes» Bach-Spielen für eine erfreuliche Lebendigkeit der Bemühungen. Die große, «romantisch»-expressive Bach-Darbietung mit Riesen-Chören, gewaltigen Orchestern, Steinway-Flügeln ist keine Selbstverständlichkeit mehr – wie noch in der ersten Hälfte unseres Jahrhunderts. Aber sie ist auch nicht völlig mundtot gemacht, glücklicherweise. Von der – auch im Chor – solistisch besetzten *h-Moll-Messe* bis zur heftig und wild die Worte oder Affekte theologisch ausdeutenden, die Karl Richter und in seiner Nachfolge Guttenberg anstrebten, herrscht ein erfreulicher Pluralismus. In manchen Regionen bemüht man sich mit Originalinstrumenten und historisierenden Interpretationen intelligent um Authentizität – was (vor allem wohl in England und Holland) mittlerweile ganz ohne asketische Pedanterie geschieht. Wir empfinden Bachs Musik nicht mehr als gigantisches Barock wie das 19. Jahrhundert, aber auch nicht als Philologen-Weideplatz. Bachs Haus hat Wohnungen für Harnoncourt und Rilling ebenso wie für Glenn Goulds Steinway oder Guldas unauffälliges Swingen...

Daß Franz Schuberts Kunst gegenwärtig bei vielen Musikfreunden als die allerhöchste, reinste, herzlichste gilt, hängt gewiß auch mit einer offenbaren – vielleicht, wie bereits angedeutet, durch die Existenz der Schallplatten bewirkten – Abwendung von den natürlich immer noch Lust bereitenden Explosionen und Überwältigungen durch reine Virtuosität zusammen.

Virtuosen haben zwar immer noch ihren (wohlverdienten) Erfolg, wenn sie fesselnd Außerordentliches vollbringen. Doch seit ein oder zwei Jahrzehnten läßt die Konjunktur für dergleichen nach. Die tollen russischen Oktaven-Donnerer oder Doppelgriff-Hexenmei-

Fortschritt auch bei der Musikinterpretation?

ster, die Jahr für Jahr als junge Stars im Westen die Musikwettbewerbe beherrschten, sich aber doch so ähnlich waren, daß es kaum lohnte, sich ihre Namen zu merken, weil in ein paar Monaten bestimmt jemand aus Moskau kommen würde, der es noch ein bißchen schneller und voluminöser kann – sie spielen gegenwärtig eine Nebenrolle auf unseren Konzertpodien. Auch aus der UdSSR kamen mehr und mehr philosophisch-meditative Töne: man denke nur an Igor Shukow, an Afanassiev oder gar an den tiefsinnig interessanten Geiger Gidon Kremer. Sollte aber Musikinterpretation die Wonnen des Tiefgründigen, Geheimnisvoll-Melodiösen, Mystisch-Zarten entdeckt haben, dann hätte natürlich Schuberts Stunde geschlagen.

Und so war es auch. Weniger Schuberts Symphonik – da blieben die großen Alten doch unüberholt, trotz Carlos Kleiber und Daniel Barenboim –, wohl aber Schuberts Lieder, seine Klaviermusik und Streichquartette werden gegenwärtig ungemein ernst genommen. Fischer-Dieskau hat dem Schubert-Lied eine neue Welt gewonnen, Alfred Brendel, aber in einigem Abstand auch Pollini, Radu Lupu, zahlreiche russische, englische, amerikanische Künstler haben zu Schuberts Rehabilitierung und Problematisierung beigetragen. Manchmal fast ein wenig zu sehr. Manchmal wird Schubert aufgeführt, als wäre er nur ein Gustav Mahler des 19. Jahrhunderts, als hätte er immer nur den Todesweg des *Winterreisen*-Wanderers komponiert und nicht auch innige Ländler oder den hymnischen Daseinsjubel, mit dem Kopfsatz und Finale der großen *C-Dur-Symphonie* enden, wo Schubert über alle Depressionen hinauskommt, als seien sie wesenloser Schein. Gegenwärtig geht das produktive Interpreteninteresse übrigens anscheinend von Schubert zu Schumann weiter...

Es ist schwer, die Haltung unserer Interpreten zu Mozart auf einen Nenner zu bringen. Daß Rokoko-Geperle nicht der Mozart-Weisheit letzter Schluß sei, fühlen alle. Daß dicker Subjektivismus, auf Mozarts Mollstellen oder Forte-Akkorde oder chromatische Durchgänge geklebt, die Noblesse dieser allerhöchsten Kunst belästigt, müßten alle fühlen. Der Sinn fürs «Wiener Espressivo», also für Ausdruck, der nicht in «Sich-Aufspielen» ausartet, ist ein seltener, schwer dingfest zu machender Instinkt. Gewiß hat Harnoncourt die Rezitative des *Idomeneo* einst in Zürich in ihrer Fülle, Freiheit und Kraft förmlich entdeckt. Allein mit bloßer Klangrede ist den Symphonien und Konzerten auch nicht beizukommen. Mozart bleibt Mirakel. Mit ihm haben es alle Zeitalter gleich schwer.

Das Musikleben in den letzten Jahrzehnten unseres Jahrhunderts

Privates und Allgemeines

ließ wenig geniale, befeuernde Riesen-Persönlichkeiten erkennen, wie der 67jährige Bernstein eine ist und wie Carlos Kleiber, der vielleicht das Zeug dazu hätte, es nicht sein möchte. Hin und wieder erscheint dafür ein in sich gekehrtes Talent von hohem Rang – Heinz Holliger zum Beispiel, der geniale Oboist und Musik-Denker aus Basel, Janet Baker, die Sopranistin, Karl Richter, der Bach-Dirigent, Anne-Sophie Mutter. Talente solcher Größenordnung werden sehr schnell erkannt. Ohne ein funktionierendes Musikleben wären sie, zugegeben, ohne rechte Entfaltungsmöglichkeit. Aber ein funktionierendes Musikleben ohne sie, ohne nachdrängende Genies, die den traditionellen Bestand verändern, indem sie sich seiner annehmen, wäre sinnlos funktionierend tot, wäre leeres Alexandrinertum. Fazit: Von fabelhaften linearen, zählbaren «Fortschritten» kann man auf dem Gebiet der Musikinterpretation gewiß nicht schwärmen. Aber noch so bedenkliche industrielle Entwicklungen, noch so hemmende, ökonomisch orientierte Distributionstechniken auf dem Schallplattensektor haben nach wie vor nicht verhindern können, daß auch unsere Welt mit ihren Musikanten alles in allem zufrieden sein darf.

14. X. 1986

WAS BEWIRKEN WETTBEWERBE?

Der Busoni-Wettbewerb, der seit 42 Jahren in Bozen veranstaltet wird, ist berühmt. Im Jahre 1949 haben ihn bedeutende Musiker gegründet, um dem Wiederaufbau der Klavierkultur zu dienen: italienische Professoren und Organisatoren, die einen Michelangeli, einen Cortot, einen Arrau, einen Rubinstein, einen Gieseking und einen Edwin Fischer für ihren Gründungsausschuß gewannen. 1949 gab es, wie später noch so oft, keinen ersten Preis. Immerhin wurde damals ein 18jähriger Österreicher namens Alfred Brendel vierter. Seither gab es manche erste Preisträger, die sich auch international durchsetzten, wie Martha Argerich, Jörg Demus, Michael Ponti. Andere Preisträger fielen trotz ihres Bozener Erfolges der Vergessenheit anheim. Einer Margarita Höhenrieder, die 1981 gewann, half Bozen herzlich wenig. Wenn also Claudio Nolet, der *delegierte Präsident*, in einer stolzen Dokumentation mit italienischem Über-

38

Was bewirken Wettbewerbe?

schwang verkündet, in Bozen sei eine musikalische Tradition geschaffen worden, «die zu den bedeutendsten in der Geschichte der Menschheit gezählt werden muß», dann hat der Präsident verdammt viel rhetorisches Pedal genommen.

Nun gibt es immer mehr Klavierwettbewerbe in unserer Welt und immer mehr junge, hochtrainierte Künstler, die sich gedrängt fühlen, an solchen Wettbewerben teilzunehmen, weil ihnen sonst der Karriereweg versperrt bleibt. Aber die Fülle der Klavierwettbewerbe – über hundert im Jahr sollen es bereits sein – relativiert die Bedeutung eines Sieges. Und es geht offenbar auch über die Menschenkraft gutwilliger, jedoch überforderter Juroren, wenn man von ihnen erwartet, daß sie imstande seien, tagelang, wochenlang dieselben Stücke zu hören und dabei das Wichtige, das eigentlich Entscheidende zu beachten, mitzufühlen, ernst zu nehmen: nämlich den Rang, die Art, die zarte Eigentümlichkeit oder scharfe Kantigkeit der jeweiligen Künstlerpersönlichkeit. Alles das mithin, was sich einer exakten, positivistischen Feststellung entzieht (weil es lebendig ist). Statt dessen beschränken sich die geplagten Juroren sicherheitshalber hauptsächlich darauf, vergleichbare pianistische Fertigkeiten abzuprüfen. Frau Musica sitzt dann weinend unterm Flügel.

Die Konsequenz dieser Situation, an der niemand «Schuld» trägt, ist aberwitzig (und das gilt für wohlrenommierte Wettbewerbsorte wie Warschau, Moskau, Brüssel, München und eben Bozen gleichermaßen): Siege bedeuten zwar keineswegs eine garantierte, stetige, wenigstens fünf Jahre dauernde *Karriere-Hilfe* – Niederlagen aber oder das vorsichtige Vermeiden des Wettbewerbsstresses wirken sich aus als *Karriere-Erschwerung,* wenn nicht *Verhinderung!* Wer auf großen Podien spielen, mit großen Dirigenten konzertieren, von großen Rundfunkanstalten gesendet, von großen Agenturen betreut werden möchte: der muß Wettbewerbserfolge vorweisen können. Sie sind eine notwendige, nur eben keineswegs zureichende Voraussetzung für die Karriere. (Dies alles gilt Gott sei Dank nicht für jene Jahrhundertbegabungen, wie Dietrich Fischer-Dieskau eine war oder Anne-Sophie Mutter eine ist, Ivo Pogorelich eine sein könnte).

Dabei wirkt die «Idee», die Absicht, die solche teuren, arbeitsintensiven Wettbewerbe ins Leben rief, künstlerfreundlich und nachwuchsfördernd. Man will unbekannten jungen Leuten, die nun auch auf eigene Faust und ohne staatliche Vorzensur aus dem Ostblock anreisen können, die Chance geben, von einer geduldig bis begierig

Privates und Allgemeines

zuhörenden Elite erfahrener Fachleute sowie von der «Öffentlichkeit» entdeckt zu werden. Wettbewerbe haben Zeitrafferfunktion: wer so spielt, wie der Oistrach in Brüssel spielte, der Pollini in Warschau, die Argerich in Bozen, der kann nach zwei Wettbewerbswochen so berühmt sein wie sonst erst nach ein paar Jahren erfolgreichen Konzertierens. Zarte Seelen, die über die «Grausamkeit» von Wettbewerben klagen, machen sich nicht klar, daß dort, wo rasch gewonnen werden kann, unvermeidlich auch rasch verloren wird.

Beim Wettbewerb, in harter Konkurrenz, erfährt jemand binnen einer Woche, daß es «leider doch nicht reicht» – was ihm sonst in allmählich verstreichenden Jahren weniger brutal klargeworden oder in Glücksfällen gnädiger Selbsttäuschung überhaupt nie zu Bewußtsein gekommen wäre.

Zur Bozener Vorrunde hatten sich über 170 Pianisten angemeldet. Wer dann tatsächlich kam, mußte eine Etüde von Liszt, durfte ein Stück freier Wahl darbieten. (Wochenlang von hundert jungen Pianisten Liszt-Etüden in die Ohren getrommelt zu bekommen: diese Höllen-Definition fehlt bei Dante.) Die Jury einigte sich auf 27 Überlebende. In neun mal drei Sitzungen, bei denen eine Chopin-Etüde, ein überflüssiges Busoni-Pflichtstück, eine weitere Etüde sowie etwas Großes von Schumann, Chopin, Liszt oder Brahms zu bieten war, sollten die letzten zwölf Endrundenteilnehmer akustisch herausgefiltert werden. Im Halbfinale galt es also, mit einem spätromantischen Schlachtroß zu siegen.

Ich hatte Pech – hörte als erste eine Japanerin namens Megumi Kaneko, die Chopins große *Barcarole* poesielos, farbarm und eilig dahinklimperte, dann Debussy hölzern, endlich Liszts *Dante-Sonate* fingerfertig vortrug.

So etwas kann passieren. Aber nicht, daß dies Fräulein Kaneko von der Jury belohnt wird für solches Geklingel und unter die letzten «Zwölf», also ins erste «Finale» kommt! Da mußte sie dann eine *bedeutende* Sonate der Wiener Klassik interpretieren. Fräulein Kaneko wählte Beethovens *Opus 109* und spielte das Spätwerk rührend, ja erbarmungswürdig harmlos, den harschen Prestissimo-Satz als nettes Allegretto.

Wie ein solcher Mißgriff möglich sei? Hubert Stuppner, Bozener Konservatoriumsdirektor und Künstlerischer Leiter (Jury-Vorsitzender) des Wettbewerbs, ein tüchtiger, umgänglicher, rasch redender Komponist, Dirigent, Pianist, hielt mir gegenüber seinen Ärger über diese Fehlentscheidung nicht zurück. Die Kaneko sei halt

Was bewirken Wettbewerbe?

Schülerin eines trefflichen und berühmten italienischen Jury-Mitglieds. Besagter Sergio Perticaroli selber habe sich bestimmt korrekt verhalten. Aber die anderen Juroren, darunter zahlreiche Italiener, hätten sich ihm vielleicht freundlich erweisen wollen, da ja auch ihre Schüler dann möglicherweise mit liebenswürdiger Beachtung rechnen könnten. Und falsche Tasten hatte die Megumi keineswegs niedergedrückt. Der Lauf der Welt, dachte ich. Eine Krähe – wäscht die andere (von wegen Augen aushacken).

Nicht unter die letzten zwölf kam der Kanadier Thomas Maurice. Zwar musizierte er unendlich ausdrucksvoller als die Japanerin – aber einleuchtend war seine Zurückweisung gleichwohl. Denn er erwies sich vom ersten bis zum letzten Ton als ein allzu lyrisch gestimmter, poetisierender Sinnsucher, den das Reglement dazu vergewaltigte, hier spätromantische Schinken aufzuschneiden, während er doch Zusammenbrüche flüstern wollte. Maurice war auf dem falschen Wettbewerb. Er besaß zwar artistische *Potenz*, aber es fehlte ihm allzusehr die für Busoni-Bozen erforderliche Brillanz-*Libido*. Aus Bizets Zigeunerweisen (in Busonis Sonatina *Super Carmen*) macht er wehe Adagio-Gebete. Liszts *Dante-Sonate* donnerte er nur pflichtbewußt. Schon gut: So jemand fällt durch...

Aber auch die poetischste Künstlerin, die wir in Bozen hörten, nämlich Luisa-Roxana Borac, durfte nicht weiter. Und das schien mir ein enormes Ärgernis zu sein. Denn diese junge Rumänin bot Chopins *h-Moll-Sonate* mit fesselnd virtuosem Presto-Schwung im Finale und mit einer zart ergreifenden lyrischen Aufrichtigkeit im Largo, wie sonst niemand sie aufbrachte. Als sie im Kopfsatz der Chopin-*Sonate* nach vielleicht etwas unentschiedenem Beginn in das Gesangsthema bebend sich verlor, war melancholisch darüber nachzusinnen, wie schwer es Fräulein Borac haben dürfte, eine derart unabgenutzte, jugendzarte Lyrizität weiterzubewahren in jenen Jahren, wenn Routine und Reife die Unmittelbarkeit reinen Gefühls in selbstsicheren, ostentativen Ausdruck zu verwandeln pflegen. Aber wie soll eine Jury reagieren auf derart entlegene Sachen wie Zartheit, Gefühl, atmenden Ausdruck – da doch nicht alle Töne, eben um dieses Ausdrucks willen, perfekt gestochen den Klavier-Pädagogen-Sinn erfreuten? Also «aus» für die Borac. Sie ist ja erst 22 und kann's noch oft versuchen.

Daß Einzelpersonen an Jury-Entscheidungen herummäkeln, so wie effektsichere juristische Ordinarien vor ihren Studenten gern die Karlsruher BGH-Urteile als unhaltbar und widersinnig zerpflücken:

Privates und Allgemeines

das gehört zum Ritual von Wettbewerben und Wettbewerbskommentaren. Einer auf Ausgleich bedachten Jury entgeht nämlich fast immer der Sonderfall. Aber in glücklich gelagerten Fällen nicht auch das «Besondere». Stuppner stellte fest: «Bewerten ist bei uns vor allem eine negative Instanz... Wer am wenigsten Fehler macht, der gewinnt. Dabei kommt bei uns die Originalität als wesentliches Kriterium dazu. Wer sozusagen auf dem kleinsten Platz tanzen kann – etwa auf einem Quadratzentimeter –, und das dann auch noch perfekt macht, der wird eventuell ein Busoni-Preisträger.»

Diese theoretische Einstellung eines Mannes, der sich mit äußerster Kraft um das Gelingen des Wettbewerbs müht, kann man charakterisieren erstens als *defensiv*: Keine Fehler machen. Und zweitens als *schulmeisterhaft*: Wir wissen, spricht der Herr Lehrer, herrlich genau, wie «man» eine Beethoven-Sonate oder ein Chopin-Scherzo zu spielen hat. Das steht fest. Du, lieber Kandidat, hast für deine Originalität nur einen Quadratzentimeter Entfaltungsmöglichkeit – sonst überschreitest du die von den vereinigten Hochschulen fabelhaft sicher ermittelten Grenzen und spielst unkorrekt. Also tanze perfekt auf einem Quadratzentimeter.

Diese «Lehre» verdient kaum Widerlegung. Wer sich den ersten Satz der Beethovenschen *Mondscheinsonate* von Gulda, Kempff und Solomon anhört (Gulda ehern ruhig, rhythmisch gesetzhaft; Kempff liedhaft zart, romantisch beschwingt; Solomon erhaben golemhaft ernst, über bloß subjektiv sentimentale Wehwehchen hinaus), muß alle drei Interpretationsarten, zwischen denen eben nicht nur Quadratzentimeter, sondern Kontinente liegen, für in sich plausibel, gerechtfertigt, also statthaft halten. Stuppners Bozener Kriterien könnten vielleicht für Aufnahmeprüfungen gelten, aber nicht für Wettbewerbe junger, fast fertiger, seriöser Pianisten.

Die Braven und die Besonderen setzen sich mithin durch – und die interessanten Sonderfälle, die Sanften und die Träumer verlieren: Das war die Bozener Realität. Lew Vinocour, ein junger, wilder Über-Russe, der entweder dramatisiert oder mystifiziert, allen «Finessen» abhold, kam trotz seiner aufregend gewichtigen Beethoven-Interpretation (*Sonate Opus 101*) genausowenig in die Endrunde wie der nervöse Sergei Kalachew, dem bei einem leichten Skrjabin-Stück ein leichter Gedächtnisfehler passierte, der danach – wie ein totenblasser Dostojewski – weitermachte, aber nun mit der Überzeugungskraft wahrer, nicht bloß interpretatorisch zurechtgelegter Verzweiflung. Plötzlich viel aufgewühlter und passionierter

42

Was bewirken Wettbewerbe?

als zuvor. Doch der Fehler, den jeder gehört hatte, war für ihn
tödlich.

Ernsthaft für den ersten Preis kam nur Midori Nohara in Frage.
Eine 23jährige Japanerin, die schon manchen Wettbewerb gewann,
weil sie mit episch-beredsamer Musikalität und enorm eleganter
Technik beeindruckt. Liszts *h-Moll-Sonate* spielte sie glänzend,
wohlkalkuliert und mit sprühendem Mendelssohn-Touch. Daß sie
den ersten Preis nicht erhielt, nicht einmal den zweiten, sondern nur
den dritten, hing wahrscheinlich mit ihrer zuwenig gewichtigen
Interpretation der Beethovenschen *Les-Adieux-Sonate* sowie damit
zusammen, daß sie am Schlußabend bei Liszts *Es-Dur-Konzert* vom
rhythmisch wackelnden Orchester gehemmt wurde und dem Publi-
kums-Appeal ihres Konkurrenten Olivier Cazal nichts entgegenzusetzen hatte.

Dieser 28jährige Franzose war der 100000-Volt-Star des Wettbewerbs, dabei weder der tiefsinnigste Interpret noch der beste Pianist.
Beethovens *B-Dur-Sonate Opus 22* spielte er vollkommen flüssig,
aber auch völlig überflüssig und unerheblich. Bei Rachmaninows
2. Sonate verwandelte er sich in einen Feuerwerker. Nun ist diese
Sonate, selbst unter Horowitz' Händen, fürchterlich lang. («O
Ewigkeit, du Donnerwort», dachte ich verzagt). Doch irgendwann
endet selbst Rachmaninow. Die Leute klatschten sich die Finger
wund: und Cazal, nachdem er Debussy derb abgefertigt, Prokofjews
Toccata heftig hingelegt hatte, machte mit Hilfe eines Effektstückes
seines Lehrers P. Sancan... aus dem Konservatorium ein Irrenhaus.
Aberwitzige Martellato-Effekte, Knatter-Bravour. Mit holder
«Kunst» hatte das nichts mehr gemein – enttäuscht vermißte ich
weiße Mäuse, brennende Reifen, springende Tiger.

So kam Cazal in die erste Endprüfung mit Orchester. Mozarts
d-Moll-Konzert. Für ihn zu leicht und zu schwer. Also transponierte
er es ins Brillante, was dem ersten Satz einigermaßen gut, dem
langsamen ziemlich schlecht bekam. Seiner Gemeinde aber gedachte
Cazal bei den (frei wählbaren) Kadenzen. Da zündete er endlich
wieder imposante Feuerwerkskörper. Enthusiastischer Bozener Beifall für diese Kadenzen (samt angehängtem Konzert). Bei der zweiten
Endprüfung und Prokofjews *3. Klavierkonzert* konnte dem intelligenten jungen Mann nichts mehr schiefgehen. So gewann er den
zweiten Preis in Bozen – ein erster wurde auch diesmal nicht vergeben – und war wohl ein wenig enttäuscht. Dritter Preis: Midori
Nohara. Auch sie soll ein wenig enttäuscht gewesen sein. Vierter:

Privates und Allgemeines

Choi Hie-You aus Südkorea, der es offenbar nichts genützt hatte, vorher unter die letzten *drei* gelangt zu sein mit blassem Bach, undramatisch-akademischem Beethoven, zart beschwingtem Mozart.

Die besten jungen Pianisten aus aller Welt, die wären in diesem Unglücksjahr gar nicht gekommen – verriet ein Eingeweihter. Die bereiten sich doch lieber auf die großen, noch ausstehenden Wettbewerbe in Leeds und Warschau vor.

O selig, wer noch hoffen kann.   *4. IX. 1990*

UNEIGENTLICHE MUSIK

Mit Worten kann ganz wunderschön gelogen, vertuscht, ironisiert, vorgetäuscht werden – aber geht das auch mit Tönen? Genauer, vornehmer gefragt: Daß es gute oder schlechte, heiße oder kühle, bedeutungslose oder bedeutungsschwere Musik gibt, mag unbestreitbar sein – aber kann es auch un-eigentliche Musik geben, zweideutige Musik, Musik, die etwas ganz anderes ausdrückt, als sie auszudrücken scheint?

Solange man Schostakowitsch, dessen Ruhm unaufhaltsam wächst, viele Musiker stellen ihn mittlerweile über den sarkastischen Prokofjew – solange man diesen großen Symphoniker und seine *5. Symphonie* spielen wird, so lange wird der entsetzliche Kommentarsatz Schostakowitschs neben dem «Jubel-Finale» des Werkes stehen, jener vielzitierte, vielumstrittene Selbstkommentar, den Volkow überliefert hat: «Was in der *Fünften* vorgeht, sollte meiner Meinung nach jedem klar sein. Der Jubel ist unter Drohungen erzwungen... So als schlage man uns mit einem Knüttel und verlange dann: Jubeln sollt ihr, jubeln! Und der geschlagene Mann erhebt sich, kann sich kaum auf den Beinen halten. Geht, marschiert, murmelt vor sich hin: Jubeln sollen wir...»

Also: ein gelogenes, erzwungenes, darum «un-eigentliches» Dur. Eine klingende Grimasse auf das «Durch-Nacht-zum-Licht», weil nur die Nacht wahr, aber das Licht Propaganda ist. Und zwar nicht infolge einer individuellen Schwäche des Komponisten, sondern infolge einer (durch Lebensgefahr, falls nicht gemeinschaftsbildend gejubelt wird) erzwungenen Positivität.

Nähert man sich dieser *Fünften* unbefangen – was sehr schwer ist, wenn man weiß, daß Schostakowitsch sie, von Stalin selbst heftig

44

Uneigentliche Musik

gemaßregelt, 1937 gewissermaßen zur Rehabilitierung komponierte als «praktische Antwort eines Sowjet-Künstlers auf gerechte Kritik» –, dann fällt folgendes auf. Enorme Übersichtlichkeit des Aufbaus. Heftige, aber simple Rhythmik, sinnfällige Thematik, die sich – im langsamen Satz, beim zweiten Thema des Kopfsatzes, im effektvollen Quasi-Scherzo, das Kabinettstück sein möchte – oft eher melodiös geriert, statt tatsächlich melodiöse Substanz zu bieten. Von alledem kann sich kein «gesundes Volksempfinden» beleidigt fühlen, zumal Schostakowitsch (in Todesangst) dafür sorgte, daß aus tieftraurigen Anfangsbekundungen immer irgendwie erhebende Konsequenzen gezogen werden: im Kopfsatz eine Steigerung, die Tschaikowsky-Pathos erreicht – danach ein delikat instrumentierter Schluß. Im Scherzo als Pointe stampfende Vitalität; im Largo visionäres Harfen-Dur. Und im Finale, dessen Thema eine genaue Beschwörung des Finales von Mahlers *Titansymphonie* darstellt, ein geradezu greller Dur-Jubel. Dies alles im plakativen Stil der dreißiger Jahre, manchmal nah an schwachem Hindemith, manchmal wie schäumende Filmmusik. Doch auch unheimlich zweideutig und rätselhaft beunruhigend.

Aus alledem ergeben sich zwei Fragen. Erstens: Konnte und kann Musik solche «Un-Eigentlichkeit» überhaupt produzieren, ohne Schaden an ihrer Wahrheit zu nehmen? Sowie zweitens: Wie soll das aufgeführt, deutlich gemacht, «kritisch» erläuternd dargeboten werden?

Was die «Un-Eigentlichkeit» betrifft, so scheinen in der Geschichte der Musik nur ziemlich wenige Beispiele für dergleichen zu existieren. Das «Und Friede auf Erden» aus Bachs *Weihnachtsoratorium*, wo mit tieftrauriger Melancholie vom *Frieden* wie von etwas Nicht-und-nie-Existierendem gesungen wird. Die seltsam kraftlose, bleiche Dur-Melodie im Finale von Mozarts zu Tode verzweifelter *a-Moll-Sonate KV 310*. Die trostlos gute Laune, mit welcher der kranke Schumann im Finale seines *Violinkonzerts* zu verstehen geben will, wie schwungvoll ihm zumute ist, während das auftrumpfende Dur ihm fürchterlich zerfällt. Vielleicht auch der scheinbehaglich harmonische Menuett-Schluß aus Beethovens späten *Diabelli-Variationen*, die auf alles andere zielten als auf heiter zopfige Behaglichkeit. Und, natürlich, manches bei Gustav Mahler, dessen wenige Dur-Finale beklemmend demonstrativ wirken, wie wenn ein schrecklich Geschlagener *dis*simuliere, so tut, als wäre keine Qual.

30. V. 1987

Johann Sebastian Bach

Über die großen, religiös, metaphysisch oder materialistisch aufgeladenen Worte streitet sich's im Zusammenhang mit Johann Sebastian Bach trefflich. Die einen beteuern und die andern bezweifeln, daß er ein *Erzkantor, j. Evangelist, religiöser Träumer* war, daß er – immer im Gespräch mit Gott – dem Absoluten begegnete. Jeder nicht geradezu antimusikalische Zeitgenosse besitzt vermutlich ein, wenn auch noch so vages, Bild von Johann Sebastian Bach. Es ist ihm aufgedrängt worden, dieses Bild, und es ist gewiß keineswegs immer ein «positives». Doch irgendeine Ansicht muß ja hängenbleiben, wenn von allen Seiten und Medien Bach-Töne fluten, wenn Vorträge, Bücher, Gedenkartikel, Streitgespräche eifrig Aufmerksamkeit fordern und den Konsumenten überfordern. Dieser – übrigens meist gutgemeinte – Huldigungsbetrieb, Bildungsbetrieb, Informationsbetrieb führt nur eben in der Regel bloß zur Erörterung von Thesen *über* den Barockmenschen, Protestanten, Mittelalter-Vollender, Urvater der Moderne. Das sind ja auch herrliche Spekulationsgegenstände, letzte Fragen, Spielwiesen für Begeisterte...

Schwerer ist es, von Bachs Musik zu reden. Also mit armen Worten – ohne spezielle, dem Fachmann vielleicht nützliche Werkanalysen, ohne konkrete Vergegenwärtigung der Bachschen Kompositionstechnik – von Bachs Kunst Kunde zu geben. Wir wollen also nicht bedenken, ob sich Bach mehr als christlicher Thomaskantor denn als weltlich fortschrittlicher Musiker fühlte. (Diese Alternative gab es *so* wahrscheinlich gar nicht für ihn: Das «Christliche» und das «Absolut-Musikalische» sind ihm wohl vollkommen selbstverständlich gewesen.) Wir wollen auch nicht beteuern, daß er ein in jeder Weise überwältigend fruchtbarer Gigant war, ein schwieriger, streitsüchtiger, cholerischer, im Familienkreis aber herzlicher und gemütlicher Hausvater. Weder an Bachs eminentem Eigensinn noch an seiner (nicht bloß hausväterlichen) Zärtlichkeit sind Zweifel angebracht. Beklemmend freilich, wie oft es in Bachs Leben zu Zerwürfnissen wegen theologischer und musikalischer Fragen kam; wie er beinahe Jahr für Jahr die Mühsal und Qual des Erdenlebens aushalten mußte (früher Tod der Eltern, häufiger, nicht immer auch

47

Johann Sebastian Bach

gewünschter Ortswechsel, endlich die giftigen Streitereien mit dem antimusikalisch «aufgeklärten» Rektor der Thomasschule).

Kann «absolute» (also nicht an einen Text, an eine Opernhandlung gebundene) Musik überhaupt dramatisch sein? Antwort: Bachs Musik wird es in dem Augenblick, da man sich auf sie einläßt, das heißt, da man sie nicht als schönes, selbstverständliches Wogen von barokken Klangfluten an sich vorbeirauschen läßt, sondern als Verlauf, Ablauf und Steigerung vernimmt. Nur wenn es uns gelingt, Bachs Musik «sprechen» zu hören, dann sind wir auch imstande zu begreifen, wo sie ihre Stimme erhebt, sich steigert, sich plötzlich gezielt wider-spricht! Wo sie sich dramatisch und durchkomponiert entfaltet. Einige Beispiele aus einem unerschöpflichen Angebot mögen das belegen.

Fantasie G-Dur für Orgel BWV 572 – Dieses umwerfend kontrastreiche Stück, das seltsamerweise französische Bezeichnungen («Très vitement», «Grave», «Lentement») enthält, wie sie derart in Bachs Orgelkompositionen sonst nicht zu finden sind, stammt aus Bachs frühen Jahren, ist wahrscheinlich schon vor 1708, aber spätestens in der «Weimarer» Zeit, die ja 1717 endete, entstanden. Am Anfang, funkelnd wie helles, durch die Kirchenfenster flutendes Licht, improvisatorisch-heitere Passagen-Spiele in G-Dur. Muntere Akkordbrechungen, Virtuosität ohne allzuviel Gewicht. Entzükkend beredte Unterhaltungsmusik eines Organisten, der «präludiert».

Man ahnt, daß diese Licht-Spiele rasch aufhören werden. Aber man vermag schwerlich zu ahnen, was folgt. Denn mit dem überschwenglichen Pathos des vollen (Orgel-)Werks donnert nun ein fünfstimmiger hymnischer Choral. Es ist ein melodischer Verlauf, der keine Strophen-Enden kennt. Immer wenn da eine prunkvolle Periode gleichsam auf den Abschluß zielt, hat die nächste bereits eingesetzt, haben Vorhalte, Dissonanzen, einander förmlich überbietende Gestalten das grandiose Gebilde fortgeführt zur stolzen, erhabenen Fülle einer wahrhaft *unendlichen Melodie*. Kraftvoller, würziger als dieses «Grave» der Fantasie kann Musik nicht sein.

Doch wenn man sich in dieses unendliche irdisch-überirdische Schwingen eingefühlt hat, dann entzieht Bach dem riesigen Gebilde den Boden. Der Schlußteil geschieht befremdend und ganz langsam. Während das Baßpedal über eine Oktave tief (!) chromatisch ins Ungewisse hinabsinkt, führen die Hände Zweiunddreißigstel-Ketten

Johann Sebastian Bach

vor, die ein Äußerstes an verstörenden Dissonanzen enthalten (zum F des Basses hören wir, beispielsweise, in der Höhe d-fis-g-a-h). Man erschrickt vor Bodenlosigkeit und Chaos. Ein Glück, daß der Orgelpunkt schließlich doch jenes Nach-Hause-Kommen ins G-Dur erzwingt, dessen Gewißheit sich fast frei-atonal verflüchtigt hatte.

Violinkonzert a-Moll BWV 1041 2. Satz – Fast populär, weil für den Köthener Hof so melodiös erfunden. Der Orchester-Baß führt eine das ganze Andante durchziehende Ostinato-Figur vor. Die Solo-Geige gibt sich *zwischen* diesen sogenannten Ritornellen melodisch. Zuerst in innigem Dur. Aber dann singt die Violine auch direkt *über* diesem Charakter-Baß. Bereits bei ihrem zweiten Einsatz strebt sie plötzlich hinaus weit übers Gegebene und Regelmäßige in ein beklemmendes, zart-beklommenes, eng chromatisches Moll. Ihr nächster Einsatz beginnt dann sogar in Moll, bringt auch die Baß-Grundgestalt ins d-Moll. Wie nun dieses Moll weitergesponnen und dann am Ende wieder ins Dur zurückgeleitet wird, als könnt's nicht anders sein: es ist von einer so selbstverständlichen Folgerichtigkeit, daß manche Geiger vor lauter Schönspielen die leisen, aber herben Beleuchtungswechsel gar nicht erst gestalten.

Orgeltoccata F-Dur BWV 540 – Ein Effekt-Stück, dessen Wirkungen wahrlich Ursachen haben! Bach gewöhnt den Hörer an seine Logik, stellt einen Erwartungshorizont her, bestätigt ihn. Wenn man aber glaubt, Bescheid zu wissen, widerspricht eine grandiose Dissonanz der bisherigen Logik so heftig, daß es ist, «als sollte die ganze Kirche zusammenfallen». Der Wechsel zwischen Trugschluß und regelrecht reinem Kadenzschluß bildete das Spannungsmoment des zweiten Teils dieser Toccata. Bach unterstreicht da einmal mit einer majestätischen Baßlinie das Besondere: Man ist nun auf den Trugschluß gefaßt – er bleibt aus. Alles mündet also ins reine Dur, fühlt man jetzt, sich in erhabener Sicherheit wähnend. Dann aber donnert die Orgel ihren verminderten Septakkord. Der Hörer wird also – bei Shakespeare nennt man das «Sympathie-Lenkung» – vorbereitet, «konditioniert», schließlich überrascht.

Finale des 4. Brandenburgischen Konzerts BWV 1049 – Eine Presto-Fuge. Die ersten beiden Töne des beredten Fugenthemas erscheinen am Ende des Satzes witzig-virtuos isoliert. Sie werden gleichsam zur Schlußformel umfunktioniert, obwohl sie sonst immer nur Anfang der Fugengestalt waren. Doch indem sie als Quasi-Schluß erscheinen, ändert Bach überraschend, keck und grell sowohl Intervalle als auch Harmonien: Man spürt plötzlich geschockt, was

Johann Sebastian Bach

alles hinter dem so «normalen» Presto-Thema steckte. Aber während man umzudenken beginnt, ist der Satz längst heiter-normal zu Ende gegangen. (Immer wieder geschieht es, daß Dirigenten diese überdeutliche Pointe nicht kapieren und sich viel Beifall, der bei zutreffender Interpretation förmlich mitkomponiert zu sein scheint, entgehen lassen.)

Daß Bach in Kantaten, Passionen und in der *h-Moll-Messe*, wo er zum werbenden Interpreten großer Geschichten wird, dramatisch-überredend komponiert, mitleidsvoll, innig und angemessen, wie nur er es konnte – es braucht wirklich nicht ausgeführt zu werden. Manchmal illustriert Bach auch faszinierend die Partei der «Bösen». Etwa wenn er zu einer Begleitung von wirbelnder Geschäftigkeit brillant die händereibend schlauen Kriegs- (und Folter-)Knechte, die sich auf den Nachlaß der Gekreuzigten freuen, spitzbübisch-witzig und einander ins Wort fallend, plappern läßt: «Lasset uns den (Rock Christi) nicht zerteilen, sondern darum losen, wes er sein soll.» Es wird zur Mords-Gaudi. Zum Schluß sind alle – sie wußten wirklich nicht, was sie getan hatten – so fabelhaft einig, daß sogar die unruhige Alberti-Baßbegleitung aufhört. Im Forte, ohne kleinlichen Wirbel, klingt's nun wie ein Jubilieren derjenigen, die ihren Spaß haben und ihren Schnitt machen wollen.

Aber Bach fügt manchmal auch etwas hinzu, wovon der Bibeltext in seiner lapidaren Direktheit nichts ahnt. «Ehre sei Gott in der Höhe»: Daran gibt es für die himmlischen Heerscharen im *Weihnachtsoratorium* naheliegenderweise nichts zu deuten. Doch bei der nächsten Äußerung wird die Musik zaghaft, verhalten, als träume sie einen utopisch unerfüllbaren Menschheitstraum. Nämlich beim «Und Friede auf Erden». Bachs Engel fühlen, wie schwer der zu haben ist.

Noch beklemmender tönt eine heikel ins Ungewisse modulierende Chorstelle aus dem «Confiteor» der *h-Moll-Messe*. Der Seele, die da ausspricht: «Ich erwarte die Auferstehung der Toten», hört man tiefe Verwirrung, ein ängstliches Beben an, das Gegenteil von donnernder Heilsgewißheit. Als wage der Thomaskantor es an dieser Stelle des «Confiteor» noch nicht, wohlgemut an die Vergebung der Sünden zu glauben.

Bach ist – je älter er wurde, desto mehr – ein systematisierender, zusammenfassender, Modelle herstellender Künstler gewesen, der Einzelwerke wie die *Goldberg-Variationen* oder die *Kunst der Fuge*

Johann Sebastian Bach

enorm logischen Aufbau-Prinzipien unterwarf. Die strenge Logik der beiden einzigen in diesem Punkt überhaupt mit Bach vergleichbaren Komponisten – Beethoven und Brahms – knüpft bewußt oder unbewußt an Bachs verstandeshelle Formen an. Daß freilich alles «Dramatische», wie wir es bei Bach beobachten können, eben nicht nur logisch-vernünftig ist, sondern eine Steigerung des Rationalen zum Überraschend-Spannenden bedeutet, muß schon deshalb hinzugefügt werden, weil Bach seinerseits dazu neigte, sein Genie mit Fleiß zu verwechseln.

Das eigentlich Unergründliche und zugleich Charakteristische, welches bereits während der ersten Töne jedes Bach-Chorals überwältigt, bei kurzem Hineinhören in eine große Fuge oder bei jenen Bereicherungen, die wir in der *G-Dur-Orgelfantasie* und im zweiten Satz des *a-Moll-Violinkonzertes* beobachten konnten – das eigentlich Bachische war sein (ein treffendes Wort dafür fehlt mir; sagen wir andeutend): «harmonischer Sinn». Er ist der größte Harmoniker der Musikgeschichte gewesen. Bachs Vermögen, sich von der Küste des Normalen zu entfernen, Reichtümer, Höhen und Abgründe tönen zu machen und zu kombinieren, ist ungeheuerlich. (Falls überhaupt ein anderer Komponist genannt werden soll, der so wie Bach in die Tiefe der Harmonie hinabzutauchen vermochte, dann könnte man – auch wenn die Fachleute es nicht wahrhaben wollen – am ehesten denken an den auf seine Weise Bach-nahen Harmoniker Franz Schubert!)

Bach geht meist ruhigen oder dramatisch-bestimmten Schritts vom Einfach-Gegebenen aus, aber unterwegs verirrt oder begibt er sich in Heftigstes und Fernstes. Und erst am Ende spürt der Hörer, daß auch die *Verirrungen* zum Plan, zur Sache gehören und schon im Beginn, im Fugenthema etwa, angelegt waren.

Dieses Vertraut-Sein mit der Harmonie – die durchaus nicht immer begütigend-*harmonisch* klingt, sondern oft auch entsetzlich (der «Barabbam»-Schrei) oder untröstlich – schützt Bach vor aller billigen Positivität. Es könnte als naheliegend erscheinen, dem «5. Evangelisten» – weil man ja seine Passionen, Kantaten, Messen nicht einfach um-interpretieren darf, so wie man etwa ein Goethe-Stück oder ein Schiller-Drama durchaus «aufbrechen» mag – eine christlich-gläubige Vorentschiedenheit der von ihm komponierten geistlichen Werke zu unterstellen. Auch die Dramen von Claudel oder Brecht ließen sich in gewisser Weise als ideologisch vor-entschieden und darum «untragisch» bezeichnen…

51

Johann Sebastian Bach

Doch ein solcher rein ästhetischer Einwand verliert alle Kraft, weil Bach in der Unendlichkeit der Harmonien dem Unfaßlichen ebenso zu begegnen wußte wie dem Kosmisch-Gewissen. Beim Umgang mit den zwölf Tönen ließ Bach sich – so fallen Theologisches und Musikalisch-Handwerkliches in seiner Kunst schließlich doch zusammen – aufs Äußerste ebenso ein wie aufs Tröstend-Harmonische, auf den Tod ebenso wie auf den Sieg. Mit billigem Gottesfrohsinn wird da nichts verharmlost. Der alte Goethe hat eine überwältigende Metapher gefunden für das Miteinander aus Wüstheit und Ordnung in Bachs Harmonik. Er schrieb am 17. Juli 1827, nachdem ein guter Organist ihn mit Bachs Kompositionen vertraut gemacht hatte, an Zelter nach Berlin: «Ich sprach mirs aus, als wenn die ewige Harmonie sich mit sich selbst unterhielte» – und dann folgt die gewaltige Metapher: «Wie sich's etwa in Gottes Busen, kurz vor der Weltschöpfung, möchte zugetragen haben.»

Was laut Goethe einem gottgeschaffenen Chaos gleicht, diese undomestizierte Fülle, wird von Bach – mit Hilfe immer wieder von neugierigen Forschern neu entdeckter Konstruktions-Geheimnisse, Zahlen-Mysterien, Beziehungs-Sonderbarkeiten, rhetorischer Formeln – abgesichert, verfestigt, haltbar gemacht. Nicht bloß den Bachschen Riesen-Entwürfen, auch den stilisierten Tanzsätzen der Suiten und Partiten wohnt eine Gediegenheit inne, eine Lebenskraft des – pathetisch formuliert – «in ewige Sicherheit Gebrachten», die der am wenigsten kapiert hat, der da fachmännisch orientiert alles Staunen verlernte. Johannes Brahms war weiß Gott kein schwärmerischer Feuilletonist, sondern ein brummiger Profi. Doch als er auf höchster Höhe seines Könnens stand, da schrieb er im Juni 1877 an Clara Schumann über Bachs *Chaconne für Solo-Violine*: «Auf einem (Noten-)System, für ein kleines Instrument, schreibt der Mann eine ganze Welt von tiefsten Gedanken und gewaltigsten Empfindungen. Wollte ich mir vorstellen, *ich* hätte das Stück machen, empfangen können, ich weiß sicher, die übergroße Aufregung und Erschütterung hätte mich verrückt gemacht...»

Als junger Künstler, in Weimar und Köthen, machte Bach die aus Italien kommende musikalische Revolution, die etwa der Vivaldi-Konzert-Typus bedeutete, begeistert mit, stand er später auch «wohltemperiert» an der Spitze. Als älterer Meister verweigerte er sich der galanten Revolution, mußte er Kritik einstecken, die Söhne in andere Lager überlaufen sehen. Es wird ihn geschmerzt haben –

Picander

forderte ihn aber auch dazu heraus, zu zeigen, daß er's galant konnte, wenn er nur wollte. (Man denke etwa ans melodiöse *Italienische Konzert* oder an das elegante H-Dur-Präludium aus dem zweiten Teil des *Wohltemperierten Klaviers*.) Gibt es also bei Bach «Älteres» oder «Moderneres» nebeneinander? Wenn es so einfach wäre! Bei einem Bach kann man die archaischen Schafe keineswegs reinlich von den avancierten Böcken trennen. Wenn er scheinbar unmodern schrieb, von Söhnen und Gegnern leicht belächelt, wenn er betagte Formen des Kontrapunktes in der *Kunst der Fuge* lehrhaft wiederaufgriff, dann entstand nämlich eine Musik, in der als Ergebnis strengster Stimmführung plötzlich modernste, chromatischste *Reizharmonien* zutage treten. Unter Bachs Händen schlug Archaisches um in progressiv Gewagtes, blieb anscheinend «Modernes» harmonisch weit einfacher und harmloser.

Es gibt bedeutende Komponisten und Dichter, von denen wendet man sich im Lauf des Lebens auch irgendwann einmal ab. Man wächst gewiß nicht über sie hinaus, aber doch von ihnen weg. Vielleicht interessiert man sich irgendwann einmal nicht mehr so für Tschaikowsky, Prokofjew, Schütz, Chopin (wieviel Herrliches diese Genies auch geschaffen haben). Mit Bach wird man nicht und niemals fertig. Seiner Musik bedürfen Musiker und Musikalische wie des Brotes oder wie der Luft. Sie ist heiter und ernst, leicht und schwer, unaufdringlich und undurchdringlich.

16. III. 1985

PICANDER

Er hieß Christian Friedrich Henrici, schrieb aber unter dem Pseudonym Picander und war gewiß kein großer Dichter, sondern nur ein mittlerer Poet, dem das Lustige und das Gewöhnliche leicht von der Hand gingen. Doch nachdem ihm der satirische Boden zu heiß geworden und Gesetztheit hinzugetreten war, entfaltete er auch eine umfangreiche Produktion religiöser Texte. Das poetische Handwerk machte ihm augenscheinlich Spaß. Er schien bereit, umzuändern, auf gegebene musikalische Modelle neue Worte zu ersinnen und seinem großen, guten Freund nach Kräften hilfreich zu sein. Dieser Freund hieß Johann Sebastian Bach. Picander selbst schrieb in einem Vorwort zu seinen Kantatentexten bescheiden: «daß vielleicht der Mangel der poetischen Anmuth durch die Lieblichkeit des unvergleichlichen Herrn Capell-Meister, Bachs, dürfte ersetzt… werden». Im übrigen legte Picander gar keinen Wert darauf, Kantatentexte, die er für Bach hingeschrieben hatte, als bedeutende eigene Werke auszugeben. Er war gewiß auf anderes viel stolzer.

In der ganzen Welt singt man also Picander-Verse – gewiß meist gedankenlos, manchmal aber auch kopfschüttelnd. Da ist die Rede von Herzen, die im Blute schwimmen, von Würmern, von Augen, aus denen der Heiland Tränen saugen soll. Da spricht sich ein barocker Zerknirschungsüberschwang aus, den das auf seine vernünftige Sachlichkeit so stolze moderne Christentum am liebsten tilgen oder mildern würde, wenn nicht Bachs Ton jedes Picander-Wort festhielte.

Man hat den in so hohe Sphären hinaufgehobenen Schriftsteller seine Unsterblichkeit büßen lassen. Autoren, die vergessen sein werden, wenn man immer noch Picander-Texte singt, entrüsten sich lebhaft darüber, welch ein schlechter Dichter und Mensch dieser Picander doch gewesen sei. Selbst Albert Schweitzer schreibt: «Alles erstaunte, als Picander sich 1724 der geistlichen Poesie zuwandte und einen Jahrgang Kantatentexte veröffentlichte. Daneben fuhr er ganz unbekümmert fort, die widerwärtigsten und gemeinsten Sachen drucken zu lassen. Man wundert sich, daß der Meister sich zu einem so unfeinen und wenig sympathischen Menschen hingezogen fühlte…» Fast alle verachten Picander. Dabei wird freilich übersehen, daß Picanders naive Bildhaftigkeit für Bach nicht nur kein Hindernis, sondern gewiß ein musikalischer Ansporn war. «Es erhub sich ein Streit, die rasende Schlange, der höllische Drache stürmt wider den Himmel mit wütender Rache» – das sind vielleicht keine tiefen Dichterworte; doch auch wer die Komposition nicht kennt, kann sich gewiß vorstellen, was für ungeheure polyphone Schlangenlinien sich der Thomaskantor dazu hat einfallen lassen. Und wer Bachs *Matthäus-Passion* liebengelernt hat, der wird die Picander-Worte «Am Abend, da es kühle war, / Ward Adams Fallen offenbar» bis zu dem Schluß «Ach liebe Seele bitte du, / Geh lasse dir den todten Jesum schenken, / O heilsames, o köstliches Angedenken!» weder missen noch für schlechte Poesie halten mögen, auch wenn er weiß, daß der Schriftsteller Picander da einen Text von Salomo Franck nur verkürzt und umgeschrieben hat.

Das Weihnachtsoratorium

Am 10. Mai 1764 starb der 64jährige Picander in Leipzig. Seine Frau war Patin bei den Bachs, und dem Thomaskantor dürfte der gewiß manchmal etwas frivole Ton seines Freundes gar nicht peinlich gewesen sein. Die nicht eben steife *Kaffeekantate* hat er mit hörbarem Vergnügen komponiert. Diejenigen aber, die nicht müde werden, mit Picander ins Gericht zu gehen, sollten vielleicht doch ein wenig Demut lernen gegenüber einem Schriftsteller und Journalisten, der Bach soviel Großes abzuverlangen wußte. Ist es nicht verständlich und sogar rührend, daß Bach, den man sich heute gewiß viel zu erhaben und feinsinnig vorstellt, einen kleinen, lustigen Leipziger Schreiber liebte – und daß er, von einigen rühmenswerten Freunden abgesehen, die sich tapfer für ihn einsetzten, wenig Umgang hatte mit jenen feinsinnigen, professoralen Ästheten, die (mit Recht) bis auf den heutigen Tag auf Herrn Henrici neidisch sind?

9. V. 1964

DAS WEIHNACHTSORATORIUM

In seinem Don-Juan-Stück über den Herrn Ornifle will Jean Anouilh den Helden, einen ziemlich gewissenlosen modernen Schriftsteller, so frivol wie möglich darstellen. Dazu hat sich Anouilh am Ende des ersten Akts eine Szene ausgedacht, die modernen Zuschauern in der Tat ungemein zynisch scheint. Herr Ornifle empfängt da den Besuch des Paters Dubaton und läßt sich – denn er ist durchaus gutmütig – dazu überreden, ein kleines Weihnachtsliedchen zu dichten, das der Pater für eine Kinderbescherung braucht. Rasch wirft Herr Ornifle einen ganz entzückenden Text hin. Doch damit man auch sieht, wie bös er sei, verfertigt er im gleichen Augenblick seinem abgefeimten Agenten ein denkbar lockeres Chanson. Der Pater hebt verzweifelt die Hände zum Himmel, und selbst das jeweilige Theaterpublikum ist über soviel Ruchlosigkeit entsetzt.

Mit einer so herben Mixtur aus Geistlich und Weltlich hätte man aber einen Mann nicht schockieren können, der die letzten 27 Jahre seines Lebens in Leipzig verbrachte, als Künstler immer einsamer und eigenbrötlerischer wurde, zwanzig Kinder zeugte, den Eß- und Trinkfreuden des Daseins zugeneigt schien, ein recht schwieriger,

Johann Sebastian Bach

streitbarer Untergebener war und dabei wohl doch der größte, dem Geheimnis aller Harmonie nächste Komponist, den die Musikgeschichte kennt: Johann Sebastian Bach. Wohl hat auch er die Unterschiede zwischen weltlichen Tanzsätzen, konzertantem Glanz und dem spezifischen Ton eines Chorals gekannt und beherzigt. Aber seine Musik ist noch kein Opfer jener Spaltung, die im 18. Jahrhundert begann, im 19. unübersehbar und im 20. so unüberbrückbar wurde, daß es heute sakrilegisch wirkt, Heiliges und Profanes zu vermengen, so, wie Anouilhs später vom Teufel geholter Dichterling es tut. Nur in *einer* späten Kunstform darf die Musik als vermittelnder Grund hinter den Reinen und den weniger Reinen stehen, um Gegensätze, die sprachlich nicht überwunden werden können, versöhnend zu umfassen: in der Oper. Die Schurken fügen sich in die Ensemble-Sätze des *Fidelio* und des *Rigoletto*, der *Götterdämmerung* und der *Elektra*.

In Bachs *Weihnachtsoratorium* sind die Gegensätze zwischen weltlichem Jubel und himmlischer Freude nicht nur überbrückt, sondern förmlich getilgt. Was die Puristen dem Werk so gern vorhalten, was seine Weihnachtlichkeit auf den ersten, gelehrten Blick zur Äußerlichkeit, zum nachträglich draufgeklebten Etikett zu machen scheint, das ist aber in Wahrheit der Sieg des weihnachtlichen Tons über den Stoff. Die Musikwissenschaft hat herausgebracht, daß mindestens zwölf der 64 Nummern des *Weihnachtsoratoriums* aus anderen Werken stammen, also sogenannte «Parodien» sind. Musikstücke, die anderswo und mit anderem Text in Bachs Werk vorkommen, werden in den Weihnachtszusammenhang eingeschmolzen. Bach vollzieht da eine Oratorien-Taufe, die aus dem Heidenkind ein Christenkind macht – obwohl es scheinbar unverändert bleibt. Wenn der Hauptchoral aus der *Matthäus-Passion* im *Weihnachtsoratorium* erklingt, wenn die Arie «Kron und Preis gekrönter Damen» nun «Großer Herr und starker König» heißt, dann bedeutet das keineswegs, Bach habe sich bei einer solchen «Parodie» nichts Weihnachtliches gedacht. Es heißt vielmehr: Auch diese Melodie ist weihnachtswürdig, auch der todbewußte Ton dieses Chorals gehört nun zu Weihnachten. (Denn wenn Bach mit der Instrumentation irgendeiner «parodierten» Stelle offenbar wirklich unzufrieden war, dann hat er das geändert.)

Mit anderen Worten: Die gelehrten Hinweise darauf, was original und was nicht original sei, tun so, als könne Weihnachten nichts mit der Welt gemein haben, in der es doch als Wunder geschah. Zusam-

Das Weihnachtsoratorium

menhang, Umgebung und Wahl, unverlierbares Eins-Sein zwischen himmlischer Freude und irdischen Tönen drücken sich jedoch gerade in dieser sinnlich-übersinnlichen Ehe aus. Man kann diesen Gedankengang sogar quasi kriminalistisch stützen. Bach schrieb das Dramma per musica mit dem Titel «Tönet ihr Pauken! Erschallet, Trompeten», dem die beiden wichtigsten Parodiesätze des *Weihnachtsoratoriums* entnommen sind, zum Geburtstag der Königin. Der fiel aber auf den 8. Dezember! Wer kann zu sagen wagen, ob Bach – als er in den ersten Dezembertagen eine Huldigungskantate auf seine Königin komponierte – nicht schon an weihnachtlichen Jubel dachte oder ob umgekehrt die beiden Ecksätze aus dem ersten und dem dritten Teil des *Weihnachtsoratoriums* nur das parodierte Echo weltlicher Freude sind? Der Unterschied wird gleichgültig. Auch im Weihnachtsfest selbst leben ja heidnische Bräuche weiter und sind angesichts des Festes gleichgültig, zumindest nicht abträglich. Und daß ein Komponist froh war, Einfälle, die in bestimmtem, «weltlichem» Zusammenhang nur einmal verwendet werden konnten, nun geistlich-festlich zu wiederholen, das liegt, als Verwertungspraxis, nahe genug.

So also sieht das ästhetische Problem des *Weihnachtsoratoriums* aus, das vielen Betrachtern Mühe macht. Professor Kretzschmar, ein grundgelehrter, aller unaufrichtigen Schönrederei sicherlich abgeneigter Mann, schrieb im Vorwort zu meinem alten Klavierauszug strenge: «Der Musik nach gehört das *Weihnachtsoratorium* nicht zu den gewaltigsten und originellsten Schöpfungen Bachs.» Nun vererben sich solche Klavierauszüge und überleben ihre skeptischen Vorworte. Immer von neuem gelangen sie in die Hände junger Leute, die festlich erleuchtete Kirchen mit dem Jubel einer *Weihnachtsoratoriums*-Aufführung füllen und sich von der strahlenden Positivität des Chorklangs mitreißen lassen. Noten, die ihren 200. Geburtstag längst hinter sich haben, werden in Leben verwandelt. Wenn man den jungen, teilnahmsvollen Sopranistinnen zuschaut – die Haut ist frisch, das Kleid etwas simpel, tut die Sängerin dann dreißig Jahre später als zuverlässiger Alt immer noch mit, dann ist die Haut etwas weniger frisch, das Kleid dafür etwas weniger simpel –, dann spürt man etwas von der Beständigkeit großer Musik. Gewiß, ihre Sprache ist nicht ganz leicht, steht außerhalb des Getriebes, will begriffen sein. Doch was zunächst Mühe macht, erweist sich sogleich als Schutz. Jene Bedrohungen, denen das längst in jedes Haushaltsbudget, jede industrielle Appara-

57

Johann Sebastian Bach

tur, jede private Überlegung einkalkulierte Weihnachtsfest immer
mehr ausgesetzt ist – sie versinken wie Staub vor dem Sturm dieser
Töne.
Kern der ersten drei Teile – also des «eigentlichen» Weihnachts-
oratoriums – ist die Weihnachtsgeschichte nach Lukas und Matthäus.
In lyrisch-betrachtenden Einschüben (Arien, Chorälen, großen
Chorsätzen) äußert sich die Seele zu dem verkündeten Geschehen.
Der erste Satz stimmt nicht etwa langsam ein, sondern kommt
brausend. Zum Jauchzen und Frohlocken wird aufgerufen. Kaum
haben Pauken und Trompeten ihren Donner angestimmt, fahren die
Violinen mit Zweiunddreißigsteln dazwischen, so, als sollte ein
flimmernder Ring um das Oratorium gelegt werden, es von allem
täglichen Kram radikal trennend, abschirmend. Gottes Engel könnten ihr Geschmetter von einem preußischen Militärkapellmeister
gelernt haben. Die Worte «Lasset das Zagen, verbannet die Klage»
werden in vierfacher Wiederholung, die einem Anlauf gleicht und
keine naheliegenden Moll-Reminiszenzen duldet, gesteigert bis zu
einer Sequenz, deren Schwung auch den abgespanntesten, verhetzte-
sten Zuhörer unwiderstehlich in weihnachtlichen Festbezirk hinein-
holt. Frau Musica will der Ihren zunächst einmal ganz sicher sein.
Bald wird das Prinzip deutlich, nach dem in diesem *Weihnachtsoratorium* so viele Sätze komponiert scheinen: Es ist die variierte
Wiederholung. Denn beim zweiten Male scheint der Anfangskom-
plex ganz ähnlich zu tönen. Aber Bach – wie kein anderer Komponist
dazu fähig, der Musik zu ihrer eigenen Sprache zu verhelfen –
verändert unauffällig den Schluß, demonstriert, welche Fülle harmonischer Ausweitungen und Fortspinnungen noch im Thema steckt.
Er endet in geradezu ekstatischem Jubel. Merkwürdigerweise steht
diese Ekstase zu einem anderen, viel späteren musikalischen Ausbruch in überraschend naher Beziehung. Sie erinnert an das forcierte
Freiheitslied, das der geschundene Cavaradossi im zweiten Akt der
Tosca singt, da er vom Sieg Napoleons hört. Beide Male hat die
Melodie eine fast gleichartige Struktur und eine anapästische Kadenz.
So existieren übrigens in aller großen Musik Zusammenhänge, die
aus der Logik der Sache kommen. Die berühmte Duchführungsstelle
aus Beethovens *Es-Dur-Klavierkonzert,* wo das Klavier viermal mit
punktierter Akkordwucht gegen die Fragen des Orchesters andon-
nert, hat Bach in dem vierfach punktierten «Ich stärke dich» aus
seiner Motette *Fürchte dich nicht* mit dramatischer Beredsamkeit
vorweggenommen. Es gibt kein ehrfurchtgebietenderes Vergnügen,

Das Weihnachtsoratorium

als solche Verwandtschaften in den Dynastologien großer Musik wahrzunehmen.

Wenn man nun aber pedantisch sein will und anfängt, der Frau Musica die Takte nachzuzählen in diesem ersten Stück des *Weihnachtsoratoriums,* dann stößt man auf etwas Überwältigendes. Das Vorspiel ist 32 Takte lang, der erste große Chorteil 48 Takte, das Zwischenspiel 8 Takte, der folgende Hauptteil wieder 48 Takte. Dann folgt ein einziger, typischer Überleitungstakt, der Mittelteil umfaßt wieder 64 Takte. Man sieht also, wie das ganze Stück auf einfachsten, genauesten Zahlenverhältnissen (8 : 16 : 32 : 64) beruht. Ob Bach das so trocken nachgezählt hat wie wir? Wahrscheinlich nicht. Zu spontan wirkt bei ihm die harmonische Unterhaltung der ewigen Harmonie mit sich selbst. Man muß, schlicht nachzählend, vielmehr erkennen, daß in diesem großen Mann eine unvorstellbare innere Waage gearbeitet hat, die ihn unwiderstehlich auf einfachste und zwingendste Zahlenverhältnisse stoßen ließ. Jubel und beispielloses Gleichgewicht begegnen sich da, als könnt's nicht anders sein. (Ähnliches haben die Physiker übrigens für die Schwingungsverhältnisse von Mozarts *Ave verum* errechnet.)

Nun wird die Weihnachtsgeschichte erzählt. Kann es Zufall sein, daß die drei höchsten Töne des Altrezitativs gerade mit den wichtigsten Worten zusammenfallen (David, Strahl, empor)? Daß die Arie «Bereite dich, Zion» mit genau der gleichen a-Moll-Wendung (e:a) beginnt wie der dann folgende Choral «Wie soll ich dich empfangen?»? Schon immer hat es empfängliche Gemüter gerührt, daß der erste Weihnachtschoral nach all dem Jubel eine Reminiszenz an das große Todeslied aus der *Matthäus-Passion* darstellt («Wann ich einmal soll scheiden»). So verschlingen sich die Parodien und Beziehungen zu einem Kosmos von weitester Bedeutung. Wenn Frau Musica Weihnachten feiert, dann erscheinen tiefster Passionsmoment und weltlichster, militantester Paukenjubel vereint. Es herrscht Friede. Ja, die Vereinigung geschieht sogar innerhalb eines einzigen Stücks. Auf Luthers Melodie zu «Vom Himmel hoch» singt der Chor den Choraltext «Ach mein herzliebes Jesulein, mach dir ein rein sanft Bettelein». Aber Pauken und Trompeten halten sich nicht an traulichen Kinderton, sondern komponieren zum Abschluß des ersten Teils donnerndes D-Dur mit dem innigen Weihnachtslied.

Die berühmte «Pastorale», mit welcher der zweite Teil beginnt, ist laut Albert Schweitzer ein Dialog zwischen den ruhigen Schalmeien (Oboen) der Hirten und den fröhlich-erregten Violinen beziehungs-

Johann Sebastian Bach

weise Flöten der verkündenden Engel. Die fast schwärmerischen Spannungen, zu denen sich das Gegeneinander steigert, machen diese Hirtenmusik zu ausdrucksvollster, erfülltester Musik – aber doch nicht zu einer so persönlichen Ausdrucksmusik, wie sie in einer anderen Quasi-Pastorale, nämlich dem fis-Moll-Andante aus Mozarts *Klavierkonzert in A-Dur*, erklingt, wo das Melos linder Verzweiflung alle Hirtennaivität hinter sich läßt.

Frau Musica hat in ihr Weihnachtsgewand ein paar Muster gewebt, die sich wiederholen. So findet sich in der Hirtensymphonie, in der Arie «Großer Herr und starker König» wie auch im Choral «Brich an, o schönes Morgenrot» jeweils die gleiche Sequenz (also Wiederholung der gleichen Tonfolge auf anderer Stufe) an entscheidender Stelle. Aber nicht nur solche Anspielungen macht die Musik. Im differenzierten Tonsatz der Choräle verbirgt sich oft sogar Programmatisches, steckt vorweggenommene Programmusik. Im Choral «Ich will dich mit Fleiß bewahren» wird die gleiche Melodie bei «bewahren» auf festes C-Dur kadenziert, während sie auf die Worte «endlich schweben» den Untergrund von scheuem a-Moll hat. Und im Choral «Seid froh, dieweil», der geradezu ein Musterbeispiel für variierte Harmonik bei gleichbleibender Melodie darstellt, erscheint am Ende, wenn von Davids Stadt die Rede ist, eine so herb aufsteigende chromatische Bewegung, als wolle die Musik an Jesu späteres Schicksal erinnern.

Und wer könnte die raffinierten Synkopen im Choral «Schau hin, dort liegt im finstern Stall» überhören? Während der Worte «Da ruhet jetzt der Jungfrau Kind» wird der Baß synkopisch geführt. Man verspürt: Die Krippe im Stall von Bethlehem hat ein bißchen gewackelt, als wäre sie eine Wiege. Solche heiteren Hinweise darf weihnachtliche Musik sich leisten. In der *Weihnachtshistorie* von Heinrich Schütz zum Beispiel wurde ja nicht nur das Kinderwiegen illustriert, sondern die «Weisen aus dem Morgenland» durften trokken-gravitätisch schreiten, ihrer Würde wohl bewußt und von Fagotten begleitet, als seien sie jener Zug alberner Gelehrter, der in Richard Strauss' *Till Eulenspiegel* sich ächzend dahinschleppt, bis Till lustig dazwischenfährt. Bei Schütz werden die Hohenpriester und Schriftgelehrten sogar durch große Blechinstrumente verhöhnt, während der helle Trompetenklang bei Bach die strahlende Feierlichkeit steigern soll. Dies alles spricht Musik wortlos aus. Sie weiß noch mehr. Wenn die Engel ihr «Friede auf Erden» anstimmen, dann wird dieser Text wie das «Et incarnatus est» aus der *h-Moll-Messe* von ganz

Das Weihnachtsoratorium

scheuen, fast mystischen Streichern begleitet, so, als sei jener Friede ein ferner Traum, an den man nur zitternd und verstohlen denken darf.

Der schwungvollste Chor des *Weihnachtsoratoriums* steht am Anfang und Ende des dritten Teils. Daß der eigentlich auf den Text «Blühet, ihr Linden in Sachsen, wie Zedern» komponiert war, daß Bach sich beim Abschreiben zunächst vertat und aus dem mit *Palmen* erhöhten Zion ein mit *Psalmen* erhöhtes Zion machte, ist festgestellt, hat aber gegenüber dem feierlichen Pathos der Musik in diesem Zusammenhang und an diesem Ort überhaupt kein Gewicht. Schon die ersten 16 Takte könnten Gegenstand langer Meditationen sein. In einer Aufführung ziehen sie viel zu rasch vorbei. Man merkt da gar nicht, in welche ungemein harmonischen Spannungen sich die Musik verstrickt, so daß selbst dissonante Septakkorde noch wie Auflösungen wirken. Stellt man sich jedoch vor, daß irgendein anderer von Bachs ehrwürdigen Zeitgenossen dies Jubelthema in reines Trompetengeschmetter verwandelt hätte, während bei Bach vom ersten Takt an dissonante harmonische Eigenwilligkeiten stark und selbstverständlich aus schöner Musik *große Musik* machen, dann beginnt man zu erkennen, daß keineswegs Pathos allein den Weihnachtsschwung dieser Musik bewirkt, sondern daß es ein sprechendes, erfülltes, spannungs- und lösungsreiches Pathos sein muß, wenn Frau Musica Weihnachten feiert.

So begleitet uns dieses Werk über die Jahre hin mit seinem weihnachtlichen Zuspruch. Es hängt seine Schönheiten nicht an die große Glocke, an tönendes Erz – dann würde man ihrer vielleicht bald überdrüssig werden. Es verbirgt seine intimen Zusammenhänge – darum kann man aus jeder Aufführung, auch einer nicht so guten, etwas Neues erspüren. Und es tut manchmal so, als sei Weihnachten ein harmlos-fröhliches Fest – darum merkt man nur langsam, daß auch hier die ganze Welt umspannt wird.

24. XII. 1963

Johann Sebastian Bach

Zweimal Weihnachtsoratorium im Kongreßsaal: Am vergangenen Dienstag führte der Bach-Chor unter Ekkehard Tietze alle sechs Kantaten (also auch die dem «Neujahrstag», dem «Sonntag nach Neujahr» und dem «Fest der Erscheinung Christi» gewidmeten) auf. Drei Tage später beschränkte sich die Neubeuerer Chorgemeinschaft unter Enoch zu Guttenberg auf jene Kantaten 1–3 des Werkes, die den eigentlichen *Weihnachts*festtagen gewidmet sind.

Nun ist Guttenbergs Tendenz, Bachs geistliche Chormusik gläubig erhitzt, überschwenglich ausdrucksvoll und ohne alle Effekthascherei hin aufs biblische oder betrachtende Wort zu dirigieren, gewiß nicht der einzige Weg, dieser Kunst zu dienen. Auch abgeklärtere, strengere, ästhetisch schönere Interpretationen könnten denkbar und sinnvoll sein. Aber im Kongreßsaal, dessen Akustik ohnehin viel Direktheit und Unmittelbarkeit wegschluckt, viel Überhitze kühlt, schien Guttenbergs rückhaltloses Ausmusizieren dessen, was zwischen dem Jubel des «Jauchzet, frohlocket» und der dunklen Passionsahnung von «Wie soll ich dich empfangen» geschieht (die immerhin den Sterbe-Choral der *Matthäus-Passion* beschwört), durchaus fesselnder, zwingender und bewegender als des Bach-Chors manchmal so grau, unekstatisch, un-jung und karg-protestantisch wirkende Nüchternheit. Das Konzept von Ekkehard Tietze – ein gewiß ausgewogenes, erfahrungsgesättigtes harmonisches Musizieren – zerfiel in des Kongreßsaals Weite. Überdies paßte Tietzes Konzept auch entschieden besser zu den meditativeren Kantaten 4–6. So kam der Eingangschor der vierten Kantate sinnig verhalten beschwingt heraus, und im Choral «Dein Glanz all' Finsternis verzehrt» aus der fünften Kantate fand man endlich jene schöne Freiheit gläubigen Gefühls, die Tietze vorher offenbar gar nicht recht angestrebt hatte.

Aber das »Problem« dabei war kein bloß chortechnisches: Schwierigkeiten wurden meist sicher bewältigt. Es fehlte indessen vor allem den Sopranen an Farben, an Jugend, an Artikulations-Fülle und Artikulations-Lust. Während der Choräle hatte man darüber hinaus nicht den Eindruck, daß die Ausdrucks- und Tonvorstellungen der Singenden von vornherein hochbewußt waren: sie fanden sich immer erst so allmählich zusammen. Ton- und seelenmalerische Dissonanzen wurden da verschenkt. Zuwenig Reibungswiderstand. Eine Verheißung wie: «und letztlich Frieden bringen» nüchterte dahin. Ein Sturm, der sich des «Lallens» und «matter Gesänge» bezichtigt, weil er weiß, daß er Bach sei Dank alles andere ist als

Das Weihnachtsoratorium

lallend und matt – geriet zwar nicht wirklich «matt», aber doch nur hübsch.

Drei Tage später Guttenberg und sein Neubeuerer Chor. Guttenbergs Interpretation gelang eindeutig fesselnder. *Wenn schon Jubel, dann rückhaltlos, hektisch, ekstatisch* – denkt und dirigiert er, vor Erregung zitternd. Er erhitzt Pauken und Geigen zu äußerstem Einsatz. Deklamiert das «Lasset das Zagen, verbannet die Klage» ausdrucksvoll auf die «Klage» hin, könnte aber die Sequenzen des unbedingten Jubeln-Wollens im Eröffnungschor noch freier und variabler darbieten. Wenn man sich immer am Rande des »Äußersten» bewegt, dann mag es freilich schwer sein, differenzierte Unterschiede des Jubelns zu disponieren. Immerhin gelang das «Herrscher des Himmels» im dritten Teil so glänzend wie reich. Und die Hirtensymphonie hatte Süße, Innigkeit, ohne jedes Ermatten.

Doch um «Süße» und um «Innigkeit» allein geht es dem Bach-Ekstatiker Guttenberg nicht. Seine religiöse Bekenntnis-Hitze macht ihn gierig, ja süchtig nach Dissonanzen, nach Schmerz, menschlichem Leid, göttlichem Beistandsversprechen. Mit rührender Reinheit folgt ihm dabei gläubig sein Chor. Das «Wie soll ich dich empfangen» senkte sich ungeheuerlich erhaben langsam, wie ein Tempel-Inneres, über Gerechte und Ungerechte. Elegisch, als traumferne Utopie, tönte man das «und Frieden auf Erden» ab (da also hat Brahms den «Ihr habt nun Traurigkeit»-Gestus seines *Deutschen Requiems* her).

Die Neubeuerer Singgemeinschaft imponierte mit unverkünstelter Sicherheit und Brillanz. Im Eifer rascherer Gefechte singen die Tenöre auch mal derb-heiser bis bellend. Hin und wieder wünschte man, daß Guttenberg beim Begleiten der Solisten doch mehr Zäsuren erlaube oder nahelege, daß er freier mitatme. Bei der Tenorarie «Frohe Hirten, eilt» herrschte wirklich mehr Eile als Freude. Hatte da Tietze seinem routinierten Ahnsjö das Koloraturleben mit den Zweiunddreißigstel-Hürden behutsam klug erleichtert, so machte Guttenberg seinem eher unerfahrenen Sänger das Rennen verdammt schwer: wir atmeten auf, als der junge Tenor und Evangelist John Dickie einigermaßen ungeschoren zum Ziele kam. Er gibt den Evangelisten-Part noch längst nicht ausdrucksstark genug, freilich mit schlanker, flexibler, entwicklungsfähiger Stimme.

Gisela Burkhardt, Sopran, sang schön und untadelig, wenn auch (kein Wunder bei der ziemlich undankbaren Partie) mit leichten Ansatzschwierigkeiten. Gothart Stier (Baß) war nobel und eminent

Johann Sebastian Bach

sicher – fast in der Nähe zum Kavaliersbariton. Großartig, pastos und ein wenig opernhaft imponierte die souveräne Hanna Schwarz. Und weil Guttenberg auch im *Weihnachtsoratorium* nach dem um Erbarmen ringenden Passions- und Hohe-Messen-Bach sucht, fand man am Schluß, in der Altarie «Schließe, mein Herze, dies selige Wunder», eine überraschende, herrlich überzeugende Analogie zum Agnus Dei aus der *h-Moll-Messe*! Auch dort: Alt, Adagio-Kantilene und Solo-Violine. Hier führten Hanna Schwarz und der vortreffliche Konzertmeister Florian Sonnleitner mystisch largohafte Versenkung vor.

Guttenberg bot, zumal sich die Orgel gelegentlich unnötig vordrängte, keine perfekte Aufführung des *Weihnachtsoratoriums*. Aber doch eine sehr überzeugende. Eine Aufführung, die in ihrer Subjektivität, ihrem inständigen Glaubensernst und auch in ihrer manche Kantigkeit riskierenden Forciertheit der Erinnerung an Karl Richter näher kam als alle anderen, die ich seit dem Tode dieses großen Mannes gehört habe.

19. XII. 83

DIE MATTHÄUS-PASSION

Die *Matthäus-Passion*, wie sie vorliegt seit Mendelssohns Wiederentdeckung im Jahre 1829 und seit ihrer Uraufführung (die 1729, wenn nicht wahrscheinlich sogar etwas früher – nämlich 1727 oder 1728 – stattgefunden hat), diese Passion ist ein Werk mit wahrlich kaum mehr überschaubarer Vor- und Nach-Geschichte. Bis tief in unser Jahrhundert hat man diese Passion als Idol romantischer Bach-Begeisterung kennengelernt und geliebt. Die neue kritische Gesamtausgabe der Werke von Johann Sebastian Bach belehrt uns nun darüber, daß auch die *Matthäus-Passion* kein einmaliges, «absolutes» Werk und Ereignis gewesen ist! Es hat nämlich eine *Matthäus-Passion* gegeben, die anscheinend früher «fertig» war, als man bisher annahm. Also, wie gesagt, wohl schon vor 1729. 1736 hat Johann Sebastian Bach dann die endgültige, die als «eigentliche» Fassung geltende *Matthäus-Passions*-Form hergestellt. Aber bis zum Tode Bachs fand dann in Leipzig «mindestens noch eine weitere Aufführ-

Die Matthäus-Passion

rung» statt, wiederum in Einzelheiten verändert. Darum also müssen wir die *Matthäus-Passion* als ein «work in progress» zu begreifen versuchen. (Über die jeweiligen Veränderungen unterrichtet philologisch und scharfsinnig genau Alfred Dürrs Faksimile-Ausgabe der Frühfassung der *Matthäus-Passion*, Leipzig 1972, sowie sein ausführlicher kritischer Bericht zur Ausgabe der späteren Fassung, Kassel 1974.) Work in progress heißt nun keineswegs: «stets beliebig erweiterbar». Diese seit James Joyce geläufige Formel bedeutet im Hinblick auf die *Matthäus-Passion* vielmehr, daß Bach immer wieder – seinem Vollendungsdrang und den jeweiligen Aufführungsgegebenheiten entsprechend – änderte, feilte. Trotzdem blieb ein minutiöser und tiefsinniger Gesamtplan offenbar allen Veränderungen übergeordnet. So schloß der erste Teil der «Urfassung» mit dem Choral »Jesum lass' ich nicht von mir». Erst die spätere Fassung nahm den figurierten Choral «O Mensch, bewein dein Sünde groß» aus der zweiten Fassung der *Johannes-Passion* in die *Matthäus-Passion* hinüber, und zwar genau an Stelle des Chorals «Jesum lass' ich nicht von mir». Doch diese beiden, gewiß sehr verschieden langen und kunstvollen Stücke stehen in der gleichen Tonart: E-Dur. Bach behielt also hier den Tonartenplan bei – während er die Stücke austauschte und das Werk bereicherte.

«Summe» ist dieses einzigartige Kunstwerk nicht nur im Hinblick auf die demütige lebenslange Hinwendung, die alle Interpreten und Wissenschaftler ihm widmen müssen; nicht nur, weil Bach selber es nie als abgeschlossen und unveränderbar zu betrachten schien. Summe ist es auch und im allerhöchsten Sinne, weil es viele Jahrhunderte einer formenreichen Gattungsgeschichte gläubigen Passionskomponierens zusammenfaßt. Hört man die *Passion* in einer die Harmonien streng und genau darbietenden Interpretation, dann durchdringt ein kirchentonartlicher Äther (ganz deutlich beim phrygischen «Wenn ich einmal soll scheiden») die zugleich ferne und nahe Musik. «Kirchentöne» verbinden die *Passion* mit früheren Jahrhunderten: Es ist, als könne man in Bachs großer Ordnungssumme auch noch ein Echo mittelalterlicher Musik und Gläubigkeit mithören.

Man braucht über die große, tief zurückreichende Vergangenheit liturgischer und musikgeschichtlicher Passionsvertonungen, die in Bachs *Matthäus-Passion* eingingen als gleichsam mitklingende Vorzeit, keineswegs nur in vagen Metaphern zu reden. «Sprich vom

Johann Sebastian Bach

Geheimnis nicht geheimnisvoll» – mahnt Goethe in der *Natürlichen Tochter*.

Die Gestaltung der Christus-Partie – Grund und heiliger Mittelpunkt des Werkes – ist bereits Ausdruck einer tief zurückreichenden Traditionsbeziehung des Thomaskantors. Wäre man nicht an diese und viele andere Passionsvertonungen gewöhnt wie an eine zweite Natur, man würde doch annehmen, daß die lichte Gestalt Jesu, wenn sie überhaupt in Tönen erscheint, eine Tenorpartie sein müßte (und gewiß kein Baß). Wir wissen, daß es sich – auch in Bachs *Matthäus-Passion* – anders verhält. Der Jesus ist eine tiefe Partie, im Gegensatz zum Evangelisten-Tenor.

Warum? Da wirkt eine mittlerweile tausendjährige Geschichte des Passionsvortrags mit! Schon die einstimmige lateinische Vortragsweise der vier Evangelien, die in der römischen Liturgie an den Tagen der Karwoche zelebriert wurde, schrieb (nachweisbar seit dem 9. Jahrhundert) verschiedene Höhenlagen vor mit Hilfe von Buchstaben-Zeichen, die dem Text beigegeben wurden. Bereits da (man kann es einem Evangeliar aus dem 10. Jahrhundert entnehmen, das jetzt der Universitätsbibliothek Erlangen gehört) waren die Heilandsworte in tiefer Lage, die Worte des erzählenden Evangelisten aber in mittlerer Lage angeordnet. Die Volksmenge soll wiederum verschieden, meist etwas höher intoniert werden.

So ist es auch kein Zufall, daß gerade die Evangelien des Matthäus und Johannes doch auffällig häufig bedacht, ausgeschmückt wurden. Denn in der Karwoche der römischen Messe wurde am Palmsonntag der Text nach Matthäus, am Dienstag nach Markus, am Mittwoch nach Lukas und am Karfreitag nach Johannes dargeboten. «Die auffallende Tatsache» (schreibt Bruno Stablein), daß die *Matthäus-Passion* in den benutzten Evangelientexten «vielfach am reichsten mit (Vortrags-)Zeichen ausgestattet ist, die nach Johannes etwas weniger und die nach Markus und Lukas am dürftigsten bedacht sind, erklärt sich aus der Tatsache, daß Matthäus auf einen Sonntag trifft, Johannes immerhin auf den Karfreitag, wohingegen Markus und Lukas nur auf Werktage fallen». Kein reiner Zufall also, daß Bach gerade die *Matthäus-Passion* mit höchstem künstlerischem Ehrgeiz komponierte.

Lange Jahrhunderte wurden die Passionen als Gegenstände liturgischer Lesung verstanden: sie durften darum auch den gegebenen gottesdienstlichen Zeitrahmen nicht allzusehr überschreiten. Weil die katholische Kirche in der Karwoche Instrumentenspiel weithin

Die Matthäus-Passion

verbot, konnten vor allem die monodische (also das Oberstimmen-
prinzip mit Generalbaß-Begleitung) und die konzertante Entwicklung der Musik etwa in Italien nur ausnahmsweise in die künstlerischen Passionskompositionen eindringen.

Das war bei der Entwicklung der protestantischen «oratorischen
Passion» (nicht zu verwechseln mit den «Passionsoratorien», die
nicht präzise an einen Evangelientext gebunden sind, sondern den
Passionsvorgang frei nachdichten!) durchaus anders. Protestantische Passionsvertonung konnte im Lauf der musikgeschichtlichen
Entwicklung monodische Möglichkeiten ebenso wie konzertierende
Solo-Instrumente durchaus mit einbeziehen: Bachs *Matthäus-Passion* ist ja im Hinblick auf Kombinationsfreiheit und Formenvielfalt
fast ein Kompendium von Möglichkeiten, die im Lauf der Jahrhunderte ersonnen wurden. Bach gibt Secco-Rezitative und Accompa-
gnato-Rezitative (also «trockene» und auch expressiv begleitete
Rezitative), er komponiert Choräle, führt die Kunst ausdrucksvari-
ierender Choralbearbeitungen vor, schreibt freie Chorsätze. Er war
kein musikalischer Dogmatiker – wohl aber ein tief gläubiger
Christ, der seinen gnädigen Gott mit Hilfe seiner Kunst bekommen
wollte. Dazu benutzte er auch die italienische, aus der veneziani-
schen Oper stammende Form der Da-capo-Arie, die auf dem Weg
unbefangener Aneignung in die deutsche Kantaten- und Oratorien-
Geschichte geraten war: Ein so unvergleichlich wohllautend instru-
mentiertes Stück wie die magische Da-capo-Arie »Aus Liebe will
mein Heiland sterben» (für Sopran, Flöte, zwei Oboe da caccia) ist
die zu wahrhaft unerhört neuen Klängen findende Umwertung und
Inspirierung einer alten Form. Stets verbinden sich in großer Musik
Tradition und Fortschritt geheimnisvoll. So ist es gemeint, wenn
man Bachs *Matthäus-Passion* nicht als einen absoluten Höhepunkt,
sondern als Summe musikgeschichtlicher Entwicklung würdigt.
Und natürlich kulminierte gerade in der Privatperson Bach die
zumal in Mitteldeutschland tradierte, auch handwerkliche Kunst
zahlreicher Kantoren und Kleinmeister. Das Geschlecht der
«Bachs», namentlich aber Johann Sebastian, war durchtränkt und
geprägt von alledem.

Die berühmte Wiederentdeckung der ziemlich vergessenen *Passion*
hat der junge Felix Mendelssohn, tatkräftig unterstützt von Eduard
Devrient (der den Christus singen sollte und wollte), dem alten,
eher zögernden Zelter mühsam abgerungen. In der Zeit des Dritten

Johann Sebastian Bach

Reiches neigten manche dazu, Zelters unleugbares Mitverdienst zuungunsten Mendelssohns ein wenig zu übertreiben. Die von Mendelssohn dirigierte, folgenreiche Aufführung fand am 11. März 1829 in Berlin statt; sie mußte zehn Tage später – also genau am 144. Geburtstag Bachs, der am 21. März 1685 zu Eisenach geboren worden war – ihres großen Erfolges wegen wiederholt werden. Bei dieser Wiederholungsaufführung war dann das ganze «geistige» Berlin zugegen: nämlich alle Zeugen der ersten Aufführung – und dazu noch alle neugierig Gewordenen, die es nun auch wissen wollten. Danach gab es ein Souper bei Zelter, wo die Gattin Devrients von einem übereifrigen älteren Herrn mit Aufmerksamkeiten (und auch sonst) belästigt wurde. «Sagen Sie mir doch», fragte sie leise Felix Mendelssohn, «wer ist der dumme Kerl hier neben mir?» Felix flüsterte: «Der dumme Kerl da neben Ihnen ist der berühmte Philosoph Hegel.»

Hegel scheint in der Tat – im Gegensatz zu den späteren Hegelianern Bloch, Brecht, Adorno – bei Bachs *Matthäus-Passion* gewisse Verständnisschwierigkeiten gehabt zu haben. Zelter schrieb über die beiden Aufführungen an Goethe. In seinem ersten Bericht wird Hegel noch nicht erwähnt: «Unsre Bachsche Musik ist gestern (d. 11. März) glücklich von statten gegangen und Felix hat einen straffen, ruhigen Director gemacht. Der König und der ganze Hof sah ein complettvolles Haus vor sich... Über das Werk selber wüßte ich kaum zu reden; es ist eine so wunderbar sentimentale Mischung von Musik im Allgemeinen, den Sinn der Sache in der Idee aufzubauen, daß das Wort des Dichters selbst zur Idee wird... Eine wunderbar dramatische Wahrheit ergiebt sich...» Soweit Zelter, am 12. März 1829 an Goethe. Was jedoch Hegel betrifft, heißt es im nächsten Brief: «Nun haben wir auf vieles Begehren die Passionsmusik bey vollem Hause abermalen (d. 21. März) wiederholt... Philosophen... sind mit uns Musikern etwa so daran wie wir mit ihrer Philosophie, von der wir weiter nichts verstehen... So Hegel. Er hält eben mit seinem Collegium bey der Musik... Dieser Hegel nun sagt: das sey keine rechte Musik; man sey jetzt weiter gekommen, wiewohl noch lange nicht aufs Rechte...»

Von Hegels stolzem musikalischem Fortschrittsglauben sind wir mittlerweile heftig ab- und in einem anderen Sinne «weitergekommen»: nämlich zur reinen, nahezu einschränkungslosen Bewunderung der Bachschen Passionsmusik! Unübersehbar, was kluge und

Die Matthäus-Passion

(oft sogar spitzfindige) Analytiker alles heraushörten und herauszählten aus diesem Werk, das Höhepunkt und ewige Herausforderung zugleich ist.

Man weiß, daß Bach Knabenstimmen und Falsettisten für Sopran und Alt hatte, daß er sich auf junge Männerstimmen für Tenor und Baß des Chors und der Solistenpartien stützte. Man kennt sein Orchester. Die beiden Emporen der Leipziger Thomaskirche haben wohl zur doppelchörigen Anlage des Werkes geführt. Winfried Schrammek erwägt im *Bach-Jahrbuch 1975* auch noch, ob nicht die «autographe Registrieranweisung» den Schluß ermöglicht, daß die *Matthäus-Passion* 1736 in der Nikolaikirche zu Leipzig aufgeführt worden sei.

Doch bei solchen streng philologischen Überlegungen ist es natürlich nicht geblieben: Zu dringlich wendet sich die Bachsche Musik an Gefühl, Phantasie und Empfänglichkeit eines jeden Menschen, als daß ihre Kraft und ihr herzbewegendes Kalkül nicht die erstaunlichsten, oft geradezu kabbalistischen Interpretationsversuche proviziert hätten. Unterhalb der evidenten dramatisch-musikalischen Schicht (welche die Passion, neben allem anderen, zu einem überraschenden Vorläufer der Form unserer Rundfunk-Hörspiele macht) gibt es freilich noch das Wurzelwerk der Symbolbeziehungen. Bachs dramatisch malende Textinterpretation, etwa der Choralstrophen oder des «zitternden» Herzens, ja überhaupt die Programmusik: alles das mag plausibel nachvollziehbar sein. Doch wer zählt beim Hören mit, daß genau elfmal der Einsatz: «Herr, bin ich's, bin ich's?» erfolgt, nachdem Jesus prophezeit hat: «Wahrlich, ich sage euch: Einer unter euch wird mich verrathen.» Elfmal? Nun, von den zwölf Jüngern war einer der Verräter. Die übrigen elf also fragten...

Diese Programmatik scheint einleuchtend und nachprüfbar zu sein. Auch sonst spielt die Schicksalszahl 11 in der *Matthäus-Passion* eine deutlich erkennbare Rolle. Aber wenn Harry Hahn nun auch die Leidenszahl 22 betont und folgert: «Wird der 23. Psalm wegen seines Inhaltes als Christi Leidenspsalm bezeichnet, so läßt Bach seinen Meister – Christus – 22mal zu Wort kommen, wie Wilh. Werker feststellte» – dann schlägt Mathematik in sinnstiftende Willkür um. Da nämlich sehr viele Zahlen sakrale Bedeutung haben – die Drei und die Sieben sowie ihr Mehrfaches – gibt es befriedigend viele Kombinationsmöglichkeiten. In so überraschendem Falle ist dann das Ergebnis kaum zwingend. Daß die *Passion* nach Tonartenkreisen und «Gleichgewichtsentsprechungen» (H. J. Moser) in sechs Teile gegliedert sei (wie die *Johannes-Passion*), daß Bach Quintparallelen (die damals verpönt waren) oder den (als diabolisch geltenden) Tritonus bewußt einsetzt, wenn er entsprechende Assoziationen des Falschen oder Teuflischen hervorrufen möchte, ist indessen unwiderleglich.

Die architektonische ebenso wie die minutiöse Souveränität Bachs sind jeder Beschreibung überlegen. Man kann – da Picanders Text in einer Gedichtsammlung gedruckt war – sogar feststellen, wie Bach nicht nur als Komponist tätig war, sondern auch als redigierender Schriftsteller. Er musikalisiert Picanders Ausdrucksweise einleuchtend. Aus «unseligs Golgatha» macht er «unselges Golgatha»; statt «der Seele Ruhstatt sein» schreibt Bach «der Seelen Ruhstatt sein». Und im Schlußchor schiebt er mehrmals eine Zeile ein, die bei Picander nicht enthalten war. Nämlich: «Ruhet sanfte, ruhet wohl»...

Ein solcher Hang zur liebevollen Genauigkeit hatte Bachs (späteren) Schwiegersohn Altnikol nicht beseelt, als dieser die Frühfassung kopierte. Mit Recht weist Alfred Dürr darauf hin, daß Altnikol «blühenden Unsinn» niedergeschrieben habe. Zum Beispiel: «Haltet! bindet ihn» (statt natürlich: «bindet nicht»), was eine andere Feder dann korrigierte. Oder: «Ach! mein Lamm, mein Tigerklauen» (statt: «in Tigerklauen»), was in der Frühfassung leider keine andere Feder sinnvoll korrigierte.

Bei Bachs Passionen sind der Interpretationsfreiheit engere Grenzen gesetzt als bei anderen musikalischen oder theatralischen Werken. Gewiß, auch die Passionen werden dirigiert, gesungen, «gespielt». Innerhalb der gegebenen spontanen Spiel- und Interpretationsfreiheit stellt sich dabei immer dringlicher die Frage nach der historisch-authentischen Besetzung. Ist es statthaft, Bachs relativ kleiner Chorbesetzung nun mit einem riesigen, spätromantische Assoziationen hervorrufenden Chor entsprechen zu wollen? Eine eindeutige Antwort auf alle diese Fragen gibt es nicht – eine Antwort, die sowohl Bachs historischen Ort wie auch die Veränderungen des Aufführungsstils und zugleich unsere historisch gewordenen, vom 19. und 20. Jahrhundert geprägten Hörgewohnheiten harmonisiert. Es können immer nur lebendige Annäherungen gewagt und verantwortet werden.

Und die Interpretationsfreiheit? Gewiß läßt sich darüber spekulieren, ob der pochende Streicherrhythmus im Eingangschor wie der beklommene Herzschlag einer erlösungsbedürftigen, gefesselten Menschheit klingen soll. Oder darf. Gewiß ist es sinnvoll, wenn die

Die Matthäus-Passion

Choral-Antwort: «Ich bin's, ich sollte büßen» gleichsam den dramatischen Dialog zwischen den Jüngern und Christus unterbricht nach
einer Riesen-Pause, weil die betrachtende Seele sich plötzlich selber
einbezieht und bereut! (So hat Ernst Bloch diesen außerordentlichen
Augenblick in seiner *Philosophie der Musik* einst gedeutet.) Und
sicherlich wird sogar das gewöhnliche C-Dur – wie es auch in Bergs
Wozzeck geschieht, wenn es da um Geld geht – bewußt diffamiert
von Bach! In der Passion ertönt eine mit übermütigen Trillern
verzierte C-Dur-Kadenz im Spottchor: «Andern hat er geholfen»
genau zu den ironischen Worten: «So wollen wir ihm glauben». Ein
Leben lang kann man immer neue Zusammenhänge und Bezüge
solcher Art für sich finden, glaubwürdig finden.

1. X. 1979

Evangelist: Da antwortete nun der Landpfleger und sprach zu ihnen
Pilatus: Welchen wollt ihr unter diesen zweien, den ich euch soll
losgeben?
Evangelist: Sie sprachen
Coro I. II: Barabbam!

Diesen folgenreichsten Volksentscheid der Weltgeschichte erwarten
Jahr für Jahr in der Osterzeit die Bewunderer, Liebhaber oder
Verehrer der *Matthäus-Passion* von Johann Sebastian Bach mit lust-
vollem Grauen. Erschütterung, Neugier und Gewohnheit mischen
sich. Man weiß, es müßte die Kirche oder der Konzertsaal eigentlich
zusammenfallen, wenn dieser wüste Fortissimo-Akkord erklingt;
man fürchtet, daß wieder einmal die Wirkung der Stelle gefährdet
werde durch den zu frühen Einsatz irgendeines übereifrigen Chor-
sängers, der es gar nicht erwarten kann, den nicht ganz leicht zu
treffenden Einsatzton herauszuschreien und Barabbas zur Freiheit
zu verhelfen.

So ertönen die Passionsmusiken alljährlich. Nach vier Stunden ist
die Passion vorbei, und man geht heim. Der Christus war vielleicht
etwas zu opernhaft, weil er sich noch vorgestern bei Wagner ver-
strömt hat, sagen die Musikalischen; daß im Schlußchor von höchstem Vergnügen die Rede ist, irritiert zumindest diejenigen, die bis
zum Ende zu voller Aufmerksamkeit fähig waren; aber der Moment,

Johann Sebastian Bach

wenn Petrus nach dem Hahnenschrei hinausgeht und bitterlich weint, war doch wieder einmal ergreifend. Der junge neue Evangelist sang das beinahe so schön wie Haefliger, meinen die einen, wie Peter Pears, die anderen, wie Karl Erb, die Älteren...

Denn auch Passionsmusik wird, eben als Musik, nicht zelebriert, sondern gesungen, «gespielt». Sie ist mithin, wie alles, was Menschen tun, dem Mißverständnis, der Abnutzung, der Verflachung, der Wiederholungsroutine unterworfen, wird zum Gegenteil von Kunst, zur Gewohnheit. Alle wahrhaft unlösbaren Probleme sind, auch, banal. Soll man, nur weil zum Wesen des Erlebens auch die Abnutzung gehört (gehören kann, gehören muß), auf jene festen Wiederholungsordnungen verzichten, mit denen der Homo sapiens sich wehrt gegen das strukturlose Verrinnen der Zeit?... «des Geheimnisses Feierkleid ist das Fest, das wiederkehrende, das die Zeitfälle überspannt und das Gewesene und Zukünftige seiend macht für die Sinne des Volkes. Das Wunder, daß im Feste immer das Menschliche aufgärte und unter Zustimmung der Sitte unzüchtig ausartete, da darin Tod und Leben einander erkennen?»

Nur fanatischer Radikalismus könnte aufs Wiederholungsrisiko verzichten und damit auf die festliche Struktur geordneter Zeit: weil selbst bester Kunstwille allzuoft nicht genügt und selbst reiner Glaube noch lange nicht garantiert für reine Töne. Soll man Werke wie die großen Bachschen Passionsmusiken also lieber ruhen lassen, wenn man nicht wirklichen Aufführungsgelingens sicher ist, und statt dessen ausweichen auf immer wieder anderes, Neues? Auf die schönen Passionen von Schütz, zum Beispiel, oder auf die näherliegenden Werke Modernerer?

Sicher ist freilich: Jede geistlose, neutrale, unbelebte Aufführung eines Meisterwerks hat Folgen. Es existiert leider ein Gesetz nicht nur von der Erhaltung der Energie, sondern auch von der Wirkung, der fortdauernden Wirkung schlechter oder gleichgültiger Interpretationen. Sie sind nicht nur «für sich», und als solche, ärgerlich, sondern Unspezifisches prägt das Bewußtsein, hinterläßt – als Mißtrauen, Abneigung und Gleichgültigkeit gegenüber dem einst schlecht Dargebotenen – schwer austilgbare Spuren. Bachs Passionsmusiken unterscheiden sich von den nicht zahlreichen anderen großen Kompositionen und Dramen halbwegs vergleichbaren Ranges durch eine selbstverständliche – allzu selbstverständliche, darum vielfach nicht mehr realisierte – Einzelheit. Was die «Tendenz», die Richtung des Bedeutens und Meinens angeht, kann es keine Interpre-

Die Matthäus-Passion

tationsvariationen geben. Bach hat einen heiligen Text komponieren wollen. Das bindet die Interpreten... Wer sich ein Leben lang, sagen wir einmal, mit Shakespeares *König Lear* beschäftigt, der wird den Greis vielleicht zunächst für einen verfolgten guten König, vielleicht ein andermal für einen mitleidwürdigen bösen Greis halten. Es läßt sich genauso denken, daß man im *Faust* auch einmal dem strebsam-egozentrischen Gelehrten etwas am Zeuge flicken möchte und Mitleid mit Mephisto hegt: daß man in den *Meistersingern* nicht den stolzen Walther, sondern den verspotteten Beckmesser zur eigentlich sympathischen Figur erhebt.

Eine solche Interpretationsfreiheit auf die heilige Geschichte und die Bachsche Musik übertragen zu wollen wäre Profanierung. Trotz der berühmten literarischen Variationen, die Anatole France oder Ernest Hemingway oder andere Schriftsteller der Passionsgeschichte zuteil werden ließen, darf – von Tempo-, Aufführungs- und Stilfragen einmal abgesehen – keines Interpreten Hand an das Verhältnis der Figuren zueinander rühren, solange eine Bach-Passion «nach dem Evangelisten Matthäus» oder «nach dem Evangelisten Johannes» gespielt beziehungsweise aufgeführt beziehungsweise zelebriert wird. Darum kann die Phantasie der Ausführenden, die sich ein Leben lang immer wieder der Wahrheit dieses Werkes aussetzen, weil sie anders nicht zu haben ist, immer nur den Modifikationen des «Wie» gelten und niemals dem «Was». Anders ausgedrückt: Das «Wie» kann sich nur zu leicht von der Sache selbst, die in evangelischer Ruhe verharrt, lösen und zur rein ästhetischen Hauptsache werden. Dann helfen nur zwei Dinge: entweder die Musiker besitzen eine sozusagen selbstverständliche musikalische Frömmigkeit, die keine Extravaganzen duldet, oder sie folgen einem tradierten Stilkompaß. Und ebender führt beim geringsten Nachlassen der Intensität zur Routine...

Bertolt Brecht, der sich oft mit dem Komponisten, dem Schönberg-Schüler, glänzenden Bühnenmusiker und Nationalpreisträger der DDR Hanns Eisler über Musik unterhalten hat – unter dem Titel *Fragen Sie mehr über Brecht* veröffentlichte Hans Bunge die hochinteressanten Tonbandaufzeichnungen seiner Gespräche mit Hanns Eisler im Rogner & Bernhard-Verlag –, war der Ansicht, Musik dürfe nicht aufregend sein, keine Erhitzung um ihrer selbst willen produzieren. Brecht hielt, laut Eisler, «das Fieberthermometer für eines der wichtigsten Werkzeuge bei der Beurteilung von Musik. Sofort nach dem Anhören eines Musikstückes solle man messen, ob die Temperatur normal geblieben oder – bei leidenschaftlicher, hitziger oder auch nur intensiver Musik – gestiegen sei. Bei Bach bleibe die Temperatur auch in den passioniertesten Werken intakt.» Bunge, wohl mehr an Literatur als an Musik interessiert, hat an diese sarkastische Brecht-Theorie geglaubt.

Aber der Musiker Hanns Eisler nicht. Und wenn Bunge nun referiert, wie Eisler die scheinbar kaltschnäuzige Bewunderung Brechts für Johann Sebastian Bach – manchmal klingt es, als respektiere ein Fachmann für (sozialistische) Propaganda sozusagen die glänzenden gestischen Kunstgriffe eines anderen Fachmanns für (christliche) Propaganda – zugleich durchschaut und erschaut hat, samt der hochwahrscheinlichen Feststellung, daß der trotz anderslautender Theorie beim Bach-Hören offenbar bewegte Brecht möglicherweise doch ein wenig fieberte, dann kommt dabei eine nicht gerade selbstverständliche, unvermutete Bach-Analyse zustande. Eisler sagte: «Ob tatsächlich bei Bach immer die normale Körpertemperatur von 37 Grad eingehalten ist, das bezweifle ich. Ich denke nur an... erst einmal den ergriffenen Ausdruck von Bertolt Brecht, wenn ich ihm Bach vorgespielt habe – wo mir seine Temperatur bedenklich höher schien. Zum Beispiel aber auch an die *Matthäus-Passion*, an das große e-Moll-Stück zu Beginn: ‹Kommt ihr Töchter, helft mir klagen›. Oder an die ersten zwanzig Seiten Partitur der *Johannes-Passion*. Ich will meinen toten Freund nicht verdächtigen, aber ich glaube, hier war seine Temperatur bedenklich höher, vor allem, weil er so bewunderte, wie großartig Bach Berichte komponieren kann. Nicht wahr, die Entfremdung des Textes, das reine Aufsagen – bei großer Schönheit – hat auf Brecht immer einen großen Eindruck gemacht.»

Zweifellos hat nun die überwältigende, keineswegs nivellierbare oder uminterpretierbare Tendenz, mit der Bach seine Geschichte, nämlich die Passionsgeschichte, erzählt, eine Konsequenz, die manche friedfertige Seele irritieren kann. Die *Johannes-Passion* führt geradezu einen prozessualen Dialog vor. Bereits der Eingangschor «Herr, unser Herrscher, dessen Ruf in allen Landen herrlich ist!» ist ja keineswegs so gehalten, daß da eine strahlende Verherrlichung des herrlichen Herrschers stattfindet. Über den g-Moll-Takten liegt vielmehr eine namenlose, brodelnde Finsternis, die alle Qual und Bitterkeit des Passionsgeschehens vorwegzunehmen scheint. Aber nicht nur die Qual ist da komponiert, sondern der fünfte Evangelist wird auch naturalistisch konkret. Bach hat die Volkschöre der Juden,

Die Matthäus-Passion

die da die Kreuzigung des Erlösers fordern, die ihr Opfer gellend, flötenumpfiffen, witzig und nicht ohne «ironische» Rechthaberei verspotten, weil sie keine Sekunde lang zu ahnen scheinen, daß sie welthistorisch unrecht tun, mit wilder Bosheit ausgestattet. Daß nach dem Anhören solcher Musik in unbefangenen Gemütern eine instinktive Verachtung der «Juden» erwachen kann, ist nicht auszuschließen. Rationale, differenzierende, die historischen Fakten und eine unübersehbare «Prozeß Jesu»-Literatur aufbereitende Argumente vermögen wenig dagegen. Es ist vielmehr die Wahrheits- und Einsichtshöhe des Bachschen Tonsatzes selber, die einsam-einzigartige Mitleidenskraft dieser Musik, die verhindert, daß *Johannes-Passions*-Aufführungen in direkten Antisemitismus umschlagen.

Wegen dieser singulären Kunstqualität, der kunstsprachlichen Qualität der Bach-Musik ist der fortwährend zwischen dem Thomaskantor und dem Oberammergauer Passionsspiel-Autor Daisenberger (beziehungsweise dem Passionsmusik-Komponisten Rochus Dedler) vorgenommene Vergleich schlechthin unsinnig. Bekanntlich geriet der Oberammergauer Text in jüngster Zeit in eine lebhafte, weltweite Diskussion. Dem Oberammergauer Passionsspiel wurde latenter Antisemitismus vorgeworfen. Und im Streit über das Oberammergauer Passionsspiel war dann nicht nur von dem Neuen Testament, das Oberammergau rechtfertige, sondern auch von den entsprechenden Bachschen Passionsmusiken die Rede.

Was nun den Oberammergauer Text und die Darbietung selber angeht: Der donnernde Schwung der Massenszenen, denen es zweifellos mehr um handfest dramatische als um handfest antisemitische Effekte zu tun ist (wobei die Kirche sich jahrhundertelang nicht geniert hat, auch auf Kosten der bösen Juden ihre Wirkungen einzuheimsen), kann kein entscheidendes Argument gegen Oberammergau sein, zumal ja jedes fromme Weihespiel einen Gegner, wenn nicht gleich einen Teufel braucht, jede einfache Handlung von Schwarzweißmalerei lebt. Man könnte notfalls sogar Verständnis aufbringen für die Oberammergauer Dickköpfigkeit, ein paar fragliche Stellen nun gerade nicht zu streichen und, unterstützt von einer weltweiten Riesengemeinde, durchaus stur zu bleiben.

Die alljährliche kalendarische Wiederkehr der großen Feste, der jedoch laut Kierkegaard unvermeidlich zum Scheitern verurteilte Versuch, ein Glück oder auch nur eine spezifische Situation dadurch wiederherzustellen, daß man, sehnsüchtig und vergangenheitssüchtig, eine «Wiederholung» unternimmt: alles das schafft genau jene

Johann Sebastian Bach

gravierenden Abnutzungsprobleme, die mit einem Kunstgriff oder einem Trick oder gar einem schlauen «Mal-was-ganz-anderes-Machen» nicht aus der geistigen oder der realen Welt zu schaffen sind. Ist die immer wieder neue, die produktive «Neugier» denn überhaupt herstellbar? Gehört nicht eine fast übermenschliche Kraft zur Versenkung, eine kaum vorstellbare Offenheit dazu, großen Texten und Tönen von Jahr zu Jahr immer wieder etwas Wahrhaftes, Unverkrampftes abzugewinnen? Die Antwort könnte lauten: Bereits der Versuch dazu, bereits die prinzipielle Offenheit wirkt – welche Ergebnisse auch erreicht werden – lebensfördernd, abnützungsvermindernd.

Denn der Traum vom gläsernen Konservieren des Gewohnten, Schönen, Angenehmen ist wirklich nur ein Traum. Der Philosoph Schelling hat einmal den Schrecken Eingeborener auf irgendwelchen Südseeinseln ausgemalt, als sie – statt des gewohnten Postdampfers mit einem Schornstein – zu ihrer tiefen Verstörung plötzlich ein Schiff mit zwei Schornsteinen am Horizont auftauchen sahen und dumpf spürten, daß die gute alte Zeit bedroht sei.

Alle diese Probleme, die Frage nach der Abnutzung, nach der notwendigen festlichen Strukturierung zerrinnender Augenblicke, nach dem Gleichgültigwerden des Wohlbekannten und nach dem Widerstand mittels einer unendlich neugierigen und kräftigen Spontaneität, gäbe es nicht, auch Ängstlichkeit, Haß, unstete Begierde nach rascher Erfüllung gäbe es nicht, wenn sich, und jetzt wollen wir in unserem Zitatenreigen Ionesco zu Wort kommen lassen, nur eine einzige Voraussetzung des Menschendaseins ändern würde:

«Nicht sterben. Niemand würde niemanden mehr hassen. Niemand würde niemanden mehr beneiden. Man würde einander lieben. Man könnte bis in die Unendlichkeit immer wieder neu anfangen, ab und zu würde sich etwas erfüllen. Ein Mal unter hundert, unter tausend Malen gäbe es einen Erfolg. Nach der Wahrscheinlichkeitsrechnung. Wir wissen, daß wir keine Zeit haben, unaufhörlich dem Glück nachzulaufen. Der Haß ist der Ausdruck unserer Angst, unseres Zeitmangels. Der Neid ist der Ausdruck unserer Furcht, preisgegeben zu sein.»

10. IV. 1971

Die h-Moll-Messe

Fischer-Dieskaus Christus-Vergegenwärtigung zwang zum Bilde zusammen, was sich sonst auszuschließen scheint. Nämlich die kreatürlich-traurige, volksliedhaft unglückliche, angsterfüllte Dimension, den Gottverlassenheitsjammer mancher Wendung des Menschensohnes sowie die ekstatisch prophetische Unbeirrbarkeit des *Gottessohnes*. Ich habe das noch nie so beeindruckend erlebt und begriffen.

23. VII. 1984

DIE H-MOLL-MESSE

Es gibt Leute, die Herbert von Karajan um seinen Weltruhm, die damit natürlicherweise verbundene direktoriale Machtposition samt allen ihren Konsequenzen beneiden und ihn deshalb kleinlich kritisieren. Subalterne, die der Glanz eines tätigen Generaldirektors stört und die an seinem Wagner, seinen Idiosykrasien und Dispositionen herumnörgeln, weil sie sachlich nicht ermessen können, ob er als Chef etwas taugt oder nicht. Sie haben Karajans *Don Giovanni*-Interpretation, seine Wagner-Aufführungen, seine Konzerte mit den Berliner Philharmonikern entweder nicht gehört oder nicht begriffen.

Diese Vorbemerkung halte ich für unerläßlich, weil mir, einem Bewunderer des «Maestro», dessen Aufführung der *h-Moll-Messe* von Johann Sebastian Bach geradezu einen Schock versetzte. Sie mißlang für mein Empfinden erstaunlich, unbegreiflich und keineswegs immer auf höchstem Niveau. Dabei schienen lauter günstige Voraussetzungen gegeben. Karajan beherrscht das Riesenwerk so genau, daß er es auswendig dirigieren konnte. Er hatte fünf Weltklasse-Solisten aufgeboten, von denen Christa Ludwig manchmal überirdisch schön zu singen wußte, und der Singverein der Gesellschaft der Musikfreunde sowie die Wiener Philharmoniker waren gewiß aufs beste einstudiert. Aber schon in den ersten vier Einleitungstakten fingen die stilistischen Seltsamkeiten an, und sie dauerten fort bis eigentlich zum letzten Takt des Werkes. Der Chor nahm die lapidaren, aufwärtsstrebenden Dreiklänge des «Eleison», als kämen sie aus Schubertschem Überschwang, als müßten sie holdselig, mit bezau-

Johann Sebastian Bach

berndem Vibrato gesungen werden. Die große Kyrie-Fuge – Karajan ließ die 25 einleitenden Orchestertakte verhältnismäßig rasch spielen – wurde dann in ein mystisches Halbdunkel getaucht, in ein weiches, nebelhaftes Fluten, aus dem «schöne Stellen» wie Inseln herausragten. Bach, sensualistisch auf harmonische Rückungen reduziert; Bach, danach befragt, wieviel Schubert in ihm stecke.

Nun wäre es ja immerhin ein – wenn wohl auch verfehltes – Prinzip, die *h-Moll-Messe* gänzlich zu katholisieren, sie zwischen Schubert und Bruckner zu fixieren. Aber auf dies Prinzip legte Karajan sich nicht fest, sondern er stellte dem pseudomystischen Bach einen Parlando-Bach entgegen. Leise, lässig, wie Spottchöre aus Verdi-Opern erklangen die gewaltigen Chorfugen. Verpönt alles Forte, verbannt aller Ernst: durchsichtig, flott und bedeutungslos. Der D-Dur-Jubel des Gloria, die Lichtflut des «Et resurrexit», alles blieb ohne wahres Forte, ohne die Anstrengung des Ausdrucks. Als seien die Engel Bachs sämtlich von Thomas Mann, als sei hier nicht eines der größten Werke der Christenheit zum Klingen zu bringen, sondern als habe Strawinsky das «Vorspiel auf den oberen Rängen» aus dem vierten Band der *Joseph*-Tetralogie mit trockener Meisterhand vertont.

Nie habe ich deutlicher gespürt, was wir Karl Richter und seinem Münchner Bach-Chor eigentlich schulden. Dessen Aufführung der *h-Moll-Messe* in Ansbach – wohl auch von Richter her einzigartig gelungen – stand sternenweit, wahrlich astronomisch über dieser Wiener Bach-Bemühung. Karajan kann nichts dafür, daß der Chor der Gesellschaft der Musikfreunde nicht die reaktionsschnelle Jugendlichkeit des Richterschen Bachchores besitzt, nicht dessen vielleicht überprotestantische Ernsthaftigkeit und Inständigkeit, nicht dessen Fähigkeit zur Versenkung. Bach, das lehrte jenes Salzburger Mißgeschick, ist nicht nebenher zu haben. Man muß ihm Opfer bringen und nicht nur nach Perlen suchen. Es hat keinen Sinn, eine Fuge leichtfüßig vorbeihuschen zu lassen, um dann beim Schlußakkord zu demonstrieren, wie ein strahlendes Fortissimo klingt. Es hat keinen Sinn, ausgerechnet bei diesem Werk zu beweisen, daß die Streicher der Wiener Philharmoniker gar nicht anders können, als «schön», gefühlvoll und liebenswert zu spielen. Alles das gehört gewiß auch zu Bach – ist aber nicht die Sache selbst, sondern nur irgendeine Provinz ihrer Größe. Bei Karajan klang es immer, als stünde nichts auf dem Spiel. Dabei versuchten Leontyne Price, die aber in den *Don Giovanni* besser paßt als in dieses Credo, Nicolai

Die h-Moll-Messe

Gedda, Gérard Souzay und Walter Berry sich an Wohllaut zu übertreffen, taten die Solisten des Orchesters ihr Schönstes, hörten die Salzburger artig und etwas hilflos zu. Es ist erschreckend, sich auszumalen, daß selbst unter solchen trefflichen Voraussetzungen Bachs *h-Moll-Messe* so unbewältigt blieb. Wenn dergleichen schon am Karajanschen Holze möglich ist, wie wird es dann erst am dürren klingen? Kein Zweifel, die Aufführung hatte auch schöne Momente. Hier wurde das «Crucifixus» nicht leis verdämmernd, sondern eher hart und grausam genommen, hier war der sonst meist verschenkte «Confiteor»-Chor ein Höhepunkt. Aber dennoch hätte man die ratlosen Zuhörer am liebsten in ihre Omnibusse packen, nach Ansbach fahren und sie dort erleben lassen, daß Bachs größtes Werk keine Mischung aus melodienarmem Schubert und Strawinskyscher Schlankheit sei.

Wer bereits am Vormittag Smoking trägt, wird sich auch für die *h-Moll-Messe* nicht umziehen – wozu schließlich zahlt man Festspielpreise? Vor dem «Herr, erbarme Dich» natürlich donnernder Beifall und nach dem «Gib uns Frieden» auch: so will es das Festspielhaus. Eine hübsche Blondine schlief gleich nach den ersten Takten ein – hätte sie nicht ihre im Dahindämmern abgestreiften Halbschuhe kurz vor Schluß suchen müssen, so hätte sie gewiß erst das Klatschen aufgeweckt. Dabei war es gar nicht leicht, zu schlafen, weil daneben jemand eifrig klickend photographierte: um wenigstens später mal zeigen zu können, wie eine festliche Messe-Aufführung aussieht. Gespräche, die wegen anbrechender Musik hatten aufhören müssen, wurden danach quasi mitten im Satz fortgeführt, so, als sei gewissermaßen gar nichts gewesen. Das sind die Schatten des Festspielbetriebs.

22. VIII. 1961

Sergiu Celibidache, 78 Jahre alt und vom Typus wie von der künstlerischen Entwicklung her gewiß alles andere als protestantischer Kantor, wagte es, im überfüllten, von Fachleuten und «Bach-Profis» strotzenden Gasteig seine Version der *h-Moll-Messe* zur Diskussion zu stellen.

Er beherrscht die Partitur genauso perfekt wie jene Brahms- oder Bruckner-Symphonien, die er immer aufs Programm setzt. Er leitete

Johann Sebastian Bach

auswendig, verschlug sich nie. Nur bei einem kleinen Gedächtnisfehler der eingesprungenen Altistin Cornelia Wulkopf glich er das Mißverständnis nicht karajanisch reaktionssicher aus, sondern man blieb halt eine kurze «Miserere nobis»-Wegstrecke (in der «Qui sedes»-Arie, Takt 54 ff.) hübsch auseinander... Der Interpretation war erfreulicherweise anzumerken, daß sie von einem Orchester-Dirigenten und nicht von einem Chor-Chef geleitet wurde. Obwohl Celibidache seine Philharmoniker klug reduziert hatte, demonstrierte er immer wieder, daß auch während der Chorfugen oft genug die Hauptstimme im Orchester liegt. Dann nahm er den Chor zurück, bereicherte das polyphone Stimmengeflecht instrumental, und zwar keineswegs nur bei gewissen berühmten Trompetenstellen...

Aber was war denn nun das Besondere dieser wohleinstudierten Aufführung, was erbrachte Celibidaches respektgebietender künstlerischer Eigensinn, und was verhinderte er? Eine bloße Konstatierung, daß manches sehr, sehr langsam (so dauerte der erste Chor statt ungefähr zehn Minuten tatsächlich fast 15) und manches auffällig schwungarm-verhalten ertönte, besagt kaum etwas über Triftigkeit oder Un-Triftigkeit des Gebotenen. Furtwängler hat einmal mit der Behauptung Staunen erregt, er halte Verdi und Bach für die größten Melodiker der Musikgeschichte. Zumindest in diesem Punkt ist Celibidache tatsächlich ein Furtwängleraner. So melodisch, empfindsam und melodiensüchtig, wie er die Bachsche Tonsprache deklamierte, erklingt die *h-Moll-Messe* in unserem Bach-Zeitalter sonst kaum. Dieser Tendenz kam entgegen, daß der (von Joshard Daus minutiös einstudierte) Bach-Chor der Johannes-Gutenberg-Universität Mainz sauber und zart sang – und daß auch die Solisten (hervorzuheben: Barbara Bonney, Cornelia Wulkopf, Ruxandra Maria Donose Danila, Peter Schreier) meist glockenrein intonierten.

Gleich der Adagio-Beginn des Werkes (oft nur ein erhitzter, nervös-ungenauer Schrei) erklang harmonisch wohllautend und klar; die riesige Largo-Fuge dann zart verklärt. (Nur hätten die Choristen sich besser darüber verständigen sollen, ob sie Küri-*ee* oder Kuri*ä* – mit kurzem e – deklamieren sollen.)

Wohlklang, Sensibilität für Melodisches und sanfte Beseelung des zurückgenommenen Motorischen sind wunderschöne Qualitäten. Ihnen begegneten wir in Celibidaches *h-Moll-Messe*. Dabei mußte man allerdings in Kauf nehmen, daß die Anfänge der einzelnen Nummern fast immer gleich das Schönste waren. Es kam danach meist nichts Nennenswertes mehr hinzu an Steigerungen, Enfaltun-

Die h-Moll-Messe

gen, Gewalten. Nun hält Bach es freilich sehr viel besser aus als
Beethoven, zum Apolliniker stilisiert zu werden. Die beklemmende
Leblosigkeit mancher Beethoven-Darbietung von Celibidache (weil
ja die Beethoven-Themen fast nichts bedeuten und ihre Steigerungen
fast alles) stellte sich bei der *h-Moll-Messe* nicht ein, wo etwa das
wunderbar diffuse Adagio-Verdämmern des «Confiteor»-Chors
zum Ereignis wurde.

Jedoch: wenn der «Cum sancto spiritu»-Chor, der entwickelnde
Variation und Steigerung bis zum Exzeß bietet, nur ein artiges
Allegretto bleibt (was für Gewalten haben da Karl Richter und Enoch
zu Guttenberg entbunden), wenn im Sanctus nicht jene Menschheit,
deren Leidenszug die Chorfuge des Anfangs begrifflos symbolisier-
te, Zebaoth heiligt, dann ist die *h-Moll-Messe* allzusehr domestiziert,
verharmlost. Sozusagen der beste vorstellbare Scarlatti.

Lassen wir die leidige Tempo-Frage. Ein betagter, weltberühmter
Dirigent hat da seine wohlerworbenen Ansichten und Rechte. Doch
auch bei den langsamen Stücken des Credo, dessen archaischen
ersten Chor man unkonzentriert verschenkte, blieb Celibidache
Bach manches schuldig. So ist der Dirigent im «Et incarnatus est»
darauf verfallen, alle melodischen Viertel des Chores, auch wenn sie
einen Dreiklang bilden, aberwitzig non-legato ganz isoliert antippen
zu lassen und nur die durch Bindebogen verbundenen Noten im
Legato zu geben. Das klingt dürr, fürchterlich phrasierungsdogma-
tisch, leer – und versehrt ein Wunder-Stück zum wunderlichen
Stück. Fürs folgende «Crucifixus» hatte sich Celibidache eine herbe,
fast emotionslose Langsamkeit zurechtgelegt. Aber von wahrhaft
beklemmender Wirkung wäre diese entsetzte Vereisung nur dann
gewesen, wenn nicht entweder die Akustik oder die Aufstellung der
wenigen tiefen Streicher oder der Dirigent Schuld daran getragen
hätte, daß der berühmte Lamento-Baß platterdings verlorenging.
Eine Passacaglia ohne Baß hat nämlich ihren Zweck verfehlt.

Überzeugend die ungewohnte Langsamkeit, mit der Celibidache
das «Et in terra pax», was sonst immer zum Chor-Koloraturstück
entartet, als bebend angstvolle Beschwörung rettete. Zwei Arien
begleitete Celibidache auffällig rasch: das «Laudamus te» (wo er
seinen Konzertmeister in peinlich unsaubere Zweiunddreißigstel-
Exzesse jagte) und das «Quoniam tu solus sanctus», wo das Jagdhorn
heiter brillierte. Alles in allem: Das Ungewöhnliche, Zurückgenommene, melodisch Beschönigte, oft auch Perfekte wurde Ereignis.

20. XI. 1990

Johann Sebastian Bach

Es scheint viel dafür zu sprechen, daß Bach für seine Leipziger Aufführungen minimal kleine Chorbesetzungen zur Verfügung standen, aus denen dann noch die Solisten hervortreten mußten. Ob Johann Sebastian Bach ein mächtigerer Chorklang, den er ja leider nicht verwirklichen konnte, vorschwebte; ob er immerfort auf die Vergrößerung seiner Ensembles bedacht war, ob schließlich das wahre Gewicht der sowohl eine riesige Vergangenheit wie eine unendliche Zukunft umschließenden Bachschen Chormusik nach großen, monumentalen, gewaltigen Besetzungen verlange – über solche Fragen wird immerfort gestritten.

Die Reaktion der Musikfreunde auf diesen Spezialisten- beziehungsweise Kantorenstreit dürfte folgendermaßen aussehen: Aufführungen mit winzigen Chorbesetzungen haben etwas «Sektiererisches» (Adorno spöttelte sogar, bei solchen kleinen Chören müsse man meinen, es hätten sich einfach zuwenig Choristen zur Probe eingefunden); hochromantische, also Bach zwischen Liedertafel-Schmalz und Wagner-Bruckner-Fülligkeit ansiedelnde Aufführungen dürften heute gleichfalls suspekt geworden sein (was natürlich nicht heißt, wir hätten das Recht, über berühmte und in ihrer Weise erschütternde Bach-Interpretationen von Mengelberg, Furtwängler und Klemperer zu lächeln).

Wer sich nun – wie der Verfasser dieser Zeilen – gegen den reduzierten, minimalisierten, verkümmerten Bach ein Leben lang überzeugt gewehrt hat, dem steht mit der Interpretation der *h-Moll-Messe* durch den Taverner Consort und die Taverner Players unter Andrew Parrott eine Überraschung, ja eine «Erleuchtung» bevor, welche dieses Langspielplatten-Album für mich zum schlechthin wichtigsten Interpretationsereignis des Jahres 1985 macht. Parrott besetzt also, wohlüberlegt, durchaus solistisch; er verwendet eine Mischung aus Frauen- und jüngeren Knabenstimmen, hält sich an eine vokale Besetzungsstärke von nur zwölf Sängern und an ein Instrumentalensemble von höchstens 24 Musikern. Was kommt nun dabei heraus? Klingt es, als ob man die *9. Symphonie* durch ein Streichquartett aufführen lasse? Wirkt es piepsig «authentisch»? Wie wenn das Sanctus von einem Kinderchor geträllert würde?

Keinesgwegs. Im Gegenteil, es entsteht eine musikalisch bezwingende, niemals dürftig-karge, dabei überaus solistisch angelegte Aufführung der *h-Moll-Messe*, die zumindest beweist, daß die Puristen nichts Absurdes fordern, sondern etwas sehr wohl Mögliches – wobei es gewiß auch andere Möglichkeiten gibt.

Die h-Moll-Messe

So klingt das «Cum sancto spiritu» hier brillant und durchsichtig, wird nach dem «Crucifixus» das «Et resurrexit» zum beeindruckenden Gegensatz, obwohl, was das Credo betrifft, die Reduktion, wenn schon nicht zu einer gewissen «Verdünnung», so doch zu einer – man verzeihe den Ausdruck – Strawinskysierung führt. Daß der Unterschied zwischen Solo und Chor fast eingeebnet erscheint, wirkt längst nicht so schädlich, wie man meint – solange die Soli Ausdruckskraft und die solistischen Chöre akustische Präsenz besitzen, was hier durchaus der Fall ist. Gewisse «Schwächen» dieser beiden aufregend guten Platten hängen dann auch nicht zusammen mit dem solistischen Prinzip, sondern eher mit einigen Tempo- oder Klangvorstellungen des Dirigenten. Manchmal müßten die Stimmen einfach noch schöner singen...

Daß wir hier Bach kühn authentisch und trotzdem nicht karg befremdend erleben, hängt zusammen mit den Möglichkeiten der Schallplattentechnik. Das Mikrophon war nötig, um Leipzig historisch zu rekonstruieren! Es ist beängstigend, sich vorzustellen, die *h-Moll-Messe* sozusagen von den Comedian Harmonists (das ist für mich kein Schimpfwort, ich bewundere diese fabelhaft rein singenden Künstler sogar sehr) etwa in der Gasteig-Philharmonie hören zu müssen. Doch die Schallplatte trägt diese solistische Interpretationswahrheit ins Wohnzimmer, wo ja auch eine Streichquintett-Fassung der *Kunst der Fuge* nicht dürftiger wirken muß als eine mächtige symphonische Aufführung.

So hat die Technik, haben ausgezeichnete Gesangssolisten (Emma Kirkby, Emily van Evera, Panito Iconomou, Christian Immler, Michael Kilian, Rogers Covey-Crump, David Thomas) unter dem intensiven Andrew Parrott eine Aufführung zuwege gebracht, die nicht überwältigend schön, nicht allein seligmachend, nicht unkritisierbar ist – wohl aber eine Sensation. Und zwar eine größere Sensation, als es jene perfekte Synthesizer-Spielerei des Walter Carlos war, deren stupend verblüffende Uhrwerkspräzision damals Glenn Gould zu einem begeisterten Essay animierte, er habe «die ungewöhnlichste Platte des Jahrzehnts» gehört.

13. XII. 1985

Johann Sebastian Bach

DAS WOHLTEMPERIERTE KLAVIER, 1. TEIL

Kirkpatrick, ein heiterer Gelehrter und Künstler, hat einmal bekannt, er spiele das *Wohltemperierte Klavier* am liebsten auf dem Klavichord. Im Herkulessaal war das natürlich nicht möglich. Man hatte darum ein ziemlich großes und qualitativ möglichst einwandfreies (gewiß nicht das größtmögliche) Cembalo gewählt und mittels einer raffinierten Verstärkungsanlage, die angeblich erst für die hinteren Reihen wirksam werde, versucht, auch den Anforderungen eines großen Konzertsaals gerecht zu werden. Das Cembalo, anfangs bemerkenswert rein, wenn auch nicht allzu frisch-rauschend im Klang, verzog sich dann freilich doch ein wenig und war etwa ab Präludium und Fuge E-Dur um jene Nuance verstimmt, die sich anscheinend kaum verhindern läßt.

Während die vom 19. Jahrhundert sich zu Bach zurückwendenden Künstler im allgemeinen aus den Präludien mehr herauszuholen wissen als aus den Fugen, standen bei Kirkpatrick durchaus die drei- oder vierstimmigen Fugen im Zentrum. Oft nahm er die Präludien fast beiläufig, nur als Vorbereitung. Man braucht dem weltberühmten Künstler kaum mehr zu attestieren, daß er mit außerordentlichem, ruhigem Scharfsinn Bachs Fugen sowohl zu analysieren als dann auch wieder zusammenzusetzen weiß. Die souveräne Ernsthaftigkeit, mit der er etwa die dis-Moll-Fuge bewältigte, die mir nun plötzlich als eines der großen Werke Bachs erschien, das flüssige Tempo, mit dem er der heiteren f-Moll-Fuge nahekam, die durchsichtige, rasche Gelassenheit, mit der er die cis-Moll-Fuge entfaltete: alles das bestätigte den beinahe legendären Ruf, den Kirkpatrick sich durch seine Konzerte, seine Schallplatten und nicht zuletzt seine schriftstellerischen Arbeiten geschaffen hat.

Ganz abgesehen von unaufhörlichem Streit über die richtige Bach-Auffassung, wird eine Wiedergabe sämtlicher Präludien und Fugen des *Wohltemperierten Klaviers* von selbst herbeiführen müssen, daß der Interpret variiert und die Werke in das verwandelt, was man im 19. Jahrhundert «Charakterstück» nannte. Es wäre unsinnig, die fast choralhafte Es-Dur-Fuge nicht mit völlig anderem Pathos (inklusive Oktav-Koppelung) anzugehen als die flüchtig-heitere C-Dur- oder die wunderbare, archaisch-melodiöse E-Dur-Fuge. Kirkpatrick spürte das natürlich auch. Ja er verschmähte es nicht, bei Wiederholungen in den Präludien außerordentliche Tempoänderungen für

Das Wohltemperierte Klavier, 1. Teil

angebracht zu halten. Trotzdem wurde ich das Gefühl nicht los, daß Kirkpatrick sich den meisten Präludien etwas professoral näherte.

Im C-Dur-Präludium fiel es auf, wie sehr er alle die Akkordhöhepunkte, auf die es ihm ankam, mit spürbarer und störender Verzögerung anschlug – einer Verspätung, die nicht auf Ungenauigkeiten der Cembalomechanik zurückzuführen sein kann, da sie sich während der Fugen nie bemerkbar machte. Auch holte er in den letzten Takten des c-Moll-Präludiums die Herbheit der chromatischen Linienführung nicht hinreichend heraus, und es war besonders auffallend, daß er das Cis-Dur-Präludium trotz der entlegenen Tonart und der sensiblen Harmonisierung (und dem Allegro-Schluß) als ein flottes Spielstück aufzufassen schien. Man kann lange darüber streiten: Mir will es scheinen, als sei das Stück doppelt so langsam gemeint.

Alle diese Fraglichkeiten waren in den Fugen jedoch wie fortgeblasen, besonders dann, wenn Kirkpatrick beispielsweise bei den Engführungen der D-Dur-Fuge oder am Schluß der Cis-Dur-Fuge genau die harmonische Größe Bachs traf und hervorhob.

26. II. 1964

Guldas Bach-Einspielungen sind ganz offensichtlich das Ergebnis einer großen, konzessionslosen Denkanstrengung, deren Essenz hier mit Hilfe raffinierter pianistischer Techniken und Farben dargestellt wird. Daß diese Prinzipien nicht beim ersten Hören deutlich werden, hängt möglicherweise gerade mit einer Stärke des Guldaschen Bach-Spiels zusammen. Er geht nämlich keineswegs nur mit einer einzigen «Tendenz» an Bachs Wunderwerk heran (etwa einer motorischen oder sentimentalischen oder architektonisch-strukturalistischen oder «klavichordhaften» oder archaisierenden beziehungsweise modernisierenden), sondern er sucht das Herz dieser 48 Präludien und Fugen in ihrem jeweiligen Extrem. Es kann sich dabei um ein expressives, ein toccatahaftes, ein empfindsames oder sogar um ein Extrem der Zurückhaltung handeln.

Wenn sich Gulda – der hier viel freier als bei Beethoven spielt, verziert und «deutet» – für eine bestimmte Tendenz entschlossen hat, dann spielt er sie bis zur Exzentrik aus. In manchen Fällen ist dabei der Gewinn ungeheuerlich (e-Moll-Präludium, f-Moll-Fuge), manchmal verselbständigt sich das Prinzip auch, und aus intellektueller Exzentrik wird Übertreibung (allzu heftig gestochene Es-Dur-Fuge, allzu rasch ablaufende A-Dur-Fuge). Doch als Ganzes genommen ist diese Einspielung eine bewunderungswürdig erschließende intellektuelle und pianistische Interpretationsleistung. Wer je in Gulda einen übermütigen oder sein Talent leichtfertig anwendenden Nur-Motoriker gesehen haben sollte, der müßte diese Kassette studieren, deren intellektueller Rang hoch über der fast gleichzeitig herausgekommenen Einspielung des *Wohltemperierten Klaviers* von Svjatoslav Richter liegt.

Wie «streng» Gulda heute seinen Bach spielt und versteht, lehrt ein Vergleich: Vor gut einem Jahrzehnt hat Gulda Präludium und Fuge in Cis-Dur klar, souverän und liebenswürdig-elegant eingespielt. Mit einem Hang zum Gesellschaftlich-Konventionellen; irgendwo zwischen Scarlatti und Mozart. Davon ist er in der Gesamtaufnahme von 1972 weit abgerückt. Gulda versteht das Stück jetzt nicht nur viel rascher, sondern auch schärfer, gestochener. Er entwickelt bei Steigerungen ein Pathos des Klirrenden, Bestimmten und Fortschreitenden, das dem Stück alle Liebenswürdigkeit raubt. Manchmal wird eine solche Überpointierung zur Gefahr; die schönsten Momente des Guldaschen Bach-Spiels entstehen immer dann, wenn – wie beispielsweise in der es-Moll-Fuge – das Prinzip, nach dem Gulda angetreten, in den Hintergrund rückt und die Musik, sanft ihrem eigenen Gesetz folgend, sich mit sich selber zu unterhalten scheint.

Guldas Stärke, eine Kunst, in der ihm heute niemand gleichkommt, ist sein Vermögen, eine leise bebende Erregtheit des Langsamen herzustellen. Stücke, die jeder bessere Klavier-Adept vom Blatt spielen zu können glaubt (C-Dur-Präludium, c-Moll-Präludium, es-Moll-Präludium, b-Moll-Präludium, Präludium und Fuge h-Moll), vermag er förmlich zu entdecken, zu «spiritualisieren». Denn er versteht es, die harmonischen Entwicklungen in empfindsame Ausdruckskurven zu übersetzen, dabei aber diesen Entwicklungen einen selbständigen Rhythmus entgegenzusetzen, der sich eben nicht empfindsam anschmiegt, sondern zart-spannungsvoll kontrastiert. War etwa schon bei seiner Interpretation der Beethovenschen *Mondscheinsonate* die ruhige und doch nicht mechanische Belebtheit des Adagios ein intimer, nie weichlicher Höhepunkt, so kehren ähnliche Wunder einer klaren, nie monotonen Bestimmtheit in diesen Bach-Einspielungen wieder: Im sonst immer nur etüdenhaft heruntergeklapperten c-Moll-Präludium entdeckt Gulda eine langsame und melodische Erregung, das e-Moll-Präludium hat den herben, weh-

Das Wohltemperierte Klavier, 1. Teil

mütig bestimmten Ton eines gleichsam auf Tasten reduzierten Passionsstückes. Und wie Gulda bei den Wiederholungen des h-Moll-Präludiums neue Verzierungen zu improvisieren scheint, ja überhaupt aus Präludium und Fuge h-Moll ein Monument Bachscher Größe macht (beides zusammen dauert unter Guldas Händen länger als Beethovens *Les-Adieux-Sonate*), das vermittelt ungeheuerliche neue Erfahrungen. Wenn man Präludium und Fuge F-Dur mit dem Parallelstück in f-Moll vergleicht, dann kann man Gewalt und Grenzen von Guldas manchmal allzu prinzipiellem Bach-Spiel miterleben. Bei der F-Dur-Komposition verläßt Gulda sich auf ein spezifisches, unwirsches, geheimnisloses Lösungsmodell, beim f-Moll-Gegenstück sucht und findet er mit ruhiger Sensibilität harmonische Wahrheiten.

Merkwürdigerweise interessiert man sich bei alledem, etwa bei der fis-Moll-Fuge, die Gulda in ein Auftakt-Mysterium verwandelt, überhaupt nicht für jene «Stil»-Fragen, die bei Bach-Diskussionen so oft von der Musik ablenken. Gulda versteht es, seinen Flügel mittels souveräner Anschlagskunst im jeweils gewünschten Sinne zu verwandeln. Manchmal glaubt man, den «Lautenzug» zu hören, manchmal stellt sich Klavichord-Charakter her, manchmal klirrt das Cembalo, manchmal bezwingt das große Legato eines modernen Instruments. Wo Guldas Interpretation sich im Raschen, Scharfen, Gestochenen erschöpft, wo sie nur souverän und klar und genau pointiert ist, provoziert sie höchstens kalte Bewunderung. Doch wenn er eine trillerhafte Sechzehntel-Figur im überall als simpel gescholtenen a-Moll-Präludium geheimnisvoll spannend belebt, wenn er Vielschichtigkeiten deutlich macht (leider nicht im berühmtesten Stück des Bandes, Präludium und Fuge in cis-Moll), wenn er vorführt, was unter Bachs scheinbarer Eigensinnigkeit mitschwingt, dann kommt er dem Bach auf den Grund.

10. III. 1973

Johann Sebastian Bach

DAS WOHLTEMPERIERTE KLAVIER, 2. TEIL

Diese Wirkung sollten alle seit Jahrzehnten im Zusammenhang mit Gulda bekanntgewordenen Skandale, Beschimpfungen, Interviews, Aufregungen, Brüskierungen wohlwollender oder verstockter Öffentlichkeiten denn nun doch nicht haben, daß Musikfreunde in irgendeiner Weise voreingenommen zuhören, wenn Gulda Bach spielt. Wir dürfen uns von dem ganzen Meinungslärm nicht die Ohren dafür verstopfen lassen, daß er, Friedrich Gulda, im Münchner Herkulessaal den zweiten Teil des *Wohltemperierten Klaviers* souveräner, fesselnder und schöner gespielt hat, als es im Konzertsaal gegenwärtig irgendein anderer Pianist tut. Lassen wir die Schallplatten beiseite. Wenn man Guldas Interpretation mit den respektabelsten «Live»-Aufführungen des *Wohltemperierten Klaviers* vergleicht, die während der letzten Jahrzehnte zu hören waren (Edith Picht-Axenfeld, Ralph Kirkpatrick, Zuzana Růžičková, Svjatoslav Richter): keinem der Genannten ist er an technischer Souveränität, Dispositions-Intelligenz und Fingerfertigkeit unterlegen; darüber hinaus bringt er ein Maß an Spannung, eine Fülle an Schönheit, eine gelassene Strenge des Konzepts auf wie – im Konzertsaal – sonst niemand. Dem gegenüber verblassen alle Verblasenheiten. Bereits die Gedächtnissicherheit (den zweiten Teil mit allen Wiederholungen ohne nennenswerte Unkorrektheiten auswendig, frisch und fehlerfrei zu spielen ist ja eine fast dreistündige Mammut-Leistung) verdient Bewunderung. Ohne jahrzehntelange Versenkung kann das niemand.

Dies muß vorausgeschickt werden, ehe wir mit dem Charakterisieren, das manchmal unvermeidlich auf ein Kritisieren der Guldaschen Leistung hinausläuft, beginnen. Alles in allem zeichnet sich, auch wenn dieser Gulda erst 44 ist, bereits so etwas wie ein früher Spätstil ab. So versonnen, so zart, so meditativ, so ruhig und, ich wage das Schimpfwort, so «schön» hat er kaum je gespielt – ausgenommen vielleicht in jenem Sternstundenauftritt mit Karl Böhm, als er den c-Moll-Satz des Mozartschen *Es-Dur-Klavierkonzerts KV 271* wie eine flammende Elegie vortrug... Guldas Schallplatten-Einspielung sämtlicher Präludien und Fugen des *Wohltemperierten Klaviers* ist artistisch anspruchsvoller. Man merkt da, es bereitet ihm Spaß, den Flügel in alle möglichen Instrumente zu verwandeln. Er stellt da Cembalo- und Klavichord- und Orgel-Analogien her, daß es manchmal nur so rauscht.

Das Wohltemperierte Klavier, 2. Teil

Das «kann» er auch jetzt noch: Präludium und Fuge C-Dur erklangen so donnernd, als seien sie nicht sie selbst, sondern eine Bearbeitung von Busoni und Tausig. Aber auch im pedalumrauschten Gedonner behielt der hitzige Meister kühlen Kopf: Jene 14 Schlußtakte, die Bach in der zweiten Fassung dazukomponiert hat, spielte er entschieden majestätischer als das Vorherige. Mit c-Moll begannen die leisen Wunder (obwohl er merkwürdigerweise die Fuge in *Dur* schloß, gegen die Vorschrift; die a-Moll-Fuge wiederum, die in Dur schließen soll, beendete er in Moll). Da begann also Guldas Zartheit. Wenn er die Musik sprechen läßt, dann ist sein Bach von einer bestaunenswerten Lebendigkeit, Uneitelkeit. Und nach diesem Konzert redeten die Leute wohl auch nicht von Gulda, sondern von Bach – mehr kann niemand erreichen.

Einschränkungen: Seltsamerweise spielt auch der meditativ gestimmte Gulda das Cis-Dur-Präludium viel zu schnell. Wenn dann der Allegro-Teil folgt (die Tempo-Angabe wäre überflüssig, falls alles im Allegro stattfinden sollte), wird das Stück wirr; spielte er den Beginn doppelt so langsam, klänge er um ein Vielfaches schöner.

Weiter: Manchmal beherrscht ihn der Bewegungsimpuls so, daß die Musik ihre eigenen Höhepunkte vergißt. Wenn Bach am Ende des gis-Moll-Präludiums ungeheuerliche Reibungen wie eine Coda vorführt, bleibt Gulda leise; auch die mit soviel Kunst strahlend erreichte Riesenmelodie am Ende der E-Dur-Fuge singt bei ihm nicht hinreichend; und die Inständigkeit der pochenden g-Moll-Fuge spielte er einst im Konzert noch dramatischer. Manchmal ist die motorische Kraft so groß, daß Gulda die Verlangsamung kurz vor Schluß unterschlägt. Er hat wohl Angst vor dicklichem Ritardando; trotzdem kann er – cis-Moll-Fuge – die Tatsache nicht unterschlagen, daß selbst eine solche Musik einmal zu Ende geht, leider.

Genug genörgelt: es-Moll, f-Moll, Fis-Dur, a-Moll erklangen pianistisch-musikalisch vollendet. Der «Takt», mit dem Gulda die jeweiligen Schlüsse verschieden laut spielte, war beinahe unglaublich. Er erfüllt das innere Gesetz der Organismen. Schöner, tiefer, lebenswerter und erlebenswerter kann solche Musik nicht sein. Bürgertum und Protestantismus haben sich da Denkmäler, klingende Dome geschaffen, denen nur zwei Menschengruppen Liebe und Respekt versagen werden: die Barbaren und die Banausen.

25. III. 1974

Johann Sebastian Bach

DIE GOLDBERG-VARIATIONEN

Es kommt nur selten vor, daß Schallplatten-Einspielungen mehr sind
als gute oder schlechte Interpretationen: nämlich Dokumente von
Schicksalen und von künstlerisch-menschlicher Noblesse. Der mit
Bachs *Goldberg-Variationen* verbundene Vorgang ist gewichtig, und
um ihn verständlich zu machen, seien einige interpretationsge-
schichtliche Fakten in Erinnerung gerufen.

Während Bachs *Matthäus-Passion* nur hundert Jahre auf ihre
Wiederentdeckung warten mußte, dauerte es tatsächlich fast 200
Jahre, bis des Thomaskantors riesige (abendfüllende) *Goldberg-
Variationen* der staunenden Musikwelt auf dem Cembalo öffentlich
vorgeführt wurden. Dies vollbrachte die feurigste Cembalokünstle-
rin der Interpretationsgeschichte: Wanda Landowska (1879 bis
1959). Frau Landowska, in Warschau geboren, zunächst Pianistin,
hat seit Beginn des 20. Jahrhunderts das Cembalo wiederentdeckt.
Albert Schweitzer verehrte, Tolstoi bewunderte sie. Der Dirigent
Nikisch nannte sie «Bach-Bacchantin». Bei Paris schuf die temperamentvolle, grundgelehrte Frau eine Art Cembalo-Bayreuth, sam-
melte Instrumente, schrieb Aufsätze über die Klavierliteratur, auch
über ein damals berühmtes Geiger-Buch von Marc Pincherle, über
Couperin, Chopin und immer wieder Bach. Als Cembalopädagogin
war sie wohl noch folgenreicher, erfolgreicher als Casals bei den
Cellisten... 1940 mußte die Landowska (eine polnische Jüdin, die
lange auch in Berlin gewirkt hatte) aus Paris emigrieren. Ihre Noten-
und Instrumentensammlungen fielen ehrgeizigen Nazi-Musikwis-
senschaftlern anheim. (Man kennt die Namen.) Die Landowska aber
mußte in New York neu anfangen. Mittel für ihre Existenz wollte sie
sich mit den *Goldberg-Variationen* erarbeiten.

Nach New York war mittlerweile auch Claudio Arrau gekom-
men, der bis 1940 in Berlin gelebt hatte – und die deutsche Haupt-
stadt in den ersten Jahrzehnten des 20. Jahrhunderts als führende
Musikstadt der Welt betrachtete. Arraus eigentliche Karriere hatte in
Berlin begonnen. Dort spielte er seine unvergessenen Zyklen. 1935
bis 1936 zwölf Konzerte, in denen er das gesamte (!) Klavierwerk
Bachs vortrug – danach Zyklen mit sämtlichen Sonaten Mozarts,
Webers Klavierwerken sowie auch einen Schubert-Zyklus. Beim
Bach-Marathon kamen ihm erste Zweifel, ob man Bach überhaupt
auf dem Steinway vortragen sollte.

Die Goldberg-Variationen

1941 gelang Arrau in New York ein sensationelles Debüt. Er wurde – und blieb – einer der begehrtesten Solisten der Neuen und Alten Welt, stellte sich damals mit Bachs *Italienischem Konzert*, Beethovens *Opus 31 Nr. 3* sowie seinem feurigsten Schlachtroß, dem Schumannschen *Carnaval*, einer faszinierten Öffentlichkeit vor. Weil Arraus Schallplatten-Firma, die RCA, keine Einspielung der *Goldberg-Variationen* im Katalog hatte, wurde Arrau gebeten: und er spielte die Variationen, mit allen Wiederholungen (!), auf 78er Schellack-Platten im Januar und März 1942 ein. Da aber meldete sich die – von Arrau bewunderte – Landowska. Man fragte, ob Arrau nicht die Veröffentlichung seiner Interpretation verschieben und Frau Landowska den Vortritt lassen wolle. Der noble Arrau war sofort dazu bereit. So verschwanden die Platten im Archiv. Später wechselte Arrau die Firma. Seine *Goldberg*-Mühe geriet in Vergessenheit.

Ende der achtziger Jahre aber hörte sich Arrau, mittlerweile selber 85jährig, seine alte *Goldberg*-Aufnahme an. War stolz auf sich und sein pedalloses Spiel. Befand, es sei doch möglich, «Bach auf dem Klavier (gemeint: dem Konzertflügel) zu spielen». Gegen Ende der achtziger Jahre wurde aber auch die *Goldberg*-Interpretation von Frau Landowska auf CD wiederveröffentlicht. Und zwar ihre Pariser Einspielung von 1933, nicht die spätere New Yorker, die die Künstlerin mit 71 Jahren gemacht hatte.

Als junger Mann sowie später, in seinen «besten» Jahren, hat Claudio Arrau wahrlich atemberaubend gut Klavier spielen können. Die Kraft, die Klarheit der Akkorde und Passagen, die Intelligenz der Phrasierung, die Frische des Gefühls waren staunenswert, wie beispielsweise die wiederveröffentlichte *Carnaval*-Einspielung von 1939 demonstriert. Arrau besaß die Möglichkeit, heikelste, für zwei Cembalomanuale komponierte Verläufe auf der Tastatur des Konzertflügels vollkommen souverän vorzutragen. Ohne jedes Pedal – oder, wie er im Interview sagte – «no pedaling except for what I call the inaudible pedal» (das *unhörbare* Pedal).

Er läßt Bach in Ruhe, ja gibt ihm Ruhe. Das plastisch meditativ erzählte Thema allein dauert unter seinen Händen viereinhalb, die geheimnisvoll schräge 25. Variation (g-Moll) tatsächlich über acht Minuten – also so lang wie ein großer Sonaten- oder Symphoniesatz! Die Klarheit der Zeichnung fasziniert immer. Vergleicht man Arraus Steinway-Bach-Spiel mit dem anderer großer Pianisten, dann spürt man eine bei Arrau verwundernde Tendenz zu dem, was im Berlin

Johann Sebastian Bach

der zwanziger und der frühen dreißiger Jahre «Neue Sachlichkeit» hieß. Seltsamerweise pointiert Arrau, wenn er in dieser Kassette Bach-*Inventionen* oder die *Chromatische Fantasie und Fuge* vorträgt, die rhythmische Artikulation weitaus freier als in den Variationen.

Manchmal, für unser heutiges Empfinden erstaunlich selten, wagt Arrau jene «Extreme», für die er sich doch oft so leidenschaftlich aussprach! Aus der punktierten 7. Variation macht er einen südländischen Tanz; die 10., «Fughetta», legt er mit Verve hin. Besonderes Augenmerk wendet er der allmählichen Ausdruckssteigerung während der ja immer gewichtigeren Kanons zu, die das eigentliche Rückgrat dieses Variationskörpers bilden. Der «Kanon in der Terz» (Variation 9) klingt bei Arrau wie geheimnisvollster später Beethoven. Hin und wieder unterläuft Arrau, wofür ich schlechten Gewissens die Formel «kontrapunktische Rechthaberei» vorschlagen möchte. Er spielt die identischen Stimmen demonstrativ identisch. Man erkennt wieder – aber hat sich nicht das harmonische Umfeld derart verändert, daß es solcher zeigender Beflissenheit eigentlich gar nicht bedürfte, ja, daß sie irgendwie «starr» wirkt? Wichtigstes Mittel: ein gestochenes, schattenloses Non-Legato als Kontrast zur vorbildlichen gesanglichen Stimmführung beim Polyphonen.

Leider bringt das «unhörbare Pedal» auch Nachteile mit sich. Da, wo die Musik rauschend, obertonreich, brillant klingen müßte, wirkt sie oft irgendwie gebremst (Variationen 14, 20, 26, 29). Arrau spielt da reduziert, fast säuerlich – weil er soviel kann. Er bringt Bach um allen Übermut. (Aus Stilbewußtsein?)

Wer sich die hochinteressante Mühe macht, die Variationen 18 bis 22 einmal Ton für Ton analytisch zu hören, sowohl vom klug beherrschten Arrau wie von der stürmischen, oft bis zum Derben sich vorwagenden Landowska, der spürt, woran die Landowska gedacht hat, als sie in ihrem *Goldberg-Variationen*-Aufsatz von Bachs rauschend-rollender Fröhlichkeit, ja von seinem ungehemmten, hemmungslosen Lachen in einigen *Goldberg-Variationen* schrieb (während ihrer Ansicht nach andere Variationsstücke auch in der *Matthäus-Passion* Platz finden könnten). Faszinierend obertonreich rollen die virtuosen Cembalopassagen unserer «Bach-Bacchantin». Demgegenüber blieb der reduzierte Arrau-Flügel karg. Bei der Landowska gibt es Momente paranoider Finsternis (21. Variation) und Explodierendes. Merkwürdigerweise entgeht ihr, die den Ruf einer «Hohepriesterin» genoß, dafür einiges «Zarte», «Innerliche»,

Die Brandenburgischen Konzerte

«Deutsche». Aber sie spielt alles in allem weit stürmischer, überraschender, besser gelaunt als Arrau.

Da die Landowska in diesem Doppelalbum das *Italienische Konzert* sowohl interessanter als auch richtiger, im langsamen Satz ergreifender vorzutragen weiß als selbst Gulda und Gould, da ihr Cembaloklang über alle sonst oft so quälende Zirperei und Klingelei hinaustönt in Bachs Wahrheit und Heiterkeit, sei diese mit informativem Beiheft begleitete Landowska-CD-Kassette rückhaltlos empfohlen.

12. IV. 1990

DIE BRANDENBURGISCHEN KONZERTE

Auch im Bereich der schönen Künste gibt es ein Zauberwort, das besticht und reizt: Es ist das Wort Vollständigkeit. Wenn ein Geiger alle Solosonaten Bachs oder ein Pianist alle Klavieretüden Chopins oder ein Sänger alle Goethe-Lieder Schuberts vorträgt, dann ergibt sich – über das bloße «Konzert» hinaus – offenbar noch eine beruhigende enzyklopädische Komponente.

Es stellt sich freilich die Frage, ob man die sechs *Brandenburgischen Konzerte* nicht ein wenig unter Wert anbietet, wenn man sie nacheinander vorführt. Denn einerseits sind diese Stücke doch nicht so streng, so herb organisiert und konstruiert wie, sagen wir einmal, die Präludien und Fugen des *Wohltemperierten Klaviers* oder auch die Solosonaten für Violine. Andererseits sind sie aber wohl auch nicht derart verschiedene Ausdruckscharaktere wie Beethovens Sonaten oder Symphonien. So blieb denn nicht aus, daß die herrlichen Werke einander im Lichte standen. Das *3.* zum Beispiel – als Eröffnungsstück genommen, dem dann noch fünf andere folgen – entbehrte der Größe, und das *2.*, mit dem der Abend schloß, war nur noch eine Trompeten-Angstpartie; selbst der langsame Satz, wo die Trompete glücklicherweise schweigen mußte, hatte unter solchen Umständen nicht das d-Moll-Gewicht, obwohl Karl Richter während dieses langsamen Satzes mit überraschenden Cembaloimprovisationen zu faszinieren wußte.

Wer diesen großen Dirigenten über Jahre und Jahrzehnte hin

Johann Sebastian Bach

verfolgt (womit Beobachtung im Sinne freundschaftlichen Engagements und nicht detektivischen Zur-Strecke-bringen-Wollens gemeint ist), der kann miterleben, wie Richter auch den *Brandenburgischen Konzerten* immer neue Nuancen abgewinnt. Richter versteht etwa den ersten und den letzten Satz des *6. Konzerts* nun glücklicherweise nicht mehr so fröhlich und über-rasch wie früher, er trifft auch die schwerblütig-feierliche Menuett-Herzlichkeit, mit welcher das *1. Brandenburgische Konzert* schließt, immer inniger.

Aber wenn ein wohleinstudiertes Bach-Ensemble alle sechs nacheinander spielt, dann vermag zwar Richters befeuernde Intensität dafür zu sorgen, daß sich nicht gerade Routine oder Artikulationsnachlässigkeit einschleicht: Doch zur großen, wahrhaft überrumpelnden konzertanten Frische, die immer und immer wieder hergestellt werden müßte, reicht es dann, etwa bei Otto Büchner, nicht ganz. Mehrere immer wiederkehrende Schwächen waren unüberhörbar. Im *3. Konzert* wurde doch nicht gewichtig genug abgesetzt und artikuliert, die Wiederholungen kamen monoton; der Unterschied zwischen anapästischer und daktylischer Betonung während des ersten Satzes war kein dramatisches Ereignis, dem Konzert fehlte es sowohl an hinreißender Spielfreude wie auch an festlicher Größe.

Beim *5. Brandenburgischen Konzert*, das folgte, bewältigte Richter die Cembalokadenz souverän. Nur machte er sie nicht als kompositorisch-solistisches Ereignis erkennbar. Das floß alles so weiter. Und vom Affettuoso des langsamen Satzes merkte man nicht allzuviel, weil die beiden anderen Solisten auf den für den Herkulessaal trotz aller Schikanen nicht ausreichenden Ton des Cembalos Rücksicht nehmen mußten.

Das *4. Brandenburgische Konzert*, vor allem dessen zweiter Satz, war vor der Pause der größte Eindruck. Da aber Richter im Schlußpresto das Tempo sehr zügelte und da auch Otto Büchner seine eminent schwierigen Geigenstellen nur richtig, aber nicht strahlend bewältigte, wirkte freilich die grandiose Pointe dieses letzten Satzes mit seinen wilden Akkorden ein wenig forciert – es war noch nichts passiert, was solche donnernden Blöcke am Ende hätte rechtfertigen können.

Nach der Pause hörte man zunächst das *1. Brandenburgische Konzert*, stellenweise sehr delikat, obwohl Manfred Clement die tiefsinnige Adagio-Kantilene der Oboe für mein Empfinden nicht ausdrucksvoll genug spielte und obwohl Richter die ewige Wieder-

94

Die Brandenburgischen Konzerte

kehr des Menuett-Themas ruhig noch viel mehr hätte modifizieren können. So wirkt es überhaupt immer ein wenig stumpf, wenn, vor allem im *5. Konzert*, die Orchester-Tutti stets so unbeteiligt-derb dazwischenfahren, als hätten sie gar nicht zugehört, als seien sie froh, ihr Forte an den Mann zu bringen. Das 6. *Brandenburgische Konzert* hatte Wärme und Innigkeit. Aber auch da blieb unverständlich, warum die Solo-Bratschen etwa das zweite Thema des ersten Satzes, das manchmal mit einer Quarte, dann wieder mit einer Septime beginnt, manchmal ins Moll, manchmal ins Dur hinüberspielt, so gleichmäßig, so unnachdrücklich vorführten. Es braucht ja nicht gleich ein verkitschtes Portamento zu sein. Aber wenn eine Quarte sich in eine Septime weitet, dann geschieht doch etwas! Daß der Abend mit dem 2. *Brandenburgischen Konzert* festlich hätte enden sollen, aber zum reinen Trompeten-Alptraum geriet, wo man das hohe D und das hohe F oft nur im Geiste miterleben konnte (und geradezu froh darum war, weil es, wenn es doch kam, quälend klang), muß allen möglichen Indispositionen zugeschrieben werden. So etwas kann passieren, niemand braucht es tragischer zu nehmen, als es ist.

23. VI. 1970

Die Kadenz aus dem *5. Brandenburgischen Konzert* von Johann Sebastian Bach ist ja ein seltsames Stück. Alle Welt redet immer von den wohlausgewogenen Proportionen, die gerade für die Barockmusik so charakteristisch seien. Aber wenn man den Kopfsatz des *5. Brandenburgischen Konzerts* unbefangen betrachtet, dann ist es doch fast verwunderlich, daß da ein konzertanter Satz plötzlich abbricht und mitten in ein verhältnismäßig kurzes Stück eine ungeheuer lange, ungeheuer ausdrucksvolle, alle Proportionen eigentlich doch sprengende Kadenz eintritt. Wilhelm Furtwängler hat, um 1943, das *5. Brandenburgische Konzert* dirigiert und am Flügel selber den Solopart samt riesiger Kadenz gespielt. Es existiert ein privater Mitschnitt.

Furtwängler spürt, und er läßt spüren, daß da ein großer Kadenz-Auftritt stattfindet. Darum bringt er es zuwege, daß – kurz bevor dieser Einsatz des Klaviers stattfindet – alles beinahe erstarrt. Er spielt immer langsamer, die Zweiunddreißigstel stören ihn überhaupt nicht, das Klavier und das Orchester (beziehungsweise das Cembalo und das Orchester, aber er benutzt charakteristischerweise das Klavier) vereinigen sich zu einem riesigen Doppelpunkt. Dann findet nahezu emphatisch, ganz langsam der Auftritt des Helden, also das sogenannte Solo, statt. Was Solo heißt, was solistisch ist, macht Furtwängler hier am Klavier viel klarer, als irgendeiner der anderen großen Pianisten oder Cembalisten es bisher je getan hat.

Denn nicht nur, daß er den Doppelpunkt, von dem an dann der Soloauftritt stattfindet, außerordentlich hervorhebt, der Held, der sich da äußert, also das Klavierthema, spricht auch plötzlich viel langsamer. Man merkt, er ist allein, er meditiert, er verliert sich. Und dieses Element der Meditation ist, wenn Furtwängler spielt, so ungeheuer groß, daß es mystische Züge annimmt. Nichts bleibt unbeseelt – alles geht ins einzelne, klingt erstaunlich schön, frei und romantisch. Wo andere nur einzelne Noten sehen, einzelne Sterne gleichsam, da entdeckt Furtwänglers Blick Sternbilder. Und trotzdem führt er sein Entdecken nicht aufdringlich pointiert vor.

Man darf nicht mit irgendwelchen Vorstellungen von Bach-Stil und Bach-Spiel, wie es angeblich sein muß oder sein soll, darangehen. Man muß zuhören, wie sich im Temperament eines großen Musikers die Linien Bachs brechen.

Wie der Komponist Anton von Webern das Ricercare aus Bachs *Musikalischem Opfer* beim Instrumentieren gewissermaßen auch analysierte, so wirkt die Interpretation Furtwänglers nicht nur wie eine pianistisch perfekte Interpretation, sondern sie ist mehr, sie ist die Analyse, die ein großer Dirigent, der zugleich ein großer Klavierspieler war, hier einem bedeutenden Stück barocker Musik zuteil werden läßt.

1. VI. 1964

SOLOSONATEN UND PARTITEN FÜR VIOLINE

Mitunter wird der Kritiker bedauert. «Es muß doch schlimm sein», sagen die Leute, «daß Konzerte für Sie kaum mehr einen ungeteilten Genuß bedeuten. Unsereins darf naiv-selig, ohne sich um falsche Töne und schiefe Auffassungen zu kümmern, dabeisitzen und sich

Solosonaten und Partiten für Violine

hingeben.» Auf solche Beileidsbekundungen, die oft nicht allzu ernst gemeint sind, läßt sich wenig Vernünftiges entgegnen. Man könnte sagen, wer schärfer hinhört, verderbe sich dabei nicht unbedingt den Genuß. Zwar bringe er sich um die Möglichkeit, noch mit dem Mittelmäßigen oder Miesen heiter mitzutaumeln, aber um so eindringlicher vernimmt er das Großartige, Seltene, Meisterhafte. Doch das alles sagt man natürlich nicht, sondern antwortet: «Sie haben sicher recht, gnädige Frau. Es war ein herrlicher Abend.»

Der in Rußland geborene, in Amerika zu Weltruhm emporgewachsene Geiger Nathan Milstein meidet Deutschland seit langem. Zusammen mit einigen anderen Weltklassevirtuosen wie Rubinstein, Heifetz und Isaac Stern boykottiert er einstweilen, wer möchte es ihm verdenken, das Vaterland Himmlers und Eichmanns. Dieser Boykott leuchtet dem Gefühl mehr ein als der Logik. Er trifft am härtesten jene gewiß nicht antisemitischen deutschen Musikfreunde, denen es nun versagt ist, die Großen zu hören und sich einmal mehr vor Augen zu halten, daß erstklassige Interpretation weiß Gott kein deutsches Privileg ist. Und er trifft nicht jene reichen Alt-Nazis, die sich aus Laune die Villa mit Milstein-Platten tapezieren könnten (denn die Platten werden hier verkauft) oder sich aus Lust vom Chauffeur nach Luzern und Salzburg fahren lassen können (denn das ist eine Geldfrage).

Das Konzert Milsteins in Salzburg machte nämlich für den Kritiker gut, was ein mittelmäßiger Konzertwinter ihm antut. Milstein spielte die *Solosonate in g-Moll* von Johann Sebastian Bach, danach die *Partiten in d-Moll* und *h-Moll*. Es ist kein natürlicheres Geigenspiel denkbar als das seine. Er stellt sich aufs Podium, schließt die Augen, und plötzlich vermag man zwischen dem Künstler und seinem Instrument kaum mehr zu unterscheiden. Man vergißt da, daß der Mensch zu einer physiologisch eigentlich recht unnatürlichen Haltung gezwungen wird, daß er virtuose Drahtseilakte sonder Zahl ausführen muß, daß es qualvolle Fingersätze und kratzende Begleitgeräusche und nicht richtig ansprechende hohe Töne, laute Lagenwechsel, Unreinlichkeiten und Quietschereien geben kann. Man vergißt sogar, wenn Milstein Bach spielt, daß dessen Solosonaten ja wahrlich eher gegen die Geige als für sie geschrieben sind. Nun hatte der Künstler es sich offenbar in den Kopf gesetzt, Bachs Zumutungen nicht nur in Musik, sondern in Violinmusik, in ein Geigenfest zu verwandeln, sozusagen eine virtuelle Vermählung zwischen Bach und Sarasate zustande zu bringen. Die Stücke erho-

Johann Sebastian Bach

ben sich mitunter aus dem Grab historisch-kritischer Gesamtausgaben zu einer höheren Heiterkeit, sie waren gleichwohl keineswegs von stilistischen Abweichungen oder Mätzchen bedroht, sondern eher von einer hinreißenden, losgelassenen Virtuosität sich selbst genügenden Violinspiels. Denn auch im glänzendsten, feinsinnigsten Geiger muß, auf daß die Violine klinge, ein Stück sublimierten Zigeunertums stecken. Dergleichen gilt übrigens für die Pianisten nicht, leider.

Szeryng hatte Bachs Solosonaten in Ansbach technisch perfekt gebracht, aber es war doch ein Bach im Neonlicht, ein auf Hochglanz polierter Bach gewesen. Milsteins überwältigende Spontaneität ließ solche Gefahr nicht ein einziges Mal aufkommen. Und was die Perfektion betrifft, so nahm Milstein in den raschen Sätzen, in der Fuge etwa oder im Schluß-Presto der *g-Moll-Sonate*, noch sehr viel zügigere Tempi als Szeryng – wußte sie aber dennoch mit Größe, Gleichmaß und Leben zu füllen. Auf diese Weise brachte er das Wunder fertig, Bachs Doppelgriffe so zu spielen, daß sie wie süße Geigensexten klangen und dennoch unverwechselbare Bestandteile polyphoner Kunst waren. So löste er die Tanz-Sätze aus der Sphäre historisierender Oberlehrer-Heiterkeit (an der wahrlich nichts Heiteres ist) und brachte ihr temperamentvolles Ingenium strahlend heim. So verstand er es, die motorischen Sechzehntel vollkommen gleichmäßig, ohne jeden «Drücker» abrollen zu lassen.

Dieser Geiger, eine Mischung aus teuflischem Können, Versenkung und Temperament, kennt eigentlich nur eine Gefahr (die sich bei alledem kaum vermeiden läßt): den interpretatorischen Übermut. Manches macht er zu delikat, zu verspielt, zu schön; manche Forte-Stellen pointiert er leise, manche Kraftpunkte werden (zum Beispiel in der Bourrée der *h-Moll-Partita*) plötzlich im Piano genommen. Aber solche Überpointierungen sind weniger Zeichen von Stilunsicherheit als Zeichen dafür, daß hier ein Temperament sondergleichen keine Sekunde musikalischen Leerlaufs dulden will. Denn wenn das Gesetz es befiehlt, wenn es ernst wird, wie in der Chaconne und den anderen großen Solo-Eingebungen Bachs, dann zeigt sich Milstein der Größe ebenso gewachsen wie vorher witzig-virtuoser Heiterkeit.

17. VIII. 1961

«PLAY BACH»

Als Johann Sebastian Bach befand, Musik ohne Generalbaß sei keine eigentliche Musik, sondern «ein teuflisches Geplärr und Geleier», da hat er zweifellos nicht an Schlagbaß und Rhythmusgruppen gedacht. Doch die schon seit längerer Zeit bestehende Mode, Bachs harmonische Konzepte zum unverwüstlichen Widerstand und zugleich zum Blutspender zu machen für zahlreiche Jazzstile, Einfälle und Maschen, wird dadurch nicht widerlegt: Bearbeitungen, Improvisationen oder Parodien, die einem ehrwürdigen Gegenstand gewidmet sind, dürfen nicht an ihrer Mutwilligkeit gemessen werden, sondern immer nur daran, wieviel sie dem betreffenden Objekt geben oder nehmen. Bach selbst hat sich bekanntlich nicht gescheut, zu bearbeiten und dabei seine kontrapunktische Überlegenheit zu demonstrieren. Die französische «Play Bach»-Combo setzt also eine alte Tradition fort.

Es war den Zuhörern im gutbesuchten Kongreßsaal des Deutschen Museums leicht anzumerken, ob sie «Bach» oder das «Play» meinten. Fürs «Play» sprach die enorme Jugendlichkeit, sprach das manchmal aus engster Hose hervorstechende Schuhwerk, auch der relativ hohe Anteil an Kordware und gelegentlich herber Intellektuellenblick. Zu «Bach» tendierte hingegen das dominierende, höchst seriöse Schwarz von Robe und Abendanzug, das erstaunlich ruhige Zuhören und gemessene Beifallklatschen nach jeweiligem Schlußakkord oder bemerkenswertem Solo. Ich hatte mir das alles viel spontaner und temperamentvoller vorgestellt – und zu dieser Enttäuschung paßt wohl auch der Eindruck, daß keineswegs die Jüngsten am flammend-extravagantesten gekleidet waren, sondern eher die Mittelalterlichen verwegeneren Gebluts. Dem Anblick solcher Seriosität entsprach das Bild des «Play Bach»-Trios selbst. Schlagzeuger Christian Garros wirkte wie Carl Jacob Burckhardt, nur vielleicht noch vornehmer. Der Bassist Pierre Michelot sah aus wie ein Rudolf Koeckert beim Beethoven-Spiel. Nur den Pianisten und Spiritus rector Jacques Loussier umgab das Air leichter Ungewöhnlichkeit: Dostojewski, gezeichnet von Meyer-Brockmann.

Angesichts solchen Ernstes erstarrt aller feuilletonistischer Leichtsinn. Fragen wir also sachlich und mild, wie sie es machen. Man versucht dem Bachschen Original auf *drei* Weisen zu entkommen – wobei übrigens der große, manchmal sogar lähmende Respekt vor

Johann Sebastian Bach

dem Urbild bestehenbleibt. Da ist zunächst die nahezu tongetreue, durch rhythmische Akzente angestrebte «Verswingung» der Bachschen Musik. Fast nichts Neues tritt hinzu, die harmonischen Höhepunkte werden forciert, manchmal leicht pointiert, doch das Ganze erscheint unverkennbar als reinster Bach. Der zweite Kunstgriff heißt: Vervielfältigung. Der Pianist vergrößert Bachs Passagen, beschleunigt, fügt, nach bestem Vermögen, Nebenstufen hinzu. Der Kontrabassist zeichnet dabei gerade nicht die Generalbaßlinie nach, sondern findet oft sehr hübsche neue Kontrapunkte. Der dritte Weg, sich vom Gegebenen zu entfernen, ist die Absage an den ursprünglichen musikalischen Sinn. Also: Aus der melodischen Linie werden nur einzelne Töne herausgebrochen, wiederholt und zu selbständigen Modellen aneinandergehängt. Dabei wird eine typische Unterkühlung spürbar.

Im Münchner Konzert schien der Pianist nicht ganz auf der Höhe seines durch vier Platten ja längst bestätigten Könnens. Er spielte dick, betätigte allzuoft das Pedal. Und weil er mit Oktavenverdoppelungen nicht sparte, wirkte beispielsweise die *Toccata d-Moll* nicht etwa wie ein Jazz-Arrangement, sondern paradoxerweise wie eine spätromantische Transkription. Im Gegensatz zur Schallplattenaufnahme war dem glänzenden Christian Garros ein Schlagzeugsolo über den Toccata-Rhythmus gestattet, wobei verblüffenderweise virtuose Ansätze zu einer Schlagzeugfuge (man konnte drei bis vier relativ lang durchgehaltene Rhythmen unterscheiden) hörbar wurden. Da Loussier sich selbst den Löwenanteil zugeschrieben hat, blieben sowohl Christian Garros als auch Pierre Michelot sonst meist allzusehr im Hintergrund. Wenn die drei Franzosen allzu ängstlich bei Bach verharrten, spielten sie ebensowenig zwingend, wie wenn sie sich mittels recht willkürlich wirkender, oft eklektischer Jazzstile weit von ihm entfernten. Nur dann, wenn eine in diesem Konzert selten sich einstellende Mitte zwischen Ur-Harmonie und Swing-Element getroffen wurde, bereitete das Konzert einen erlesenen musikalischen Spaß. So könnte englische (nicht britische) Barmusik klingen; so ist vielleicht bei der Hochzeit zu Kana im Lokal neben dem Hochzeitshaus gleich links gespielt worden, nachdem man die Musiker von dem ja plötzlich reichlich vorhandenen Wein hat kosten lassen.

Erstaunlich, was sich der Weltgeist alles ausdenkt, um die List der Vernunft für den Thomaskantor wirken zu lassen. Immer dann, wenn im Deutschen Museum besonders elektrisiert zugehört wurde,

«Play Bach»

erklang nichts als Bach; zum Beispiel «Jesu, meine Freude» oder der zweite Satz des *Italienischen Konzerts*. Mitunter erinnerte das Ganze an den Scherz eines genialen Oberlehrers, der seine lichtsuchenden Zöglinge so zu Bach führen will, daß sie nichts davon merken (und nicht widerstreben). Warten wir ab, ob uns nicht irgendwann einmal auch Haydn, Beethoven, Chopin, Wagner oder Strauss auf diese Weise unauffällig «nahegebracht» werden.

22. II. 1965

Keiser – Scarlatti – Händel – Gluck – Haydn

REINHARD KEISER: KRÖSUS

Spätestens wenn die schöne Elmira – hochelegant im wonnigen
Abendkleid mit leuchtendweißen Handschuhen: Elaine Arandes –
ihre zweite Arie mit lyrischer Noblesse und inniger Kantilene hingelegt hat, beginnt man sich zu genieren, so wenig von diesem Reinhard
Keiser gewußt zu haben. Oder eben nur das, was ein Keiser-
Kommentator vom anderen abschreibt. Daß der Komponist also ein
umtriebiger Opernchef und Opernfabrikant in der Zeit von Ham-
burgs künstlerisch so ergiebiger Barockopernblüte war, daß er noch
nach J. S. Bachs Tod gerühmt wurde als das «vielleicht größte
Originalgenie, das Deutschland je hervorgebracht hat». Was freilich
gestrenge Musikwissenschaftler an diesem Mann tadelten: «Sittlich-
keit gleich Null», dem «Luxus ergeben», trotz Verschuldung unverantwortlich großzügiges Finanzgebaren – hätte positiv aufhorchen
lassen sollen. (Denn waren die größten Opernkomponisten der
Musikgeschichte, Mozart und Wagner, nicht auch chronisch verschuldet?)

Aber wer hat schon Lust, sich mit einem nahezu nie gespielten
Barockkomponisten, der vor über 250 Jahren in Hamburg starb,
überhaupt zu beschäftigen…

Beschämend ahnungslos erwartete man also im Cuvilliés-Theater,
bis zum Kinn, ja über beide Ohren mit Wohlwollen gepanzert,
irgendwelche sinnigen Barock-Nettigkeiten, zahmes Cembalo-Ge-
zirp, blubbernden Blockflöten-Fleiß. Dazu eine Oper, die beklem-
menderweise seit ihrer Entstehung und Überarbeitung (1710/1730)
noch nie in München gespielt worden ist und zudem eine offenbar
derart konfuse Handlung enthält, daß alle umständlich einführenden
Inhaltsangaben mehr verwirren als klären.

Was aber erklang dann? Entzückend frische, manchmal durchaus
süffige, weltläufige, melodisch regelrecht effekthascherische, kurze
Barock-Melodik. Natürlich nicht Oper, wie wir sie gewohnt sind
und erwarten – wo man sich also in Menschen, ihre Wünsche,
Absichten, Handlungen so hineinfühlt, daß man sympathisierend

Reinhard Keiser: Krösus

(mitleidsvoll) teilnimmt. Um derartige psychologische Einfühlung ging es Keiser gewiß nicht. Er stellt vielmehr *Typen* auf die Bühne: den lyrischen Liebhaber, die zärtliche Liebende, den Diktator Krösus, der übermütig ist, fast mit dem Tode bestraft, am Schluß wegen Einsichtigkeit wieder zum Herrscher gemacht wird. Es kommt auch ein Salon-Intrigant bösester Art namens Orsanes vor (Yaron Windmüller bot ihn enorm bühnenpräsent als Mischung aus Yul Brynner und Peter Lorre) sowie ein buffohaftes Dienerpaar. Und viele andere.

Sie alle haben teils hübsche, teils sogar bezaubernde Musik zu singen, freilich auch kilometerlange Rezitative, die man ihnen bis zur nackten Unkapierbarkeit weggestrichen hatte. Wenn allerdings Krösus den Tod erwartet, darf er ein Es-Dur-Adagio vortragen, das in allen musikgeschichtlichen Beispielsammlungen zitiert wird und dessen sich der große Bach nicht geniert hätte.

Es ist begreiflich, daß der Regisseur Peter Baumgardt und der Dirigent Reinhard Schwarz sich die Frage vorlegten, ob dergleichen einen Opernabend lang «trägt». Schließlich sollte keine bildungsbeflissene Seminarveranstaltung stattfinden, sondern Musiktheater. Es ist weiterhin begreiflich, daß sie zu dem Entschluß kamen, die Krösus-Affäre nach allen Regeln der Regie- und Beleuchtungskunst aufzumotzen, damit zumindest etwas «passiere», falls die Staatsaffäre zu altbacken-harmlos wirkte.

Man wollte sich also nicht mit den gegebenen Qualitäten und der gleichfalls gegebenen historischen Distanz bescheiden, sondern aufmöbeln, mehr bieten. Wie so oft kam es dabei zur unseligen Dialektik solchen Tuns. Richtig «spannend» und «heutig» wurde die Sache doch nicht – aber ein übermunterer Bühnenaktionismus schadete manchmal den wunderhübschen Qualitäten, die sie immerhin enthielt…

Es war bewunderungswürdig, ja beklemmend fleißig gearbeitet worden. Sekunde für Sekunde änderten sich die glitzernden Beleuchtungseffekte, senkten sich Versatzstücke, wandelte sich die Bühne (Bühne: Jörg Zimmermann, Kostüme: Sophia Schröck). Die Symbolik der munter postmodernen Anspielungen vermischte *Rheingold*-Assoziationen (Krosus war halt sehr reich) mit *Fledermaus*-Feudalismus und *Mutter Courage*-Erinnerungen. Ernste Haltungen werden gezeigt, ironisiert, mit Texttafeln angereichert. Aus unerforschlichem inszenatorischem Ratschluß halten die Protagonisten des

Solo-Quartetts auf einem Papierblatt die Worte «Ich kann nicht» vor sich hin.

Diesen keineswegs unverständlichen Satz haben sie nämlich auch zu singen. Das routinierte Dienerpaar läßt es an peinlich operettenhaft überdrehter, derbster Domestiken-Erotik nicht fehlen. Wenn aber einmal demonstrative Ruhe eintreten und der Tenor Atis das schönste Stück der Oper singen darf, die Affettuoso-Arie «Elmir! wo bleibst du?», deren erhabene Melodie noch bis in ein *Sonnenquartett* Haydns weiterlebt, dann ahnt man, wie Keiser klingen könnte, wenn er in Ruhe gelassen würde.

30. III. 1990

DOMENICO SCARLATTI

Niemand braucht sich zu genieren, wenn er irgendeine wohllautende Barocksonate hört und nicht gleich erkennt, ob da etwas von Vivaldi, Galuppi, Tartini, Händel, Corelli oder sonst einem der so beklemmend fruchtbaren Komponisten des italienisch imprägnierten 17. oder frühen 18. Jahrhunderts erklingt. Es gab große Gemeinsamkeiten des Zeitstils, damals.

Den Ton des Domenico Scarlatti indessen erkennt jeder Klavierfreund sofort. Doch wie alles, was in sich geschlossen und vollendet schön ist, was einem Mozartschen Streichquartett oder einem Haydnschen Adagio gleicht, läßt sich Domenico Scarlattis Eigenartigkeit kaum in Worte fassen. Ist es die unaufdringliche, noble Eleganz seiner Kantilene, die sich denn doch von der manchmal armen, reinlichen und verschwitzten Kärglichkeit deutsch-protestantischer Kleinmeister-Musik subtil unterscheidet? Ist es die fabelhaft originelle Virtuosität des Klaviersatzes? Oder die wunderbar reiche, anti-banale Harmonik in ihrer Stufenfülle? Ist es Scarlattis originelles Modulationsschema? Seine tänzerische Diktion, sein Marsch-Rhythmus? Scarlatti läßt sich offenbar leichter lieben – als beschreiben.

Er wurde 1685 in Neapel geboren. Der Vater war berühmter Komponist, der eine Onkel Geiger, der andere Buffo-Tenor, die Tante Sängerin. Als Jüngling schon lernte er die Musik-Größen

Domenico Scarlatti

seiner Zeit kennen, produzierte er längst vergessene Chorwerke, Kirchenmusik, Opern. Von 1720 an lebte er in Lissabon, nach 1729 am spanischen Hof; 1757 starb er in Madrid.

Geblieben sind 555 (in Worten: fünfhundertfünfundfünfzig) Zeugnisse einer beispiellosen und herrlichen Monomanie. Nämlich ebenjene 555 Scarlattischen Klaviersonaten, von denen man nicht einmal ganz genau weiß, ob sie alle (erst) in Spanien komponiert wurden... In einem Vorwort weist Scarlatti jede Spekulation auf Tiefsinn oder mystische Bedeutung zurück: Keine ungeheuren Intentionen, keine Gelehrsamkeit sollte man von ihm erwarten, «sondern nur den geistvollen Scherz der Kunst». Da untertrieb er. Oder man müßte die Worte «geistvoll» und «Kunst» so umfassend verstehen wie überhaupt nur denkbar.

Weil so wenig konkrete Fakten vorliegen, werden Gerüchte überliefert, widerlegt, freilich durch solche Widerlegungen weiter-überliefert. Zum Beispiel, Scarlatti sei derart dick geworden im Alter, daß sein fetter Bauch es ihm unmöglich machte, mit überkreuzten Händen zu spielen, woraus sein Klaviersatz früher delikate Wirkungen bezog. Ralph Kirkpatrick, Scarlattis gelehrter Biograph, hat sich erregt gegen diese Unterstellung – an der doch eigentlich nichts Böses ist – gewehrt. Ob Scarlatti sein ehrlich verdientes Geld leichtfertig-leidenschaftlich *ver*spielte, so daß die Familie in relativer Armut zurückblieb, läßt sich auch weder eindeutig belegen noch widerlegen.

Geblieben – ganz unwiderstehlich, eindeutig, aller Abnutzung spottend – sind die Sonaten mit ihren Terzenpassagen, Tonrepetitionen, Riesensprüngen, Klangorgien. Wahrscheinlich hatte Scarlatti sie in Zweier-, vielleicht sogar Dreier-Gruppen angeordnet. Wie da aus Schmerzen zarte Pointen werden, wie da eine traurige Wendung sich in immer dunklere Melodik gleichsam hineinfrißt, wie das Barock klingt, als sei es Rokoko, und Rokoko wiederum barockhaft-solide komponiert erscheint: es ist des Staunens kein Ende über soviel lateinische Genialität.

Er brauchte nicht zu suchen, er fand; er hatte keine Formprobleme, sondern Klangideen. Unvorstellbar, daß ein germanischer Komponist 555mal quasi dieselbe knappe, natürlich nicht stets identische Sonatenform mit immer wieder neuem, herrlichem Inhalt zu erfüllen unternommen hätte. Scarlatti, das war das Lateinische, das Diskrete und Bescheidene an ihm, wollte weder experimentieren noch erweitern, noch zertrümmern. Er vollendete nur.

Wer als junger Mensch zum erstenmal von einem Meister-Inter-
preten Scarlatti hört, zuckt zusammen. Wie traf Michelangeli das
dunkle Ebenmaß, die Haskil das warme Gefühl, Gilels die vitale
Bravour, Lipatti die kunstvolle Natürlichkeit, Horowitz die pathologisch kreisende Fragilität dieser Musik! Gerade weil Domenico
Scarlatti nie mit Substanz und Tiefsinn prunkt, bieten seine höheren
«Scherze der Kunst» Substanz schlechthin, Idee und Entzücken
zugleich. Spieler und Hörer wissen das, seit Clementi, Czerny,
Liszt, Tausig, Bülow, Longo und Kirkpatrick uns die Sonaten
erschlossen. Und wann immer ein guter Pianist mit Scarlatti beginnt
(als wäre es Musik zum Einspielen) oder endet (als wären die Sonaten
nichts als effektvolle Zugabe-Nummern), kann der Klavierabend
nicht ganz verloren sein.

26. X. 1985

GEORG FRIEDRICH HÄNDEL: DER MESSIAS

Es müssen große Tage, Tage unvergleichlicher schöpferischer Be-
rauschtheit für Georg Friedrich Händel gewesen sein, als er zwischen
dem 22. August und dem 14. September des Jahres 1741, also in
wirklich nur dreieinhalb Wochen, seinen *Messias* komponierte. Händel war damals kein übersprudelnder junger Künstler mehr, der in
schöpferischen Eruptionen Werke aus sich herausschleudert, sondern es war immerhin ein 56jähriger Mann, dem ein solches Wunder
der Inspiration und Schnelligkeit gelang. Was Händel bei seiner
Arbeit fühlte, hat er enthusiastisch bekannt. «Ich glaubte», so Händel, «ich sähe alle Himmel offen vor mir und Gott selbst.» Vieles von
dieser Begeisterung vibriert mit im melodischen Schwunge der *Messias*-Musik.
  Natürlich wurde dem Werk bis auf den heutigen Tag unendlich
viel Bewunderung und Beachtung zuteil. Joseph Haydn bezog sich
nicht nur in seinen Oratorien auf das Händelsche Vorbild, sondern
auch in seiner Kammermusik. Mozart würdigte Händels Partitur
einer sorgfältigen Bearbeitung, deren Wert und stilistische Angemes-
senheit fragwürdig ist. Beethoven hielt Händel für den schlechthin
größten Komponisten der Musikgeschichte, stellte ihn über Bach

Georg Friedrich Händel: Der Messias

und Mozart, zitierte in seiner *Missa solemnis* das *Messias*-Vorbild! Von Mendelssohn bis zu Brahms geht dann auch im 19. Jahrhundert die Tradition der Händel-Verehrung weiter. Gleichwohl sei nicht unterdrückt, daß im 20. Jahrhundert, wohl vor allem im Kreis der Musiker um Arnold Schönberg, auch eine gewisse Distanz zu Händel erkennbar wurde. Theodor W. Adorno, der ja Schüler Alban Bergs und Bewunderer Schönbergs war, sagte häufig, es sei ein amateurhafter Irrtum, von «Bach und Händel» so zu reden, als seien sie gleichen Ranges. Das wäre genauso falsch wie die gedankenlose Nebeneinanderstellung von Schiller und Goethe. Bachs kontrapunktischer und kombinatorischer Tiefsinn fehle bei Händel, bemängelten die Kritiker.

Doch abgründige harmonische Tiefe darf kein alleiniges Qualitätskriterium sein. Die Gewalt und der Frieden einer atmenden, erfüllten Melodie, der vitale, herrlich helle Schwung eines inspirierten Mit- und Nacheinander: auch dergleichen kann zu herzbewegender Musik führen.

Möglicherweise hat das verbissene Ausspielen der Tiefe Bachs gegen Händels vermeintliche Oberflächlichkeit einen schlichten historischen Grund: Wer den *Messias* an der großen Bachschen Passionstradition mißt, die Händel vermutlich gar kannte, bezieht Händels Chöre auf ein falsches Modell. Und vergißt, daß Händel nicht nur englischer Staatsbürger geworden war, sondern daß für ihn die englische Tradition der Anthems eine lebendige Quelle der Inspiration gewesen ist. Nicht der protestantische Choral, der in Bachs Kantaten und Passionen eine prägende Rolle spielt, beeinflußte Händels chorischen Stil, sondern die festliche, deutlich deklamierende Staatsakt- und Krönungsmusik der großen Anthems für Chor und Orchester, die Purcell im 17. Jahrhundert komponiert hatte und mit denen Händel gleichfalls in England triumphierte. So kann man das berühmte «Halleluja» aus dem *Messias*, wie britische Händel-Forscher es tun, durchaus als ein typisches Krönungsanthem empfinden! Als Händel sich nach typischen Opern-Miseren, Rivalitäten, Erfolgen, Pleiten schließlich ganz dem Oratorium zuwandte – im Jahre 1737 hatte er sogar einen Schlaganfall, der ihn halbseitig lähmte, mit Hilfe einer Kur in Aachen überwinden müssen –, als Händel auch bereits oratorische Meisterwerke wie *Israel in Ägypten* oder *Saul* (mit dem berühmten gläsernen Trauermarsch in C-Dur) hinter sich hatte, da wurde er von William Cavendish, dem Herzog von Devonshire und Vizekönig von Irland, zur Wintersaison nach Dublin eingeladen.

Und gebeten, für dieses Gastspiel ein neues Oratorium mitzubringen. So kam es zum *Messias*.

Der *Messias* ist für den Konzertsaal komponiert, nicht für die Kirche. Da es in den drei Teilen des Werkes – die Dreiteiligkeit entspricht der Dreiaktigkeit normaler Barockopern – sowohl um die Weihnachtsgeschichte wie auch um Christi Passion und um Christi Auferstehung geht, kann Händels *Messias* offenbar nicht für *einen* bestimmten kirchlichen Termin entworfen oder gar an ihn gebunden sein. Ja, das Werk ist nicht einmal an eine *dramatische Handlung* geknüpft wie Bachs dramatische Passionen. Sondern Händel vertont im ersten Teil betrachtende, weissagende Texte aus dem Alten Testament, vor allem aus dem Buch des Propheten Jesaja. Und zwar aus dem Teil, den die Theologen «Deutero Jesaja» nennen: das war ein sprachmächtiger, unbekannter Prophet, der weit über hundert Jahre nach Jesaja gelebt hat und dessen Sätze in Jesaja 40–55 überliefert sind. Der erste *Messias*-Teil endet mit der Weihnachtsgeschichte aus dem Lukas-Evangelium und kurzen Texten aus dem Matthäus-Evangelium. Der zweite Teil wählt herbere, schmerzlichere Zitate aus Jesaja, den Klageliedern Jeremiä, den Psalmen, dem Römerbrief und der Offenbarung. Im abschließenden dritten Teil wird das Alte Testament, das bisher beherrschend war, nur noch zu Beginn zitiert. Dafür treten nun die Briefe des Paulus in den Mittelpunkt.

Diese Übersicht verdeutlicht folgendes: Im *Messias* stehen ausschließlich Texte aus der Bibel. Altes Testament, Neues Testament, Psalmen, Offenbarung. Hier stellt also kein Erzähler, kein Evangelist einen Handlungszusammenhang her, sondern Bibelstellen werden beziehungsvoll nebeneinandergeordnet. Es geht um die Erscheinung des Messias, die Angst einer sündigen Welt vor dem Kommen Gottes; es geht um das Opfer des Lammes und die Entsühnung einer gefallenen Menschheit. Charles Jennens, der für Händel einige Oratorientexte zusammengestellt hat, ein reicher, gebildeter literarischer Amateur, bot gewissermaßen eine Bibelanthologie, kein fesselndes Passionshörspiel. Händel macht es sich damit offensichtlich schwerer als Bach. Der Abstraktheit solcher geistlicher Betrachtungen entspricht die Reinheit seines Melos. Denn nicht nur auf die Anthems bezog sich Händel, sondern genauso auf seine Vertrautheit mit norddeutsch-protestantischer Passionsmusik sowie auf die Italianità der Seria-Opern, die der Komponist in jüngeren Jahren im Stil des 18. Jahrhunderts geschrieben hatte, nachdem er in Italien mit der großen neapolitanischen Tradition vertraut geworden war.

Georg Friedrich Händel: Der Messias

Händels Oratorium beginnt mit einer Eröffnungssymphonie in e-Moll. Punktierter, langsamer Grave-Beginn – dann eine Allegro-Fuge. Also durchaus der Typus der französischen Ouvertüre, wie sie am Hofe Ludwigs XIV. zelebriert wurde, wenn der Sonnenkönig den Saal betrat. Komponierten Bach oder Händel französische Ouvertüren, dann hatten sie freilich nicht nur einen irdischen König im Sinn, sondern den himmlischen.

Der *Messias* beginnt verhalten, unaufwendig. Kein großer Chor – sondern ein zartes, nur von kleinem Orchester begleitetes Tenor-«Accompagnato» im leisen Larghetto: «Tröste dich». In diesem schlichten Anfang verbirgt sich eine rhythmische Keimzelle des ganzen Werkes. *Viertelnote, punktierter Rhythmus, Grundton.* Später, beim «Wunderbar», «Friedefürst», beim «Hebt euer Haupt» oder im «Halleluja» und an vielen Stellen wird dieser am Anfang so zart angedeutete Rhythmus festlich verstärkt wiederkehren. In der nun folgenden lyrisch bewegten Tenorarie «Alle Tale, ihr sollt euch heben, Berg und Hügel sollen sich senken, krumme Pfade sollen begradigt werden: denn es kommt der Herr» führt Händel tonmalerisch vor, wie die Tale, die Täler, erhoben, wie die Flur-Begradigung durchgeführt werden soll. Beim großen Baß-Accompagnato-Rezitativ: «So spricht der Herr, der Herr der Welt: Noch eine kleine Weile, und ich bewege den Himmel, die Erde, das Meer und das Trockene, und ich errege die Völker, es bebt der Himmel» – glauben wir uns in einer Barockoper. Die Tonwiederholungen der Streicher signalisieren Angst.

Ein strenger, eifriger Gott, der sich so machtvoll ankündigt, versetzt die Menschen in Furcht. «Wie soll ich dich empfangen?» Händel bleibt beim d-Moll und erfindet für die Altsolistin eine Musik kantabler d-Moll-Befangenheit. Das chorische Mollstück, das sich auf Gottes Kommen bezieht – «er wird reinigen und läutern seine Priester» –, wirkt fast erheiternd sachlich. Die Musik klingt lakonisch. Daß auch unter den Priestern, wie in allen hierarchischen Institutionen, Schlamperei, Unsauberkeit, Nachlässigkeit eingerissen sind und daß Gott der Herr sogar in seinem Personal sozusagen für Ordnung und Glanz sorgen muß: Händels Musik nimmt das mit einem gleichsam souveränen Achselzucken hin. Doch die Menschheit ist in großer Not: «Das Volk, das wandelt im Dunkel», dieses Volk sieht ein großes Licht. Die langsame Baßkantilene macht des orientierungslosen Volkes Irren und Abgleiten plastisch deutlich. Ein lapidarer Einfall, wie er derart zwingend, lakonisch und melodisch typisch ist für Händel. All dem kontrastiert der erste große, sprühend heitere Erlösungschor: «Denn es ist uns ein Kind geboren, uns ein Sohn gegeben, und die Herrschaft ist gelegt auf seine Schultern». Das beginnt italienisch beschwingt. (Was hier nicht als Metapher gemeint ist, denn Händel griff im *Messias* an einigen Stellen auf bereits anderswo Komponiertes zurück. Auch auf frühere italienische Kammerduette. Hier auf eines, das den nicht so unmäßig frommen Text vertonte: «Nein, ich traue dir nicht, blinder Liebesgott».)

Auf das «Denn es ist uns ein Kind geboren» wird am Ende des ersten Teils die Weihnachtsgeschichte wie eine Episode eingeflochten.

Wir erinnern uns: Es waren in jener Nacht Hirten auf dem Felde, die hüteten ihre Herden. Davon handelt die Hirtensymphonie aus Bachs *Weihnachtsoratorium*. Händel nennt sein entsprechendes Stück «Pifa». Hier gibt sich die Musik inniger, vertraulicher. Pifferoni, das waren Hirten der Campagna di Roma, die ihre eigenen Melodien spielten. Darauf bezog sich Händel in der Hirtensymphonie. Die Weihnachtsepisode endet eindringlich und tiefsinnig. Der Chor «Ehre sei Gott in der Höhe und Frieden auf Erden» ist mehr als ein ungetrübtes Jubel-Ensemble. Händel führt dabei eindringlich konkret Klangregie. Es soll nicht zu laut anfangen. Die Trompeten tönen in den ersten Takten «Wie aus der Ferne». Das «Ehre sei Gott in der Höhe» singen die hohen Stimmen, die Frauenstimmen der Engel. Das «Und Frieden auf Erden» indessen bleibt den Männern in der Tiefe vorbehalten. Brillante Polyphonie entwickelt sich. Aber am Ende entfernt sich die Musik langsam und leise, verschwinden die himmlischen Chöre, als wären sie nur eine Vision gewesen. In tiefer Stille bleiben wir Menschen allein.

Es gibt keine handelnden Personen im betrachtenden *Messias*-Oratorium – gleichwohl bringt die Beschwörung der Weihnachtsgeschichte ein erzählendes Element in den Verlauf. Aber darauf kam es Händel gar nicht in erster Linie an. Wenn er nach der Weihnachtsgeschichte wieder zu Jesaja zurückkehrt fürs Duett «Er weidet seine Schafe», dann vertraut er seinem melodischen Genius. Er schreibt eine betörende Melodie. Das konnten Bach und Mozart und Schubert wahrlich nicht schöner.

Im zweiten Teil geht Händel monumental aufs Ganze. Bei «Seht an das Gotteslamm» scheint er sich des norddeutschen, gravitätischen Passionsstils zu erinnern. Die ergreifende Arie «Es war ver-

Georg Friedrich Händel: Der Messias

schmähet und verachtet» dauert über zwölf Minuten. Sie ist das mit Abstand längste, umfangreichste Stück des Oratoriums. Nur die eher brillante Arie für Baß und Trompete im dritten Teil ist auch beinahe so umfangreich, nur weitaus weniger gewichtig. Allmählich zielt alles auf das hymnische Kernstück des *Messias*: das «Halleluja». Zwar verzichtet Händel auf Textdramatik, aber um so wirkungsstrategischer lenkt er auf den Höhepunkt, nein: die funkelnde Hochfläche des Oratoriums hin. Lapidare Themen werden da machtvoll verknüpft. Die ruhigen Akkorde von «Das Königreich der Welt» kann kein musikalischer Mensch hören ohne Erschütterung. Das fugierte «Und er regiert auf immer und ewig» samt den von Sekund zu Sekund ruhig in die Ewigkeit hochschreitenden Haltetönen: es ist wahrhaft groß, nicht zufällig das berühmteste Chorstück der Erde.

An das große Fugenthema des «Halleluja» knüpfte, bewundernd, der alte Beethoven an in der «Dona nobis pacem»-Fuge seiner *Missa solemnis*. Und ein junges 16jähriges Genie, ein Komponist, der später auch dafür bekannt werden sollte, daß er zusammen mit Zelter in Berlin 1829 die Wiederaufführung der Bachschen *Matthäus-Passion* durchsetzte, Felix Mendelssohn, zitierte in seinem *Oktett*, dem Meisterwerk des 16jährigen, nicht nur das Händelsche Thema, sondern sogar das stufenweise Aufsteigen in Sekunden! Nach der riesigen, zum «Halleluja» führenden Steigerung des zweiten Teils von Händels *Messias* erscheint der dritte kürzer und auch weniger gewichtig. Die Sopranarie «Ich weiß, daß mein Erlöser lebet» bietet noch einmal Händels ruhig inniges, melodisches Trösten-Können. Protestantische Todessehnsucht und katholische Mystik mischen sich im geheimnisvollen Chor: «Kam durch einen der Tod».

Im Schlußchor «Würdig ist das Lamm» zieht Händel noch einmal alle kontrapunktischen Register – ohne doch die lapidare Macht der anderen großen Chöre ganz zu erreichen. Und bei der sehr langen Arie «Sie schallt, die Posaune», die ungekürzt über zehn Minuten lang dauert, die heiter und brillant und etwas redselig ist, haben schon viele Händel-Bewunderer, wie Mozart zum Beispiel, zu kürzen versucht.

Noch zu Lebzeiten Händels wurde der *Messias* in den 18 Jahren, die dem erblindenden Meister verblieben, über sechzigmal aufgeführt. In Deutschland und der Welt setzte sich der Erfolg des Werkes dann fort. Als Händel nach der Londoner Premiere des *Messias* einem englischen Aristokraten Aufwartung machte und der Earl von Kinnoul dem Komponisten zu seinem weltlichen Werk gratulierte, es biete «edle Unterhaltung», «a noble entertainment», da erwiderte Händel: «Euer Gnaden, es täte mir leid, wenn ich die Menschen nur unterhalten hätte, ich wollte sie bessern.» König Georg II. begriff richtiger als sein Earl von Kinnoul, daß noble Unterhaltung und herzbewegende Kunstmacht in Händels *Messias* zusammengehen. Als das «Halleluja» erklang, erhob sich der König von seinem Platz. Seitdem ist dieses Stück sozusagen die spirituelle englische Nationalhymne. Wenn es erklingt, wenn es die Herzen erhebt, dann erheben sich in England auch die Zuhörer jedesmal – bis auf den heutigen Tag.

24. X. 1993

JEPHTA

Händel ist schwer. Die Musik verläuft glatter, bietet weniger Widerstände, aber auch weniger «Interessantes» als Bach. Ein großer schöner, temperamentvoll und kräftig erfüllter Ton allein genügt noch nicht. Es muß auch eine bewältigte Nervosität hinzutreten, eine gar nicht leicht erreichbare Belcanto-Dringlichkeit. Sonst verharrt die Musik überraschungsarm im Immergleichen, in einer manchmal imponierenden, weithin aber kühl lassenden Bekundung von Lapidarem und Emphatischem.

Kubelík dirigiert seinen Händel zügig, oft schwungvoll emphatisch. Aber er läßt die Musik doch zu sehr laufen; die Streicher wirken wie unterbelastet und bleiben darum oberflächlich. Und den Gesangssolisten fehlt die präzise, eindringliche Führung: Zu rasch verstricken sie sich in eine – auf mich etwas süßlich wirkende – Tendenz zum Verzücktsein. Allzu direkte Frömmigkeit in Frack und Abendkleid... So blieb denn doch jene Gewalt aus, die aus der Strenge kommt. Man erlebte, vor allem im zweiten Teil, zehn bis 15 Minuten großer Musik – etwa das wunderbare, herrlich ausdrucksvolle Solo-Quartett, einige Chöre, die Händels Macht verrieten – und war im übrigen recht unbeteiligt. Vielleicht müßte sich Kubelík noch ausführlicher mit einer solchen Partitur auseinandersetzen, müßte er Ton für Ton fragen, wie das aufzufassen und ob es nicht besser zu streichen wäre; müßten Berater mit ihm diskutieren, wann

Jephta

die Geigen zu lahm sind, die Orgel zu laut ist. Auch ist es eine fast
unerträgliche Belastung, wenn eine ständig angeschlossene elektroni-
sche Verstärkung den ganzen Abend zischenden, störenden Lärm
macht. Daß das nicht zu verhindern sein soll?

Dieser ganze Abend dauerte immerhin drei Aufführungsstunden –
er endete erst um 23 Uhr, vor merklich gelichteten Reihen –, es war
die bei Kubelík sonst ganz unübliche Erscheinung der Pausenflucht
zu bemerken.

Dieses letzte, von Händel unter furchtbar schweren Krankheits-
umständen geschriebene Oratorium führt die Jephta-Geschichte vor,
die Tragödie eines riskanten Versprechens, wie sie im Alten Testament erzählt wird, hier aber in einen mild positiven Schluß umgebogen werden darf. In einem ungewöhnlich originellen Programmheft-
Beitrag über das Werk zieht Martin Geck daraus sehr weitreichende
Schlüsse: Das «positive» Ende sei auf die Zähmung unverstörter
Menschen hin angelegt, damit sie «gute Fabrikarbeiter» würden.
Und es käme darauf an, ob Händel aus seiner Unzufriedenheit mit
dem Text kompositorisches Kapital schlug oder nicht. (Nichts deutet, beim ersten Hören, darauf hin, daß Händel irgendwie gleichsam
«gegen» die Tendenzen des Textes komponierte; der Logik des
Programmhefts folgend wäre das mithin ein Fehler. Freilich waren
Textmilderungen damals weithin üblich. Andererseits wiederum
sind die Briten des 18. Jahrhunderts höchst bibelfest gewesen; sie
wußten also ganz genau, wie *Jephta* leider ausgeht, hatten insofern
eigentlich Grund, schlechte Fabrikarbeiter zu sein – wenn man
Gecks Logik zu Ende denkt.)

Dafür, daß fesselnde Präzision sich nur ausnahmsweise einstellte,
konnten die Solisten nichts. Über die Stärken des Werkes vermittelte
die Aufführung kein hinreichendes Bild. Denn es zählt ja nicht, daß
ein paar große Augenblicke groß herauskommen, entscheidend ist,
daß die musikalische Mitte eines solchen Werkes sich mit abwechs-
lungsvollem Leben füllt. So dachten denn viele Hörer, als sie im
Programmheft ein Händel-Oratorien hassendes Wagner-Zitat fanden: «Da sitzen sie, verziehen keine Miene, lesen im Texte nach,
wenn oben auf dem Bretterbau ihre lieben Verwandten Jehova-
Chöre singen, und Jupiter selbst ihnen den Takt dazu schlägt» –
großer Mann, dachten sie, dieser Richard Wagner.

9. X. 1971

Keiser – Scarlatti – Händel – Gluck – Haydn

JULIUS CÄSAR

Es ist ja ein Zeichen für Händels Größe, daß er immer dann am schönsten und unwiderstehlichsten scheint, wenn er langsame Seelenbewegungen durch eine fließend ruhige Melodie illustriert. Die raschen Sätze wirken oft ein wenig konventionell. Wo man mit Schwung oder Turbulenz über mangelnde Substanz hinwegtäuschen kann, da komponiert auch Händel mitunter ein wenig gleichgültig vor sich hin: seiner Mittel allzu sicher. Doch beim Adagio, Largo und Andante, wenn keine Äußerlichkeit mehr helfen kann, schenkt er Einfälle von unvergleichlicher Ruhe und Noblesse her. So gesehen, zählt vielleicht der *Cäsar*, in dem viel Rasches und Dramatisches komponiert werden mußte, nicht einmal zu Händels allerschönsten Werken.

Lisa della Casa, herrlich anzusehen und betörend anzuhören, ist eine wunderbare Kleopatra – eine liebende Frau, ohne alles Kätzchen- oder gar Schlangenhafte, und sogar dem Abschied schon heiter voraus: «Doch trennt uns einst des Schicksals harter Wille, so bleibt zurück Erinnerung süßer Lust.» Mitunter, und vor allem am Anfang, schien mir die Künstlerin ihre holden Nuancen – melodische Augenaufschläge gleichsam – mehr zu *servieren* als zu *singen*. Sie ist nämlich nicht nur gut gewachsen und grundmusikalisch, sondern auch bemerkenswert intelligent; das mag sie gelegentlich dazu verführen, auch mit kleinem Stimmaufwand große Wirkungen zu erzielen. Doch immer da, wo sie sich mehr musikalisch «gehen»-ließ, hatte sie nicht nur die Gunst des Publikums, sondern auch Händel auf ihrer Seite. Über ihre Phrasierung der gewiß schönsten Stelle der Oper – «Es blaut die Nacht» – kann man streiten. Lisa della Casa singt das leuchtende dritte Viertel (ein selig wiederholtes hohes F) wie ein ausdrucksvolles Ereignis neben der gebundenen Melodie. Ob man das nicht allen kleinen Bögen zum Trotz wie einen leisen Aufschwung in den großen Bogen der Melodie hineinnehmen soll? Dann mag der Effekt noch träumerischer und ruhiger sein.

Fritz Wunderlichs Stimme hat genau den lyrisch-tenoralen Schmelz, der als Ergänzung zum Heldenbariton des Cäsar am Platze ist. Nur fehlte der Stimme von Hermann Prey, der den Cäsar zu singen hatte, ebendieses Heldische fast völlig. Gewiß, bei der Uraufführung war die Rolle einem berühmten und hochbezahlten Kastraten übertragen gewesen, dessen stimmlicher Heroismus-Quotient

möglicherweise ziemlich harmlos war. Auch hat Cäsar hier als
Verliebter einige sehr anmutige Sachen zu singen, deren Lyrizität
Prey durchaus traf. Doch mußte er – schließlich mächtiger Herr und
Held der Welt – ständig ein wenig forcieren. Und wenn er dabei auch,
je später, desto mehr, ein großes Forte erreichte, so war diese
offenbare Bewältigung dann doch auch eine Verleugnung. Dann kam
nur Preys Kunstfertigkeit zutage, aber nicht die Schönheit seines
Materials.

24. XII. 1963

JUDAS MACCABÄUS

Ein festlich gekleidetes, in seiner überwiegenden Mehrzahl beifalls-
freudiges, allerdings auch von Buh-Männern durchsetztes Publikum
erlebte folgendes: Händels *Judas Maccabäus*-Oratorium in einer
Szenerie, die teils der Situation der bewachten Strafgefangenen des
Fidelio («Wir sind belauscht mit Ohr und Blick», an aufsichtführen-
den Uniformierten fehlte es nicht), teils sogar der Endlösungs-
Situation vor dem Abtransport in Todeslager glich. Wir wurden,
beim Zuschauen, von Schreckensassoziationen an Jüngstvergangenes
bestürmt. Die Choristinnen trugen Jeans oder auch schmuckere
Reithosen, die Männer gleichfalls Alltagskleidung.

Was aber bedeutet diese Verfremdung, die so massiv war, daß man
die guten, temperamentvollen, wenn auch nicht allzu differenzierten
Leistungen des Chors (Dirigent: Gabriele Ferro), der Solisten (Walter Raffeiner, Nikolaus Hillebrand, Lilian Sukis, Daphne Evangelatos, Lotte Schädle und Helena Jungwirth) nur wie eine oft langwieri-
ge, langweilige musikalische Untermalung zur Kenntnis nahm?

Unser Nationaltheater hat in der letzten Saison gegenüber den
Barockkomponisten Gluck und Händel viel Courage bewiesen! Bei
Glucks *Iphigenie* wurde eine plausible Transposition in andere Zeiten und Darbietungs-Umstände versucht, die anfangs zwingend
wirkte, dann aber mißlang.

Einen so überzeugenden Ansatz kann man nun dem szenischen
Einrichter und Regisseur Herbert Wernicke, meiner verbitterten
Überzeugung nach, nicht einmal zubilligen. Er hat auf die unleugba-

re Kraft entsetzlicher Assoziationen gebaut. Weil eine jüdische Geschichte erzählt wird, hat sie Wernicke mit Gefängniszaun und Lager-Entsetzen umgeben. Und obwohl diese Geschichte – was den tapferen Juden ja auch mal gegönnt sein sollte – mit Triumph und Triumphchor zu Ende geht, werden bei Wernicke zum Schluß Zusammengepferchte in Todesfabriken transportiert.

Wären die Kontrast-Assoziationen Wernickes wenigstens eine in sich plausible Gegenhandlung gegen die Story des Oratoriums gewesen! Eine gewichtige, gegliederte Umfunktionierung, welche Händels Musik neu spiegelt (so wie in Cocteaus *Les enfants terribles* Bachs Musik faszinierend umgedeutet erscheint). Aber dazu reichte Wernickes Kraft nicht. Sondern nur zu ironischem Anspielen auf römischen Pomp mit fragwürdigen Ritual-Kardinälen oder auf die Kinderliebe von Diktatoren. Dies ausgerechnet zu einer der großen Melodien des Abendlandes, nämlich zum «Tochter Zion, freue dich», die Beethoven geliebt und Händel hier («Seht, er kommt mit Preis gekrönt») erhaben eingebaut hat.

Die Musik selber – von ein paar Moll-Stellen, die im KZ-Zusammenhang unheimlich gesteigert wirkten – hat also, ebenso wie die patriotisch-triumphale Handlung, mit Wernickes Lagervisionen wenig zu tun.

Trotzdem könnte vorgebracht werden, es sei vom Regisseur tapfer und aufklärerisch, nicht zu verschweigen, in welcher zeitgeschichtlichen Realität wir Händels *Judas Maccabäus*-Pathos und *Judas Maccabäus*-Jubel eigentlich zu vernehmen haben. Statt eines unverbindlich kulinarischen Genusses von Händels italienischer Kantilene sowie seiner großen dramatischen Chöre erführen wir immer auch die Assoziationen dessen, was den Juden so oft (und am schlimmsten durch uns im 20. Jahrhundert) geschah.

Die Konfrontierung gegebener Werke und Haltungen mit fürchterlichen Relativierungen aus anderer Sphäre ist nicht etwa steigernd oder mutig oder angemessen, sondern eine Einschüchterung aller optimistischen Freiheit des Menschengeistes. Angesichts des unendlichen Elends wirkt dann jeder erhabene, schöne, gar freudevolle Gedanke wie eine Lüge. Versuche analoger Art liegen nahe: Man kann Shakespeares *Falstaff* in eine Leprastation verhungernder Inder verlegen – dann würde sich die auf Wunsch der britischen Königin geschriebene Dickwanst-Komödie schon schrecklich ausnehmen. Man kann Mozarts *Figaro* unter französischen Revolutionsguillotinen stattfinden lassen: Das könnte sehr wohl und leicht begründet

Christoph Willibald Gluck: Orfeo ed Euridice

werden, wäre aber doch nur aufgedonnerte Barbarei. Und nicht grundlos haben sich die Erben Lehárs dagegen gewehrt, als Béjart die *Lustige Witwe* durch Verdun-Bilder aktualisieren wollte.

Wenn nun aber im *Judas Maccabäus* eine koloraturreiche Händel-Arie ertönt, während malerisch-expressionistisch Menschen an Stacheldraht sich krallen, wenn der nicht allzu inspirierte Schlußjubelchor in hellem Dur ertönt, während Unglückliche in den Tod transportiert werden, dann bedeutet das gewiß nicht Aufklärung. Sondern es ist die Freiheit des Geistes denunziert, trotz uralt-ewigen Entsetzens auch Nicht-Entsetzliches zu ersinnen, zu komponieren, und als Sternbilder unaustilgbaren Hoffens der leidenden Menschheit vor Augen zu halten. Anders ausgedrückt: Ich mißbillige die Benutzung von Auschwitz zur Interessantmacherei eines Händel-Oratoriums. Oder noch anders: Wenn Freiheit gegenüber der Tradition dazu führt, dann wünscht man den Überzeugungstätern lieber etwas Angst vor gegebenen Texten.

26. VII. 1980

CHRISTOPH WILLIBALD GLUCK: ORFEO ED EURIDICE

Mozart, so sagt der Musikhistoriker Alfred Einstein irgendwo, sei in Italien der unverstandenste Komponist, obwohl er, von Deutschland aus gesehen, doch ungemein «italienisch» wirke. «Man kann», fährt der Gelehrte dann, journalistisch übertreibend, fort, «in der italienischen Musikliteratur kaum ein vernünftiges Wort über Mozart lesen, weil er die Italiener in des Wortes wörtlichster Bedeutung ‹kalt läßt›.»

Es wäre pedantisch, gegen des Professors Meinung nun ein paar große italienische Mozart-Interpreten – die es natürlich gibt – anzuführen. Denn an der Tendenz des Einsteinschen Diktums ist offenkundig etwas Wahres. Man braucht sich ja bloß daran zu erinnern, wie gleichmütig-gleichgültig etwa die immerhin von Karl Böhm dirigierte *Così fan tutte*-Aufführung noch vor kurzer Zeit in Mailand, an der Scala, aufgenommen wurde.

Bei Gluck indessen ist alles anders. Deutsche Musikfreunde bewundern Gluck eher distanziert: wunderbar, hochbedeutend, für die Geschichte der Musik gar nicht zu überschätzen – aber wer will es unbedingt sehen, hören? Herrscht da nicht doch ein wenig tragische «Kälte»? So fragt man sich hierzulande. Dann, bei der Begegnung mit Glucks majestätischer Unmittelbarkeit, schämt man sich. Fragt sich aber, zwei Jahre später, trotzdem wieder wie zuvor und schämt sich dann natürlich noch einmal. Im Programmheft des diesjährigen 39. Maggio Musicale Fiorentino findet sich eine imponierende Zusammenstellung, wie oft, mit wie hohen Besetzungen und bedeutenden Dirigenten zwischen 1771 und 1975 allein Glucks *Orfeo* in Florenz und in Italien aufgeführt worden ist. Am italienischen Textdichter kann das nicht liegen. Schließlich war Mozarts Lorenzo da Ponte nicht weniger «italienisch» als Raniero Calzabigi, mit dem zusammen Gluck seine großen Text/Musik-Reformen erarbeitete. Die relative und absolut erstaunliche Beliebtheit Glucks in den lateinischen Ländern Italien und Frankreich dürfte mit etwas anderem zusammenhängen: mit jener tragischen und klassizistischen Reinheit, für die Italien durch die italienische Operngeschichte, Frankreich über seine großen Klassiker vorbereitet und empfänglich gemacht worden war – während Gluck in Deutschland dafür den Boden, ja das Publikum erst schaffen mußte. Kein Zufall, daß der *Orfeo* zwar in einer authentischen italienischen und in einer ebenso authentischen französischen Fassung vorliegt, aber in keiner originalen (oder auch nur: guten) deutschen.

Der durch seine am Wiener Burgtheater vorgenommenen, exzentrischen Klassiker-Umdeutungen berühmte (berüchtigte) italienische Regisseur Luca Ronconi und der ebenso ehrgeizige wie sympathische Dirigent Riccardo Muti (in Italien betrachtet man diese beiden Künstler als die eigentlichen Gegenspieler von Strehler und Abbado) wählten nun für die wohl wichtigste Produktion der diesjährigen Florenzer Maifestspiele die ältere, asketischere Fassung des Werkes.

Wegen Fassungsfragen läßt sich, normalerweise, kein Opernpublikum dieser Welt aus der Fassung bringen. Philologischer Kleinkram, dürres Futter für Dissertanten, unwichtig – denkt man, nicht ganz zu Unrecht meistens. Beim *Orfeo* ist das anders. Dessen erste Fassung (italienisch, für Wien) sah ja für die Hauptrolle noch einen Altkastraten vor. Erst die erweiterte Pariser Fassung ließ den Sänger Tenor sein. Muti und Ronconi opferten nicht nur einige der – an sich – schönsten (nachkomponierten) Nummern, sondern sie opferten auch die konkrete Geschlechtsspannung. Den Orfeo sang eine Frau, Julia Hamari (mit edlem Ausdruck, zartem Timbre, relativ schmalem

Christoph Willibald Gluck: Orfeo ed Euridice

Forte, allzu wenig Stimmfarben). Aber sie sang den Sänger, der den Verlust seiner Gattin so rührend beklagt, daß Götter und Natur Mitleid bekommen und die ehernen Gesetze des Todes aufzuheben scheinen, sie sang ihn nicht als Hosenrolle, sondern in einem Frauenkostüm! Weniger um «Liebe» ging es als vielmehr darum, daß ein singender Mund einen geliebten Menschen gleichsam präsent halten, der Vergänglichkeit entziehen kann.

In ihrem gelungensten Akt, dem ersten, ging die sehr erfolgreiche, stets ausverkaufte Inszenierung am weitesten mit ihrem Abstraktionsprinzip. So weit, daß es in seltsame Konkretheit umzuschlagen schien. Denn die Tote stand anfangs noch in starrer Statuenhaltung da, während Orfeo bereits den Verlust beklagte. Ob sie gerade verschied oder ob bereits ihr Bild sie ersetzte, blieb offen. Doch dann wurde dem leibhaftigen Standbild eine Totenmaske aufgedrückt, und es entschwand langsam in den Bühnenhintergrund, machte den Vorgang des Entschwindens wunderbar klar – nur schwarze Zypressen blieben übrig. Solche geschmackssicheren Lösungen aus Abstrakt und Konkret fand man in den übrigen beiden Akten nicht. Das Unterweltsbühnenbild war – ganz nach dem Vorbild des von Goethe spöttisch so bezeichneten «Danteschen Höllen-Lokales» – in mehreren Stockwerken aufgebaut. Doch Ronconi machte aus den «Furien» (die im Orchester ja sogar bellen sollen) fahle Puppen. Nur nichts Naturalistisches. Auch Muti konzentrierte sich mehr auf die Essenz, nämlich auf den schmerzlich-abstrakten Klang der Musik, kaum um das direkt dramatische Gegeneinander. Aber immerhin zwingt Orpheus den Furien, bei Gluck, ja seine Tonarten, seinen Rhythmus und ein längst entwöhntes Mitleid auf! Man kann es verfolgen. (Harald Kaufmann hat es analysiert.) Doch dergleichen ist diesen (angeblich so temperamentvoll-konkreten) italienischen Künstlern schon zuviel! Sie setzen nur auf Reinheit, auf schwere Klassizität, auf eine Mischung aus Strawinsky und Schicksal. Imponierend der technische Aufwand des Bühnenbildes – das gerade nicht verdeutlichen wollte, sondern entfernen, wenn auch mit magischen Mitteln.

Bei Gluck bereitet bekanntlich das Dur immer Schwierigkeiten. Warum eine heitere Ouvertüre angesichts des Todes? Oder sollte es eine Erinnerung an glückliche Hochzeits-Zeiten sein? Warum das Happy-End, obwohl Orfeo versagte? Oder sollte man es streichen? Übrigens, mit dem Gefühl begreift jeder die Vorschrift, Orpheus dürfe sich nicht umdrehen im Totenreich, wenn er Eurydike nicht wieder verlieren wolle. Aber wie läßt es sich rational erklären?

Handelt es sich nicht um eine zynische, letzten Endes unerfüllbare Bedingung? Wer so liebt, daß er der Geliebten ins Totenreich folgen darf – kann der solche Spielregeln einhalten? Gibt es irgendeine Begründung dieser mythologischen Bedingung? Ronconi, der Regisseur, jedenfalls gab sie nicht. Er ging, begreiflicherweise, nicht einmal auf das vorgeschriebene Prinzip des Nicht-Anschauens ein. Aber es fiel ihm, unbegreiflicherweise, kein anderes Stilisierungsprinzip dafür ein. Zwei Leute drehten sich sinnlos herum.

Trotz dieser Einwände: Es war eine puristische und darum ergreifende, extreme Darbietung, in ihrer melodiösen Verhaltenheit (auch was Ileana Cotrubas als Euridice und Lella Cuberli als Amore betraf) der völlige Gegensatz zur flammend dramatischen, Mozarts Größtes vorwegnehmenden Interpretation, die einst Toscanini Gluck hat angedeihen lassen.

7. VII. 1976

JOSEPH HAYDN: DIE SCHÖPFUNG

Haydns *Schöpfung*: Die Haydn-Biographie weist sie bekanntlich als Alterswerk aus, aber nichts an diesem Oratorium entspricht kunstgeschichtlichen Spätstilvorstellungen. Da ist keine Skepsis, sondern hymnisch-interessante Kraft; kein objektivierendes Generalisieren, sondern konkreter musikalischer Einfallsrausch; keine Formzertrümmerung, sondern Klassik. Wenn das Werk anfangs die Dämonen mit Verdischem Witz verscheucht («Und eine neue Welt»), wenn es Beethovens *2. Symphonie* vorwegnimmt und die *Neunte* vorwegahnt, wenn es die Chaos-Starre allmählich durch die Trauer hoher Haydnscher Chromatik vermenschlicht, wenn es die Spannung austrägt zwischen heiterem Genrebild der Schöpfungseinzelheiten und einem Chorfugenjubel, der Händel verblassen läßt: dadurch wird diese *Schöpfung* förmlich zur Rechtfertigung jener anderen, nicht ganz so geglückten.

6. V. 1968

Joseph Haydn: Die Schöpfung

Bevor Gott aktiv wurde, die Erde, die Tiere und dann voller Optimismus den Menschen schuf – herrschten die Impressionisten. So jedenfalls stellten sich die erdgeschichtlichen Zusammenhänge in Karajans Aufführung von Haydns *Schöpfung* dar. Die «Vorstellung des Chaos» war zart, dunstig, mehr ein weicher, pointillistischer Traum von mangelnder Ordnung als geniale klassische Komposition aus Linien und Entwicklungen. Aber bei der Vertreibung der Höllengeister zeigte sich, daß noch eine andere prähominide Tradition existiert haben muß: die italienische Oper. Haydns Witz hat bei der Schaffung der «neuen Welt» neapolitanischen Charme.

Aber das eigentliche Problem dieser Aufführung boten die Chorfugen. Nicht die Riesenbesetzung oder gelegentliche überscharfe Tempi irritierten, sondern die allzu große Sicherheit und Unbefangenheit, mit der da polyphone Steigerungen, Entwicklungen und Jubelekstasen gesungen wurden, als seien es lauter Selbstverständlichkeiten. Wenn Haydns Chorfugen von Bach beziehungsweise Händel her verstanden werden, dann kommt es gewiß manchmal zu einer Schwerfälligkeit und Starrheit, die dem Geist dieser herrlichen Musik wahrhaft obersten Ranges nicht ganz entspricht.

Karajan dirigiert zwar durchaus unsentimental und straff, aber bei ihm entsteht ein Chorfugen-Alla-Breve, das klingt, als sei es aus italienischen Opern des 19. Jahrhunderts abgeleitet. Karajan übernimmt den durch Helmuth Froschauer wohleinstudierten Chor des Singvereins der Gesellschaft der Musikfreunde in Wien. Was er verlangt, «bringen» diese routinierten Sänger; aber die Deklamation der einzelnen Einsätze, die Modellierung der im Fugenverlauf eintretenden, leuchtend ausharmonisierten Spannungen – daran fehlt es manchmal. Die Engführung von «Stimmt an die Saiten» war nur richtig, aber nicht wichtig. Die Wiederholung des genialen Crescendos aus «Der Herr ist groß» streicht Karajan. Das Più allegro aus «Die Himmel erzählen die Ehre Gottes» funktioniert zu rasch, zu glatt. Wer hätte da heraushören können, daß in dieser gewaltigen Musik der Glaube und die Idealität einer großen Menschheitsepoche herrlich zusammengefaßt sind? Während beim Wagner-Dirigenten Karajan jede Einzelheit mit selbstverständlicher Delikatesse und Kraft erklingt, interessiert sich Karajan bei Haydn mehr für die sublimen, leisen, kammermusikalischen Differenzierungen als für die großen Chorentladungen, die er um eine Spur zu pauschal zu verstehen scheint, vielleicht weil er sie nicht «romantisieren» möchte.

6. IV. 1969

DIE JAHRESZEITEN

Natürlich soll man die *Jahreszeiten* nicht kritisch aufführen. Das Werk selbst ist, im modernen Jargon gesagt, ausgesprochen affirmativ, will es sein und soll es sein. Mit momentweise ein wenig nachlassenden Kräften besingt der 68jährige Haydn den natürlichen, von Gott eingesetzten Jahreszeiten-Kreislauf, nachdem er noch zwei Jahre zuvor die ganze Schöpfung unvergleichlich kraftvoll und sublim (was, in *aller* Musik, übertrifft eigentlich die Chaos-Einleitung oder die großen Jubel-Chöre aus Haydns *Schöpfung*?) gefeiert hatte.

Wie gesagt, kritisch kann die bürgerliche Selbst-Feier und die musikalische Gottesanbetung der *Jahreszeiten* nicht dargeboten werden – aber vielleicht doch reflektiert, im einzelnen gegliedert und erfüllt, in jedem Übergang bewegt, in jeder kleinen Entwicklung so genial-gesund-inspiriert, wie halt Haydn komponieren konnte. Und in jeder großen Entfaltung durchsichtig, durchleuchtet, voll von komponiertem Glanz.

8. VI. 1972

Haydns *Jahreszeiten* haben es mit drei Voraussetzungen zu tun, von denen die erste eigentlich immer unbezweifelt, die zweite epochengeschichtlich bedingt und die dritte religiöser Natur war: also erstens damit, daß im Frühling, Sommer, Herbst und Winter das jeweils jahreszeitlich erwartete Wetter eintrat, zweitens mit dem bürgerlichen Tugendsystem und schließlich drittens mit dem Glauben, daß Gott diese Welt sinnvoll geordnet habe. Die *Jahreszeiten* sind, wenn auch auf bürgerlichere, ja biedermeierlichere Art, ein Werk der Verklärung genauso wie Haydns *Schöpfung*.

Verrückterweise funktioniert gegenwärtig ausgerechnet die erste Voraussetzung, an der kein Mensch je zweifelte, nicht mehr: nämlich der Eintritt des erwarteten Wetters. Als zu Beginn des ersten und in der Mitte des vierten Teils vom strengen Winter und von ungeheurer Schneeflockenlast gesungen wurde, da hatten die meisten Zuhörer im Herkulessaal wahrscheinlich den Eindruck, Haydn beschreibe irgendwie exotische Umstände. Denn während sich ja sonst in den Wintermonaten immer ein beträchtlicher Prozentsatz der Herkules-

Die Jahreszeiten

saal-Zuhörer infolge durchaus willig in Kauf genommener Skiunfälle nur auf Krücken oder mit Gipsbein durchs Foyer zu wälzen pflegte, bietet das Münchner Konzertpublikum in diesem schneelosen Winter den ungewohnten Eindruck einer irgendwie erschreckenden Gesundheit. Selbst die Jahreszeiten sind nicht mehr, was sie einmal waren.

Gilt ähnliches auch für das bürgerliche Tugendsystem? «Außen blank und innen rein muß des Mädchens Busen sein» (also: ansehnlich, aber voller züchtiger Gedanken), verkündet der Text – sonst bestehen wenig Heiratschancen. Von «Liebe vereinte Herzen» trennt nur der Tod, «O Fleiß, von dir kommt alles Heil»; aber beim Glas Wein, irgendeinen Auslauf muß es ja geben, darf aus vollen Kehlen geschrien werden.

Hält man sich das alles vor Augen, dann grenzt es wirklich an ein Wunder, daß der Text so lebendig und großartig komponiert werden konnte. Kein Wunder indessen sind die Krisen, die Joseph Haydn während der Komposition durchzustehen hatte, und die schwerlich wegzuleugnenden Schwächen des dritten und des vierten Teils. Als Arnold Schönberg vom Plane seines Freundes Alban Berg hörte, den Büchnerschen *Woyzeck* zu komponieren, sagte er, Sache der Musik seien doch eher die Engel als die Offiziersdiener; aber selbst Offiziersdiener sind noch Gold, verglichen mit den zwar wünschenswerten, aber doch nicht gerade musikalisch inspirierenden Tugenden wie Fleiß, Pünktlichkeit, Sauberkeit und Züchtigkeit. Im Ernst: Haydns Genie, das gar nicht hoch genug geschätzt werden kann, das jenseits aller noch so «interessanten» Kategorien wie «Zerrissenheit», «Dämonie», «Pathologie» sich in einer ganz reinen, männlichen, großartig inspirierten Musikalität ausspricht, einer Form- und Gattungs-Erfindungskraft, die Haydn zu den Allergrößten neben Bach, Mozart und Beethoven gehören läßt, Haydns Genie bewährt sich in den *Jahreszeiten* in der Erfindung einer unvergleichlich ausdrucksvoll natürlichen Positivität. Die langsamen Vorspiele sind von unvergleichlich substantiell artikuliertem Ausdruck.

13. III. 1972

ORFEO ED EURIDICE

Wir wollen uns keinen Zweifeln darüber hingeben: Der Versuch, die Oper *Orfeo ed Euridice* des späten Joseph Haydn im Rahmen der Wiener Festwochen mittels einer sensationell «hoch» besetzten Aufführung dem Repertoire zurückzugewinnen, ist völlig gescheitert. Wenn alle möglichen Kommentatoren nun das 1791 fast gleichzeitig mit Mozarts *Zauberflöte* ans Licht der Welt gekommene Werk tatsächlich mit Mozart vergleichen oder wenn man diesem *Orpheus* die Glucksche Orpheus-Oper gegenüberstellt, dann werden einfach Rangunterschiede übersehen.

Natürlich ist der große Joseph Haydn ein Genie von Gluckschem oder Mozartschem Rang. Aber das eigentümliche Entwicklungspathos der großräumigen Haydnschen Symphonik spricht nur aus ein paar Augenblicken dieser Oper, die aus Haydns inspirierter Londoner Zeit stammt, was ihr nur eben selten anzuhören ist. Die architektonische Meisterschaft Haydns hat hier wenig Raum; er war kein Künstler des nervösen, raschen Charakterisierens, er findet hier auch nicht den festlichen Ton der Oratorien, und es fehlt ihm, was auch seine anderen Opern so naiv grau in grau erscheinen läßt: nämlich der musikalische Eros, auf den es bei Opern nun einmal ein wenig ankommt. Die Partitur dieser allzu späten Opera seria erinnert auch dadurch an eine Dame ohne Unterleib, weil Haydn wenig von den kontrapunktischen Künsten, die wir an seinen Streichquartetten bewundern, hier ahnen läßt. Meist beschränkt sich die Partitur auf eine schöne Homophonie. Manchmal, bei den Arienanfängen, möchte man an Mozarts *Così* denken, wo ja Seriahaftes leicht ironisiert erscheint, manchmal auch an Mozarts Seria-Oper *Titus*.

Um, vor dem Sängerlob, rasch noch alles Unerfreuliche zu sagen: In einem grotesk halbexpressionistischen Bühnenbild, wo das Totenreich völlig dunkel, aber auch die lebendige Welt keineswegs hell erschien (Bühnenbildner Heinz Ludwig hatte in jeder Beziehung einen schwarzen Tag), gruppierte Rudolf Hartmann seine Solisten und Chorsänger auf einem Mikro-Walküre-Felsen, der sich hin und wieder drehte. Man spürte, daß niemand recht an den Sinn oder die Bedeutung des Librettos glauben konnte – alle zogen sich nur irgendwie, meist herzlich ungeschickt, aus der Affäre.

Nun muß eine vernünftige szenische Präsentation bei einem solchen Bild und einem solchen Text allerdings sehr schwierig sein. Die

Orfeo ed Euridice

beiden neuen Mythosvarianten des Librettisten Badini bleiben harmlos genug. Erstens tritt da ein «Genio» hinzu, der Orpheus nach Eurydikes Tod mit Philosophie trösten möchte. Aber nur Karl Jaspers hat jüngst mitgeteilt, daß die Philosophie dem Tod gewachsen sei; Orpheus hingegen verwirft sie und will sein Weib.

Joan Sutherland, die berühmteste Sopranistin der englischen Welt, sang die Euridice – und, zur unüberbietbaren Verwirrung des Publikums, auch noch eine Koloraturarie des Genio, wonach sie sich im Totenreich rasch wieder umziehen mußte. Wer ein Interesse an einsamer Koloraturtechnik hat, an gestochenen, präzisen, unglaublich raschen Passagen, an einer Kehlkopfbrillanz, wie keine «Königin der Nacht» unserer Opernbühne sie auch nur annähernd bieten kann, der sollte sich dies Wunder Sutherland im Theater an der Wien anhören. Dabei besitzt Frau Sutherland nicht nur diese perfekte Koloraturtechnik, sondern auch eine füllige Mittellage, ein manchmal wie gebrochen wirkendes, leicht irritierendes Timbre und eine reine, lyrische Ausdruckskraft.

Wenn man ihre Stimme mit dem Sopran von Christa Ludwig vergleicht, dann steht außer Frage, daß Christa Ludwig die volleren, schöneren, beseelteren Töne besitzt. Dieser Vergleich, der ungerecht sein mag, legt sich aber nur deshalb nahe, weil Joan Sutherlands Können und Ehrgeiz so weit über den Rahmen des nur dramatischen Koloratursoprans hinausreichen. Die Sängerin, die mit den Koloraturen zur hellen Freude des Publikums brillierte und nicht vergaß, die seriösen Augenblicke des wiederholten Leidens und Sterbens diskret zu beseelen, errang einen immensen persönlichen Erfolg, obschon ihr Gatte, der Dirigent Richard Bonynge, als Betreuer der Wiener Symphoniker nur Mittelmäßiges, oft keineswegs Hinreichendes leistete.

Neben diesem Phänomen behauptete sich Nicolai Gedda aufs allerbeste. Dieser Tenor scheint nun völlig aus seiner «Krise» heraus. So strahlend, so lyrisch schön, so ganz ohne Ausfall und Schwächen hat man auch ihn schon lange nicht mehr gehört. Und zur eigentlichen Überraschung wurde es, daß der Bassist Spiro Malas sich vollkommen gleichberechtigt in dieses außerordentliche Solistenterzett hineinfügte, ja manchmal mochte man glauben, daß von ihm die schönsten, die menschlich wärmsten, beseeltesten Töne kämen.

Es war, nehmt alles nur in allem, denn doch keine Opernaufführung, sondern ein Solistenkonzert in Kostümen. Doch weil zur österreichischen Erstaufführung von *Orfeo ed Euridice* drei Solisten

Keiser – Scarlatti – Händel – Gluck – Haydn

zusammengekommen waren, die so leicht nicht überboten werden können, ließen die theatralisch so anspruchsvollen Wiener sich gleichwohl versöhnen und spendeten reichlich Beifall.

23. V. 1967

Wolfgang Amadeus Mozart

DER ABSTAND

Mozart ist beliebt, Mozart kennt man, auf Mozart freut man sich. Vor den Schwierigkeiten seiner Partituren haben die Musiker Angst, weil Mozarts Durchsichtigkeit undurchsichtige Schlamperei entlarvt. Doch von den Aufführungsanforderungen abgesehen, gehört er zum selbstverständlichen Besitz wie kaum ein anderes Genie aus Europas Vergangenheit.

Und dann wird vom Chor und vom Orchester des Bayerischen Rundfunks die *c-Moll-Messe KV 427* aufgeführt. Und dann fängt das Staunen, das Bewundern, das Rätseln an. Selbst im Mozartschen Kosmos ist diese unvollendet gebliebene Messe ein Mirakel. Was die Erlauchtheit der Musiksprache betrifft, die Fülle der melodischen Einfälle, die Mozartsche Kraft, sich in bodenlosen harmonischen Tiefen auf herrlich-unendliches Beinahe-Nimmerwiedersehen im Vertraut-Tonalen zu verlieren: Das steht noch über dem *Requiem*, kommt den größten Stellen aus den Meisteropern gleich.

In der Messe gibt es ein paar Augenblicke, wo man zu spüren glaubt, wie Mozart mit schmerzlicher, einsamer, überwältigend nobler Geste Abstand herstellt. Vorspiele, die sonst oft nur einstimmen, einen Beginn markieren sollen, schaffen hier einen magischen, einen heiligen Bezirk. Zum Beispiel die ersten sechs Rätseltakte vor dem «Et incarnatus est» und auch die ersten fünf Takte des Kyrie.

28. XI. 1967

MOZARTS OPERNDRAMATURGIE

Mozart suchte nach einer Opernwahrscheinlichkeit zwischen Absurdität und Realismus. Im *Idomeneo* spielt ein Orakel eine entscheidende Rolle. Mozart schrieb über dieses Orakel, mit dem er sich kompositorisch sehr herumquälte, folgendes an den Vater: «Die Stimme muß schreckbar sein, sie muß eindringen; man muß glauben, es sei wirklich so.» Im *Don Giovanni* befiehlt Don Giovanni dem Leporello, er solle sich verkleiden, als Don Giovanni auftreten und dann die arme stolze Donna Elvira narren. Einer jener typischen Verkleidungsvorgänge, die wir vom Lustspiel aller Zeiten her kennen und nicht gern glauben wollen, zumal wenn der Darsteller des Don Giovanni lang, dünn und schlecht bei Stimme ist, der des Leporello aber klein, dick und auf andere Weise schlecht bei Stimme. Leporello fragt, weil er mit Recht Bedenken wegen der Verkleidung hat: «Und wenn sie mich nun erkennt?» Don Giovanni antwortet: «Sie erkennt dich nicht, wenn du nicht willst.» Mozart und sein Textdichter haben die Skepsis des Publikums entschärft, indem sie sie aussprechen. Don Giovanni hat zugleich unterstellt, daß eine verliebte Frau täuschbar ist, wenn man es nur richtig macht. Mit anderen Worten: Im spielerischen Opernzusammenhang wird eine relative Wahrscheinlichkeit, eine potentielle Wahrscheinlichkeit angestrebt. Einfacher ausgedrückt: Textdichter, Komponist und Publikum einigen sich auf eine Konvention.

Zu dieser Konvention gehört mehr als zur Konvention des Schauspiels. Im Schauspiel wird das einfache Theater geboten: Die vierte Wand fehlt, man kann also ins Zimmer hineinschauen – der Zeitraffer arbeitet. Die Oper bietet demgegenüber verdoppeltes Theater. Denn was das Schauspiel erst mühsam herstellen muß, die Abstraktionsebene, die Überhöhung durch die Verssprache, die Gelegenheit für Monologe: alles das schafft die Oper kraft ihrer formalen Freiheit von selbst, wenn die Konvention funktioniert. Das heißt nicht, die Oper erspare ihren Helden Not und Mühsal. Sie läßt sie vielmehr auf diese Not singend antworten. Opernhelden haben, ob sie nun hungern müssen, in tiefe Kerker eingesperrt sind, vom Foltertod und von anderen Unannehmlichkeiten bedroht werden, *eine* Freiheit. Sie können trotz alledem ihr Seelisches rein mitteilen. Sie können singend auf Not antworten. An diesem Problem laboriert bekanntlich die moderne Oper.

Die Entführung innerhalb der *Entführung* strengt die Konvention an. Der Wächter Osmin ist betrunken gemacht worden, alles könnte klappen. Doch statt sich zu beeilen, singt Pedrillo eine endlose Romanze: «Im Mohrenland gefangen war». Aber die Damen, die anscheinend Flucht und Not vergessen haben, werden nicht wach. Nach vielen Versen erst erscheinen sie in den Fenstern und klettern langsam der Freiheit entgegen. Der Regisseur Strehler hatte sich dafür in Salzburg eine ganz bezaubernde Nuance der Sorglosigkeit einfallen lassen: Obwohl sie doch in Gefahr schwebt, vom sadistischen Aufseher zu Tode geprügelt zu werden, den Lüsten des schaurigen Bassa Selim anheimzufallen, kann sich Fräulein Konstanze nicht von einer ihrer Hutschachteln trennen. Was da alles an Schminkkästchen, Damengarderobe, Sonnenschirmen und Hüten aus dem Fenster gereicht wird, hätte selbst tote Haremswächter wieder zum Leben erwecken müssen. Kein Wunder, daß der pflichtbewußte Osmin erscheint. Ha, wie will er triumphieren! Bassa Selim, der Chef, tritt auch auf. Er merkt, daß man ihn hintergangen hat, und will Befehl zu geschärften Martern geben. Die Liebenden, jäh aus dem Fluchttraum gerissen, denken nicht an den eigenen Tod, an die eigenen unausweichlichen Leiden, sondern nur daran, was der jeweils andere wird durchmachen müssen.

Hier kommt viel Seltsames zusammen. Erstens: eine unrealistische Verfügung über das Zeitkontinuum. Die Zeit kann sowohl stillstehen, was sie tut, wenn in der Arie der seelische Kommentar zum Geschehenen gegeben wird, als auch beliebig schnell vorrücken, wenn sich ein strenger Herrscher plötzlich zur Gnade entschließt. Zweitens scheinen die Helden außerstande, den eigenen Tod zu fürchten. Was hat das noch mit bedingter Wahrscheinlichkeit zu tun?

Mehr, als man denkt. Pedrillo sollte zwar singen, aber nicht laut. Überdies hat er an jedem Abend gesungen – warum nicht auch an diesem? Die Romanze, die er singt, bezieht sich auf eine gelingende Flucht, hängt also motivisch mit der Situation zusammen. Das Wecksignal handelt von einer gelungenen Befreiung. Indessen darf man eine Oper nicht nur vom Text her deuten. Oft genug entfernt sich eine Komposition weit vom Textbuch, kommentiert sie es, widerlegt sie es, läßt sie es links liegen, macht sie aus Lügen des Textes Wahrheiten, relativiert sie wahre Aussagen des Textes. Nichts ist armseliger und ästhetisch falscher, als zu glauben, der Vorgang einer Oper, wie das Textbuch ihn enthält, werde durch die Musik nur ausgefüllt, nur verdoppelt. Diesem Irrtum erliegen zwar die meisten Opernführer, aber davon wird er nicht wahrer. Die Spannung zwischen Texttendenz und Musik ist erst die eigentliche Opernwirklichkeit.

Wir haben bisher im Hinblick auf die Handlung der *Entführung* eine merkwürdige Mischung aus Absurdem, Idealisierendem und halbwegs Wahrscheinlichem konstatiert. Wenn wir uns die musikali-

Wolfgang Amadeus Mozart

schen Nummern anschauen, stellt sich folgendes heraus: Pedrillos
Romanze, die die Flucht einleiten soll, hat Vorzeichen von h-Moll.
Osmins Triumph-Arie, nachdem die Sünder ertappt worden sind,
steht in D-Dur. Das Rezitativ der beiden unglücklichen Liebenden
«Welch ein Geschick, o Qual der Seele!» beginnt in d-Moll. H-Moll,
D-Dur und d-Moll hängen sehr eng zusammen. H-Moll ist die Moll-
Variante von D-Dur. So finden wir, daß die relative Unlogik der
äußeren Handlung umklammert wird von einer verblüffenden Logik
der Tonarten-Beziehungen: h-Moll, D-Dur, d-Moll. Wie aber
kommt es, daß der grausame Osmin sich in das Ensemble einfügt und
der überlegene Bassa Selim nicht?

Wer ist Osmin? Ein Sadist, ein Pflichtbewußter, Unbestechlicher,
jemand der sentimentale Lieder singt, dem Glauben der Väter an-
hängt, der eigentlich um seine wohlverdiente Rache betrogen wird?
Schildert man Osmin so, dann rückt er plötzlich in die Nähe des
Shylock aus Shakespeares Schauspiel *Der Kaufmann von Venedig*.
Shylock kannte sich auch im Alten Testament aus, hatte auch ständig
jüdische Vergleiche zur Hand, war rachsüchtig und bös gemacht
durch das selbstverständliche Vorurteil der Christen. Aber bei
Opernlicht besehen ist Osmin eine Lustspielfigur. Mit ihm kann man
noch singen. Die Musik wirkt wie ein gemeinsames Vielfaches, sie
schließt den Osmin ebenso wie die Liebenden in ihren harmonischen
Kosmos ein. So erhebt sich die Frage, ob in Mozarts Opern das
absolut Böse überhaupt denkbar ist. Fällt nicht auf, daß Osmin, der
Haremswächter, und Monostatos, der böse Mohr aus der *Zauberflöte*, beide als «fremdartig» relativiert erscheinen? Sie sind nicht Menschen wie du und ich, sondern erheiternd-anthropologische Sonderfälle. Den einzig wirklich Verruchten, wir werden noch darauf
kommen, nämlich den Don Giovanni, muß ausdrücklich mit Feuer-
haken und Flamme der Teufel holen. Mozarts Oper läßt Böses nicht
zu. Sie relativiert es im Ensemble, stempelt es zur lustigen Ungewöhnlichkeit oder bestraft es, damit die übrigen desto sicherer
weiterleben können.

Im Singspiel wird eine Märchenwelt entworfen, in der es Todesfurcht nicht zu geben scheint. In seiner Nachlese zu des Aristoteles
Poetik hat der 82jährige Goethe über den Unterschied zwischen
Tragödie und Komödie gesagt: «Niemand will sterben, jedermann
heiraten.» Weniger lustig und schön ausgedrückt heißt das: Der Tod
ist das Ende der Tragödie, die Ehe ist Ziel der Komödie. Weil nun
aber die Helden der Komödie lieben wollen und können, ist ihnen

130

Mozarts Operndramaturgie

der Tod, der eigene Tod relativ gleichgültig. Nur daß der Partner sterben könnte, bereitet tiefen Kummer. In der Singspielwelt bringt nur die Liebe Kummer oder eben Glück. Und das wirklich Böse darf nicht hinein, beziehungsweise nur in Kasperl-Verkleidung. Die Arie «Martern aller Arten mögen mich erwarten» ist ein helles, konzertantes Stück. Die Musik bleibt unsentimental, der Text wird ignoriert. Handelt es sich um einen Sonderfall? Wenn in der *Zauberflöte* Priester und Sprecher sich über jenen weisen Mann amüsieren, der auf Weibertücken hereingefallen war, dann kann man der Musik auch beim besten Willen kein besonderes Mitgefühl anhören. Dabei heißt der Text am Schluß: «Verlassen sah er sich am Ende, vergolten seine Treu mit Hohn, vergebens rang er seine Hände, Tod und Verzweiflung war sein Lohn.» Nun, dieses «Tod und Verzweiflung war sein Lohn» ertönt gleichfalls in flottem, unsentimentalem Staccato. Mozarts Musik macht das Todesgrauen nicht mit. Darum ist die Bravour-Arie «Martern aller Arten» ein unangefochtenes C-Dur-Stück. So unanfechtbar und unbedrohbar soll wahre Liebe sein. An der Seite des Geliebten den Martertod zu sterben ist «Vorgeschmack der Seligkeit». Die Musik relativiert diese Aussagen nicht. Im Gegenteil. Sie bestärkt die Festigkeit, unterstreicht den hohen Sinn. In die *Entführung* und auch in die *Zauberflöte* darf das absolut Böse nicht hinein, darf die Angst vor dem Tod nicht hinein. Erinnern wir uns daran, wie Sarastro vom Jenseits redet. Der Sprecher fragt wörtlich: «Wenn Tamino nun aber in seiner Jugend leblos erblaßte?» Sarastro antwortet unschuldig und ungerührt: «Dann ist er Osiris und Isis gegeben und wird der Götter Freuden früher fühlen als wir.» Aber in Mozarts Singspiel *Die Entführung aus dem Serail* verbirgt sich ein ungemein diskreter und tiefsinniger Hinweis darauf, daß diese Welt, in der alle einander lieben, in der man Tod und Marter nicht fürchtet, weil ja nur eine Kasperle-Figur schrecklich droht – daß diese Welt nicht alles sei. Einer nämlich ist da, der wächst über sich selbst hinaus, der will bös sein und wird gut, der ringt mit sich selber, in dem geht etwas vor. Er heißt Bassa Selim. Er ist zu ernst, als daß er in dieser Oper des seligen Jung- und Verliebtseins mitsingen dürfte, so, wie hier die Guten und die Verspielten und die Bizarren miteinander singen. Bassa Selim spricht nur. Er ringt mit sich, und er verzeiht. Mozart läßt ihn nicht in den Kosmos jener naiven Geschöpfe hinein, die durch Liebe miteinander verbunden sind und darum sich singend verströmen dürfen. Stille und Hochmut und eine schwer erworbene Humanität

Wolfgang Amadeus Mozart

umgeben diesen finsteren Mann. So relativiert das deutsche Singspiel den wolkenlosen Liebeshimmel, indem es die Ernsthaftigkeit und die Bewußtheit einer Sprechrolle den Arien der Verliebten entgegensetzt. «Der Deutsche hat meine Geschichte mit einer Liebesaffäre und einem Zweikampf überladen. Das verrät mehr Dummheit als Talent.» Der Deutsche war Johann Wolfgang von Goethe, der kritisierende Theaterbesucher in Augsburg hieß Beaumarchais. Das von Beaumarchais als dumm gekennzeichnete Drama wird heute noch unter dem Titel *Clavigo* gegeben. Zweifellos tat der brillante Franzose da einem jungen deutschen Autor unrecht. Aber Goethe wurde gerächt. Und zwar von einem unseriösen Abt namens Lorenzo da Ponte – und von Mozart. Denn Mozarts *Figaro*-Komposition hat sich so unaustilgbar über Beaumarchais' Revolutionsdrama *Der tolle Tag* gelegt, daß heute kein musikalischer Mensch mehr imstande ist, dem *Figaro*-Personal zu begegnen, ohne Mozarts Musik mitzuhören.

Weder sind wir imstande, uns klarzumachen, daß dieser Figaro ein gescheiter und gescheiterter Journalist gewesen ist, noch vermögen wir zu glauben, daß die Gräfin, deren reines Es-Dur keinen Zweifel an ihrer Tugend zuläßt, in Beaumarchais' *Figaro*-Fortsetzung, einem Drama mit dem Titel *Die schuldige Mutter*, ein uneheliches Kind bekommen hat, und zwar von einem Offizier, der im *Figaro* auch kein Wässerchen ernstlich zu trüben vermochte: von Cherubino. Es ist ein beliebter Interpretensport geworden, nachzuweisen, inwiefern Mozart und da Ponte Beaumarchais' Drama die aktuell-politischen Eckzähne ausgebrochen haben.

Aber mit dem Labyrinth der *Figaro*-Musik haben solche Offensichtlichkeiten nichts zu tun. Denn Mozart hat die direkte Gefährlichkeit des Beaumarchaisschen Textes zwar zusammen mit da Ponte beseitigt, dafür musikalisch eine gleichsam charmante indirekte Gefährlichkeit wiederhergestellt, der wir auf die Spur kommen müssen, um dem *Figaro* gewachsen zu sein.

Wie konkretisiert sich das in der Musik? Im *Mozart-Jahrbuch* von 1950 ist analysiert worden, inwiefern der Beginn von Mozarts *Figaro*-Ouvertüre sich grundsätzlich unterscheidet von etwa einer raschen Melodiebewegung Bachs. Die Akzente fallen nicht gleichmäßig, die Kurven der Melodie sind nicht symmetrisch angeordnet. Immer wieder muß der Dirigent neue Impulse geben, damit die Musik nicht in neutralem Gleichmaß verharre. Das ist schon viel.

Mozarts Operndramaturgie

Aber man kann noch mehr aus der *Figaro*-Ouvertüre heraushören. Da wird nämlich alles verbindende und verbindliche Crescendo vermieden. Forte und Piano stehen direkt nebeneinander, aber nicht im Sinn barocker Terrassendynamik, sondern als Ausdruck jäher blitzender Gefährlichkeit. Es gibt sogar einen methodischen Hinweis darauf, daß die Abwesenheit des Crescendos in dieser Ouvertüre kein Zufall ist. Mozart hat nicht etwa vergessen, es hinzuschreiben, weil er es vielleicht für selbstverständlich hielt. Wäre dem so, dann hätte Mozart ja nicht am brillanten Schluß der Ouvertüre bewußt ein großes Crescendo vorgeschrieben.

Wichtiger noch scheint mir, daß in *Figaros Hochzeit* die Sekunde als entscheidendes, charakterisierendes Intervall verstanden werden muß. Versuchen wir es zunächst mit einer etwas allgemeineren Betrachtung. Die scheinbar so revolutionär gestimmte *Figaro*-Welt, in der ein singender Jakobiner, einstweilen noch als Kammerdiener tätig, das Recht auf den Alleinbesitz seiner Verlobten und alsbaldigen Gattin geltend macht, kennt in Wahrheit keine Wände – beziehungsweise nur spanische. Wenn man sich auch nur ein Stündchen auf dem Landgut des Grafen Almaviva aufgehalten hat, dann traut man keinem Vorhang, keinem Vorsprung mehr. Bestimmt wird sich jemand dahinter verbergen und lauschen, wahrscheinlich verkleidet oder maskiert. Diese spanischen Wände nun sind «durchlässig» nicht nur im Sinne schlechten Isolierens. Obwohl nämlich bei Beaumarchais und da Ponte viel von «Klassenunterschieden» die Rede ist, gehören die Hauptpersonen des *Figaro* auffallend eng zusammen. Alle könnten mit allen verwandt sein, es zumindest mit allen «treiben». Wäre Figaro der uneheliche Sohn des Grafen oder ein vermißter Onkel der Gräfin, man würde sich nicht wundern. Dem Kombinationssinn sind keine Grenzen gesetzt. Im *Don Giovanni* etwa besteht zwischen den einfachen Leuten, den besseren Ständen, den Guten und den Bösen eine deutliche Kluft; Mozart macht sie im ersten Finale musikalisch – stilistisch und der Tonartenfolge nach – kenntlich. (Masetto hat mit Don Octavio so wenig zu tun wie mit Don Giovanni; vom Papageno führt in der *Zauberflöte* keine Brücke zu Sarastro oder der sternenflammenden Königin.) Im *Figaro* jedoch überspringen die Menschen die Mode. Sie unterscheiden sich nicht extrem, sondern nur nach Nuancen.

Das hat wichtige Interpretationskonsequenzen. Nicht Riesengegensätze sind da zu unterstreichen, sondern schmale Unterschiede auf einer Ebene wollen sinnfällig gemacht werden. (Die alle krassen

Wolfgang Amadeus Mozart

Kontraste meidende *Figaro*-Musik symbolisiert diese Seelenver-
wandtschaften.) Darum ist die Sekunde so wichtig: gleich am Anfang
der Ouvertüre, in Cherubinos Kavatine, in vielen Ensembles.

Aber nicht nur diese Vielfalt auf engstem Raum, nicht nur der
Umstand, daß Figaros böse Gegenspieler in Wahrheit seine rührenden Eltern sind, sind zu bewältigen, sondern etwas noch Schwereres.
Die Musik sagt mehr als der Text. Mozarts Musik will mehr wissen,
als wer sich wo versteckt und wie verkleidet hat. Es geht um mehr als
nur um einen Ehekrach bei Herrn und Frau Almaviva. Wenn –
belastenden, schlau kaschierten Umständen zum Trotz – die wahre
Unschuld der Gräfin zutage tritt, dann triumphiert nicht nur Susan-
nas Zofen-Witz. Die Töne wissen es besser: Sie sagen, daß die Welt
sinnvoll geordnet sei.

Es ist schwer, musikalische Vielfalt auf engstem Raum zu realisieren. So riskiert Mozart beispielsweise am Anfang der Oper zwei
Allegro-Duette nacheinander. Aber im ersten Duett herrscht die
wolkenlose G-Dur-Heiterkeit ausführlicher Hochzeitsvorbereitun-
gen. (Susanna setzt den Hut auf, Figaro das Ehebett zusammen.) Im
zweiten Duett geht's lustig plaudernd weiter. Doch plötzlich, während Susanna die Begehrlichkeiten des Grafen andeutet, lenkt die
Musik nach g-Moll, und zwar so selbstverständlich, daß selbst Figaro
es nur langsam kapiert. Sogleich wird ein ausdrucksvoller Höhepunkt erreicht; am Schluß ist man dann wieder in elegantem Dur.

Wer, verführt vom Glanz des Mozartschen Parlandos, alle diese
kleinsten Übergänge und Unterschiede überspielt, der hat den *Figaro*
rokokohaft verfehlt, was allenthalben geschieht. Einer der großartigsten Augenblicke nicht nur des *Figaro*, sondern wahrscheinlich sogar
aller Musik ist das C-Dur-Terzett aus dem zweiten Akt. Die Situation scheint deutlich und simpel. Der Graf argwöhnt, daß sich im
Schlafzimmer der Gräfin, auf einem Balkon versteckt, ein Liebhaber
aufhalte. Die Gräfin weiß, daß Cherubino sich da versteckt, sie
möchte die Entdeckung des jungen Mannes verhindern, denn sonst
würde es ihr allzu schwer, ihre Unschuld glaubhaft zu machen. Sie
möchte also nicht in einen falschen Verdacht geraten. Man kann das
verstehen. Der Graf indessen versteht es nicht, sondern eilt verbittert
fort, um Handwerkszeug zu holen, damit er die Tür notfalls gewalt-
sam öffnen und den Missetäter seiner verdienten Strafe zuführen
kann. Versteckt hinter einem Alkoven, beobachtet Susanna die Not
ihrer Herrin und den Zorn des Ehemannes. Diese typische Lustspielszene stellt sich als Terzett dar. Freilich als ein Terzett, das

Mozarts Operndramaturgie

immense musikalische Spannungen umschließt und weit über jeden
Lustspielanlaß hinauswächst. Die Gräfin hat Angst, der Graf sucht
mit der Leidenschaft des Eifersüchtigen nach Belastungsmaterial,
Susanna erwägt mit fliegender Hast, was man wohl tun könne. Da
geht es nicht nur um eine eheliche Reiberei, sondern um das Schicksal
der Unschuld in dieser Welt. Der Text weiß kaum etwas davon, die
Musik indessen spricht von nichts anderem. Aber erliegen wir hier
nicht nur einem schwärmerischen Interpretationsrausch? Nun, an
entscheidender Stelle des ernstesten Klavierkonzerts von Mozart, in
der Durchführung des Kopfsatzes aus dem *Klavierkonzert in c-Moll
KV 491*, das während der *Figaro*-Zeit komponiert worden ist, gibt es
einen hochdramatischen, gewaltigen Dialog zwischen dem Orchester und dem Klavier. Im Orchester spielt dabei jene chromatische
Sekunde, von der hier wiederholt die Rede war, genauso harmonisiert wie im *Figaro*-Terzett, eine entscheidende Rolle. Hat man diese
Takte im Ohr, dann entdeckt man, daß sie wortwörtlich im *Figaro*-
Terzett wiederkehren, und zwar jeweils an den dramatischen Höhepunkten dieses Stückes. Man muß dabei nur auch auf die harmonische Grundlage, also auf die Partie des Grafen Almaviva und die
tiefen Streicher, achten und sich nicht davon täuschen lassen, daß
diese Musik ja nur einer sogenannten Lustspielszene unterlegt ist.
Umgekehrt: Dadurch, daß Mozart diese hochdramatischen Töne
hier verwendet, sprengt er den Lustspielcharakter des Ganzen, ohne
ihn ästhetisch kaputtzumachen. Wer nicht richtig hinhört, merkt
vielleicht gar nichts, und wenn der Dirigent nichts merkt, dann
müssen die Zuhörer schon Radar-Ohren haben, was leider meist
auch nicht der Fall ist.

Mozarts Ironie kennt auch ihr Gegenteil, nämlich die Utopie des
Glücks trotz drohender Welt. Am Ende der *Figaro*-Oper kniet der
Mächtige nieder, bittet um Verzeihung. Die Schwachen und die
Guten sind im Recht. Die Gewalt kniet demütig im Staube. Für eine
Sekunde, das verspricht die Musik, ist alles gut. Die Menschheit darf
aufatmen. Die G-Dur-Kantilene des «O Engel, verzeih mir» und der
triumphale Schluß der Oper lassen alle irdischen Bedingtheiten
hinter sich.

Alle Menschen, die überhaupt bereit sind, sich auf Mozart und
seine Opern ernsthaft einzulassen, spekulieren gern über den *Don
Giovanni*. Bis auf den heutigen Tag hat es kaum ein musikalischer
Philosoph oder Dramatiker oder gar Theologe vermocht, sich nicht
über Don Juan zu äußern. Der hauptsächlich für Wein, Weib und

Wolfgang Amadeus Mozart

Gesang schwärmende spanische Edelmann war, so, wie er auf der geistigen Bühne jedes kunstliebenden Menschen auftritt und wie er auf den realen Bühnen unserer kunstliebenden Städte auftreten sollte, wahrhaftigen Gotts kein Intellektueller. Aber gerade deshalb werden die Intellektuellen – auch solche, deren amouröse Abenteuer sich in etwas bescheideneren Grenzen halten – nicht müde, sich immer wieder mit dem Verführer zu beschäftigen. Das Finale des ersten Akts der Oper *Don Giovanni* besteht aus 13 tempoveränderten Nummern. Die Situation sah doch folgendermaßen aus: Don Giovanni gibt in seinem Schloß ein Fest, zu dem er auch die junge Bäuerin Zerlina und ihren Bräutigam Masetto einlädt. Man trinkt Schokolade, Masetto, der eigentlich gerade heiraten sollte, wird abgelenkt, Zerlina in ein Nebengemach komplimentiert. Sehr wenig Zeit vergeht, dann schreit sie. Musikwissenschaftler haben seit achtzig Jahren nachgerechnet, wieviel oder wie wenig in so wenigen Sekunden passieren kann. Einigkeit hat sich noch nicht herstellen lassen. Aber das ist nicht das einzige Geheimnis dieses Finales. Man tanzt da, wie auf einem Vulkan, ein altmodisches Menuett. Zum Fest haben sich übrigens auch noch drei Maskierte eingefunden. Das sind in Wahrheit drei Vornehme, die den Don Giovanni stellen und fangen wollen. Im Augenblick der höchsten Erregung reißen sie die Masken ab.

Wir haben also, ganz anders als im *Figaro*, ein soziologisches Stockwerk vor uns. Die Vornehmen, die Bürgerlichen, die Bediensteten, der Dämon. Die Musik unterscheidet sorgfältig.
1. Die gedrückte, etwas vom drohenden *Figaro*-Aufstand in sich bergende Musik des Masetto. 2. Den plötzlich aufbrechenden, strahlenden Klang beim Auftreten des Don Juan. 3. Die verzierte, leicht verliebte Musik der Zerlina. 4. Die plötzlich opera-seria-haft steife d-Moll-Musik beim Auftreten der drei vornehmen Masken, die nach dem Mörder des Komturs suchen und große Koloraturen zu singen haben. 5. Die Menuett-Sphäre auf dem Ball im Hause des Don Juan, die alles zusammenhält.

Das ist schon schwierig genug. Es kommt noch hinzu eine logische Folge der Tonarten und eine bis ins einzelne abgestufte Folge der Abwechslung zwischen Langsam und Schnell. Logischere Musik, die trotzdem ganz und gar frei und ohne jede Dogmatik ihrem eigenen Gesetz zu gehorchen scheint, gibt es nicht. Erstes und letztes Stück, zweites und vorletztes, drittes und drittletztes sind sowohl im Hinblick auf die Tonart als auch im Hinblick aufs Tempo einander genau

Mozarts Operndramaturgie

zugeordnet. Das sechste Stück steht in Es-Dur, ist also am relativ weitesten vom C-Dur des Anfangs und des Schlusses entfernt. Nr. 4 und Nr. 8 sind das Menuett, an dem alle sich beteiligen. Mit anderen Worten: Mozart hat die musikalische Charakterisierung der einzelnen Figuren und Gruppen bedacht, er hat die Folge der Tänze: schnell – langsam – schnell bedacht, er hat die Aufeinanderfolge der Tonarten geordnet und gelegentlich ein Menuett als allgemein Verbindliches dazwischengeschoben. Er ist also auf drei einander schneidenden Ebenen jeweils vollkommen und nachweisbar logisch vorgegangen, ohne daß das Stück im mindesten als gezwungen empfunden wird. Opernkomposition stellt sich hier als simultanes Kunstspiel eines singulären musikalischen Intellekts dar.

Sooft vom Don Juan selbst die Rede ist, spötteln erfahrene und schadenfrohe Opernbesucher, daß diesem frauenbetörenden Edelmann in der Oper alles schiefgehe. Wie reimt sich das zusammen mit seiner weltberühmten Männlichkeit und Sinnlichkeit? Ein erfolgloser Don Juan – wäre das nicht eine komische, bemitleidenswürdige Figur? Kierkegaard schrieb: «Der musikalische Don Juan ist schlechthin sieghaft, und daher natürlich auch schlechthin im Besitz jeglichen Mittels, das zu diesem Siege führen kann, oder richtiger, er ist so schlechthin im Besitz des Mittels, daß er es gleichsam nicht nötig hat, es zu brauchen…»

Alles das wird nun durch die offenbare Glücklosigkeit des Helden in Frage gestellt. In vielen Mozart-Opern kennen wir dieses bewegungslose Zentrum. In der *Entführung* Bassa Selim, im *Idomeneo* der König Idomeneo, in *Così* der Anstifter Don Alfonso, im *Titus* der milde, unerregbare König Titus, in der *Zauberflöte* der hoheitsvolle Sarastro. Könnte es sein, daß Don Juan ähnlich uninteressant bleiben müßte? Übrigens: Die eigentliche sinnliche Genialität des Don Juan ist nur spürbar bei Aufführungen in relativ kleinen Bühnen und Theatern, die eines Menschen Wesen wirklich erfüllen kann. Je größer das Theater, je perfektionierter die Darbietung, desto harmloser wirkt das Ganze.

Don Juan hat eigentlich kein Du. 1003 Frauen sind zweifellos weniger als eine. Don Juan muß allein essen. Leporello, den er herzlos hungern läßt, ist natürlich gleichfalls kein Partner. Aber die Oper beginnt mit einem Mord und endet mit einer Höllenfahrt. D-Moll, das in D-Dur übergeht, beherrscht sowohl den Anfang als auch das Ende. Don Juan, nach dem Mord am Komtur offenbar erfolglos, wird zu einer großen Figur erst, wenn er dem Himmel trotzt. Der

137

Tod ist der Rahmen des Dramma giocoso. Don Juan will beweisen, daß kein Gott im Himmel sei. Er ist fast ein umgekehrter Marquis de Sade. Der Marquis ließ die Unschuld foltern und die armen Damen dann fragen, wo denn die ausgleichende Gerechtigkeit bliebe. Don Juan, gewissenlos, nicht un-, sondern amoralisch, für Wein, Weib und Gesang lebend, feiert den Kult des Diesseits. Ohne Demut und Reue. Erst der Tod fordert seinen Mut und seine Größe heraus. Vorher hat auch er gelegentlich gezittert. Die Beziehungen zwischen Don Juan und dem Tod, zwischen Anfang und Ende der Oper lassen sich auch musikalisch nachweisen. Die Fechtszene, bei der der Komtur stirbt, wird variiert, nämlich weitergedacht, wenn der Komtur Don Juan sein letztes Stündchen ansagt. Die Analogie ist schlagend. Wenn Don Juan in der ersten Szene singt: «Nein, mit dir kämpfen, wär' wenig Ehre», scheinen die Akkorde bereits einiges von den Akkorden des besiegten, aber wieder auftretenden Komturs vorwegzunehmen. Don Juan ist sinnlich, aber er hat keinen Partner. Der einzige, der ihn wirklich fordert, der ihn zum mutigen Mann macht, ist nicht irgendeine Zerlina, irgendeine Elvira, irgendein Masetto, sondern der Tod. Darum steht das Dramma giocoso in d-Moll.

Absurde Überraschungslosigkeit scheint die Schwäche von *Così* zu sein. Wie durch ein umgekehrtes Fernglas sieht man, was die Frauen so alles tun, wenn die Männer fest entschlossen sind. Beethoven mochte die Oper nicht, Wagner hielt sie für zynisch. Und daß der Opernintendant einer deutschen Großstadt während des Zweiten Weltkriegs *Così* vom Spielplan absetzen mußte, damit die Urlauber nicht sähen, was die Frauen machen, wenn die Männer an der Front in Rußland sind, wodurch ja die Oper wehrkraftzersetzend gewirkt hätte, klingt so schwachsinnig, daß man es sofort glaubt.

Die Aufregungen der *Così*-Oper basieren also auf einem Spiel im Spiel: auf einer Wette. Mehr als die Hälfte der Mitwirkenden – nämlich von sechs Personen vier – weiß, daß alles gar nicht wahr ist. Gefühl braucht also von seiten des Publikums nicht investiert zu werden; man weiß, daß nichts «passieren» kann.

Das ästhetische Problem von *Così* heißt zunächst: Kann und will Mozart etwas in Anführungszeichen sagen? Kann Mozarts Musik ein ernstes Gefühl ausdrücken, ohne sich mit diesem Gefühl zu identifizieren? Der *Così*-Text hat etwas von einer Versuchsanordnung. Die weibliche Seele im Reagenzglas. Das ist wenig für die

Mozarts Operndramaturgie

Wahrheitserwartung des Zuschauers. Aber keineswegs für die Musikerwartung des Zuhörers.

Denn der Text sagt ständig: «gilt nicht». Die Musik hingegen versichert unwiderstehlich: «gilt doch». Obwohl alles nur Farce ist, entspricht die Musik im geheuchelten Es-Dur-Abschiedsquintett wörtlich dem Schluß des großartigen und wahrlich ernst gemeinten Abschiedsterzetts aus der *Zauberflöte*. Die Harmonien beim «Wir sehn uns wieder» sind in beiden Opern gleich. Nach diesem Abschiedsquintett ertönt ein flotter Aufbruchsmarsch und dann ein zweites Abschiedsquintett, in dem Fiordiligi weinend verlangt, der Geliebte solle ihr täglich schreiben, Don Alfonso fast vor Lachen stirbt, die beiden Offiziere Schmerz mogeln und nur die beiden Damen ihn empfinden.

Doch unterscheidet die Musik zwischen allen diesen Sphären? Keineswegs. Dem Geist reinster und schmerzlichster Harmonie ordnet alles sich unter. Wenn da die Musik ironisch kaputtinszeniert wird, hat man wörtlich recht und musikalisch unrecht. Die Lügner, die Spötter, die Weinenden, die sich Verstellenden sind nicht voneinander getrennt, sondern in reinem F-Dur verbunden. Die Musik dieses Mozart-Ensembles unterscheidet nicht zwischen Unwahr und Wahr. Im Spiel wird da, wie bei diesem Abschiedsquintett, höchster Ernst gemacht.

Um die Wette ehrlich durchzuführen, müssen die beiden Offiziere versuchen, die jungen Frauen in sich verliebt zu machen. Zunächst widerstehen die Mädchen. Doch einer Melodie, wie Mozart sie dem Guglielmo eingibt, so schmelzend, ehrlich, voll von Fermaten, in denen das «Eigentliche» geschehen kann, einer solchen betörenden Melodie kann kein Fräulein dieser Welt widerstehen, es sei denn, es wäre stocktaub. Dorabella singt ehrlich verliebt nach – worauf Guglielmo eigentlich doch nur ehrlich verliebt gekommen sein kann! Mit anderen Worten: Um Liebe hervorzurufen, muß auch Liebe dasein. Die gleiche Melodie bezieht sich in *Così* auf Sätze, die sowohl Heuchelei als auch Herzensüberzeugung ausdrücken! Die Musik hat also die Experimentalsituation verdrängt. So stellt sich das *Così*-Geheimnis dar: Entweder es ist, wie Ivan Nagel formulierte, eine Komödie von der Untreue zweier Mädchen – oder eine Tragödie vom Betrug zweier Männer, die die weibliche Schwäche ausnutzen, weil sie Gefühl manipulieren können. Indessen lehrt der Komödien-Ernst ja noch viel mehr: In den Menschen lebt ein nicht personalgebundenes Verlangen nach Glück, das sie zu Marionetten des Schmer-

Wolfgang Amadeus Mozart

zes wie der sekundenlangen Seligkeit macht. Dabei ist *Così* zynisch in einem viel schwärzeren Sinne als nur dem, daß junge Frauen gelegentlich Seitensprünge machen, weil sie die Liebe als solche lieben. Im Grunde passen vielleicht die falschen Paare viel besser zusammen als die originalen. Die Ausgangssituation war harmlos, nie wurde von Mozart das Liebesglück der vier Menschen in extenso dargestellt. Doch jetzt, beim Reagenzglas-Versuch, geraten sie in Feuer. Wer weiß, ob das Happy-End wirklich eins ist! Plötzlich entsteht die Vision eines Glücks, das objektlos ist, dem die Menschen sich unterwerfen.

Fiordiligi ist die stärkere der beiden Damen. Sie will fliehen, der Versuchung entgehen. Ferrando, mit Selbstmord drohend, stimmt die Verführungstonart Mozartscher Helden, A-Dur, an. «Mach mit mir, was du willst», haucht Fiordiligi – es ist eine Fermate reiner Ergebung – und sinkt in seine Arme. Die Menschen fangen Feuer, werden dann zurückgerissen ins Lustspiel, dessen Happy-End keinerlei Erklärung hat für die merkwürdige Seligkeit beim Frauentausch. *Così* ist entweder die Oper männlicher Gewissenlosigkeit und weiblicher Wehrlosigkeit oder die Oper eines gleichsam unpersonalen Eros, der musikalische Glückssekunden in schmerzliche Ewigkeiten ausdehnt. Davon weiß der Rationalist Alfonso, der stolz ist, eine Wette zu gewinnen, freilich gar nichts.

Die Königin der Nacht, eine temperamentvolle, aber auch etwas hysterische Frau, ist mit einem Manne verheiratet gewesen, der offenbar vom Führungsanspruch der Frauen im allgemeinen und von dem seiner Gattin im besonderen keine hohe Meinung hatte. Denn kurz bevor jener Herr, den die Königin der Nacht haßt, starb, vererbte er zwar alle Schätze an Weib und Kind, also an die Königin der Nacht und Pamina – aber den machtbedeutenden siebenfachen Sonnenkreis übergab er den «Eingeweihten», mit denen er befreundet gewesen war.

Doch wird die Handlung ganz klar? Nachdem man im 19. Jahrhundert angenommen hatte, in der *Zauberflöten*-Handlung stecke ein «Bruch», weil Emanuel Schikaneder, der Textautor, wegen eines Konkurrenzstücks nach dem Finale des ersten Aktes aus der zunächst guten Königin der Nacht eine böse gemacht habe, während er den schlimmen Zauberer und Freiheitsberauber Sarastro in einen guten Oberpriester verwandelte, wird diese «Bruchtheorie» heute eher abgelehnt, und zwar ebenso von Egon Komorzynski wie von

Mozarts Operndramaturgie

Alfred Einstein, Aloys Greither und dem bedeutenden Regisseur Walter Felsenstein.

Die Königin der Nacht, so heißt es, sei von Anfang an eine stolze, herrschsüchtige Frau gewesen, und ihr Gatte, nennen wir ihn einfachheitshalber König der Nacht, wird schon gewußt haben, warum er ihr das Symbol der Macht vorsichtshalber gar nicht erst zukommen ließ. Stimmt das? Hier stehen wir wieder vor genau dem gleichen Vieldeutigkeitsproblem, das uns schon bei *Così* beschäftigte. Der Kummer der Königin der Nacht sei äußerlich, affektiert, nicht herzlich, heißt es, ihre Koloraturen drückten eisige Herrschsucht aus. Am Beginn ihrer ersten Arie, in einem g-Moll-Largo, drückt die Königin der Nacht traurig aus, daß ihr die Tochter geraubt worden sei, daß sie noch das Zittern, das bange Erschüttern, das ängstliche Beben des geliebten Kindes vor sich sehe. Mozart hat da eine höchst ausdrucksvolle Melodie geschrieben und dazu einen kunstvollen Kontrapunkt des Fagotts komponiert. Am Schluß des Largos wird die Musik so sprechend wie beim Einsatz des Klaviers am Anfang des ersten Satzes des *c-Moll-Klavierkonzerts KV 491*.

Wie ernst ist diese schmerzliche g-Moll-Musik, diese Mischung aus Sopran und Fagott gemeint? Nun, noch zweimal begegnen wir in der *Zauberflöte* diesem Klangbild wieder, und zwar einmal bei der großen g-Moll-Arie der Pamina «Ach, ich fühl's, es ist verschwunden, ewig hin der Liebe Glück». Und bei der großartigen Stelle kurz vor dem Selbstmordversuch Paminas treffen wir wiederum auf chromatisches g-Moll, von einem herrlich frei geführten Fagott begleitet.

Wenn das Nachdenken über Musik und genaues Partiturstudium überhaupt irgendeinen Sinn haben sollen, dann läßt sich hier nur eines folgern: Mozarts Musik sympathisiert, sowohl was die Melodienführung, die Tonartenwahl als auch die Klangfarbenmischung betrifft, dreimal auf ganz genau die gleiche Weise mit der jeweiligen Heldin und ihrer Situation. Das ist das eine Interpretationsproblem bei Mozarts *Zauberflöte*. Das andere, noch viel schwerwiegendere liegt in der Kürze, wird hervorgerufen durch die transpsychologischen Umschaltstellen. Vergessen wir nicht: Die *Zauberflöte* ist die erste große Oper Mozarts, wo die Gestalten nicht mehr hauptsächlich nur von Liebe gelenkt werden, sondern wo Ideen einen entscheidenden Einfluß auf die Handlung haben. Darum war Beethoven von der *Zauberflöte* so angetan. Eine gewisse antifeminine Komponente spielt mit in die Oper hinein. Der bedeutende und intelligente Theatermann Schikaneder hat seine Shakespeare-Kenntnisse und viele angelesene Ägypten-Informationen einfließen lassen. Ein Ägyptologe wie Siegfried Morenz konnte eine ausführliche Studie über die *Zauberflöte* vorlegen, ein Jurist wie Gustav Radbruch hat über das Strafrecht der *Zauberflöte* geschrieben und sich dabei mit dem Weltbild der Freimaurerei beschäftigt.

Man hat viel über die Schichten, aus denen das *Zauberflöten*-Textbuch sich zusammensetze, nachgedacht. Altwiener Volkstheater, die Maschinenkomödie, der Bildungsroman eines persischen Prinzen (per aspera ad astra), eines jungen Mannes, der sich in eine politische Sache verstrickt, deren Vielfalt ihm erst langsam klar wird. Es müssen also sehr viele ausdrucksvolle und charakterisierende Impulse nebeneinander lebendig sein, wenn die *Zauberflöte* gut aufgeführt wird. Das ist deshalb fast nicht zu erreichen, weil das Stück, vom auch nicht sehr umfangreichen Finale des ersten Aktes abgesehen, aus lauter relativ kurzen Nummern besteht. Und selbst die beiden Finale sind nicht so organisch entwickelt wie in *Figaros Hochzeit* oder im *Don Giovanni*, sondern eher «Szenen-Reihen».

So stellt sich hier das Problem aller Mozart-Interpretation besonders scharf: Wenn man überdeutlich phrasiert, allzu ausdrucksvoll und sentimental das Bedeutende hervorhebt, dann klingt die Musik falsch-romantisch, überladen, vergewaltigt, um die Härte des Tempos betrogen. Spielt man sie indessen nur so ab, dann wirkt sogleich alles platt, leer, verfehlt, unwichtig. Ohnehin unterscheidet Mozart nicht nur zwischen der hoheitsvollen Sarastro-Sphäre, dem Temperament der Königin der Nacht, der Volkstümlichkeit des Papageno und der innigen Einfachheit des idealdenkenden Liebespaares, sondern es gibt in der *Zauberflöte* auch mehrere Arten von «Einfachheit». Zum einen die volkstümliche Einfachheit, die überhaupt nur von Volksschauspielern des Typus Schikaneder, Girardi, Hörbiger getroffen werden kann, weil sie sonst in dümmliche, herzlose Clownerie ausartet – zum anderen die magische Einfachheit, wie wir sie beim Auftreten der drei Knaben oder bei den ganz kurzen und unendlich tiefsinnigen Weisheitsharmonien im Priesterbezirk hören.

Die eigentümliche Schwierigkeit besteht nun darin, die jähen Sekunden des unendlichen Innehaltens mit Ausdruck zu füllen, ohne das Ganze zu verkitschen. Wenn die Liebenden beispielsweise singen «Tamino mein! O welch ein Glück», «Pamina mein, o welch ein Glück», dann nimmt die Musik da einen unbeschreiblich reinen Aufschwung. Der Text wird irgendwo liegengelassen: «Ich selber führe dich, die Liebe leite mich, sie mag den Weg mit Rosen streun,

Idomeneo

weil Rosen stets bei Dornen sein.» Solche Harmlosigkeiten liegen weit unten im Schatten des Banalen, während Mozarts F-Dur das Glück der Sekunde entfaltet. Und so schlimm falsche Koloraturtöne der Königin der Nacht, die jeder Esel hört, sein mögen, wenn den wirklich entscheidenden Augenblicken nicht ein Äußerstes an Ausdruck abgewonnen wird, nützen bloß richtige Töne gar nichts. Solchen Glücksmomenten stehen die transpsychologischen Umschlagstellen gegenüber. Für die Märchengefährlichkeit der Feuerund Wasserprobe bleibt dem Regisseur keine Inszenierungszeit. Der Zusammenbruch der Bösen ist eine Frage von Sekunden, dann sind sie fort, und die Bühne wird in hellstes Sonnenlicht getaucht. Wie soll man das «glaubhaft» darstellen? Wie soll man andeuten, daß es da um Leben und Tod, um Gefahr und Glück und um Märchen zugleich geht? Soll der Regisseur expressionistische Verfremdung anstreben? Hilft abstrakte Stilisierung, wenn man sie als Notlösung, ohne Kitsch, aber eben doch gegen den Geist des Wiener Maschinentheaters anstrebte? Soll man eine neue Naivität einzusetzen versuchen, die Schmiere nicht scheuen, die Übertreibung nicht scheuen, Märchenhaftes und falsche Töne nicht scheuen? Vom Mordanschlag bis zum Ende vergehen keine fünf Minuten. Aber es ist schon lange Jahre und immer noch nicht erfolgreich darüber nachgedacht worden, wie man die undarstellbare Wahrheit dieses Augenblicks doch darstellen könnte.

1. X. 1963

IDOMENEO

Nikolaus Harnoncourt hat sich sehr viele Gedanken gemacht über Fassungsfragen und die falsche Mozart-Pflege unserer Gegenwart. Er ist dabei zu (keineswegs konsequent historisierenden) Ergebnissen gekommen: wählt also entschieden die erste, die «frühe» Münchner Fassung, besetzt die Kastratenrolle des Idamante mit einem Sopran, wendet sich ab vom seiner Ansicht nach frühklassisch motorisch «verfälschten» Mozart – will vielmehr die aufregende d-Moll-Seria-Musik als etwas «Romantisches» vorführen. Dies sind seine auf Pressekonferenzen und in Einführungstexten verkündeten

Wolfgang Amadeus Mozart

Zielsetzungen. Aber, so Grillparzer über Beethoven, es kommt nicht darauf an, was ein Künstler sagt, sondern darauf, was er macht. Zwingend und überzeugend demonstriert nun dieser *Idomeneo* exemplarisch neu «Gemachtes».

Damit dieses Neue hier in seinem ganzen Gewicht erkennbar werden kann, sind doch ein paar kurze Vorüberlegungen notwendig. Gewiß, der *Idomeneo* brauchte nicht entdeckt zu werden. Spätestens seit Einstein gilt die *Idomeneo*-Partitur als Mozarts womöglich genialster Wurf. Und Harnoncourt/Ponnelle beziehen sich bei ihrem neuen Mozart-Experiment auch keineswegs, wie Klaus Umbach im *Spiegel* assoziiert, auf Wolfgang Hildesheimers Einsichten. Im Gegenteil: Die Zürcher begreifen sich – wenn sie jetzt ihren Mozart-Gesamt-Zyklus ausarbeiten – eher als Hildesheimers Gegenpol. Hildesheimers sanfte Zweifel an der Opera seria *Titus* und seine massive *Zauberflöten*-Schelte sind weiß Gott nicht Ponnelles Überzeugungen.

So werden hier also nicht Hildesheimers Mozart-Überlegungen sozusagen klingend verifiziert, sondern vielmehr alte Aufführungsusancen richtiggestellt. Heute noch kann man lesen und lernen, daß es sich bei der Relation Rezitativ-Arie, die für Mozarts Opernpraxis grundlegend ist, etwa folgendermaßen verhalte: Das Rezitativ informiere mehr oder weniger dramatisch, entweder trocken oder auch orchesterbegleitet, über den rationalen Fortgang der Handlung. Und dann komme die Arie und füge – gleichsam in einem Handlungsstillstand, in der Zeitlosigkeit des Seelen-Momentes – das Emotionale, das Empfindungshafte, das «Gefühl» hinzu. Auf diesen (italienischen) Voraussetzungen der Operngeschichte basierend, habe Mozart seine Meisterwerke sowie das deutsche Singspiel entwickelt.

Ein übersichtliches, einleuchtendes Schema. Nun aber zeigt Harnoncourt: Dieses Schema ist schlechthin falsch. Rezitative sind mehr als Überleitung und Vorbereitung. Sie sind oft genug emotionale Hauptsache, der gegenüber die Arien fast ein melodiös meditierendes Ausruhen bedeuten. Harnoncourt musiziert also mit den völlig nach seinen Vorstellungen einstudierten Zürcher Solisten die riesigen Rezitative des *Idomeneo* bis zur Unkenntlichkeit, nein, bis zur wahren Kenntlichkeit, anders.

Man kann das zu Beginn der zweiten Plattenseite studieren. Was geht da eigentlich vor? Elektra, griechische Königstochter, will den kretischen Königssohn Idamante heiraten. Sie muß eifersüchtig ent-

Idomeneo

setzt beobachten, daß Idamante aber eine gefangene Trojanerin liebt: Ilia. (Eine erstaunliche Ähnlichkeit zum Aida-Stoff.) «Vor Eifersucht erregt» tadelt sie den Geliebten, daß er die gefangenen Trojaner beschütze und damit ganz Griechenland beleidige. Idamante verteidigt sein großmütiges Verhalten mit allgemeinen Humanitätsbekundungen. Von Ilia spricht er keineswegs. Ein Bote meldet den Tod des Königs, also des Vaters von Idamante. Der erschrickt. Aber Elektra erschrickt noch mehr; sie ahnt, daß ihr Geliebter sie nun erst recht nicht, wie es doch der alte König gewünscht hat, heiraten werde. Ilia fühlt Mitleid mit dem vermeintlich vaterlosen (die Nachricht stellt sich später als Irrtum heraus) Prinzen. Und Elektra steigert sich in rasende Wut: Sie sieht eine «trojanische Sklavin Thron und Brautbett» mit Idamante teilen. «O Zorn! O Raserei! O Schmerz!... Ich ertrag'es nicht mehr.» Dann erst folgt die Arie.

Dem Leser konnte die umfängliche Nacherzählung dessen, was in vier bis fünf Minuten Rezitativ-Musik geschieht (charakteristisch, daß Harnoncourt etwa zwanzig Prozent mehr Zeit für diese Rezitativfolge braucht als seine Dirigentenkollegen), nicht erspart werden, weil man in üblichen Aufführungen kaum versteht, was die Akteure da mehr oder weniger rasch und zielbewußt, nämlich der Arie zustrebend, sagen. Und weil ohnehin gerade dieses Rezitativ in älteren Klavierauszügen weiterhin fehlt. Bernhard Paumgartner hat es noch in seiner Bärenreiter-Klavierauszugfassung von 1955 heftig gekürzt. Hat von einer «kurzen, völlig unnötigen Secco-Reflexion» geschrieben, die er durch eine Ciaconna aus dem Ballett ergänzte.

Über solche schlimme Besserwisserei ist Harnoncourt hinaus. Die zahlreichen Affekte, die herrlichen Modulationen dieses hier exemplarisch gewählten Rezitativs führen bei ihm dazu, daß von Wort zu Wort, von Erregung zu Erregung ein anderes Tempo, ein anderer Ausdruck herrscht. Weil Harnoncourt mit gutem Grund die Taktstriche negiert und die Orchestereinsätze (falls sie auf die «Eins» komponiert sind und falls auf dieser «Eins» noch rezitativische Äußerungen mit einer sogenannten «Appoggiatur» enden) dann später, nach den gesungenen Worten, beginnen läßt – darum ergibt sich hier eine reiche Unregelmäßigkeit, die immer aus dem Affekt begründet ist. Das Prinzip mechanischen Taktschlagens, auf welches es Mozart im erregten und herrlich durchmodulierten freien Sprechgesang kaum angekommen sein dürfte, es wird von Harnoncourt konsequent verworfen. Das Rezitativ von Mozarts

Idomeneo – jeder kann es nun mit Hilfe dieser Platten prüfen – zielt bei Harnoncourt nicht auf sein Ende, als wäre es bloß Information, wie noch bei Fritz Busch, John Pritchard, Karl Böhm. Sondern bei Harnoncourt stellt sich das Rezitativ als freie und spannende musikalische Gegenwart dar. Das macht diese Aufnahme zum interpretationsgeschichtlichen Datum.

So schafft er einen gleichsam flammenden Opernvordergrund, der uns auch die Arien und Ensembles völlig neu eingestimmt vernehmen läßt. Daß Mozart seinen *Idomeneo* später immer wieder, wie einen Steinbruch, ausbeutete und zitierte, im *Don Giovanni* ebenso wie in der *Zauberflöte*, auch das läßt sich mit Hilfe dieser Aufnahme leicht belegen. Werner Hollweg (Idomeneo), Trudeliese Schmidt (Idamante), Rachel Yakar (Ilia), Felicity Palmer (Elektra) sind ausdrucksstarke, stilsichere Solisten.

Manchmal, beim viel zu derb heruntergesungenen «Placido è il mar»-Chor, der Mozart immerhin so wichtig war, daß er es noch an entscheidender Ensemble-Stelle im zweiten Akt der *Entführung* zitiert, dirigiert Harnoncourt ein wenig grobschlächtig. Wie überhaupt, bei den allzu langen Ballettmusiken oder gegen Schluß der Ouvertüre, oder bei der nicht hinreichend zur Geltung kommenden Pizzicato-Begleitung von Idomeneos Cavatina, immer noch die mangelnde Routine Harnoncourts erkennbar wird – dergleichen machen die großen alten Dirigenten atmender, ausschwingender und richtiger. Aber solche kleinen Schönheitsfehler, die beim Weg dieses «Barock-Dirigenten» zu Mozart noch in Kauf zu nehmen sind, verdecken und schmälern nicht, daß hier eine neue Konzeption entwickelt und verwirklicht wurde, die Nikolaus Harnoncourts nachschöpferisches Talent und Mozarts unbegreifliches Genie spannungsvoll deutlich werden läßt.

25. III. 1981

DIE ENTFÜHRUNG AUS DEM SERAIL

Der italienische Meisterregisseur Strehler hat ein Prinzip ersonnen, um törichten Fragen derjenigen, denen Mozarts Herzlichkeit nicht genügt, allen Boden zu entziehen. Während die Musik erklingt,

Die Entführung aus dem Serail

erlebt man eine Mischung aus puppenhafter Scherenschnittvorstellung und diskretem Zaubertheater.

Die Figuren, die da handeln, leiden und triumphieren, traten, wenn sie zu singen hatten, nach vorn, erschienen plötzlich in einem lichtleeren Streifen als schwarzgraue Schatten und verströmten sich. Hinten, auf hoher See, zogen währenddessen Segelschiffe und Dampfer aller Art vorbei. Bedurfte jemand eines Instruments, eines Hackebeilchens etwa, dann fiel es umstandslos vom Himmel. Statt abgenutzter Operngags bezauberten lauter Handgriffe und Bewegungen, die ein Labsal waren für alle diejenigen Zuschauer, denen die öde Opernwitzroutine längst fatal ward. So entstand das Singspiel als Spiel, ohne peinlichen Erdenrest. Beim C-Dur-Vorspiel zu Konstanzens Marter-Musik schloß sich der Vorhang (damit man nicht etwa die Handlung versehentlich vergegenwärtige und sich wundere). Bassa Selim, der ja so edel ist, daß die Musik ihn – Dolf Sternberger hat darüber reizend meditiert – in Ruhe läßt, sprach langsam und mit melancholischen Pausen. Für jeden potentiellen Regisseur mußte diese Aufführung ein reines Lehrstück sein. Schon der Umstand, daß trotz heller Bühne ganz vorn ein lichtleerer, alles Menschliche in dunkle Chodowiecki-Schwärze hineinschluckender Bezirk so präzis hergestellt werden kann, glich einer Trouvaille.

Trotzdem war die Aufführung ein, nahezu konsequenter, Irrtum. Wie kann Strehler es nur eine Sekunde lang für richtig gehalten haben, die Figuren des *Entführungs*-Spiels in die Schwärze der Abstraktion wegzuzaubern, während sie singen, und in die Helligkeit der Opernrealität zu stellen, wenn sie handeln? Nichts liegt näher als das Gegenteil: Solange in der *Entführung* das Gesetz eines halb harmlosen, halb marionettenhaften Librettos befolgt wird, interessieren Leiber und Gesichter keineswegs. Wenn die Akteure puppenhaft zu agieren haben, wäre jede Scherenschnittverfremdung statthaft. Dann darf der Regisseur die Gravitation des allzu Realen aufheben. Doch wenn die Musik das Theater verdoppelt und übersteigt, indem sie Bretzners Schemen Leben einhaucht, wenn die Handlung innehält und die reinen Seelen sich aussprechen, eben aussingen dürfen, dann müßte man sie sehen können. Daß jemand während der harmlosen Handlung leibhaftiger scheint als während der Musik, ist schlechterdings nicht einzusehen. Nicht die Stilisierung war falsch, wohl aber die Methode, nach der sie durchgeführt wurde. An diesem Manko stieß ich mich weit mehr als an den Inkonsequenzen, die man Strehler vorgerechnet hat. Der Hell-

Wolfgang Amadeus Mozart

Dunkel-Gegensatz wurde nicht starr durchgehalten, beispielsweise. Strehler hat es auch versäumt, einzugreifen, wo ein Regisseur nachhelfen müßte, also beim großen Quartettfinale, wenn die Figuren operettenhaft aneinander zu zweifeln beginnen, wobei freilich die Harmonien des Andantinos («Wenn unserer Ehre wegen») in Sphären hineintönen, die Regisseur und Kapellmeister und Festspielgäste versinken lassen.

Als ich die Salzburger Aufführung hörte, leitete nicht der Premieren-Dirigent Zubin Mehta, sondern Bernhard Conz. Es war eine relativ derbe, musikalisch vordergründige, mittelmäßige Aufführung. Schwer läßt sich entscheiden, ob der Umstand, daß Fritz Wunderlichs Tenor um eine Spur weniger frei klang als sonst, damit zu tun hatte, daß man angestrengt in den Scherenschnitt hineinblickte, um doch das Gesicht des Sängers wenigstens zu erahnen.

Schade, daß Fernando Corena als Osmin sich die tiefen Töne am liebsten vom Orchester abnehmen ließ, daß Anneliese Rothenberger die absurden Schwierigkeiten ihrer ersten Arie nicht so gut bezwang wie die berühmteren Schwierigkeiten ihrer zweiten. Doch wenn man Fritz Wunderlich die meinem Geschmack nach schönste Tenormelodie des Stückes, «Wenn der Freude Tränen fließen», einfach wegstreicht, so als ob die Es-Dur-Arie «Ich baue ganz auf deine Stärke» eine Alternative wäre, dann ist das so bedenklich wie der Fürwitz einer Regie, die den Pedrillo seine Mohrenland-Romanze doch allzu leise singen läßt, damit Osmin möglichst nicht erwacht. Solche Regisseursgescheitheit ist fehl am Ort. Ein bloß «kluger» Pedrillo hätte nämlich überhaupt geschwiegen.

1. IX. 1965

FIGAROS HOCHZEIT

Daß der neue Salzburger *Figaro* eine Herausforderung der öffentlichen und der veröffentlichten Festspielmeinung sein würde, stand eigentlich von dem Tage an fest, da man diese Premiere aufs Salzburger Programm gesetzt hatte. Denn die von Karl Böhm, Günther Rennert und Rudolf Heinrich zuvor im Kleinen Festspielhaus erarbeitete Aufführung war ein ganz außerordentlicher Publikums- und

Figaros Hochzeit

Presse-Erfolg gewesen und noch im vorigen Jahr, als es galt, Abschied von dieser fast schon zu selbstverständlich, unnervös und vergnügt gewordenen Darbietung zu nehmen, als Mirakel gefeiert worden. «Do not change a winning team!»: zu deutsch und aus der Sportsphäre übertragen, müßte diese Lebensweisheit lauten, man soll ein Ensemble und eine Produktion, die triumphiert, nicht auseinanderreißen oder absetzen. Aber eben dies unternehmen ja Herbert von Karajan und Jean-Pierre Ponnelle.

Da sie schon beim Herausfordern waren, gingen die beiden *Figaro*-Verantwortlichen gleich noch einen Schritt weiter, einen sehr respektablen. Was immer der Aufführung auch vorzuhalten sein mag: Eine blankpolierte, optimistische, heitere «Spiel im Schloß»-Darbietung mit todsicheren Lachern und Effekten wurde wirklich nicht geboten. Im Gegenteil: Die Opera buffa geriet in die Nähe einer bitteren, manchmal fast bodenlosen, zum Zynismus einladenden Beschwörung heimlichen (sonst so oft heiter verheimlichten) Elends. Elizabeth Harwoods Gräfin in ihrem Unglück, Susanna (Edith Mathis) in ihrer Angst, Walter Berrys kräftiger Figaro in seiner Not, Teresa Berganzas Cherubino (geschüttelt von Pubertät und Nicht-anders-Können), Tom Krauses immer wieder düpierter Graf – sie alle waren keine unbedrohten Lustspieltypen, sondern wahrhaft «Betroffene». Vorbildlich klar kam die Intrige heraus.

Da Karajan seine allerschönsten, sensibelsten und reinsten Augenblicke hauptsächlich bei den ganz leisen Stellen hatte (bei den raschen, temperamentvollen Nummern stimmten zwar die Tempi und die Beweglichkeit immer, aber es fehlte der Wiedergabe doch an Fülle, an gleichsam akustischer Überzeugungskraft), ergab sich jene glänzende «Champagner-Stimmung», die ein Festspielpublikum instinktiv vom *Figaro* erwartet, nicht. Karajan folgte den Sängern bei Pianissimo-Nuancen und Betroffenheitspausen nicht etwa als allmächtiger Diktator, sondern als jemand, der sich dem Rausch des Leisen hingibt, der sich instinktiv hineinhört. Manchmal war die Musik geradezu, freilich gegen Mozarts bekannten Ausspruch, «der Handlung gehorsame Tochter».

Ob es schließlich noch als Herausforderung zu gelten hat, daß Karajan und Ponnelle gewichtige, von der Mozart-Forschung freilich sanktionierte Eingriffe in die Szenenfolge und sogar in die Partitur vornahmen (die Gräfin singt mitunter Noten, die in üblichen Klavierauszügen und Aufführungen bisher der Susanna zugeteilt waren), soll hier nicht philologisch, sondern allein vom Ergebnis her

Wolfgang Amadeus Mozart

gewürdigt werden. Denn daß da eine nicht etwa leichtfertig umfunktionierende, sondern außerordentlich, ja fast manieristisch durchdachte Aufführung vonstatten ging, werden gewiß auch diejenigen zugeben, die «ihren» Mozart nicht wiedererkannten.

Mittelpunkt des ersten Aktes war nicht der ominöse Sessel, hinter dem «man» sich versteckt, sondern das Bett – und warum soll ein Bett nicht im Mittelpunkt des Dichtens und Trachtens von Figaro, Susanna und der glücklicherweise durchaus attraktiven Marcellina (Kerstin Meyer) stehen, da es doch um nichts anderes geht als ums Heiraten? Ponnelle hat die eigentlich antimozartische Riesenbühne geradezu brillant in den Griff bekommen, zugänglich gemacht, bespielbar gemacht; nie drängte sich auch nur der Gedanke an eine Notlösung auf. Freilich rächten sich die Riesenausmaße, über die man sinnvoll hinweggetäuscht wurde, dann bei der musikalisch-stimmlichen Realisation. (Die Bühnenbilder führten eine Entwicklung vom Kleinen zum Großen vor: Im ersten Akt sah man die Situierung des von Susanna beargwöhnten, treppenreichen Schlafzimmers; im zweiten das prächtige, kalte Reich der unglücklichen Gräfin; im dritten begriff man die Macht des Grafen; und im vierten konnte man sich das alles gleichsam noch einmal vom Park aus vorstellen.)

An interessanten Einzelheiten fehlte es nicht: Marcellina zittert vor Angst mit dem Fächer, wenn Bartolo (leider, alles in allem, weder sicher noch stark genug in der Tongebung: Paolo Montarsolo) seine Rache-Absichten beschreibt. Und es ist ein rührender Moment, dem Cherubino in die introvertierten Geheimnisse seiner Versonnenheit und Verwirrung folgen zu dürfen (Teresa Berganza gelang der Schluß der ersten Aria sternstundenhaft – bei der zweiten riskierte sie allzu viele Pianissimo-Unsicherheiten). Daß man sieht, wie sich jemand im Sessel versteckt, schien Ponnelle ein zu naiver Effekt; darum sahen wir nur den Rücken des Sessels. Cherubino, enthüllt, mußte sich nun gleichsam in dienstlicher Haltung aufs Polster hinstellen. Er wuchs gespenstisch hoch, so wie in Bayreuth der Fliegende Holländer erscheint: witzig, aber doch zu ausgeklügelt. Streng und sorgfältig deutete Ponnelle den Schluß des ersten Aktes, also Figaros sonst immer so unmotivierte Schadenfreude darüber, daß der arme Cherubino zu den Waffen eilen muß, samt parodiertem Militärmarsch. Hier wurde das alles zum Bilde eines Opfers. Denn der Graf ist keineswegs aus dem Zimmer gegangen; Figaro nimmt nun die Gelegenheit wahr, ihn lässig und nicht ohne Voyeurssadismus mit der Vorspiegelung einzulullen, daß Cherubino fortgehen müsse und wie

Figaros Hochzeit

hart er bestraft werde. Es handelt sich also nicht um eine Privatrache Figaros, sondern der Aktschluß wird in die Intrige hineingenommen.

Die Verkleidungsszene des zweiten Aktes gerät hier zum amourösen Privatvergnügen der Susanna, die von Herzen gern an Cherubino herumnestelt. Man fragt sich nur eben, wo diese arme Verfolgte eigentlich noch Zeit und Lust dazu hernimmt. Ponnelle führt dabei auch noch die gesellschaftliche und menschliche Kluft zwischen der Gräfin und dem Kammermädchen vor. Und weil die Gräfin die Unglücklichere ist, darf sie im großen Angst-Terzett die hohen Spitzentöne singen, die offenbar als Ausdruck gedrängtesten Unglücks zu gelten haben. (Nur singt Elizabeth Harwood ihr C zweimal so verhauchend, so zart beherrscht, daß diese Änderung dann wieder unplausibel wird.)

Außerordentlich sinnvoll und schön war die Idee, das schmerzliche Rezitativ und die große C-Dur-Arie der Gräfin im dritten Akt vor die sorgfältig ausgespielte Prozeßhandlung und die überraschende Elternentdeckung zu legen! Denn wenn sich alles schon glücklich gewendet hat, wirken die von Elizabeth Harwood übrigens wunderbar schön gesungenen Unglücksakzente dieses Stückes ja immer ein wenig deplaziert. Daß Ponnelle den Weg der Nadel, welche die Barbarina am Anfang des vierten Aktes natürlich nicht im Park sucht, sondern noch im Schloß, wo sie verlorenging, genau vorführt, daß er Figuren und Gruppierungen einleuchtend demonstriert, braucht nicht eigens betont zu werden.

Aber nun ist doch die Frage zu stellen, warum dieser *Figaro* so eigentümlich ernst, glücklos, ja pingelig-pessimistisch geriet. Erstaunlich still, gewiß beeindruckt, aber auch verstört, als würde nur ein Seelendrama und nicht zugleich ein «Toller Tag» zelebriert, folgte das Publikum. Der Aufführung fehlte es nicht an Sensibilität, Gefühl und Verstand, aber am großen Gleichmaß von Harmonie, Not und Glück. Und an der Direktheit der Affekte. So verhalten und schwerfällig, wie sich zu einer doch bei aller Abgründigkeit nie schwerfälligen Musik die spanischen Landleute am Ende des dritten Aktes, vorwärts und rückwärts schreitend, bewegen müssen (stilisiert und doch nicht überzeugend), so bodenlos ernsthaft wurden wir mit den Nöten der Einzelpersonen bekannt gemacht; doch all das verzettelte sich ein wenig, geriet zur fast pedantischen Differenzierung, weil der große, letzten Endes hier auf Glück und Rettung hinauslaufende Einspruch der Musik nicht mehr hinreichend zu Worte kommen, sich entfalten konnte.

Wolfgang Amadeus Mozart

Das war zunächst eine rein akustische Frage: Verliebt in Leises und Sublimes, gierig nach schmerzlichen Dissonanzen, bevorzugte Karajan die leise Verhaltenheit. Und es kam eben hinzu, daß im Grunde doch nur Elizabeth Harwood, Zoltan Kelemen (Gärtner) und der sehr komische Michel Sénéchal ganz mit der Stimmvolumensforderung dieses Riesenraumes fertig wurden. Die anderen Mozart-Sänger waren natürlich nicht schlecht oder schwach; aber sie waren nicht stark genug. Es war eine seltsame Ferne, ein unsichtbarer akustischer Vorhang zwischen Musik und Parkett, trotz des stark besetzten Orchesters. Und weil die Stimmen zu leise blieben, blieb auch die «Stimmung» etwas zu leise; der ganz naive Affekt stellte sich nicht her und damit auch das eigentliche Mozart-Wunder nicht. Dieses Wunder ist ja weder die Darbietung eines harmonischen Optimismus noch die Darbietung heimlichen Elends oder scharf gefährlicher Akzente, sondern jenes dritte, schwer zu Beschreibende: daß aller Kummer, alle Qual, alles erhoffte Glück aufgehoben sind in Musik. Aufgehoben, das heißt: bewahrt, verklärt und dennoch rein dargestellt. Mozarts Musik hat gewiß mit Unglück und Zärtlichkeit und Seelendrama zu tun, aber indem sie tönt, tönen darf, ist sie ein ewiger Einspruch gegen die Qual.

Dieser Einspruch hat es nun um so schwerer, je mehr er – was Handlung, Intrigengenauigkeit und Konfliktfülle betrifft – sozusagen «ausgleichen» muß. Nicht der oft wunderschönen musikalischen Einzelheit stand Ponnelles ehrgeizig-genaue Regie im Wege, sondern der musikalischen Gesamtentfaltung.

Paradoxerweise schienen gerade die große Bühne und die psychologische Durchdringung manchmal eine gewisse Privatisierung der Vorgänge zu erzwingen: Wenn hier der Figaro seine Arie gegen die Frauen singt (im vierten Akt) oder seine Kavatine gegen den Grafen (erster Akt), dann bleibt das einfach zu privat. Weil es sich um eine Mozart- und nicht um eine Wagner-Stimme handelt bei Walter Berry, wird man eben doch nur einem Inhalt, aber keinem Affekt konfrontiert. Wenn dann die kühle, aber herrliche Stimme von Elizabeth Harwood ertönt, spürt man wieder, warum und wofür Oper da ist: Der Raum ist gefüllt, der Spannungsbogen erfüllt.

Die Privatheit, die passive Feierlichkeit dieser Aufführung hing nun aber entscheidend mit einem Umstand zusammen, den niemand verschuldet hat. Für die im letzten Augenblick erkrankte Teresa Stratas mußte die souveräne Edith Mathis einspringen. Sie bot gewiß keine ewig lächelnde, neckische Susanne, keine Commedia-dell'arte-

Colombine, sie litt, sie war ernst, bedrückt, sie wandte sich sogar vom Grafen ab, während sie sich im dritten Akt mit ihm verkuppelte (daß der Mann das nicht bemerkt und mißbilligt hat!), aber außer reinem Gesang konnte Frau Mathis die offensichtlich beabsichtigte dramatisch-aggressive Position nicht bieten. So fehlte der Überfluß, der spanisch-weibliche Motor. Das Nichtvorhandensein von Unarten kann eben doch die Aktivität einer südlichen Seele, eines proletarisch-bravourösen Mädchens nicht ersetzen. Es fehlte mithin ein Zentrum.

Und nach alledem konnte auch jener Augenblick am Schluß, da die Gräfin das Verwechslungsspiel beendet, der Graf als Mächtiger kniet und um Verzeihung bittet, kein strahlender Moment der Erlösung sein. Denn auch die Stimme des Grafen von Tom Krause hatte nicht genügt, über Verständlichkeit und Verstehbarkeit und achtbare Qualität hinweg jene zwingende Verkörperung von Macht, Gewalt, erotischer und zugleich politischer Gefahr zu sein, die Figaros Aufstand erst rechtfertigt und sein Glück schließlich beglaubigt.

28. VII. 1972

DALLAPICCOLA UND DON GIOVANNI

Professor Petridis, ein hochachtbarer griechischer Komponist, neigt dazu, sich über Athen zu beklagen. «Zweifellos eine schöne Stadt», jammert er, aber als Künstler, gar Musiker, könne man nicht dort leben. Das Interesse des Publikums für Konzerte oder Vorträge sei minimal, sein theoretisches Buch über moderne Musik finde kaum Leser, und selbst interessante öffentliche Erörterungen dürften mit Zuhörern kaum rechnen, weil die Athener abends lieber Karten spielen als musiktheoretische Vorträge absitzen wollen. Das sei in Paris, in Berlin, in München anders, meinte er.

Luigi Dallapiccola, einer der berühmten (Opern-)Komponisten unserer Gegenwart, hatte die Münchner zu «Betrachtungen zum Auftritt der Statue in Mozarts *Don Giovanni*» eingeladen, das Italienische Kulturinstitut und die Staatliche Musikhochschule waren die Gastgeber. Ein großartiges, wirklich interessantes Thema; keine allgemeinen, notwendig flachen Vermutungen über Komplexe wie

Wolfgang Amadeus Mozart

«Die Situation der Oper heute» (um nur ein Beispiel für solche unverbindlichen Generalübersichten zu geben, in denen tausend Namen fallen und kein Mensch etwas erfährt). Für das lebhafte Interesse, das man in unserer aufgeweckten Metropole also der Begegnung zwischen einem intelligenten Musiker und der vielleicht berühmtesten Oper des Abendlandes entgegenbringt, zeugt der Andrang der Besucher. Wir waren immerhin siebenundzwanzig (in Zahlen: 27). Kein namhafter Komponist, Sänger, Dirigent weit und breit. Sie alle wollten sich offenbar die schöpferische Ruhe naiven Künstlertums bewahren.

Dallapiccolas Vortrag war exakt, voll aufschlußreicher kompositionstechnischer Einsichten und zumindest diskutabler, wenn auch fragwürdiger operndramaturgischer Behauptungen. Auf dem Gebiet traditioneller Musik außerordentlich beschlagen, verlangte der Redner von seinem spärlichen Publikum viel, schenkte ihm dafür aber zahllose hochinteressante Beobachtungen, die zu Dutzenden von Nachtstudios, Mozart-Essays usw. ausgewalzt werden könnten. Keine Viertelstunde war vergangen, als der Vortragende schon Gide, Racine, Proust, Scarlatti, Beethoven und Schönberg zitiert hatte, und zwar nicht auf dem Irrweg assoziativer Gedankenflucht, sondern im Zusammenhang mit seinem Thema und seiner These.

Die These lautet: Der Komtur ist die wichtigste, die entscheidende Figur der Oper *Don Giovanni*. Er trete am Anfang und am Ende auf, stehe als einzige Gestalt außerhalb des magischen Zirkels von Don Giovannis Erotik, in den sonst alle (Don Ottavio auch?) einbezogen seien. Dallapiccola ließ es sich nun angelegen sein, mehrere sehr einleuchtende Entsprechungen zwischen dem Anfang und dem Schluß aufzudecken. In dem durchgehaltenen «Grundrhythmus» des Finales wie in den riesigen Intervallen des Komturs sah er dann Errungenschaften der expressionistischen Musik gigantisch vorweggenommen. Während Dallapiccola eine zitierte Ganztonleiter Scarlattis noch sozusagen aus dem kompositorischen Systemzwang erklärte, vermochte er aufzuzeigen, daß bei Mozart die fortwährende Abwandlung, der hinreißend lebendige Verzicht auf tote Symmetrien, die organische Ungleichmäßigkeit mit höchster Künstlerschaft angewandt und entwickelt worden seien. Dafür wurde die Ouvertüre der *Entführung* ebenso angeführt wie bestimmte rezitativische Modelle aus dem *Don Giovanni*.

Wahrhaft zu «überzeugen» vermochte Dallapiccola freilich nur bei den musikalischen Details. Dramaturgisch bleibt manches gegen

Dallapiccola und Don Giovanni

seine These vorzubringen. Dabei ist es nicht einmal entscheidend, daß diese Theorie, wie beinahe jedes Ergebnis angestrengter Analyse, einen unübersehbaren Schönheitsfehler hat, nämlich die Arie der Donna Anna, die zwischen der Friedhofsszene und dem Finale steht. Dadurch wird die These, der Komtur trete nur am Anfang und am Ende auf, zumindest behindert. Auch wenn Berlioz diese Arie gehaßt, Toscanini sie ausgelassen und Mozart sie nur um irgendwelcher Rücksichten willen komponiert hat. Gleichwohl steht sie da und hat ihr musikalisches Lebensrecht. Doch selbst wenn es sie nicht gäbe – ist wirklich gesagt, daß ein Auftritt zu Anfang und zu Ende schon die Wesentlichkeit einer Figur bestätigt? Es gibt genug Dramen der «Bogenform», wo verhältnismäßig unwichtige Figuren den Reigen beginnen und beenden, ohne darum entscheidend zu sein. Auch darf man nicht so tun, als verkörpere das Schlußsextett nur die «Moral» von der Geschichte. Es gehört zur Handlung; neben dem Fazit bringt es immerhin die entscheidende Vertrauensbegegnung zwischen Donna Anna und Don Ottavio, die hier einander Lieb und Treu versprechen. Wenn Mozart am Schlußsextett musikdramaturgisch sozusagen nichts mehr gelegen gewesen wäre, warum ließ er dann Don Giovannis Höllenfahrt in D-Dur (statt in d-Moll) schließen?

Demgegenüber konnte Dallapiccola mit Recht darauf hinweisen, daß Don Giovanni nach seiner Begegnung mit dem Komtur nichts mehr gelingt, daß er kein Sieger mehr ist, sondern nur noch ein Gejagter, daß der Tod des Komturs seinen Riesenschatten über das ganze Stück wirft. Ungemein treffend auch die Beobachtung, daß Don Giovannis erster Schrecken im Finale durch die Musik als erstarrte Angst definiert wird, die sich – so opernhaft es auch wäre – gerade nicht in einem Schrei zu lösen vermag. Und wenn Dallapiccola, auf einem Gespräch mit Milhaud fußend, die melodischen Kurven der Komtur-Erzählung als unbewußte Dodekaphonie zu erläutern wußte, wenn er die Haltung des Komturs mit dem Schicksal des Kapaneus (Dante; «Inferno» XIV) in Zusammenhang brachte, dann hatten die deutschen Hörer schon etwas nachzudenken und nachzulesen.

28. I. 1961

Wolfgang Amadeus Mozart

VIERMAL DON GIOVANNI

So also hat der präzisionsversessenste Opernregisseur unserer Zeit entschieden: Donna Anna erlag dem Ungestüm Don Juans nicht. Sie ist eine zugleich fanatisch-exzentrische und starre Spanierin; kein Wunder, daß sie beim Überfall des Maskierten und beim Tod ihres Vaters die Selbstbeherrschung verliert, daß sie kaum mehr weiß, wer sie ist, ja wer ihr Verlobter ist. Sie hat eben Dämonisches gespürt.

Felsenstein begriff Mozarts *Don Giovanni* nicht – wie laut Interview noch Wieland Wagner ihn hat verstehen wollen – als Ballade über das komisch-unvermeidliche Scheitern eines alternden Wüstlings. Nein: Felsensteins Don Juan hat durchaus Kraft, aber auch Pech. Der von ihm wider Willen verübte Totschlag wird ihm zum Verhängnis. Felsenstein verklärt den Don Juan nicht, sondern er beschreibt ihn. Man sieht, wie einer Zerlina wirklich nichts anderes übrigbleibt, als in die Arme eines solchen Edelmannes zu sinken und bei seinem Kuß zu vergehen; man sieht, während der Champagnerarie – in der einzigen sozusagen äußerlich brillanten, nicht durch den Text gedeckten Hinzufügung dieser Inszenierung –, welche Traumvorstellung dieser Edelmann vom eigenen Leben hegt: Die Welt soll ein Luxustheater sein, in dessen Logen das vervielfachte Spiegelbild Don Juans sich über lauter hingabebereite Frauen beugt. Nur Masetto, der immerhin mit der Pistole von seiner Braut ferngehalten war, findet gegen Don Juans erotisches Freibeutertum Klassenkampftöne. Den «indegno cavaliere» da Pontes nennt er (in der Übersetzung von Felsenstein und Horst Seeger) «feudalen Weiberhelden». Das ist eine offenbare Forciertheit, aber sie bestimmt die Inszenierung keineswegs, denn Don Ottavio wird zum Helden hochgesteigert – der leider seine schönste Arie nicht singen darf.

Felsenstein hat, ohne tendenziöse Pointierung, die scharfsinnigste und genaueste Inszenierung geboten, die Mozarts *Don Giovanni* meines Wissens seit Jahr und Tag widerfahren ist. Nie, fast nie, läßt er falsch illusionierende und darum desillusionierende Sängerposen durchgehen. Vorgänge, die man sonst immer nur glauben mußte, werden endlich szenisch «bewiesen». Opernregie als analytisches Fest. Manchmal provoziert Felsensteins Charakterisierungs- und Motivierungseifer freilich auch neue Fragen, auf die man sonst kaum käme (und über die der Text sich auch kaum Gedanken gemacht hat): Da Masetto von Don Juan so brutal behandelt wird, ist Zerlinas

Leichtsinn eigentlich schon kaum mehr verständlicher Verrat; da Leporello seinen Herrn so herb durchschaut, fragt man, warum der Diener sich so eilfertig sogar mit dem abwesenden Don Juan identifiziert. (Das Paar war nach dem Vorbild Don Quichotte – Sancho Pansa höchst einleuchtend stilisiert.)

Merkwürdigerweise hatte Felsenstein gerade mit seinen «kleinen Leuten» weniger Glück. Die Versöhnung Masettos durch die schockhaft kurierte Zerlina schien mir schlecht konventionell; Zerlina lachte zuviel, und Masetto chargierte. Und so großartig bei Don Juans Höllenfahrt spukhafte Geisterstimmung ins Schloß einzog, mit plötzlich wehenden Gardinen, Finsternis und Feuer, so korrekturbedürftig blieb der Einzug des Komtur-Standbildes selbst. Zuerst kam nur Licht, dann, zu spät, baute sich die Statue bei absichtsvoll befohlener Finsternis auf. Es wäre besser gewesen, man hätte sie gar nicht gesehen – oder sie hätte gleich in voller Größe die Eingangstür durchbrochen. Wahrscheinlich wird Felsenstein das noch ändern. Wie er aber den Kriminalroman vom Mord am Komtur exponierte – Don Juan floh maskiert, während Donna Anna mit verzweifelter Kraft versuchte, ihm die Maske abzureißen, als sie sang «Ich sterbe», fiel sie wirklich nahezu in Ohnmacht; dann verdichteten sich zusehends die Indizien –, das war überwältigend dramatisch und nutzte den mit wenigen Requisiten und um so phantasievolleren Prospekten glänzend hergerichteten und verwandelten Bühnenraum (Reinhart Zimmermann) vorbildlich aus.

6. XII. 1966

Da hätten wir uns doch beinahe einreden lassen, Mozarts *Don Giovanni* sei eigentlich unaufführbar. Denn es sei undenkbar, daß ein Bariton, der relativ wenig Dankbares zu singen hat, dem dafür im Verlauf von zwei Akten relativ viel schiefgeht, als Mannsbild und «sinnliches Genie» und als Mozart-Sänger gleichermaßen überzeugend wirken könne. Diese plausibel klingenden Bedenken, die von unzähligen Aufführungen bestätigt worden sind, wo kleine, ungeschickte, wohlbeleibte Stimmbesitzer auf hohen Korkabsätzen schwerlich als Inbegriff brillant-unwiderstehlicher Männlichkeit erschienen, wurden im Lauf der Jahrhunderte von Philosophen, Intellektuellen und Musikbedenkern vorgetragen.

Wolfgang Amadeus Mozart

Bei der festlichen Eröffnung des Münchner Festspielsommers trat der mit Recht weltberühmte Ruggero Raimondi auf – und er gewann die Herzen der Damen ebenso wie die der geradezu neidblassen Herren im Parkett wahrhaft im Sturm; zum erstenmal fragte man sich, warum denn die Zerlina so lange zögert.

Raimondi ist groß, schlank, hat eine Stimme von prächtiger Kraft (im Forte noch überzeugender als im Piano), ist in sich selbst und in die Frauen verliebt. Rennert inszenierte die Überlegenheit dieses Edelmannes geschickt: Wenn der den Masetto so nebenher fortscheuchte, wenn der mit einem Satz über die Kirchhofsmauer sprang, während Leporello mühsam klettern mußte, wenn der mit sportivem, gewissenlosem, keineswegs bösem Elan hinter allen Röcken oder Schürzen herjagte – gewiß nicht todunglücklich, falls irgendwas schiefging –, platt wie ein Western-Held, mutig wie ein Phantasieloser, egozentrisch-unwiderstehlich wie ein Südländer, dann begriff man ohne weiteres, was tausend Erklärungen eher vernebeln, nämlich die Kraft der freien Sinnlichkeit, für die es weder irdische noch himmlische Konventionen gibt. Und die deshalb vom Teufel geholt werden muß. Wo blieben sonst Kirche und Ehe mit ihren frommen Forderungen?

Trotz Siepi, dem frühen George London, dem noblen Hermann Prey, Theo Adam, Fischer-Dieskau, Nicolai Ghiaurov und allen anderen: einen überzeugenderen, hinreißenderen, «richtigeren» und moderneren Don Giovanni habe ich noch nie gesehen. Von ein paar ganz unwichtigen, etwas zu derben Passagen in der «Canzonetta» abgesehen, war er ein Ideal-Typ und Ideal-Fall.

Es spricht für den Rang der Aufführung und des Ensembles, daß die übrigen Solisten sich weithin gegen diesen Super-Mann zu behaupten wußten. Rennert hat endlich die Donna Elvira davon befreit, eine eher drollige, ständig störende Tante zu sein: Julia Varady sah schlank und jung aus. Sie war eine Charakterrolle. Man spürte, daß sie nicht komisch, sondern exzentrisch war, ernst, verliebt, zu hysterischen Entschlüssen bereit. Die muß geradezu im Kloster enden, nachdem die Welt ihrem heißen Temperament so viel versprochen und so viel versagt hat. Julia Varady imponierte mit einem großen, reinen, manchmal fast metallischen Sopran. In ihrer schweren Es-Dur-Arie detonierte sie nie – nur spürte man da doch, daß ihr ein klares Legato und deutliche Koloraturen manchmal Schwierigkeiten bereiten können.

Auch der Leporello war diesem Don Giovanni gewachsen: Staf-

Viermal Don Giovanni

ford Dean bot keinen fetten Buffo, sondern einen eher schäbigen, männlich-lustigen «Komplizen». Während der strahlenden Kadenzen der Registerarie hätte man sich eine noch kräftigere Höhe gewünscht – aber der Künstler mußte da mit einem Regie-Handikap fertig werden: Er hatte ziemlich weit hinten zu stehen statt nahe an der Rampe.

Das Münchner Publikum bereitete Margaret Price Ovationen. Dabei war offenkundig, daß die Künstlerin, deren Donna Anna ich vor wenigen Wochen während der Wiener Festwochen noch ungleich perfekter und schöner gehört habe, offenbar ein wenig indisponiert, mit leichtem Schleier über dem Piano, sang. Technik und Kunstfertigkeit erlaubten es ihr gleichwohl, sich zu behaupten, gelegentlich zu demonstrieren, was für ein wunderbares Material sie besitzt.

Enrico Fissore als aufrührerisch gesinnter, aber glücklicherweise doch auch tölpelhafter Masetto, Lucia Popp als Zerlina etwas gesetzterer Statur und Kurt Moll als Komtur hielten sich in diesem Weltklasse-Ensemble. Was die Besetzung betraf, war es ein großer Abend.

Kritik wäre am ehesten anzumelden bei Hermann Winklers Don Ottavio. Der Tenor ist wohl nicht hinreichend «lyrisch», sondern eher massiv. Trotzdem war es unsinnig, dem Künstler die erste Arie, bloß weil Mozart sie für Wien nachkomponiert hat, wegzustreichen. (Die gleichfalls für Wien komponierte Elvira-Arie wurde ja auch gesungen). Was das «Dalla sua pace» («Nur ihrem Frieden weih' ich mein Leben») angeht, so ist das Stück ja nicht nur eine der schönsten Eingebungen Mozarts, sondern zugleich, im Erregungs-Kosmos des ersten Aktes, ein überwältigend reiner Ruhepunkt. Da ist jemand ganz mit sich einig, es herrscht schattenlose G-Dur-Reinheit, und wenn der erste Septakkord erklingt, ist es ein Ereignis von tiefem Zauber. So etwas streicht man nicht – oder nur in höchster Not. Gegenüber dieser Arie zählen philologische, entstehungsgeschichtliche Argumente, mit denen sich ihre Eliminierung notfalls begründen ließe, nach meinem Gefühl und meiner Überzeugung keineswegs.

So hätte denn – im Hinblick auf Solisten, Chor und Bühnenmusik – eine exemplarische *Don Giovanni*-Festaufführung zustande kommen können. Daß wir sie nicht erlebt haben, scheint mir die Schuld von Wolfgang Sawallisch zu sein. Diese Feststellung mag herb klingen. Folgendes sei zur Begründung angeführt: Zunächst einmal durfte man von Sawallisch, der während des letzten Jahres mit ganz

Wolfgang Amadeus Mozart

außerordentlich inspirierten Bruckner-, Schubert- und Wagner-Interpretationen einen großen Entwicklungsschritt gemacht zu haben schien, auch eine Mozart-Darbietung entsprechenden Ranges, entsprechender Freiheit erwarten. Wie dem auch sei: Sawallischs *Don Giovanni*-Interpretation war von glatter, immerfort nur treibender, manchmal zu überraschenden Tempi aufputschender Verbindlichkeit. Die Ouvertüre begann fast trostlos: Die berühmtesten Akkorde der Musikgeschichte folgten einander spannungslos, flüssig, als seien sie keine Ereignisse. Die herrlich unruhige Begleitfigur der zweiten Geigen verlor sich diffus, dann wurde der Gegensatz zwischen wachsend aufsteigender und im Piano absteigender d-Moll-Chromatik billig-plakativ dargestellt, und das «Molto allegro», also der Dur-Teil, wirkte zwar besser, aber doch überhetzt.

Woran lag es nur? Sawallisch dirigiert die Musik, als sei sie zweitklassig, als müsse man sie flott aufpulvern, als wäre sie Paisiello oder schwacher Mendelssohn. Er war diesmal nicht Dirigent, sondern nur guter Kapellmeister. Er artikulierte nicht. Ein paar Einzelheiten: Das Wunder Mozarts läßt sich unter anderem an der herrlich nervösen, entwickelnden Variationskunst erkennen. Aber Sawallisch nimmt, im Friedhofsduett, eine dreimal veränderte, immer mehr bereicherte Phrase immer gleich und flüchtig-unartikuliert; er läßt die Geigen, die bei der Registerarie spitz ironisch dazwischenfunken, nicht entschieden auf den Taktbeginn zuspielen, er verschenkt das Sterbe-Andante. Weiter und immer weiter dirigiert er, statt zu phrasieren, sich und der Musik Zeit zu lassen. Wenn die Bläser hinzutreten, verschwinden die Geigen; im Schlußsextett sind sie auch nicht vorhanden. Nur bei gelegentlichen Beschleunigungen, bei festlichen Unterstreichungen entwickelt Sawallischs Orchester Glanz und Schwung.

Man verstehe mich recht: Diese Kritik geht von dem Anspruch aus, den Sawallisch selbst erfolgreich geschaffen hat, nämlich daß er ein großer, bedeutender Dirigent ist – nicht nur ein zuverlässiger Kapellmeister, unter dessen Händen so leicht nichts schiefgeht. Hätte er nur öfter so eingegriffen wie am Schluß der Registerarie, wo er eine Flötenstimme herausholte (so, wie er es einst herrlich in der *Jupitersymphonie* tat, deren Flöte er geradezu entdeckte!), oder, nach dem ersten Friedhofseinsatz des Komturs, wo er endlich eine Pause wagte. Sawallisch wird sich den *Don Giovanni* nur aneignen können – auf seinem Niveau! –, wenn er sich bei jeder Beschleunigung Rechenschaft ablegt, warum sie sein muß; wenn er jede Pause zu

Viermal Don Giovanni

erfühlen versucht; wenn er jede langsame Phrase als Wunder bietet und nicht als retardierendes Moment hinter sich zu bringen versucht.

Das paßt schlecht zusammen: ein brillanter, diesseitiger Don Giovanni, erotisch-leichtfertig; ein Dirigent, der eigentlich nur bei den flotten Stellen ganz »da« war – und ein Sevilla, dessen Himmel so düster über den Figuren hing «wie das Bewußtsein eines Mords». Offenbar wollte Rennert mit herber Entschiedenheit die Spannung zwischen Don Juan und dem Tod bieten in einem grauen Sevilla von Chirico; aber die ständige Nachtstimmung raubte der eigentlichen Friedhofsnacht viel Dämonie. Rennert hat die Donna Elvira, die Verkleidungsszenen, das erste Finale und viele Einzelheiten überwältigend deutlich plausibel gemacht. Am ersten Kampf zwischen Donna Anna und Don Juan (der da nicht wie ein Flüchtender, sondern wie ein Begehrlicher wirkte) scheiterte Rennert und leider auch am letzten Auftritt des Komturs, der im Licht wie ein strahlender Siegfried wirkte und sich dann, angelangt, doch als betonierter Alberich zu erkennen gab. Der Don Giovanni hätte den leicht harmlosen Steinernen Gast wieder hinausschmeißen können – so schien es. Ob Jürgen Roses Bilder durch eine konstant ungenügende oder fehlerhafte Beleuchtung um ihren Sinn gebracht wurden oder ob diese Finsternis allzu demonstrative Absicht war, ist schwer zu entscheiden.

Aber sei es drum – das sind Einzelheiten, die sich verbessern lassen. Erlebt haben wir jedoch einen idealen Don-Giovanni-Darsteller. Das Publikum dankte dafür enthusiastisch.

14. VII. 1973

In der Oper transzendiere der Bürger zum Menschen, stellte einst Bertolt Brecht spöttisch, aber auch neidvoll fest. In seiner außerordentlichen, auch im Abwegigen fesselnden Neuinszenierung dieser schwersten aller Opern demonstrierte der Schauspielregisseur Rudolf Noelte das Gegenteil: Er machte aus den strahlend transzendentalen Lichtfiguren, aus den sinnlichen Genies des Mozartschen *Don Giovanni* immer nur Beschädigte, Leidende, Verhalten-Wahrhaftige. Noelte sah viele Szenen und Zusammenhänge neu. Die Aufführung, obwohl – wie man hört – kurz und unter Krächen vorbereitet, von Juristen und strengen Schriftsätzen umschwebt, trägt in einem

Wolfgang Amadeus Mozart

bewunderungswürdigen Maße den Stempel der Noelteschen Eigentümlichkeit.

Nicht daß dieser Berliner *Don Giovanni*, den Lorin Maazel mit einer Intensität, einer Durchsichtigkeit und jenem glühenden Pathos in jeder rezitativischen Geste leitete (das wir in München bei Sawallischs Glätte so sehr vermißten), nicht daß dieser *Don Giovanni* als Aufführung problemlos gelungen wäre. Im zweiten Teil störten herbe Widersinnigkeiten. Don Giovannis Tod wurde – aus realistischem Prinzip! – zur irdischen Indirektheit verdorben. Doch was Rudolf Noelte mit der unroutinierten Entschiedenheit des Opernneulings, mit seiner taktvollen Zärtlichkeit gegenüber Menschen und ihrem heimlichen Elend und mit verblüffend sicherer Hand fürs Opernmetier bot, das war höchst respektabel, ja anfangs geradezu erschütternd.

Denn bei seiner Reduktion der Mozart-Protagonisten auf bedrängte Bürger, die alle lieben wollen und alle sterben müssen, leitete Noelte keineswegs ein soziologisierender Denunziationstrieb. Er traut der Hoppla-jetzt-komm-ich-Geste genausowenig wie der Champagner-Fröhlichkeit; er fragt sich, ob die Menschen und Helden wirklich so fabelhaft absolut lieben können, wie es zwar nicht da Pontes Text, wohl aber Mozarts Musik zu vergegenwärtigen scheint. Und er mißtraut dem Absoluten, also dem Metaphysischen schlechthin. Kein gerechter Himmel holt den Don Giovanni in die Hölle. Kein Komtur tritt als Todverkündiger auf! Sondern während eines Gewitters stirbt ein Mann, der zwar in Extremsituationen Mut hat, sich auf Gräbern herumflegelt, aber im übrigen auch ängstlich, fast fadenscheinig sein kann.

Zweifellos entsprechen die hier gegebenen Charakterisierungen dem gewohnten *Don Giovanni*-Bild so wenig, daß auch gutwillige Leser denken dürften: Mag ja ganz originell gewesen sein, aber verrückt, unangemessen und letztlich unerlaubt war es bestimmt. Darum ein paar Hinweise, um den Reichtum an konkreten Neuigkeiten anzudeuten. In der ersten Szene sollte bekanntlich der maskierte Don Giovanni vor der rasenden Donna Anna fliehen, die begreiflicherweise wissen will, wer sie überfallen hat. Diese Szene gerät sonst nie plausibel, weil Don Giovanni und Donna Anna allzulange auf der Bühne bleiben müssen. Man erlebt dann immer verdutzt mit, daß ein fliehender Wüstling sich genau an diejenige krallt, vor der er doch ausreißen sollte. Noelte löst das glänzend: Aus dem Haus stürzen die beiden in einen Innenhof. Donna Anna

Viermal Don Giovanni

verschließt das nach außen führende Tor; nun muß Don Giovanni, gerade weil er fliehen will, an die Frau heran, um ihr den Schlüssel zu entreißen. Und: Natürlich trägt auch der Leporello eine Maske, sonst hätte man den Herrn ja am Diener erkennen können, so, wie ein moderner Ehebrecher auch nicht gerade seinen Porsche vor dem Hause seiner Geliebten parkt.

Don Giovanni ist etwas schütter. Ruggero Raimondi durfte nicht so sinnlich-selbstverständlich triumphieren wie in München, schien auch nicht ganz so gut bei Stimme. Er war kein sympathischer Held, aber auch kein Untier. Nachdem er den Komtur erschlagen hat, wirft er seinen Mantel über die Leiche. Eine kleine Geste der Solidarität zwischen Menschen, die trotz allem der Schuldzusammenhang des Lebendigen verbindet. Im Finale des ersten Aktes wird Donna Anna dem eingekreisten Don Giovanni diesen Mantel vor die Füße zurückschleudern: Jetzt wissen wir, Don Giovanni und alle anderen, daß sie es weiß; und daß mit an Sicherheit grenzender Wahrscheinlichkeit zwischen den beiden nichts passiert war... Auch ein Noelte kann in zwei bis drei Wochen aus Sängern keine Schauspieler machen, aber er kann, wunderbarerweise, erreichen, daß nichts Banales gemacht wird. Don Ottavios erste Arie kommt logisch aus dem Nichts, in die völlige Ruhe völligen Stillstehens. Dem armen Masetto blutet die Nase, nachdem Don Giovanni ihn verprügelt hat. Zerlina sieht sein etwas blamables, inniges Elend. Später legt sie Masettos freie, nicht das Taschentuch haltende Hand an ihren Busen, zum Trost. Aber der Trost hilft nicht allzuviel. Noelte zeigt traurig, daß die beiden, nachdem der Blitz des «Großen» sie blendete und traf, scheu verstört auseinandergehen. Noelte will auch keine Liebe als südlichen Geschlechtersport, sondern so, wie im zunächst irritierenden, dann poetisch klaren, viele nicht störende Umbaupausen benötigenden Bühnenbild von Jürgen Rose eine wuchernde Waldumgebung die städtische Zivilisation einschließt, so hat die Liebe hier etwas eher Lustlos-Animalisches, etwas Verbissen-Triebhaftes: mehr Zwang als Spaß. Daß «die Freiheit leben möge», wie es an zentraler Stelle heißt, ist hier nur eine Sehnsucht, keine «Maestoso»-Feststellung.

Darum schlägt dieser Don Giovanni seine Opfer auch mehr in einen stillen Bann als in einen erotischen Rausch: Die Zerlina (sehr zart in Gebärde und Scheuheit, Graziella Sciutti) folgt ihm wie in Trance. Und auch Donna Anna geht dem Verführer nach wie in Trance. Bis die wilden Aufwallungen ihrer großen Rezitativ-Erzäh-

163

Wolfgang Amadeus Mozart

lung sie plötzlich zum Stehenbleiben zwingen und den Bann durchbrechen.

Während Donna Annas letzter Szene liegt die Leiche des Komturs auf dem Tisch, von einem weißen Tuch bedeckt. Kein Wunder, daß der Tote dann nicht als Standbild erscheint. Ja, aus der allerchristlichsten Hölle wird bei Noelte ein germanisch-wotanisch-pantheistisches Unwetter; aus dem Teufel ein Tor sozusagen. Da erliegt dann ein Säufer seinem Herzinfarkt. Der offenbare Widerspruch zwischen Noeltes harter, Einsamkeiten stiftender Scheu und Maazels vorzüglichem, die glühende Gefährlichkeit der Partitur manchmal brillant betonendem Dirigieren war durchaus produktiv.

27. IX. 1973

Ottavio ist in Everdings Pariser Inszenierung keineswegs ein dummer Schwächling, sondern ein Edelmann vom gesellschaftlichen Rang des Don Giovanni – er begrüßt ihn herzlich. (Unvorstellbar, daß jemand aus unseren Kreisen etwa mordet.) Don Giovanni hat in jener Nacht die Donna Anna bestimmt keineswegs total verführen können, in der Eile. Er hat sie nur berührt, angefaßt – aber anders, als Ottavio sie anzufassen pflegt. Später, wenn die drei sich auf der Straße begegnen und Don Giovanni mit seiner Hand tröstend die Vaterlose berührt, dann durchzuckt es sie: Das war er. So faßt nur er zu. Ottavio wiederum pflegt nur liebevoll hin und her zu laufen, Riechfläschchen und Dienerschaft zu mobilisieren, wenn Donna Anna zusammenbricht. Aber in seine Arme nimmt er sie nicht.

Fräulein Zerlina, aufs Schloß verführt, wo es Schokolade gibt und die Musikanten spielen, fremdelt und will es nicht zeigen. Sie guckt den Musikern in die Noten, lächelt ihnen anerkennend und ahnungslos zu, womit ihre Munterkeit ebenso wie ihre Naivität wunderhübsch zum Ausdruck gebracht ist.

Everding hatte viele solcher glänzenden Charakterisierungseinfälle. Aber er ist zu ehrgeizig, um sich damit zufriedenzugeben. Manchmal gliedert er die großen Gesangsnummern mit ihren (natürlich nie unwichtigen) Texten so erklärend auf, daß aus Arien Argumentationsfolgen werden, was dem Arien-Affekt abträglich ist. Eine Gefahr, mit der alle intelligenten Opernregisseure zu tun

Viermal Don Giovanni

haben. Denn immer sollte die inszenatorische Eigenbewegung unterhalb der wichtigeren musikalischen Eigenbewegung bleiben.

Solange ein Solti Everdings Partner ist, wird das der Fall sein. So, wie Solti die Ouvertüre gliederte und befeuerte, wie er Elviras Ausbrüche aufzuteilen wußte (großartig, durchaus Julia Varady vergleichbar war Kiri te Kanawa), wie er die erste Hälfte des ersten und die zweite des zweiten Aktes vorführte: Das übertraf doch alle *Don Giovanni*-Erfahrungen, die während des letzten Jahrzehnts zwischen Berlin, Hamburg, München, Salzburg und Wien zu machen waren. Solti hat schon in seiner Frankfurter Generalmusikdirektors-Zeit als spannungsvoller und präziser *Don Giovanni*-Dirigent imponiert. Jetzt, nachdem dieser Künstler sich Wagner angeeignet hat, ist noch ein Moment des Tragischen, des Flammend-Erfüllten hinzugekommen. Aber auch bei Solti gab es nach der nur halb gelungenen Champagnerarie eine konventionelle Durststrecke, die erst beim Sextett aufhörte.

Unendlich mannigfache viele Einzelcharakterisierungen kann eine musikalische Vergegenwärtigung Soltischen Ranges integrieren. Gefährlich ist nur eben, daß Everding viel mehr will. Nämlich einerseits hübsche Einfälle durchführen (Zerlina und Masetto spielen sich ihr Stück auch mit Puppen vor) und andererseits die metaphysische Dimension der Oper auslöschen.

Max Frisch hat sich über die vogelscheuchenhaft-schauerliche Erscheinung des Steinernen Gastes lustig gemacht und ein Stück geschrieben, welches darauf hinausläuft, daß Don Giovanni um des lieben Friedens mit der Gesellschaft willen seinen Untergang nur inszeniert.

Everding inszenierte die allerchristlichste Höllenstrafe und das Todes-Klima der Oper nicht mit. Natürlich ist die Erscheinung der Statue immer «absurd», antikisch-christlich, fast albern. Doch wer dafür kein hinreichendes Äquivalent zu ersinnen vermag, so, wie Ingmar Bergman selbst für die *Zauberflöten*-Unmöglichkeiten herrliche Äquivalente fand, der umgeht die Sache selbst. Der Steinerne Gast ist der Ermordete. Wenn die «statua gentilissima» auf dem Friedhof eingeladen wird, und es gibt sie nicht; wenn sie am Schluß als himmlisch-höllischer Bote erscheint, und es gibt sie nicht – dann hört Mozarts Wahrheit auf. Auch wegen Donna Annas Vaterkomplex ist die Gegenwärtigkeit des Toten wichtig! Es mag eindrucksvoll sein, wenn eine Stadt, wie das *Holländer*-Schiff, auf den Empörer zufährt und ihn verschlingt; aber dann findet keine metaphysische

Wolfgang Amadeus Mozart

Moralität statt, sondern nur eine gesellschaftliche Vergeltung mit etwas Schwefel. Hoffentlich arbeitet Everding in München einen weiteren (seinen dritten) *Don Giovanni* aus. Und hoffentlich läßt ihn sein Pariser Gegenspieler Georg Solti dabei nicht im Stich.

10. III. 1973

LA CLEMENZA DI TITO

Deutsche Musikfreunde haben die sogenannte Opera seria, diesen staatsaktionshaft festlichen, mythologisch überhöhten, von kräftig und hoch singenden Kastraten beherrschten Gegentyp zur menschlich-realistischen Opera buffa, nie wirklich geliebt. Sondern höchstens respektvoll bewundert, kühl geachtet. Romanische Künstler indessen, Italiener und Franzosen, fühlten sich stets viel mehr hingezogen zu dieser strengen Opernform, in der alles Vulgäre, Witzige, Psychologische, Gemeine, vielgestaltig Ensemblehafte auf dem Altar artifizieller Reinheit geopfert wird. Kein Wunder, daß es ein Jean-Pierre Ponnelle war, der vor Jahrzehnten Mozarts *Titus* wiederentdeckte, nachdem deutsche Intendanten dieses Spätwerk ein Jahrhundert lang unterschätzt hatten als blutleere Fleißarbeit Mozarts, der ohne viel Engagement eilig irgendeinen faden «Fürstenspiegel» (*Die Milde des Titus*) in Töne setzte, während es ihn dringlich zu den wonnigen Märchenwundern der *Zauberflöte* zog.

Als ich dem Dirigenten Riccardo Muti in den siebziger Jahren zum erstenmal begegnete (er dirigierte Gluck), als ich später Cherubini von ihm hörte, da fühlte (und schrieb) ich unmittelbar: Dieser italienische Musiker hat die Formstrenge und Ausdruckswürde der «Seria» wirklich im Blut. Das ist keine Verlegenheit für ihn, keine tote, erledigte, klassizistische Gips-Antike, sondern packende und noble Kunstwahrheit.

Deshalb mußte es zum Eklat kommen, als die Salzburger Direktion so unvorsichtig war, den Seria-Bewunderer Muti, der an der Salzach eine Gemeinde besitzt, mit dem trefflichen Bühnenbildner und Regisseur Karl-Ernst Herrmann zu verkuppeln, von dem man seit 1982 weiß, daß er ungemein intelligent, kunstvoll und übermütig

La clemenza di Tito

den *Titus* ent-serialisieren, den ungeliebten strengen Operntyp liqui-
dieren und aus dem «Fürstenspiegel» ein realistisch-psychologisches
Gesellschaftsstück à la *Don Giovanni* oder *Figaro* gewinnen möchte.
Da konnte ein Muti nicht mittun. Es spricht für seine Lauterkeit und
Unbestechlichkeit, daß er lieber spektakulär ausstieg, als sich achsel-
zuckend, leise schimpfend und hochbezahlt zu fügen. Mit einer
«konservativen» oder gar «antimodernistischen» Haltung hat solche
Charakterfestigkeit nichts zu tun.

Freilich ist es nur auf den ersten Blick absurd, wenn unternehmungslustige Regie eine Seria-Oper nicht als solche bieten will.
(Übrigens: Richard Strauss hat dem krassen Gegensatz zwischen
einer vornehmen Seria-Sängerin namens Ariadne und einem munter-
frivol dazwischenhopsenden Buffo-Völkchen um Zerbinetta seine
geistvolle Stil-Mixtur *Ariadne auf Naxos* abgewonnen.) Mozart war
zu lebendig, zu universal, um sich je stark an theatralische Form-
Schemata, die er wahrlich kannte und beherrschte, zu halten. Grenzen reizten Mozart stets zur poduktiven Übertretung.

Darum ist es durchaus legitim, bei einem eigentlich so unpopulä-
ren Werk wie dem *Titus* die modifizierende Probe zu machen:
Wieviel Donna Anna, wieviel Königin der Nacht steckt in der
Eifersuchtsfurie Vitellia? Wieviel Zerlina-Herzlichkeit in der gutartigen und liebenswürdigen Servilia? Sollte Kaiser Titus doch irgendwie
mit Sarastro verwandt sein? – Für so unnötig und überflüssig ich es
halte, wenn losgelassene Regisseure den *Figaro*, *Così* oder *Don
Giovanni* eigensinnig zu modernisieren oder umzufunktionieren
trachten, weil diese schlechthin vollendeten Werke einer solchen
Verschlimmbesserung genausowenig bedürfen, wie man dergleichen
bei einem Mozartschen Streichquartett oder bei Beethovens
Waldstein-Sonate wagen würde, für so diskutabel halte ich ein Experiment, das der Verlebendigung anscheinend oder scheinbar ferner
Seria-Geschöpfe gilt.

Das Experiment von 1992 fand unter idealen musikalischen Voraussetzungen statt. Die Wiener Philharmoniker unter dem rasch
eingesprungenen Gustav Kuhn musizierten mit einer wahrhaft elek-
trisierenden Lebendigkeit. Auch wenn man mit Superlativen noch so
vorsichtig sein soll: die Streicher dieses Orchesters scheinen mir
gegenwärtig eindeutig die besten der Welt zu sein. Kuhn dirigierte im
Sinne der Regie keineswegs klassizistisch-maßvoll, sondern oft Beet-
hoven-nah erregt, *Così-fan-tutte*-haft zärtlich.

Auch über die Solisten müßte hier geschwärmt werden. Nicht

Wolfgang Amadeus Mozart

nur, daß es keine Ausfälle gab; sogar die Nebenrolle des Publio war dem spannungsvoll virilen Pietro Spagnoli anvertraut, die Hosenrollen des Annio und Sesto der kraftvollen Vesselina Kasarova sowie der phänomenalen Ann Murray, die zur Königin dieser Opernnacht wurde. Servilia, von der kleinen, rührend empfindsamen und gleichwohl wunderbar intensiven Elizabeth Norberg Schulz verkörpert, Vitellia, von der damenhaften, nur manchmal ein wenig forcierenden Daniela Dessi gemeistert, fügten sich mit dem enorm männlichriesigen Ben Heppner zu einem Solisten-Sextett, wie es auch alte Salzburg-Fans selten so vollkommen oder gar noch intensiver gehört haben. Manchmal gewann man sogar den Eindruck, daß die Sänger fast zu souverän und kraftvoll demonstrierten, inwiefern es (auch Bayreuth scheint es in diesem Jahr zu lehren) mittlerweile mit der Krise der Gesangskunst vergnüglich zu Ende geht. Sie waren, für Salzburgs Kleines Haus, mitunter fast zu voluminös.

Außerdem besaßen alle diese angenehm jugendlich wirkenden Künstler erstaunlich viel schauspielerische Begabung. Es muß eben nur ein Regisseur kommen, der intelligenten Sängern auch solche Leistungen abzuverlangen weiß.

Normalerweise ist die Bühne der Opera seria ein heiliger Bezirk, wo Sänger und Sängerinnen ihre reinen Affekte, Liebe, Leid, Eifersucht, Rachedurst, Abschiedskummer so rein und schön wie möglich verströmen. Das Seelische wird in der Musik verabsolutiert und idealisiert – die Handlung in manchmal kilometerlange Rezitative abgedrängt.

Was machte nun Karl-Ernst Herrmann, der das Bühnenbild und die Kostüme entworfen hatte, sowie, zusammen mit seiner Frau Ursel, für die Inszenierung verantwortlich zeichnete, anders? In der ersten Szene imponiert die eifersüchtige Vitellia. Ihr wunderschönes Abendkleid ist in changierendem Rot gehalten, und sie hat auch ein rotes Stirnband angelegt, mit dem sie später, ganz Vamp, ihrem Liebhaber Sesto die Augen verbinden wird, damit er blind tut, was sie sagt. Eifersüchtig verlangt Vitellia, der nett-gutartige Sesto möge den Kaiser Titus töten, weil der Monarch es wagt, eine andere zu lieben als sie. Wie ein Schüler, schwarz gewandet, aber mit bravem weißem Kragen, einen Blumenstrauß in der Hand, der seiner gestrengen Herrin Wohlwollen bewirken soll, macht Sesto den hoffnungslosen Versuch, eine eifersüchtige Ekstatikerin zur Vernunft zu bringen.

Daß Titus der vielgeliebte Kaiser ist, demonstriert in üblichen

La clemenza di Tito

Aufführungen erstens die Musik und zweitens die Konvention. Karl-Ernst Herrmann zeigt es, indem er uns mit ansehen läßt, wie man dem Titus seine kaiserlichen Gewänder anlegt. (Vorbild für diesen Einfall war offenbar die Papst-Ankleidungsszene aus Brechts *Galileo Galilei*. Brecht wollte vorführen, daß der Papst zunächst auch nur ein Mensch ist, den man steigern muß.)

Im Spiel der einander herzlich liebenden, freundschaftlich achtenden oder (was Vitellia, den Motor des ersten Aktes, betrifft) von eifersüchtigem Haß erfüllten Figuren hat sich Herrmann zahllose Einzelheiten einfallen lassen, die das Ganze in der Nähe einer mehr oder weniger brillanten Marivaux-Inszenierung rücken. Und zwar einer Marivaux-Inszenierung der Berliner Schaubühne. Manchmal liegen die Figuren auf dem Bauch: wenn jemand jemandem einen Tempel zubestimmt, schenkt er ihm ein kleines Modell davon. Und so weiter. Servilia, die eigentlich, weil sie aufrichtig ist und weil sie von der Unheil stiftenden Vitellia am Ende auch Aufrichtigkeit verlangt, als der gute Geist dieses Spieles zu gelten hätte, wird zu einer naiven Bürgerin umstilisiert, zu einer Zerlina, die ja auch keine Abendkleider trägt.

Alles das, man höre und staune, funktioniert. Die wunderbare Vieldeutigkeit der Mozartschen Musik macht es möglich, daß auch solche realistischen Einzelheiten den erlesen schönen Tönen keineswegs widersprechen.

Nun liegt es wohl in der Logik einer solchen kecken Umfunktionierung, daß ihre Urheber dabei nicht nur mutig zu Werke gehen, sondern übermütig. Immer dann, wenn die realistischen Hinzufügungen nicht nur psychologisch erklärten, sondern gleichsam witzig vergnügen wollten, überschritten Karl-Ernst und Ursel Herrmann die Grenze des in einer Seria allenfalls Akzeptablen. Denn mag die Grenze zwischen «Psychologie» und Seria-Affektdarstellung fließend sein, ins Witzige oder Komische, gar Lächerliche sollte der Vorgang nicht gezogen werden. Das aber ist der Fall, wenn Titus am Anfang seinen Arm bewegen muß wie eine Kleiderpuppe, wenn die Leute in einem Kahn zum schönsten Duett der Oper fahren, wenn Vitellia mit einem Morddolch, als wäre sie die Königin der Nacht, quer über die Bühne rast und sich plötzlich, wie aufs Stichwort, die Tür öffnet, Sesto hereinstürzt und singt: «Mein Leben».

Sehr geschickt wurde der Konflikt des Kaisers dargeboten. Im Leben, wie wir es kennen, sind die Menschen von bösen oder egomanen Trieben beherrscht: sie müssen sich verdammt zusam-

Wolfgang Amadeus Mozart

mennehmen, um ihr Schlimmes nicht allzusehr herauszulassen. Dem Titus geht es umgekehrt. Der lechzt danach, gutmütig und freundlich zu sein – und es ist sein Königsamt, das ihn manchmal zu staatserhaltender Strenge zwingt. Es wirkte sehr schön, wie Titus den (von Vitellia zum Mord angestifteten) Sesto wütend auf seinen Kaiserthron setzte, um den Freund davon zu überzeugen, wie wenig die königliche Einsamkeit bedeute.

Die Bühne war, wie wohl schon vor zehn Jahren in Brüssel, in strahlendem Weiß gehalten, manchmal ließ sich kunstgewerbliche Natursymbolik blicken. Doch alles in allem herrschte feinster Salzburg-Standard. Nur wer Peter Steins legendäre *Prinz von Homburg*-Verklärung einst in Berlin gesehen hat, konnte erkennen, daß am Ende Sestos Schicksal als Variation auf Kleists Tragödie geboten wurde. Denn so wie damals der Prinz in lichtem Weiß sterben zu müssen glaubt und plötzlich erfährt, alles sei nur Traum gewesen, so wartet auch hier der potentielle Königsmörder Sesto mit verbundenen Augen, weiß gekleidet, auf die Raubtiere des Kolosseums. Doch wenn man ihm die Binde abnimmt, ist alles gut – und er bricht erschrocken zusammen. Die Vorbereitung zu dieser Peter-Stein-Variation des damaligen Peter-Stein-Bühnenbildners Karl-Ernst Herrmann kostete leider einen musikalischen Preis: was auf der Bühne passierte, paßte zu wenig zum erhabenen «Andante maestoso», dieser unvergleichlich finster-festlichen verletzlichen Nummer des Werkes.

Gleichviel: es war die mit Abstand spannendste *Titus*-Aufführung, der ich je beiwohnte. Beim Gedanken daran, was dabei herauskommen könnte, wenn schlechtere Sänger und ein weniger kunstfertiger Regisseur eine solche Umfunktionierung wagen, darf man erschrekken. Denn bereits hier purzelten, trotz aller Abstraktion, die Zeitebenen gefährlich durcheinander. Doch in der Kunst wie im Leben gilt: Erlaubt ist, was gelingt. Und Mortiers neue «Ära» kann sich bestimmt nichts Besseres wünschen als solches Gelingen, das vom Publikum ovationshaft und fast ohne Buh gefeiert wurde.

29. VII. 1992

DIE ZAUBERFLÖTE

Rennert meint, einige Kritiker-Mißverständnisse, die der New Yorker *Zauberflöte* entgegentönten, hätten mit falscher Disposition zu tun. Wenn Chagalls großer Vorhang nicht während der Ouvertüre schon so sehr die Aufmerksamkeit des Publikums auf sich gezogen hätte, daß manche, verzaubert von Chagalls chassidischem Paradies, schon gar nicht mehr den Eintritt in Mozarts Welt gesucht und gefunden hätten, dann wäre die Balance zwischen Musik und Bild deutlicher, unmißverständlicher hervorgetreten.

Wahrscheinlich irrt Rennert. Kein Element des Theaters kann ja zu gut sein – wenn es nur schön und phantasievoll und auf seine Weise richtig ist. Fällt es gleichwohl aus dem Kontext heraus, dann liegt der Fehler bei den anderen Zutaten, die eben zu schlecht waren. In der mittlerweile weltberühmten New Yorker *Zauberflöten*-Aufführung war leider die von Krips betreute Musik zu schwach. Chagall hat nicht gegen die *Zauberflöte* entworfen, sondern neben ihr. Des Dirigenten Josef Krips Wort, er wolle die *Zauberflöte* in New York mit deutschem Text aufführen, weil sonst nur die Flöte da sei und kein Zauber, wurde andersherum wahr: Manchmal verdrängte jetzt der Zauber die Flöte. Doch das lag nicht an zu starkem Zauber, sondern an zu schwacher Flöte. Rennert trug keine Schuld an der Disproportion des Genies Chagall zum Theater. Er hatte eine oft wirklich zauberhafte Mischung hergestellt zwischen Chagalls manchmal gewiß exzentrischem, unrealisierbarem künstlerischem Wunsch-Denken und handfester szenischer Präsentation. Hermann Prey, der Papagenos Abschied von der Welt so betörend sang, daß der Kummer dieses germanisch-blonden Naturburschen mehr rührte als Paminas Schmerz, und Nicolai Gedda (Tamino) standen an der Spitze eines trefflichen Ensembles.

Und Chagall? Zusammen mit Mozarts Es-Dur-Feierlichkeit bricht die Farbigkeit des riesigen Chagall-Vorhangs über den Betrachter herein. Während das Fugato sich steigert, erzwingt eine Chagallsche Riesengeige, deren Hals zu einem Frauenkopf übertrieben wird, Aufmerksamkeit. Mehrere Flöten durchschneiden den Geigenleib, ein Vogel sieht zu. Im Leib dieses Vogels wiederum lagert eine Frau, deren Gesicht mädchenhaft aus einem keuschen Brautschleier herausschaut. Sie ist nackt und wird von lustigen Chagall-Engeln umflogen.

Wolfgang Amadeus Mozart

Inzwischen haben die Posaunen schon längst ihr zweites Signal gegeben und die zweite Ouvertüren-Durchführung eröffnet. Doch wer kann da mit aller Kraft hinhören, wenn auf dem Vorhang bereits Papageno erkennbar wird, der nicht im mindesten über Engel mit Vogelköpfen staunt und nicht einmal darüber, daß ein Chagall-Geschöpf vor einem klavierähnlichen Instrument verharrt, obwohl doch ein deutsches Singspiel bevorsteht.

Diesen Vorhang aller Vorhänge hat man noch längst nicht zu Ende bewundert, wenn die Ouvertüre schon zu Ende ist. Die Schlange erscheint, Chagall – es ist eigentlich rührend – mag und vermag keine bösen Tiere (zu) malen. Die kommen in seiner Welt nicht vor. Dabei verfügt die Schlange, zumindest auf der dem Publikum zugewandten Gesichtsseite, über vier, freilich nichts weniger als drohende, Augen. Sie ermangelt nicht nur der Bosheit, sondern auch der Deutschkenntnisse. Während der erschrockene – offenbar erst nach dem Liebesentschluß der Bildnisarie mutige – Tamino tief verängstigt sein «Schon nahet sie sich» vorstößt, wählt das gute Tier einen überflüssigen Umweg um einen Felsen. Es will sichergehen, bis Tamino donnernd in Ohnmacht gefallen ist.

Ein Glück, daß die drei Damen kommen. Die erste ist blond, in gelbgemustertem Kostüm, die zweite rot-blau geblümt, die dritte, rothaarige hat sich von Chagall zu hellblauer Seide mit gelber Borte überreden lassen. Erst beim Erscheinen der Königin der Nacht beweist Chagall, daß auch unangenehme Charakterzüge für ihn denkmöglich und ausdrückbar sind: wenn schon nicht bei Viechern, so doch bei Frauen. Lucia Popp glänzt vor lauter harten Farben. (Apollinaire widmete Chagall 1914 die Zeile: «Und du, du zeigst mir ein entsetzliches Violett.») Die Königin also trug stählernes Violett, böses Rot, eine silberne Krone.

Spürt der geneigte Leser, mit welch verschwenderischem Aufwand an Phantasie, Arbeit und Fülle Chagall bei der geradezu hysterisch ausverkauften New Yorker *Zauberflöte* sein lustiges Märchen in Farbe hat erzählen wollen? Ich bin noch nie einer Opernausstattung begegnet, die so gestrotzt hätte von Buntheit, von heiterstem Überfluß. Selbst Sarastros Löwen waren nicht uniform. Dem einen wuchsen hellgrüne Haare über grauem (im Fall Chagall muß man selbst bei Löwen sagen:) Gesicht, dem zweiten blonde. Der dritte sah gutmütig unter hellblauen Locken hervor. Und zu Taminos Zauberflöte tanzte ein Esel samt Eselskind.

21. IV. 1967

Die Zauberflöte

Nicht immer entspricht dem Ruhm und der zweifellosen Beliebtheit eines Meisterwerks auch eine genauso gute Aufführbarkeit. *Don Giovanni, Zauberflöte* und *Carmen* zum Beispiel gehören gewiß zu den populärsten und großartigsten Stücken der Opernliteratur; nur wird beinahe jede Darbietung dieser angeblichen Reißer zum sanften Reinfall oder günstigstenfalls zum Remis. Damit, jeder Opern-Professional weiß es, «bricht man leicht ein». Und ein Opernintendant, der einem Gastregisseur oder Gastdirigenten unauffällig ein Bein stellen möchte, braucht bloß eines dieser drei Werke anzubieten, dann wird sich zeigen, daß die *Carmen* fast nicht zu besetzen, der *Don Giovanni* fast nicht zu erfüllen und der ideale Traum der *Zauberflöte* fast nicht einzuholen ist. Aber die Überzeugungstäter werden sich kaum mit dem Argument zu verteidigen wagen, es habe vielleicht auch an den betreffenden Werken gelegen (über deren Rang es wirklich keine Diskussion geben kann).

Bei der *Zauberflöte*, die Wilhelm Furtwängler noch kurz vor seinem Tod als die allerhöchste und reinste Musik bezeichnete, die je komponiert worden sei, liegt der Fall besonders schwierig. Das Libretto ist nicht frei von Brüchen, die selbst scharfsinnigste Hilfskonstruktionen nicht ganz fortargumentieren können.

Wer sich da nun mit ehrfürchtiger Genauigkeit oder gar wissenschaftlichem Ernst an die Aufführung macht, der wird vielleicht bedeutende Einzelheiten treffen, aber das Stück verfehlen – denn wenn irgend etwas nicht zur *Zauberflöte* paßt, sondern ihre melodiöse Seligkeit verstummen läßt, dann ist es lederne beziehungsweise ängstliche Philologie.

Andererseits wäre es auch höchst unangebracht, sich «dumm» zu stellen und zu glauben, damit käme man dem Singspiel bei. Ganz abgesehen von Mozart: Auch der Textdichter Schikaneder war ein glänzender, kenntnisreicher Theatermann. Er hat den *Hamlet* gespielt, *Macbeth, Romeo und Julia* und *Richard III.* als Shakespeare-Pionier seiner Zeit aufgeführt, offensichtlich den *Sturm* genau gekannt. Spuren dieses Interesses sind in das *Zauberflöten*-Libretto, das immerhin Goethe verehrte und fortsetzte, eingegangen. Angelernte Naivität, durch 170 Jahre *Zauberflöten*-Tradition ohnehin unmöglich gemacht, ist darum gegenüber dem Text unerlaubt und hochmütig.

Ponnelles Inszenierung brachte das Wunder fertig, hinter den tausend Masken und Veränderungen des Werkes ein Gemeinsames zu entdecken: Theaterwahrheit, Theaterspannung und Theaterhei-

Wolfgang Amadeus Mozart

terkeit. Keine der Sphären – Ägyptisches, Naives, die blutige Unbedenklichkeit des Märchens – war unterschlagen. Sie waren jedoch alle aufgehoben in der Verbindlichkeit eines theatralischen, manchmal derben, improvisatorischen, der perfekten Durcharbeitung bedürftigen Rausches.

Ponnelle parodierte nicht, sondern er reduzierte auf eine Mischung aus Bilderbuchbühne und zirkushafter Fülle, die der Bedeutung der Musik nicht nur nicht Abbruch tat, sondern sie vielmehr hervortreten ließ. Daß die Papageno-Einfälle vielleicht doch die allerschönsten sind; daß die Prüfung der Pamina – Pamina geschieht brutales Unrecht, aber die Schönheit ihrer Klagen läßt es, wie beim Negro Spiritual, vergessen – viel herber und schwerer ist als die des doch wenigstens von der Prüfung wissenden Tamino; daß der zum Heldenkampf gepreßte Vogelfänger ein Opfer ist; daß Sarastros Sonorität spannend sein kann; daß auch der zweite Akt keine Längen zu haben braucht: man hat es in Straßburg erlebt.

In der *Zauberflöte* haben nicht nur Gefühle, sondern auch «Ideen» einen entscheidenden Einfluß auf die Handlung. Darum ist die Ouvertüre etwas programmatischer, ja literarischer komponiert als die anderen Mozart-Ouvertüren. Chagall reagierte darauf in New York mit seinem berühmten, das persische Wiener Volkstheater mit dem Chassidismus versöhnenden Riesenvorhang, den man eigentlich noch nicht ausstudiert hatte, als die Ouvertüre verklungen war. Ponnelle, der ja auch Bühnenbildner ist, begann mit einem ein wenig bedrückenden, allzu feierlichen schwarz-silbernen Prospekt, der keineswegs neutral wirkte. Genau zu den Freimaurer-Akkorden, also während der Mittelachse des Stückes, senkte sich die goldene Flöte nieder (die aber doch nicht von der Sarastro-Partei, sondern von der Gegenseite, nämlich der Königin der Nacht, ins Stück gebracht wird).

Und dann begannen die Wunder. Um alle langweiligen Umbauten zu vermeiden, hatte Ponnelle im mittleren Hintergrund der Bühne eine riesige Guckkasten-Bühne erbaut, die er brillant ins Spiel einbezog. In Straßburg sah man zunächst, in gebirgigem Bühnenbild, den Schatten eines Prinzen und den Schatten einer Riesenschlange einander wie im Scherenschnitt-Theater verfolgen (und war natürlich ein wenig enttäuscht, daß das alles sein sollte). Dann aber kam die Schlange riesig auf die Bühne, war drohend – und man bemerkte doch die Füße der Bühnenarbeiter wie beim Zirkuswunderpferd. Die riß den Rachen auf, Pfeile sausten in die Zunge, und sie brach

Die Zauberflöte

genauso ostentativ und rasch wie der erschreckte Märchenprinz zusammen. Natürlich waren die drei Damen lustig und eifersüchtig und verliebt und gut geführt – aber das sind sie in anderen guten Inszenierungen auch. Doch ist der Vogelfänger in anderen Inszenierungen auch tatsächlich ein Vogelfänger? Auf jeden seiner Lockflötentöne eilen die bunten Vögel von überall nur so herbei (an dünnen Stangen), begierig, gefangen zu werden. Man sieht, Papageno versteht sein Handwerk, und ihm geschieht bitteres Unrecht, wenn er wider Willen in ein unangenehmes James-Bond-Abenteuer verwickelt und sozusagen damit beschwichtigt wird, daß man ihm einen Trommelrevolver (oder – mozartisch – ein Glockenspiel) zur Verfügung stellt. Er ist der einzige Zivilist der *Zauberflöte*. Ponnelle läßt ihn später, während der Prüfungen, umfangreich essen, Weinflaschen herumschleppen, höchst begreiflichen Anti-Heroismus demonstrieren. Papageno wuchs uns ans Herz.

In seinem Aufsatz «Warum flieht Pamina» hat Walter Felsenstein den Bruch der *Zauberflöte* dadurch wegzuargumentieren versucht, daß er die Arie als «ganz verlogene Maskierung» einer von vornherein nicht guten Frau bezeichnete. Mozarts Musik widerspricht dieser Auffassung. Ponnelle stellte die Königin in ihre Sternkreissymbolik. Flammend. Aber nicht pedantisch ausgeführt, sondern derb, etwas klamottig. Es war nicht parodierter, wohl aber leicht verpoppter Schinkel.

Wir sind bei Sarastro. Monostatos, der böse ist und sich übrigens ein wenig wie Shylock verteidigt, wird – wie schon in Salzburg – als ungehorsamer, von seinen Unternegern gehaßter, liebestoller Sarotti-Mohr vorgeführt. Aber sein Satz «Herr, ich bin unschuldig», wenn Sarastro ihn in flagranti ertappt, ist bei Ponnelle nicht so idiotisch wie sonst, weil der traditionelle Dialogstrich davor aufgemacht wurde. Darüber hinaus hat Ponnelle die immer vernachlässigte Feststellung, daß die Königin der Nacht – «sie drang im Tempel heimlich ein» – herumspioniere, genau genommen. Und darum singt Sarastro sein «In diesen heil'gen Hallen» nicht als jene Deklamation freimaurerischer Ideale, die da noch der Jurist Gustav Radbruch in seinem Aufsatz «Das Strafrecht der Zauberflöte» heraushörte, sondern er singt der im Hintergrund schattenhaft schleichenden Königin zu. Die deklamatorische Arie ist plötzlich dramatisch geworden.

Daß die Priester nicht «schreiten», sondern im Guckkasten als Chor erscheinen, wirkt wohltuend. Daß die von Taminos Flöte

Wolfgang Amadeus Mozart

herbeigelockten Tiere zu Komplizen Taminos werden, leuchtete mir nicht so ein; Ponnelle wollte wohl zeigen, wie die wilden Viecher besänftigt werden und die Liebe mitfühlen. Rennerts Lösung war da lustiger; die Mozartsche Flötenweise ist nicht expressiv, sondern rein, silbern, ein Spiel. Dem geben sich die Tiere wie einer Orpheus-Flöte hin. Wenn Tamino von seiner Liebe erzählt, wenden sie sich gelangweilt ab; was kümmert sie das. Aber die Flöten-Sechzehntel machen sie dann wieder lebendig.

In einer solchen Konzeption, die möglicherweise sogar viel von ihrer Frische verlöre, wenn sie mit Festspielstars oder monatelang eingebimstem Perfektionismus herauskäme, sind zwar die Schlangen gefährlich und Mohren böse, aber die Allgegenwart des Gesetzt-Theatralischen verhindert doch jenen Naturalismus, etwa nach der Feuerprobe das Paar mit verbrannten Kleidern wiederkehren zu lassen.

9. V. 1969

DIE ZAUBERFLÖTE, VON BERGMAN VERFILMT

Ja, ist das nicht auch bereits ein Märchen: Ausgerechnet jene über-heikle Mozart-Oper, die auf Staatsopern-Brettern fast immer läppisch, kurzatmig, kindisch und steif erscheint, die bei hochdotierten Festspielaufführungen zum idiotischen Klamauk verkommt, an dessen höhere Bedeutung man dann nur mit angestrengter Verehrungs-bereitschaft zu glauben vermag, ausgerechnet diese allzu leichte und allzu schwere *Zauberflöte* hat Ingmar Bergman in einen Kinofilm verwandelt, wie er heiterer, seliger und unprätentiöser noch keinem Werk Mozarts, ja meines Wissens überhaupt noch keinem Mu-sikstück abgewonnen worden ist, seit Film und Fernsehen existieren.

Man hat nach dem Betrachten des Films wenig Lust, über die «Probleme» der *Zauberflöte* zu schwafeln. Mit reiner Herzlichkeit, Heiterkeit und genialer Bescheidenheit (mehr braucht es nicht) sind diese Probleme nämlich, wohlerworbene Kunstfertigkeit und Klug-heit vorausgesetzt, ohne weiteres zu lösen. Aus der Lösung wird dann Erlösung. Daß gerade Ingmar Bergman, der herb-neblig-pro-testantische Unglücksmystiker des modernen Kinos, in einem Me-

Die Zauberflöte, von Bergman verfilmt

dium die *Zauberflöten*-Rätsel lächelnd erledigte, wo oft genug selbst die schönsten Bühnenaufführungen, wenn man sie zu verfilmen suchte, wie hinter eisernen Fensterläden erstarrten – es könnte eine Befreiung für diesen Künstler gewesen sein. Er durfte zeigen, was er sich sonst so verquält schwermacht (schwermachen muß): wieviel Liebesfähigkeit, wieviel reine Zärtlichkeit, ja wieviel Optimismus in ihm steckt.

Ein Vergleich zwischen Bergman und Ponnelle drängt sich um so mehr auf, als auch die – während der Aufnahmen vom entzückenden Drottingholm-Schloß-Theater dann doch ins Atelier hinübergenommene – Bergman-Aufführung, was die musikalischen Standards angeht, keineswegs Festspielrang hat. Der Dirigent Eric Ericson sorgt gewiß für zügige Tempi und gute Deklamation, aber Mozarts Tiefe unterstreicht er nicht: Was den Gesang der beiden Geharnischten, die g-Moll-Arie der Pamina angeht, so kommt dergleichen allzu harmlos, weit entfernt von Salzburg. Überhaupt bietet die (hinreißend schöne) Irma Urrila als Pamina zu wenig Espressivo und auch sonst keiner der Mitwirkenden musikalisch «Unerhörtes». Aber die Musik erklingt alles in allem fast immer richtig, schön, nie unbeteiligt.

Gleichwohl ergibt man sich dem Zauber des Melodischen, als hörte man das Stück zum erstenmal. Ingmar Bergman gelingt in diesem Film etwas, was alle mit Wagner beladenen Opernintendanten aufhorchen lassen sollte: ein schlackenloses Gesamtkunstwerk. Wenn dieses Gelingensglück sich bei einem Werk einstellt, das immerhin Furtwängler für Mozarts allerschönstes hielt, dann berührt das Ergebnis unbeschreiblich. Versucht sei eine Beschreibung aber doch, wenn auch mehr im Sinne des Aufmerksam-Machens auf Einzelheiten und Tendenzen. Bergman hat auf zwei Ebenen gezeigt, wieviel er kann. Nämlich zum einen (und zwar mit einer heiter-genialen Sicherheit, die alle Opernprofis neidisch machen müßte) auf der Ebene unmittelbarer Vergegenwärtigung Mozartscher Szenen und Abläufe – und zum anderen, auf einer gleichsam darunterliegenden, bescheideneren Ebene, als Mozart-Schikaneder-Bearbeiter. Ein paar Ensembles, schade natürlich um jeden Ton, mußten wegfallen. Einmal geschieht sogar das effektiv Unerlaubte, daß *innerhalb* eines Mozart-Stückes (eine Sequenz der Königin der Nacht) hoffentlich nur aus Versehen ein Schnitt gemacht worden ist.

Bergmans, wenn man so will, dramaturgischer Haupteinfall: Sarastro und die Königin der Nacht sind verfeindete Eheleute. Sarastro wäre demnach einst sozusagen König der Nacht gewesen. Weiterhin hat Bergman umgestellt. Der auf den Opernbühnen immer so peinlich rasch zusammenbrechende Aufstand der Bösen kurz vor Schluß ist hier nur ein Alptraum Paminens, während sie, geschwächt noch, aber glückselig, mit ihrem Gatten ins Sonnenreich eingeht. Nicht so sehr, daß Bergman, über solche stets einleuchtenden eigenen Eingriffe hinaus, noch Beziehungen einflicht zwischen Privatem der Sänger und Opernaufgaben, daß er zarte ironische Gags einstreut, etwa den brav schweigenden Prinzen Tamino so übereifrig sein läßt, seinen plappernden Papageno sogar am Ariensingen hindern zu wollen; wie gesagt, nicht nur diese zahlreichen und immer geschmackvoll originellen «Eingriffe» sind bewunderungswürdig – sondern mehr die Verhaltenheit, mit der sie passieren. Bergman fällt so viel und so spontanes Optisches ein, daß sich jene Starre nicht herstellen kann, die bis zu diesem Film unumgänglich war, wenn Theater auf die Leinwand gebannt erschien. Aber keiner dieser Einfälle drängt sich so vor, daß man – wie in fast allen Musikfilmen – wegen einer vorlauten Regiekamera nichts mehr «hört».

Nun dürften Bergman-Kenner gewiß nicht daran gezweifelt haben, daß dieser *Szenen einer Ehe*-Könner den Haß zwischen Sarastro und nächtlicher Königin würde darzustellen wissen oder daß er bei den «Prüfungen» mit Totenschädel und Klappergebein wohl überreichlich aufwarten würde. Das Wunder dieser *Zauberflöte* hat jedoch mit alledem wenig zu tun. Es besteht vielmehr in der scheuen, naiven und vollkommenen Erotisierung dessen, was Wagner einmal als den Licht- und Liebesgenius Mozarts bezeichnet hat.

Der Prinz, gleich am Anfang, fällt nicht aus Angst bloß zu Boden und wird von den rettenden Damen betrachtet. Nein: Er wird auf sesselähnlichem Felsgestein lächelnd ohnmächtig und wird von den ganz verliebten drei Damen sozusagen naheliegenderweise verliebt betastet. Alle Menschen und Tiere dieser *Zauberflöten*-Welt sind lieb, mitleidig, innig, lächelnd. Gelächelt wird so viel, daß es Kitsch sein müßte, wenn es eben nicht Mozarts Lächeln wäre, auch über Nacht und Tod – ein Lächeln, dem außer Barbaren kein Sterblicher widerstehen kann.

Diese *Zauberflöte* ist ohne wahrhaft Böse! Gewiß, es gibt Temperamente wie eine etwas rachsüchtige Gattin oder einen etwas lüsternen Mohren. Aber selbst Monostatos tanzt ganz lieb und heiter mit, wenn das Glockenspiel ertönt, selbst die Königin der Nacht ist eigentlich nur ein bißchen grimmig. Selbst die Tiere fühlen paradie-

Die Zauberflöte, von Bergman verfilmt

sisch: ein vor Gutmütigkeit geradezu bemitleidenswerter Löwe, der die Pamina nicht weinen sehen kann und selber dem Schluchzen nahe scheint; oder Fledermäuse, die traurig die Köpfe hängen lassen, wenn die junge Frau (wirklich die unglücklichste, am schlechtesten behandelte Person dieser Oper) übel dran ist. Aber Fledermäusen fällt das Kopfhängenlassen wiederum nicht schwer.

Und Papageno? Als der Preuße Heinz Rühmann in Wien den *Fledermaus*-Frosch spielte, nannte er sich einführend einen «Gastarbeiter». Papageno, bekümmert im schwedischen Schnee, zuletzt umsprungen von reichlichstem Nachwuchs, umgeben von Blumen und Verliebtheit und einer Papagena, die ihn am liebsten viel früher trösten möchte, Bergmans Papageno ist kein Möchtegern-Österreicher, sondern vielleicht entzückendste Erfindung des ganzen Films. Wie nur je bei einem Wiener Volkskomiker trauert man, wenn Hakan Hayegard vorübergehend aus dem Blickfeld gerät.

Weil Singspiel nichts «Realistisches» ist, hat Bergman es zu einer heiteren Welt ohne Teufel verzaubert, wo drei lustige Knaben aus dampfgetriebener Gondel vorbildliche Lebenslehren wie Brechtsche Sentenzen darbieten, wo das humanitäre Freimaurer-Ideal einer verbesserungsfähigen und verbesserungswürdigen Welt sich in Mozarts herrlich idealisierender Musik verlieblicht findet.

Wenn so viel erreicht ist, dann werden die Schwächen, Überdeutlichkeiten, «Menschlichkeiten» eines Werkes oder einer Aufführung nicht nur mitgetragen, sondern sie gehören, wie etwas Lebendiges, dazu. Ich habe die Quasiwissenschaftler in Sarastros Reich, diese bücherlesenden Oberpriester, daraufhin betrachtet, ob sie nicht aussehen, wie ganz normale Statisten halt aussehen. Aber: Verzaubert von den eindrucksvollen, dunklen, das Violette und Braune kultivierenden Farben der Bergmanschen Kamera sahen selbst seine Statisten aus wie Träger tiefer, heiterer Geheimnisse.

Übrigens, beim ersten Sehen störte mich die Belebung der Ouvertüre durch lauter verschiedene Gesichter und ein immer wiederkehrendes Gesicht. Beim zweitenmal nicht mehr. Große Kunst ist nämlich insofern demokratisch, als sie alle Zuschauer, alle Rassen, alle Mühseligen und Beladenen gleich macht vor ihrem Zauber und ihrer Wahrheit.

18. IX. 1976

Wolfgang Amadeus Mozart

DIE C-MOLL-MESSE

Wir wohnten einem kühnen Versuch, ja fast einer Entdeckung bei! Enoch zu Guttenberg, der mit sorgfältig ausgewählten Solisten und seinem Chor und dem Orchester des Münchner Bach-Collegiums Mozarts überwältigende *c-Moll-Messe KV 427* dirigierte, fragte nämlich überhaupt nicht nach den Usancen eines flüssigen oder gar gefälligen Mozart-Stils. Er sah einzig auf Mozarts Ausdruck, auf das also, was in den Noten der leider Torso gebliebenen Komposition steckt. Und er bemühte sich, immer bis zum Äußersten zu gehen: zu äußerster, fast bis zum Schreien erregter Bekundung von Qual und Angst (im Eröffnungschor), zu äußerster Steigerung von Brillanz und Glanz (in der enorm, aber bewältigt rasch genommenen «Cum sancto spiritu»-Fuge), zu gleichfalls äußerster, innigster Lyrizität (in der «Et incarnatus est»-Arie, die Edith Wiens herzbewegend rein, langsam und schön vortrug).

Wer die Ansicht vertritt, dergleichen sei unmozartisch und träte der Züchtigkeit von frommer sakraler Musik zu nahe, geht von anfechtbaren Voraussetzungen aus. Nämlich einmal davon, bei Kirchenmusik gehe es nicht ums Ganze, sondern nur ums Moderate, Brave, Beruhigende. So als ob einem Mozart der Brand des römischen Kapitols (im ersten *Titus*-Finale) oder das Schicksal eines griechischen Königs (im *Idomeneo*) irgendwie wichtiger, ernster gewesen sei als Gebet und Andacht in Form einer Messe! (Diese Analogie ist nicht so unstatthaft, wie es vielleicht scheint, weil der Moll-Gestus mancher Messe-Nummer mit der Strenge mancher Opera-seria-Stücke vergleichbar sein mag.)

In Wahrheit hat Mozart, die *c-Moll-Messe* lehrt es, nirgendwo ernster, erfüllter, auch monumentaler komponiert als in diesem bekenntnishaften Werk: Daß ein Dirigent dies alles erhitzt herausarbeitet, ist nicht etwa «stillos», sondern durchaus legitim. Und steht weiß Gott in keinem Widerspruch zur sakralen Gestimmtheit oder Bestimmtheit des Stückes. Guttenberg ließ, in Mozarts Sinn, die entsprechenden gregorianischen Choral-Stellen vortragen und fühlte sich danach keineswegs zu beklommener Leisetreterei bewogen.

Wenn aber ein Dirigent so weit geht – und der sorgfältig einstudierte Chor sowie ein gutes Solisten-Quartett (Edith Wiens, Kari Lövaas, Kenzo Ischii, der als Tenor ein wenig schwächer blieb, Franz Mayer, Baß) halfen ihm dabei –, dann stellt sich sogleich eine neue

Problem-Dimension her. Dann akzeptiert man als Hörer sofort das Erreichte und wünscht weiter. Nämlich: daß der hochexpressive, fast tragische Ton, der entsteht, wenn Musik nicht brav salzburgisch gebunden wirkt, sondern wie ein gewaltiges Bekenntnis an die Welt und Gott, daß die Musik dann auch noch heftiger artikuliert werden möge!

Im Vorspiel zum «Et incarnatus est», einer namenlos schönen Mozart-Eingebung, müssen die Dissonanzen, die Vorhalte, die herrlich befremdenden Rückungen dann die Hauptsache sein, nicht die Konsonanzen, auf die alles zuläuft. Wenn der emotionale Hitzegrad so glühend ist wie im Largo-Leid des «Qui tollis», einem Höhepunkt der Aufführung, dann muß der Chor noch steigerungsfähiger singen, noch viel stärker, monumental-einsinniger seine Dissonanzen herausmeißeln, müssen die Geigen ihre Zweiunddreißigstel-Auftakte noch gezackter, herber herausbringen. Und wenn Guttenberg mit vollem Recht aus den Doppel-Oktav-Sprüngen der Violinen im Einleitungschor Ausdrucksintervalle, nicht bloß Begleitbewegungen, heraushört – dann müßte er für diese Messe doch eine sehr viel größere Orchesterbesetzung aufbieten und auch in der Abtönung und Energie-Verteilung für stets vollkommen kontrollierte Klangverhältnisse Sorge tragen. Gerade die Inständigkeit, mit der er hier alles Wichtige von beflissener Getragenheit befreite und uns in ein neues Mozart-Land blicken ließ, provozierte solches Weiter-Wünschen. Das Publikum im Herkulessaal dankte betroffen und lang.

4. X. 1984

MAURERISCHE TRAUERMUSIK

Es gibt pompöse Trauer und stolze Trauer, brütend-rachsüchtige Trauer und sogar theatralische Trauer, zum höheren Ruhm nicht nur der Toten, sondern vor allem der Überlebenden. Sichtbar, dramatisch gar wird der Tod zum offiziellen Ereignis erhoben, wenn schwer die Marschrhythmen schreiten, grell die Salven gellen, jäh die Klageakzente ertönen. So kennen wir aus der Geschichte der Oratorien-, der Opern- und der Instrumentalmusik den Trauermarsch. Händel hat einen erhaben-ruhigen in C-Dur geschrieben, Beethoven

Wolfgang Amadeus Mozart

einige große Trauermärsche komponiert: zuerst in der *As-Dur-Klaviersonate*, dann, zwischen öffentlicher Bekundung und individueller Schmerzkurve vermittelnd, in der *Eroica*, schließlich die geisterbleiche Trauermarsch-Meditation einer späten Cellosonate. Aber auch Franz Schubert, Robert Schumann, Chopin (zweimal), Wagner, Liszt, Brahms, Franz Schmidt und Gustav Mahler huldigten auf ihre Weise dieser Form emphatisch. In Anton von Webers *Marcia funebre* schließlich scheint alle sonore Marsch-Mitte ausgespart: nur noch die Gesten, versprengte Trommelwirbel, fff-Schmerzkurven.

Aber Mozart? Um Mißverständnisse auszuschließen: Gegen Märsche «an sich» hatte er offenbar gar nichts. Fröhlich schwungvolle Stücke dieser Art komponierte er gern. Nur offenbar keinerlei Trauermärsche! Das Moment kollektiver Demonstration, wie es nahezu unaustilgbar in der pathetischen Bekundung stolzer Marschtrauer steckt, scheint er gescheut zu haben. Dazu war er wohl zu privat, zu abgründig-depressiv, zu untröstlich und zu trostlos, als daß er sein Traurigsein an die Idee des unvermeidbar doch irgendwie «erhebenden» Trauermarsch-Konduktes verraten hätte.

Beweis: die wunderbare *Maurerische Trauermusik KV 477*. Kein Marschieren, keine gepflegte tröstende Trio-Melodie. Sondern leere Akkorde am Anfang, eine pathologisch-kreisende Achtelbewegung, danach einige zugleich wild und wirr sich erhebende, aber auch wieder zusammenbrechende Aufschwünge, schließlich ein Dur-Ende – so fahl, so undeklamatorisch, daß man es weniger als Trost denn als Ausdruck entsetzter Gleichgültigkeit begreift: so dichtete Wolfgang Amadeus Mozart eine Trauermusik.

Leider dirigierte Karl Richter diesen Mozartischen Fatalismus nicht. Er betonte eher die dramatischen, die «vor-beethovenschen» Impulse dieser Musik, die nur eben desto schwächer wirkt, je willenskräftiger ein Dirigent sie aufführt. Richter wählte auch ein auffallend (nämlich: viel zu) rasches Tempo für dieses Trauerstück, das mit so langen Pausen beginnt. Er hielt sich an die Alla-breve-Vorschrift. Aber «Alla breve» meint ja kein absolutes Tempo. Auch die Sterbe-Szene des Komturs (im *Don Giovanni*) soll alla breve kommen – und trotzdem gewiß nicht in flüssigem Tempo. Die allem übergeordnete Adagio-Anweisung Mozarts fiel Richters Energie zum Opfer. Es war, als scheute dieser zutiefst protestantische Dirigent Mozarts abgründige Depressivität.

Das *Requiem* steht solcher Depressivität fern. Dieses von man-

Maurerische Trauermusik

chen Feinsinnigen so töricht unterschätzte Spätwerk pocht auf Glaubensgewißheit, auf die Kraft archaisch-polyphoner Formen, auf leuchtend kühne Chromatik, donnernde Bässe und Pauken. Richter dirigierte es mit rauschhaftem Impetus.

Altmodisch? 19. Jahrhundert? Wer so fragt, will die komponierte Begegnung eines Künstlers mit dem Tode zeitlich fixieren, so, als ob Todesfurcht keine anthropologische Erfahrung wäre, die quer durch die Zeiten geht. Mozarts *Requiem*-Partitur ist wahrhaft reich genug, eine Affektvergrößerung auszuhalten, zuzulassen! Die große «Christe eleison»-Fuge des besonders kräftig gelungenen Anfangsteils, die fast zu glühend ins Fortissimo übersetzte «Quam olim Abrahae»-Steigerung: das waren schwungvolle Ausbrüche emphatischer Klage über die Vergänglichkeit, aber auch berauschter Freude darüber, diese Klage so zwingend ausdrücken zu können.

Am schönsten gelang freilich das jähe Piano im «Confutatis». Wo Richter in Feuer geriet oder wo er suggestive Zartheit erzwang, da klang der Bach-Chor wieder fast so überzeugend wie in alten Tagen. Nur wenn des Dirigenten Faszinationskraft für einen Augenblick nachließ, dann waren die Schwächen des Chors sogleich gegenwärtig: das unkultivierte Forte, der mangelhaft artikulierende Alt, aber auch der zu wenig beherrschte Sopraneinsatz beim leuchtenden «Et semini eius».

Was die Solisten betrifft, sei eine leise Enttäuschung nicht verhehlt: Zwar sang Ernst Haefliger die Tenorpartie mit jenem verständnisvollen Ausdruck, der den anderen Solisten wahrlich hätte Vorbild sein können, aber die Grenzen seiner Tenorstimme waren halt doch unüberhörbar. Genauso, daß die Altistin Hanna Schwarz am liebsten immer nur Forte singen möchte, daß Theo Adam sich zwar souverän, aber neutral seiner gar nicht so unwürdigen Baßaufgaben entledigte und daß auch Edda Moser noch nicht völlig über die Krise ihrer einst so beherrscht geführten Stimme hinweg ist. Gleichwohl brachte Richters Gewalt uns alle doch dazu, mehr an Mozart und den Tod zu denken als an musikkritische Mäkelei. Am Ende herrschte Ergriffenheit.

5. XI. 1974

Wolfgang Amadeus Mozart

PS. Nachdem diese Kritik erschienen war, hielten mir mehrere Leser entgegen, Mozart habe sehr wohl einen Trauermarsch komponiert, nämlich das 16 Takte lange Klavierstück *Kleiner Trauermarsch KV 453a*. Aber legt nicht die Überschrift *Marche funèbre del Signor Maestro contrapuncto* nahe, daß Mozart offenbar – ganz im Sinne der von mir entwickelten These – gerade keinen gewichtigen, ernsten, pompösen und stolzen Trauermarsch hat komponieren wollen? Im *Köchel-Verzeichnis* (6. Auflage, 1964, S. 491) heißt es sogar: «Das (den kleinen Trauermarsch enthaltende) Blättchen galt früher als Handschrift Beethovens, vermutlich als des Spezialisten für Trauermärsche. Es stammt jedoch unzweifelhaft von Mozart und ist ebenso unzweifelhaft nicht ganz ernst gemeint...» Beweist Mozarts Parodie-Trauermarsch also nicht besonders klar, daß Mozart zwar die Ausdrucksform «Trauermarsch» natürlich kannte – sie aber nicht pathetisch komponieren wollte?

1. XII. 1974

KARL BÖHM UND DIE SYMPHONIEN

Karl Böhms Mozart ist für alle Musikfreunde in der Mitte des 20. Jahrhunderts so etwas wie eine Institution geworden. Eine solche Institution entsteht nicht an einem Tag und erfüllt sich auch nicht an einem Tag; sie ist die Objektivierung jahrzehntelanger leidenschaftlicher, natürlich nicht immer gleichmäßig gelingender, aber jedenfalls nie gedankenlos mißlingender Bemühung. Böhms Mozart-Stil wurde zur Summe immer neuer Böhmscher Kunst-Erfahrungen. Mozart, von Karl Böhm dirigiert (das heißt: verantwortet), ist kein Konzert-Termin. Er ist vielmehr ein Bestandteil, ein großer, wichtiger, herrlicher, mit Freude immer wieder bewunderter Bestandteil unserer musischen Welt. Er ist «da»; genauso, wie die Loire-Schlösser oder die Tolstoi-Romane da sind. Aber warum ist das so? Was wäre denn das Besondere an Böhms Mozart-Spiel oder an dem Stil seiner Mozart-Interpretationen?

Solange ich denken kann, höre ich dem Böhmschen Mozart mit gespitzten Ohren und manchmal natürlich auch mit von Berufs wegen gespitztem Bleistift zu, bereit, mir zu notieren, wie er's

Karl Böhm und die Symphonien

macht. So habe ich jetzt auch die Gesamtaufnahme der Mozart-Symphonien angehört – die Partituren auf den Knien, eine Zigarre in der Hand, ein Notizbuch in Bereitschaft. Und dabei widerfuhr mir, was man als größtes, aber leider nur indirektes Kompliment für Böhm bezeichnen kann: Hört man seinen Mozart, dann fällt einem unablässig etwas auf und ein, über Mozart. Nicht nur über die Entwicklung, sondern auch über die Wirklichkeit der oft grotesk unterschätzten frühen Symphonien, über die thematischen Zusammenhänge zwischen Jugendwerken, Mittlerem und Spätem, über Tonartencharakteristika, dialogische Strukturen, Herrlichkeiten. Und viel weniger dazu, wie Böhm es macht. Karl Böhm ist ein Mittel, das nicht zum Dirigier-Zweck wird, sondern zum Mozart-Zweck.

Gewiß, die immer rascheren Tempi fallen auf, die Neigung, Schlüsse eher zu beschleunigen, als ritardandohaft zu pathetisieren. Die richtige Ausbalancierung des Klanges überwältigt. Die Manierismen, die Subjektivitäten, die extremen «Auffassungen», die den Mozart so mancher anderer Künstler und Instrumentalisten erkennbar machen, fehlen nahezu völlig. Beim musikalischen Raten müßte man immer dann auf Karl Böhm tippen, wenn man das Gefühl hätte, direkt mit einem Werk konfrontiert zu werden und nicht mit einer selbstgefällig stolzen «Interpretationsleistung».

Möglicherweise klingen diese Feststellungen für jemanden, der sich gern an charakteristischen und super-individuellen Interpretationsleistungen berauscht, ernüchternd. Nur die Werke, sonst nichts? Wer so fragt, dem kann nur vergeben werden, weil er nicht weiß, was er tut und womit er es zu tun hat. Denn der unverstellte Blick auf diese Musik ist aufregender, ja revolutionärer, als es eine noch so spezifische persönliche Dirigiervariante sein könnte. Man lernt, bei Böhm, schockiert um. Man geht nicht durch die Schule dieser Gesamtaufnahme, ohne sich zu verändern.

Beispielsweise muß man sich von dem höchst glaubwürdigen, vertrauenswürdigen und wohl auch logischen Vorurteil befreien, in den Symphonien des Kindes beziehungsweise des Knaben Mozart herrsche Harmlosigkeit, herrsche musikwissenschaftlich nachweisbare Abhängigkeit von Vorbildern (vom Londoner Bach, von den Mannheimern, Italienern, den österreichischen Kollegen usw.), die aber in zunehmendem Maße von Mozartischer Individualität, Personalität und Genialität durchdrungen würde, bis dann der Meister, sagen wir mal als Achtzehnjähriger, sozusagen im Vollbesitz seiner Mittel vor uns steht. Und diese Mittel hätten sich in den Frühwerken

Wolfgang Amadeus Mozart

gelegentlich angekündigt, hätten sozusagen ihre Schatten – meist die beliebten Moll-Schatten – erstaunlich vorausgeworfen.

So ist es nicht. Nach einem so frühen Stück wie der gewiß von Abhängigkeit strotzenden *D-Dur-Symphonie KV 45* kann man geradezu süchtig werden. Das Wunder-Kind, der Wunder-Knabe, der Wunder-Jüngling hatte eine Beziehung zur Musik-Sprache (jenseits von Bewußtem und Unbewußtem), die – Böhms Interpretationen lehren es – auch vermeintlich einfache Dreiklänge, harmlose Tonikafolgen unbegreiflich spannend zu machen versteht. Da herrscht eine Reinheit, eine aller Trivialität überlegene Musiksprachlichkeit, die selbst dann typisch Mozartisch zu nennen wäre, wenn sich nachweisen ließe, daß auch irgendein anderer Komponist zufällig genau dieselben Töne (nur eben anders instrumentiert, in anderen Dimensionen, von anderem Klangsinn geprägt) benutzt hat. Mitunter sind die ganz frühen Stücke, in denen der junge Komponist sich mit dem vielgestaltigen Wesen der Musik rätselhaft zu identifizieren versteht, mindestens ebenso aufregend wie jene, wo dem Künstler sein Genie gleichsam «dazwischenkommt», wo er sich auf den Weg zu neuen Experimenten und Erfahrungen macht. Der erste Satz der kleinen *D-Dur-Symphonie KV 75* entfaltet die reine Frische und Seligkeit der Tonika. Die Sicherheit, mit der Mozart dabei das Gespenst der Trivialität und der Langeweile wesenlos macht, steht jenseits analytischer Fixierbarkeit. Man muß das, von Böhm, hören.

Denn Böhm dirigiert diese frühen Symphonien nicht wie ein Professor, der da das Zukunftsweisende unterstreicht und das Harmlose wegmogelt, er stellt vielmehr, modern gesprochen, jenen «Sound», jene Mischung aus Zügigkeit, Klarheit und brillant-sicherem Voranschreiten her, die noch viel mehr überrascht als die selbstverständliche Erfahrung, daß sogar ein Genie sich entwickelt. Wichtig ist eben nicht nur, daß die kleine *g-Moll-Symphonie KV 183* fast schon eine große ist, daß sich im c-Moll-Andante der *Es-Dur-Symphonie KV 184* die tiefsinnigen c-Moll-Andante-Bekenntnisse späterer Es-Dur-Werke (etwa der *Klavierkonzerte KV 271* und *KV 482*) antizipiert finden: man kann im langsamen Satz der *C-Dur-Symphonie KV 200* bereits erschüttert ein Absolutum abendländischer Musik miterleben, das weder gewinnt noch verliert durch die Ähnlichkeit, die diese leise F-Dur-Melodie sowohl mit einer *Idomeneo*-Arie als auch mit einer Passage aus der *Zauberflöte* verbindet.

Nach solchen Erfahrungen vermag man den überwältigenden Höhepunkt Mozartscher Symphonik, etwa den nach Städten be-

Karl Böhm und die Symphonien

nannten Symphonien (der *Pariser,* der *Linzer* und vor allem der geheimnisvoll-dämonischen *Prager),* anders zu lauschen: Sie sind nicht nur Erfüllung fabelhafter Versprechen, sondern, wenn Böhm sie dirigiert, selbstverständliche Erdteile in Mozarts Kosmos. Die Seelenbeziehung zwischen dem Dirigenten und dem Komponisten hat eine Geschichte. Sie reicht lange zurück. Der junge Böhm hat nämlich trotz trefflicher Erfolge in seiner Heimatstadt Graz, wo ihm eine sichere Karriere möglich gewesen wäre, gespürt, wieviel er noch lernen müsse und wie sehr ihm dazu die Konkurrenz und das rauhe Leben in einem großen Opernhaus nötig seien. Darum ging er zu Bruno Walter nach München, um dort dritter oder vierter Kapellmeister zu werden.

Aber Böhms Weg führte nicht einfach über München und den Mozart-Dirigenten Bruno Walter zum verstandenen Mozart, sondern es mußte noch eine große Figur hinzutreten, für die Mozart geradezu ein Idol war: nämlich Richard Strauss. Während der zwanziger Jahre lernten Strauss und Böhm einander kennen und schätzen. Und Böhm, der Jüngere, der wahrhaft Lernende, hat auf dem Umweg über die Mozart-Interpretationen von Richard Strauss sowie natürlich auch mit Hilfe zahlreicher Musikgespräche, die zwischen beiden geführt wurden und von denen Böhm heute noch leidenschaftlich berichtet, erfahren, was und wer Mozart sei. So näherte er sich, man könnte sagen: über das *Ariadne*-Orchester und über den Komponisten, der nach *Salome* und *Elektra* einen so Mozart-ähnlichen Klangkörper schuf, Mozart, was wiederum sein späteres Wagner-Verständnis differenzierte. Ob diejenigen, die sich heute darauf freuen, wenn in einem Symphoniekonzert oder bei einer Salzburger Opernaufführung Böhm am Pult steht und Mozart dirigiert, wirklich wissen, was für eine Geschichte hinter jedem Auftakt, hinter jedem Tempo, eben hinter der ganzen Interpretation steckt?

Hört man etwa die letzte *Es-Dur-Symphonie KV 543* von Karl Böhm, dann ist, nicht nur wegen der Tonarten-Verwandtschaft, gleich zu Beginn die Nähe der *Zauberflöten*-Musik unverkennbar. Böhm dirigiert die Adagio-Einleitung, die übrigens länger dauert als die ganze Allegro-Exposition, als das, was sie ist: als ein großes, höchst distinguiertes, fast mystisches Stück geheimnisvoller Musik. Er leistet sich weder Originalitätshuberei noch Dirigierroutine. Eine kleine melodische Geste, ein durchgehaltener Paukenwirbel, ein grandios artifizieller Ton: plötzlich versinkt die Banalität, die Net-

Wolfgang Amadeus Mozart

tigkeit, die Gewöhnlichkeit, und ein heiliger Bezirk ist hergestellt, in dem Musik sich wie eine zweite Natur entfaltet.

1. VIII. 1969

SYMPHONIE C-DUR KV 338

Zu lang, langweilig gar kann ein Mozart gewidmeter Kammerkonzertabend nicht werden, wohl aber zu schwer, zu anstrengend für Interpreten und Zuhörer. Denn der helle, nie harmlose Fluß Mozartschen Musizierens verlangt in jeder Sekunde das Äußerste – dennoch dürfen nie Schweiß, Mühseligkeit, Bärbeißigkeit oder auftrumpfende Sonorität die unvergleichliche Gestalt versehren. Immer wieder überwältigt etwas Doppeltes: die Noblesse der Mozartschen Geste, die alles Gemeine, Gekünstelte, Gemachte und Gequälte wegschiebt ins Wesenlose. Dann aber, innerhalb dieser vornehm-zarten Distanz, ereignet sich plötzlich die Rückkehr des Erschreckens, des nervösen (hier kein Schimpfwort, sondern Hinweis auf antisymmetrische Formvielfalt) Zweifelns und Verzweifelns, der durch nichts zu beschwichtigenden Dunkelheiten.

Als das Mozarteum-Orchester unter Leopold Hager mit der *C-Dur-Symphonie KV 338* begann, war jener authentische, helle, durchsichtige, festlich-verhaltene Mozart-Ton sofort da, und es überwältigte die genau ausgehörte Mischung von Streichern und hohen Bläsern. Man vernahm jenen idealischen, gar nicht besonders virtuosen oder überexpressiven Klang, wie er gegenwärtig so rein wohl doch nur in Salzburg, vielleicht in Wien und ganz gewiß von den besten Londoner Orchestern produziert wird. Alles leuchtete in C-Dur. Aber dann gleich – niemand kann erklügeln, warum – wird eine lustige, subdominantische F-Dur-Wendung in leisem Moll wiederholt. Sekunden tödlichen Erschreckens. Dieses kurze Moll wird weder «psychologisch» aus dem Verlauf abgeleitet, noch wird es als bewußt eingesetzte depressive Farbe erkennbar wie bei Schubert. Es ist da, wie etwas, das zwar nicht dazugehört, nun aber alles überschattet, etwas, woran die Symphonie eigentlich gar nicht mehr denken will, dann aber doch todesängstlich denken muß.

5. XI. 1975

KLAVIERKONZERT G-DUR KV 453

Bernstein spielt Mozarts *G-Dur-Konzert KV 453* manchmal pianistisch so unausgeglichen, in einzelnen verhäkelten Passagen so fehlerhaft, daß von vornherein alle diejenigen im Recht sind, die Bernstein etwas am Zeuge flicken wollen. Nur: Pianisten, die Mozart herauf- und herunterperlen können, gibt es doch nachgerade genug. Wo aber gäbe es einen Interpreten, der es gewagt hätte, Mozart so unbedingt aus der Sache, ja aus dem Geist einer jeden Stelle, einer jeden immer neu überraschenden Modulation, eines jeden komponierten Wunders zu reproduzieren? Bernstein läßt sich von seinen technischen Grenzen (früher, als er noch Ravels *G-Dur-* und Beethovens *C-Dur-Konzert* spielte, schien er pianistisch brillanter) nicht dazu bestimmen, auf irgendeine Ausdrucksfinesse zu verzichten. Man hat Mozart noch nie so nachkomponiert, statt gespielt, gehört. Bernstein verbündete sich mit jeder Dissonanz, mit jedem überraschenden Übergang, mit jeder intimen Katastrophe dieses wahrlich überwältigend geschriebenen Stückes gegen den Fluß, der da sonst immer für selbstverständlich gilt. Vielleicht läßt es sich so sagen: Er spielte das Mozart-Konzert nicht, sondern er stellte eine Fülle von Herrlichkeiten aus. Es war ein Extrem, vor Nachahmung wird gewarnt. Bisher schien Serkins Darstellung dieses Konzerts immer die expressivste Interpretation zu sein. Verglichen mit Bernstein blieb selbst Serkin zahm.

Was Bernstein tut, ist etwas anderes als «Romantisieren» oder übermäßiges Pedalisieren oder die Verwechslung von Mozart mit Beethoven und Chopin. Bernstein hat Mozart nicht an einen fremden Personalstil verraten, sondern vielmehr aufgebrochen. Das Andante mit seinen vielen (vorgeschriebenen) Ritardando-Stellen war ein logischer, tragischer, aber darum noch lange nicht auf Brahms oder Mahler hinauslaufender Vorgang.

Offenbar liegt Bernsteins Geheimnis darin, daß er – beim Komponieren und erst recht beim Reproduzieren – keinen eigenen Stil hat, sondern sich mit der Unbedingtheit eines, der selber aus dem Metier der Macher kommt, in den jeweiligen Stil zu versenken, zu verwandeln versteht. Und dies nicht bewußt abgekartet, sondern mit einer wahrhaft naiven Freude am Spielen und Hervorbringen.

18. VIII. 1975

Wolfgang Amadeus Mozart

KLAVIERKONZERT D-MOLL KV 466

Wie oft war das schon zu erleben, wie oft wird es sich noch
wiederholen: Ein junger Virtuose, dessen Chopin-, Liszt- oder Carl-
Maria-von-Weber-Interpretationen in Schallplattenzeitschriften be-
jubelt werden, spielt einen kleinen Mozart – nur Mozart. Etwa das
d-Moll-, das *A-Dur-* oder das *Krönungskonzert.* Lauter Stücke,
deren technische Anforderungen natürlich weit unter dem liegen,
wozu Liszt-Kanonen imstande sind: Mozart könnten sie eigentlich
(ein Nelson Freire, ein Dino Ciani, ein Agostín Anievas) vom Blatt
spielen.

Gewöhnt, mit zehn Fingern immer mindestens zehn Töne zugleich anzuschlagen, Oktaven zu donnern und Bravour zu entfalten,
greifen sie nun auch nach dem Zarten. Sie wissen natürlich, daß es da
einen «Stil» gibt; ja Anievas hatte sich dankenswerterweise für seinen
Münchner Auftritt statt des oft allzu «brillanten» Steinway einen
dunkleren, zurückhaltenderen Bösendorfer-Flügel hinstellen lassen.
Nun kann eigentlich nichts mehr passieren, außer daß Himmelsmusik erklingt. Denkt man. Und irrt sich. Während der letzten Jahre
habe ich's gewiß ein dutzendmal erlebt, zuletzt noch in Salzburg,
jetzt wieder in diesem Graunke-Konzert: Das Leichte ist viel zu
schwer. Anievas saß gefaßt und elegisch lächelnd am Flügel, ein
wenig zu ruhig vielleicht, wie von Tranquilizern getröstet. Dieser
junge Amerikaner spanisch-mexikanischer Herkunft, der mit Chopin-Etüden bekannt geworden ist und jetzt die beiden großen
h-Moll-Sonaten von Chopin und Liszt donnernd, aber nicht gewichtig genug eingespielt hat für die Electrola – er nahm das erste Solo des
d-Moll-Klavierkonzerts KV 466 sehr empfindsam, technisch lächelnd überlegen. Am Schluß des zweiten Solos hat er sich dann bei
aller Überlegenheit doch ein wenig vertan, in der Durchführung
wollte er stilvoll bleiben und bot darum ein bloß passives Piano: Sein
Tribut an Mozarts Herz war, immer allzu rasch und sanft ins elegisch
Leise zurückzugleiten. Aber dann fehlte eben doch die rhythmische
Härte (zweimal spielte er im Finale Sechzehntel-Triolen wie Achtel,
als käme es nicht drauf an), dann fehlte doch die Interpretationsphan-
tasie: Der Ton war nicht reich genug, das Gefühl nicht voll genug.
Nachdem Anievas so viel von dem, was Mozart verlangt, nicht
gebracht hatte bei aller lächelnden Souveränität, spielte er dann,
provinziell effektvoll, ganz überflüssigerweise die Schlußakkorde

Klavierkonzert B-Dur KV 595

des Orchesters mit, die Mozart aus gutem dialogischem Grund dem Klavier vorenthielt. Anievas kann bestimmt einiges mehr, als er vorgestern zeigte. Doch mit Mozarts sanften Krallen wird er nicht fertig.

17. IX. 1971

KLAVIERKONZERT B-DUR KV 595

Das späte *B-Dur-Konzert* meistert Gilels besinnlich ruhig: ganz statisch, ganz auf Samt, genauestens abgetönt. Jeder Akkord, jede winzige Wendung wird mit Liebe und gleichmäßiger Perfektion geboten. Wenn doch etwas fehlt, dann ist es das fragile Moment, ist es Mozarts nicht nur himmlisch trauriger, sondern auch nervöser, ja (Entschuldigung!) pathologisch hoffnungsloser Ton. Gewiß: Das Konzert darf um Himmels willen nicht so erklingen, als habe Mozart gewußt, daß es sein «letztes» Klavierkonzert sei und daß er einige Monate später sterben werde. Aber Gilels spielt für mein Empfinden gewisse einander folgende Auftaktnoten doch allzu gleichmäßig unexpressiv (statt sie so delikat zu phrasieren, wie Wilhelm Kempff oder Daniel Barenboim es tun und wie Nikolaus Harnoncourt es in seinen interessanten Mozart-Betrachtungen anregt). Gilels verzichtet auf Crescendo-Effekte. Die Musik bleibt statisch. Das zutiefst «fremde» C-Dur in der Durchführung (unangenehm wie das Geld-C-Dur im *Wozzeck*), die Gewalt der Originalkadenz des dritten Satzes werden von Gilels nur geboten, aber nicht gestaltet; die Tempi sind sehr verhalten. Wunderbar tönt Gilels freilich die gleichsam archaischen Akkorde des Larghetto-Themas ab, stellen sich die motivischen Beziehungen zum Höhepunkt der *Zauberflöte* her (vor: «Tamino mein»), und wie nicht mehr von dieser Welt kommt der zarte Schluß des Rondos heraus.

Beim strahlenden, zumindest strahlenderen *Doppelkonzert* verzichten Emil und Elena Gilels (leider) auf alles konzertierende Wettstreiten. Der Vater will die Tochter nicht übertrumpfen, läßt ihr das erste Klavier – und spielt doch schöner. Was dabei, vor allem im pointierten dritten Satz, an Schwung und Brillanz geopfert werden muß, dafür stellt perlend-melodischer Wohlklang gewiß ein erbau-

Wolfgang Amadeus Mozart

liches Äquivalent her; aber Kraft, Lebensmut und virtuoser Zugriff des *Doppelkonzerts* bleiben allzu vornehm gedämpft – so, als kämen Mozarts Mysterien nicht auch dann zum Klingen, wenn die Interpreten konzertanten Mut wagen.

15. VI. 1974

KADENZEN ZU MOZARTS KONZERTEN.
ODER: WIE SIE MIT MOZART SPIELEN

Im Kopfsatz eines klassischen Konzertes – beispielsweise eines Mozartschen Klavierkonzertes – kommt es gegen Ende zu einem höchst exponierten, fast theatralischen Moment: Das Orchester steigert seine Lautstärke und erreicht mit beträchtlichem Getöse einen langen, fordernden (Quartsext-)Akkord, einen klingenden Doppelpunkt. Nicht viel anders wird im Zirkus Krone der dreifache Salto angekündigt.

Jetzt setzt sich der Solist in Positur. Er weiß, er ist dran und blickt so konzentriert, als wäre er eine Mischung aus Napoleon und Liszt. Die Orchestermusiker hingegen, nun minutenlang arbeitslos, schlaffen ab; der Dirigent senkt Stab und Stirn; etwas nervös überlegt er, ob die Kadenz in der Probe beruhigend konventionell mit einem Triller oder unangenehm originell mit einer Passage geendet hatte. Das Publikum zerfällt in zwei ungleiche Gruppen: Die einen, die Unverbildeten, staunen nicht schlecht, was der Mozart da alles komponiert und dem Klavier für seinen Alleingang effektvoll aufgebürdet hat. Die anderen, die Professionellen, genießen den Reiz eines Quiz: *Welche Kadenz spielt der Flügelmann?* Saint-Saëns? Oder die von Beethoven? Den alten Carl Reinecke, Clara Schumann, vielleicht sogar Brahms? Aber jetzt bricht der schlichte Ansatz zu einem Fugato doch so ungeschickt ab, daß es sich wahrscheinlich um eine vom Pianisten selber verfaßte Kadenz handeln dürfte, mit enorm vielen Läufen und enorm wenig Logik. Man muß in der Pause mal den Konzertagenten fragen. Denn das Programmheft gibt über diesen einzigen Ungewißheitsfaktor der Aufführung keinerlei Auskunft...

Kadenzen zu Mozarts Konzerten. Oder: Wie sie mit Mozart spielen

Eine Kadenz ist eine Schlußformel. Im Instrumentalkonzert spricht man von der «aufgehaltenen» Kadenz. Das heißt, der Weg vom Quartsextakkord, vom «Doppelpunkt» des Orchesters, bis hin zum Tonika-Triller-Schluß wird vom Solisten mit Improvisationen über Themen – oder zumindest «im Geiste» – des bisher Erklungenen möglichst effektvoll ausgeschritten.

Die improvisierte Kadenz, wie sie sich im Barockkonzert einnistete und dann im klassischen Konzerttypus Mozarts oder Beethovens zum Moment virtuoser oder auch emphatisch-spiritueller Selbstdarstellung entwickelte, bietet also einen *Freiraum* für den Solisten. Sie ist die Lücke im sonst strengen System. Bevor der Historismus unsere Konzertsäle in Interpretationsmuseen verwandelte, als mithin die Solisten zugleich Komponisten waren und ihre eigenen Stücke vortrugen, haben die Künstler (so malen wir Späteren uns den Idealtypus aus) ihre Kadenzen selber improvisiert. Manchmal auch, wenn sie sichergehen oder unproduktive Schüler versorgen wollten, ihre Kadenzen aufgeschrieben zum gefälligen Gebrauch. Freilich entwickelte sich die «Virtuosität» im 19. Jahrhundert derart machtvoll weiter, daß die Pianisten es oft für unter ihrer Würde hielten, Mozarts oder Beethovens Originalkadenzen zu spielen. Die wären ja nur für Unbegabte lustlos hingeschrieben, meinte man (meinte noch Wilhelm Kempff). Meister der Improvisation wie Mozart und Beethoven hätten im Konzert bestimmt frei phantasiert. Also seien wir Späteren durchaus berechtigt, eigene Kadenzen herzustellen. Da, wo keine Originalkadenzen von Mozart überliefert sind, müßten wir es ja ohnehin tun.

Aus diesen Gründen existieren Hunderte, wenn nicht Tausende Kadenzen zu den Mozartschen Klavierkonzerten. Mozarts Schüler Hummel komponierte Kadenzen im Stil des effektvollen Virtuosen-Konzertes. Kleinmeister, aber auch Komponisten höchsten Ranges, Pianisten bis hin zu Géza Anda, Paul Badura-Skoda, Alfred Brendel, Rudolf Buchbinder, Edwin Fischer, Glenn Gould, Friedrich Gulda, und, und, und – sie alle schrieben sich Kadenzen, ließen sie meist auch drucken. Benjamin Britten, Strawinskys Sohn Soulima, jüngst noch Alfred Schnittke – sie wagten es, mit Mozart zu spielen, nahmen freilich auch in Kauf, ihm dabei schauerlich mitzuspielen.

Kadenzen sind nämlich von zwei Gefahren bedroht: Entweder kommen sie, als beflissene Stil-Imitation, der Flamme Mozart selbstmörderisch nahe. (Denn es soll sich mit Göttern nicht messen irgendein Mensch.) Oder sie bleiben ihm – indem der Spätere seine

Wolfgang Amadeus Mozart

vermeintliche Originalität selbstbewußt, aber unpassend gegen Mozart ausspielt – mörderisch fern. Es ist eben gleichermaßen reizvoll wie hoffnungslos, Enkel zu sein, «letzter der Homeriden». Drei Nothelfer gibt es auch hier, nämlich Talent, Freiheit und Liebe.

Befragt man die Monographien und Handbücher zum Thema «Kadenz» – sie schweigen im Chor. Dabei stellt sich das Kadenz-Problem doch wirklich bei *jeder* Aufführung eines Mozartschen Instrumentalkonzertes. Manches spricht sogar für die Annahme, daß der Typus des großen, klassischen Klavierkonzertes, wie er bei Mozart zum unvergleichlichen Höhepunkt gelangte, sich aus einer Kadenz herleitet. Der Geist des modernen Klavierkonzertes entsprang einer Kadenz.

Die riesige Cembalokadenz in Bachs *5. Brandenburgischen Konzert* stellt die Geburt des Solo-Konzert-Typus dar. Das *5. Brandenburgische Konzert* ist noch ein barockes Concerto grosso für drei Solisten und Streichorchester. Am Ende des ersten Satzes wird der Cembalist zum solistischen Allein-Darsteller. Da spielt jemand nicht mehr als barocker Musiker auf, sondern *er* spielt *sich* auf. Der einsame Held. Bach hat die Cembalokadenz zu einem emphatischen Solo erweitert, das alle Proportionen sprengt. Furtwängler oder Cortot deuteten am Flügel diese Kadenz als abgründigen, fast fünf Minuten dauernden Monolog, bei dem die ewige Harmonie sich mit sich selbst unterhält. Daß da noch ein Begleitorchester sitzt, scheint der alte Bach im logischen Solo-Kadenz-Rausch schlicht vergessen zu haben. Der «Geist» des Klavierkonzertes war geboren...

Mozart schrieb sein Leben lang Klavierkonzerte. Das erste, völlig eigenständige, als 17jähriger, das letzte im Todesjahr. Seine Kadenzen stellen – kaum nachahmbare – Vorbilder dar für alle späteren Kadenz-Verfasser. Sie sind verwirrend verschiedenartig: Für den Kopfsatz des großen *A-Dur-Konzertes KV 488* schrieb Mozart eine Kadenz ins Autograph, die keine Improvisation über die Themen des Stückes bietet, sondern eher einen Nachhall, eine freie Meditation. Handfeste Beziehungen zum Vorhergegangenen lassen sich nur mühsam heraustüfteln. Statt dessen kommen einige «Seufzer» vor, die so scheu, so introvertiert klingen, als sei der Komponist da bereits von der namenlosen Trauer des folgenden fis-Moll-Andante ergriffen gewesen. Diese Originalkadenz Mozarts rekapituliert also nicht, sondern sie meditiert frei.

Das ist nicht immer so: Im vielleicht «kühnsten» Klavierkonzert

Kadenzen zu Mozarts Konzerten. Oder: Wie sie mit Mozart spielen

Mozarts – dem *Jeunehomme-Konzert in Es-Dur KV 271* – macht der 21jährige Komponist die Kadenz des langsamen Mittelsatzes zum ausdrucksvollen Höhepunkt. Er bezieht sich dabei passioniert auf Themen und die Stimmung des Andantinos, verlangt «espressivo» und sogar «agitato». Im Finale seines letzten Klavierkonzertes, das im Todesjahr entstand, spart Mozart für die «Cadenza» noch eine grandiose, krönende Moll-Sequenzierung des Hauptthemas («Komm, lieber Mai, und mache») wirkungssicher auf. Die Kadenz bereichert also nicht bloß pianistisch und kombinatorisch, sondern auch und vor allem harmonisch substantiell... Zweifellos sind die Kadenzen, die Mozart seinen Konzerten für mehrere Solisten einfügte, verbindlich auskomponiert. Denn wenn mehrere Solisten zugleich kadenzieren, kann ja nicht einer plötzlich zu improvisieren beginnen!

Daß alle Virtuosen und Komponisten, die sich nach Mozarts Tod in den Kadenz-Freiräumen seiner Konzerte tummelten, zwar im «Stil» Mozarts mit Mozart spielten, aber diesen Stil nicht verbindlich zu treffen vermochten (es im Grunde nicht einmal ernsthaft wollten), sondern als typische Vertreter ihrer Zeit, ihrer «Richtung» erkennbar wurden – ebendies macht die Problematik und den lebendigen Reiz solcher Kadenzen aus.

Es ist keineswegs unbedingt ein Vorteil, wenn jemand sich *zu gut* einfühlte und wenn er imitationsbegabt beinahe so schreibt wie der Komponist – nur halt doch schwächer, glatter, widerstandsloser. Das kann man nicht bloß bei den Kadenzen zu Mozarts Klavierkonzerten beobachten: Guirauds im angelernten Bizet-Stil nachkomponierte Rezitative zu *Carmen* verwässern (ohne daß man gleich erkennt, warum). Und klingen nicht Fritz Kreislers Kadenzen zum *Violinkonzert* von Brahms reicher, fesselnder als die «authentischen» von Joseph Joachim, der Brahms so nahestand, daß er fast selber wie Brahms komponierte? Aber eben wirklich nur «fast». (Gidon Kremers Idee, als Kadenz zum Brahmsschen *Violinkonzert* ein vier Minuten langes *d-Moll-Reger-Präludium Opus 117 Nr. 6* zu spielen, ist zwar zunächst, wegen leichter motivischer Anklänge verblüffend, aber doch eine Schnapsidee.)

Was also tun? Eine Kadenz, die Stil-Kopie geben möchte, muß die Kraft besitzen, «schöpferische Kopie» zu sein, sie darf in der Sprache des Originals ihr Eigentümliches nicht einbüßen. Ferruccio Busoni hat das taktvoll versucht bei seiner Kadenz zum oben erwähnten

Wolfgang Amadeus Mozart

großen *A-Dur-Konzert KV 488.* Er zieht klugerweise nicht die wichtigsten, die unvergleichlich innigen Themen des Satzes zum Phantasieren heran, die als Mirakel bestaunt würden, wenn sie nicht bei Mozart mit vollkommener Selbstverständlichkeit, so wie eine Blüte sich öffnet, entstünden. Da wagt sich Busoni nicht heran: Weder aufs Hauptmotiv noch aufs lyrische Gesangsmotiv spielt seine Kadenz an. Statt dessen kämpft er auf Nebenkriegsschauplätzen, wählt für sein kadenzierendes Kombinieren unscheinbare Überleitungsmotive, die er anfangs mozartisch, allmählich aber in freierer Harmonik geschmackvoller Neoklassik darbietet.

Busoni, ein kluger Spätling, weicht also vornehm aus, während ein Johann Nepomuk Hummel, der Mozarts Schüler war und in Mozarts Hause wohnte, auf die Beredsamkeit seiner gesteigerten Virtuosität setzte, dabei die Gefahr aufgedonnerter Redseligkeit in Kauf nehmend. Carl Reinecke wiederum (1824–1910), ein seinerzeit berühmter Komponist, Dirigent, Pianist, Professor – Reineckes Nachfolger in Leipzig wurde Arthur Nikisch, dessen Nachfolger Furtwängler –, hat gewiß ein höchst verdienstvolles Buch *Zur Wiederbelebung der Mozartschen Klavierkonzerte* geschrieben. Doch seine vielgespielten Kadenzen, etwa zum *Jeunehomme-Konzert,* wirken nur hübsch. Also gewiß empfindsam, solide, aber doch blaß. Da ist die unternehmungslustige Kadenz von Clara Schumann (einer nach wie vor arg unterschätzten Komponistin) im *d-Moll-Konzert* schon anderer, freierer, kühnerer Art. Clara Schumann moduliert, obwohl sie in d-Moll beginnen und enden sollte, nach h-Moll, fis-Moll weit weg in eine schwärmerisch nachtdunkle romantische Unendlichkeit. Sie kombiniert meisterhaft, scheut weder Sentiment noch Brillanz.

Ist das erlaubt? Eigentlich nicht – außer, es gelingt. Kadenzen sollen nicht bloß brav sein. Bachs Riesenkadenz im *5. Brandenburgischen Konzert* stellte ja bereits eine geniale Unverschämtheit dar; der späte Beethoven hat für sein frühes *B-Dur-Konzert Opus 19* eine herbe, grimmig dissonante, gewaltige Kadenz geschrieben: einen wüsten Schlag ins Rokoko-Gesicht des Frühwerks, stilistisch grausam unpassend, nur eben faszinierend.

So nimmt Beethoven auch bei seiner Kadenz zu Mozarts *d-Moll-Konzert* die beherrschte Gebärde des Solo-Klaviers auf und steigert sie zur exzessiven Geste! Beethovens Dringlichkeit übersetzt Mozarts Gesangsthema ins Hymnische. Der Salzburger Künstler mutiert zum Bonner Weltanschauungsmusiker. Beethovens Kadenz

Kadenzen zu Mozarts Konzerten. Oder: Wie sie mit Mozart spielen

explodiert förmlich. Weil sich aber zwei Meister gleichen Ranges begegnen, entsteht eine neue Einheit.

Die konnte Benjamin Britten nicht erreichen, als Svjatoslav Richter ihn 1966 bat, doch fürs *Es-Dur-Konzert KV 482* Kadenzen zu liefern, weil Richter mit der unbedrohten Überlegenheit offenbar nicht zufrieden war, in welcher die Kadenzen von Saint-Saëns souverän über dieses Mozart-Konzert verfügen. Aber Britten fing in seiner Kadenz zum Kopfsatz bei den Themen des Kopfsatzes kein Feuer. Das donnert musicalhaft erregt und kompliziert herum – ein reizloses Stilgemisch. Synkretismus. Interessant wird die Kadenz erst, wenn Britten im Kopfsatz den Kopfsatz verläßt und sich liebevoll gleich mit den Themen des zweiten und dritten Satzes befaßt.

Nur Brahms vermochte, wie Beethoven, Mozart in Stirnhöhe zu begegnen. Brahms weicht nicht vornehm aus, parliert nicht postmodern, sondern komponiert über die Themen des Kopfsatzes von Mozarts *c-Moll-Konzert KV 491* eine grandiose Rhapsodie. Für diese Rhapsodie ist Brahms das Beste gerade gut genug: Er denkt nicht daran, sich nur an die Motive zu halten, die Mozart dem Klavier als korrespondierende Antwort aufs Tutti gab, sondern entzündet sich auch und gerade am Hauptmotiv des Orchesters, bringt sowohl die orchestralen wie die pianistischen Elemente in einen strömenden Zusammenhang, der am Ende einen Höhepunkt donnernder Kontrastrhythmik erreicht.

Unter ernsthaften Musikfreunden gibt es feine Kadenz-Hasser. Der Schriftsteller Hellmut von Cube hat in seinem Büchlein *Mitleid mit den Dingen* heftig auf die Kadenzen in Instrumentalkonzerten geschimpft und formuliert – was viele denken. Cube nennt die Kadenzen «Verbrechen an der Musik», «Sünde wider den Geist». Nach dem «herrlichen raumschaffenden Akkord» schweige nicht nur das Orchester, sondern leider auch der Komponist. Und man höre bloß noch entfesselte Virtuosität – «halsbrecherische Achterbahn à la Paganini – und das Ganze nennt sich Kadenz».

Zugegeben: Selbstbewußt und langweilig haben gottverlassene Pianisten endlose Kadenz-Turnübungen vorgeführt, noch ärgerlicher und störender als jene unausweichlichen Ballett-Einlagen, die man im Paris des 19. Jahrhunderts der großen Oper zufügte. Die Kadenz entstand, als der Begriff der Werk-Einheit noch nicht so pathetisch war wie im 19. Jahrhundert. Es ist kein Zufall, daß in diesem 19. Jahrhundert zwar riesige Kadenzen verfaßt wurden, die Komponisten

Wolfgang Amadeus Mozart

großer Klavierkonzerte ihrerseits jedoch (Schumann, Chopin, Brahms, Tschaikowsky, Grieg) den Kadenzfreiraum sperrten, die Kadenzen entweder umgingen oder selber verbindlich kunstvoll ausführten. Trotzdem: Ist es nicht spielverderberisch und säuerlich, im Namen des Heiligen Musikgeistes die gelegentlich mißbrauchte Kadenz-Freiheit zu verdammen? Mozart selber hat die «aufgehaltene Kadenz» bestimmt für kein bloß munter virtuoses Verbrechen an der Musik gehalten. Sonst hätte er nicht an entscheidender Stelle seiner großen *c-Moll-Messe*, nämlich in das rätselhaft sublime «Et incarnatus est» des Solo-Soprans, eine beredte und lange «Cadenza» für Flöte, Oboe, Fagott und den Solo-Sopran komponiert – zu Gottes Lob.

30. XI. 1991

STREICHQUINTETTE

Aus der Schule zu plaudern gilt als indiskret. Aber hier soll auch nicht *geplaudert*, sondern aus einer Hochschule *geklagt* werden. Bei der letzten schriftlichen Abschlußprüfung wurde über vierzig tüchtigen, jungen Musikern – werdenden Solisten, Komponisten, Instrumentallehrern, die alle jahrelang studiert hatten – als ein stilistisch zu bestimmendes Tonbeispiel auch die Exposition des ersten Satzes von Mozarts *C-Dur-Streichquintett KV 515* vorgeführt. Viele unter ihnen erkannten, daß das Stück von Mozart und offenbar ein Streichquartett sei. (Manche meinten, es habe sich um Beethoven oder gar Schubert gehandelt.) Doch nicht ein einziger Prüfling wußte, daß es sich um ein Streich*quintett* des späten Mozart gehandelt habe!

Grund: Die Gattung Streichquintett ist im Musikleben unterrepräsentiert. Es gibt keine berühmten Quintett-Vereinigungen, sondern nur treffliche Streich-Quartette. Kammermusik wird im Rundfunk verhältnismäßig selten gebracht, weil die Hörer angeblich Symphonien, Klavierkonzerte, Opernarien vorziehen. Da nun aber Streichquartett-Ensembles nur in Ausnahmefällen sich mit einer zweiten Bratsche zusammentun (sie müssen kalkulieren, ob es dafürsteht, ein Honorar durch vier oder durch fünf zu teilen), kommen hochqualifizierte Aufführungen von Streichquintetten selten vor.

Streichquintette

Nun gibt es aber Gott sei Dank Kammermusik-Freaks, vor denen man sich lächerlich macht, wenn man lautstark mitteilt, was sie alle längst wissen: daß die sechs oder sieben Streichquintette Mozarts (*Kleine Nachtmusik* und das *Klarinettenquintett KV 581* sind auch Quintette, aber in anderer Besetzung) die spirituellste, reichste und erlesenste Musik Mozarts darstellen.

Die jüngste repräsentative Gesamteinspielung der Mozart-Quintette stammt vom Guarneri-Quartett – Arnold Steinhardt, John Dalley, Violinen; Michael Tree, Bratsche; David Soyer, Cello – mit seltsamerweise dreimal wechselnden zweiten Bratschen: Ida Kavafian, Steven Tenenbom, Kim Kashkashian. Es handelt sich um offenbar korrigierte, kaum durch Huster versehrte Mitschnitte von Live-Konzerten.

Bereits die Interpretation des sehr frühen ersten *Quintetts KV 174* macht deutlich, was den Guarneri-Musikern wichtig ist: Sie begreifen die Mozartschen Quintette nicht als erweiterte Quartette, sondern trotz des kammermusikalischen Gepräges als gleichsam symphonische, unerschöpflich neue Klangkombinationen vorführende Mozart-Musik.

Nun kann man bei der Betrachtung der Ensembles Mozartscher Opern bemerken, daß Mozart um so mehr an Einfällen, Abweichungen, Dunkelheiten und Glanzlichtern bietet – je größer die Besetzung ist, je mehr sie fordert. Das Quartett aus dem *Idomeneo*, das Abschieds-Quintett aus *Così*, das Sextett aus dem *Don Giovanni* belegen es… So konfrontiert bereits das *B-Dur-Streichquintett* des 17jährigen Mozart mit erstaunlichen, die frühen Quartette übertreffenden Klangkombinationen. Zwei aus den fünf Streichern immer wieder changierend zusammengefügte Ensembles – ein von der ersten Violine und ein von der ersten Bratsche geführtes – scheinen konzertant ineinander verschränkt. Bereits im Kopfsatz macht Mozart etwas, was er später im langsamen Satz der *Sonate für zwei Klaviere* wiederholt: Im Augenblick höchster Spannung erscheint – objektiv und wunderbar magisch wirkend nach einem Unisono der beiden tiefsten Instrumente – eine gleichsam «kahle» Kadenz. Das Es-Dur-Adagio setzt mit einer tiefen, ostinatohaften Achtel-Bewegung ein, zu der dann eine erhabene, hochgesetzte Melodie tritt. Im Finale verblüfft der 17jährige Komponist mit einer angedeuteten zweiten Durchführung in der Reprise. Bereits im Frühwerk ist alles das da – wahrscheinlich, weil sich Mozart im Genre Streichquintett

Wolfgang Amadeus Mozart

völlig frei, also auch nicht von Haydns verpflichtendem Streichquartett-Vorbild, eingeengt fühlte.

Das mehrere Jahre später komponierte *c-Moll-Quintett KV 406* ist ein Original (also ein Streichquintett von Mozarts Hand) und doch keines: Hier hat Mozart aus Gründen, über welche sich die Forscher streiten, seine herbe Bläserserenade zum Streichquintett umgeschrieben. Das Moll-Menuett (in einer Serenade!) enthält kunstvollste kanonische Finessen; Kopfsatz und Finale vibrieren von düsterer Passion.

Des Guarneri-Quartetts dramatisch-kompakter, Mozart gleichsam im fordernden Geiste Beethovens interpretierender Zugriff (der wirklich jede unangebrachte Verzärtelung verbannt aus Respekt vor Mozarts Gewalt sowie aus dem allzu begreiflichen Wunsch, stets «fesselnd» zu interpretieren) wird hier zur Massivitäts-Gefahr. Demgegenüber spielt das Stuttgarter Melos-Quartett (Wilhelm Melcher, Gerhard Voss, Hermann Voss, Peter Buck) in seiner 1988 veröffentlichten Aufnahme mit dem Bratschisten Franz Beyer dieses *c-Moll-Quintett* schlanker, atmender, verhaltener, also kammermusikalischer.

Von den nun folgenden vier Streichquintetten, die Mozart im April 1787 (*C-Dur*), im Mai 1787 (*g-Moll*) und dann zwölf beziehungsweise acht Monate vor seinem Tod komponiert hat, muß man leise reden – wie von Mirakeln. Das *C-Dur-Quintett KV 515* ist vielleicht das erlesenste, in seinem Abstand vor aller irdischen Banalität schönste von allen. Die Zartheit, mit der Mozart hier geistvolles Dur zugleich bietet und depressiv versehrt, die Genialität, mit der er im Menuett aus bloßen Erweiterungen, «Verlängerungen» des thematischen Materials Elevationen gewinnt, mit der er im Finale luftige Gestalten und chromatische Entfaltungen aneinander wachsen läßt, macht dieses Stück zu einem Chef d'œuvre, dessen Ernst den Guarneris offenbar noch besser liegt als sein abgründiger Charme.

Das *g-Moll-Quintett KV 516*, das berühmteste von allen, wurde sogleich erkannt als Bekenntniswerk, als Verzweiflungsmusik, als unvergleichlich herbe Klage, die sich durch die ersten drei Sätze zieht bis zur grandiosen Adagio-Einleitung des dann seltsam munter-virtuos aufspielenden Finales. So ausdrucksvoll das Guarneri-Ensemble alles Finstere und Dramatische auch gestaltet: bei jener abgründigen Adagio-Einleitung gelang die Interpretation des Melos-Quartetts noch zutreffender und schöner. Die Melos-Leute, die das

Streichquintette

Adagio langsamer nehmen, lassen eine wunderbare Scheu mitklingen, ein Sich-nicht-Aufspielen selbst der tiefsten Depression. Und dem «Dur»-Allegro danach vermögen die Interpreten etwas seltsam Uneigentliches, gleichsam Ungültiges mitzugeben, während die Guarneris brillant loslegen.

Des Guarneri-Quartetts fesselndste Interpretation dürfte die des *D-Dur-Quintetts KV 593* sein. Großartiger kann man sich die Einleitung zum ersten Satz (sie kehrt am Ende tiefsinnig erweitert wieder) schwerlich vorstellen: Mozart scheint hier den berühmten langsamen Anfang von Beethovens *Sturmsonate* vorwegzunehmen – nur daß er unvergleichlich viel mehr bietet an Stufen harmonisch-chromatischer Dialektik. Überhaupt ist das *D-Dur-Quintett*, in dessen letztem Satz der Komponist sublim auf eine Steigerung des polyphonen Finales der *Jupitersymphonie* anspielt, ungemein kunstvoll, ja «raffiniert», komponiert. Man spürt – zumal im Kopfsatz –, daß Mozart sich überhaupt nicht mehr an die Normen des Streichquartetts gebunden fühlt und auch nicht mehr an sein Wiener Publikum denkt – das dann ja auch nicht daran dachte, sich seinerseits für die von Mozart der Öffentlichkeit zur Subskription angebotenen Quintette zu interessieren. (Erst Schubert kam ein paar Jahrzehnte später in der Reprise des Kopfsatzes seines *C-Dur-Streichquintetts* auf den Anfang von Mozarts *C-Dur-Quintett* zurück.)

Das letzte der Mozartschen Streichquintette, *Es-Dur KV 616*, klingt absichtsvoll klassizistisch. Es wirkt wie eine ätherische Verklärung von Haydn und Boccherini. Reizvolle, melodische Musik, aber vielleicht doch nicht ganz so reich, so ambitioniert, so tiefgründig wie die vorherigen.

17. XI. 1989

Ludwig van Beethoven

Überdruß wirkt so gewitzt. Beethoven – «man kann es nicht mehr hören», sagt man. «Er wird zu Tode gefeiert», sagt man, sagen wir alle. «Alle Aufführungen der 5. *Symphonie*», so sagen die ganz Gewitzten blinzelnd, «müßten eigentlich verboten werden» – warum eigentlich *eigentlich*? «Für fünf Jahre zumindest», sagt man wiederum gewitzt. Als wäre nicht Gewitztheit gegenüber einem so unfaßlich reinen, gesteigerten, noblen, gefühlsstarken Genie die unangemessenste, die witzloseste Haltung. Übrigens diejenigen, die die 5. *Symphonie* am liebsten mit einem Bann belegt sähen, so daß ein heute 15jähriger sie bis zur Volljährigkeit nicht in sich aufnehmen könnte, ob sie wirklich in all ihrer Gewitztheit begriffen haben, was diese Symphonie außer dem Klopfmotiv, dem grellen «per aspera ad astra» sonst noch alles birgt? Ob sie eine witzige oder auch ernste Erklärung wissen für die merkwürdig synkopische, seltsam ironische Beschleunigung am Ende des langsamen Satzes, für das fast verjazzte Zwielicht, das entsteht, weil zwei so charakteristische Instrumente wie Fagott und Oboe da einen ironischen, seltsam schnöden Dolce-Dialog halten? Was hat dieser Dialog wohl mit Nacht und Licht zu tun, mit As-Dur-Weihe, mit napoleonischer Gebärde und germanischem C-Dur-Rausch am Ende?

Kennen die Spötter, was sie verspotten und was selber, nicht ohne verborgenen Spott, seltsame Rätsel aufgibt?

Andere beschwerten sich ernster. Die chinesische Presseagentur Hsinhua fand, kulturrevolutionär gestimmt, Beethovens Werke «dienen samt und sonders der reaktionären Klasse, verwischen den Klassenkampf, propagieren Lebensschmerz und verbreiten im werktätigen Volk leere Illusionen». Das klang, schon vor Jahren, bedrohlich. Aus dem Ostberliner *Neuen Deutschland* läßt sich freilich eine positivere Auskunft, gleichsam als Antwort auf diesen Vorwurf, zitieren: «In Beethoven verehren wir den unerschrockenen Kämpfer für den Fortschritt... Was er für die Zukunft vorausahnte und erstrebte, das wurde durch die Große Sozialistische Oktober-Revolution, durch die Sowjetmacht Wirklichkeit.»

Überdruß hat sich im Beethoven-Jahr vielfach und fein niedergeschlagen. Mauricio Kagel, der vierzigjährige, Beethoven gegenüber

Ludwig van Beethoven

beneidenswert unbefangene Komponist, drehte einen Film mit dem Titel *Ludwig van*... . Es war fabelhaft, wie frei Kagel mit Beethoven spielte. Versehentlich geriet ihm das Werk denn doch zur versteckten Huldigung. Nichtssagend war dabei die Kritik am Beethoven-Rummel, am Beethoven-Haus, an den Führungen durch Bonn und Umgebung. Im übrigen gelang es Kagel, mittels boshafter oder auch erfinderischer Uminstrumentation bekannter Beethovenscher Themen und Stellen eine produktive Verfremdung zu erreichen. Ähnliches gilt auch für Kagels große Montageschallplatte *Ludwig van*..., die albern immer dort ist, wo Beethoven-Themen sich undeutlich überdecken, als habe man im Autoradio mehrere Stationen zugleich erwischt – aber aufregend doch dort, wo Beethovens Gesten gleichsam herausgerissen erscheinen. Herausgeholt aus dem Bild, aus der Statue, aus dem Kontext, der sie sonst nur allzu verständlich macht. Herausgebrochen aus jener komponierten Architektur, in der alle diese Gedanken und Themen zugleich behaust, aber auch domestiziert erscheinen.

Krieg er wirklich von jener wilden Naivität, wie es Grillparzer, der 21 Jahre jünger war als Beethoven und ihn liebte, formuliert hat? Oder war er wirklich jener erste freie, selbständige, sich aller Welt gleichberechtigt entgegenstemmende, wenn nicht sogar überlegen fühlende Musiker? Ein Revolutionär, aber auch ein elitärer Verächter der Masse und ihres Geschmacks. Ein geistiges Produkt der Französischen Revolution; aber umstandslos dazu bereit, sich ohne jedes schlechte Gewissen vom musiknärrischen Wiener Adel unterstützen zu lassen, von demselben Adel, den Beethoven freilich wiederum bis hinauf zu den allerhöchsten Vertretern heftig beschimpfte. Feige Freunde vernichteten nach seinem Tode unersetzliche Materialien, damit nicht zutage käme, wie kritisch dieser Musiker über die Allerhöchsten gedacht habe.

Dieser «wilde» Naive war frei und klug. Er war theaterkundig, politisch interessiert, sehr belesen. In zeitgenössischer Literatur und erst recht in den Klassikern kannte er sich aus. Wer seine oft derben Sprachscherze als Zeichen einigermaßen peinlicher Roheit mißversteht, der weiß einfach nicht, daß Beethoven Goethes *West-östlichen Divan* mit dem Bleistift studiert hat, Zeile um Zeile unterstreichend, daß er Shakespeare-Kenner war, daß er die *Odyssee* verehrte. Seine Altersfreude habe darin bestanden, daß der Neffe Karl (worauf dieser unglückselige Onkel stolz war) «die drei letzten Wochen jeden Tag 110 Verse aus dem ‹Homer› ins Teutsche übersetzt hat... Sie können

Ludwig van Beethoven

ihm ein Rätsel auf Griechisch aufgeben, wenn sie wollen.» Beethoven hat sich peinlich exakte Aufzeichnungen über Bücher, Ausgaben, Bandzahl, Auflagen, Preise, Buchhandlungen, Antiquare gemacht. Möglicherweise war er durch seine Taubheit zu gesteigerter Lektüre gezwungen.

Für das, was er von sich selber hielt, spricht folgendes Zitat. Er hat gegenüber seinem Jugendfreund Amenda bekannt: «Ich betrachte Zmeskall und Schuppanzigh als bloße Instrumente, worauf ich, wenn's mir gefällt, spiele; aber nie können sie volle Zeugen meiner innern und äußern Tätigkeit, ebensowenig als wahre Teilnehmer von mir werden; ich taxiere sie nur nach dem, was sie mir leisten.» Man kann über den Hochmut dieses Zitats erschrecken – aber man sollte doch mitten im Schrecken noch feststellen, wie geschickt Beethoven hier Hamlets Gespräch mit Güldenstern variiert hat. Hamlet sagt: «Denkt Ihr, daß ich leichter zu spielen bin als eine Flöte... Ihr wollt auf mir spielen. Ihr stellt Euch, als kennet Ihr meine Griffe...» Dergleichen baut ein Beethoven nebenher in seine Sätze ein.

Alle diese Hinweise mystifizieren ihn wahrscheinlich schon: ihn, der schon zu Lebzeiten ein Mythos war, bei dessen Begräbnis angeblich halb Wien auf den Beinen gewesen sein soll. Wer weiß, ob nicht jener Joseph Carl Rosenbaum die kümmerlich richtige Wahrheit geschildert hat, auf dessen bestürzend nüchterne Tagebuchnotiz jüngst noch Carl Dahlhaus hinwies. Rosenbaum hatte die Uraufführung der 9. *Symphonie* gehört. Er schrieb sich auf: «Schön, aber langweilig – nicht sehr voll... Viele Logen leer – vom Hofe Niemand. Bey dem großen Personale wenig Effekt – B.'s Anhänger lärmten, der größere Theil blieb ruhig, viele warteten nicht ab.» Dahlhaus zitiert dazu Musil, der folgendes feststellte: «So also sieht Weltgeschichte aus der Nähe aus. Man sieht nichts.»

Es ist natürlich kein Zufall, daß über Beethoven so unendlich viel gesprochen, spekuliert, psychologisiert und polemisiert wird; denn seine Musik selbst scheint zu sprechen, etwas auszusagen, ihre Rätsel zu formulieren und auf Lösungen oder Antworten zu drängen. Man kann das nicht passiv oder mit interesselosem Wohlgefallen anhören, ohne Leidenschaft für oder gegen den, der da ohne Worte «redet». Aber die Folge davon ist trotzdem: es wird nur allzuleicht über Gerede geredet und nicht über musikalische Sach- bzw. Tonverhalte.

Zunächst erlaubt das Beethoven-Jahr in diesem Zusammenhang eine eher kleinlaute Anmerkung. Es ist 1970 nicht allzuviel erschienen im Bezirk der Beethoven-Literatur, was über biographische

Ludwig van Beethoven

Studien, Dokumentensammlungen, Bildbände und so weiter hinausreicht. Man sagt immer so gedankenlos, die Literatur sei unübersehbar, viel zuviel existiere, Bibliothekswände seien bedeckt. Aber wenn man dann eine wirklich hilfreiche Monographie nennen soll, wenn jemand beispielsweise vom großen *B-Dur-Trio Opus 97* ergriffen ist und etwas Erklärendes, etwas über Konzertführer-Weisheiten Hinausreichendes wissen will, dann verflüchtigt sich die Fülle, dann gibt es nur wenig, worauf man bauen kann. Alle möglichen Biographien, Romane, Festartikel oder Huldigungen stehen herum – und schweigen im Chor. Und jeder Neugierige glaubt wieder, er müsse fast von vorn anfangen.

Daß aber ein jeder von vorn anfangen muß, nein, auch will, hängt nicht so sehr mit der besonderen Qualität als vielmehr mit der besonderen Art der Beethovenschen Werke zusammen. Joseph Haydn, der ja für kurze Zeit Beethovens Lehrer gewesen ist, war gewiß ein Genie obersten Ranges. Haydns Streichquartette, seine späten Symphonien, seine *Schöpfung*, sein formproduktiver Impuls belegen, daß er ein so großer Komponist war wie nur irgendeiner. Gleichwohl verspürt man beim Anhören eines späten Haydnschen Quartetts oder einer großen Haydn-Symphonie ganz offenbar doch nicht in jenem Maße den Drang zu deuten, «dahinterzukommen», dramatische Zusammenhänge aufzudecken. Es liegt an Beethoven selber und nicht nur an der Redseligkeit seiner Bewunderer oder Analytiker, daß sie sich von den sprechenden Rätseln der Beethovenschen Ausdrucksmusik frei machen möchten, indem sie sie lösen.

Beschriebene Musik ist etwas anderes als ein erzähltes Mittagessen. Natürlich nur dann, wenn der Beschreibende mehr zu sagen hat als: welche Modulation wann eintritt und welches Thema dann noch einmal erscheint und was an dieser oder jener Stelle der Fall ist. (Es wäre ja auch eine arme Kunst literarischer Interpretation, die Grammatik eines Autors nachzustammeln: herauszufinden, daß Klopstock Komparative benutzt, ohne sich eigentlich auf Positive zu beziehen, daß Brecht Partizipien bevorzugt und so weiter.) Doch wenn es gelingt, aus dem jeweiligen Verlauf der Töne eine binnendramatische Struktur herauszuhören, herauszulauschen, dann hat man die begriffslose Wahrheit großer Musik zwar nicht etwa auf einen Begriff gebracht, der wahr wäre – aber man hat die logische, überraschende und in jedem Werk andersartige prozessuale Wahrheit einer Beethovenschen Entwicklung beschrieben. Man hat dann der «Sprache» Beethovens... Sprache gegenübergestellt. Aber was ist das nun

Ludwig van Beethoven

eigentlich, dieses Sprechende der Beethovenschen Musik? Ich möchte da zunächst an eine Definition von Georgiades erinnern, der einst den Unterschied zwischen der Mozartschen und der Bachschen Tonsprache folgendermaßen definierte. Georgiades schrieb: «Denken wir an Bach, zum Beispiel an den Beginn des 5. *Brandenburgischen Konzertes*: man hat den Eindruck, daß hier das Stück, nachdem es durch einmaligen Krafteinsatz in Bewegung gebracht worden ist, gleichsam von selbst abrollt. Bei Mozart... tauchen während des Ablaufs der ersten sieben Takte der *Figaro*-Ouvertüre unvorhergesehene Kräfte auf, gleichsam aus dem Nichts, nicht kausal begründbar, die in das Geschehen gestaltend eingreifen... Die sieben Takte der *Figaro*-Ouvertüre bilden nur äußerlich eine einheitliche Linie. In Wirklichkeit ist diese ‹Linie› aus mehreren kleinen Gliedern, ich möchte sagen: aus mehreren Splittern, ‹Fetzen› zusammengestellt.»

Dieses Fetzenhafte, dies scheinbar Zersplitterte, aus immer neuen Impulsen, die abwechselnde Energien vorführen, Zusammengesetzte drückt sich in Beethovens Musik, die mehr sein will als Spiel, auch wenn sie noch nicht Rezitativ oder Begriffssprache ist, als Sprachähnlichkeit aus. Bei Beethoven drängt und entfaltet sich das um eine entscheidende Stufe beredter, artikulierter, verständnisheischender noch als bei Mozart. Seiner *Bagatelle Opus 33 Nr. 6* gab er folgende Spielanweisung: «Con una certa expressione parlante» (Mit einem gewissen sprechenden Ausdruck). Aber bereits seine erste *Sonate für Klavier* führt in ihrem ersten Satz vor, wie dieses Prinzip sich in musikalischen Ausdruck umsetzt. Der erste Takt der Sonate wird sequenzartig wiederholt, jedesmal etwas lauter, etwas stärker gesetzt. Die kadenzierende Fortspinnung wird gleichfalls dreimal wiederholt, auch jedesmal etwas drängender. Das erstemal spielt die linke Hand einen Ton, das zweitemal Terzakkorde, das drittemal die gleichen Akkorde, aber da hat die rechte ihre Melodie zur Oktave verdoppelt. Am Schluß des flüssig und gedrängt ablaufenden Hauptsatzes steht ein Nachspiel, eine Art Coda. Klagende Vorschläge leiten einen expressiven Gedanken ein. Auch das wird dreimal wiederholt, immer dramatischer, immer wilder auffahrend. Das unübersehbare, aber auch unüberhörbare Prinzip des «Du mußt es dreimal sagen» – das ist nichts weniger als mechanische Wiederholung, sondern genau das Gegenteil davon: nämlich sprechende, drängende, den selbstverständlich flüssigen Ablauf zerbrechende, in Musiksprachform umsetzende Steigerung. Dieses Deklamationsprinzip beherrscht den Satz.

Ludwig van Beethoven

Aber nicht nur solche mikrokosmischen Sachverhalte weisen aufs Sprachähnliche der Beethovenschen Musik hin. Auch in den langsamen Sätzen seiner frühen Klavierkonzerte finden sich jene merkwürdig ausdrucksvollen, rezitativähnlichen Girlanden, die noch einiges mit Mozartscher Konvention zu tun zu haben scheinen. Doch an diese Konvention denkt niemand mehr, wenn später, in den *Fantasiesonaten Opus 27 Nr. 1* und *2*, koloraturartige Rezitative teils das Finale einleiten, wie in der *Es-Dur-Sonate*, teils, wie im letzten Satz der sogenannten *Mondscheinsonate*, als ungeheure Katalysatoren erstarrender Energie in zwei leblose Adagio-Oktaven absinken, die vor dem Presto-Ende mitten in dieses wahnsinnsnahe Finale eingebaut sind. Oder wer erinnerte sich nicht jener wohlvorbereiteten und doch überraschenden Oboenstelle im ersten Satz der *5. Symphonie*, wo die Oboe während der wüst-logischen Ekstasen des Achtelmotivs plötzlich im Adagio allein sich ausspricht, einsam wie eine Stimme im Weltall.

Das berühmteste Beispiel für dieses sprachliche Über-sich-selbsthinaus-Drängen eigentlich sprachloser Musik bieten zwei Werke, die viel miteinander gemein haben, nämlich die *Klaviersonate Opus 31 Nr. 2* und die *9. Symphonie Opus 125*. Beide Stücke stehen in d-Moll, beide Werke haben ein B-Dur-Adagio, in beiden Werken drängt die Musik demonstrativ rezitativisch über sich hinaus, in beiden wird das Hauptthema nicht vorgeführt, sondern man hört es entstehen. In der *9. Symphonie* (die für Bruckners Symphonik ebenso vorbildlich war wie für Wagners Tondramen) bildet sich das Hauptthema gleichsam aus einem Funken, der aus dämmerndem Zwielicht alsbald zur Gestalt wird. Die *d-Moll-Klaviersonate* beginnt mit einem gebrochenen Dreiklang, läßt langsam ein Hauptthema entstehen, das selber ein dramatischer Kontrast ist. Das dialogische Prinzip führt hier tief in die Musik hinein. Normalerweise versteht man unter der Formel vom Dialogprinzip, daß das Seitenthema oder der Seitensatz anders beschaffen sei als das Hauptthema, kontrastierend anders. In der *d-Moll-Sonate* ist der dramatische Dialog in den Hauptsatz selbst gesenkt.

Ein sanftes Piano-Motiv antwortet dem Baß-Forte zweimal nacheinander, wird allmählich, in dramatischer Reduktion, zu einem Aufschrei, nämlich zu einem einzigen Sforzato-Ton komprimiert, der einem gleichfalls komprimierten Baßakkord antwortet. Die Durchführung bringt dann keine frei meditative Phantasie über Themen, sondern sie ist, eigentlich ausnahmsweise, wahrhaft drama-

Ludwig van Beethoven

tisch und gesteigert. Sie führt das Spiel aus Frage und Antwort nicht nur im Forte, sondern im Fortissimo weiter, einfach lapidar, unwiderstehlich. Die Spannung wird so intensiv, daß die Musik an den Rand des ihr Möglichen gerät und darauf rätselhaft reagiert. Wie kann Musik nach einer solchen Steigerung weitergehen, fragt sie sich selber, was drängt da zum Ausdruck? Es ist, als ob stumme Natur unmittelbar redete, wenn mitten in diesem Sonatenzusammenhang plötzlich ein klagendes Rezitativ hörbar wird. Wohlbekannte Allegro-Takte unterbrechen es, das Rezitativ wiederholt sich, drohende Pianissimo-Akkorde, die aus einer Verdi-Oper sein könnten, unterbrechen noch einmal, Passagen antworten, Akkorde steigern sich, werden zu Detonationen, bis endlich wieder das bekannte Gefilde des Sonatenhaften erreicht wird.

Der Weg von da zum Orchester-Rezitativ im letzten Satz der *9. Symphonie* ist nicht weit. Und auf diese Noten wird dann ja bald das Baritonsolo folgen, «O Freunde, nicht diese Töne». Kein Wunder, daß Richard Wagner seine Tondramen als Fortsetzung der *9. Symphonie* empfand; aber auch Liszts Programmmusik für Orchester beziehungsweise für Klavier hing mit dem Sprachelement der Beethovenschen Komposition zusammen. Und wenn man jetzt sich vor Augen hält, daß Beethoven auf die vorlaute Frage nach dem Sinn zweier Sonaten die Antwort gab: «Lesen Sie Shakespeares *Sturm*», dann ist der Interpretationsfreude wirklich keine Grenze mehr gesetzt. Sollte der gebrochene Akkord des Anfangs etwas von mystischer Beschwörung haben? Man könnte dann ohne weiteres Herrn Prospero, dem Ariel und wohl auch der Miranda irgendeine Rolle zuweisen in Beethovens Sonaten-Kosmos. Nur bei Caliban wird die Sache schwieriger, obwohl andererseits gerade dieses Shakespearesche Ungeheuer merkwürdigerweise hinreißend schöne Worte über die Musik der Zauberinsel findet.

Wenn Instrumentalmusik dramatisch zu sprechen versucht, nimmt sie unmittelbar etwas Theatralisches an, was hier übrigens fast wertfrei verstanden werden möge. Theater «an sich» ist ja weder etwas Schlechtes noch etwas Unkünstlerisches. Immerhin hat wohl bis zu Beethoven kein Komponist heroische Zusammenbrüche so minuziös auskomponiert, wie es etwa am Schluß der *Coriolan-Ouvertüre* geschieht, wenn das Hauptthema immer langsamer, glasiger, leiser und starrer zerfällt, oder wie es am Schluß des Trauermarsches der *Eroica* geschieht, wo man gleichsam dem Verenden eines Themas beiwohnt, das nicht mehr weiterkann, das sich auflöst, stöhnt und erlischt. Ähnliche Auflösungen am Anfang wohlgeformter Themen lassen sich auch schon im Largo der frühen *D-Dur-Sonate Opus 10 Nr. 3* oder selbst im Arioso der vorletzten *Sonate Opus 110* aufweisen.

Wie gesagt, etwas Theatralisches mag solchem Stöhnen und Verenden, solchem Langsamerwerden und Ersterben durchaus innewohnen. Ungeheuerlicher, wenn auch schwerer aufweisbar sind jene anderen Zusammenbrüche, die nicht auf einer Sonaten-Bühne vorgespielt werden, sondern die die Form der Sonaten-Bühne selber berühren. Die *Appassionata* wird förmlich zum Paradigma für eine überlebensgroße Zurücknahme überlebensgroßer Dramatik. Hier hat Beethoven selber die Widerlegung, die Antithese, das Brüchigmachen, Aushöhlen, Verbrennen jedweder sonatenüblich positiven Selbstdarstellung prozessual vorgeführt.

Spitzes Pointieren, derbe Motorik, elegische Klangfarben und titanischer Gestenreichtum treffen in der *Appassionata* nichts, sie verbiegen das Stück in fabelhafte Leidenschaftsmusik, die keinen Menschen verstört. Um den Dirigenten Hermann Scherchen von allzu raschem Tempo abzuhalten, hat Arnold Schönberg einmal mit dem Scharfblick des schöpferischen Musikers über sogenannte «Leidenschaft» reflektiert. «Leidenschaft», schrieb er, «das können alle! Aber Innigkeit, die keusche, höhere Art der Gefühle, scheint den meisten Menschen versagt zu sein. Das ist ziemlich begreiflich, denn das ihr, der Innigkeit, zugrundeliegende Gefühl muß empfunden und nicht bloß dargestellt werden! Deshalb haben auch alle Komödianten Leidenschaft, und nur ganz wenige haben Innigkeit!...»

Weil Beethovens Musik, von allem anderen abgesehen, ein Muster nahezu unfaßlicher kompositionslogischer Intelligenz ist, fordert sie geradezu, auf solche Prozeßmodelle hin durchröntgt zu werden. Beim frühen Beethoven kann man manchmal beinahe amüsiert beobachten, wie unmöglich es dem logischsten aller Komponisten ist, irgendwelche Gedankensprünge, Innovationssprünge und dergleichen zu machen.

So sind gewisse Überleitungen im Rondo der frühen *Es-Dur-Sonate* beinahe pedantisch, Sequenz folgt auf Sequenz, wird abgewandelt, erweitert, die Erweiterung wird variiert, verdoppelt, beschleunigt. Jeder Schritt folgt absurd logisch dem vorigen: Es wirkt wie musikalischer Argumentationszwang. Und gerade darum sind, gleichsam als Kontrast zu diesem Argumentationszwang, die jähen Sforzati, die überraschenden Ausbrüche nichts weniger als wohlfeile stilisierte Temperamentsübungen: sie sind Ausdruck subjektiver Freiheit. Pointiert ausgedrückt: Der Choleriker fährt dem Mathematiker dazwischen – aber einer könnte nicht ohne den anderen bestehen.

Hält man sich alles das vor Augen, dann sind die geläufigen Arten, vom Schöpfer, vom positiven Pathetiker Beethoven zu reden, wirklich nur noch Redens-Arten. Mit diesen Redensarten hat sich ein Jahrhundert einen Götzen zu bilden versucht (ein Jahrhundert übrigens, das man nicht unterschätzen darf, weil es das 19. war, das neben der Leidenschaft für große Gebärden und genialische Naturen immerhin auch die Leidenschaft besaß für das präzise, bescheidene, demütig-philologische Erfassen von Sachverhalten, von Gegebenheiten).

Aber auch die Redensart vom titanischen Rebellen und Formzertrümmerer trifft keinen Sachverhalt. Selbst in der riesigen *Hammerklaviersonate* ist alles aufs ungeheuerlichste, aufs staunenswerteste durchgeformt. Wie das *cis-Moll-Quartett*, wie die *9. Symphonie*, wie die *Große Fuge* für Streichquartett erweisen, besitzt Beethoven ein geradezu maßloses inneres Maß. Nie beseitigt er die musiklogische Konvention, sondern immer nur die konventionellen Seiten dieser Konvention. Er geht an die Grenze des angeblich Möglichen, er weiß, daß er es tut, und er überschreitet sie gelegentlich. Aber er tut es nicht als Anarchist. Denn der Anarchist läßt ja überhaupt keine Grenzen gelten und gerät ins Niemandsland formloser Unverbindlichkeit. Beethoven aber benutzt den Widerstand einer zum Äußersten gespannten Formstruktur. Dazu gehört Mut. Zum Formzertrümmern genügt Unmut.

Zu einem an Wahnsinn grenzenden Ausbruchsversuch kommt es freilich am Schluß des Adagios der *Hammerklaviersonate*. In diesem Stück spielte gemessene Tonwiederholung im dritten Themenkomplex eine Rolle. Kurz vor Schluß wird diese Wiederholung gesteigert. Aber was heißt gesteigert? Sie wird zur wahnsinnigen Entladung gebracht, weit über zehnmal wiederholt, die Kraft soll größer, die Begleitung bis zur Zweiunddreißigstel-Sextole rascher werden. Es ist, banal gesagt, als ob ein Gefangener gegen die Wand eines einzigen Tones anstürmt, sich wahnsinnig quält.

Was nun im Adagio der *Hammerklaviersonate* folgt, ist ohne Vergleich. Es folgt der Zusammenbruch ebendes Adagio-Hauptthemas. Beethoven schreibt ein nicht weniger als sechs Takte dauerndes Ritardando vor: Sechs Takte, das ist eine Dreiviertelminute Langsa-

Ludwig van Beethoven

merwerden des ohnehin schon ungeheuer Langsamen! Die Musik kommt zu einem geisterbleichen Stillstand. Sie hört auf. Sie kann nicht mehr. Vollkommene Einsamkeit – man darf an Samuel Beckett denken, der eine seiner Dramenfiguren sagen läßt: «Die Erde könnte unbewohnt sein.» Dieser Satz führt zum langsamsten Zerbrechen, das Musik je aus sich entlassen hat, führt zu einem Rätselakkord, dem eine Kantilene folgt, die den Versuch macht, hier noch zu trösten. Und die dann einsetzende Improvisation samt Fuge scheint wie eine Antwort auf die Frage: Was kann danach eigentlich noch passieren, wie und wohin soll Musik nun eigentlich noch weitergehen?

Es ist klar, daß alle Beethoven-Freunde diese Frage im Beethoven-Jahr auch stellen, alle diejenigen Beethoven-Freunde, die ihren Heros zum Inbegriff großer Musik machen und ihn damit zugleich, wenn vielleicht auch nicht immer deutlich und mutig, gegen die moderne Musik ausspielen wollen. «Ist das noch Musik?» fragen sie beim jeweils Modernsten und meinen mit dieser scheinheiligen Frage fraglos, daß es eigentlich keine Musik mehr sei. Sie wissen also, indem sie sich auf Beethoven berufen, nur zu genau, was Musik ist und was nicht, und sie vergessen vielleicht, daß Beethovens *Hammerklaviersonate* damals, zu ihrer Entstehungszeit, bestimmt auch als «Keine-Musik-mehr» gegolten hat. Erst in fünfzig Jahren würde man das Stück spielen können, meinte Beethoven damals (und selbst das war eine optimistische Schätzung). Was aber die sogenannten Grenzen dessen angeht, was Musik sei und nicht mehr sei, so hat Beethoven, zwischen *Hammerklaviersonate* und *Missa solemnis*, einen Satz ausgesprochen, den sein Faktotum Schindler gewiß nicht erfinden konnte. Einen Satz, der sowohl die Beethovenianer an die Zukunft als auch die Modernisten an ihre Verantwortung erinnern müßte und den ich darum hier zum Schluß zitieren möchte, weil damit das reaktionäre Gerede von den Grenzen ebenso stumm gemacht wird wie das falsch-progressive Gerede von den vermeintlichen Kühnheiten. Als Schindler sich über einige Kühnheiten des Meisters entsetzt zeigte, gab ihm Beethoven zur Antwort: «Die Grenzen sind noch nicht gezogen, die sich dem Talent und dem Fleiß entgegenstellen, indem sie erklären: bis hierher und nicht weiter.»

12. XII. 1970

Ludwig van Beethoven

FIDELIO

Dieser herrlich exzentrischen, wie kein anderes Kunstwerk von ethischer Glut erhitzten, spannenden und überspannten einzigen Oper Beethovens gegenüber gilt kein «ganz gut», kein entschuldigendes «na ja». *Fidelio* ist eine Herausforderung, der jede Aufführung, zumal jede Festspielaufführung, sich stellen muß. *Fidelio* bedeutet eine Herausforderung für jene Operngenießer, die sich gern an vorehelicher Verliebtheit junger Leute berauschen und hier nun auszuhalten haben, wie die Gewalt ehelicher Liebe ein Drama schließlich bis in seine äußerste Verästelung durchpulst. *Fidelio* bedeutet eine Herausforderung auch für die Ästhetiker des holden Opernscheins, die auszuhalten haben, daß Gefangene und Hungernde nicht nur leiden, sondern auch singen können; so, als ob Kerkerelend sich für musikalische Verklärung eigne. *Fidelio* bedeutet eine Herausforderung vor allem für jene Idealisten, die sich nicht darüber hinwegsetzen wollen, daß eine Oper größter Gefühle zugleich auch eine halbidyllische Biedermeieratmosphäre darbietet, die nicht damit fertig werden, daß da ein Kerkermeister feige und abgebrüht und wenig widerwillig einen Gefangenen verhungern läßt, den Tod des Gequälten als «Erlösung» gutheißt, zwar zum Mord nicht seine Hand reichen möchte, aber doch, not- und autoritätsgedrungen, zu den einschlägigen Vorarbeiten dieses politischen Mordes – und daß der gleiche Mann ein netter Schwiegervater ist, vom Gelde redet, lieber hilft als hinrichtet. Widersprechen sich wirklich das harmlose Privatleben des Gefängnispersonals und die entsetzliche Schaurigkeit des Kerkeralltags? Ein Glück, daß die Musik selbst Hilfe bringen darf. Sowohl indem sie das Gefängnisstück in eine große Oper verwandelt als auch, noch direkter, in Form jener Rettungsfanfare, die alle Hoffnung der Darbenden erfüllt und den uralten Trost ausdrückt, den Musik bedeutet. Von solchen Kräften, Konflikten und Mythen handelt die Freiheits- und Hoffnungsoper *Fidelio*. «Welchen Stumpfsinn brauchte es, in Himmlers Deutschland den ‹Fidelio› zu hören, ohne das Gesicht mit den Händen zu bedecken und aus dem Saal zu stürzen!» hat Thomas Mann gleich nach dem Kriege gefragt. Da, wie in manchen anderen «übertriebenen» Reaktionen auf die *Fidelio*-Herausforderung, schwingt mehr Betroffensein mit als in vielen Opernaufführungen.

14. VIII. 1968

Fidelio

Als sich der Vorhang schloß vor der überwirklichen C-Dur-Helle des *Fidelio*-Finales und vor dem rhythmisch gläubigen Schwung dieses ebenso demonstrativen wie beschwörenden Opernendes, das ich noch nie so ekstatisch und doch sicher, so zweifellos und doch überhetzt gehört zu haben glaube, da dankte das Publikum mit mehr als bloß endlosem Beifall, nämlich mit einem Aufschrei. Die aberwitzige Spannung dieser idealischen Freiheitserfahrung entlud sich auf vielerlei Art. Gwyneth Jones, die den Fidelio mit größter, passionierter Inbrunst gesungen hatte, brach in Tränen aus; Leonhard Bernstein, dem eine äußerste Steigerung zu danken war, weit hinaus über seine Wiener *Missa solemnis* des Vorjahres, umarmte den Regisseur Otto Schenk, der das zwar – als wahrer Held des Abends – durchaus verdient hatte, aber doch etwas verdutzt wirkte. Alle spürten, daß etwas Besonderes geschehen sei. Und so leicht wird man in einem *Fidelio*-Publikum auch nicht Christa Ludwig und Birgit Nilsson sitzen sehen. Weit hinaus über alle halbgelungenen oder anfechtbaren *Fidelio*-Aufführungen zumindest des letzten Jahrzehnts, die meist entweder die *Fidelio*-Welt mit unsinnig dissoziierenden Bühnenbildern zerstörten oder die Oper mit der dritten *Leonoren-Ouvertüre* symphonisch deklassierten, ist hier ein neuer Standard gesetzt worden. Diese denkwürdige Darbietung im Theater an der Wien rechtfertigt lange Reisen.

Man muß mit dem Ort der Handlung anfangen: mit dem Theater an der Wien. Ein relativ kleines Haus. Unmittelbare Folge: Musik wird nicht irgendwo in weiter Entfernung gemacht, sondern sie ist jedem Zuhörer ganz nah. Sie ist unausweichlich (wie im Beatschuppen), sie ist dringlich, direkt, frontal – aber ohne jene falsche akustische Perspektive, die sich in Riesenopernhäusern natürlich immer herstellt, wenn man ganz vorne sitzt.

Für die Gedenkjahrsaufführung hatte das folgende Vorteile, um die wir Zuhörer (ebenso wie Beethoven) in den großen Opernhäusern unvermeidlicherweise betrogen werden: Die angeblich platte Singspielhandlung ist plötzlich nicht mehr platt. Marzelline, anfangs beherrschender Mittelpunkt (Lucia Popp), will sich mit dem einen (Fidelio) verloben, den anderen (Jaquino) stößt sie zurück. Das ist für sie und die Betroffenen keineswegs unwichtig, weil man ja nicht weiß, weder wissen will noch zu wissen braucht, daß man nur Beiwerk ist. Warum soll dem gemütlich feigen Kerkermeister Rocco (Franz Crass), den Schenk in einen gutmütigen, aber nicht völlig charakterlosen, spanisch-qualtingerhaften «Herrn Karl» verwandelt hatte, sein bürgerliches Privatleben nicht alleinseligmachende Hauptsache sein? Mit den Gefangenen hat er – leider, leider – ja tagtäglich zu tun. Er hat sich gewöhnt, er nimmt Mordgeld nur an, wenn er nicht morden, sondern höchstens Beihilfe zu einem Mord leisten muß. Günther Schneider-Siemssen hat noch nie so überzeugende Bühnenbilder gebaut wie für diesen *Fidelio*. Das erste Bild – der Hof des Staatsgefängnisses – ist eine nette private Enklave in einem Riesenareal aus sichtbaren Mauern, aus Gitterwerk und Finsternis. Schneider-Siemssens Trick: Er benutzt dafür nicht nur ein Seitenstück der Bühne, sondern den (singgerechtesten) ganzen Vordergrund: das Gefängnisuniversum wächst sichtbar darüber in die Höhe, geht nach den Seiten weiter. Das zweite Bild – eigentlicher Gefängnishof, Wachttürme und so weiter – führt dann ganz ins Freiheitsberaubungszentrum. Florestans Kerker in der Tiefe (drittes Bild) überzeugte am wenigsten. Das ist für ein Versteck alles viel zu groß, zu leicht einsichtig, zu opernhaft. Das vierte Bild wurde konstituiert durch eine Bewegung: Eine gigantische Zugbrücke, alles verfinsternd wie eine Riesenmauer, wurde langsam heruntergelassen. Hellstes Freiheitslicht strömte in den nun offenen Hof.

Verfehlte Bühnenbilder können jede *Fidelio*-Aufführung umbringen, aber auch gelungene können keine «retten», sondern nur notwendige Bedingungen schaffen für zureichendes Gelingen... Merkwürdigerweise war gerade der Temperamentsunterschied zwischen Otto Schenk und Leonard Bernstein das spannende Glück des Abends. Denn Otto Schenk ließ die Figuren des Stücks – weil sie als dramatische Personen doch nicht zu retten seien – eben nicht in vager, netter Singspielferne, aus der dann eine ebenso vage wie realistische Überhöhung erwächst; sondern er nahm sich des *Fidelio*-Personals konkret, witzig, manchmal boshaft und voller Menschenkenntnis an. Ganz direkt stellte er die Relationen und Brutalitäten der Schreckensoper her. Für die Überschreitung, die Transzendierung dieser realistisch-kolportagehaften Grenzen, die keine Regie der Welt zustande bringen könnte, sorgte dann Beethovens naivüberwältigender Impuls.

Nach der infolge großer Adagio-Pausen hochgespannten Ouvertüre erlebten wir einen Verlobungskrach: Temperamentvoll wies Lucia Popp den gutartigen Jaquino des Adolf Dallapozza ab; schadenfroh verwies sie ihn dabei auf seine Pförtnerpflichten, wenn es derb pochte. Hoffnung und Glück ihrer c-Moll-Arie kamen danach glockenrein, aber fast zu privat. Noch während des «Quartetts» hätte

Fidelio

die Oper «Marzelline» heißen müssen, denn Lucia Popps Belcanto-Sopran und ihre Sehnsüchte waren sowohl wichtiger wie auch faszinierender als der etwas stockende, leise, kalte, bewußt verlegene Beginn der Leonore.

Während Franz Crass die gemütliche Brutalität des zum Mitleid, aber erst recht zum versoffenen Selbstmitleid neigenden Rocco ausspielte, entwickelte sich langsam der unwiderstehliche Ernst des *Fidelio*-Abenteuers. Theo Adams Pizarro war ein Schurke ohne Makel, grandios bei Stimme, im übrigen ein intellektueller Bösewicht, der zur Lektüre wichtiger Briefe eine blitzende Brille aufsetzt.

Bernstein konnte nun auch mit den «kleinen», nicht riesig symphonisch ausinstrumentierten Einzelheiten der Partitur das Haus füllen und bannen. Wenn das erstemal vom «Gouverneur» die Rede ist, erstarrt die Musik; wenn hohle Kontrabässe (gerade keine wohllautenden Celli!) die beklemmende a-Moll-Grablegungs-Szene begleiten, dann entsteht schwarze Finsternis, unterbrochen von wildem Grollen. Bernstein machte beispielsweise die Vor- und Nachspiele zum Gefängnischor zu tiefempfundenen Ereignissen. Gwyneth Jones mußte am Anfang um ihr «Piano» kämpfen. Die exponierten Stellen, mit denen so viele weltberühmte Künstlerinnen Schwierigkeiten haben, waren freilich ihre Höhepunkte, nur die mittleren Piano-Einsätze blieben zunächst etwas schwerfällig. Aber da half Bernstein. Er machte auf Winzigkeiten aufmerksam, wie auf die zweimal gleiche, schmerzliche Modulation (wenn Rocco singt «der kaum noch lebt» und gleich darauf Leonore «der blickt so still»). Und als sich dann diese Leonore fast so verzweifelt vor Rocco warf (der sie zunächst nicht in den Keller hinunternehmen zu wollen schien) wie später vor den Pizarro, da entsprach die Regie nicht nur dem musikalischen Verlauf, sondern sie weckte in Gwyneth Jones eine Ausdruckskraft von reinster und wildester dramatischer Größe.

Daß James King strahlend bei Stimme war und auch die halb wahnsinnigen, halb verzückten hohen Töne des Florestan brillant bewältigte, war musikalisch ein Labsal, musikdramatisch indessen fast bedenklich. Wie Theo Adam klang er da etwas zu wirkungssicher opernhaft. Doch dem Schluß – mit Karl Ridderbusch als rettendem Minister – bekam die Kraft dieses schwerlich überbietbaren Solistenensembles natürlich ungeheuer gut.

Die Glut, mit der Bernstein die Einzelheiten der Partitur manchmal in Verdi-Nähe und -Ekstase zu dirigieren wußte, war während der dritten *Leonoren-Ouvertüre* auch zu bewundern; nur schadete

Ludwig van Beethoven

da das Feuer des Überbeteiligtseins möglicherweise ein wenig der logischen Härte dieses Stücks. Doch das wiederum wirkte sich sehr gut aus auf die Architektur des Opernganzen. Kerkerakt und Schluß-apotheose waren nun im Theater an der Wien mindestens so nah, erschütternd, spannend, dramatisch und verzückt wie die Ouvertüre selber. Auch das f-Moll-Vorspiel zur Florestan-Arie könnte man sich vielleicht etwas herber vorstellen. Auch – damit sei die Liste der Einwände beendet – der teils ausdrucksvoll leidende, teils hinkende, teils geblendete Gefangenenchor war optisch so unüberzeugend und theatralisch wie immer.

Doch die Aufführung als Ganzes diente dem *Fidelio* in Normen setzender Weise. Man genierte sich förmlich, bei mittleren Aufführungen ein bißchen an Beethovens Freiheitsoper gezweifelt zu haben, von deren «Schwächen» gewiß kein Zeuge dieser Schenk-Bernstein-schen Aufführung jemals mehr reden wird. Die musikdramatische Spannung zwischen glaubensgewisser Hoffnung und brutaler Wirklichkeit schien kaum aushaltbar. Und so wie Samuel Beckett in seinen Stücken davon ausgeht, daß es zwar bestimmt keinen Gott gibt, wobei er aber diese nihilistische Überzeugung unbedingt sicherheitshalber möglichst von Gott selbst bestätigt haben möchte – so drücken Beethovens Musik und sein Text zwar immerfort den Glauben an eine göttliche Fügung aus, die in Augenblicken höchster Bedrängnis rettende Trompetensignale veranlaßt; aber die Welt und die Not, von der Beethovens Musik gleichfalls kündet, ist so groß, daß schon der Aufschwung einer genial-naiven Seele dazu gehört, trotzdem zu glauben: *Fidelio*.

26. V. 1970

MISSA SOLEMNIS

Das ist eine der schwersten Aufgaben, die sich ein Kritiker stellen kann: Klemperers und Karajans Schallplatteneinspielung von Beethovens *Missa solemnis* zu hören, zu durchdringen zu versuchen und miteinander zu vergleichen. Wie besessen Beethoven an der *Missa solemnis* arbeitete, ist bekannt, auch wie emphatisch er sich mit dem Werk identifizierte. Daß die beiden großen Dirigenten da nicht nur

Missa solemnis

eine Interpretation geben – so, wie bedeutende Interpreten eben immer wieder einmal die *Pastorale* oder das *Es-Dur-Konzert* einspielen –, liegt nahe. Was geboten wird, scheint in jedem Fall eine Art *summa musicae*, eine Essenz.

Die *Missa solemnis* selbst ist, wagt man es, unbefangen an sie heranzugehen, viel mühsamer zu hören als irgendeines von Beethovens großen Spätwerken. Ganz im Gegensatz etwa zur Vermutung Richard Wagners, bei der *Missa* handle es sich um ein rein symphonisches Werk echt Beethovenschen Geistes, wo der unterlegte Text «lediglich als Material für den Stimmgesang diene», hat Beethoven kaum großangelegte symphonische Steigerungen, die sich aus motivischer Arbeit ergeben, in der *Missa* beabsichtigt. Die Harmonik und die Modulation neigen oft zum Archaischen, Leitton-Fernen. Der ekstatische Jubelglanz hängt mit der rücksichtslosen Führung des Chorsoprans zusammen und mit der häufigen Verdoppelung der Chorstimmen durch Blechbläser. Vergleicht man die beiden Analysen der *Missa solemnis* von Walter Riezler (Beethoven-Buch) und Theodor W. Adorno (Essay «Verfremdetes Hauptwerk»), dann fällt auf, wie befangen und hilflos der sonst so präzise, analysierfreudige Riezler argumentiert, während Adorno den Mut und die Musikalität besitzt, die Probleme dieser *Missa* zu hören und zu benennen. Auch die beiden Schallplatteneinspielungen widerlegen Adorno nicht, zumindest nicht ganz.

Zusammenfassend ließe sich sagen, daß Karajan die *Missa solemnis* so dirigiert, wie man sich in Norddeutschland «Katholisches» vorstellt: also mit einer Betonung des Weichen, Mystischen, Melodischen, Andächtigen. Oft genug wirkt es, als käme bei Karajan die Andacht gleichsam vor der Musik (wie übrigens auch bei Beethoven, der ja mehrfach «mit Andacht» oder gar «Bitte um innern und äußern Frieden» vorschreibt). Klemperer dirigiert die Messe herber, strenger, dramatischer als Karajan. Sie wirkt bei ihm darum viel größer. Klemperer wählt – das fällt auf und ist gewiß für viele überraschend – oft auch die schrofferen Tempi. Man kann sich kaum zwei durchaus diskutable Aufnahmen eines großen Werkes vorstellen, die verschiedener sind.

Karajan stehen die weitaus besseren Solisten zur Verfügung. Gundula Janowitz singt viel schöner und leuchtender als Elisabeth Söderström, Christa Ludwig ist eine Klasse besser als Marga Höffgen, Fritz Wunderlich (der oft allzu weit vom Mikrophon scheint) hatte einen unvergleichlich menschlicheren und männlicheren Tenor als

Ludwig van Beethoven

Waldemar Kmentt. Nur Martti Talvela von der Klemperer-Aufnahme ist mit Walter Berry (bei Karajan) vergleichbar. Kurz gesagt: Klemperers Solisten bilden eine gute Oratoriumsbesetzung, Karajans Solisten eine überwältigende. Da, wo das Solistenquartett wirklich entscheidend wichtig wird, wie im «Miserere» des Gloria, kann die Klemperer-Aufnahme mit Karajans Klangwundern nicht konkurrieren.

Doch es kommt in der *Missa solemnis* nicht allzu häufig auf kulinarischen Wohllaut an. Bei Klemperer wirkt, und das entspricht dem Geist dieser Messe, bereits rein akustisch, kräftemäßig der Chor weitaus stärker, dominierender, erfüllter als sein Solistenquartett. Da bittet eine Gemeinde, und nicht irgendein Sänger, um Gottes Gnade. Klemperer, der viel weniger mit vorgefaßter Andacht an das Werk herantritt, gewinnt den Steigerungen eine ungleich sprechendere Dramatik ab.

Das ist bereits beim Kyrie unüberhörbar. Während Karajan im Vorspiel die Zählzeiten nicht deutlich akzentuiert, die Viertel mystisch ausschwingen läßt, von Klangrausch und Andacht ausgeht, kommt bei Klemperer alles ganz körnig, wuchtig, zunächst beinahe trocken, dann aber immer stärker und größer. Man versteht das Stück, seine musikalischen Linien. Die Sforzato-Schläge beim «Christe» haben mehr Gewalt, und die Modulationen, bei Karajan nur «schön», gehören hier zum Aufbau der Sache. Das Gloria gehört zu den heikelsten Stücken der Literatur. Bei gleich stark eingestelltem Stereo-Empfänger ist die Klemperer-Platte akustisch viel reicher, voller. Die Farben der Instrumente sind deutlicher, die Steigerungen ungleich bezwingender. Aber nicht nur das. Den Fortissimo-Einsatz der Baßfuge «Glorificamus» nimmt Klemperer markiger, ausdrucksvoller, um eine Spur weniger im Legato als Karajan; den Mittelteil vor dem Tenorsolo läßt Klemperer trocken; und wenn man das Allegro maestoso «Quoniam tu solus» beider Interpretationen miteinander vergleicht, dann hat Karajan auf Feierlichkeit gesetzt, während Klemperer, wiederum viel schneller und erregter fortschreitend, der Musik diese ekstatische Feierlichkeit erst abzuzwingen versucht. (Klemperer ist um ein Drittel schneller als Karajan, das will ungeheuer viel heißen.) Umgekehrt verhält es sich bei der dann folgenden Fuge, wo Beethoven massenhaft Sforzati vorschreibt, was Klemperer mit Recht zu einem relativ langsamen, schroffen Deklamieren ausnutzt, Karajan keineswegs. So geraten dann in dieser Fuge auch die harmonisch bewegenden Stellen (sie sind dem «Quam olim

Missa solemnis

Abrahae» aus Mozarts *Requiem* ähnlich) bei Klemperer stärker und größer. Und die immer schnelleren Steigerungen des Satzes kommen zwar bei Karajan fabelhaft flüssig und virtuos, aber die diesbezüglichen Schwächen der Klemperer-Aufnahme stören nicht nur nicht, sondern sind der Sache fast angemessener.

Analoge Unterschiede finden sich immer wieder. Klemperer dirigiert deutlicher, bewegter, ja, wagen wir ruhig das bei einer großen Komposition vielleicht überraschende Wort: irdischer. Selbst die schwebende Fuge «Et vitam venturi saeculi» aus dem Credo, die Karajans Auffassung am nächsten stehen müßte, entfaltet sich bei Klemperer überzeugender; denn was bei Karajan wie ein sanfter Traum von himmlischer Herrlichkeit klingt, das ist bei Klemperer noch eine Anstrengung, ein Wunsch, eine Beschwörung und damit diesem späten Werk Beethovens, das nicht die herrliche Selbstverständlichkeit von Bachs *h-Moll-Messe* besitzt, wohl angepaßter. Klemperer glaubt mehr ans Crescendo als ans Piano. Am deutlichsten wird der Unterschied wohl im Benedictus. Zunächst muß ich gestehen, daß sich die oft gepriesene einzigartige Schönheit dieses Satzes mir nicht erschloß. Bei Karajan hat das Stück geradezu etwas Süßliches, zumal der Violinsolist Michel Schwalbé in provinzieller Emphase schwelgt, so, wie es sonst immer die Cellisten mit tränenseligem Solo aus dem langsamen Satz des Brahmsschen *B-Dur-Konzerts* tun. Klemperer gibt sich da fast kaltschnäuzig, sein (leider nicht genannter) Solist träumt nicht von Rauschgold-Engeln, und der Dirigent scheint fast erleichtert, wenn endlich ein Forte erreicht ist. Bei Karajan herrscht von Anfang bis Ende eine schlimme Ergriffenheit.

Zu einer Entdeckung wird dann in der Klemperer-Aufnahme das düstere Agnus Dei. Klemperer versteht es, der Musik dramatischen Ingrimm zu entlocken. Das ist oft herrlicher Verdi, jedes Crescendo wird einfach mit zupackender Musikalität gebracht. Karajan mag dem Stück nicht so derb zu Leibe rücken, er nimmt es eine Spur langsamer, verläßt sich lieber auf weltberühmte goldene Kehlen. Und wenn es dann zur Bitte um innern und äußern Frieden kommt, dann dirigiert Klemperer die erregten Sechzehntel vor der herrlichen, getragenen «Dona nobis pacem»-Melodie voller innerer Unruhe, so daß die besänftigende, stille Geste zum Ausdruck rührender Innigkeit wird. Bei Karajan ist der Frieden schon vorher da, infolgedessen bedeutet die einsame schöne Sopranphrase kein Geschenk, sondern nur eine Fortspinnung.

Ludwig van Beethoven

In diesem Agnus Dei wird auch, und zwar für uns arme Erdenbürger mit genausoviel Recht wie für die des Jahres 1823, um den äußeren Frieden gebangt. Kriegstrompeten erschallen, «ängstlich» bittet die Seele um Erbarmen. Karajan nimmt die Trompeten in schlankem Pianissimo. Klemperer tut das auch, doch weil er das Schlagzeug dazu heftiger forciert, kommt das Bedrohliche weit sinnfälliger heraus, und man versteht den Aufschrei der Solistin viel besser, versteht auch viel besser, daß das Wort «pacem» dutzendfach wiederholt werden muß.

Wer die *Missa solemnis* begreifen will, versteht sie wahrscheinlich am besten von diesem Agnus Dei aus, gewissermaßen vom äußersten Ende auf die Messe zurückblickend. Und wer die eigentümliche Macht dieser Musik, in der so viel Beethovensches Forcieren und Verschweigen steckt, spüren will, dem würde ich hier entschieden zu Klemperer raten.

21. XII. 1966

Es gibt eine bemerkenswerte Gemeinsamkeit zwischen den drei herausragend großen Spätwerken der abendländischen Musikgeschichte: nämlich zwischen Bachs *Musikalischem Opfer*, Beethovens *Missa solemnis* und Wagners *Parsifal*. Auf höchster, spätester Stufe ihrer Existenz und ihres Könnens verhalten sich Bach, Beethoven und Wagner bewußt archaisierend. Bach greift auf kanonische Techniken zurück, die in der sonstigen Praxis des frühen 18. Jahrhunderts schon ziemlich vergessen waren. Beethoven geht in der *Missa solemnis* harmonisch-chromatisch längst nicht so weit wie sonst in seinen späten Quartetten und Sonaten. Und Wagner riskiert im *Parsifal* bei bestimmten Grals-Chören («Der Glaube lebt, die Taube schwebt») eine geradezu nazarenische, affirmative, absichtsvolle Haltung der Reinheit und des «Cäcilianismus». Ästhetisch unproblematisch können solche bewußten Rückgriffe auf frühe Sprachen nie sein (wie auch die Situation der gegenwärtigen Post-Post-Moderne lehrt).

Wirklich gelungen – oberhalb aller Kritik – scheint besagter Rückgriff nur bei Bach, im *Musikalischen Opfer* und in der *Kunst der Fuge*. Bach verleiht, so hat es Carl Dahlhaus einmal demonstriert, dem Archaischen «Reiz». Älteste polyphone Techniken, vom größten Kontrapunktiker der Musikgeschichte eingesetzt, lassen subtile,

Missa solemnis

raffinierte, moderne Harmonien entstehen! In Beethovens *Missa solemnis* und Wagners *Parsifal* jedoch haftet besagten archaisierenden Tendenzen auch für bewundernde Betrachter stets etwas Problematisches an. Adorno, weiß Gott ein überzeugter Beethovenianer, unterwarf die *Missa solemnis* darum einer harschen Kritik: sie appelliere zu direkt, löse künstlerisch nicht ein – und das habe mit der höchst verschiedenen Situation des christlichen Glaubens zu Bachs und Beethovens Zeiten zu tun. Auch Nietzsches *Parsifal*-Zurückweisung hängt mit solchen historisierenden Spekulationen zusammen.

Es ist deshalb nötig, an diese nicht unkomplizierte Bewertungsdiskussion zu erinnern, weil man zwar die – sagen wir – *Berechtigung* gewisser Vorwürfe intellektuell einsieht, sie aber im Laufe der Jahre, bei immer wieder erneuten Begegnungen mit Beethovens *Missa*, denn doch zurückweisen oder zumindest tief herunterspielen möchte. Wenn ich erlebte, wie Klemperer, Colin Davis, der entfesselte Toscanini, auch Bernstein dieser Messe beizukommen wußten, dann hörte das Rätseln gewiß nicht völlig auf (ein Werk wie die *Missa solemnis* kapiert ohnehin niemand rasch, in einem einzigen raschen Akt der intellektuellen und emotionalen Besitzergreifung), aber in mir wuchs im Lauf der Jahre doch das Gefühl, man tue einem grandiosen Hauptwerk unrecht, wenn man es nicht genauso verehre wie das *cis-Moll-Quartett* oder die *Sonate Opus 111*.

Und dann geschah während der Salzburger Festspiele 1992 ein Wunder! Alle, die dabei waren, fühlten es: so wie Nikolaus Harnoncourt Beethovens *Missa solemnis* darbot – herzbewegend, im höchsten Sinne richtig –, so hatte man dieses Stück noch nie gehört. Harnoncourt schien gelungen zu sein, die Rätsel der Beethovenschen *Missa* zu lösen. Darum stellt das Erscheinen der *Missa solemnis*-CD, die Harnoncourt mit seinen Salzburger Solisten, mit dem trefflichen Schönberg-Chor und dem Chamber Orchestra of Europe in Salzburg aufgenommen hat, ein wichtiges Datum der Interpretationsgeschichte dar. Gewiß: hört man die beiden CDs im Wohnzimmer, dann bleibt natürlich jene Ekstase aus, die im Salzburger Festspielhaus entstand und wuchs, als 2000 Menschen sozusagen mit angehaltenem Atem erlebten, wie etwas Ungeheuerliches geschah. Doch alles sonst Wesentliche transportieren die beiden CDs glücklicherweise ziemlich ungeschmälert: machen also das Wunder nun nachprüfbar.

Harnoncourts Leistung besteht in Folgendem: Er hat Beethovens blockhaft archaische oder entfesselt forcierte oder karg verhaltene

Ludwig van Beethoven

liturgische Musik eben nicht so verstanden und mit Wucht oder wüster Heftigkeit exekutiert, wie es solche Charakterisierungen nahezulegen scheinen und wie es die großen Dirigenten der Vergangenheit aus guten Gründen auch taten. Sondern Harnoncourt entdeckte hingebungsvoll, wie *schön* – wie manchmal *schubertisch*, manchmal geradezu *italienisch* schön – jene Wendungen klingen, die auf dem Notenpapier starr und altertümlich aussehen. Dabei ging er durchaus bis zum Äußersten, verharmloste nie. Es gelang ihm, das Herbe oder gleichsam «Primitive» zum Bestandteil expressiver Klangrede zu machen. Das Kyrie, das «Et vitam venturi», die exponierten Steigerungen des Gloria: alles kam ohne Geheul. Nie wurden die Hörer in schaudervollen, befremdeten Schrecken versetzt.

Zu den heikelsten Stellen gehört das Benedictus. Da muß es während der meisten Aufführungen so scheinen, als sei Beethoven wirklich ein wenig die Inspiration versiegt. Was für ein melodisch unergiebiges Violinsolo! Je berühmtere Geiger dieses Solo so tonschön wie nur möglich darboten – desto trivialer klang es. Sozusagen ein Violinkonzert mit etwas armseligem thematischem Material. (Wie konnte das Beethoven nur passieren...)

Harnoncourts fast geniale Lösung: er bot gewiß eine gute Geigerin auf – die Konzertmeisterin Marieke Blankestijn –, aber er ließ die Solo-Violine wie hinter einem Klangvorhang spielen, als zweite Stimme, akustisch und emotional eher zurückhaltend. Der Chor, seine Worte und Themen, erscheinen als Hauptsache, nicht die Umspielungen der Geige. Die erschreckende Kriegsvision während des «Dona nobis pacem» erklang dann mit Macht und Dramatik.

Eva Mei, Sopran; Marjana Lipovšek, Alt; Anthony Rolfe Johnson, Tenor; Robert Holl, Baß, sind hier die guten Gesangssolisten. Manches könnte gewiß perfekter gebracht werden, was das Zusammenspiel und einige zarte Einsätze betrifft. Doch nicht auf Virtuosität, auf Total-Vollendung zielt diese Interpretation. Ihren Rang macht aus, daß sie der Musikwelt ein Werk gewinnt, welches so unmittelbar, bezwingend und gläubig erfüllt zu hören die Beethoven-Gemeinde kaum zu hoffen wagte.

22. V. 1993

Karajan und die Symphonien

KARAJAN UND DIE SYMPHONIEN

Wer in unserem Kulturkreis aufwächst und musikalisch ist, empfängt schon in früher Kindheit ein Beethoven-Bild. Später kommt vielleicht noch Urteil hinzu, Spezialisierung und vorübergehende, hochmütige Abkehr. Es gibt auch dafür prominente Beispiele: Als angehender Komponist malte Hindemith einer Beethoven-Büste einen Schnurrbart an – ein Menschenalter danach dirigierte er in Bayreuth die *Neunte*. Debussy belustigte sich über des verehrten Beethoven Albernheit; Strawinsky hatte keine Lust, mit einem gewissen Proust über die Qualitäten der «letzten» Streichquartette zu reden, weil er, ohne Ahnung von seines Partners Genie, annahm, dieser hochmütige Salonlöwe mache nur eine Mode mit. (Derselbe Strawinsky nimmt allerdings Beethovens zumindest problematische Metronomisierungen gegen die Willkür frei schaltender Interpreten in Schutz.)

Doch alle diese Differenzierungen und Snobismen – «Wissen Sie, ich kann Beethovens Pathos einfach nicht ertragen, ich ziehe Pastellwerke wie das große *B-Dur-Trio Opus 97* vor, natürlich auch nur mit Casals... » – sind eigentlich Zutaten. Das Bild hat sich früher und mächtiger in die Seele gesenkt. Wirklich ein Bild: Von den Titelblättern alter Noten blickt der Titan, stumm trotzt seine Büste neben dem Pianino. Gefurchte Züge, zerrissen, leidend und gütig. In der Klavierstunde fängt es mit (Beethovens Schüler) Clementi an, dann folgt der allzu schwere Mozart, aber er wird erschlagen, übertönt vom Jugendausbruch der *Pathétique*, die brausend das Fürchten lehrt. Vierhändig erdonnert, klopft alsbald «das Schicksal an die Pforte». Einzelheiten drängen von überall herzu: Heiligenstädter Testament, Taubheit, *Eroica*, Napoleon, die fürchterlich gejagte Handschrift. Wer könnte sich alledem entziehen? Und das Allegretto aus der *Siebenten* steigert sich zum nie endenden Nachtmarsch dunkel gepanzerter Krieger – man kann allen Pubertätsschmerz und alle Jugendverzweiflung der Welt in den «Tamtamtam-ta-ta»-Rhythmus hineinlegen. Fürs Erwachsenwerden muß man auch damit zahlen, daß man solche Musik nicht ein zweites Mal zum ersten Male hören darf.

Trotz *Frühlingssonate*, *Wut über den verlorenen Groschen*, trotz des gelassen-innigen Monologs des *Violinkonzerts*: so sieht das nie ganz abtötbare kollektive Unbewußte musischer Beethoven-Erfahrung aus. Ein Traum – kein Trauma! – von heldischem Tun und festlichem Ton dringt früh in jedes empfängliche Gemüt. Dieses Beethoven-Bild verbindet Hörer und Musiker. Exaltierte Titanen im Frack haben uns seine lächerlichen Konsequenzen vorgeführt, darum nennt man es, zugleich verlegen und gebildet, das «romantische» Beethoven-Bild. (E. T. A. Hoffmann und Robert Schumann entwarfen es wohl als erste.) Aber unabtrennbar gehört es zur Sache, zum Anspruch der Werke. Noch in der unterkühltesten Aufführung der *Neunten* geht ein Schauer durchs Publikum, wenn sich zu Beginn des vierten Satzes der Chor erhebt, ergriffen auf die Manschettenhand des Dirigenten und den zerfallenden Klavierauszug blickt. Auch wenn kein Wort von den Kurzwellensendungen der BBC während des Zweiten Weltkriegs mehr gewußt werden wird: An das katastrophenverheißende Pausenzeichen – «Schicksalsmotiv» und Kode in einem – wird sich beklommen jeder «Beethoven-Deutsche» erinnern, solange es Konzerte und Rundfunksendungen gibt.

Es besagt gegen die Existenz eines solchen «Bildes» nichts, daß damit natürlich keine verbindlichen oder gar eindeutigen Interpretations-Konsequenzen verbunden sind. Backhaus spielt die *Hammerklaviersonate* anders als Serkin oder Solomon, keiner von ihnen spielt sie «falsch». Dennoch gehen alle drei Pianisten offenbar von einer ziemlich gleichen «Ur-Anschauung» aus. Das läßt sich sogar an einer wohl kaum zufälligen physiognomischen Äußerlichkeit ablesen. In gewissen Adagio-Augenblicken oder bei mächtig kadenzierenden Schlußakkorden nehmen viele Beethoven-Interpreten Züge ihres Leitbilds an. Gesammelter, wilder Ernst verwandelt die Gesichter in fast gespenstische Beethoven-Büsten. Ob Edwin Fischer, Elly Ney, Wilhelm Backhaus, Wilhelm Furtwängler, Artur Schnabel oder Erich Kleiber – von ihnen allen ist mehr als einmal gedacht und gesagt worden, sie hätten, bei aller äußeren Verschiedenheit, «Beethoven plötzlich ähnlich gesehen». So unwiderstehlich wirkt das Beethoven-Bild. Mit ihm nimmt Herbert von Karajan es auf.

Nur wenigen Dirigenten wird es vergönnt sein, binnen relativ kurzer Zeit mit einem Weltklasse-Orchester sämtliche Beethoven-Symphonien unter idealen Voraussetzungen auf Langspielplatten zu fixieren. Das bedeutet mehr als die Befriedigung höchsten Ehrgeizes: nämlich Rechenschaft vor einem Zeitalter und für ein Zeitalter. Die Deutsche Grammophon-Gesellschaft hat sich da auf ein Wagnis eingelassen, wie es repräsentativer und größer kaum gedacht werden kann. Exzellente Techniker, deren Qualität übrigens in aller Welt anerkannt wird, halfen mit. Die Aufnahmen sind klanglich von einer

Karajan und die Symphonien

manchmal berauschenden Herrlichkeit, oft so perfekt, daß man über dem akustischen Genuß den musikalischen vergißt. Ja, die Technik macht sich an vielen Stellen selbständig. Die Schallplatten sind nicht «nur» Ersatz für ein Konzert, an dem man gleichsam mit verbundenen Augen teilnimmt, nicht nur tönende Abbilder eines Musizierens. Sie stellen vielmehr elektroakustische Interpretationen dar. Also nicht fixierte Konzerte, sondern Demonstrationen auch dessen, was im Konzert beim besten Willen – und vom besten Platz aus – nicht zu hören ist. Das Mikrophon und technische Kunstfertigkeit beugen sich übers Fagott, bringen seine Melodie zur Welt. Gewiß, sie stand schon vorher in der Partitur, kam aber nie recht gegen die überlegenen Partner auf. Man kann Symphonien spielen, man kann sie aber auch «röntgen». Für das, was die «Konserve» an Lebendigkeit nicht zu bieten vermag, leistet sie mithin verdeutlichenden Ersatz. Es lassen sich heute bereits zwei Typen von Aufnahmen unterscheiden: die dokumentierende (so hat es geklungen, wenn X spielte) und die demonstrierende (so kann es klingen, wenn wir Voraussetzungen schaffen, wie keine Konzert-Aufführung und kein Konzert-Platz sie ermöglichen).

Im Gegensatz zu Furtwängler, der den technischen Apparaturen mißtraute, Mikrophone haßte und sich selbst so treu blieb, daß er sogar in der Not beginnender Taubheit Hörapparate brüsk verwarf, ist Karajan ein Mann des technischen Zeitalters. Er schreckt vor Reglern, Verstärker-Mikrophonen und Mischpulten nicht nur nicht zurück, er läßt sich vielmehr mit dem Geschick des leidenschaftlichen Sportfliegers auf dergleichen ein. Es gibt Augenblicke – etwa die Gewitter-Szene aus der *Pastorale* (die Bezeichnung «Szene» ruft vielleicht Opernassoziationen hervor, sie sind am Platze) –, wo man sich fragt, ob man noch einem Dirigenten oder schon einem Klangregisseur lauscht. Dennoch haftet an Karajans Interpretationen nichts Anonymes, wie wir es anzutreffen gewohnt sind, wenn allzu viel Technisches ins musische Spiel kommt. Karajan dirigiert durchaus «seinen» Beethoven. Einen Beethoven für die zweite Hälfte unseres Jahrhunderts. Karajan ahmt keine Vorbilder nach – was nicht besagt, daß er an allem bisher Erarbeiteten vorüberginge. (Solche Zusammenhänge nennt man schlicht Tradition, in lebendiger Vielzahl ergeben sie Kultur.) Auch die Freunde Karajans neigten beispielsweise zu der Annahme, ihr Idol setzte die präzise Brio-Tradition Toscaninis fort. Diese acht Langspielplatten eines gereiften Karajan widerlegen den Argwohn: Die Zügel sind lockerer gehalten.

Ludwig van Beethoven

Zudem geht Karajan weder Furtwänglers einsamen Weg, noch besitzt er die Spiritualität der besten Klemperer-Aufnahmen. Gemessen an dem Ton, der hierzulande bei der Bezeichnung «Beethoven-Dirigenten» mitschwingt, ist er kein Beethoven-Dirigent.

Neun Beethoven-Symphonien sind ein gewaltiger, ein erschreckender Hörgegenstand, ein «Vorwurf» in des Wortes sinnfälligster Bedeutung. Man kann das nicht einfach abmachen wie ein Pensum, sondern man braucht Wochen zu diesem Exerzitium, muß wiederholen und den Karajan-Kosmos dann an den von ihm selbst gebotenen Maßstäben messen. Die Versuchung, allzu rasch zu vergleichen, ist groß. Doch man darf wohl nicht zu früh damit beginnen: Ständiges Hin und Her ohne festen, unbefangenen Anfangs-Eindruck vernebelt seltsamerweise die Unterschiede und trägt, wenn man gleich mit Gegenbeispielen bei der Hand ist, nur dazu bei, Vorurteile zu bestätigen. Der Gegenstand ist groß und für Leute, die irgend an dergleichen interessiert sind, wichtig. Man kann ihm, wenn überhaupt, nur mit Ruhe und Ausführlichkeit beikommen. Begleiten wir also Karajan und die Berliner Philharmoniker auf der größten und gefährlichsten Reise, die es in der Welt der Symphonien gibt. Sie geht von C-Dur nach d-Moll, von 1 bis 9, von *Opus 21* bis *Opus 125*. Oder: von der Freude (in Gestalt der genial-selbstsicheren, souverän auftretenden *1. Symphonie*) bis zum Hymnus an ebendieselbe im Finale der *Neunten*.

Eleganz heißt der Nenner, auf den man Karajans Interpretation der *1. Symphonie in C-Dur Opus 21* bringen kann. Nachdem man sich erst einmal daran gewöhnt hat, welche Stockwerke von Klängen, Farben und Möglichkeiten zur Steigerung und Bereicherung selbst da, wo die Grenze der Platte erreicht scheint, geboten werden – ich bespreche nicht die «stereophone», sondern die «monophone» Fassung, die ich auf einem mittleren Apparat abgehört habe –, fällt der ungezwungene Fluß, der nur andeutende, nie gewaltsame Konversationston ins Ohr, zu dem Streicher und Bläser sich hier verstehen. Zu dieser Konversationseleganz trägt bei, daß Karajan die punktierten Sechzehntel des Hauptthemas nicht messerscharf, sondern eher leichthin spielen läßt. Da wird nicht zerrissen, sondern ein Thema setzt sich fort. Wenn kurz vor dem Beginn der Durchführung die Celli unter einer Oboenmelodie zu singen beginnen, dann geschieht das mit einer meisterhaft andeutenden Diskretion: Der «Ausdruck» wird nicht dick unterstrichen, sondern er entzieht sich, während er erscheint; die Celli sind schon wieder leise, wenn man anfangen

Karajan und die Symphonien

möchte, sie zu bewundern. Analoges gilt für die gleichfalls rasch und elegant ausgeblendeten Forte-Stellen.

Heißt dem Fluß einer Musik folgen auch ihre Sprache sprechen? Der dritte Takt der Einleitung besteht aus drei Septakkorden, die sich in einem (Forte-)G-Dur-Akkord auflösen. Hört man die gleiche Stelle bei Furtwängler, dann ist der gleiche Akkord nicht nur ein Ergebnis, sondern ein Ereignis. Furtwängler läßt nämlich vorher viel (was heißt schon «viel», Schwebungen und Hundertstel-Sekunden entscheiden!) deutlicher absetzen. Er deklamiert. Er greift – wenn man will: «herrisch» – ein. Der Fluß der Musik überspült nicht die Felsbrocken, die Beethoven ihm in den Weg warf, sondern reibt sich an ihnen. Dies Atmen und Neu-Ansetzen mag Karajan zu pathetisch sein. Gewiß, er steigert, läßt blitzen, tönt ab. Aber er unterkühlt zugleich. Er umgeht die Ereignisse manchmal. Darum wird er auch Beethovens heimholender Gebärde, der Coda, jener großen Abschlußwendung, die eine Mischung ist aus Synthese und Geschenk, aus logischer Erfüllung und musikalischer Überraschung, allzu selten gerecht.

Karajan befolgt im Andante cantabile Felix Weingartners Vorschlag, die Melodie aristokratisch auftaktig zu nehmen, genau. Ein entzückendes Intermezzo entsteht. Aber die Krönung des Satzes, jene wunderbare, weitreichende Ausweitung am Schluß, die anfangs niemand in dem Thema vermutet hätte – sie gerät bei Karajan nur schön, zurückhaltend, melodiös. Den Beethovenschen Handgriff, die synthetische Macht – mit solchen «Subjektivismen» gibt die Interpretation sich nicht ab.

Dafür leuchtet sie in Farben, wird zum großartigen Versprechen für all die Klangwunder, denen man im Verlauf des Zyklus noch begegnen soll. Das Trio des Menuetts wird zum Sinnbild koloristischen Überschwangs. Eine zarte, keineswegs unstatthafte Debussy-Nuance beseelt plötzlich dies Bläserstück. Es kann jedoch nur darum zum Bläser-Bacchanal geraten, weil die Geigen genug Intelligenz besitzen, um blitzschnell und ohne jeden Bruch von leisester Begleitfunktion zum führenden Forte überzuwechseln. Was Karajan hier an Zusammenspiel aus seinen Künstlern herausholt, scheint kaum überbietbar.

Die 2. *Symphonie in D-Dur Opus 36* entstand zur Zeit des Heiligenstädter Testaments, also in Beethovens – wenn man so sagen darf – großer Lebenskrise. Von alledem steht nahezu nichts in der hinreißend frischen Partitur. Nur einmal habe ich ihr angehört, daß sie kurz vor der *Eroica* entstand: als Karl Böhm sie dirigierte. Erster Satz und Finale entfernten sich da aus den Bezirken der «Gesellschaftsmusik», in die sie wohl eigentlich gehören. Das Werk prunkte mit dem großen, fast brutalen Zug nach vorn, und die punktierten Sechzehntel fielen wie Blitze, die Fortissimo-Achtel schienen entfesselt, und der sorgfältigen thematischen Arbeit Beethovens wurde alle rationalistische Verspieltheit geraubt. Das herrlich bestätigende D-Dur der Coda war geradezu Teil einer heroischen Landschaft.

Solche Dramatisierung liegt Karajan nicht. Er wählt in den Ecksätzen Tempi, die keine Steigerung mehr zulassen. Ja, im letzten Satz wagt er ein Allegro molto, das manchmal sogar den hier grundlegenden Unterschied zwischen der Achtel- und der Staccato-Viertelnote verwischt. Ließ sich die *1. Symphonie* noch auf «Eleganz» festlegen, so besticht die Aufnahme der *2* durch federnde Brillanz. Mögen die Tempi auch – mancher rasende Geigenlauf beweist es – forciert sein: Perfekteres kann man von Schallplatten nicht hören. Unglaublich wieder die Leichtigkeit, das atmende Mitgehen aller Instrumentengruppen, die Exaktheit, mit der Beethovens Vorschriften befolgt werden, so daß sich etwa im Larghetto die Steigerungen «von selbst» ergeben. Wieder gehen Themen und Synthesen nicht immer hinreichend aus dem Geflecht der Klänge hervor – aber die Konsequenz und Perfektion der Aufnahme macht kritischen Widerstand sehr schwer und überfährt ihn im Finale.

Schon die beiden Einleitungsakkorde kündigen eine moderne *Eroica – 3. Symphonie in Es-Dur Opus 55* – an. Sie kommen federnd und gewaltig, aus dem Handgelenk und doch ernst. Da erscheint nicht der «Held», wie Romain Rolland, der zugleich an Michelangelo dachte, ihn entwarf. Bei Karajan donnert nicht der Krieger mit dem Schwert, sondern man sieht eher einen Techniker in Uniform, ja im Overall. Auch für den geht es ums Leben, aber er hat nicht die dicken Muskeln einer Statue, sondern die zusammengepreßten Lippen eines modernen Offiziers. Nicht leere «Sachlichkeit» ist der Gegensatz zur großen Leidenschaft, sondern ein gleichsam technischer Ernst, der unbestechlich vom Gegebenen ausgeht. Dies «Gegebene» ist in der *Eroica* gewaltig genug. Dennoch stiftet ein solcher Positivismus keinen immerwährenden Zusammenhang. Gewiß, Karajan versagt sich die keuchenden Atempausen, die riesigen Aufschwünge diktatorischer Dirigenten-Herrlichkeit (um freilich den Pauken- und Schlagzeugdonner mitunter in Verdi-Nähe zu dirigieren). Die Folge davon ist aber gerade nicht, daß ein Tonfall sich ehern durchhält.

Karajan und die Symphonien

Umgekehrt: Einigen Sequenzen der Durchführung merkt man einfach nicht an, daß sie in der *Eroica* stehen. Das Orchester strahlt, brilliert, beachtet Nuancen und Harmonien, aber es ist gegenüber jeder Note so unbefangen, daß man beim Hören nicht spürt, ob man sich am Anfang oder schon am Schluß befindet. Bei Furtwängler hat das Fugato aus dem Trauermarsch eine Dimension mehr, weil eben jede Note, auch die scheinbar einfachste Violinbegleitung, tragisches Gewicht besitzt, nicht nur die Hauptstimme. Dafür triumphiert im Variationsfinale Karajans immense Kunst, ausmusizieren zu lassen, freie Entfaltung und Präzision zu kombinieren.

Vielleicht ist die Aufnahme der *4. Symphonie in B-Dur Opus 60* die geglückteste, großartigste, bezwingendste von allen geworden. Gerade die *Vierte*? Karajan erzwingt für dies trotz aller musikwissenschaftlichen Ehrenrettungsversuche nach wie vor unterschätzte Stück, das oft genug in eine tiefsinnige Einleitung und allzu harmlose B-Dur-Turbulenz auseinanderbricht, eine rätselhafte Einheit. Da wird, so scheint es, eine kaum beschreibbare Beziehung hergestellt zwischen dem brucknernah mystischen Dämmern des langsamen Beginns und dem klassizistisch strengen Dur-Feuer dieses scheinbar so übersichtlichen und geheimnislosen Werkes. Wenn sich das Orchester, etwa vor Beginn der Reprise des Kopfsatzes oder in der pochend ruhigen Ges-Dur-Mitte des Adagios, zum Pianissimo dämpft, dann klingen diese Stellen nicht bloß «leise», sondern dämmernd und geheimnisvoll, so, wie die Einleitung es angekündigt hatte. Manchmal wagt Karajan auch riesigen Pomp, aber ganz ohne ekstatische Zerrissenheit. Menuett und Finale sind zugleich perfekt und um eine Nuance spannungsloser als während einer Karajanschen Konzertaufführung der *Vierten*. Denn das Bewältigte überwältigt auf Platten kaum – da setzt man voraus, daß alles klappt, während die leibhaftige, lebendige, atmende Virtuosität oder Spielfreude im Konzert trotz des Protestes feinsinniger Puristen durchaus hinreißt.

Im ersten Satz der *5. Symphonie in c-Moll Opus 67* geht Karajan ohne jeden hier sinnlosen Noten-Positivismus gewaltig aufs Ganze. Denn bei Licht besehen (aber wie unnatürlich ist solch ein prüfender Blick!) besteht etwa der umwerfende Schluß des ersten Satzes der *Fünften* aus lauter gängigen, ja banalen Figuren, zum Beispiel aus treppenartig absteigenden Geigenachteln, die in jeder Sonatine vorkommen könnten. Doch vom Sturmwind des Zusammenhangs und von schonungslosem Forte durchgeschüttelt, entdecken die Achtel plötzlich in sich immense Energien. Beethoven betreibt Kernspal-

Ludwig van Beethoven

tung, das Simple zerfällt und wird gefährlich. Karajan geht dem nach, auch wenn er den gellenden Humor der Schlußgruppen-Läufe noch immer nicht genug tosen läßt, das keuchende Aus- und Einatmen der Durchführung glättet. Bei Klemperer dauert der Satz 8 Minuten und 42 Sekunden, bei Karajan 7 Minuten, in Jochums recht indifferenter Aufnahme (gemessen an solchen Vorbildern) 7 Minuten und 50 Sekunden. Fürs Scherzo fehlt Karajan dann allerdings der fliehende Atem. Hatte Klemperer den ersten Satz «klassischer», ungleich langsamer und noch sprechender dirigiert, so gelingt etwa Toscanini die Spannung des Scherzos und der Opernschwung des Finales (aber wo ist die Oper, die einem solchen Finale gewachsen wäre?) eindrucksvoller und triumphaler.

Zum ruhigen, atmenden Wunder wird unter Karajans Händen die *6. Symphonie in F-Dur Opus 68*. Wodurch erreicht er es nur, daß die Farben der Bläser und die (eigentlich einfachen, fast monotonen) Wiederholungen der Streicher zu pulsierenden Naturstimmen werden? Alles überläßt sich da selbstvergessen und doch straff einem reichen und reinen Klingen. Man kennt die «Szene am Bach», bei der ich mich schon so ehrfurchtsvoll gelangweilt habe, nicht, wenn man sie nicht von Karajan gehört hat. Unvergleichlich hold, endlich einmal atmend, sprechend, selig abgesetzt erscheint da die Gebärde, mit der die Musik nach dem oft so peinlichen Vogelstimmen-Terzett alles wieder in ihre Magie, ihre Idealität zurückholt. Man darf sich an Beethovens Zeitgenossen Hölderlin erinnern: «An einem schönen Tage läßt sich ja fast jede Sangart hören, und die Natur, wovon es her ist, nimmt's auch wieder.» Karajan vermittelt im abschließenden dankenden «Hirtengesang» bruchlos zwischen Pastoralem und großer Symphonik. Mag sein, daß er bei «Gewitter, Sturm» um eine Nuance zu geschickt auf dem technischen Medium spielte.

Die Aufnahme der *7. Symphonie in A-Dur Opus 92* offenbart ein Paradox. Dieses Werk mit seiner rhythmischen Hingerissenheit, seinen hellen Steigerungen, seiner ins Majestätische getriebenen Brillanz und seiner Fülle klar disponierter Spannungen liegt Karajan möglicherweise zu gut. Es kommt seinem Naturell – Sachlichkeit, Elastizität, Entzündbarkeit – fast übermäßig entgegen. Darum hat die Aufnahme mitunter beinahe etwas Klirrendes, während etwa Bruno Walter noch das Entfesselte zu humanisieren und zu beseelen versuchte. Niemals darf man freilich die Meisterschaft überhören, mit der Karajan hier wie in jeder anderen Symphonie ein herrliches

Karajan und die Symphonien

Orchester zur Entfaltung und ein großes Werk zur Lebendigkeit bringt. Dennoch fehlt ein wenig die «Wärme». Unleugbar die Größe des Allegretto-Satzes. Wenn man ihm in dem Zusammenhang dieses Zyklus und nicht im Banne anderer Interpretationen begegnet, dann spürt man die geheime und verhaltene Glut deutlich.

In der *8. Symphonie in F-Dur Opus 93* spielte Beethoven sozusagen doppelt mit der Form. Er wird zum Neoklassizisten seiner selbst. Man kann das vor allem der gleichsam bewußten Naivität des Menuetts anmerken, das eine gebrochene, vermittelte Einfachheit hören läßt, so, wie sie sich beim mit Mozartscher Simplizität spielenden Beginn der späten *As-Dur-Klaviersonate Opus 110* oder vor allem beim Menuett-Zauber am Schluß der abgründigen *Diabelli-Variationen* zeigt. Karajan macht, ohne jede Affektiertheit, dies Spiel der Form und eines gewaltigen Bewußtseins mit. Im übrigen gilt für seine Aufnahme der *Achten* alles das, was schon im Zusammenhang mit der *1.* und der *2. Symphonie* zu bemerken war.

Eine Auseinandersetzung für sich wäre Karajans Interpretation der *9. Symphonie in d-Moll Opus 125* wert. Im ersten Satz stellen sich klagende Ritardandi dem symphonischen Sturm, der immer wieder abbricht, entgegen – da muß die beinahe jenseits aller Musik stehende reine Logik des Anfangs und die wuchtige Größe der Entsagung, die sich hinter diesen Ritardando-Verhaltungen birgt, getroffen werden. Das Scherzo gehorcht einem einzigen Rhythmus; dennoch soll der Dirigent nicht nur die Einheit, sondern auch die Vielheit der Abwandlungen deutlich Klang werden lassen. Der Ton des Adagios ist mit bloßer, passiver «Weihe» noch lange nicht getroffen. Und das Finale? Es gibt kaum einen kultivierten Musikfreund, der da nicht die Nase rümpft. Man nimmt Beethoven den plakathaften Tonfall des Chorfinales übel, man rebelliert gegen seine Rebellion, gegen seinen trotzigen Ausbruch aus dem instrumentalen Bereich. Hans von Bülow wagte es, nach den letzten drei Akkorden des Adagios den Taktstock niederzulegen und den letzten Satz von Beethovens letzter Symphonie schlicht zu unterschlagen. Wer je in Versuchung kommt, sich über moderne Pult-Virtuosen zu ärgern, sollte an dieses heutzutage wohl doch unmögliche Beispiel denken. Drängt nicht die Energie der ersten drei Sätze gleichsam über deren Grenzen hinaus, braucht dieses Werk nicht eine vokale Entladung? Dem Hymnus an die Freude ist – und wie könnte es anders ein, wenn ein verbitterter, einsamer, tauber Mann sich mit einer Riesenanstrengung seiner Seele zur Freude bekennt – etwas Hektisches, etwas Ausbrechendes beigegeben. Diese Hektik gilt es zu treffen. Die Vorsichtigen sind ganz bestimmt verloren.

Der erste Satz wird Karajan, so schien mir, nicht zur Gestalt. Schon Toscanini verfehlte ihn. Gewiß: Größe, Macht und Majestät erscheinen. Aber bei Karajan geraten die Ritardandi blaß, und selbst das herrlich auskomponierte, untröstbare Zögern vor der Coda klingt eher verlegen. Schon der Anfang ertönt nicht ohne Wucht, aber doch ohne – man muß solche Worte benutzen – Magie. Espressivo-Kantilenen werden fast überspielt (Takt 192 etwa); und wo Inständigkeit herrschen müßte, stellt sich beinahe ein Accelerando ein (Takt 216). Karajan deklamiert zu wenig. Er verfehlt manchmal den Sprechcharakter dieser Töne, ihr Mark. Die Fortspinnung des B-Dur-Seitensatzes könnte, so gespielt, auch in den *Geschöpfen des Prometheus*, einem Beethovenschen Ballett, stehen. Grandios und symphonisch, bewältigt und reich gelingt das Finale. Nur wer die Unmöglichkeiten dieses Satzes kennt, weiß, was das bedeutet.

Wären die Probleme der Karajanschen Beethoven-Deutung nur «Fehler», nur Dinge, die andere Zeitgenossen besser können, dann brauchte man sich mit dieser im Ganzen ohnehin bewundernswerten Schallplatten-Leistung nicht solche Mühe zu geben. Aber die großen Interpreten – Karajan ebenso wie Gründgens – sind repräsentativ in einem geheimnisvollen Sinn. Selbst ihr Versagen besagt etwas. Wenn Gründgens mit dem Pathos des *Don Carlos* und des *Wallenstein* Mühe hat, wenn Karajan dem Scherzo der *Fünften* oder dem ersten Satz der *Neunten* etwas schuldig bleibt, dann drückt sich darin mehr aus als bloß individuelle Schwäche. Dann spürt man – vorausgesetzt natürlich, daß immer höchste Ernsthaftigkeit und Aufrichtigkeit und Anstrengung mit im Spiele sind – die Grenzen eines Zeitalters. Den Mangel an Schiller-Helden, an Wagner-Tenören, an jüngeren majestätischen Beethoven-Interpreten nur mit Zufällen erklären zu wollen, wäre billig, armselig und ungerecht. Lösungen müssen gesucht werden – manchmal gibt es vielleicht keine. Eben weil Karajans neun Beethoven-Symphonien solch ein repräsentatives Moment beigegeben scheint, weil sie Großes, Hinreißendes, Lockeres und Bewegendes in Hülle und Fülle bieten: darum darf kein Musikfreund achselzuckend so tun, als gäbe es diese Platten nicht.

8. III. 1963

FURTWÄNGLER-AUFNAHMEN

Wilhelm Furtwängler hat die Wiener, die ihn liebten, ihm als 33jährigem (!) bereits regelmäßig die Abonnementskonzerte des Wiener Tonkünstler-Orchesters anvertrauten und ihn drei Jahre später darum baten, mit ihren Philharmonikern das Gedächtniskonzert zu Brahms' 25. Todestag zu dirigieren – Wilhelm Furtwängler also hat die Wiener einmal sehr enttäuschen müssen. Das war 1928. Da bot man ihm, immerhin, die Position des Chefs der Wiener Staatsoper an.

Zu einer Zeit, als es den Berliner Philharmonikern finanziell elend schlecht ging während der damaligen Nachkriegsmisere. Wenn die Berliner Philharmoniker nun auch noch den einzigen Publikumsmagneten verlören, den sie hatten, nämlich den von Berlin vergötterten Furtwängler, dann wären sie als Institution wahrscheinlich verloren gewesen. So gaben sich die Stadt Berlin und das «Reich» gleichermaßen Mühe, Furtwängler zu halten, indem sie feste, erhöhte Gehälter und Subventionen für die Philharmoniker zusicherten – unter der Bedingung, daß Furtwängler bliebe.

Aber der liebte natürlich auch die Wiener Musikvertrautheit, die Wiener Tradition, Wiens herrliche Orchester-Kultur und hatte dort soeben mit dem *Rheingold* einen überwältigenden Publikumserfolg. Am Ende aufregender Verhandlungen, in denen Furtwängler sich, wie so oft, als depressiver Zauderer erwies, sagte er ab. Wie gekränkt Wien damals war – ein Mozart habe sich nicht fortlocken lassen, Beethoven und Brahms hätten sich wohl gefühlt, aber nun könne man so was mit dem besiegten, zerstückelten Wien und Österreich ja machen –, es läßt sich leicht ausmalen, in alten Zeitungen und Büchern nachlesen.

Unmöglich, daß Furtwängler davon unbeeindruckt blieb. Jedenfalls dirigierte er – dessen «Lebensleistung» eben doch die Berliner Philharmoniker waren – später kontinuierlich in Wien, zumal während des Zweiten Weltkriegs und in den neun Lebensjahren, die ihm nach 1945 noch verblieben. Dabei kamen Beethoven- und Brahms-Interpretationen zustande, die sich mit den herrlichen, maßstabsetzenden Berliner Aufnahmen oder Mitschnitten durchaus vergleichen lassen – ja ihnen in manchen Punkten überlegen waren.

Im Furtwängler-Gedächtnisjahr 1986 legt nun die EMI eine Furtwängler-Beethoven-Kassette vor, die mit wenigen, freilich gewichti-

Ludwig van Beethoven

gen Ausnahmen (*8. Symphonie, 9. Symphonie, Leonore 2*) aus Aufführungen der Wiener Philharmoniker besteht, und zwar (leider) nur aus solchen, die nach 1945 gemacht wurden. Hier liegt nun also – und dabei handelt es sich keineswegs hauptsächlich um Erstveröffentlichungen – das digital zugerichtete Ergebnis der Begegnung von Furtwänglers fordernder Kunst, dem Wiener «Idiom» und Beethoven vor. Es ist ein tief beeindruckendes Ergebnis. Lädt zu Vergleichen und Gegenüberstellungen ein, die gewiß nicht immer zugunsten dieser nach 1945 eingespielten Interpretationen ausfallen. Gleichwohl und ein wenig pathetisch formuliert: Nichts, was wahrhaft Große verbindlich tun, kann unwichtig sein.

Leider ist das Begleitheft der Kassette teils unzureichend, teils unbefriedigend. Daß der wohlmeinende Text-Autor Hans-Hubert Schönzeler offenbar wirklich kein Deutsch kann, sondern nur beseligt stammelt – «Furtwängler war vom Schicksal außerordentlich begünstigt, in dem er höchst kultivierte Eltern hatte» (auch wenn das *in dem* zusammengeschrieben wäre, bliebe es seltsam), oder: «Es ist in diesem Sinne, das man den Dirigenten Wilhelm Furtwängler betrachten muß: Er sah sich selbst als ein schöpfender und nicht als ein nachschöpfender Künstler» – solche grammatisch grausigen Naivitäten sind weniger Schönzeler zur Last zu legen als denen, die ihm dergleichen unkorrigiert durchgehen ließen.

Was die präzisen Hinweise betrifft: Da bekanntlich keine Furtwängler-Mitschnitte von Aufführungen der Beethovenschen *2. Symphonie* existieren (bis 1940 hatte er sie laut Herzfeld immerhin 23mal aufs Programm gesetzt, auch in seinem Todesjahr 1954 trug er sie Anfang April noch zweimal vor), erführe man natürlich gern Genaues über den hier vorgelegten Londoner Gastspiel-Mitschnitt vom Oktober 1948 aus der Royal Albert Hall. Der klingt akustisch miserabel, wie eine zu Hause aufgezeichnete Radioübertragung, bei der leise auch mal andere Stationen mitflöten... Oder: Handelt es sich bei der *Eroica* wirklich um eine Studioaufnahme, obwohl man doch leises Husten, wenn es nichts anderes ist, zu vernehmen glaubt? Ein wenig mehr philologische Sorgfalt hätte, obwohl das alles gar nicht leicht zu verifizieren sein mag (weil Furtwängler die Schallplattenverewigung gleichgültig war; ihm ging es um das lebendige Ereignis des Konzerts und um sein Komponieren), der Darbietung dieser Kassette wohl angestanden.

Und doch dürfen wir froh sein darüber, daß sie nun existiert! Jene tragische Gewalt, mit der die Wiener die *Coriolan-Ouvertüre* begin-

nen, die melodiöse, zart beschwingte (aber nicht leichtfertige) Innerlichkeit, mit der sie dann das Gesangsthema artikulieren: es ist zu
Herzen gehend wienerisch, rührend, unvergleichlich. Auch wenn
die Wiener im *Eroica*-Trauermarsch am Ende die ausdrucksvoll
tröstende Des-Dur-Kantilene anstimmen, wenn sich da aus sanftem
Diminuendo und erfühltem Ritardando das Melos wie eine Trost-
Geste entfaltet (Takt 210 ff., wer das wirklich begriffe, hätte kapiert,
wie organisch Furtwänglers Kunst war und weshalb er einzigartig
blieb), dann begegnet man Wundern, die wunderbarerweise in aller
Spontaneität erhalten blieben.

Was die *2. Symphonie* betrifft, so hatte Furtwängler, auch der
miserable Mitschnitt verdeutlicht es, da ein ungewöhnliches, ja
überraschendes Konzept. Er nahm den ersten Satz gefährlich rasch,
nicht elegant, schon gar nicht – wie sonst üblich – frühklassisch
rückwärtsgewandt, sondern bedrohlich und von heftigen, übrigens
vorgeschriebenen Akzenten erhitzt. Keine Hommage für Haydn,
sondern eine *Eroica* in D-Dur. Die *Zweite* wurde ja tatsächlich zur
Zeit des Heiligenstädter Testaments komponiert und kann schon
darum ganz harmlos heiter eigentlich nicht gewesen sein. Aber daß
gerade Furtwängler konzessionslos und ohne auf verbindliche Brillanz zu setzen, so heftige Tempi (und im Larghetto nachdrückliche
Expressivität) gewählt hat…

Nichts läßt gleichgültig. Herrlich diskret die Ruhe, mit der Furtwängler die Adagio-Melodie der *Vierten* ohne jeden Ausdrucks-
Drücker darbietet und dann das Expressive klug in die Zwischenspie-
le bannt.

Einige große, beschwörende Darbietungen während des Zweiten
Weltkriegs, als es für die Musik um Tod und Leben ging, gelangen
noch aufregender, herber; so die *Neunte* (1942 in Berlin aufgezeich-
net), deren Kopfsatz den hier ausgewählten, allzu wagnerianisch
pastosen Bayreuther Mitschnitt von 1951 denn doch überragt. Auch
die *Eroica* erklang während des Krieges wohl noch glühender, atem-
beraubender unter Furtwänglers Händen. Doch solches experten-
hafte Gegeneinander-Ausspielen von Fassungen sollte niemandes
Blick und Ohr dafür trüben oder verschließen, daß Furtwänglers
Interpretationen stets den Geist einer Ganzheit beschworen und daß
wir glücklich darüber sein dürfen, so viele klingende Testamente von
ihm zu besitzen.

27. II. 86

Ludwig van Beethoven

CARLOS KLEIBER: 4. UND 7. SYMPHONIE

Zum «Andenken Karl Böhms» dirigierte Carlos Kleiber in einer Konzert-Matinee für die «Freunde des Nationaltheaters» Beethovens *4*. und *7*. *Symphonie*. Feuer, Präzision, heitere Eindringlichkeit, Ausgewogenheit und Souveränität waren hinreißend, staunenswert und bewunderungswürdig. Einige (wenige) Male gerieten die Bläser – Flöte und Fagott – an die Grenze ihres Leistungsvermögens, zugegeben. Doch was besagen solche winzigen Patzer und Einschränkungen gegenüber einem unvergleichlich fesselnden Ganzen? Diese Symphonie-Darbietungen beeindruckten weitaus mehr als irgendwelche noch so vollkommenen Schallplatten.

Offenbar hatte man intensiv geprobt. Die Einleitung der *4. Symphonie* bannte vom ersten Takte an, obwohl Kleiber – sich genau an Beethovens Alla-breve-Vorschriften haltend – das Düster-Brütende nicht übertrieb. Überhaupt konnte man bei der nahezu vollendeten Wiedergabe dieses oft so töricht unterschätzten Werkes feststellen, daß Kleiber mit jener «Quadratur des Kreises» scheinbar mühelos zurechtkam, die alle Mozart- und Beethoven-Interpretationen so schwer macht. Da war immer der große Zug, der festliche Ton, das straffe Tempo, wie es bei Symphonik sein soll – und es herrschte zugleich die Freiheit fürs Einzelne, Blühende, Individuelle. So erlebten wir jene Versöhnung zwischen dem Anspruch des Teils und der Anforderung des Ganzen, die gesellschaftlich nie gelang und um die sich Philosophie so heftig bemüht, endlich einmal eingelöst: im Reich der Beethovenschen, von Kleiber begriffenen Kunst!

Wie zart ging er im Kopfsatz zurück beim Einsatz des zweiten Themas, das sonst mit unschöner Regelmäßigkeit verwackelt. Alle das Hauptmotiv übersingenden Kantilenen der Durchführung schienen fast vom Glück des Rosenkavaliers zu träumen. Dabei wirkte die Klassizität nicht billig erworben – sondern aus einem mystischen Dunkel heraufgeholt: Man konnte es während der Introduktion, aber auch am Ende der Durchführung so nachempfinden.

Den zweiten Satz, ein Adagio, begann Kleiber beschwingt fast, andante-ähnlich. Dadurch vermied er Starrheit. Mehr noch: Dadurch schuf er sich eine Fallhöhe fürs Langsamerwerden, wenn Gesetz und Moll es befahlen. Lebhaft schön dann das Scherzo. Virtuos und riskant rasch das Finale. Trotzdem klang aller geschmeidiger Wirbel, bei dem das Fagott sich gewissermaßen überkugeln

Carlos Kleiber: 4. und 7. Symphonie

mußte, nie verharmlost. Nie wie Mendelssohns Spuk oder wie die sehr ähnlichen *Ballszenen* jenes Wiener Konzertmeisters Hellmesberger, der von einem damals gefürchteten Kritiker seinen Orchesterkollegen lieblos mitteilte, selbiger sei «leberleidend» nach Karlsbad gefahren, aber «leider lebend» zurückgekommen. Über alle diese Assoziationen hob Kleiber das Stück hinaus. Er sprang, daß man sich an Bernsteins Höhen erinnerte. Überschwang und Einsatz wurden aber nie «Hysterie». Eine unvergeßliche *Vierte*.

Die Einleitung der *7. Symphonie* hat Furtwängler «titanischer» verstanden, das Allegretto «tragischer», gewiß. Gleichwohl rückte Kleibers Darbietung neben die großen Eindrücke vergangener Beethoven-Interpretationen, weil sie von einer Spiritualität, einem inneren und zum Schluß ausbrechenden Feuer war, wie dergleichen doch wohl nur ein so junger, so kraftvoller, so genau sich vorbereitender Dirigent vollbringen kann.

Nun gehören die Steigerungen der *Siebenten* zum großen, wohlvertrauten Besitz der Musik (und der Menschheit). Wer da nicht ganz aus sich herausgeht, sollte den Beruf wechseln...

Kleiber entfesselte den napoleonischen Glanz des schmetternden A-Dur rückhaltlos. Aber er tat noch viel mehr. Kleine Einwürfe und Auftakte, Geigeneinsätze oder Haltetöne waren bei ihm wie Geistesfunken, die späteres Feuer vorbereiteten. Die *Siebente* geriet nie zum Reißer. Sie war dafür Dokument unermeßlichen Lebenswillens, höchster Daseinsbejahung.

Das berühmte Allegretto hat Kleiber früher fast eine Minute langsamer dirigiert. Jetzt hält er sich genau an Beethovens Vorschrift: Die Staccato-Achtel des Themas sind ganz kurz, da wirken dann die folgenden gebundeneren Viertel doch getragen und ruhig, als Kontrast. Nicht Tragik, wohl aber Dramatik entstand. Daß dabei die nach oben weisende Geste der letzten beiden Violintakte etwas sinnlos, ja unerkennbar blieb, sei nicht verhohlen.

Das Presto, also den scherzohaften dritten Satz der *Siebenten*, kann man sich konzentrierter, beschwingter, schneller kaum vorstellen. Und wie Kleiber es schaffte, im Finale immer wieder den Eindruck eines jagenden Accelerando herzustellen, ohne doch sinnleer zu «eilen» – das mag sein Geheimnis bleiben. Nach dem Schlußakkord herrschte langes, betroffenes Schweigen. Eine Frau schrie auf, als wäre sie grenzenlos überrascht, daß Beethoven an einem eiskalten, sonst ganz normalen Mai-Sonntagvormittag des Jahres 1982 uns allen derart an die Nerven und Nieren gehen kann. Dann,

Ludwig van Beethoven

wie eigentlich sonst höchstens nach dem *Tristan*, endloser, ovationshafter Beifall.

3. V. 1982

5. SYMPHONIE (FÜR KLAVIER)

Was die Klaviertranskription in der Musikgeschichte bedeutet und
wohl auch angerichtet hat, läßt sich so leicht nicht ermessen: Erst seit
es auch in der kleinsten Hütte Raum zumindest für ein Schallplatten-
gerät gibt, auf dem man sich Symphonien im vermeintlichen Original
(als ob es original wäre, wenn auf festlichen Ton und große räumliche
Entfaltung berechnete Werke aus einer winzigen Schallquelle in ein
kleines Zimmer strömen) vorspielen kann, ist es nicht mehr üblich,
daß höhere Töchter oder Jünglinge Haydns oder Beethovens Symphonien vierhändig spielen.

Damit ging natürlich auch viel verloren. Etwa die intime, sozusagen aktive Beziehung zu Werken, die man halt anders erfährt, wenn
man sie selbst realisiert. Romain Rollands Bemerkung, kaum ein
Stück Beethovens sei schwieriger auf dem Klavier zu spielen als der
erste Satz der *5. Symphonie*, weil es da – vom kurzen Oboensolo
abgesehen – keine Pause, kein noch so winziges retardierendes
Moment gäbe, würde einem modernen Beethoven-Forscher kaum
mehr einfallen. Wer donnert so etwas schon auf dem Klavier herun-
ter! Für unsere Ohren klingt das wie schlechtes 19. Jahrhundert.

So ist denn die Überraschung um so größer, wenn einer der
berühmtesten und wohl auch fortschrittlichsten, dem Konzertbe-
trieb mit seinen immer gleichen Programmen gegenüber kritischsten
Pianisten unserer Zeit, nämlich Glenn Gould, auf einer außerordentlichen Schallplatte Beethovens *5. Symphonie* in der Transkription
von Franz Liszt vorlegt. Am Anfang wirkt es, weil so überraschend,
fast komisch. Denn es handelt sich ja nicht einmal, wie etwa bei den
heutzutage zu Unrecht verpönten Lisztschen Don-Juan-Reminis-
zenzen oder wie bei seinen anderen selbstsicheren Bearbeitungen,
um eine gewissermaßen autonome pianistische Paraphrase, sondern
doch um einen nahezu buchstäblichen Klavierauszug. Liszt hat
möglichst wenig weggelassen und nur gelegentlich ein paar ausfüllen-

5. Symphonie (für Klavier)

de Akkordbrechungen hinzugefügt, wo das Klavier die Streichertremoli beim besten Willen nicht vernünftig realisieren könnte; und er hat auch für die Pauke eine etwas naiv klingende pianistische Entsprechung zu finden gesucht.

Doch man würde sich sehr täuschen, wenn man unterstellte, der zu Exzentrizitäten neigende Gould leiste sich da einen pianistischen Witz. Im Gegenteil. Er nimmt die Symphonie, die Lisztsche Transkription und die Möglichkeiten seines Flügels so ernst, daß man schon nach wenigen Schocksekunden beeindruckt ist von der Kraft, der Durchsichtigkeit und dem zurückhaltenden Pathos dieser höchst ungewöhnlichen Interpretation. Liszts Bearbeitung unterscheidet sich von den bekannten Klaviertranskriptionen durch die größere Freiheit gegenüber dem Flügel und durch die für Liszt so typische Ausnutzung der Lagenwechsel. Liszt versteht es halt, eine musikalische Gestalt in vier Oktaven, in Stockwerken gleichsam, vorzuführen. Er nutzt ohne billige Effekthascherei den Unterschied zwischen mittlerer und hoher Klavierlage aus. Ein etwas kindisch gewordener älterer russischer Pianist hat Beethovens Klavierwerken einmal vorgeworfen, sie seien zwar sehr beeindruckend, aber unpianistisch. «Oben Töne, unten Töne, aber in der Mitte nichts», meinte der alte Herr. Diesen Vorwurf könnte man Liszt wirklich nicht machen, und wenn Glenn Gould die *Fünfte* spielt, läßt sich sehr genau beobachten, wie geschickt das dramatisch auseinandergelegte Klavier den Orchestereffekt reflektiert. (Plötzlich vermag man sich vorzustellen, wie Beethovens Symphonien, welche die meisten Musikhörer im frühen 19. Jahrhundert in Klavierbearbeitungen kennenlernten, damals wirkten.)

Glenn Gould ist so beschäftigt, daß er keine Chance hat, sich vorzudrängen. Die zehn Finger eines genialen Pianisten reichen fürs überlisztete große Beethoven-Orchester gerade noch aus. Bei alledem gelingt es Gould, selbst in diesem nur allzu bekannten Stück noch auf einige sonst oft überhörte Dinge aufmerksam zu machen. Man hört beispielsweise, wie barock, mehr auf Händel als auf Bach zurückgehend, die Achtelpassagen in der Coda des Kopfsatzes sind. Man nimmt im besonders gut gelungenen langsamen Satz, wo Glenn Gould eine Tonfülle, einen Wohlklang, eine atmend-edle Bewegung produziert, wie selbst er es nicht oft vermag, manche sonst untergehenden melodischen Bewegungen der Geigen und der tiefen Instrumente wahr. Beim Scherzo sind, ebenso wie beim Finale, natürlich die Grenzen des Flügels und des Pianisten erreicht. Glenn Gould

Ludwig van Beethoven

spielt das Scherzo auffallend langsam. Das Trio «schafft» er zwar, aber auch im Finale ist nicht zu überhören, daß noch so kultiviertes Klavierspiel beziehungsweise Klaviergedonner den napoleonischen Marschtritt von Beethovens C-Dur-trunkenem Orchester keineswegs hinreichend wiedergeben kann. Zwei Sätze außerordentliches Klavierspiel, zwei Sätze Kuriosum: so stellt sich Beethovens *Fünfte* dar, wenn Liszt und Gould ihre Hände im Spiel haben. Ein originelleres Geschenk für einen klaviervernarrten Menschen ist nicht denkbar.

2. IX. 1969

9. SYMPHONIE

Dreißig Jahre lang hatte sich Beethoven, der glühende Schiller-Bewunderer, mit der Absicht getragen, die «Ode an die Freude» zu komponieren. Schiller selber rückte freilich im Jahre 1800 von seiner 1785 gedichteten Freuden-Ode, die sehr populär geworden war, ab: «weil sie... einem fehlerhaften Geschmack der Zeit entgegenkam». Beethovens Enthusiasmus indessen blieb. Denn in diesem Freuden-hymnus klang für den Republikaner Beethoven, wahrscheinlich auch für seine Zeitgenossen, viel unaustilgbar Freiheitliches mit. Zwar konnte Beethoven später nur einen Teil der Ode musikalisch verwerten (er wollte ja keine Symphonie-Kantate schreiben), aber die von ihm gestrichenen Worte waren im Bewußtsein der Welt eben doch auch mit da. Zum Beispiel «Rettung von Tyrannenketten», «Männerstolz vor Königsthronen» oder gar das: «Duldet mutig, Millionen! Duldet für die beßre Welt!»

Also: die Vertonung dieser Ode war für Beethoven, der ja einmal von sich gesagt hat, er vergesse über Jahrzehnte kein winziges Motiv, keinen Vorsatz, ein zentrales (man verzeihe das abgenutzte Wort) Anliegen. Nachdem Beethoven acht Symphonien komponiert hatte, plante er zwei weitere symphonische Werke, von denen das eine mit einem Chorsatz, einem Bacchus-Fest, einer Anspielung auf die Eleusinischen Mysterien enden, das andere instrumental in d-Moll gehalten sein sollte. Aus jahrzehntelangem Planen, Erwägen, Sich-Begeistern seines unvergleichlichen Musikgehirns entstand dann nur die eine, die *9. Symphonie*.

9. Symphonie

Eine *sachliche*, eine, wie sagt man, *objektive* Betrachtung könnte den Schluß nahelegen, das Chor-Finale sei also erst am Ende des schöpferischen Prozesses hinzugefügt worden und mithin entbehrlich oder übertrieben. Hans von Bülow, der Genie und pedantischer Lehrmeister zugleich gewesen sein muß, legte denn auch bei seinen Aufführungen der 9. *Symphonie* nach dem dritten Satz den Taktstock nieder, verzichtete aufs Finale, dirigierte statt dessen die drei Anfangssätze sogleich noch einmal.

Eine *neugierige, interpretierende* Betrachtung der Partitur hinwiederum drängt den Schluß auf, daß Beethoven sich nicht nur, indem er vor dem Finale alles Vorhergehende zitiert, Mühe gegeben hat, die organische Einheit des Ganzen zu betonen, sondern daß ihm der D-Dur-Schlußchor während der Arbeit aus den drei vorhergehenden Sätzen erweislich zugewachsen sei. Die emotionale Reichweite der Instrumentalsätze ist ja so ungeheuerlich, daß nicht etwa *sachlich*, sondern geradezu *sachfremd* reagiert, wer sagt: «Ich denke nicht daran, mir dabei etwas zu denken – sondern dirigiere nur die Noten.»

So stellt Beethovens 9. *Symphonie* nach wie vor die spannungsvollste und größte Herausforderung dar. Wenn also Leonard Bernstein mit den Wiener Philharmonikern, dem Wiener Staatsopernchor und ausgesucht guten Solisten (Gwyneth Jones, Hanna Schwarz, René Kollo, Kurt Moll) die 9. *Symphonie* während der Festspiele aufführt, dann steht wahrlich mehr auf dem Spiel als nur das Ge- oder Mißlingen eines Konzertes. Unter den Dirigenten seiner Generation gibt es keinen, welcher der Bernstein-Mischung aus Enthusiasmus, Spontaneität, manueller Meisterschaft, Intelligenz und mittlerweile sogar innerem Maß gleichkäme. So sei denn auch sofort zusammengefaßt, daß man in Salzburg eine mit schier endlosem Applaus bedachte, oft hinreißend fesselnde und originelle, manchmal freilich auch unbefriedigende (nicht irritierende: denn warum Bernstein etwas gerade so und nicht anders macht, wird stets klar) Aufführung erlebt hat.

Fairneß gebietet folgendes Geständnis: Bernsteins Darbietung soll hier nicht an den Interpretationen seiner lebenden Kollegen, denen er weiß Gott sämtlich gewachsen ist, gemessen werden, sondern an dem Maß, das die Partitur und Wilhelm Furtwänglers Deutung mir vermittelten. Ich habe Furtwängler-Proben und Aufführungen der 9. *Symphonie* erlebt, die Schallplatten-Dokumentationen liegen vor: Warum nicht einräumen, daß eine solche Erfahrung prägt und möglicherweise einseitig macht?

Ludwig van Beethoven

Bernstein dirigierte den ersten Satz der Symphonie nicht nur weit rascher als Furtwängler und sogar Karajan, sondern melodisch, optimistisch (auf dieses befremdende Adjektiv kommen wir noch) und untragisch. Der Satz hatte bei ihm, aller Größe, allem Maestoso zum Trotz, etwas durchaus Vorbereitendes. Überwältigend die Deutung des dann folgenden Scherzos.

Wir sind gewöhnt, daß auf eine Tragödie ein donnernd virtuoses Satyrspiel folgt, ein fulminantes Orchesterstück, zwielichtig, blitzend, aufregend. Bernstein nun dirigierte diesen Satz überraschenderweise nicht nur langsamer, als alle seine Kollegen es tun (und selbst Furtwängler es tat), sondern er zeigte, daß das Scherzo kein Scherzo ist. Es heißt ja auch nicht so, sondern nur «Molto vivace». Bernstein war imstande, das Scherzo-Thema, das Beethoven einst als Fugenthema skizziert hatte, mit immer neuen, in der Partitur durchaus vorhandenen, oft verblüffend konflikt-rhythmischen Kontrapunkten zu bereichern. Er holte aus diesem d-Moll-Stück Steigerungen heraus, die denen des Kopfsatzes nahezu gleichkamen. Er machte aus den vielen Pausen beklommene Ereignisse. Es war eine Entdeckung.

Und weil Bernstein im Adagio begriffen hatte, daß Beethovens erhabenste Melodien manchmal dann am ausdrucksvollsten wirken, wenn sie mit einer gewissen Scheu und ohne Espressivo-Drücker kommen, war auch das Adagio von zwingender Fülle. In der Tat hat Beethoven die B-Dur-Melodie, wenn sie in den Streichern vorkommt, nie «dolce» notiert, wohl aber dieses «Süß» hinzugefügt, wenn die Bläser echohaft wiederholen. (Und, noch aufregender: Bei der Revue aller vorhergegangenen Sätze im Finale erscheint auch das Adagio-Thema dolce, als verkläre es eine träumerische Erinnerung.)

Das erlaubt folgendes Fazit: Bernstein glich die ersten drei Instrumentalsätze der *9. Symphonie* einander, was ihre Ausdrucksdimension betrifft, (unwillkürlich) an. Er machte sie zu Vorboten eines Ereignisses.

Dabei mußte er im ersten Satz Opfer bringen. Sind nicht die Exposition des Hauptthemas, die Darstellung des Seitenthemas dort je für sich schon kleine, durchgeführte Quasi-Sonaten, in denen Werden und Entwicklung logisch und aufzeigbar und aufregend vorkommen? Nicht bei Bernstein. Er dirigierte die Exposition der *Neunten* eher wie eine Überschrift, wie etwas Flaches, Festes, was dann später in der Durchführung bereichert wird. So begann die Durchführung

9. Symphonie

tatsächlich in neuem, mystischerem Ton. Aber dann wollte Bernstein mehr die reichen melodischen Abwandlungen herausbringen, als daß er sie zum wunderbaren Bestandteil einer nach wie vor herben Totalität gemacht hätte.

Es gibt da am Anfang der Durchführung eine melodiöse Violin-kantilene, zu gezupften Pizzicato-Bässen. Bei Bernstein klang das überschwenglich. Aber wie gewaltig kann diese Ausweitung wirken, wenn das Orchester währenddessen bei den Synkopen und Tremolos nach wie vor herbstes rhythmisches Rückgrat hat, wenn also ein Doppeltes geboten wird! Dann vermag die Durchführung sich bis zur Schreckensvision zu steigern, nämlich dem Elan-vital-Zusam-menbruch, den das Hauptthema erleidet, wenn es auf brodelndem Boden, von der Pauke zerschlagen, in D-Dur erscheint. So hat einst Furtwängler diese Steigerung begriffen. Bernstein, indem er die Exposition zum Ausgangspunkt, die Durchführung zum Kombina-tionsereignis machte, läßt indessen die Dur-Stelle wie einen positi-ven, optimistischen Höhepunkt erstehen. Eine Vorahnung des Fina-les.

Darum wirkte bei ihm der große Coda-Trauermarsch keineswegs ganz organisch, wenn auch erhaben.

Es war schon davon die Rede, wie genialisch Bernstein den zweiten Satz zum dramatischen Bestandteil des Werkes machte, während er etwa die diffusen Zweiunddreißigstel-Auflösungsfelder des Kopfsatzes rhythmisch fast zu klar, und das heißt domestizie-rend, gliederte. Im Adagio reifen nun die Früchte seines Konzeptes. Noch nie habe ich so klar gehört, daß in diesem Adagio der erste Satz gespiegelt wird!

Als Bernstein das Freuden-Thema vorbereitete, das sich trotz aller vorausgegangenen Prophetie kaum in diese Welt zu trauen schien, war er der größte Dirigent der Gegenwart. Über alle wohlbekannten Klippen vermochte er den Variationssatz hinwegzusteuern. Das Alla marcia nach dem Cherub «Vor Gott» war eben keine peinliche Assoziation einer Suppé-Ouvertüre (wie sonst so oft), sondern erinnerte eher an die englische Militanz himmlischer Heerscharen. Beim «Sempre fortissimo» vor dem riesigen Choreinsatz unterließ Bernstein freilich jenes schwungvoll vorbereitende Accelerando, das da von überwältigender Wirkung sein kann. Aber sowohl die Ekstase wie auch die Exzentrik vergegenwärtigte er.

Ich habe mich schon immer gefragt, warum in der 9. *Symphonie* weltbeste Gesangssolisten nervös endlos lange warten müssen, bis sie

Ludwig van Beethoven

dann doch, kurz und heikel gefordert, nie ganz so gut sind wie sonst. Hier hat doch die Menschheit das letzte Wort, nicht so sehr das Individuum. Wer weiß, ob nicht neutrale Solistenstimmen und ein etwas leichterer hoher Sopran, der möglicherweise beim Fortissimo wenig zu geben hat, dem Ganzen besser entspräche.

In Salzburg kam es hochachtbar so, wie es kommen mußte: Kurt Moll begann nach überwältigend reicher Orchestereinleitung gut, aber doch nicht so prophetisch freudig, wie es nötig wäre, sondern eher um die Richtigkeit besorgt. Und daß er ausgerechnet beim «freudenvollere» eine triste kleine Terz statt des hier erforderlichen Fis sang, passiert diesem großen Künstler sonst während ganzer Opern nicht. René Kollo zog sich akzeptabel aus der Affäre. Aber vom Strahlen und vom Heldischen berichtete er nur, statt es zu singen. Hanna Schwarz, wie sagt man, fügte sich ein. Und Gwyneth Jones, der die gefürchtete Sopranpartie überantwortet war?

Anfangs dachte man, erstaunlich, wie leicht und melodisch ihr das gelingt, immerhin nach einem Bayreuther Brünnhilden-Sommer. Doch spätestens beim «holden Flügel», der halt zu dick, allzu unschön herauskam, dachte man: Na ja, der Brünnhilden-Sommer. Immerhin, der Chor war sicher-erhaben da, und am Ende gewann die Aufführung eben doch das Eigentliche: Man sann lieber mehr über Beethovens Schöpfung als über die Wechselfälle irdischen Musizierens.

24. VIII. 79

BARENBOIM UND DIE KLAVIERKONZERTE

Darauf war die Musikwelt gespannt: wie der so rasch berühmt gewordene, hochmusikalische Pianist Daniel Barenboim und der große alte Otto Klemperer die Beethoven-Klavierkonzerte samt der *Chorfantasie* einspielen würden. Mochte, was wir vom «letzten» Klemperer hörten, manchmal auch ein wenig starr, ein wenig trocken herausgekommen sein (so sein *Don Giovanni*) – Beethovens Klavierkonzerte sind eher Dramen als ein Dramma giocoso. Und Klemperers unvergleichlich erhabene, auch noch nicht sehr lange zurückliegende Schallplatten-Interpretation der *Missa solemnis* gelang ja wahrhaft authentisch.

Barenboim und die Klavierkonzerte

Zudem mußte man sich vom Miteinanderkonzertieren eines 25jährigen Pianisten und eines 82jährigen Dirigenten viel versprechen. Oft sind (das gilt sogar für Kammermusik) Gegensätze ergiebiger als eine allzu große und darum spannungslose Homogenität. Im sehr munter geschriebenen, mit Witzen und Analysen gleichermaßen freigebigen Beiheft zu diesen Platten behauptet darum eine Artikelüberschrift sogar: «Klemperer und Barenboim – der Priester und der Draufgänger». Aber der Aufsatz scheint abgefaßt worden zu sein, noch bevor die Platten abzuhören waren. Denn auch diese Aufnahmen belegen, daß Barenboim sich mittlerweile von allem Draufgängerhaften distanziert hat. In den fünf Konzerten überzeugen, genauso wie während seiner letzten Klavierabende, die langsamen Sätze und die lyrisch-mystischen Partien der Kopfsätze am meisten.

Die Konzerte sind – ob es nicht doch falsch war, weil jetzt die schwersten zuerst drankamen? – in umgekehrter Reihenfolge aufgenommen worden. Zu Beginn das 5., dann das 4. Konzert, endlich Nr. 2, 1 und die Chorfantasie. Dabei gelangen die beiden frühen Konzerte, vor allem das C-Dur-Konzert Opus 15, wohl am besten.

Besitzen nun diese mit hohepriesterhaftem Verantwortungsgefühl eingespielten Interpretationen allerhöchsten Rang? Der erste Satz, vor allem der zart mystische Beginn der Durchführung, und auch das Andante des 4. Klavierkonzerts sind mit ausdrucksvoller Reinheit dargestellt; der langsame Satz des B-Dur-Konzerts atmet lyrische Empfindsamkeit. Während der Kadenzen kommt Barenboim fast immer ganz zu sich selbst. Zumal das 1. Klavierkonzert lebt von Barenboims rundem, meditativem, strikt antivirtuosem, hochmusikalischem Ton. Wenn man freilich, während der etwas ledernen Interpretation des c-Moll-Konzerts oder während der auffällig jede Dynamik verlierenden, allzu schöngeistigen Interpretation des großen Es-Dur-Konzerts, beinahe an Barenboim zu zweifeln beginnt, dann demonstriert schließlich der große Anfangsmonolog der Chorfantasie Opus 80, daß angelsächsische Barenboim-Schwärmerei und deutsche Barenboim-Bewunderung doch kein leerer Wahn gewesen sind: Plötzlich, allein, findet Barenboim wieder jene spannungsvolle Ausdrucksgewalt, die seine Soloaufnahmen genauso auszeichnete wie seine öffentlichen Konzerte.

Was also fehlt diesen Aufnahmen mit Klemperer? Nun, zunächst einmal der konzertante Sinn für Beethovens Brio. Wenn Beethoven so oft «Allegro con brio» vorschreibt, dann ist das zwar keine «absolute» Tempoangabe, aber doch immerhin eine Richtung: Feier-

Ludwig van Beethoven

liche Introvertiertheit kann nicht der Hauptgestus solcher Sätze sein. Merkwürdig, wie schwach Barenboim auch das Finale aus dem *Es-Dur-Konzert* herausbringt, wie gleichgültig ihn die Passagen aus dem Vivace des *G-Dur-Konzerts* lassen, wie wenig ihn der bärbeißige Witz des Rondos aus dem *c-Moll-Konzert* berührt. Offenbar fehlt es ihm einfach an Erfahrung im Umgang mit Beethoven-Konzerten.

Dabei handelt es sich gewiß nicht um «technische» Fragen – obwohl manchmal das Pianistische mehr in den Hintergrund tritt, als es bei Beethoven-Konzerten statthaft scheint. Wenn ein Pianist etwa die großen, höchst diesseitige Brillanz in den Dienst eines weitgespannten Dramas stellenden Entladungen und Kadenzen aus dem *Es-Dur-Konzert* so verhältnismäßig zurückhaltend, so ohne jeden Monologcharakter spielt, dann ist diese Auffassung zwar ehrenwert, aber doch in ihrer Nicht-Kühnheit wiederum allzu kühn: Es müßte nun ein außerordentliches Äquivalent geboten werden. Möglicherweise hat der alte Klemperer den jungen Barenboim zu erfolgreich gezügelt, zu sehr in den Bann seines manchmal golemhaft starren Musizierens gezogen.

An die Stelle von Ausbrüchen, von Pianistenmätzchen, von billiger Donnerei tritt bei Barenboim Schönheit, Versenkung, Beseelung. Das liest sich als Musikbeschreibung möglicherweise attraktiver, als es auf Platten klingt. Denn Klemperer neigt dazu, den ethischen Aufschwung, die hohe Humanität der Beethovenschen Gebärde mit priesterlichem Ernst zu feiern. Man begegnet allzuoft statt einem energisch-dynamischen Allegro – manchmal mehr dem Typ als dem meßbaren Tempo nach, gelegentlich aber auch der Metronomzahl nach – einem sozusagen «ethischen Andantino». Und die Adagios werden zu Gebeten.

Solange diese Auffassung mit reiner Kraft vorgetragen wird, ist sie respektabel. Doch da wiederum befeuert Klemperer sein tonschönes, starkes, bedenklich oft im Verhältnis zum Klavier allzu lautstarkes New Philharmonia Orchestra (London) nicht durchgehend. Wenn man das große Tutti-Vorspiel des *Es-Dur-Konzerts* etwa daran mißt, was Furtwängler aus der Partitur machte, dann spürt man, wie wenig es bei großer Interpretation allein darauf ankommt, ein Tempo durchzuschlagen und Besonderheiten herauszumeißeln. Das Befeuern der Streicher beim Crescendo, der glühende Nachdruck bei jeder Phrase, kurz: der belebende, alles durchorganisierende und prägende Ausdruck ist es, der Beethoven-Darstellungen groß und fesselnd macht. Ihn bleiben diese Platten meist schuldig.

Klavierkonzert Nr. 3 c-Moll

Wahrscheinlich war es für Klemperer zu spät, solch eine festlich-konzertante Musik aufzunehmen – und für Barenboim zu früh. Wenn Daniel Barenboim dem Klavier sein leidenschaftliches Interesse bewahrt und nicht zum Dirigentenpult abwandert, wird er die fünf Beethoven-Konzerte in ein paar Jahren reifer, kräftiger, richtiger spielen. Was sein großes Talent versprach, lösen in diesen Aufnahmen nur die herrlichen langsamen Sätze ein. Das ist viel – aber zuwenig.

20. XI. 1968

KLAVIERKONZERT NR. 3 C-MOLL

Die kleinen wie auch die großen Musiker haben, es darf nicht verwundern, viele sehr irdische, sehr menschliche Eigenschaften: Sie sind mißgünstig (wie die Generäle), eifersüchtig (wie die Bischöfe), neidisch (wie die Dirigenten), und sie freuen sich hemmungslos über schadenfroh-kollegiale Spöttelei. Die braven Leute sind eben, Heine hat es festgestellt, nicht immer die besten Musikanten. Aber unter Musikern ist dafür auch eine andere, hochsympathische Haltung weit verbreitet, die man schwerlich so rein unter Literaten, Malern, Wissenschaftlern oder Baumeistern beobachten kann: nämlich die Bereitschaft und die Leidenschaft, sich für große, verehrungswürdige Vorgänger einzusetzen. Gibt es irgendwo auf der weiten Welt einen zurechnungsfähigen Komponisten, der nicht zugleich demütig und begeistert Mozart bewundern und interpretieren möchte? Ist es selbstverständlich, daß Hans Pfitzner, statt für sich selber zu werben, immer wieder Schumann dirigierte, daß Boulez Beethoven und Debussy aufführt, daß Strauss Mozart und Wagner diente, daß Strawinsky sich für Tschaikowsky einsetzte, daß Webern Bach bearbeitete? Es ist nicht selbstverständlich – aber es ist so. Und es ist gewiß auch nicht selbstverständlich, daß Hans Werner Henze den Orchesterpart von Beethovens *c-Moll-Klavierkonzert* dirigiert. Er hat mit dem London Symphony Orchestra den Pianisten Christoph Eschenbach begleitet.

Begleitet? Nicht im mindesten. Da Henze, zwar nicht übermäßig routiniert, wohl aber mit genauer, ganz aus der verstandenen Sache kommender Disposition den Orchesterpart durchaus als schöpferi-

Ludwig van Beethoven

scher Musiker begriffen und gestaltet hat, erlebt man beim Anhören dieser Platte eine für den Pianisten fast demütigende Konstellation mit: Die Solostellen sind nicht Zentrum des Konzerts, sondern eher empfindsame, allzu weiche und schmächtige Unterbrechungen der großen Orchester-tutti-Entfaltung.

Das *c-Moll-Konzert* beginnt bekanntlich mit dem Moll-Dreiklang c-es-g. Henze akzentuiert die Quinte. Nun läßt sich darüber streiten, ob dieser Akzent im Sinne Beethovens gesetzt ist. Denn es fällt auf, daß der Komponist hauptsächlich bei den Abwandlungen dieses Dreiklangmotivs (wenn es als verminderter Septakkord erscheint, wenn es zur Sexte vergrößert ist, und so weiter) den dritten Ton mit einem Sforzato versieht. Die Grundgestalt selber soll aber offenbar, zumindest am Anfang, neutraler bleiben. Henze, vielleicht um die Analogie zu verdeutlichen, setzt jedoch seinen Akzent von vornherein. Dem Seitenthema gibt er etwas Luxuriös-Schwelgerisches, indem er die sonst immer blaß bleibenden Figurationen der zweiten Violinen ausspielen läßt, als wären sie von Bruckner. Und die Schlagzeugakzente in der Coda kommen hier mit heller, scharfer Präzision – wie Henze es überhaupt versteht, die Gliederungen dieses Konzerts ganz deutlich zu machen.

Wenn Henze die E-Dur-Melodie des Largos ausspielen läßt, dann ersteht, gerade weil die Londoner Symphoniker völlig ruhig und blühend musizieren, gerade weil der Komponist Henze einen ganz undeutschen Sinn für Orchesterfarben hat, das Thema überwältigend schön. Man spürt, wie hier ein Komponist des 20. Jahrhunderts neidlos und hingebungsvoll einem Größeren tätige Verehrung zuteil werden läßt.

Demgegenüber hat es der tapfere Christoph Eschenbach sehr schwer, sich als Solist zu behaupten. Zwar – und das macht gewiß den Rang dieser Aufnahme aus – wird auch von Eschenbach nichts gedankenlos heruntergespielt, aber es fehlt dem jungen Pianisten doch noch die Kraft, über reizend-empfindsame, langsam weiche Espressivo-Andeutungen hinauszukommen. Das erste Solo artikuliert Eschenbach melancholisch und schön, aber dann, beim Eintritt des Seitenthemas, wird der Klavierpart etwas langweilig, weil es dem Anschlag an Fülle fehlt, weil Eschenbachs Weichheit sich nicht über das «con brio», sondern eher in einem Andantino-Tempo konstituieren kann, weil die heftigen Ausbrüche und Kadenzen immer ein wenig beziehungslos wirken, weil die rhythmische Härte ebenso wie der jähe Beethovensche Zugriff ausbleiben.

248

Klavierkonzert Nr. 5 Es-Dur

Dieser junge Pianist hat bereits etwas Hohepriesterhaftes, sein Spiel enthält alle jene feierlichen und ledernen Momente, die von alters her für die deutsche Klavierschule typisch waren – nur die «Tiefe», die sich in glücklichen Fällen mit dieser deutschen Schule verband, die hat Eschenbach noch nicht. Vielleicht hängt der etwas flächige Eindruck auch damit zusammen, daß Eschenbach keinen Sinn für wichtige Baßtöne besitzt. Und es ist gewiß eine Schwäche, daß im letzten Satz anstelle des grimmigen Humors und der rhythmisch durchgegliederten, eminent schwierigen Sechzehntel-Triolen eine eher empfindsame Pianistenbetulichkeit triumphiert. Was der Solist bietet, sind schöne, gefühlvolle, manchmal virtuose Einzelheiten. Vielleicht fällt das alles besonders auf, weil Henze das Orchester so außerordentlich klug und ernsthaft zu leiten versteht.

Vor ein paar Jahren hat Henze in einem Interview selbstsichere APO-Naivitäten über Beethoven geäußert: «Beethoven war der Protagonist des isolierten gesellschaftslosen Künstlers in der Phase des sich gerade entwickelnden Großbürgertums.» So, als ob nicht gerade in der dialektisch sich entfaltenden Symphonik Beethovens ein zugleich hegelscher, menschheitlicher und völlig unprivater Anspruch auskomponiert worden wäre. Als Henze das *c-Moll-Konzert* dirigierte, scheint er seine Interviewäußerung glücklicherweise vergessen zu haben. Darum können wir sie auch vergessen und dem Künstler für seine eindringliche Beethoven-Huldigung danken.

19. VIII. 1972

KLAVIERKONZERT NR. 5 ES-DUR

Was hat Beethovens *Es-Dur-Klavierkonzert* mit Hegel zu tun? Als ich ins dritte Konzert des Bayerischen Staatsorchesters ging, wo Alfred Brendel Beethovens 5. *Klavierkonzert* spielen sollte, da dachte ich auch nicht an Hegel, ahnte ich nicht, daß ich am nächsten Morgen – tief beeindruckt von der Interpretation des über zwanzig Minuten dauernden Beethovenschen Kopfsatzes – in Hegel-Ausgaben und Universitätserinnerungen herumkramen würde. Brendels Inständigkeit hatte Interpretationsfolgen, die plötzlich weit über nur-musikalische Sachverhalte hinauszudrängen, hinauszuweisen schienen.

Ludwig van Beethoven

Seit dem bemerkenswerten qualitativen Sprung, der Alfred Brendel in den späten sechziger Jahren gelang, ist er wahrscheinlich der tiefsinnigste, tüfteligste (also: philosophischste) Pianist unserer Tage. Als Brendel, zusammen mit Carlos Kleiber, im April 1970 Beethovens *G-Dur-Klavierkonzert* spielte, definierte er die Rolle des Solisten förmlich neu. Es gelang ihm, den Solopart im einzelnen so zu erfüllen und zu steigern, daß jede Antwort des Klaviers nicht bloß tönend bewegte Schönheitsfeier, sondern passionierte Erweiterung des Vorgegebenen war.

1974 folgte also Beethovens *Es-Dur-Klavierkonzert* – nach wie vor das großartigste aller Klavierkonzerte. Es verlangt vom Pianisten virtuose, stetige Kraft, es wagt manchmal einen dionysischen Rausch. Es billigt dem Solisten dafür freilich auch die glanzvolle Erweiterung des wahrhaft napoleonischen, symphonischen (Weltgeist-)Marschtritts zu, es billigt ihm darüber hinaus die Spontaneität freier Meditation zu, wenn etwa zu Beginn der Durchführung das Klavier, bei taktelangen pp-Trillern, gleichsam nachdenkt, wie es weitergehen soll, oder wenn später, in der Quasi-Kadenz, der einsame, in Moll getauchte Seitengedanke förmlich eine Erinnerungsqualität annimmt. Als vielleicht rührendste Bereicherung gestattet das Konzert dem Pianisten wunderbare Espressivo-Umdeutungen des «martialischen» Tonmaterials; da wird dann (für Partiturbesitzer folgen nun Taktangaben; unbewaffnete Leser bitte ich, mir zu glauben – Takt 332–350, auch Takt 381–393) das Gegebene nicht nur zärtlich umspielt, sondern humanisiert. Altmodisch gesagt: beseelt.

An Alfred Brendels Interpretation war nun so bemerkenswert und tatsächlich hegelianisch, daß er die Rolle des Solisten, des Geistes gegenüber der Orchester-Gewalt-Materie, nicht nur darin verstand, humane Kontraste zu bieten (wie es einst Edwin Fischer tat). Sondern Brendel nahm, in den Anfangspassagen wie auch während der gesteigerten Akkordfolgen zu Beginn der Reprise, die Rolle des sich in Arbeit und Motorik gleichsam selbstentäußernden Subjekts gleichfalls an. Er spielte also nicht nur individuell «schöner» als das Orchester, sondern, wenn es not tat, auch objektiver, härter, dem Gegebenen gehorsamer. So wurde der erste Satz des *Es-Dur-Klavierkonzerts* durchaus zur musikphilosophischen Erfahrung. Ein spekulativer Satz wie: «Der Geist kann seinem Verhältnis zu der beherrschenden Natur nie ganz sich entwinden. Um sie zu beherrschen, gehorcht er ihr; noch seine stolze Souveränität ist mit

Das Violinkonzert D-Dur

Leiden erkauft», ein solcher Satz wurde plötzlich hörbar und begreifbar als begriffslose Kunsteinsicht.

Daß Hegels dialektischer Dreischritt im Dreisatz der Sonatenform (Synthese – Coda) wiedererscheint, ist schon oft bemerkt worden. Man darf es wohl auch nicht für reinen Zufall halten, daß Hegels *Phänomenologie des Geistes* 1807 erschien, zur Zeit von Beethovens großen Sonatenschöpfungen, die ihrerseits einem Roman des Geistes gleichkommen. (Das *Es-Dur-Konzert* entstand 1809.) Doch daß ein Pianist kraft origineller Versenkung solche Zusammenhänge andeuten kann, bis in die «Selbstentäußerung», die «Herr/Knecht-Dialektik», ja sogar bis zur Vorführung des unglücklichen Bewußtseins, das hätte man für unmöglich gehalten, obwohl es ja die seltsamsten Hegel-Folgen gibt: Noch jener «Geistroman», wie ihn Thomas Mann in der Einleitung seiner *Josephs*-Tetralogie ausführt, hat, über Lukács, mit alledem zu tun.

Soviel zur Interpretation des großen Kopfsatzes aus Beethovens *Es-Dur-Konzert*. Mit dem Rest muß hier so pauschal umgegangen werden, wie die Interpreten mit den Werken umgingen. Im Adagio des Beethoven-Konzerts blieb Brendel, ein wenig irritiert vielleicht, das äußerste Espressivo schuldig; das Finale fing er zu rasch an, verhaspelte sich, mußte bremsen. Da kam er offenbar an die Grenzen seiner manuellen Fähigkeiten und Sicherheiten. Ein Rubinstein, ein Gulda spielen das pianistisch besser, leuchtender, härter, flüssiger. Und Eliahu Inbal, der als Begleiter gerühmt wird, holte aus dem Orchester auch nur Mittelmäßiges, Unkonzentriertes heraus.

16. I. 1974

DAS VIOLINKONZERT D-DUR

Beethovens *Violinkonzert* gilt als so ungeheuer bekannt, daß eigentlich niemand es wagen darf, noch irgend etwas über dies Standardwerk zu sagen. Aber kann es nicht mit musikalischen Gestalten gehen wie mit Menschen oder Gebäuden: Wenn man sie täglich sieht, nimmt man sie gedankenlos als gegeben hin... Der Geiger Ricardo Odnoposoff, ein weltberühmter Mann, spielt das Beethoven-Konzert mit außerordentlicher Zurückhaltung. Bis zur Kadenz des ersten

Ludwig van Beethoven

Satzes schien er befangen und unfrei. Auch wirkte es, als höre er nicht hinreichend aufs Orchester, als warte er nur Stichworte für eigenen Einsatz ab. Dem Larghetto schenkte Odnoposoff eine zarte, fast anämische Innigkeit. Im Rondo entstand ein lebendiger Dialog, dem es am Schluß etwas an Glanz fehlte. Man hatte zwar immer den Eindruck, die Anforderungen des Konzerts lägen technisch weit unterhalb dessen, was Odnoposoff kann, und der Künstler halte sich deshalb – um das Werk nicht virtuos zu überfahren – diskret zurück. Aber die zugleich poetische und dringliche Sprache Beethovens, die lakonische Schönheit, die große Bedeutung winzigster Übergänge: alles das kam nicht hinreichend heraus.

Dieses *Violinkonzert* ist ja einem sehr poetischen und eigentümlichen Formgesetz unterworfen. Das sieht, wenn ich nicht irre, folgendermaßen aus: Der Komponist hat die thematische Arbeit des ersten Satzes ganz besonders streng und das «Fortspinnungsprinzip» ganz besonders logisch ausgeführt. Dabei bringen die sehr innigen Umspielungen der Geige den fast klassizistisch-einfachen Aufbau gleichsam zum Atmen. Ziemlich genau in der Mitte des ersten Satzes geschieht dann eine Zäsur, ein «Bruch», ein Wunder. Statt daß die Durchführung sich aus dem gegebenen thematischen Material entwickelt, findet sich plötzlich in diesem Bau reiner Form ein bisher unerhörtes Kleinod. Die Geige stimmt nach spannungsvoller Vorbereitung eine g-Moll-Melodie an, die nicht mehr von dieser Welt, zumindest nicht aus dem Material dieses Konzerts gemacht ist (obwohl die Hörner dazu die vier Paukenschläge des Anfangs wiederholen). Plötzlich also entfaltet sich der Satz frei rhapsodisch. Im zweiten Satz geschieht Analoges. Nicht ein einziges Mal trägt die Sologeige das Larghetto-Thema rein vor. (Sie variiert es immer nur über dem Orchester.) Wiederum aber steht in der Mitte eine weitgespannte G-Dur-Melodie, die allein dem Soloinstrument gehört. Sogar im letzten Satz hat Beethoven, mutatis mutandis, auf dieses Prinzip angespielt. Der rüstige Verlauf des Rondos wird eigentlich nur durch eine einzige Dolce-Kantilene unterbrochen. Wiederum stimmt die Violine sie an, wiederum steht sie in g (Moll). Solche Ereignisse müssen die Geiger wirklich begriffen haben. Man muß ihrem Spiel anmerken, daß es Ereignisse sind. Bei Menuhin und Schneiderhan merkt man es.

Zu den schlechten Traditionen, die genauso mit dem Musikbetrieb verwachsen sind wie die guten, gehört es leider, daß alle Solisten mit ihren Sechzehnteln auch dann protzen, wenn es sich nur um Begleit-

Das Violinkonzert D-Dur

figuren handelt. Eine der unsinnigsten Stellen dieser Art wird dem Zuhörer im ersten Satz zugemutet, wo die Begleitfiguren der Geige – sie erinnern an die linke Hand so mancher Mozart-Klaviersonate – immer weit lauter zu hören sind als die viel wichtigeren Noten der tiefen Streicher. Vielleicht findet sich doch einmal jemand, der hier die Solisten-Tradition bricht und die Musik entdeckt.

8. VII. 1963

Schneiderhan versteht Beethovens Konzert heute anders als vor zehn, fünfzehn Jahren. Einst faßte er den ersten Satz wie eine freie Fantasie auf. Einst stand ihm delikate Improvisation zu Gebote, war die Geige eine empfindsame-süße Partnerin des symphonisch voranschreitenden Orchesters. Mittlerweile hat Schneiderhan für sich die Männlichkeit des Violinparts entdeckt. Er nimmt die berühmten Einleitungsoktaven, die unter seinen Händen einst weich klangen, jetzt als Forte-Anfang, nachdem das Orchester das Vorspiel mit inniger Ruhe zu Ende gesungen hat. Er läßt kein Sforzato unbeachtet, spielt mehr herb als weich, bringt einen drängenden Zug in die Umspielungen der Geige und erlaubt sich nur bei der namenlos schönen Durchführungsmelodie und im Larghetto – das für mich den Höhepunkt bildete – freie Ruhe. Wie weit er die Verfestigung treibt, lehren bestimmte Passagenketten (Takt 293 beispielsweise), die Schneiderhan jetzt ohne jede Zäsur spielt.

Beethovens *Violinkonzert* scheint plötzlich aus der Nachbarschaft des *G-Dur-Klavierkonzerts* in die Sphäre des *Es-Dur-Klavierkonzerts* gerückt. Mir hat Schneiderhans frühere Interpretation besser gefallen, weil nur die lyrische Verzauberung den prätentionslosen musikalischen Rohstoff reiner Geigenumspielungen und reiner Dreiklänge zu beseelen vermag. Einen Tag vorher hat Friedrich Gulda, als er das Adagio aus Beethovens *Mondscheinsonate* mit konzessionsloser Versenkung spielte, vorgeführt, welche Konzentration dazu gehört, um fast Banales in unbeschreiblich Eigentümliches zu verwandeln. Immerhin muß man Schneiderhans gegenwärtige Darbietung als Stufe in der Biographie eines großen Geigers verstehen. Wer kann schließlich Beethovens *Violinkonzert* ein Menschenalter lang unverändert spielen?

In einem freilich wollen wir dem wagemutigen Professor entschie-

Ludwig van Beethoven

den widersprechen. Er hat sich die Kadenzen, die Beethoven für die leider sehr selten aufgeführte Klavierfassung seines *Violinkonzerts* schrieb, hergenommen und daraus Violinkadenzen destilliert. Das Ergebnis klingt grotesk. Die Pointe der Beethovenschen Klavierkadenzen besteht nämlich in einer programmatischen Zweistimmigkeit. Die linke Hand spielt beispielsweise das charakteristische Sechzehntelmotiv des Satzes, während die rechte schwierig-große Passagen herunterdonnert. Die linke Hand spielt beispielsweise die den ganzen ersten Satz bestimmenden, viermal wiederholten Akkorde, während die rechte sich darüber chromatisch ergeht. Schneiderhan hat sich aus der Geigeraffäre ziehen wollen, indem er, was bei Beethoven zusammen erscheint, zeitlich auseinanderlegte. Also: Ein Takt Passage der rechten Hand (die ohne das Hauptmotiv der linken sinnlos klingt), dann einen Takt linke Hand, aber die rechte schweigt. Auf diese Weise könnte ein Sologeiger natürlich jede Klaviersonate, nur eben auseinandergezogen, spielen. Aber mit Beethovens Intentionen hat das nichts zu tun. Das pianistische Gewebe ist an leere (und nicht einmal sauber spielbare) Violinlinien verraten. Also rasch zurück zu Kreisler oder Joachim.

Man muß sich ja manchmal über wohlerwogene Gedankenlosigkeiten wundern. Wenn Beethoven, der seinem *Violinkonzert* ja auch nicht ganz fremd gegenüberstand, bereit ist, ein Klavierkonzert daraus zu machen, tut alle Welt, als hätte er es nicht getan. Wenn Beethoven sich mit diesem Klavierkonzert so identifiziert, daß er sogar ausführliche Kadenzen dazu schreibt, dann bleibt das unbeachtet. Doch aus Beethovens Klavierkadenzen merkwürdige Geigenexperimente herauszuholen, die Beethovens Sanktion kaum haben können – das scheint selbst einem so bedeutenden Künstler wie Schneiderhan statthaft. Der Beifall war enthusiastisch.

18. XI. 1965

DIE KLAVIERSONATEN

Beethovens 32 Klaviersonaten sind in ihrer unvergleichlichen Logik und Fülle ein beispielloses Dokument produktiver und individueller Entfaltung. Die technischen, die geistigen und die musikalisch-dramatischen Standards werden, nach souveränem Beginn, in immer ungeheuerlichere Klavier-Konsequenzen vorangetrieben, das Gesetz der Sonate wird sowohl unvergänglich dargestellt als auch zurückgenommen. Keine zwei Takte gleichen sich, und die Spätwerke ab *Opus 78* weisen eine Tendenz zur Differenzierung und Verkürzung auf, die bis in die modernste Musik...

So kann man natürlich über die Beethoven-Sonaten reden; so ist im Jubiläumsjahr ja auch ausführlich über dieses Neue Testament der Klaviermusik geredet worden, und so wird es zweifellos noch weitergehen, bis dann im Jahr 1971 die allgemeine Anti-Beethoven-Erleichterung ausbricht.

Unter Verzicht auf jedes spezifisch begründende, erläuternde, einleuchtend abwägende Wort sollen hier leidenschaftlichen Plattensammlern ein paar Empfehlungen gegeben werden. Wer spielt was am angemessensten, charakteristischsten?

Es liegen mehrere Gesamteinspielungen vor. Claudio Arrau hat alle Sonaten eingespielt (er liest den Notentext und die vorgeschriebenen Phrasierungen genauer als jeder andere, seine Einspielungen sind zumindest die didaktisch lehrreichsten); es gibt auch eine jüngst erschienene Gesamtkassette von Wilhelm Backhaus, die allerdings ein wenig enttäuscht, weil die Schwächen des Backhausschen Altersstils (Auseinanderklappen der Hände, Undeutlichkeit der Passagen) evident werden. Die faszinierende transsubjektive Ruhe jedoch, die Backhaus' Spiel im Konzertsaal auszeichnete, hat sich nicht so eindringlich elektroakustisch aufbewahren lassen. Friedrich Guldas Kassette stellt einen extremen Höhepunkt dar; vor allem die frühen Sonaten gelingen ihm unvergleichlich. Sein Antipode in jeder Hinsicht ist Daniel Barenboim, der fast immer auffallend langsam, aber auch innig differenziert und atmend zu artikulieren versucht. Wilhelm Kempffs Aufnahmen sind ungleichmäßig, aber nie unoriginell. Und die Gesamteinspielung des DDR-Pianisten Dieter Zechlin wirkt zwar frei, unverkrampft, «vernünftig», aber sie entbehrt manchmal doch der wahrhaft interessanten, individuellen Durchdringung. Der Altmeister Artur Schnabel hat sich bei seiner Gesamteinspielung von

Ludwig van Beethoven

allen Pianisten das meiste beziehungsweise Expressionistischste gedacht. Da aber natürlich alle großen Pianisten der Vergangenheit und Gegenwart Beethoven zumindest im Hinblick auf einzelne Sonaten ihre Aufmerksamkeit zugewandt haben, wollen wir nun – natürlich auch unter Berücksichtigung der eben pauschal erwähnten Kassetteneinspielungen – einen kursorischen Überblick zu geben versuchen.

Die kleine *f-Moll-Sonate Opus 2 Nr. 1* spielt Artur Schnabel sehr geistreich und wild in ihrer Mischung aus schwer beschreiblicher Barocksteifheit und «Sturm und Drang»-Erregtheit (meisterhaft der dritte Satz), Friedrich Gulda trifft das Prestissimo am besten, vor allem in seiner frühen Aufnahme von 1953, und Daniel Barenboim hat für den langsamen Satz und die überschwengliche Schönheit des Stückes die zwingendsten Töne. In die virtuose *Sonate Opus 2 Nr. 2* teilen sich Gulda, der geistreich deklamierende Wilhelm Kempff und Claudio Arrau. Die bedeutendste Sonate aus *Opus 2*, nämlich die *C-Dur-Sonate Opus 2 Nr. 3*, hat Michelangeli unvergleichlich klassizistisch-schön eingespielt; den langsamen Satz kann man in Artur Rubinsteins heiter-herrlicher Einspielung am reinsten bewundern, das Scherzo spielt kaum jemand Gulda nach. Funkelnd dramatisch spielt sie Emil Gilels.

Eine der umfangreichsten Beethoven-Sonaten ist *Opus 7 in Es-Dur*. Claudio Arrau hat sie gleichsam für sich und uns entdeckt. Der Russe Feinberg spielt den dritten Satz hochromantisch und aufregend; aus dem langsamen Satz macht Artur Schnabel ein großes symphonisches Seelendrama, und zwar mit vollem Recht.

Die drei *Sonaten Opus 10* hat Glenn Gould mit höchster Wildheit eingespielt. Kempff betont das Kammermusikalische und Zart-Philosophische dieser Musik. Die große *Sonate Opus 10 Nr. 3* meistert Wladimir Horowitz zwingend. Alles in allem kommt wohl der *Sonate Opus 10 Nr. 1* Artur Schnabel am nächsten und der *Sonate Opus 10 Nr. 2*, ihrer Mischung aus Naturhaftem, Pastoralem und Mystischem, Daniel Barenboim sowie Alfred Brendel, der heute musikalisch viel weiter ist als zur Zeit seiner ersten Gesamteinspielung. Und die *Sonate Opus 10 Nr. 3* haben Barenboim, Horowitz, Gulda, Svjatoslav Richter sowie Artur Schnabel zwingend eingespielt. Dabei liegt Gulda und seiner Schülerin Martha Argerich wohl das Finale am besten. Richter trifft den herzlichen Ton des Menuetts, der erste Satz wird von Horowitz zwingend gemeistert, und der langsame hat bei Barenboim große Spannung.

Die Klaviersonaten

Die *Pathétique* versteht Rudolf Serkin zurückhaltend und dramatisch-unaufdringlich. Er wiederholt auch berechtigterweise die Grave-Einleitung, macht sie so zum lebendigen Bestandteil des Stückes. Für das erste Allegro bringt wahrscheinlich Svjatoslav Richter den größten Schwung auf, aber er hat für Adagio und Rondo dann doch nicht Serkins reine Glut. Die beiden «kleinen» *Sonaten Opus 14 Nr. 1* und *Nr. 2* spielen (*Opus 14 Nr. 1*) Gieseking, Alfred Brendel und Svjatoslav Richter sowie (*Opus 14 Nr. 2*) Friedrich Gulda und Glenn Gould sehr schön und «empfehlenswert». Glenn Gould macht aus dem Andante von *Opus 14 Nr. 2* ein Ausdruckswunder, unter Guldas Händen klingt der erste Satz dieser Sonate geradezu betörend schön. Die selten gespielte *Sonate Opus 22 in B-Dur* hat ein Geheimnis, das vor allem Svjatoslav Richter entdeckt. Die *As-Dur-Sonate Opus 26*, die Beethoven auf ganz neuen Wegen zeigt, fort von der beherrschenden Idee, auf der Suche nach möglichst schroffen Gegensätzen, Kontrasten, nach möglichst viel Phantasiefreiheit: diese *Sonate Opus 26* treffen Wilhelm Kempff, Wanda Landowska, Claudio Arrau besonders schön. Gulda spielt den ersten Satz ein wenig atemlos; Alfred Brendel versucht das Allegro-Finale so langsam und blühend zu nehmen, daß es zum vorhergehenden Trauermarsch paßt – aber er vergewaltigt das Stück damit ein wenig. Für die Fantasie-Sonate *Opus 27 Nr. 1* bringt Solomon am meisten Ernst, Schnabel am meisten improvisatorische Freiheit mit. Backhaus spielt das improvisatorische Moment nicht mit, Gieseking bleibt dem Stück einige Gewichtigkeit schuldig. Bruno Leonard Gelber trifft die erforderliche Brillanz. Die *Mondscheinsonate* liegt in zahllosen interessanten Einspielungen vor. Ich würde doch Gulda am meisten empfehlen, aber die Gilels-Aufnahme wirkt auch meisterhaft und spannend. Casadesus trifft die Leidenschaft des Stückes, Solomon vor allem den ersten Satz, Serkin die hysterische Erregtheit der Presto-Durchführung.

Die sogenannte *Pastoralsonate* liegt Gelber und Barenboim besonders gut. Die witzige *Sonate Opus 31 Nr. 1* kann man von Schnabel und Gulda in höchst kontrastreichen Aufnahmen (die beiden machen aus dem Adagio grazioso ein jeweils ganz neues Stück) hören. Die *Sturmsonate Opus 31 Nr. 2* trifft Alfred Brendel mit großer deklamatorischer Kraft. Hans Richter-Haaser spielt besonders den ersten und den zweiten Satz, die Rezitative und langsamen Fragen herrlich rätselhaft und richtig.

Die konzertante *Es-Dur-Sonate Opus 31 Nr. 3* meistert Gulda imponierend. Rubinstein und Barenboim holen das Melodische aus

Ludwig van Beethoven

dem Stück heraus. Die *Sonatinen Opus 49* machen unseren Meisterpianisten natürlich keine Schwierigkeiten. Gulda und Schnabel pointieren sie besonders reizvoll. Die *Waldstein-Sonate* läßt sich in viele verschiedene Richtungen deuten. Man kann da nicht einfach Zensuren erteilen. Als bemerkenswerte Aufnahmen seien nur genannt: Solomon, Rubinstein, Kempff, vorzüglich Lilly Kraus, Annie Fischer, Horowitz und Emil Gilels. *Opus 54* spielen Alfred Brendel und Wilhelm Kempff eindringlich und schön. Die *Appassionata Opus 57* ist natürlich allen bedeutenden Pianisten der Welt ein «Anliegen». Der große Harold Bauer hat sie mit dem Mut zu schockierender expressiver Wildheit eingespielt, Glenn Gould hat sie abschreckend schlecht und langsam zugrunde zu richten versucht, Gieseking spielte sie aus dem Klang, Rubinstein begriff sie als dramatische Steigerung (Durchführung!), Svjatoslav Richter als «Sturm-Sonate», und Artur Schnabel traf genauer als jeder andere den antitheatralischen, ja antisonatenhaften Ton dieses Werkes, das kein synthetisches Ideengebäude ist, sondern den Sonatenboden schlechthin erschüttert.

Die *Fis-Dur-Sonate Opus 78* spielt Casadesus am stürmischsten, Brendel sorgfältiger und philosophischer, Schnabel erregter, Egon Petri am Liszt-nächsten. *Opus 79*, eine witzige *G-Dur-Sonate*, meistert wohl Gulda am besten. Die *Les-Adieux-Sonate* trifft Solomon am reinsten, Hans-Erich Riebensahm am nachdenklichsten, Gelber kraftvoll und, was den zweiten Satz betrifft, am schönsten. Alles in allem wird wohl Claudio Arrau dem Kosmos dieses so simpel scheinenden und in Wahrheit so tiefsinnigen Werks am meisten gerecht.

Wir sind nun bei den ausgesprochenen «Spätwerken». Sie würden eine vergleichende Studie für sich erfordern zwischen Petri und Riefling, Michelangeli und Gould, Bishop und Brendel, Ashkenazy und Ogdon, Fischer und Elly Ney, Gulda und Kempff. Doch generell muß da stets der tiefsinnig ernste britische Pianist Solomon genannt werden, fast immer hat da Artur Schnabel etwas «Besonderes» zu sagen, ist fast immer Daniel Barenboim zumindest für die langsamen Sätze zuständig. Und Claudio Arrau läßt, manchmal nicht ohne spürbare Reserve, den Subtilitäten und der Qual der Werke Gerechtigkeit widerfahren, die er, genauso wie Backhaus (im Konzert), als große Organismen zu verstehen versucht.

24. XI. 1970

KLAVIERSONATEN OPUS 7 UND III

Arturo Benedetti Michelangeli spielt eine Frage, die sich vielleicht harmlos ausnimmt, die in tönender Wirklichkeit aber zu radikalen Konsequenzen führt. Er fragt mit erlauchter Geschmackskultur, mit einer unbegreiflichen Fülle von Klangfarben, die er manchmal entschieden nicht ausspielt, um einer Tonqualität, einer strengen Monotonie willen, er fragt: Wieviel Schönheit steckt in dieser Musik? Was bleibt übrig, wenn da kein militanter Wille mehr sein darf, wenn keine Psychologie des Ablaufs mehr direkte Wirkungen erzwingt, wenn kein Keuchen der Seele mehr den Verlauf der Bewegungen beläßt? Es ist ein Moment von betörender, unirdischer, ja eigentlich sogar hysterischer Ruhe in Michelangelis Beethoven. Die Leidenslinien, die Ausprägungen eines wüsten Komponisten-Willens scheinen erstarrt zur Vollendung in Marmor. Nie hätte man geahnt, daß der erste Satz der Es-Dur-Sonate Opus 7 (auch) soviel Linienzauber enthält, (auch) soviel Bewegungssymmetrik, soviel reines Licht.

Im langsamen Satz sind die Pausen, so paradox sich das bei der Beschreibung auch lesen mag, geheimnisvoller, erfüllter noch als die Klänge; den menuettartigen dritten Satz und das Finale spielt Michelangeli naiv. Nur setzt die Naivität auf eine höchste Höhe an, im Parnaß pianistischen Klangrausches. Und bleibt dann unbewegt.

Michelangeli kann wirklich alles – nur den Beethovenschen Willen, den kann er nicht wollen. Das «Con brio» fehlt dem ersten Satz der C-Dur-Sonate Opus 2 Nr. 3, der hier samt Kadenz fast dürftig bleibt. Michelangelis Beethoven hätte sich für die Iphigenie interessiert, aber nie für den Egmont oder gar den Coriolan. Schönheit solchen Grades hat etwas Abweisendes, etwas Starres, ja fast Steriles. Kein Kontrast darf stören. Im Verklingen leuchten die Akkorde des Adagios; im Verschwinden wird bei Michelangeli noch mehr Schönheit spürbar, als wenn andere schwelgen.

Manchmal gibt er sich auch kraftvoll. Aber selbst seine Energie – leuchtende, unfaßlich gleichmäßige Härte der Trillerketten, die Macht der Oktaven und Akkorde – läßt keine Zerrissenheit, keine sogenannte «Dämonie» zu. Sondern dann klingt es eher pompös, eher wie ein sicheres Argument als eine Drohung.

Wer wußte, daß Beethoven – der 1970 doch vor allem als Kämpfer, als trotz aller Anfechtungen Überlebender, als heißer Revolutionär gewürdigt wird – so rein, so ästhetisch abgewogen klingen kann? Wer

Ludwig van Beethoven

wollte es überhaupt wissen? Michelangeli zwang sein Bonner Publikum, es wissen zu wollen. Vor allem natürlich mit dem letzten Satz der «letzten» *Sonate Opus 111*. Wie schwer ein solcher Schönheitskult ist, spürte man während einiger, plötzlich neutral und leer bleibender Variationen, spürte man auch während der überraschend platt und glatt wirkenden Maestoso-Einleitung von *Opus 111*. Da wäre es um Leidensgewicht gegangen; da blieb die Musik äußerlich und leer. Michelangeli findet sich im farbigen Himmel, der den allermeisten Pianisten verriegelt ist, besser zurecht als auf Beethovens Erde.

Die späte *Bagatelle* aus *Opus 119*, die er zugab – geistvoll, abstrakt, vollendet durchkalkuliert –, demonstrierte noch einmal, daß Michelangeli da am meisten zu Hause ist, wo Beethovens Musik zum Stillstand, daß heißt zur reinen Konfiguration ihrer Idee gekommen zu sein scheint – aber nicht da, wo Energien und Spannungen äußerster Vehemenz diese Konfiguration zu erzwingen suchen.

9. V. 1970

STURMSONATE UND BAGATELLEN

Beethovens *d-Moll-Sonate Opus 31 Nr. 2* fängt mit einem simplen, langsam aufsteigenden gebrochenen Dreiklang an? Keineswegs, bedeutet uns der zugleich nobel-dekadente und rücksichtslos originelle russische Schriftsteller-Pianist Valery Afanassiev und spielt die letzten Dreiklangtöne aberwitzig langsam. Die Musik erstarrt, schlägt (soviel vermag interpretatorische Seelenkraft) um in Magie. Es ist, als hebe Prospero seinen Zauberstab und gebiete den Elementen: «Halt». (Beethoven, um eine Erklärung seiner *d-Moll-Sonate* ersucht, soll geantwortet haben: «Denken Sie an Shakespeares *Sturm*.»)

Afanassiev spielt das mit. Er geht an die Sonate heran, als gäbe es da keine Tradition, «wie» man rasche Triolen akzentuiert, «wie» man Beethovens (alles hinter einem Schleier verrätselnde) radikale Pedalvorschriften *vernünftig* abmildert, «wie» man die Sforzati so domestiziert, daß die Musik nicht zerrissen und bizarr zugleich klingt.

Am fündigsten wird er immer da, wo normale Pianisten gar nichts

Sturmsonate und Bagatellen

Besonderes vermuten. Im Schematischen – Durchführung des Finales der *Sturmsonate* – spürt er rasenden Eigensinn auf. Und aus der banalen Symmetrieachse einer kleinen, späten *Bagatelle* (*Opus 119 Nr. 9*), wo das Vivace moderato auf eine schlichte Dominante zuläuft, macht er ein atemberaubendes Verzweiflungszeichen. Die Frage: «Darf man das?» wäre hier zu modifizieren. Weil Afanassiev immer hemmungslos logisch vorführt, warum er macht, was er macht, muß sie eher lauten: Darf man gegenüber großer Musik intelligent sein? (Wer so fragt, ist zumindest selber vor dem Vorwurf eigensinniger Intelligenz geschützt.)

Fragen wir also lieber anders: Wie macht er's, was bringt es, und wo liegen die Grenzen solcher Originalität? Manchmal erinnert Afanassievs Spiel an die Technik kluger Photographen. Je entschlossener ein ehrgeiziger Photograph einen (an sich) belanglosen Gegenstand vergrößert, desto spannender wird das ins Riesige Transponierte (für uns). So vergrößert Afanassiev Fermaten, indem er sie nicht nur endlos ausklingen läßt, sondern bereits vor dem Ton eine mystifizierende Hemmschwelle einbaut.

Tonverläufe werden auf diese Weise zu Zeichen, die etwas meinen. Solche Zeichenhaftigkeit wohnt gewiß in hohem Maße Beethovens späten Bagatellen inne: etwa der letzten aus *Opus 126*. Da stellt Beethoven drei Bezirke: donnerndes, brutales Auffahren (am Anfang und Schluß), innigste lyrische Volksliedhaftigkeit und eine artifizielle Rokokohaftigkeit knapp nebeneinander. Afanassiev analysiert nun nicht bloß, Entschuldigung, «dissoziierend» diese Charakterverschiedenheiten, sondern er gibt im Rahmen des ihm pianistisch Möglichen jeweils neue Farben, neue Beleuchtungen – übertreibt dies alles aber wiederum nicht so, daß der Zusammenhang zerfällt. Wo er etwas entdeckt, ist er noch exzentrischer als Svjatoslav Richter oder Glenn Gould, und noch ein bißchen geistreicher als Michelangeli.

Kein Wunder, daß er für eine kleine, aber intensive Gemeinde zum Kult-Pianisten wurde. Zum Kult-Pianisten allerdings, dem einiges Pianistisches abgeht.

Das stört so lange nicht, wie seine Entdeckungen faszinieren. Was kümmert mich, daß ein wirklich kraftvolles Fortissimo oder die oft notwendige motorische Härte fehlt, wenn jemand auf seine entschlossen antibrillante Weise Rätsel löst, deren Existenz die Fingerfertigen überperlten und die Kantilenenseligen übertönten! Afanassiev gerät indessen in Verlegenheit, falls das Problem sozu-

261

Ludwig van Beethoven

sagen offen zutage liegt – und gleichwohl gelöst werden will. Im langsamen Satz der *Sturmsonate* gab es für ihn nichts zu entdecken – da aber entdeckten wir Hörer, daß er eigentlich kein wirklich klingendes Legato, keinen hochdifferenzierten Anschlag hat. So fabelhaft interessant die gemäßigten Bagatellen (vor allem aus *Opus 119*) ihm gelangen: das wüste h-Moll-Presto benötigt keine Magie, sondern enorme Grifftechnik und Dramatik...

Selbst seine Strategie der Zusammenbrüche und Zaubersprüche funktioniert nicht immer so gut wie in der *Sturmsonate* und manchen späten Rätseln. Die *e-Moll-Sonate* Beethovens lebt zunächst von einem auskomponierten Kontrast («Kampf zwischen Kopf und Herz» – hat Beethoven sein *Opus 90* erläutert). Das führte Afanassiev witzig genau vor. Aber jenes Riesenritardando des Erstarrens, wie Beethoven es am Ende des ersten Satzes stattfinden läßt (ein Zusammenbruch, der überhaupt nur noch im minutenlang ausgeschriebenen Sich-Verlangsamen des *Hammerklaviersonaten*-Adagios ein Gegenstück findet), blieb bei Afanassiev ohne rechte Wirkung. Warum? Ganz einfach. Als Katastrophensucher hatte er schon vorher so viele Verlangsamungen und Nuancen aufgespürt, statt die geforderte Lebendigkeit herzustellen, daß der zerfallende Schluß kein Ereignis war. Was nicht recht zum Leben kam, kann kaum spektakulär sterben.

Afanassiev – alle seine Bewunderer beteuern es klagend – übt zuwenig. Er schreibt lieber Romane, die schrecklich schwierig sein sollen, in Sprachen, die er neben seiner Muttersprache erlernte.

Man darf nicht aufhören, darüber zu staunen, was alles aus diesem unerschöpflichen Rußland kommt. Vor Jahren waren es lauter perfekte Donner-Virtuosen, die Ravel und Prokofjew konnten und in allen Wettbewerben triumphierten. Jetzt, seit Kremer und Afanassiev in den Westen gingen, scheint die Zeit der Originalgenies angebrochen zu sein. Zu einem Pianisten von Weltklasse wird kein Überfleiß den Afanassiev machen können. Darum läßt er's lieber gleich, interessiert sich für anderes. Trefflich klavierspielender Rätselkönig im Reich der Pianisten ist er ohnehin.

24. XI. 1986

WALDSTEIN-SONATE, MONDSCHEINSONATE, APPASSIONATA

Wenn man die in den sechziger und siebziger Jahren jüngeren, «führenden» Pianisten – etwa Gulda, Brendel, Pollini, Barenboim – vergleicht mit denen, die sich während der späten siebziger und achtziger Jahre als sensible und intelligente Interpreten Ruhm und Beliebtheit erspielten (Afanassiev, Shukow, Pogorelich, Zimerman), dann fällt folgendes auf: so verschieden die Früheren untereinander auch waren, bei ihnen allen war die Beherrschung eines großen Beethoven-Repertoires selbstverständlicher Mittelpunkt. Das gilt kaum mehr für die Späteren. Während Barenboim, Gulda und Brendel sämtliche Beethoven-Sonaten und -Konzerte meist sogar mehrfach auf Schallplatten einspielten und in öffentlichen Konzerten darboten, widmen sich Shukow, Afanassiev und Pogorelich nur noch gelegentlich den *großen Klassikern*. Und man begreift, daß sie sich im Hinblick auf Beethoven zurückhalten. Die Gestaltung zusammenhängender Sonaten-Organismen bereitet ihnen nämlich große Mühe, gelingt ihnen nur selten.

Diese – ein zentrales Problem gegenwärtiger Konzertkultur andeutend zusammenfassende – Vorrede ist nötig, weil der 32jährige russische Pianist Michail Pletnjow doch ganz offenbar an die große Beethoven-Interpretations-Tradition anzuknüpfen versucht. Bei seinem Auftreten im Münchner Herkulessaal triumphierte er verblüffenderweise nicht mit Rachmaninow oder Tschaikowsky, wohl aber mit Beethovens *Waldstein-Sonate*. Und auf einer soeben veröffentlichten CD-Platte legt er nun neben der *Waldstein-Sonate* auch noch *Mondscheinsonate* und *Appassionata* vor.

Pletnjow stellt sich also. Sogleich zeigt sich: Er war gut beraten, für seine Deutschland-Tournee die *Waldstein-Sonate* auszuwählen. Er spielt dieses ebenso hymnische wie brillante Stück bemerkenswert durchsichtig und dramatisch, pulsierend und zart. Er gliedert spannend, artikuliert Gegensätze. Erweist sich mithin als genuiner Beethoven-Interpret. Dabei nimmt er sich manche Freiheit. Wenn er im Rondo, nach dem ersten Zwischensatz, das Thema wieder vorbereitet, spielt er die Sforzati empfindsam leiser als Nonsforzati. Leider wirkt, alles in allem, der Kopfsatz gläserner und kontrastarmer, als es im Live-Konzert der Fall war.

Doch so beeindruckend dieser 32jährige Russe mit der *Waldstein-*

Ludwig van Beethoven

Sonate fertig wird, *Mondscheinsonate* und *Appassionata* bereiten ihm manchmal noch große Schwierigkeiten. Um zunächst das Positive zusammenzufassen: Im ersten Satz der *Appassionata* liest Pletnjow genau, vermittelt er neue Einsichten und Zusammenhänge. Der finstere Stau, mit dem das zweite Thema schließt, hat Gewichtiges, fast Brahmsisches. Nie drängt bei Pletnjow sich Motorik vor. Doch wenn auf einen Begriff zu bringen wäre, was bei diesem beredten russischen Beethoven-Interpreten stört, dann müßte das Wort heißen: Sonorität. Er hat den wunderbar schönen, großen, unnervösen Ton der russischen Schule – und viele blasse, unscheinbare Pianisten dürften Pletnjow darum beneiden. Doch bei Beethoven, etwa im ersten Satz der *Appassionata*, wirkt die Musik – derart majestätisch dargeboten – entschieden *versimpelt*. Das bleibt zu langsam, und es fehlt alles Zeichenhafte, Verschattete. Offenbar kann Pletnjow, wie so viele Russen, nur auf «plastische», sonore Weise ausdrucksvoll sein. Doch wenn das Finale der *Mondscheinsonate* wild gehetzt klingen müßte – Beethoven hat im Presto agitato ja gleich zu Anfang diese Beschleunigung genial verkürzend komponiert –, dann hört man nur wohllautendes Klavierspiel. Gewiß nicht gedankenlos oder neutral. Aber vom – ein wenig altmodisch gesagt – Auffahren der Beethovenschen Seele erfährt man zuwenig oder nichts.

Eine melancholische und schwer beweisbare Nachbemerkung sei nicht unterdrückt. Sehr viele Compact-Disc-Aufnahmen, auch die vorliegende, scheinen derart brillant, perfekt, optimal gestylt – daß sie kaum mehr eine persönliche Aura ausstrahlen. Wird der Klang so brillant gesteigert und kultiviert, dann klingen die Interpretationen nicht nur alle gleichermaßen optimal, sondern gewissermaßen alle gleich. Zugegeben: Das Rauschen, die Verzerrungen, Kratzer und akustischen Ungenauigkeiten alter Platten sind wahrlich keine Vorzüge, keine Ausdrucksträger. Trotzdem drängt sich der Verdacht auf, die Schallplattenindustrie sei irgendwie auf einem gefährlichen Weg, wenn sie sich mehr um akustische Perfektion kümmert als um Musik, Musik, Musik.

14. III. 1989

OPUS 109, 110, 111

Serkin spielt Beethoven nicht *motorisch*, nicht *klassizistisch*, nicht *gefühlsselig* verwirrt und schon gar nicht passiv-langweilig-neutral. Das läßt sich leicht feststellen, zumal wir allen diesen ärgerlichen pianistischen Surrogaten für die heutzutage weithin verschwundene Wahrheit ausdrucksmächtiger Beethoven-Interpretation Tag für Tag ausgesetzt sind.

Doch wie soll man Serkins Kunst positiv umschreiben? Vielleicht so: Er versteht Beethoven rhapsodisch und frei. Dieser 84jährige unbedingte Jüngling, der wie ein begeisterter, seltsam kluger Vogel am Klavier sitzt, vermag den Strom des Geistes, die Unmittelbarkeit des Lebens in den Noten und Tasten zu wecken oder zu entdecken. Bei ihm sprechen nicht nur die Töne, sondern auch die Pausen. Doch das Bemerkenswerteste scheint zu sein: wenn temperamentvolle Pianisten Beethoven empfindsam oder vital oder rhapsodisch auffassen, dann bedeutet das in aller Regel, sie forcieren ihn. Sie spielen die Adagios in falsche, chopinhafte Rubato-Nähe, sie lassen die Finale inhuman-prokofjewhaft klirren, sie finden in Beethovens transzendentaler Schwermut nur die private Innerlichkeit von Brahms.

Einem Serkin passiert das nie. Er verirrt sich nie ins Parfümierte oder Bizarre. Dieser Glückliche kann sich in Beethovens spirituellem Universum verlieren, er kann sich gleichsam in den Wassern des Lebens tummeln, ohne jene tödliche Pedanterie eines professoralen, beflissenen, ängstlichen «Stilwillens», der aus dem Klassiker einen Gipsgötzen macht.

Die *E-Dur-Sonate Opus 109* begriff Serkin als ein heftiges Experiment. Er hob weniger das «Weihevolle» hervor als das Gewagte, Überraschende. Im ersten Satz hat Glenn Gould nicht grundlos Zwölftonprinzipien herausgetüftelt, und es spricht auch wenig dagegen, die entflammte melodische Musik als einen Liebesbrief an die junge Widmungsträgerin Maximiliane von Brentano zu verstehen. Die geheimen Zitate im Kopfsatz, wo Beethoven beziehungsvoll aufs «Ich bin ja bald des Grabes Beute» (*Fidelio*) und auf das «Warum bist du mit uns so spröde?» (*Zauberflöte*) anzuspielen scheint, kamen bei Serkin plastisch heraus. Den abschließenden Variationssatz nahm er fließender als früher. Einst *belud* er das herrliche Thema von vornherein mit allem Ausdruck. Jetzt zeigt er,

Ludwig van Beethoven

wie *sich* die Melodie im Verlauf der Variationen immer mehr *belädt* mit Reichtum und Glück. Für mich war Serkins Interpretation der *As-Dur-Sonate Opus 110* Höhepunkt des Konzertes. Die bewußt klassizistische, trotzdem drängende Poesie des ersten Satzes, auch die Tücken des Scherzos mit einem Trio, bei dem Serkin schon immer seine liebe Not hatte – das mögen andere große Beethoven-Interpreten gleichermaßen authentisch vortragen können ... Aber den riesigen Schlußkomplex – Passions-Rezitativ, klagendes Arioso, Fuga – spielte Serkin unvergleichlich, ja unvergeßlich. Normalerweise wird der «Klagende Gesang» schmerzlich-subjektiv, die Fuga aber objektivierter vorgetragen, was durchaus plausibel scheint. Serkin aber, denn trotz der Bach-Anspielungen ist es eben keine Barockmusik, machte es fast umgekehrt! Das Arioso dolente war von herber, schmerzlicher Gefaßtheit, die Fuga aber von tiefbetroffener, vehementester Ausdruckskraft.

In einem großen Essay über Beethoven-Sonaten hat Strawinsky im Zusammenhang mit der *Opus 110* auf die unfaßliche, nämlich so selbstverständlich beginnende, aber pfeilgeschwind sich erhebende Inspiriertheit des Hymnenthemas und der Kontrapunkte hingewiesen. Serkin spielte die Fuge, als ob sie ein Passionsdrama wäre. Er ließ spüren, wie die Wiederholung des (nun umgekehrten) Fugenthemas in G-Dur sich gar nicht ans Licht traut – Beethoven hat bekanntlich aberwitzig um diese Stelle «kämpfen» müssen –, er machte aus der Fuga ein Panorama der Musikgeschichte, als stießen da mehrere Epochen zusammen. Serkin war dem allen gewachsen.

Den ersten Satz der *Sonate Opus 111* begriff Serkin bohrend monothematisch. Er artikulierte das Hauptmotiv faszinierend und heftig. Manchmal, bei den Oktavsprüngen des Beginns oder den Ekstasen der Durchführung, schien sich eine leichte Ermüdung bemerkbar zu machen. Die Arietta-Variationen glichen einem Seelenroman. Übrigens – der Leser möge diese Abschweifung entschuldigen – bin ich nie völlig sicher gewesen, ob die Tonfolge h-h-c-d-d-c-h-a (linke Hand, vierte Variation) wirklich das «Freude schöner Götterfunken» vorwegnehmen soll. Bei Serkin zuckt man zusammen: es klingt, als hätte Beethoven tatsächlich in seiner letzten Klaviersonate aufs Finale der *9. Symphonie* angespielt.

Als Beethoven die *Opus 111* vollendete, war er – für damalige Zeiten – ein alter Mann. Ein Künstler, der aberwitzig Schweres und Herbes durchgemacht hatte und doch nicht verhärtet, rundum verbittert, verbiestert war, sondern sich durch ein schweres Leben die Kraft für eine namenlose Zärtlichkeit bewahrt hatte.

Rudolf Serkin, und dafür schuldet die Welt ihm Dank, hat sich von einem langen und wahrlich nicht leichten Leben (Armut, Emigration) Reinheit und Zartheit auch nicht rauben lassen. Als er ebendieses Sonatenprogramm bereits 1962 in München spielte (damals gab er im Rausch des Gelingens die ganze *Mondscheinsonate* zu, damals wurde er heiter damit fertig, daß ein Klavierstimmer, der zwischen *Opus 109* und *110* in Anwesenheit des Publikums ein paar Töne in Ordnung bringen sollte, beim Überprüfen seiner Arbeit munter herumklimperte und der verdutzten, tiefbefriedigten Gemeinde rasch noch den Flohwalzer vorführte), sind viele jener jungen Hörer, die am vergangenen Montag Serkin begegneten, noch gar nicht auf der Welt gewesen. Jetzt waren auch sie begeisterte Zeugen einer hochbedeutenden, uns immer ferneren Interpretationskunst, die noch lebt, die der Verehrung und Bewahrung würdig ist.

29. X. 1988

DIE DIABELLI-VARIATIONEN

Beethovens Variationen *Über einen Walzer von Diabelli* sind ein Gipfelwerk abendländischer Kunst. Hans von Bülow, der das Werk «einen Mikrokosmos der Beethovenschen Tonsprache, ja der ganzen Musik überhaupt» nannte, hat nicht übertrieben. Zwischen seiner letzten *Klaviersonate Opus 111* und der *9. Symphonie Opus 125* nahm Beethoven sich die Zeit, dem Wiener Verleger Anton Diabelli, der hübsche, heute noch lebendige Musik – vierhändige Spielmusik zumal – komponiert hat, nach längerem Grollen einen Gefallen zu tun. Diabelli hatte sich nämlich ein Walzerthema einfallen lassen und fünfzig Komponisten um eine Variation gebeten.

Beethoven soll zunächst über das Thema gespöttelt haben. Aber dann nahm er es doch vor, zerschlug es, schrieb sein ungeheuerliches Werk darüber – und brachte den Verleger zweifellos in Schwierigkeiten, weil die 33 Beethovenschen Variationen sich überhaupt nicht in die nette Unternehmung einfügten.

Es kam, wie es kommen mußte. Bis auf das im Grunde doch recht

Ludwig van Beethoven

lustige, lebendige, selbstbewußte Thema von Diabelli (oder scheint es nur so bedeutend, weil Beethoven es nachträglich mit Bedeutung beladen hat?) hat die Furie des Verschwindens alle anderen Variationenkomponisten, genauer gesagt: alle anderen Variationen, heimgesucht. Daß und wie Mozarts Sohn, daß der damals bereits berühmte, wenn auch erst elfjährige Franz Liszt, daß Lexikonnamen wie Friedrich Kalkbrenner, Ignaz Moscheles, Wenzel Johann Tomaschek, aber auch ein Johann Nepomuk Hummel, ein Schubert, ein Conradin Kreutzer und ein Carl Czerny brav ihre Variationen schrieben: wer weiß es noch?

Jörg Demus hat nun in der Archiv-Produktion der Deutschen Grammophon eine ungemein interessante, lehrreiche, rührende, lustige Einspielung herausgebracht. Er führt auf einer Langspielplatte einige Konkurrenten Beethovens vor (auf dem Hammerflügel spielend). Auf einer zweiten Platte findet sich dann Beethovens Opus summum. Das Beethovensche Werk spielt Demus schön, streng, ein wenig phantasielos; es gibt bedeutendere, tiefgründigere Aufnahmen der *Diabelli-Variationen*. Doch Demus' Darstellung der bisher unbekannten Kompositionen aus Beethovens Wiener Umkreis ist etwas Besonderes: ein Fund für alle Kenner (die diese Stücke gewiß nicht kennen), Klavierfreunde, Musikliebhaber.

Zunächst: Das Niveau, auf dem im damaligen Wien komponiert wurde, war, alles in allem, erstaunlich, die pianistischen Anforderungen, die brave Tonsetzer zu stellen wagten, erscheinen beträchtlich. Wenn man sich nun in die einzelnen Variationen vertieft, die leider nicht durch deutliche Pauserillen voneinander getrennt sind, dann erlebt man vergangene, aber nicht tote Musikgeschichte mit: So trocken hat Carl Czerny komponiert, so harmlos waren die «langsamen» Variationen. Aber der 1768 in Salzburg geborene Jakob Freystaedtler, ein Wiener Schüler Mozarts, hat eine ganz entzückende Variation, überraschend und reich, vorgelegt; Friedrich Kalkbrenner, über den man in Geschichten der Klaviermusik hauptsächlich Nachteiliges lesen kann, lieferte ein geistvolles Virtuosenstück in Richtung der *Abegg-Variationen* von Robert Schumann; der junge Liszt schrieb ein dämonisch donnerndes Prachtstück, bei dem man heute noch etwas von dem phantastischen Zugriff des Wunderkindes zu hören glaubt. Gottfried Rieger, ein Brünner Theaterdirektor, war empfindsam auf Schuberts Wegen. Mozarts Sohn hingegen blieb ganz akademisch, Johann Nepomuk Hummel fiel auch nichts Zwingendes ein. Oft drängen sich bei vielen Vergessenen regelrechte

Heurigentöne, manchmal auch böhmische Assoziationen ein. Was für eine Welt. Und dann kommt, bescheiden auch nur eine Variation liefernd, ein gewisser Franz Schubert. Harmlos beginnt seine Variation, aber plötzlich hört man wieder den wehmütigen Herzschlag Schubertscher Erfindung und Empfindung. Schlimm für sie alle, daß Beethoven, statt nur eine Variation zu liefern, ein so genialer Spielverderber war.

21. IV. 1973

DIE KREUTZER-SONATE FÜR KLAVIER UND VIOLINE

Der Ruhm des 1947 im Alter von 65 Jahren verstorbenen Geigers Bronisław Huberman ist für die meisten Konzertbesucher nur noch ein Gerücht. Man weiß, daß Huberman als Wunderkind sogar noch von Brahms geküßt wurde, daß er in den zwanziger Jahren die Geigerszene beherrschte, daß die Kollegen ihn liebten und fürchteten, wenn auch manche von ihnen Bedenken hegten wegen Hubermans unorthodoxer Technik. Huberman mußte emigrieren, sein stolzer Absagebrief an Furtwängler, der ihn trotz allem zu Konzerten mit den Berliner Philharmonikern eingeladen hatte, ist bekannt. Huberman gründete dann in Tel Aviv ein Orchester, konzertierte nach dem Ende des Zweiten Weltkriegs noch einmal in Europa. Aber die früheren Erfolge konten dem 1947 Verstorbenen natürlich nicht mehr zuteil werden.

Wie spielte dieser Bronisław Huberman? Jahrelang war es fast unmöglich, der berühmten Aufnahme der *Kreutzer-Sonate*, die Huberman zusammen mit dem glänzenden Pianisten Ignaz Friedmann gemacht hat, auf dem üblichen Wege habhaft zu werden. Nun ist Hubermans *Kreutzer-Sonate* aber doch wenigstens in Polen, zusammen mit einer Interpretation der *Mondscheinsonate* von Ignaz Friedmann, als Langspielplatte erschienen und, wenn auch recht mühsam, in Westdeutschland erhältlich.

Der Eindruck übertrifft alle Erwartungen. Daß ein Beethoven-Presto so aggressiv, so ekstatisch (und dennoch korrekt), so wild und stürmisch gespielt werden müsse: man hat es zwar im Unterbewußt-

Ludwig van Beethoven

sein immer geglaubt, geahnt. Doch weil die Geiger aus Risikofurcht und um der akkuraten Tongebung willen Tolstois Lieblingsstück oft bis zur Unkenntlichkeit domestizieren, weil sie ihm eben nur eine wohlkontrollierte und garantiert keimfreie Emphase zukommen lassen, hat man das, was Huberman zusammen mit Friedmann vorführt, schlechthin für unmöglich gehalten. Es war aber möglich. Die Platte bewahrt es auf. Schon die Einleitung verheißt Besonderes, Gewaltiges, Gewalttätiges. Und der Elan, mit dem Huberman sich dann ins Presto stürzt, der leidenschaftliche Schwung, mit dem er – ohne zu mogeln, ohne Unreinheit – das Werk ergründet: Es ist eine extreme, überwältigende Interpretation. Natürlich spürt man ihr auch Zeitgeschmack an. Und zwar da, wo die Geige sich lyrisch gibt und in Portamento-Effekten schwelgt, die für unsere Ohren fast kitschig wirken. Dieser Kontrast zwischen gleichsam zeitgebundener Innerlichkeit und großartig klassischer Vehemenz macht zumindest den ersten Satz der *Kreutzer-Sonate* zum einzigartigen Dokument. Und das Schluß-Presto steht als ein genialisches Virtuosenstück da. Nur mit dem Variations-Andante, dem problematischsten Satz der *Kreutzer-Sonate*, wissen die beiden Interpreten nicht recht etwas anzufangen. Und weil auch keine tontechnischen Tricks zu Hilfe kommen können, sondern vielmehr alle die akustischen Schwächen stören, mit denen moderne Aufnahmetechniker längst fertig geworden sind, bleibt der Hörer da auf seinen guten Willen und seine Klangphantasie angewiesen.

6. XII. 1967

CASALS UND DIE CELLOSONATEN

Der Cellist Pablo Casals war schon während der letzten Jahrzehnte seines Lebens ein Mythos. Da er keine Konzerteinladungen mehr annahm, haben nur diejenigen deutschen Musikfreunde ihn leibhaftig hören können, die alt genug sind, sich noch an die zwanziger Jahre zu erinnern, oder die Gelegenheit hatten, jene wenigen Festivals zu besuchen, welche Casals nach dem Zweiten Weltkrieg veranstaltete. Dankbar erinnere ich mich an jene eine Ausnahme, die Casals im Namen Beethovens machte, als er 1958 für die «Freunde des Bonner

Casals und die Cellosonaten

Beethovenhauses», wie es hieß, kein eigentliches Konzert gab, sondern vor ein paar Dutzend Gästen zwei Beethoven-Sonaten spielte, übrigens in der Auffassung und im Ton kaum anders, nur noch heiserer, ergreifender, verbrummter als auf den Platten. (Unheimlich, daß Casals und Rubinstein, die sich übrigens persönlich nicht sehr «lagen», beide wegen eines Gelübdes nicht mehr in Deutschland konzertierten.)

Der 1876 geborene Casals stand während der fünfziger Jahre immerhin bereits im achten und neunten Jahrzehnt seines Lebens: Wir vergessen zu leicht, daß Casals unter Musikern schon als erster Cellist, ja als erster Instrumentalist der Welt galt, noch bevor sein moralisch-künstlerischer Anti-Franco-Protest ihn zum Sinnbild unbeugsamen Künstlertums machte. Als er 1961 für John F. Kennedy im Weißen Haus spielte, wußte eine uralte Kongreßdame sich sehr wohl zu erinnern, wie Casals, knapp sechzig Jahre zuvor, für den Präsidenten Theodore Roosevelt in ebendemselben Weißen Haus gespielt hatte.

Dieses biographisch-historische Koordinatensystem braucht man, wenn man die außerordentliche Gesamteinspielung der fünf Beethoven-Sonaten von Casals gerecht «situieren» will. Es handelt sich um – akustisch durchaus befriedigende – Aufnahmen, die Casals mit seinem bevorzugten Partner Mieczysław Horszowski 1936 und 1939 gemacht hat. Die *A-Dur-Sonate Opus* 69 liegt hier in einer Interpretation mit Otto Schulhof (1930) vor. Und die *Variationen* über «Bei Männern, welche Liebe fühlen» hat Casals bereits im Juni 1927 mit Alfred Cortot auf Schellack verewigt, also im gleichen Monat, in dem die legendäre Einspielung des Schubertschen *B-Dur-Klaviertrios* von Cortot, Thibaud und Casals entstand.

Ein musikliebender Leser, der kein Professioneller und kein Allessammler ist, sondern der die Cellosonaten Beethovens – diese so hinreißend schwungvollen und inspirierten, den Violinsonaten sicherlich überlegenen, den Klaviersonaten gleichwertigen, wenn nicht vorauseilenden Werke – in einer möglichst authentischen Einspielung besitzen möchte, ein solcher Leser hört die Daten und Vergleiche vielleicht faktenergeben an, aber dann fragt er doch: Ist dies nun alles in allem die richtigste, die empfehlenswerteste Aufnahme der fünf Sonaten? Soll ich mein Geld für sie anlegen und meine Zeit für sie opfern?

Hört man den Anfang der ersten *Sonate Opus 5 Nr. 1*, dann gibt es auf diese Frage nur ein entschiedenes Ja. Was Casals da aus simplen

Ludwig van Beethoven

Intervallen im Adagio herausholt an Geheimnis und verhüllter Spannung, die Verhaltenheit, mit der er dann auf die Melodie zuspielt, die expressive Zärtlichkeit, mit der er sie aufblühen läßt: Das ist um Welten ausdrucksvoller, aufregender und erhabener – nicht: «schöner» – als alle anderen mir bekannten Interpretationen dieses dreiminütigen Adagio-Anfangs. Beim Vergleichen merkt man, wieviel Wirkung selbst ein Pierre Fournier sich da entgehen läßt, wieviel weniger Farben und Nuancen ein Piatigorsky aufbringt. Und man erinnert sich plötzlich daran, daß nicht irgendein altmodischer Beethoven-Barde von «Beethovens unglaublicher Zärtlichkeit» gesprochen hat, sondern der sicherlich unsentimentale Mauricio Kagel.

Hier ist die Casals-Interpretation aus dem Jahre 1939 auch den Mitschnitten, die 1950 bei Konzerten von Casals und Rudolf Serkin gemacht wurden, weit überlegen. 1950 ist der Ton doch allzu lispelnd, manchmal allzu körperlos.

So, wie die Zwölftonmusik die Tonwiederholung problematisierte, so hält Casals das gleichmäßige Wiederholen desselben Tones mehrmals hintereinander für geistlos, gedankenlos, antiexpressiv. Wenn ein Ton (ein As) in der Einleitung der zweiten Sonate viermal nacheinander erscheint, dann, so hat er im Kurs von einem Schüler heftig verlangt: «It must not be equal» (Es darf nicht gleich sein.) Casals' Kunst, die Tonstärke zu variieren, ist so groß, so frei, daß er einerseits mit dem An- oder Abschwellen mehr erreicht als irgendein anderer, sich keiner pastosen Verführung ergibt und dabei immer noch Zeit findet, Beethovens plötzliche Sforzato- oder Piano-Vorschriften auszuführen.

Demnach böten diese Casals-Interpretationen doch das Optimum? Leider kann man es nur eingeschränkt so sagen: Casals führt in jeder Sonate einige unvergleichliche Einzelheiten und Entwicklungen vor. Wer sich ernstlich für Beethoven interessiert, wird auf diese Einspielungen nicht verzichten. Aber genauso entschieden muß hinzugefügt werden: Für die Fuge aus *Opus 102 Nr. 2* kann Horszowski kein Partner sein. Das Stück bleibt unbewältigt. Der Klavierpart und der Geist der Stücke sind – etwa im Scherzo der *A-Dur-Sonate*, in der *g-Moll-Sonate Opus 5 Nr. 2*, bei manchen mystischen Entwicklungen des späten Beethoven – denn doch bei Solomon und Piatigorsky in weit besseren Händen. Fournier und Schnabel stellen ein kammermusikalisch richtigeres Gleichgewicht her; Friedrich Guldas wie auch Wilhelm Kempffs Beethoven-Verständnis reicht über das, was Casals' damalige Partner vermochten, poetisch und pianistisch weit hinaus.

So macht kraft überlegener Technik und Motorik der kammermusikalisch sehr produktive Friedrich Gulda im Allegro im Schlußsatz von *Opus 5 Nr. 1* die Empfindsamkeit, aber auch die Kühnheit des Stückes (es reicht, was die technischen Anforderungen betrifft, an die *Waldstein-Sonate* heran) doch sehr viel genauer klar als die Casals-Einspielung. In Casals' älterer Aufnahme kommt wiederum die konzertante Kadenz des ersten Satzes herrlich poetisch heraus. Bei der zweiten Sonate ist Casals' spätere Interpretation mit dem glühend rein spielenden Serkin richtiger, fesselnder.

Für den klassischen Höhepunkt der Celloliteratur, also für Beethovens *A-Dur-Sonate Opus 69*, hat Casals einige tiefsinnige Interpretationseinsichten bereit. Die Durchführung des ersten Satzes entfaltet ja jene Melodie, die in Bachs *Johannes-Passion* die celloähnliche Gambe zum «Es ist vollbracht» vorträgt. Wie Casals sich da gleichsam aus betroffener Verhaltenheit und aggressivem Deklamieren zum Blühen und Glühen fast bis in Schubert-Nähe hinwegtragen läßt – das wirkt eindrucksvoller als die gewiß machtvolle großartige Souveränität von Svjatoslav Richter und Mstislaw Rostropowitsch, als Solomon/Piatigorskys vorweggenommener Spätstil, als Guldas und Fourniers bewußte Klassizität, als Myra Hess' und Emanuel Feuermanns Brillanz.

Casals' unausgesprochene These, daß die Stimme des Cellos wichtiger ist als (irgend-)eine Stimme des Klaviers (sonst hätte Beethoven ja nur eine Klaviersonate mit einem Kontrapunkt mehr zu schreiben brauchen), leuchtet eher musikalisch als logisch ein. Aber Casals vermag eben einen Halte-Ton so vielfältig zu phrasieren, daß die darüberliegende Klaviermelodie verblaßt; er kann am Schluß der *A-Dur-Sonate* geradezu atemberaubend darstellen, wie Musik hier, nach zarter Frage, gleichsam fähig wird, ans Glück zu glauben.

In den letzten beiden Sonaten (*Opus 102*) ist an geheimer Stelle jeweils eine Volksliedmelodie verborgen: mehr eine erinnernde Beschwörung als ein direktes Zitat. Gerade weil Casals so aggressiv und spröde spielt, klingen diese melodischen Gesten unter seinen Händen plötzlich doppelt rührend. Und niemand hat wie er erkannt, daß der langsame Satz aus *Opus 102 Nr. 2* Beethovens intimster Trauermarsch ist. 1950, zusammen mit Serkin, war Casals freilich nicht mehr ganz so «präsent» wie in jüngeren Jahren, wo wiederum seine Partner unzulänglich blieben, auch bleiben mußten, weil Casals die

Ludwig van Beethoven

Überlegenheit des Flügels nie zuließ – selbst dann nicht, wenn Beethoven sie komponiert und eine Polyphonie gefordert hat, die andere Interpretationen viel klarer herstellen.

27. IV. 1974

DIE STREICHQUARTETTE OPUS 127 BIS 135

Die letzten fünf Quartette Beethovens werden von Musikliebhabern und Interpreten immer noch als das «ganz andere» verehrt, scheu betrachtet, gescheut. Gewiß, nichts wäre diesen großen, gestaltenreichen, ungeheuerlichen Kompositionen unangemessener, als wenn sie zum Konsumartikel heruntergespielt würden. Im Vergleich zu diesen «späten» Quartetten (*Opus 127, 130, 131, 132* und *135*) erscheint die allermeiste übrige Musik simpel, vorhersehbar, plan. Was mittlerweile die bedeutenden Pianisten zuwege gebracht haben – nämlich daß die großen Klaviersonaten von *Opus 101* bis *111* nicht nur zu den anerkannten, sondern auch zu den wohlbekannten, maßstabsetzenden Werken unserer Musikkultur gehören –, das steht für die letzten Streichquartette Beethovens wohl immer noch aus, trotz einer Fülle bedeutender Bemühungen. «Scheu» darf indessen keine Haltung sein, die vor dem Betreten dieses heiligen Bezirks gehorsam einzunehmen wäre. Sie ist vielmehr eine Folge, nachdem man sich in der Welt der späten Quartette bewegt hat. Dazu aber braucht man nur Unbefangenheit und Zeit.

Die Interpretation, die das in jedem Sinne noch verhältnismäßig junge, erst 1965 gegründete Guarneri-Quartett den späten Beethoven-Werken angedeihen läßt, hat – ohne «besser» zu sein als die Einspielungen des Busch-Quartetts, des Amadeus-Quartetts oder der «Budapester» – einige Vorzüge, die dem unbefangenen, neugierigen Hörer sehr entgegenkommen. Fern aller klassizistischen Verharmlosung, wie sie sich etwa beim Amadeus-Quartett doch manchmal einstellt, spielt das Guarneri-Quartett Beethoven ganz aus dem vollen, lebendigen, durchartikulierten Klang. Die Tempi bleiben verhältnismäßig (manchmal allzu) ruhig. Doch was damit gewonnen wird, ist erstaunlich, ja fast erschreckend: nämlich die beinahe lückenlose Darbietung der vielen verschiedenen, oft konträren und

Die Streichquartette Opus 127 bis 135

doch von Beethoven zusammengezwungenen Einfälle, Ausbrüche, Abwandlungen.

Wenn man dem Guarneri-Quartett zuhört, braucht man nicht in den Noten mitzulesen, um der ganzen Wahrheit habhaft zu werden. Ja es gehen einem, falls man sich mehrere Male und mit steigender Bewunderung in diese Interpretationen versenkt, Zusammenhänge auf, die manchmal vom Notenbild geradezu verdeckt zu werden scheinen, weil die Suggestion des Gedruckten oft derart stark ist, daß man lesend anders hört, als wenn man nur hört.

Eine ganz entscheidende Erfahrung, die das Guarneri-Quartett vermittelt, ist die ins Ohr fallende Sublimation. Das «Dialektische» bei Beethoven – aneinander sich steigernde oder gegeneinander gesetzte Modelle und Komplexe, die sich so schön aus den Noten herausanalysieren lassen – spielt eigentlich keine konstitutive Rolle mehr. Im ersten Satz des *Es-Dur-Quartetts Opus 127* heben die Guarneris vielmehr hervor, wie, von den Einleitungsakkorden in großen Abständen unterbrochen, eine kaum veränderte Folge von thematischen Komplexen immer mehr spiritualisiert, differenziert, sublimiert wird. Was anfangs beinahe derb, grob-quartetthaft klingt (schrappende Bratsche, typische Fugato-Achtel), das spielen sie nicht beklommen wie «Himmelsmusik», sondern sie zeigen, wie daraus allmählich reine Lyrizität entsteht. Sie haben also Sinn sowohl für das «Zeichenhafte» beim späten Beethoven (Motive, die nicht sich selbst, sondern einen Stellenwert meinen) wie auch für das unendlich Differenzierte, Auskomponierte.

Im Variationssatz, dessen Ruhe schwer zu begreifen ist, kosten die Guarneris jede Wendung aus: Das Busch-Quartett spielte dergleichen «lispelnder», fast zitternder, nicht so «schön», aber vielleicht scheuer, erregter, richtiger. Dafür ist die Gewalt, mit der im Scherzo Abwandlungen und Kontraste vorgeführt werden, beim Guarneri-Quartett großartig.

Auch das große *B-Dur-Quartett Opus 130* erscheint in neuer Perspektive. Der Kontrapunkt, der das Allegro-Hauptthema begleitet, gerät zum eigentlichen Gegenstand des ersten Satzes: Man könnte sagen, er wird gezähmt wie die wüsten Oktaven aus dem ersten Satz jener *Klaviersonate Opus 54*, die ein witziger Kommentator mit «La Belle et la Bête» verglich. Und nachdem das unschlagbar wirkungsvolle Scherzo-Presto, das schon bei der Uraufführung wiederholt werden mußte, reine Musik-Logik bot, führt der viel schwierigere dritte Satz dann geradezu Aleatorik vor: Man spürt, wie

Ludwig van Beethoven

Beethoven da überlegen alles mit allem kombiniert, kombinieren kann, lauter Versatzstücke wie zufällig aneinanderhängend. Die «Große Fuge» aus *Opus 130* erweist sich als bedeutendes Gegenstück zum Finale der *9. Symphonie.*

Im *cis-Moll-Quartett Opus 131*, dem «tiefsten» vielleicht, spielt das Guarneri-Quartett den Essenz-Charakter mit, den dieses Werk in Beethovens Œuvre hat: Einmal wird da (in einer Variation) ans frühe *Komplimentierquartett Opus 18 Nr. 2* erinnert, der sechste Satz humanisiert wiederum ein rüdes Seitenthema, wie es im Vivace des *G-Dur-Klavierkonzerts* geschah; und das bei den Guarneris marschhaft wild anhebende Finale wirkt wie die finster zurückgenommene Marschekstase aus dem Finale der *7. Symphonie*. (Die entsprechenden Passagen stehen beide Male in cis-Moll!)

Im *a-Moll-Quartett Opus 132* spielt man, anfangs und am Schluß, die melancholisch glühende Schubert-Nähe dieser Musik unbefangen aus. Das *F-Dur-Quartett Opus 135* ist, als Interpretation genommen, melodiöses Glanzstück dieser Kassette. Die Überleitung zur einzigartigen Fortissimo-Wildheit des «Muß es sein», das gut dreißig Takte lange Verlöschen vor der Katastrophe, verstört wie keine andere Musik dieser Welt. Gustav Mahler scheint diese erschreckenden Takte des letzten Satzes gut gekannt zu haben.

Den «Dankgesang eines Genesenden» aus *Opus 132* spielen die Guarneris wie einen zum Choral (mit Fugato-Unterbrechungen) umfunktionierten Trauermarsch, der den von Casals so genannten «funeral march» aus der *Cellosonate Opus 102 Nr. 2* weiterspinnt und mit händelartigem D-Dur unterbricht. Beethoven war todkrank, als er das alles komponierte. Kopfschmerz, Erbrechen, wundgelegene Haut, viele Punktionen, Ungeziefer. Der «Dankgesang» beruht auf einer Täuschung. Seinem Arzt schrieb Beethoven, nachdem dieser ihm einige Erleichterung verschafft hatte, rasch einen Kanon, der diesem «Dankgesang» harmlos ähnelt. Beethovens Text dazu: «Doktor sperrt das Tor dem Tod/Note hilft auch aus der Noth.»

22. IX. 1973

STREICHQUARTETT OPUS 130

Unter den bedeutenden Streichquartett-Vereinigungen der Welt nimmt das LaSalle-Quartett eine Sonderstellung ein, seit die vier Künstler (Walter Levin, Henry Meyer, Peter Kamnitzer, Jack Kirstein) eine in jeder Hinsicht außerordentliche, ja wahrhaft «epochale» Schönberg-Berg-Webern-Kassette herausgebracht haben. Da schien neue, sonst immer noch nicht völlig begriffene Musik endlich einmal «verstanden» und als große Kunst heimgebracht worden zu sein, polyphoner Ausdruck war Interpretationsereignis geworden.

Auf die Frage, wie Künstler, die ihren analytischen Scharfsinn, ihre Technik und ihre Sensibilität an den immensen Schwierigkeiten der Musik der Zweiten Wiener Schule bewährt und gesteigert haben, Beethovens Spätwerk bewältigen, gibt nun die Einspielung des *B-Dur-Quartetts Opus 130* Antwort. Beethovens radikale Expressivität, seine wohlerworbene Technik totaler Durchführung, seine über alle Harmonie-Schemata hinausweisende Darstellung von Kontrasten, sein unerschöpfliches Umfunktionieren der Sonatenform in immer neue, oft schwer durchschaubare organische Vermittlungen reichen weit in die Musik des 20. Jahrhunderts hinein.

In der Geschichte der Musik nimmt das späte *B-Dur-Werk* eine Sonderstellung ein. Beethoven hat für dieses Quartett zwei grundverschiedene Finale komponiert. Die Deutsche Grammophon macht sich eines – wie es Studienräte vergangener Zeiten in Fällen offenbarer Mogelei noch ohne Erröten zu sagen wagten – Täuschungsversuchs schuldig, wenn sie diese Einspielung als «Original-Version» vorstellt. Jede verbindliche Fassung aus Beethovens Hand ist gleichermaßen «original». Nicht nur die – vom LaSalle-Quartett dargebotene – erste Fassung, in der das Werk mit «Großer Fuge» uraufgeführt wurde, sondern auch jene im Herbst 1826 von Beethoven komponierte, sanktionierte, seither meist aufgeführte zweite Fassung ist «original», die als letzten Satz ein weiß Gott vollwertiges, geistreiches, spirituelles und heiteres Finale (Beethovens letzte Komposition, bald darauf starb er) enthält.

Das LaSalle-Quartett bewegt sich in den Strukturen dieser Beethoven-Komposition sicherer als in Beethovens Musik. Manchmal wirkt es, als seien die Künstler, die mit großem Scharfsinn und großer Unbefangenheit an das Stück herangegangen zu sein scheinen, gewissermaßen froh, wenn sie positivistisch, kalt erregt und entschieden

277

Ludwig van Beethoven

darstellen können, was ihnen beim Studium auffiel: die seltsame, bewußt naive und zugleich fast «falsch» klingende Modulationsfolge der Durchführung des ersten Satzes etwa, oder die verhaltene Allstimmigkeit der «Cavatina» (wo andere Quartett-Vereinigungen sich von der Überschrift dazu verführen lassen, bloße Melodie und Begleitung darzubieten, als wären nicht die Unterstimmen gleichermaßen, gleichberechtigt melodisch) – da sind dem LaSalle-Quartett Funde geglückt. Überhaupt nehmen diese Musiker Beethovens Vorschriften viel genauer als ihre meisten Kollegen. Wo pp steht, spielt kein Temperament darüber hinweg – die Crescendi ordnen sich nicht dem Fluß unter, sondern setzen ihn in Bewegung.

Aber, seltsames Schicksal der Konsequenz, die Künstler unterlassen es manchmal, aus ihrer konsequenten Genauigkeit auch die emotionalen, die seelischen Konsequenzen zu ziehen, die zu großer Beethovenscher Musik gehören. Sie spielen piano und forte, sie führen den durchgehenden Kontrast des ersten Satzes (zwischen Adagio und Allegro) aus. Doch sie artikulieren das alles nicht frei. Oft hat man das Gefühl, sie stellen gleichsam fest: So ist es, und dann lassen sie, besonders bei den raschen Sätzen (bei den langsamen musizieren sie behutsamer), die Musik allein. Um alle Linien vorführen zu können, wählen sie im großen ersten Satz auch ein sehr, sehr verhaltenes Tempo. Man hört die Töne, die Linien, die Entwicklungen, aber nicht die Energie des Werkes, hört kaum die Affekte, für die Schroffes hier ebenso wie Melodiöses einsteht. Und der Schluß dieses Satzes wird geradezu verschenkt.

Beim Reißer aus *Opus 130*, einem b-Moll-Presto, werden jäher Schwung und die herrische Geste technokratisch neutralisiert. Ein keineswegs ausdrucksloser, aber nicht eigentlich atmender, sondern nur durchschauender Gestus macht die Interpretation seltsam unlebendig und – weil alles so klar, trotz gelegentlicher Indisposition der ersten Geige, so souverän dargestellt wird – sogar ein wenig glatt. Alles Improvisatorische, alles Aufbegehrend-Verspielte (dritter Satz), ja sogar die ungeheure Idee der «Großen Fuge», zugleich Fuge, Sonatensatz und Synopsis einer viersätzigen Form zu sein (falls man den Teil nach dem «Meno mosso» als Scherzo begreift), erscheint positivistisch reduziert. Dafür hören wir, beeindruckend, befremdend und großartig genau dargestellt, ein klingendes, fesselndes Strukturmodell.

1. XII. 1973

LIEDER

Und wie, wenn Beethoven einfach ein unendlich reineres, empfindsameres, glühenderes, erregbareres Herz besessen hätte als alle anderen, die nun von seiner Kraft zehren, die ihn unaufhörlich spielen, sich Gedanken über die Entwicklung der Sonatenform machen und hochintelligent erklären, was alle Analysen übersteigt? Und wie, wenn dieser bärbeißige, selbstbewußte Außenseiter – man wagt derart Direktes kaum direkt zu formulieren – einfach, indem er seine Musiksprache sprach, in unendlich höherem Maße ein sittlicher, leidender und liebender Mensch gewesen wäre, als es allen Nur-Differenzierten, Nur-Geschickten, Nur-Leidenden, Nur-Musikantischen gegeben ist?

Es waren sogleich und unabweisbar diese Fragen, die sich in Dietrich Fischer-Dieskaus tiefsinnigem Beethoven-Liederabend stellten. Nicht eine Sekunde kam man auf die Idee, noch einmal das längst erledigte Problem zu bedenken, ob denn Beethoven auch als Liederkomponist Bedeutendes geschaffen habe.

Fischer-Dieskaus Stimme scheint an Volumen zugenommen zu haben. Seine Artikulation im Piano ist einsam intelligent, sein in manchmal allzu lautem offenem Ausbruch sich darstellender Lied-Realismus entspricht genau der grandiosen Direktheit, mit der Beethoven die religiösen Menschheitsfragen nach Hoffnung, Glauben, Gott, Buße während aller Epochen seines Komponistenlebens vertonte. Und jenes bei Fischer-Dieskaus Schubert-, Schumann- oder Wolf-Interpretationen manchmal leicht irritierende forcierte Deklamationsübermaß korrespondierte genau dem dynamischen und impulsiven Reichtum der Beethoven-Lieder, die auf keinen Fall klassizistisch abwiegelnd vorgetragen werden dürfen. Fischer-Dieskau hatte merkwürdigerweise die bedeutendsten Stücke, also die Gellert-Lieder (*Opus 48*) und den Zyklus *An die ferne Geliebte*, vor der Pause gesungen. Die Goethe-Vertonungen fielen danach ein wenig ab, weil der Liederkomponist Beethoven gegenüber Goethe um eine Spur unfreier war. Erlebnisse wie die Gestaltenfülle etwa des späten «An die Hoffnung» (*Opus 94*) oder wie die unirdisch verfremdete Traumstimmung von «Wo die Berge so blau, möchte ich sein» (aus dem Liederkreis *An die ferne Geliebte*) hat der Konzertsaal sonst nicht zu bieten.

Es ist momentan üblich, an Fischer-Dieskau herumzunörgeln,

Ludwig van Beethoven

und der Künstler hat, wenn er heitere Lieder gelegentlich etwas theatralisch vortrug, Musik auf Gesten reduzierend und mit Gesten verstärkend, gewiß auch einigen Grund dafür geboten. Während der zweiten Hälfte des Konzerts, bei forcierten Staccato-Heiterkeiten, bei einem, wenn man so will, synthetischen Naturburschentum auf höchster Ebene, konnte man sich dieser Fischer-Dieskau-Kritiken und dieses Unbehagens manchmal erinnern. Doch möglicherweise braucht er ein solches deklamatorisches Überschwenglich-Sein, um bei der Sache zu bleiben, um sein Sensorium zu aktivieren, um nicht risikolos herunterzusingen, was er so gefährlich fabelhaft gut kann.

Günther Weissenborn ist ein hochmusikalischer Begleiter. Er spielt wie ein Kapellmeister, der weiß, worum es geht (aber leider viel zu selten zum Üben kommt). Die raschen Partien waren darum regelrechte Angstpartien. Und um nur eine Einschränkung vorzubringen: In Gellerts «Bitten» müßte doch das Klavier die Melodie vortragen, während der Sänger sechs Takte den gleichen Ton singt. Auch ist eine etwas mechanische «Adelaide» nach einem Dutzend tiefsinniger Kompositionen nicht leicht zu ertragen. Was schließlich die Beziehungen zwischen der «Fernen Geliebten» und Beethovens späten Klaviersonaten betrifft, so scheint mir, daß nicht, wie Fischer-Dieskau behauptet, die *Klaviersonate Opus 101* von dem Zyklus zehrt, sondern vielmehr der Variationssatz aus *Opus 109*, wo Beethoven ja nicht nur im Variationsthema die Takte 5 bis 7 des ersten Liedes zitiert, sondern die erste Variation mit genau demselben Oktav-Vorschlag beginnt, wie ihn hier das Klavier im ersten kurzen Zwischensatz zu spielen hat (Takt 9 bis 10).

Es waren zahllose junge Leute in diesem Konzert, sie hörten mir ruhigster Anteilnahme zu und vermittelten – trotz allen Kulturkrisen-Geredes – den Eindruck, daß Probleme wie die hier zu Diskussion stehenden kein alexandrinischer Müll sind, sondern auch in unsere Welt gehören.

26. IV. 1971

Cherubini – Hoffmann – Weber – Marschner – Rossini – Donizetti – Bellini – Berlioz – Mendelssohn – Massenet

LUIGI CHERUBINI: MEDEA

Seit Maria Callas 1953 Cherubinis *Medea* langer Vergessenheit entriß, scheint eine große dramatische Oper mehr zu existieren. Irgendwo zwischen Gluck, Mozart und Beethoven hat der – übrigens besonders von Beethoven bewunderte – Komponist Luigi Cherubini seine 1797 in Paris uraufgeführte *Medea*-Oper angesiedelt, die nun immer wieder aus einem «Fund» in ein Repertoire-Stück verwandelt werden soll. Doch alle Versuche, die gelungene *Medea*-Beschwörung der Callas (Svjatoslav Richter bezeichnete die Aufführung als sein größtes Opernerlebnis, Schallplatten halten den magischen Callas-Ton fest) zu wiederholen, sind bislang gescheitert. Darum war man auf die Frankfurter Unternehmung sehr gespannt: Denn Christoph von Dohnányi ist ein ungemein sorgfältiger, über eine fast unfehlbare Schlagtechnik gebietender Dirigent, und Anja Silja könnte eine Traumbesetzung für die exzentrische Rolle sein. Auch die übrigen Partien waren in Frankfurt respektabel besetzt.

Ohne Rücksicht auf musikwissenschaftliche Finessen sei jetzt stichwortartig über die *Medea*-Oper informiert. Im ersten Komplex, während die Hochzeit zwischen Jason und Kreusa vorbereitet wird, herrscht eine Mischung aus Harmlosigkeit und Angst. Man hat Angst vor Medea, Kreusa traut ihrem Liebesglück nicht. Obwohl sie, eine Mischung aus Lyrisch und Dramatisch, eine große Koloraturarie singen darf, die der Konstanze-Arie «Martern aller Arten» zumindest ähnelt, ist so oft die Rede von Medeas eventueller Rache, bis das vielbedachte Unglück förmlich herbeigezwungen scheint.

Nach Medeas Auftritt wird dann die Musik um eine ganze Dimension bedeutender und aufregender. Horst Goerges und Wilhelm Reinking haben eine sehr vernünftige Neufassung der Oper hergestellt, die nur einen schweren Fehler aufweist, den man in Frankfurt glücklicherweise nicht mitmachte: Medea hat einen großen, finsteren Auftritt bei Cherubini. Der geflohene Ehemann Jason ist zu feige,

Cherubini – Hoffmann – Weber – Marschner – Rossini – Donizetti – Bellini –
Berlioz – Mendelssohn – Massenet

gleich mit ihr zu reden; König Kreon mischt sich despotisch ein und verbannt die störende Hexe. Das ist eine große Nummer in h-Moll, wild-pompös wie «Rex tremendae majestatis» aus Mozarts *Requiem*. Erst jetzt (und nicht, wie Goerges will, vorher) wird Medea weicher. Sie wendet sich flehend an den Exgatten, singt eine schöne, Gluck-ähnliche F-Dur-Arie. Natürlich vergeblich. Dem folgt ein fabelhaftes Haßduett, das sich schlecht eignet als Festmusik für Goldene-Hochzeit-Feiern. Er: «Daß ich dich nie gesehen.» Sie: «Mein Leben ist zerstört nur durch dich.» Großer Effekt.

Der zweite Akt führt pantomimisch vor, wie Medeens eingeschüchterte Kinder sich nicht von ihrer unheimlichen Mutter rauben lassen, sondern lieber am feinen korinthischen Hof bleiben wollen und wie Medea, Haß im Herzen, die Hochzeitszeremonien für die Ehe Jason/Kreusa miterlebt. Die Mischung aus Hochzeitsvorbereitung und Mordwunsch könnte hochdramatisch sein. Im dritten Akt schließlich erfolgt der Doppelmord (an den Kindern), Medea triumphiert und flieht. In Frankfurt brach das ganze Schloß donnernd zusammen. Eine reale Staubwolke verhüllt das Ende.

Beim Stichwort «Cherubini» fällt jedem Musikfreund die Assoziation «klassisch» oder gar «klassizistisch» ein. Man erinnert sich an sorgfältig durchkomponierte Streichquartette und einen vor-Beethovenschen hohen Ton. Aber diese Assoziation täuscht über das Hauptproblem der Cherubinischen *Medeen*-Musik hinweg. Denn wenn das Wort «klassisch» den Sinn hat, daß da eine Musiksprache auf die selbstverständliche Höhe ihrer Möglichkeiten gekommen sei, dann trifft das für Cherubinis *Medea* gerade nicht zu. So bedeutend und fesselnd die eigentlich erregenden, hochdramatischen Nummern auch sind – alles, was unterhalb dieser Erregungsgrenze bleibt (als Vorbereitung, als retardierendes Moment, als lyrischer Einschub, als Einstimmung), wirkt merkwürdig leer und harmlos. Man spürt förmlich, daß Cherubini nicht mehr getragen wird von der selbstverständlichen und lebendig-konventionellen Kraft einer Musiksprache, auf die sich barocke Komponisten verlassen konnten und die auch für Mozart und die österreichische Klassik existierte. Andererseits ist aber noch nicht jenes gleichsam subjektiv gestiftete persönliche Musikidiom da, welches einer Beethovenschen Willenskraft und Glut entsprang oder welches später in der Operngeschichte Wagner sich Takt für Takt erarbeitete. Cherubini, insofern «zwischen» den Zeiten, laboriert da an der gleichen Schwierigkeit, mit der auch Carl Maria von Weber in *Euryanthe* und *Oberon* zu kämpfen hatte.

Luigi Cherubini: Medea

Die von John Cox inszenierte Frankfurter Aufführung beging nun gleich den Doppelfehler, bei den schwächeren, vorbereitenden Partien nicht zu helfen, sondern mittels umständlicher, oft grotesker Umzüge zu stören und andererseits die großen Musikstellen hinter unglaubhaftem, pseudogriechischem Treppen-, Säulen- und Umzugsbombast (Ausstattung und Bühnenbild Nicholas Georgiadis) förmlich verschwinden zu lassen. Rein inszenatorisch mag aus der Handlung nicht so schrecklich viel Überzeugendes herauszuholen sein – wenn man nicht die dämonische Natur Medeens der feigen Unbeständigkeits Jasons und der harmlosen Ängstlichkeit Kreusas einfach und deutlich entgegenordnet, ohne antiken Kulturfilm. Doch John Cox hatte sich für eine ungeschickte Staatsaktion entschieden. Der große, wohlvorbereitete Auftritt Medeens war verschenkt. Daß die beiden Kinder ihrer Mutter während der Pantomime weglaufen, wurde nicht gezeigt, obwohl da doch der Haß gegen den Vater, der ihr die Kinder entfremdet hat, in aller Schärfe entsteht. Wahrscheinlich wäre es klüger und richtiger, die dramatischen Vorgänge zwar zu zeigen, aber so zurückhaltend und starr wie überhaupt möglich, damit die Musik Zeit und Kraft und Gelegenheit zu unbehelligter Wirkung findet. In der Frankfurter Aufführung waren viele musikalische Augenblicke, die sich im Klavierauszug und auch auf Platten glänzend ausnehmen, förmlich verschüttet von szenischem Geröll. Sie gingen infolgedessen seltsam rasch und unscheinbar vorbei; die Sänger turnten auf Treppen herum, statt vorn an der Rampe zu stehen. So war die musikalische Wirkung auffallend indirekt, und auch die bedeutenden, von Franz Lachner hinzugefügten Rezitative der Oper (ein idealer Fall späterer Anpassung, vergleichbar nur den *Carmen*-Rezitativen) hatten längst nicht den erwarteten Effekt.

Natürlich muß man die Frage stellen, ob nicht auch Anja Silja ein wenig Schuld daran trug, daß der Wiederbelebungsversuch mißlang. Ihr fehlte es vielleicht im ersten Akt an der Ruhe zum durchgehaltenen, dämonischen Piano; man merkte es der Künstlerin förmlich an, wie bereitwillig und begierig sie sich in ihre Forte-Ausbrüche stürzte. Auf diese Weise ging aber das Archaisch-Brütende verloren, obschon Anja Silja im zweiten und im dritten Akt makellos ausdrucksvoll sang. Sie war, so schien es, doch ein Opfer der Inszenierung. Hinzu kam, daß die Stimme der June Card nicht hinreichend lyrisch kontrastierte, sondern in der Kreusa-Rolle relativ ähnlich dramatisch wirkte, wie es Medea gewesen war. Jason ist um seinen Schluß nicht zu

Cherubini – Hoffmann – Weber – Marschner – Rossini – Donizetti – Bellini –
Berlioz – Mendelssohn – Massenet

beneiden. William Cochran versuchte zwar, nachdem er sich im
Haßduett engagiert ins Zeug gelegt hatte, einigermaßen damit fertig
zu werden, daß er in Sekundenfrist sowohl die Ehefrau als auch seine
beiden Kinder verloren hat; aber viel mehr als mit einem Blechsäbel
herumfuchteln und eine gewisse Verdrießlichkeit äußern konnte er
nicht; da ist von Cherubini nichts komponiert. Und so wirkte der
Argonaut denn doch nur wie ein Mann, der zwar seine ganze Familie
verloren hat, nun aber höchstens darüber sinniert, daß er jetzt in eine
sehr viel ungünstigere Einkommensteuerklasse gerät.

Während der von zwei ausführlichen Pausen unterbrochenen
Frankfurter Aufführung mußte man sich fragen, ob nicht Christoph
von Dohnányi eine fast unlösbare Aufgabe bewältigen wollte: Die
erste halbe Stunde der Oper ist, wenn nicht höchstes Inszenierungs-
raffinement hilft, einfach so langweilig und «musikhistorisch», daß
danach schon ungeheuerliche Dinge passieren müßten, um die
schläfrigen Musik-Museums-Besucher wieder aufzurütteln. Wahrscheinlich können nur radikale Striche (Ouvertüre, Chöre) helfen,
und wahrscheinlich müssen in einem solchen Falle das Gewicht und
die Bedeutung jeder musikalischen Wendung späterhin ernster genommen werden als noch so begründete oder auch verstiegene
Absichten der Inszenierung. Sonst geschieht, was in Frankfurt vor
einem freundlich klatschenden, aber ungerührt wirkenden Publikum
geschah: Man freut sich über einzelne dramatische Wendungen,
bewundert die Sänger (zu nennen wären neben den erwähnten noch
Pari Samar und Ladislaus Konya) und geht mit neuentflammter
Hochachtung für Mozart und Beethoven, denen Cherubini ähnlich
ist, aber wirklich nur ähnlich, wieder heim.

19. III. 1971

E. T. A. HOFFMANN: UNDINE

«Jemand, der im theoretischen und praktischen Teil der Musik völlig
erfahren ist, selbst bedeutende Kompositionen, die mit viel Beifall
aufgenommen wurden, geliefert hat, wünscht bei irgendeinem Theater als Direktor angestellt zu werden. Er würde also mit Erfolg der
Regie eines Theaters vorstehen können.»

E. T. A. Hoffmann: Undine

Das sind einige Sätze aus der Stellenanzeige, die E. T. A. Hoffmann 1808 im *Allgemeinen Reichsanzeiger* aufgab. Graf Soden, der an seinem Bamberger Theater hing, ließ sich durch den nicht eben kleinlauten Ton dieser Selbstcharakterisierung nicht schrecken und verpflichtete den damals 32jährigen Königsberger Alleskönner (Musik, Literatur, Malerei, Bühnenbildnerei) nach Bamberg. Freilich entsprach E. T. A. Hoffmanns Erfolg dortselbst nicht ganz dem Schwung der Anzeige, doch mußte damals nicht das Institut, sondern der «Versager» selbst die Folgen tragen: Nachdem die erste von ihm dirigierte Oper durchgefallen war, wurden die Bezüge des Dirigenten E. T. A. Hoffmann um mehr als die Hälfte gekürzt. Ein Verfahren, das man einerseits unmenschlich, andererseits – im Hinblick auf die Leistungen gewisser Operninstitute – empfehlenswert nennen könnte. Gleichwohl fand E. T. A. Hoffmann sich mit den für ihn komplizierten Bamberger Verhältnissen ab, so gut und phantasievoll es ging. Eine große Liebe und die vorzügliche Qualität des Frankenweins mögen ihm dabei geholfen haben. Zumindest läßt der Zeichner E. T. A. Hoffmann keine Gelegenheit vorübergehen, seine Verehrung geistiger Getränke zu bekunden. Neben alledem konzipierte der Dichter in Bamberg, von dessen altfränkischen Besonderheiten übrigens manche unverlierbar in sein durchaus der Weltliteratur zugehöriges Œuvre eingingen (z. B. die empfehlenswert enge Verbindung zwischen Kneipe und Theaterloge, wie sie in der *Don-Juan-Novelle* beschrieben wird), auch sein zweifellos berühmtestes musikalisches Werk: die Oper *Undine*.

De la Motte Fouqués *Undine*-Märchen hatte E. T. A. Hoffmann entzückt. Darum bat er den adligen Großschriftsteller – mit dem er über den Verleger Hitzig korrespondierte – um ein *Undine*-Libretto. Alles ging gut. Das Libretto entstand, Hoffmann ließ Herrn Fouqué Komplimente ausrichten, und 1816, nachdem Hoffmann Bamberg bereits verlassen hatte, kam es zur Uraufführung in Berlin. Sie hatte unbezweifelbaren Erfolg. Carl Maria von Weber reagierte enthusiastisch, und vielleicht wäre bereits diese *Undine* (und nicht erst Lortzings gleichnamige, harmlosere Komposition) in das Opernrepertoire eingegangen, wenn nicht der Brand des Berliner Schauspielhauses den Serienerfolg abgestoppt hätte. Was dann folgte, könnte gegenüber der Hoffmannschen Oper freilich eher skeptisch stimmen. Ab und zu wurde die Oper als «zu Unrecht vergessen» dem papierenen Friedhof wohlmeinender Hoffmann-Philologie entrissen. Hans Pfitzner setzte sich dann mit allem Nachdruck für die auch

Cherubini – Hoffmann – Weber – Marschner – Rossini – Donizetti – Bellini –
Berlioz – Mendelssohn – Massenet

1906 noch tote Wassernixe ein. Doch über freundliche Achtungs-
erfolge kam sie eigentlich nie hinweg. Als nun im Hoffmann-verehrenden Bamberg der Vorhang auf-
ging, da erschraken manche Besucher. Denn zur szenischen Aufführ-
rung reichte es in Bamberg nach dem kostspieligen Wiederaufbau des
E. T. A.-Hoffmann-Theaters leider nicht, und unter dem Wort
«konzertant» hatten sich offenbar nicht alle (nolens volens) Zuhörer
etwas vorstellen können. Auf der Bühne standen die Sänger und
Sängerinnen des Bamberger Liederkranzes – in festliche Gewänder
und silberne Krawatten gehüllt –, die man sich nun teils als dämonische Wassergeister, teils auch, als feierndes Burgvolk vorzustellen
hatte. Vor ihnen saßen die Solisten, ein Fischer, ein Herzog, ein
Geistlicher, im Frack und blickten in ihre Klavierauszüge. Die
Titelrolle sang Antonie Fahberg, ihre Gegenspielerin war Hanny
Steffek; Max Proebstl vertrat den obersten Wassergeist, den charak-
terschwachen Ritter Huldbrand hatte Marcel Cordes übernommen.

Darf man nun aufgrund dieser konzertanten Aufführung irgendeiner großen deutschen Bühne raten, die *Undine* endlich auch szenisch
zu erlösen? E. T. A. Hoffmanns Musik ist gewiß immer interessant.
Staunend erlebt man mit, was für ein Niveau musikalischer Artikulation einst in Deutschland geherrscht haben muß. Denn Hoffmann,
gewiß nicht eigentlich zum Komponieren berufen, bewältigte gerade
das, was man ihm eigentlich weniger zugetraut hätte, als überraschende Einfälle: das Parlando, die unterstreichende Nuance, die
charakterisierende Modulation. Es gibt Stellen in dieser Partitur, die
Carl Maria von Weber und Richard Wagner vorwegnehmen, etwa die
f-Moll-Mahnung der Undine an ihren Geliebten, er möge treu
bleiben, die fast schon Lohengrins Schweigegebot antizipiert, oder
die eindrucksvolle Kantilene von Undines Abschiedsgesang, die eben
jene keusch-volkstümliche Naivität ausdrückt, welche E.T.A.
Hoffmann in seinen musikalischen Novellen preist.

Bei alledem kann man aber nicht überhören, daß hier gewissermaßen der Humus, also nur der Urstoff großer Kompositionen, vorliegt: mit solchen Vokabeln formulierte Mozart, dieser lapidare Ton
kam erst bei Beethoven zur wahren Bedeutung seiner selbst, jener
Naturlaut wurde erst bei Weber «wahrhaft komponiert». Mitunter
glaubt man sich in einem musikalischen Quiz größten Ausmaßes.
Erst einmal mißtrauisch geworden, meint man, alles «irgendwie» zu
kennen. Nur die schlichten Partien verraten Originalität; dem Meister literarischer Phantastik gerät jedoch auf musikalischem Gebiet

E. T. A. Hoffmann: Undine

alles Dämonische, Erregte, Gespenstische erschreckend konventionell. Ritter Huldbrand hat nicht nur mit seiner neuen Frau Undine fertig zu werden, sondern auch mit deren beängstigenderweise aus jedem Springbrunnen hervortauchenden Verwandtschaft. Das ist bereits irritierend genug, wird aber geradezu unausstehlich, wenn der Wassergeist Kühleborn sich nur als maritimer Komtur erweist, von dessen gewaltiger Musik der Mozart-Verehrer E. T. A. Hoffmann nie loskam.

Man mißverstehe mich nicht: Die Oper steht musikalisch weit höher als etwa Adolphe Adams auch heute noch lebendige *Giselle*. Aber sie hat eben nicht das Glück, bestimmte Vorzüge zu besitzen, die theatralische Unsterblichkeit garantieren. Hoffmann hat weder ein musikalisches Seelendrama geschrieben noch eine Solistenoper, die höchster musikalischer Substanz entbehren dürfte. Sein Werk liegt eher auf einer Linie mit Schumanns schöner, gleichfalls fast nie aufgeführter *Genoveva*-Oper. Es ist beinahe rührend, wie der Romantiker sich um effektvolle Aktschlüsse betrügt, wie er Leitmotive nur andeutet (freilich trug Robert Hegers allzu straff gekürzte Bearbeitung ein wenig Schuld, daß da manches nicht klar herauskam), wie er der Musik kein Eigenleben gestattet.

Leider klangen die unter Robert Heger musizierenden Bamberger Symphoniker ein wenig stumpf. Bamberger Kenner beschworen mich, die Schuld nicht dem Orchester, sondern der trostlosen Akustik des E. T. A.-Hoffmann-Theaters zuzuschreiben. Die Solisten Marcel Cordes, Antonie Fahberg, Max Proebstl, Georg Wieter, Ina Gerheim, Hans Hermann Nissen, Franz Klarwein, Cäcilie Reich und Hanny Steffek bereiteten dem Werk musikalisch eine perfekte Wiedergabe. Es kann kein Zweifel darüber bestehen, daß eine szenisch glänzende Aufführung diese *Undine* vor einem Durchfall zu bewahren vermöchte. Aber Worte wie «Achtungserfolg», «interessant», «musikhistorisch erstaunlich» würden auch dann nur verschleiern, daß der Erzähler E. T. A. Hoffmann kein Opernkomponist war.

30. VI. 1959

Cherubini – Hoffmann – Weber – Marschner – Rossini – Donizetti – Bellini –
Berlioz – Mendelssohn – Massenet

CARL MARIA VON WEBER: DER FREISCHÜTZ

Außerordentliche Aufführungen befriedigen außerordentliche An-
sprüche – aber sie provozieren auch außerordentliche Forderungen.
Die von Walter Felsenstein am Württembergischen Staatstheater in
zweieinhalb Monaten mit offenbar verbissener, unermüdlicher
Energie erarbeitete *Freischütz*-Inszenierung hatte zweifellos von
Anfang an das Signum des Besonderen.

So bot die Einleitungsszene den Gegensatz zwischen Max, den
Jägern und den Bauern in voller Schärfe. Da war noch die Grobheit,
die Zügellosigkeit des zu Beginn der *Freischütz*-Handlung ja gerade
eben erst beendeten Dreißigjährigen Krieges zu spüren. Überhaupt
glaubte man sich – die präzisen Kostüme (Rudolf Heinrich), die
Attitüden und eben der Spielzeitpunkt legten eine solche Assoziation nahe – manchmal im Dunstkreis der Mutter Courage, die
offenbar eben erst mit ihrem Wägelchen durch diese Landschaft
gefahren war.

Auch mit einigen oft bedachten angeblichen «Peinlichkeiten» des
Freischütz wurde Felsenstein ziemlich mühelos fertig. Das optimistische Geschmetter des «Jägerchors» zum Beispiel, vor dem es
vielen feinen Ohren graut, erklärte er einleuchtend als ein ja keineswegs zu hellsichtigem Pessimismus verpflichtetes Trinklied vergnügt zusammensitzender und saufender Waidmänner (die leider
mehr zum Dirigenten als in ihr Bierglas blickten). Pointen gab es
auch. Der Eremit hatte offenbar selbst nicht gehofft, den stolzen,
geistesschlichten Fürsten Ottokar doch zu Güte herumkriegen zu
können; wie ein infolge günstigen Prozeßausgangs überglücklicher
und sehr erleichterter Anwalt wandte er sich beim Happy-End
seinem Mandanten zu. Oder: Nach dem derben Walzer verschwinden die erhitzten Pärchen im Wirtshaus. Aber nicht alle. Die ganz
Erhitzten ziehen sich in die umliegenden Wiesen und Felder zurück,
und es ist nicht undenkbar, daß da der nach dem Dreißigjährigen
Kriege so fürchterlichen Entvölkerung weiter Landstriche entge-
gengearbeitet wird.

Für die im Freien spielenden Massenszenen hatte Rudolf Heinrich eine schöne, gleichsam mit romantischen Augen gesehene,
altdeutsche ländliche Szenerie erbaut, die übrigens trotz bräun-
licher, dunkler Tönung immer noch etwas zu hell war. Die Innen-
räume indessen fielen sehr karg aus. Agathes Zimmer war wie eine

Carl Maria von Weber: Der Freischütz

Gefängniszelle für Nonnen. Und da Felsenstein mit der Führung der Figuren, vor allem der weiblichen, schlechter zu Rande kam als mit den Massen, blieben große Strecken aus dem zweiten Akt ebenso wie der Beginn des dritten ziemlich spannungslos.

Doch auch bei den mit so außerordentlicher Präzision auf hohem Niveau inszenierten Massenszenen (an nichts gewöhnt man sich so rasch wie an Präzision und Niveau; man nimmt das alsbald für selbstverständlich, für «gegeben») konnte man der Aufführung nicht wirklich froh werden. Das war oft eine Zweckmäßigkeit ohne Zweck. Man sah und begrüßte die Kunstgriffe und fragte sich nach dem «Warum», nach dem «Wofür».

Im Programmheft sagte Felsenstein viel Interessantes. Kaspar sei kein Theaterbösewicht, sondern vielmehr ein Zurückgewiesener, jemand, der Agathe auch geliebt hat, und zwar, so genau kann man das wissen, «ebenso rein und jenseits aller nur-sexuellen Begierde» wie Max. Der böse, teuflische Samiel hingegen bewirke eigentlich nicht weniger Gutes als der Eremit.

Aber es sind ja hier nicht Programmheft-Ansichten zu rezensieren. Während andere, weniger berühmte Regisseure ihre gewagten *Freischütz*-Vermutungen tatsächlich zu inszenieren wagen (in Wiesbaden sollte Kaspar das Spiegelbild des Max, sein böses zweites Ich, in Berlin der Wald Symbol für Dunkel-Triebhaftes im Menschen gewesen sein), setzte Felsenstein seine Programmheft-Kühnheiten eigentlich nicht in die Tat um. Gut, er vermenschlichte beziehungsweise verkriegsknechtete den Kaspar (William Wildermann), er gab dem Max lange Saint-Just-Locken. Aber auch ein Felsenstein konnte nicht verhindern, daß Josef Becher für drei Akte lange Nervosität und hemmungslose Prüfungsneurose nur einen einzigen Ausdruck hatte, an den man sich denn doch gewöhnte. Und den Samiel so selten wie möglich auftreten zu lassen, eigentlich, der Anlage des Textes nach, noch ein bißchen seltener als möglich: Das ist noch keine Konzeption, sondern nur eine Erleichterung, eine Ausflucht. Antiromantisch wirkte die Aufführung keineswegs. Sie sparte in der Wolfsschlucht nicht mit Licht- und Donnereffekten. Nur verriet die Inszenierung eben kein kraftvolles, alles durchgliederndes Prinzip. Das einzige, was eine zwar extrem sorgfältige, aber, wenn man höchste Maßstäbe anlegt, doch absichtslose Aufführung haltbar und überwältigend machen könnte: die liebende, produktive Identifikation mit dem Stoff, mit den entweder von magischer Verstrickung beinahe zu Tode gehetzten (Max) oder innig-gläubigen (Agathe)

Cherubini – Hoffmann – Weber – Marschner – Rossini – Donizetti – Bellini –
Berlioz – Mendelssohn – Massenet

Menschen – diese Identifikation spürte man bei Felsensteins durchdachter, halbkritischer, zweckloser Zweckmäßigkeit wiederum auch nicht.

Man sah mithin ein Räderwerk, das des musikalischen Widerstands dringend bedurft hätte, damit die szenische Rationalisierung operndramatisch sinnvoll würde. Dabei erschwert freilich die Fülle der Bühnenvorgänge dem Publikum ein sorgfältiges Hinhören. Wenn szenische Geschehnisse so exakt und intelligent ablaufen wie ein gut gemachter historischer Film, dann verkleinert sich die Musik, wird sie nicht mit äußerster Kraft und Kunst interpretiert, allzuleicht zur Filmmusik, zur bloßen Untermalung.

Solange Carlos Kleiber nur sein Orchester dirigierte, geschah das glücklicherweise nicht. Denn dieser wahrhaft ungewöhnliche Künstler lud den Anfang des Vorspiels herrlich und furtwänglerhaft mit Spannung auf, er bewies eine genaue Liebe für die jeweils interessantesten Akkordtöne, für Reibungen und Eintrübungen. Manchmal lieferte er, wie es bei jungen Dirigenten oft vorkommt, vielleicht mehr ein Röntgenbild der Partitur als Musik. Man sah die (harmonischen) Schatten, man bewunderte die Zusammenhänge und Überleitungen. Im Zusammenwirken mit den leider durchweg nicht wirklich guten oder gar erstklassigen Sängern dieser Aufführung war Kleiber weniger glücklich. Agathe (Irmgard Stadler, volle, nicht allzu genau geführte Stimme) zwang ihm ihre Tempi auf; Ännchen (Lily Sauter) blieb ohne koketten Charme; und die Partie des immerhin manchmal recht ausdrucksvollen Max wurde dann und wann zur Angstpartie. Der stützte nicht gut, verließ sich anscheinend häufig auf Kopfstimme und wirkte manchmal geradezu überprobt, indisponiert. Mit Bedauern sah man indessen den Kaspar (William Wildermann) dahinscheiden, der noch die relativ gesündeste Stimme besessen hatte.

Mit solchen Sängern kann natürlich kein musikalisches Gegengewicht hergestellt werden, das den Anforderungen einer Felsenstein-Einrichtung gerecht würde. Und selbst das Orchester blieb, wenn Kleiber nicht mit äußerster Kraft zwang und antrieb, einiges schuldig. In dieser Oper rauscht ja keineswegs ständig nur der deutsche Wald. Da ist auch viel Konzertantes, viel Chevalereskes, eine Mischung aus Polonaisenspannung, virtuoser Grazie und frühromantischer salonhafter Kunstmusik zu bewältigen. Vor allem die Bläser und ihre Farben spielen eine nicht nur koloristische, sondern eine geradezu dramatische Rolle.

Heinrich Marschner: Der Vampyr

Doch daran, daß der erste Klarinettist, der Oboist und auch der Hornist des Württembergischen Staatsorchesters an diesem Abend nur mittelmäßig blieben, hätte kein Dirigent der Welt etwas ändern können.

Alles in allem war es ein zwar jubelnd beklatschter, doch auf hohem Niveau enttäuschender, zielloser *Freischütz*. Ein *Freischütz*, von dessen inszenatorischen Feinheiten gewiß die Opernregisseure unserer Welt manches zu lernen hätten, um dann ihrerseits Aufführungen zustande zu bringen, in denen nicht nur Präzision herrscht, sondern auch musikalische Fülle, darstellerische und gesangliche Reinheit, kurz: operndramatisches Glück.

15. XII. 1967

HEINRICH MARSCHNER: DER VAMPYR

Über Heinrich Marschners romantische Oper *Der Vampyr*, die 1828 sehr erfolgreich uraufgeführt wurde und den Komponisten für ein paar Jahrzehnte berühmt machte, kann man heute in Operngeschichten nicht mehr viel Belangvolles finden. Das Werk, und eigentlich alles, was Marschner je komponierte, ist verschwunden hinter Größerem: nämlich hinter Carl Maria von Weber und Richard Wagner. Weber war neun Jahre älter als Marschner, förderte ihn sogar, bis es Krach gab. Wagner wiederum war etwas jünger als Marschner, hat ihn nicht nur gekannt, geschätzt (später belächelt), sondern auch bearbeitet. Den *Vampyr* dirigierte Wagner als junger Kapellmeister. Eine Arie des Werkes hat er sogar umkomponiert: Ihm schien der verzweifelte Monolog, den da ein edler junger Liebender hält, der weiß, daß der Bräutigam seiner Geliebten ein Vampir ist, dies aber wegen eines Eides nicht sagen darf – Wagner schien dieser Monolog zu italienisch belcantistisch zu enden. Darum komponierte er dem Stück einen zerrissenen, dramatisch sprechgesanghaften Schluß.

In der Mitte von Marschners Oper findet sich folgende hochinspiriert melodisch komponierte Szene. Eine junge Frau singt zunächst traurig und slawisch (man spürt, daß Marschners Vorfahren aus dem Böhmischen waren) ein Klagelied: «Soll es mich nicht traurig machen», daß der Bräutigam beim Hochzeitsfest auf sich warten läßt?

Cherubini – Hoffmann – Weber – Marschner – Rossini – Donizetti – Bellini –
Berlioz – Mendelssohn – Massenet

Entzückendes A-Dur – die Marie aus der *Verkauften Braut* könnte nicht inniger jammern. Aber dann wird das junge Mädchen unruhig und redselig. Es will, da so viel von den Untaten eines Vampirs die Rede ist, den Freunden eine Vampir-Romanze vortragen. Die Geschichte vom bleichen Mann. «Bewahr uns Gott auf Erden, ihm jemals gleich zu werden», lautet das angstvolle Fazit. Und während Emmy noch beschwörend diesem Bilde nachhängt, tritt ein Totenbleicher, erschreckend, auf. (Er wird ihr Mörder sein.)

Wohlgemerkt: «Romanze vom bleichen Mann» – nicht «Ballade vom bleichen Seemann». Aber die dramaturgische Stelle, an der diese Nummer erscheint, die beiden knappen melodischen Entlehnungen, die Wagner sich aus dieser Romanze mit Genie-Recht erlaubt hat (für Chöre aus dem *Fliegenden Holländer*, für das «Nie sollst du mich befragen» des *Lohengrin*), alles das schafft eine offenbare Verbindung zwischen *Vampyr* und «Musikdrama», die Wagner übrigens auch nie geleugnet hat.

Da muß es denn persönlich furchtbar gewesen sein für den weniger Genialen, also für Marschner, daß Wagner ihn später so total überschattete. Marschners Werke fielen immer schwächer aus. Und als der immer noch berühmte, alte Herr Generalmusikdirektor Marschner wegen einer neuen Liebe nun doch noch den Erfolg erzwingen wollte und um 1860 nach Paris ging, um dort zu reüssieren: Da redete tout Paris wieder nur von den unglaublichen *Tannhäuser*-Proben und Aufführungsskandalen. Marschner blieb völlig unbeachtet, tauchte bloß als Geheimtip auf, wenn etwa Rossini dem Wagner eins auswischen wollte und deshalb Marschner freundlich erwähnte. Wagner hat Marschner, ich glaube mich nicht zu irren, in Paris nicht mal empfangen. Der ging, samt neuer Gattin, enttäuscht nach Hannover zurück, wo er ein Jahr später starb.

Wieviel potentielle Wirkung und Kraft sich in Marschners *Vampyr* verbirgt, das lehrte die Premiere des Ulmer Theaters. Georg-Achim Mies, als Bearbeiter und Regisseur, hat Gott sei Dank alle Ironie und Parodie vermieden. Sondern, indem er altmodisch inszenierte, indem er den Schrecken biedermeierlich verhüllt, aber erkennbar darstellte, hat er geistreich und indirekt auf die blutig böse Kraft dieses Werkes aufmerksam gemacht.

Die Handlung: Ein Adeliger und ehemals sündhafter Mensch ist in der Hölle. Vampir. Der Höllenfürst gestattet dem Gemarterten die Rückkehr zur Erde nur unter der Bedingung, daß der für dergleichen wohlausgerüstete Vampir (Geld spielt keine Rolle, es ist eine Termin-

Heinrich Marschner: Der Vampyr

Aufgabe) innerhalb von 24 Stunden drei junge Mädchen umbringe und herbeischaffe.

Das Seltsame an diesem Sujet: Wir sympathisieren mit dem Mörder. Diese Oper kann, ja muß es sich leisten, was Oper sonst so ungern tut: nämlich die Erfüllung böser Lust vorzuführen. Es ist ein umgedrehter Don Giovanni. Dem mißlingt bei Mozart das meiste. Der Vampir indessen kommt zweimal sichtbar mörderisch zum Ziel – erst beim drittenmal hilft ein Held dem Opfer in letzter Sekunde. Von «Erlösung» keine Rede. Das erste Opfer ist kindlich, möchte vor der Hochzeit gern noch mal allein sein. Verfällt dabei dem Vampir. (Und weil die entzückend aussehende Künstlerin mit der Höhe Mühe hatte, glaubte ich im Ulmer Premierenpublikum sogar eine gewisse Befriedigung zu spüren, als der Vampir sich mit dieser jungen Frau unter weißem Hochzeitstuch versteckte und dem Sopran die Kehle durchbiß.)

Die zweite stammt aus schlichterem Hause. Es ist jene Emmy, in deren mitleidsvollem Gefühlsleben ein Vampir – siehe «Romanze vom bleichen Mann» – bereits eine Rolle gespielt hatte. Erst die dritte kommt unmittelbar vor der Hochzeit davon. Vorzug der Ulmer Aufführung: Wir erleben eine ländliche, biedermeierliche Sphäre (aufregend gutes Bühnenbild: Eberhard Matthias), in der man vor dem Schrecklichen zusammenzuckt, aber immer wieder ins dörflich brave Alltagsleben zurückgleitet. Brillant, wie aus den wegen eines Vampir-Mordes Entsetzten plötzlich, wenn überraschend ein Wolkenbruch einsetzt, eine Trauergemeinde unter Regenschirmen wird.

Indem die Aufführung eine Mischung aus Lortzing und Lord Byron bietet, gibt sie nicht nur dem sanft sadistischen Schrecken Raum, sondern auch der Opernfreude, die eine solche Kunst (mehr als trivial, weniger als genial) einst den Bürgern bot. Der Böse – und das ist charakteristisch anders als bei Jago oder Don Juan – darf nicht einmal mehr aus eigenem Antrieb verrucht sein! Er ist seinerseits Opfer. Man mochte sich im Biedermeier und in der Frühromantik den «Bösen» offenbar nicht mehr als autonom Handelnden vorstellen. Im Freischütz wird Kaspar, der Verführer, von Samiel erpreßt, so wie hier der arme Mörder-Vampir vom dämonischen Meister. Weil aber die Musik harmonisch-melodisch reich ist, clever gemacht, wenn auch oft redselig und etwas konventionell, kommt es alles in allem zu einem Eindruck über Menschen und Abhängigkeiten, über Bürgertum und Teufelstum, über das, was unsere Vorfahren gerne sahen und was sie in ganz hoher Kunst dennoch entbehren mußten,

Cherubini – Hoffmann – Weber – Marschner – Rossini – Donizetti – Bellini –
Berlioz – Mendelssohn – Massenet

wie man ihn so fesselnd weder aus *Hoffmanns Erzählungen* noch
auch aus vielen mittleren italienischen Opern beziehen kann. Ulm
hatte mit dem Regisseur Georg Achim Mies erhebliches Glück, mit
dem Dirigenten Bernhard Kloke, der sich mehr auf sein Orchester als
aufs Begleiten konzentrierte, ziemliches, mit den Sängern Manfred
Capell (Titelrolle) und den Opfern Deborah Polaski und Eva Marie
Wolff einiges, beträchtliches Glück. Es war kein großer Opernabend, aber ein faszinierender und interessanter.

18. IV. 1981

GIOACCHINO ROSSINI: DER BARBIER VON SEVILLA

Diese komische Oper ist kopflastig. Denn der erste Akt samt dem
bemerkenswert dramatisch konzipierten Finale sticht den zweiten in
jeder Hinsicht aus, so daß der Regisseur anfangs einfallsreich hinzufügen darf, während er am Schluß rettend einspringen muß. Überdies
ist nach den ersten fünf Nummern für die drei Hauptfiguren eigentlich alles entschieden: für den Grafen, der dann eine heikle Kolora-
tur-Kavatine, eine empfindsame Kanzone und ein übertrefflich wit-
ziges Duett hinter sich hat, für den Figaro, der in dieser komischen
Oper zwar Titelheld ist, aber nach seiner großen Auftritts-Selbstdar-
stellung von Rossini und Sterbini nicht allzu liebevoll behandelt
wird, und für Fräulein Rosine.

Kurt Pscherers turbulente *Barbier*-Inszenierung ermöglichte einen handfesten Gärtnerplatz-Erfolg. Zu Beginn gab es zwei angenehme Überraschungen. Frederic Mayer stellte sich als ein bei den
Koloraturen sehr sicherer, in der Höhe ausgesprochen weicher Ros-
sini-Tenor vor. Mayers Hauptschwäche war bei dieser Premiere die
allzu häufige Benutzung der Kopfstimme. Auch weiß Graf Almaviva
ja nicht, daß er sich in einer komischen Oper befindet, sondern er ist
bis über die Ohren verliebt in Rosine, mit der er sich erst bei Mozart
langweilen wird; deshalb müßte der Künstler um jeden Preis auf
komische Effekte verzichten, die er gern – mit Kopfstimme und
witziger Fistelimitation – hervorruft. Erst wenn er betrunkener
Offizier oder verlogener Musiklehrer sein soll, darf er derart drollig
sein.

Gioacchino Rossini: Der Barbier von Sevilla

Die Rosine hieß Pari Samar (kein Künstlername, sie stammt aus Persien) und war ein ausgesprochener Mezzo-Typ. Samar, eine zugleich naiv und handfest wirkende Künstlerin, besitzt beziehungsweise verbirgt ein dramatisches Stimmtemperament. Ihrer Auftrittskavatine merkte man Folgen einer leichten Indisposition an. Statt mit der fesselnd authentischen Musikstunden-Arie der Rosine im zweiten Akt durfte Frau Samar mit einer Cenerentola-Nummer brillieren; das Stück wirkte zwar – für diese Szene in dieser Situation – viel zu handfest und extrovertiert, aber es verschaffte dem durchdringenden Forte der Sängerin beträchtlichen Erfolg. Für den Figaro des Karlheinz Peters waren weniger Leichtigkeit und Charme kennzeichnend als ein sehr männliches, fast grobes, bürgerlich-plebejisches Temperament. Und der übermenschlich große, geisterbleich auf seine langen Hände blickende Basilio (Horrorfilm-Vorschlag: Frankenstein im Handschuhladen) beeindruckte mit einem ungewöhnlich kräftigen, schlanken Baß (A. Heggen).

Pscherers Konzeption, die Barbier-Handlung gleichsam realistisch einzurahmen (Dr. Bartolo lebt relativ ärmlich, er hat Gründe, sich um ein reiches Mündel zu bemühen) und andererseits die Figuren selbst nicht unangemessen zu psychologisieren, war vernünftig. Immerhin: Wenn der Ausgang aus Bartolos Haus hinten liegt (sorgfältig ins einzelne gehende Bühnenbilder und Kostüme: Max Bignens), lassen sich zwar brillante Auftritte herstellen, aber bei den turbulenten Abgängen blicken die Ausführenden notgedrungen mehr zum Dirigenten als zur Tür.

Überhaupt ist es die Frage, ob Dr. Bartolo nicht noch eine Spur intelligenter dargestellt werden sollte: in Kunstdingen konservativ, außerdem geldgierig, aber doch kein Trottel, sondern jemand, der Witz hat und den eine Marzelline ganz gern heiraten möchte. Pscherers Leistung war es, in Szenen von phantastischer Turbulenz plötzlich vollkommene Stille eintreten zu lassen: entfesseltes Sevilla, zum lebenden Bild erstarrt.

Auch wer nicht penibel ist, darf dem Hausherrn indessen doch raten, sich allzu billiger Wirkungen zu enthalten: Muß Figaro aufs Geldstück beißen, muß Rosine wie ein Pavianweibchen ihren Kopf zunächst durchs Gitter stecken beim Auftrittslied? Und vor allem: Müssen komische Effekte stur wiederholt werden? Für groteske Wiederholungen gibt es, man kann es im Zirkus und bei Chaplin lernen, ein Gesetz: Jedes erneute Wackeln einer schadhaften Wand bedarf entweder einer spezifischen Steigerung – oder die Monotonie

Cherubini – Hoffmann – Weber – Marschner – Rossini – Donizetti – Bellini –
Berlioz – Mendelssohn – Massenet

muß ihrerseits präzis eingesetzter Kunstzweck sein. Wenn dem Regisseur aber weder zur Steigerung etwas einfällt noch genug Stil für die Monotonie, dann reicht halt der nur einmal erzählte Witz. Wiederholung ist hier die Mutter der Langeweile.

Hingegen: Daß die Musiker beim Ständchen den Baum hinaufklettern, daß Figaro bei seinem Auftrittslied nimmermüde und sogar von einem lustigen Lehrling umgeben ist, daß Dr. Bartolo sich einen Salat kunstvoll zubereitet (man überlegt sogleich: In welches Restaurant gehen wir nach der Oper?), solche Einfälle passen durchaus in diese Opera buffa. Diese Welt besteht nicht nur aus feinen Scherzen.

Wolfgang Rennert hielt die Dirigentenzügel fest, manchmal allzu fest in der Hand. Über die Tempi wäre zu streiten. Ganz ohne Zweifel klingt die Verleumdungsarie harmlos, wenn die Geigenfiguren als durchsichtige klassizistische Sechzehntel-Figuren erscheinen; ganz ohne Zweifel gehört noch mehr Feuer ins Duett Graf-Figaro. Doch daß die längst zu Tode gerittenen Ouvertürenthemen überhaupt noch vergnüglich, daß viele Unscheinbarkeiten der Partitur von Leben erfüllt waren, ist Rennerts Temperament zu danken. Rennert lief glücklicherweise nicht einer «Italianità» nach, die am Münchner Gärtnerplatztheater ohnehin schwer herstellbar sein mag. Er dirigiert auf einer gedachten Linie zwischen Mozart und Lortzing, gewiß nicht antiitalienisch, aber auch nicht als Scala-Konkurrenz.

Es war kein Festspiel-*Barbier*, aber ein fröhlicher.

27. IV. 1968

L'ITALIANA IN ALGERI

Weltruhm kommt eben doch manchmal von Weltklasse. Das dürften manche entzückten Premierenbesucher gedacht haben, als sie – in Ponnelles meisterhaft funktionierender, verwandelbarer, dabei lustiger Bühnenausstattung – einige hinreißend ersonnene Ensemble-Szenen bestaunten und belachten. Die Inszenierung stammt also vom weltberühmten, 1988 gestorbenen Jean-Pierre Ponnelle. Er hat sie, in Wien und anderswo, mit den wichtigen Solisten dieser Münchner Aufführung erarbeitet. Sein damaliger Assistent Grischa Asagaroff stellte Ponnelles Konzept für München taktvoll und sorgfältig wieder

L'Italiana in Algeri

her. Dabei ist eine Aufführung herausgekommen, die allen Freunden heiterer Opern und brillanter Regiekunst dringlich empfohlen sei. Zumindest der erste Akt – Rossinis Erfolgsstücke sind «kopflastig» in dem Sinne, daß sie, wie auch der *Barbier* oder *Cenerentola*, nach der Pause drastisch schwächer werden – nähert sich dem Opernhimmel heiterer Vollendung.

Nicht an den haarsträubend albernen Text hat sich Ponnelle glücklicherweise gehalten, sondern an die Bewegungscharaktere der höchst mobilen Musik des frühen Rossini. Es wurde, so wollte es der Regisseur, «die musikalische Realität zur Realität auf der Bühne». Also: keine Veralberung von Puppen, keine Psychologisierung von Buffa-Figuren (was stets zu Überheblichkeit oder Langeweile führt). Sondern die Umsetzung der Partitur-Gesten in Bewegungs-Formen. Rossinis Musik hält das herrlich aus – und Ponnelles Phantasie schaffte es mit exakt funktionierendem Reichtum.

Nun ist ein solches, rein musikorientiertes Verhalten recht eigentlich *sinnlos*, auch wenn Ponnelle es nebenher unternahm, die Haremswelt, den Islam, den brutalen Bey von Algier oder den harmlosen Begleiter der selbstsicheren, mutigen Italienerin als vertrottelten Touristen in blödsinnigen Shorts zu ironisieren. Doch erstens stellt sich der Rossini-«Sinn» tatsächlich nur her, wenn die Partitur ernst genommen wird. Und zweitens war es ja gerade Rossini, der in seinen wunderbar wirren Finale die Verrücktheit, das Schnattern und Schwanken rat- wie rastloser Figuren zu genialen Kabinettstücken komischen Un-Sinns steigerte.

Gesungen wurde vorzüglich. Simone Alaimo war, als despotischer Bey von Algier, ein fabelhaftes Tier. Groß die Stimme, groß die Brutalität, groß die Pleite samt ehelicher Versöhnung am Ende. Frank Lopardo in der Rolle des Lindoro, der gewissermaßen zur Flucht gezwungen wird und dabei seiner Geliebten, die ihn retten möchte, begegnet, dieser Frank Lopardo war eine aufregende Entdeckung. Große, manchmal etwas verschattete Stimme, wunderbar kraftvolle Lyrizität, blendende Koloratur. Im zweiten Akt nicht mehr ganz so stark. Patricia Pace hätte ihre Anfangstrauer vielleicht noch ein wenig inniger artikulieren sollen. Aber sie überzeugte sonst als bedauernswerte Verstoßene stimmlich durchaus. Enzo Dara, ein komisches Talent von Graden und ein trefflicher Musikant, gab den seltsamen «Reisebegleiter» der Titelheldin.

Mit ihr aber – also mit Agnes Baltsa – hatte ich es ein wenig schwer, manchmal. Seit Karajan diese berühmte Sängerin für Salzburg und

Cherubini – Hoffmann – Weber – Marschner – Rossini – Donizetti – Bellini –
Berlioz – Mendelssohn – Massenet

Berlin entdeckte, scheint sie an darstellerischer Prägnanz und überzeugender Vis comica noch entschieden gewonnen zu haben. Doch
die Stimme wirkt mittlerweile wie in mehrere grundverschiedene
Charaktere oder Register geteilt. Da ist eine herrliche, griechische
Callas-Tiefe. Voluminös, interessant rauh. Da ist ein zarter Flöten-
bereich der hohen Lage: innig, leise, pastellen. Da überzeugt eine
wohlerworbene Koloraturtechnik. Diese drei Stimmpotenzen würden, für sich genommen, jeder Sängerin zur Ehre gereichen. Nur
müßte Frau Baltsa sich wieder darum bemühen, ihre Register bruch-
loser miteinander zu verbinden! Anfangs glaubte man noch an
Absicht, wenn die Tiefe vulkanisch und die Höhe cirruswolkenhaft
klang. Doch wenn Koloraturpassagen über Oktaven hinweg diese
Register unverbunden nebeneinander gaben, dann wurde man infolge besagter Stimm-Schaukelei schon ein wenig hörkrank.

Vor dem Paradies dieser Inszenierung war eine Vorhölle zu passieren: die Ouvertüre. Es gibt zwei Komponisten, bei denen Virtuosität
zur Essenz der Orchester-Sache gehört: Richard Strauss und Rossini.
Bei Strauss zählt das Bayerische Staatsorchester zu den Siegern – bei
Rossini hingegen... Dem Dirigenten Donato Renzetti sei nicht
abgesprochen, daß er die heiklen Ensembles wie ein guter Opernka-
pellmeister sicher zusammenhielt, daß er vernünftig begleitete und
«richtige» Tempi gab. Alle diese Fähigkeiten unterdrückte er bei der
Ouvertüre konsequent. Da hätte er sehr viel mehr probieren lassen
oder sehr viel betulichere Tempi wählen müssen. Jetzt klang das
Holz haarsträubend schwerfällig, blieben die Streicher mulmig, ver-
puffte der Witz des ersten Forte-Schlages kümmerlich, herrschte
überhaupt keine Stimmung, außer der des Kurkonzertes...

Manchmal fragte ich mich, was wohl ein ernster Mensch, der von
Kunst keine Ahnung hat, also ein kluger Banause, bei solchen Buffa-
Späßen sich denken mag. Wenn da von raubgierigen Muselmännern
eine Kanone in Stellung gebracht, abgefeuert und ein Schiff versenkt
wird, wobei sich glücklicherweise doch noch so viele Reisende vom
Untergang ans Land retten können, daß die Oper weitergehen kann.
Wenn da lauter Haremsdamen ihren Popo der Peitsche eines Eunu-
chen rhythmisch exakt entgegenrecken, weil es im lebensnahen Text
heißt, allein die Peitsche könne Tigerinnen in Lämmer verwandeln.
Wenn da ein Orientale sagt, er habe kein anderes Gesetz als seine
Gelüste...

Ponnelle war so klug, eiskalt nichts anderes aus alledem zu machen
als Objekte, Bestandteile eines amoralischen Spiels – so wie ja auch

Gaetano Donizetti: Lucia di Lammermoor

Rossini seine entzückende Musik bedenkenlos aus erstaunlich vielen Mozart-Einfällen und -Wendungen neu komponierte. Ob nach dem Golfkrieg eine derartige Veralberung des Orients erlaubt sei? Nun, ein Beitrag zum Verständnis des Islam war diese *Italienerin in Algier* nachweislich nicht. Ponnelle hat es – Allah sei Dank – unterlassen, ein Glas musikalischen Champagners «kritisch» zu inszenieren. Darum herrscht in München jetzt Rossini-Taumel.

20. III. 1991

GAETANO DONIZETTI: LUCIA DI LAMMERMOOR

Die Premiere von Donizettis *Lucia di Lammermoor* begann, wie man es erwarten darf, wenn die guten Parkettplätze im Nationaltheater weit über 200 Mark kosten. Das Bayerische Staatsorchester unter dem allzeit agilen, vorwärtstreibenden Michel Plasson legte finster-vehement und derb kraftvoll los, im düster expressionistischen Einheitsbühnenbild (Richard Hudson) trat ein Chor entschlossen trippelnder Mannen auf und genauso entschlossen wieder ab. Der Bösewicht – Paolo Gavanelli als Lord Enrico Ashton – imponierte mit einer kolossalen, schwarzen Baritonstimme. Man spürte angenehm erschüttert, daß alle Gegner dieses überzeugenden Bilderbuch-Schurken auf verlorenem Posten sein würden.

Zu diesen «Gegnern» gehört seine beklagenswerte Schwester: Lucia, die den Tenor Edgardo (Francisco Araiza) lieben will, aber infolge brüderlichen Ratschlusses und pfäffischer Verschwörung den Tenor Arturo (Claes H. Ahnsjö) heiraten soll. Als nun Lucia auftrat, als Edita Gruberova ihre wunderbare erste Szene und Arie vortrug (sie schaudert vor dem Gespenst einer imaginierten Selbstmörderin, sieht das Brunnenwasser blutig rot, preist dann in virtuos zarten Sequenzen ihr Liebesglück), da geschah etwas, was derart zwingend, vollendet und kunstvoll auch die glühendsten Fans der Gruberova nicht erwartet hatten. Man hörte gewissermaßen zu atmen auf. Das Premieren-Publikum wurde ganz still, ein Raubtier auf der Lauer. Dann aber brachen nicht nur Ovationen los, sondern orkanartiges und endloses Schreien und Klatschen, wie man es im Nationaltheater seit Jahr und Tag nicht gehört hat.

Cherubini – Hoffmann – Weber – Marschner – Rossini – Donizetti – Bellini –
Berlioz – Mendelssohn – Massenet

Wir bedankten uns für eine Kunstleistung, die ganz außerordentlich, aufregend, intelligent und virtuos zugleich war. Ich habe die Callas und die Sutherland noch in großen Belcanto-Partien erleben dürfen: Die Leistung der Gruberova am 19. Oktober 1991 in München kam dem zumindest gleich – ja, war eigentlich noch zwingender. Diese dramatische Koloratur-Sopranistin versteht es, Donizettis heikelste Virtuositätsanforderungen zu erfüllen, ohne je in Attitüden oder bloß Perfektem steckenzubleiben! Wenn sie beispielsweise im Duett mit Edgardo (Francisco Araiza war dank seiner Herzlichkeit und strahlenden Lyrizität dieser Partnerin wunderbar gewachsen) die empfindsame Moderato-Kantilene singt, dann trägt sie die gleichen Noten, die beim Tenor von Sehnsucht und Selbstsicherheit künden, mit jener innigen Bedrängtheit vor, die den künftigen Wahnsinn ahnen läßt. Es gelang der Gruberova, ihre Partie nicht nur makellos und risikobereit (im Liegen manchmal, mit pp-Einsätzen in allerhöchsten Registern) zu meistern, sondern die Entwicklung einer geistigen Umnachtung darzubieten. Da flieht jemand vor den Ungerechtigkeiten und tödlichen Zwängen der Welt in Wahn und Mord.

Die Rolle ist *wahnsinnig* schwer. Da muß ja nicht nur ein zartes junges Mädchen, eine Gilda etwa (aus dem *Rigoletto*), geboten werden oder eine Dame mit Migräne und vornehmen Neurosen – sondern ein Mädchen, aus dem eine Mörderin wird. Die Gruberova machte das überzeugend, schaffte wunderbar *natürlich* den Ausdruck und die Entwicklung: Übrigens war die berühmte Wahnsinnsszene vor Schluß (der an Krankheitsschüben leidende Donizetti hat sie 1835 im Hinblick auf die Wahnsinnsarie der Elvira aus Bellinis *Puritanern* komponiert) nur der Endpunkt, aber nicht der Höhepunkt dieser Aufführung.

Da machte der Regisseur Robert Carsen zuviel, ließ die hier sanft manierierte Primadonna von ganz hinten kommen, gleichsam aus der Isar, im blutbesudelten Nachthemd über Felsbrocken steigen und sich immer wieder peinlich kitschnah mit ihren blutigen Händen bei den erschrockenen Schotten hilfesuchend anschmiegen. Weniger und einsamer – wäre mehr gewesen. Doch an der maßstabsetzenden Kunstleistung der Gruberova ändert das nichts, und wenn Jürgen Kesting in seiner dreibändigen Sänger-Bibel schreibt: «Gruberova ist weder als Lucia noch als Rosina wirklich eloquent, sondern auf mechanistische Weise brillant» – dann hat sich entweder die Gruberova seither völlig verändert, oder der Kritiker Kesting hat sich völlig verhört...

Vincenzo Bellini: Norma

Weil im ersten und zweiten Akt – bis zur Pause – ein «drive» herrschte, den kein Hörer so leicht vergessen wird, begann der Dirigent im Eifer des Gefechts das berühmte Sextett etwas zu rasch: Das war kein Larghetto, sondern gleich ein Allegretto agitato. Folge: Es wurde fast zu wild, zu laut. Aber das paßte ganz gut zu dieser vehementen Darbietung, in welcher der Genius italienischer Opernkunst sich über Gerechte und Ungerechte senkte. Riesenovationen für die Sänger. (Und die Ungerechten haben wegen der expressionistisch-stilisierten Regie ein wenig gebuht.)

21. X. 1991

VINCENZO BELLINI: NORMA

Während der wenigen Abende, an denen Maria Callas im Mai dieses Jahres in Paris Bellinis Norma sang, war die Oper überfüllt. Selbst in Logen, die einst für wenige Vornehme gedacht gewesen sein mögen, drängten sich weniger Vornehme. Kaum Smokings. Als es, erschreckend pünktlich, um acht Uhr schon begann – wer konnte ahnen, daß eine knapp drei Langspielplatten füllende Oper sich bis Mitternacht hinziehen würde –, verblüffte der kleine, trockene, dimensionsarme Ton des Pariser Opernorchesters unter Georges Prêtre. Aber es erstaunte auch die zugleich brillante, minuziöse und befeuernde Art, mit der dort Belcanto-Stellen siegessicher intoniert werden. Wo die Musiker keine blauen Blumen geknickt haben, wo sie nicht den «Verweile doch»-Traum der deutschen Romantik träumten, da fällt es ihnen leicht, süße Melodien mit innerer Gespanntheit von Geschwindmärschen zu spielen. Man ahnt plötzlich, welche Klangvorstellungen Auber oder Meyerbeer hatte und warum die Jockeis beim *Tannhäuser* pfiffen.

Dann öffnet sich der Vorhang. Sogleich liegt sinnliches Glück im Kampf mit ästhetischen Bedenken. Ist ein Wald kitschig? Gewiß: Die Priesterin Norma erleidet Liebesglück, Eifersucht und Feuertod in finsteren gallischen Wäldern. Franco Zeffirelli, der sich für das Bühnenbild mehr hatte einfallen lassen als beim Regieführen, begriff den heiligen Hain als dichtes, unheimliches Gehölz. Wenn ein aufgeklärter Kunstfreund so etwas im Theatermuseum sieht, lächelt er und

Cherubini – Hoffmann – Weber – Marschner – Rossini – Donizetti – Bellini –
Berlioz – Mendelssohn – Massenet

denkt, das sei unmöglich, vorbei, ganz unzeitgemäß. Unser deutsches Musiktheater zieht scharf ausgeleuchtete Stilbühnen vor. Es wäre eine Untersuchung wert, seit wann naturalistischer Wald als unmöglich gilt.

Franco Zeffirellis Wald aber, erfüllt von Druidennebel und phantasievoll gestaltet, hatte jene raffinierte Unschuld, die in romantischen Opern naives Vergnügen bereitet, während der Stilwille meist nur zeitgenössisch überzeugt. (Und Zeffirelli huldigte glücklicherweise auch nicht jener Park-Rationalität, welche die Gallier sich ja erst einfallen ließen, als sie schon Franzosen waren.) Ein einheimischer Druidenchor gibt zu erkennen, daß man sich gegen die Kolonialherrschaft der Römer erheben will: zwei römische Offiziere erzählen sich Einleitendes über Waldesfurcht und ihre Liebesgeschichten. Norma kann erscheinen.

In lang wallendem Gewand, vorbildlich fromm dreinblickend, umgeben von Priesterinnen, tritt sie auf. Sie läßt sich von ihrer heiligen Handlung nicht ablenken, obschon doch alles – Musik, Zusammenhang, Aktion – fortgespült wird durch frenetischen Begrüßungsjubel. Das Opernhaus bebt. Die Callas, immer noch eine Mischung aus Königskind und Erstkommunikantin, beängstigend schlank, ausdrucksvoll und hoheitlich, scheint allein auf der erfüllten Opernbühne. Es war nicht nett von Herrn Zeffirelli, die Priesterin mit langer Schleppe über Stufen und mannigfaches Geröll auf eine Anhöhe zu befehligen, von der sie ihr ergriffenes Volk dann ansingen mußte. Aber es wurde ein selbstverständlicher Sieg für die Callas, wie sie sich ohne eine einzige falsche oder unsichere Bewegung über alle Klippen zur Höhe begab, als sei sie mit einer solchen Schleppe auf die Welt gekommen und ihr Leben lang nichts als Priesterin gewesen.

Doch wie hat sie gesungen? Das interessiert natürlich jeden Opernfreund, jeden Kritikenleser mehr als alles andere. Die Antwort lautet: Es gehört zum Phänomen und Problem Callas, daß man ebendiese Frage gerade nicht sogleich aufwirft, wenn man die Künstlerin sieht und hört. Und die Antwort darauf, wie hoch Maria Callas zu schätzen sei, hängt genau damit zusammen, wann man sich genötigt fühlt, ihre Stimmqualitäten zu erwägen.

Für Frau Callas stellt, nach jahrelanger, musikalisch wohl unkluger Opernpause, das Singen nur eines von vielen Mitteln darstellerischen Ausdrucks dar. Und da dieser Ausdruck glühender, ja totaler scheint als so ziemlich alles, was man auf den Bühnen unseres Planeten erleben kann, ist eine Welt von Kunstfreunden – die sonst doch nur zu rasch

Vincenzo Bellini: Norma

dazu neigen, auf Perfektion zu achten, falsche Töne zu verübeln, auszupfeifen, wo sie einst anbeteten – erst ganz spät oder überhaupt nicht dazu bereit, die Callas beim Ton zu nehmen. Diese erstaunliche Frau, Heroine, Künstlerin kämpft mit aller körperlichen und stimmlichen Ausdrucksmacht, die sie besitzt, gegen die Stimmanforderungen der großen Oper. Man spürt sympathisierend, daß sie unsicher ist, abhängig vom Zufall, fehlbar. Lange möchte man alles das der Callasschen Verkörperungskunst unterordnen, möchte man der falschen Töne nicht achten, sich der Kraft dieser unzeitgemäßen Eleonora Duse überlassen. Plötzlich aber ist zu spüren, daß man beginnt, sich selbst zu beschwindeln. Die Stimme genügt nicht mehr. Doch die Callas-Faszination führt dazu, daß ein Publikum (von dem es heißt, es sei grausam) mit ihr leidet, ihr alle Umwege, alle schlauen Ausweichmanöver klopfenden Herzens zugesteht, bei falschen oder unüberhörbar wegbleibenden Tönen nicht etwa pfeift, sondern stöhnt. Voller Mitleid stöhnt, als sähe man eine gelähmte, schöne Märtyrerin sich gegen mehrere Löwen zugleich wehren.

Zunächst scheint ja die Unsicherheit des Forte, das Fifty-Fifty, wenn etwa ein Oktavsprung in die Höhe notwendig wird, für die Callas ein heilsamer Zwang. Sie kann sich nicht auf ihr Stimmtemperament verlassen, sondern muß Ausbrüche möglichst umgehen. So wird sie gezwungen, ihre ganze verinnerlichte, lyrische Kunst aufzubringen. Das war im berühmten «Casta diva» genauso überwältigend wie in jener anderen, schönsten Szene dieser Oper: Norma hört von einer Unterpriesterin, diese habe sich in einen Römer verliebt. Während Adalgisa gesteht, erinnert Norma sich, wie auch sie sich einst in einen römischen Offizier, von dem sie sogar zwei Kinder hat, verliebte. Dieses leichte, zerstreute Sich-Erinnern wirkt hundertmal ergreifender als alle Kunst der Adalgisa (Fiorenza Cossotto). Oder: Statt des üblichen Eifersuchtsausbruchs (beide Damen lieben denselben Mann) wird die Callas panisch-unruhig wie ein Tier. Sie geht verzweifelt irr im Kreis herum. Das wirkt weit ausdrucksvoller als ein noch so schöner Schrei. Aber wenn dann im Duett bei der Terzenkadenz die Callas ein zweigestrichenes C singen müßte, dann mißlingt der hohe Ton erschreckend. Wenn sie, vor der Bühne a cappella, ein reines Solo hat, bleiben ihr gleich mehrere Töne weg. Alle Koloraturtechnik, alle Kunst, die immer länger werdenden, den Abend auf vier Stunden ausdehnenden Pausen: nichts verhindert, daß die Callas den musikdramatischen Anforderungen ihrer Rolle Entscheidendstes schuldig bleibt. Sie hat nicht die stimmliche Kraft,

Cherubini – Hoffmann – Weber – Marschner – Rossini – Donizetti – Bellini – Berlioz – Mendelssohn – Massenet

eine ganze musikalische Szene oder gar einen Akt durchzustehen. Eine Arie lang läßt man sich von ihrer Gewalt betören trotz all dessen, was «ausbleibt». Eine Oper lang nicht. Wahrscheinlich war Frau Callas schlecht beraten, als sie jahrelang hauptsächlich mit einem knappen Arienprogramm ihre Gala-Abende gab. Ihre Persönlichkeit fasziniert gewiß auch heute noch. Doch die Unsicherheit der Stimme, der Unterschied zwischen einer relativ herben Tieflage, einem ganz anderen Timbre in der Mitte, einer zwar trefflichen Koloraturtechnik, aber einer allzu angefochtenen Höhe stören sehr.

So stellte sich denn auch in Paris zwischen Maria Callas und Fiorenza Cossotto jener Gegensatz her, der zwischen Maria Callas und Renata Tebaldi schon immer bestand. Fiorenza Cossotto, kräftig gewachsen, reiner Primadonnen-Typ, besitzt einen satten, starken, unanfechtbaren Sopran. Sie ist die Sicherheit selbst, im Forte mehr noch als im Piano.

Fleißige Plattenvergleicher haben ja schon immer festgestellt, daß Renata Tebaldi etwa die Aida schöner und genauer zu singen verstand als Maria Callas, deren hinreißend weibliches Temperament nur eben unendlich mehr fesselte als die schöne Tebaldi-Ruhe. Das Wunder Callas ist jetzt fast ein Antistimmwunder geworden. Diese Künstlerin setzt darstellerische Maßstäbe, die zur Entscheidung zwingen, ob man eine Oper hören oder verkörpert sehen möchte. Beides zugleich ist, scheint's, nicht zu haben. Die Pariser Zuhörer brachen trotz allen Stöhnens nach jeder Callas-Nummer in rhythmisch randalierenden Beifall aus. Als wäre es gleichgültig, wie sie singt, fasziniert Frau Callas seit ihrem New Yorker Tosca-Comeback offenbar immer noch jedes Opernpublikum der Welt.

29. V. 1965

HECTOR BERLIOZ: DIE TROJANER

Selbst auf der Opernbühne geht es natürlich nicht ganz ohne dramaturgische Vernunft. Doch wenn diese Vernunft, die ohnehin kaum je ganz vernünftig sein kann, der opernhaften Entfaltung schadet, dann wird die ganze Wiederbelebungsunternehmung sinnlos.

Von Hector Berlioz' großer, später Oper *Die Trojaner* (1858) weiß man einiges fürs musikalische Deutschland recht Angenehme. Also: Die Pariser Oper, die sich immerhin schon dem *Tannhäuser* geöffnet hatte, lehnte das Werk ab. Napoleon III. war zudem kein Ludwig II. Berlioz' phantastischer Plan, das Riesen-Opus in Troja selbst aufführen zu lassen, blieb Träumerei; dafür realisierte Mottl die Doppeloper zwanzig Jahre nach des Komponisten Tod in Karlsruhe. Wagner und noch Strauss versuchten, skeptische französische Musiker davon zu überzeugen, daß in diesem Berlioz der genialische Funke geglüht habe – aber halbwegs zulängliche Aufführungen wurden in Frankreich nicht gewagt. Im Augenblick geht es den singenden «Trojanern» folgendermaßen: Wo immer sie auftreten, ob in London unter Soltis Befehl (1957) oder in Paris von Régine Crespins gastfreundlicher Dido empfangen (1961), jedesmal ist die Musikwelt überrascht, begeistert, schlagen die Flammen des Enthusiasmus hoch. Danach wird das Werk sofort vergessen, verdrängt, die armen *Trojaner* verstauben ehrlos und stumm in Notenarchiven. Man sollte folglich den *Trojanern* endlich statt abschreckender Siege attraktive Niederlagen wünschen.

In dieser Richtung leistete die Stuttgarter Erstaufführung einiges. Mario del Monaco, Hildegard Hillebrecht, Grace Hoffman und der großartige William Wildermann wurden mit Beifall überschüttet. Doch als sich dann einige verantwortliche Herren im Frack zwischen den antiken Helden und Heldinnen verbeugen durften, gellten entschiedene Buh-Rufe durchs Haus. Jeder durfte sich seinen Hauptschuldigen dazu denken.

Aber ich bin für demokratischen Lastenausgleich. Mir schienen die Herren im Frack gleichermaßen schuldig: Der Regisseur Ernst Poettgen hegt unglückselige Lieblingsvorstellungen über expressive Chorregie und die Macht der Bühnenfinsternis. Daß die Trojaner im ersten Bild, nach dem Abzug der Griechen, jubeln (hell, übermütig, taub für Kassandras Warnungen) und im zweiten Bild von böser Überraschung betäubt zugrunde gehen, kam tatsächlich nicht heraus. Auch hatten die Figuren eine Art, eilig herumzulaufen und sich rot zu drapieren, die jeden Opernparodisten entwaffnen könnte. So ist der heroischen Landschaft von Berlioz nicht beizukommen.

Der Dirigent Wolfgang Rennert schwelgte im Martellato. Was man so gern in unserem Nationaltheater erleben würde, nämlich ein überwältigendes, donnerndes Forte, das überdeckte hier sämtliche Unterschiede. Das Blech, schon zur Halbzeit drückend überlegen, siegte hoch über Holz und Stimmband. Weder die Instrumentations-

Cherubini – Hoffmann – Weber – Marschner – Rossini – Donizetti – Bellini –
Berlioz – Mendelssohn – Massenet

intelligenz von Berlioz noch sein oft unterschlagener Klassizismus, auf den beispielsweise der alte Klemperer so zwingend aufmerksam zu machen weiß, konnten mithalten.

Die Oper besteht aus zwei Teilen: «Der Fall Trojas» und «Die Trojaner in Karthago». Im ersten Teil geschieht eigentlich überhaupt nichts Individuell-Dramatisches. Nur der Umstand, daß die Zuschauer und die düster-warnende Kassandra wissen, was das Trojanische Pferd enthält, sorgt für szenische Spannung. Aber weder das Parkett noch die Seherin können den Trojanern helfen. Kurt Honolka hat diese dramaturgische Schwäche erfühlt und darum den ganzen ersten Teil radikal zusammengestrichen. Das mag dramaturgisch sinnvoll sein – ist aber für die Oper selbst doch nachteilig. Alles szenische Fleisch fällt weg, man begreift kaum, was vorgeht, hat weder Zeit, sich mit den verbohrten Trojanern zu identifizieren, noch Zeit, gegen die Götter aufzubegehren, die dem klugen Laokoon ein so fürchterliches Schicksal bereiten, daß das von ihm gehaßte Trojanische Pferd nun plötzlich zu verhängnisvollen Ehren kommt. Die Musik hat in diesem ersten Teil etwas Verhalten-Heroisches. Wird sie dirigiert wie schwacher Wagner, also brausend und affektvoll, dann klingt sie einfallslos – und kein Mensch sieht ein, warum Troja musikalisch fallen muß.

Nach der Pause spitzt sich die *Ilias* zur *Äneis* zu. Dido, hier eine zumindest unternehmungslustige Witwe, hält den Äneas fest. Als Deus ex machina muß wiederholt der Schatten des toten Hektor eingreifen, der dem Äneas zunächst die Flucht aus dem brennenden Troja, dann die Flucht vor der entbrannten Dido gebietet. Jedesmal gehorcht der Held eilig. Mario del Monaco, immer noch ein König des hohen B, sang metallisch, hingerissen, verwirrend und verwirrt: Er allein sprach italienisch, man antwortete ihm deutsch, so wie es die französische große Oper über einen lateinischen Stoff nahelegt. Und weil ein Fünf-Stunden-Abend allzu brutal auf eine Zweieinhalbstunden-Aufführung reduziert worden war (und dann noch kürzer als vorgesehen dauerte), wirkte der Rest wie eine Berlioz-Anthologie: Highlights aus Trojas Fall und Didos Schicksal.

Was der Stuttgarter Aufführung an Stilsicherheit und Nuanciertheit fehlte, ersetzte sie durch Temperament und Stimmgewalt. Und siehe da: Man begann an das Stück zu glauben. Wahrscheinlich würde es kurzweiliger sein, wenn es anderthalb Stunden länger dauern dürfte, wenn der harmonische Reichtum der Partitur ohne Dröhnen ausgespielt werden könnte, wenn die Helden nicht nur mit

Symphonie fantastique

wenigen Nummern, sondern in einem musikdramatischen Gewebe erschienen. Auch bei Wagner dürfte niemand wagen, zwischen Wichtigem und Unwichtigem zu unterscheiden. Berlioz' Partitur besitzt zweifellos weder das dramatische Genie noch auch die melodische Fülle eines großen Wagnerschen Werkes, aber sie hat doch so viel Feuer, so viel Ausdruck für Leid, Liebe und oratorisches Verzagtsein, daß ihr einmal ein ausführlicher Abend oder gar eine Doppelaufführung gewidmet werden sollte. Allzu kurz wirkt diese Oper, allzu übertrieben: zu rasch fallen die Helden, trennen sich die Liebenden, beschließen die Priesterinnen der Kassandra, als kämen sie geradewegs aus der *Tosca*, von hoher Zinne in den Tod zu springen. Hoffentlich lernt irgendein deutscher Operndirektor aus dieser mit dröhnendem Beifall und dröhnendem Buh empfangenen Stuttgarter Aufführung nicht nur, daß man es machen, sondern auch, wie man es besser machen kann.

6. III. 1967

SYMPHONIE FANTASTIQUE

Vom gegenwärtig wohl prominentesten Orchester Frankreichs die *Symphonie fantastique* des Hector Berlioz zu hören ist eine faszinierende intellektuelle und musikalische Erfahrung. Denn die Musiker des Orchestre de Paris unter Daniel Barenboim müssen weder die Modernität noch das Hektisch-Romantische dieses hinreißend reichen Werkes forcieren, weil sie ihrer Geistesgegenwart, ihrer Präsenz und ihres selbstverständlichen Engagements sicher sein können.

Wir vergessen leicht, daß die *Fantastique* bereits 1830, also ganze drei Jahre nach Beethovens Tod, komponiert worden ist; daß sie ihre gewiß romantisch-autobiographische Botschaft recht nahe dem ja auch nicht einfach starren, sondern variablen Formschema klassischer Symphonik vorträgt.

Für eine Interpretation heißt das: je mehr sich das Besondere aus der symphonischen Normalität der Sache ergibt, desto richtiger und wirkungsvoller wird es.

So blieb in Barenboims und des Pariser Orchesters Wiedergabe der erste Satz noch ein gewissermaßen klassischer Symphonie-Kopfsatz.

Cherubini – Hoffmann – Weber – Marschner – Rossini – Donizetti – Bellini –
Berlioz – Mendelssohn – Massenet

Aber was für einer! Die Berliozsche Geste hatte Rasse, die plötzlich
raschen Passagen der Geigen kamen brillant, aber ohne Drücker,
ohne demonstrativ übergewichtig zur Schau gestellte Virtuosität,
und die «Idée fixe», die banal klingt, wenn sie expressiv übertrieben
wird, erschien vorbildlich nobel.

Nah am klassischen Muster, aber eben doch nicht versehrt von
irgendeinem Akademismus, entfaltete auch der Walzer seinen zugleich innigen und brillanten Glanz, wuchs der wunderbar besonnen
interpretierten Szene «Auf dem Lande» tiefgründige Naturpoesie zu:
nicht der Pantheismus der Beethovenschen *Pastorale*, sondern die
beunruhigende Unendlichkeit romantisch angstvollen Naturempfin-
dens.

Die beiden letzten Sätze der Symphonie – «Gang zum Richt-
platz», «Walpurgisnachtstraum» – sind oft bloße Orchesterreißer an
der Grenze zu komischer Trivialität. (Mit überlegener Kunst hat
einst Thomas Beecham gezeigt, wie wenig sie es sein müssen.)

Barenboims Konzept rettete diese tolle Musik vor Entstellung.
Die Trommelwirbel zu Beginn der Hinrichtungsszene verstand er
eben nicht als Ausdruck jener Seelennot, die solche «Revelge»-
Szenen etwa bei Gustav Mahler annehmen, wo immer der verhange-
ne Seelensehnsuchtston von *Des Knaben Wunderhorn* mitschluchzt.
Bei Berlioz hat das Schicksal eine trocken blitzende Schärfe, einen
unverheulten Glanz: So sieht der Gallier dem Tod ins Auge. Im
Finale, wo die Klarinettenversion der «Idée fixe» oft oberflächlich
und atemlos offenbachisch wirkt, schützte wiederum ein rationaler
Ernst die Musik vor Karikaturistischem. Heftiger, ovationshafter
Beifall.

21. IX. 1985

DAS REQUIEM

Unzureichende Interpretationen, wie auch diejenige des City of
Birmingham Choir and Orchestra unter Louis Frémaux, führen stets
dazu, daß die charakteristischen Eigentümlichkeiten des *Requiems*
von Berlioz unerkannt, unterschätzt bleiben müssen. Hier klingen
die Chöre verwaschen, indifferent und hallig, es mangelt auch dem

Felix Mendelssohn: Schottische Symphonie und Sommernachtstraum-Musik

Gesamtklang jene entschiedene Durchsichtigkeit und Schärfe, auf die Berlioz ein ganz besonderes Anrecht hat. So muß man den Eindruck gewinnen, daß den Ausführenden die manchmal klassischen Floskeln, deren sich Berlioz bedient, um aus alten Wörtern seine neue Sprache zu bilden, eigentlich näherlagen und sympathischer waren als die spezifische Logik und Geistigkeit dieser Berliozschen Messenkomposition.

Berlioz' oft hochintelligente Textbehandlung (das «Quam olim Abrahae» etwa wird nicht, wie bei Mozart, zur affektgeladenen Beschwörung, der alte Gott möge sich daran erinnern, was er einst versprach, sondern es erscheint in pp-Ferne gerückt, wie Halbvergessenes) kommt in dieser Aufnahme kaum heraus. Das noch zu Lebzeiten von Beethoven und Schubert konzipierte Werk erscheint klassizistisch-kirchlich geglättet. Als wollten die Aufführenden uns hinter die Ohren reiben, daß der frühe Berlioz – im Sinne eines Deutsch-Wiener Ideals – kein großer Melodiker gewesen sei.

Wo dem eigenen und eigentlichen Idiom von Berlioz sozusagen auch beim schlechtesten Willen nicht mehr auszuweichen war, wie in den Forte-Teilen des genial erregten «Lacrimosa» oder während der sehr schön gesungenen Schlußnummern, die oft ganz erstaunlich Verdis und Wagners Wirkungen antizipieren, da steht die Aufführung dem Werk nicht mehr im Wege, sondern macht es plausibel. Das Tenorsolo sang, nicht ohne Kitschverzückung, mit schönem, nicht mehr völlig frisch wirkendem Material Robert Tear.

23. X. 1976

FELIX MENDELSSOHN: SCHOTTISCHE SYMPHONIE UND SOMMERNACHTSTRAUM-MUSIK

In unseren Konzertsälen gibt es ja nur noch den Mendelssohn der Solisten und der Elfen: Entweder die Pianisten plaudern und donnern seine virtuosen Stücke, die Geiger verwandeln das *Violinkonzert* in eine Mischung aus Honig, Sentimentalität und *Lied ohne Worte* – oder man stößt eben auf jenen Elfen-Scherzo-Typus, der geradezu zur Mendelssohn-Kennmelodie geworden ist.

Statt dessen demonstriert Klemperer, der nicht die mindesten

Cherubini – Hoffmann – Weber – Marschner – Rossini – Donizetti – Bellini –
Berlioz – Mendelssohn – Massenet

melodischen Drücker zuließ, den Ernst Mendelssohns. Wiederum
imponiert eine auffallende technische Einzelheit. Eine Einzelheit,
mit der Klemperer schon das so fürchterlich abgedroschene Seitenthema des ersten Satzes der *Unvollendeten* gerettet und unvergeßlich
gemacht hatte: Klemperer läßt nämlich Begleitungen oder hohe
Haltetöne der Bläser ganz ruhig und deutlich und betont vortragen.
Die Melodien sind bei ihm nicht allein und selbstherrlich auf der
Welt, sondern eingefügt, in ein Ganzes integriert. Die angeblich
«schwachen» Durchführungen der Nach-Beethoven-Generation
sind, so verstanden, keineswegs schwach – sondern durchaus auch
Höhepunkte. Der erste Satz der *Schottischen Symphonie* bewies es.
Das zweite, marschartige Thema des Adagios hatte mystische Größe,
und der von Klemperer hinzugefügte tragische Schluß des letzten
Satzes beeindruckte als logische Konsequenz. Übrigens: Muß im
Programmheft nicht an deutlich sichtbarer Stelle bei der Nennung
der Werke mitgeteilt werden, daß es sich um eine regelrechte Bearbeitung handelt, wenn der ausführliche A-Dur-Schluß der Symphonie
fehlt und dafür aus der Kombination des Moll-Materials ein allzu
tragischer a-Moll-Schluß hinzugefügt worden ist? Angesichts eines
solchen Schlusses mag's gerechtfertigt sein, das sprühende Allegro
vivacissimo wie ein Allegro ma non tanto aufzufassen.

Obwohl Edith Mathis und Brigitte Fassbaender ihre kleinen
Solopartien betörend und rein sangen, fiel die *Sommernachtstraum-*
Musik doch ein wenig ab, beziehungsweise sie fiel auseinander in
lauter schöne Einzelheiten. Es sind halt kurze Nummern. Den
«Hochzeitsmarsch» freilich glaubte man noch nie so klar und dramatisch gehört zu haben; es war, als ob Klemperer den ersten Ehekrach
sozusagen mitdirigiert hätte. Die mit großem Ernst in ihrer melodischen Polyphonie dargebotene *Hebriden-Ouvertüre* hatte am Anfang schon darauf vorbereitet, daß man nicht zur Befriedigung eines
spezifischen Interpretationsehrgeizes würde spielen wollen, sondern
zur höheren Ehre von Mendelssohns Genius.

27. V. 1969

VIOLINKONZERT E-MOLL

Die Interpretation des Mendelssohnschen *e-Moll-Violinkonzerts*
durch den technisch sehr versierten, mit einem süßen, gefälligen Ton
begabten Geiger Isidor Lateiner bot ein Schulbeispiel für sozusagen
unvermeidliches Mißlingen. Lateiner begann das gewiß tempera-
mentvoll-drängende Violinkonzert allzu schnell. Obschon trefflicher Virtuose, wurde der alsbald zum Erfüllungsbeamten eines
unerbittlich fordernden Tempos. Natürlich spürte Lateiner auch,
daß die Fahrt zu rasch verlief, und hielt darum beim melodischen
Seitenthema nach besten Kräften zurück. Das wiederum schadete
nun dem Seitengedanken, der jetzt allzu süßlich breit wirken mußte,
weil Mendelssohns Noblesse gerade bei derart gefährlich gefühlvol-
len Stellen nicht der Sentimentalität ausgesetzt werden darf.

Für den langsamen Satz, der sich nahtlos anschließt, fand Lateiner
dann begreiflicherweise nicht genug Konzentration. Das entzückende Volkslied ohne Worte vor dem Finale wollte er offenbar nur als
Vorspiel zum Finale darstellen. Im Finale selbst spielte er dann seine
Brillanz voll aus, obschon die hohen Töne nicht mehr ganz rein
waren und der Dialog zwischen Horn und Violine sich, mitten im
Allegro molto vivace, keine Zeit zum Träumen erzwingen konnte.

4. III. 1967

JULES MASSENET: MANON

Weibliche Leichtfertigkeit, Genußsucht, Hingabebereitschaft, verbunden mit Jugend, hübschem Aussehen, naiver Selbstliebe und
Wahrhaftigkeit: wer könnte da widerstehen? Die Komponisten vermochten es jedenfalls nicht; schon Auber hat Manon, die das alles
verkörpert, schwungvoll vertont, aber auch Halévy, Puccini, Henze
und viele andere verliebten sich musikalisch in dieses Romange-
schöpf des Abbé Prévost, der nicht zufällig ein entlaufener Priester
war...

Trotz Puccinis Version ist Jules Massenets 1884 uraufgeführte
Spätblüte der Opéra comique in Frankreich gewiß die beliebteste

Cherubini – Hoffmann – Weber – Marschner – Rossini – Donizetti – Bellini –
Berlioz – Mendelssohn – Massenet

Manon-Vertonung. Massenet, so schwärmen seine gallischen Bewunderer, habe da eine Art französischer Folklore geschaffen, eine zweite Natur einleuchtender Melodik (so wie es Carl Maria von Weber auf deutsch im *Freischütz* gelang). Massenets *Manon*-Musik trällern, laut Debussy, in Paris die Midinetten nach, aber die vornehmen Leute gleichfalls. Beneidenswertes Frankreich, das immer wieder Künstler hervorbringt, vor denen alle sich klassenlos vergnügt verbeugen – wie ja auch die Colette und Simenon nicht nur vom feinen Literaten gelesen wurden, sondern auch von dessen Concierge.

Massenets *Manon* stellt mithin gewiß keine *Matthäus-Passion* dar und schon gar keine *Götterdämmerung*, obwohl der Komponist von Bach einiges und von Wagners verknüpfender Leitmotivtechnik sogar hörbar viel gelernt hat. *Manon* ist ein empfindsames Opernkunststück. Lyrisch diskret, inspiriert, manchmal auch sentimental wirkungsbesessen. Verhalten-Melancholisches oder Leicht-Hurtiges liegt dieser Musik, so scheint mir, besser als herbe Schicksalhaftigkeit, die ihren Tonfall beschwert oder ins Tränenschwere, Süßliche verzerrt.

Alle diese urbanen Eigenschaften haben zumindest eine ungemein sängerfreundliche Konsequenz: Künstler von Rang können die Partitur souverän meistern. Wie zittert man doch in den dritten Akten Wagners, ob der Stolzing oder der Sachs da überhaupt noch einen Ton singen oder bellen werden, ob der Gurnemanz, der Tristan nicht vor der Zeit am Ende sind, vom heiser den «lachenden Tod» herbeiflüsternden Siegfried, der unbeschreiblich erleichtert endlich ins Feuer reitenden Brünnhilde ganz zu schweigen. Massenets menschenfreundliche Kunst indessen ermöglicht interpretatorische Überlegenheit.

So bot die partiell aus Wien importierte, allen Münchner Opernfreunden fast einschränkungslos zu empfehlende, weithin kulinarisch (wie auch anders?) geglückte *Manon*-Premiere des Nationaltheaters Momente wahrhaft entzückender Vollendung. Edita Gruberova in der Titelrolle, die Königin des Abends, schien nie an die Grenzen ihrer Kunstfertigkeit zu stoßen; Jean-Pierre Ponnelles Wiener Inszenierung (Vera Lucia Calabria hatte sie sorgfältig hier einstudiert, der Regisseur selber dann letzte Hand angelegt) vibrierte von Metier, Witz, Milieu-Kenntnis. Julius Rudel, der Dirigent, muß gleichfalls als *Manon*-erfahren gelten: von ihm stammt eine umfang-

Jules Massenet: Manon

reiche Schallplatten-Einspielung. Und auch Alberto Cupido besaß hinreichend temperamentvollen Schmelz für die Partie des Liebhabers.

Die Gruberova begann überwältigend. Mit Farbe und Finesse charakterisierte sie die 16jährige Manon als naive, jungmädchenhafte, lebensneugierige Person, die der Cousin ins Kloster begleitet. Vom Wege dahin läßt sich das Fräulein dann begreiflicherweise gern ablenken.

Die kühlen Zeiten, da Frau Gruberova nur ein Automat für staunenswert reine Spitzentöne schien, sind glücklicherweise vorbei. Beweglicher, freier, anmutiger als gegenwärtig haben ihre Münchner Bewunderer sie kaum je gehört. Wie sie empfindsame Kantilenen phrasiert, wie sie in ihre halsbrecherischen Koloraturen sogar noch ein Backfisch-Kichern einzubauen vermag: man vernimmt es staunend, und der Beifall donnert. Auch die Gavotte im dritten Bild sang Frau Gruberova fabelhaft empfindsam und brillant.

Daß und woran sie allerdings starb – wenn es nicht nur am «letzten Akt» war –, mußte man freilich mehr als Fügung denn als Folge hinnehmen. Edita Gruberova ist nämlich vom «Typ» her weniger eine graziös zerbrechliche Manon als eine bäurisch gesunde Micaela, eher handfest als für seelische Zusammenbrüche und feine Erschöpfungszustände prädestiniert.

Damit wäre auch das Problem des Genres «Opéra comique» berührt. Anfangs, beim vergnügten Speisen und unschuldigen Küssen, solange die Musik geistvoll gewissermaßen zwischen *Cuisine* und *Cousine* verharrt, solange zärtliche Verliebtheit, Unbeständigkeit, ein Volksfest oder Seelenkatastrophen mit delikat archaisierendem Menuett-Hintergrund darzubieten sind, wirkt Massenets ausdrucksvolle zarte Parlando-Kantilene hinreißend adäquat. Doch je mehr gegen Ende die Riesen-Passionen eindringen, desto begrenzter, sentimentaler, «opernhafter» oder auch aufgedonnerter klingt es. Ponnelle, der die Figuren elegant so zu stellen wußte, daß man stets wohlinformiert die Gesichter, die Zusammenhänge, die Reaktionen überschaute, scheint etwa jener heftigen Szene im vierten Bild zu mißtrauen, wo Manon ihren aus berechtigtem Gram zum Priesterberuf enteilenden Liebhaber wieder «umdreht». Statt nun aber opernfeindlich psychologisierend abzumildern, inszenierte er munter aggressive, handfest pathetische Übertreibung. Das war noch nicht (aber fast schon) Parodie – weniger spielverderberisch als spielbefeuernd gemeint.

Cherubini – Hoffmann – Weber – Marschner – Rossini – Donizetti – Bellini –
Berlioz – Mendelssohn – Massenet

Cupido hatte keine Schwierigkeiten mit seinen Spitzentönen. Doch sollte der Tenor vielleicht darauf achten, im mittelhohen Register die Töne nicht irgendwie gedankenlos zu tief anzusetzen und dann nur sehr allmählich zu korrigieren. Vom übrigen, insgesamt akzeptablen Ensemble seien Alberto Rinaldo, Kenneth Garrison sowie die drei munteren Halbwelt-Damen Julie Kaufmann, Carmen Anhorn und Birgit Calm, deren brillantes Anfangsterzett leider ein bißchen verwackelte, hervorgehoben. Sie alle hatten in Ponnelles prächtigen Kostümen und seiner witzig-routinierten Direktion ein leichtes Bühnen-Leben. Ponnelle stattet übrigens auffallend detail-verliebt aus, beleuchtet dann aber oft mystifizierend fahl. Über ein paar neckische Forciertheiten ließe sich streiten.

Dem Dirigenten Julius Rudel fehlte es nicht an Temperament, Kraft, Artikulation. Nur leider doch ein wenig an Sensibilität fürs Parlando, nämlich für den leisen, dabei keineswegs gewichtslosen Sprachcharakter der Massenetschen Musik-Gebärde. Das war manchmal zu zügig, um noch geistreich zu sein, zu schwungvoll, um zu beschwingen. Das Forte Massenets zielt ja weder auf Verdis noble Emphase noch auf Lehárs wirkungsvolles Schluchzen, sondern auf eine Mischung aus Seelen-Exhibition und Stil, die schwer zu treffen sein mag.

2. XII. 1985

Franz Schubert

MELODIEN UND DIMENSIONEN

Schuberts Musik scheint uns näher und vertrauter als die anderer großer Komponisten. Ihre Herzlichkeit macht wehrlos und glücklich. Wer sich über Schubert äußert, möchte nicht analysieren oder (vermeintlich objektiv) ordnen oder gebildet Beziehungen herstellen. Sondern schwärmen, wie von einer unmittelbaren Erfahrung.

Hängt diese Wirkung Schuberts mit dem Wesen seiner Musik zusammen – oder nur mit einem frommen Selbstbetrug? Hat uns vermeintliche Selbstverständlichkeit in die Irre geführt?

Keine leichte Frage. Wie Schuberts Musik, auch sein Bekanntestes, Allerschönstes, die wohlvertrauten Hörer zu täuschen versteht, dafür seien zwei Beispiele genannt: Wenn die *Unvollendete* mit einem leisen tiefen Unisono der Streicher beginnt, dann meinen alle, leider auch die meisten Dirigenten, es handele sich nur um einführende Vorspieltakte und erst mit der Bläsermelodie hebe das Stück an wie mit seinem Hauptthema. Ein Irrtum. Jenes tiefe leise Tönen des Uranfangs hatte nur verschleiert, daß man bereits, wie sich spätestens in der Durchführung zeigt, dem Hauptmotiv begegnet war.

Oder: Schuberts *Streichquintett* scheint mit einer reinen, kaum durchrhythmisierten C-Dur-Fläche zu beginnen. Ganze Noten, denen sich ihr Tempo kaum anmerken läßt. Wiederum erfahren wir erst hinterher, daß bereits Gestalt war, was so selig gestaltlos schien. Für den Beginn des *G-Dur-Streichquartetts Opus 161* gilt Analoges. Sollten also Nähe und Vertrautheit täuschen?

Nun wären wir allzu analysegläubig, wenn wenige, freilich durchaus vermehrbare Hinweise auf versteckte Konstruktionsgeheimnisse uns bereits an jener unmittelbaren Urerfahrung zweifeln ließen, die hier zur Sache gehört und tief in das Wesen von Schuberts Musik führt. Im Namen Schuberts werden ja nicht zufällig diejenigen, die Schuberts Musik lieben, so oft zu sentimentalen Schwärmern. Oder zu unduldsamen Advokaten, die ihren Mandanten ständig für unterschätzt halten, ihn für mißverstanden erklären in seinem Eigentlichen, in seinem Unglück, in seinem Ernst, seiner Tiefe, seinem

Franz Schubert

Schmerz. Im Namen Schuberts fallen diese beiden Haltungen – die des sentimentalen Schwärmers und die des unduldsamen Advokaten – auffällig oft zusammen zur schwer erträglichen Figur des sentimentalen Anwalts.

So hören wir denn immer und immer wieder, was ja kein Mensch bestreitet: Nämlich, daß Schubert bestimmt kein «Schwammerl»-Typ gewesen sei – wie bekanntlich der gutgemeinte Spitzname lautete, den Schuberts Freunde und Verehrer dem Künstler bei Lebzeiten anhefteten. Das zielte nicht auf die keineswegs aufgedunsene oder dickliche Musik des Komponisten, sondern auf seine ziemlich früh in Erscheinung tretende Korpulenz: Schubert war nämlich recht klein, tief unter 1,60 Meter, und ziemlich rundlich.

Dafür, daß Schubert nicht jener verkannte, kümmerliche Dreimäderlhaus-Voyeur gewesen ist, als welchen ihn das 19. Jahrhundert belächelte, erklärte, verklärte, haben uns nicht nur O. E. Deutschs verdienstvolle Forschungen oder jüngst noch H. J. Fröhlichs psychoanalytisch bemühte Erläuterungen die Augen geöffnet, sondern wohl auch einige Entwicklungen unserer Gegenwart. Seit den sechziger Jahren glauben wir besser zu wissen, wie es sich in der *Subkultur*, der keineswegs etwas Anonymes oder Schmähliches anhaften muß, lebt. Franz Schubert, die Zentralfigur seines Kreises, der keineswegs immer schüchterne, sondern auch ganz schön selbstbewußte, hochmütige, früh in der Presse mit Hymnen und Huldigungsgedichten verwöhnte Wiener Musiker und Literat, dieser Schubert war wohl ein Angehöriger der damaligen Wiener Subkultur. Beethoven dagegen, der mit Erzherzögen umging, der Kaisern und Königen seine Werke widmete, zählte – sowenig ihm das in seinen ständigen Wohn-, Dienstboten- und Prozeßmiseren auch konkret half – zweifellos zum Wiener Establishment. Was für ein oft auftauchendes Bild: der junge Schubert mit seinen Freunden nächtlich auf dem Weg ins Wirtshaus oder in irgendein gemeinsam bewohntes Zimmer, jene Musik andächtig hörend, die aus einem großen Palais erschallt, wo man späten Beethoven aufzuführen sich bemüht.

Schubert hat sich sein Leben lang an dem 27 Jahre älteren Beethoven gemessen. Er hat Sonaten und Symphonien komponiert, die nicht allein dem Formvorbild Haydns oder dem Stimmungsvorbild Mozarts Mannigfaches verdanken, sondern die unverkennbar vom Beethovenschen Geist begeistert waren. Warum sollte man nicht die Gesamtkonzeption von Schuberts großer *C-Dur-Symphonie*, die Gewaltiges aus einem Thema herausspinnt und mit einem rätselvol-

316

Melodien und Dimensionen

len Jubel-Finale schließt, mit der Konzeption von Beethovens
Schicksalssymphonie vergleichen, die ja auch ein Klopfmotiv und ein
optimistisches Finale einander zuordnet? Warum nicht Schuberts
einzelne Lieder zur Novelle organisierende, novellistische Liederzyklen dem wohl ersten gültigen Zyklus dieser Art entgegensetzen,
nämlich Beethovens *An die ferne Geliebte*?
Kein Wunder, daß auch die rätselhafte Schaffensexplosion aus
Schuberts letztem Lebensjahr gelegentlich mit jener Befreiung verglichen worden ist, die jeder Mensch, erst recht jeder schöpferische
Mensch verspürt, wenn die alles überschattende Figur eines mächti-
gen Vaters die Lebensbühne verlassen hat. Beethoven starb im März
1827. Franz Schubert starb am 19. November 1828, nachmittags um
drei Uhr, erst 31 Jahre alt. Aber wie scheinen, nach Beethovens Tod,
seine Kräfte gewachsen! Wie scheint er sich plötzlich allein zu fühlen,
frei, entlassen, entlastet, erlöst vom gewaltigen Vater! Selbst wenn
die große *C-Dur-Symphonie* nicht in jenem letzten Jahr komponiert
oder vollendet worden sein sollte (was anzunehmen ist, da sie einigen
bedeutenden Werken der Jahre 1824 und 25 ähnelt), in Schuberts
letztem Lebensjahr entstand unfaßlich viel: das *Es-Dur-Klaviertrio*,
die *Winterreise*, die drei großen «posthumen» *Klaviersonaten in A,
C, B*, das *C-Dur-Streichquintett*, Schuberts schönste Kompositionen
zu vier Händen, überdies noch eine Messe, ein Psalm, Dutzende von
Liedern, auch diejenigen, die unter dem irreführenden, weil falsch
zusammenfassenden Titel *Schwanengesang* herauskamen...
Aber wir wollen uns bei der Behauptung von Schuberts unmittelbarer Wirkung nicht beruhigen, sondern bedenken, woher diese
Wirkung kommt. Manche Künstler – Beethoven, Wagner, Mahler,
Schönberg – scheinen selbstbewußt, anspruchsvoll, grandios ernsthaft und fordernd zu gestalten, scheinen auf Spannung, Überspan-
nung, Radikalität und spekulative Kraft zu setzen. Dieser Typus
weckt aber nicht nur tiefste Bewunderung, sondern gelegentlich auch
Aggressionen. Man weiß, daß Hindemith als junger Mann der
Beethovenschen Totenmaske spöttisch einen Schnurrbart anmalte,
daß Richard Wagner eine riesige polemisch-satirisch-karikaturisti-
sche Schmähliteratur in Bewegung setzte, daß Gustav Mahlers Werke
als hysterisch-literarisch und diejenigen Schönbergs als eiskalt-inhu-
mane Gehirnmusik angegriffen, beschimpft worden sind bis fast auf
den heutigen Tag. Ein großer indirekt aggressiver Anspruch weckt
offenbar auch direkt aggressive Abwehr.
Demgegenüber scheint ein Künstler wie Schubert keine Feinde zu

Franz Schubert

haben. Im Ablehnungsfalle wird jemand wie Schubert eher als ein wenig biedermeierlich oder naiv oder kleinbürgerlich unscheinbar abgetan. In diesem abtuenden Lächeln, das heutzutage ohnehin selten anzutreffen ist, steckt Überheblichkeit. «Schuberts Musik trifft unfehlbar mein Schlafzentrum», hat ein hochintelligenter Theaterintendant einmal gesagt (ein Schauspielintendant, glücklicherweise kein Operndirektor oder Musikchef, zur Beruhigung meiner Leser sei es versichert). Aber das war Ausnahme. Weil Schuberts Musik – außer dem, was sie selbst mit aller Kraft und Zärtlichkeit hervorbringt – keinerlei spekulative oder gar ideologische Forderungen zu erheben scheint, darum übt sie auch keinen Druck aus, nur einen «Sog». Darum erzeugt sie auch keine Wut, keine Abwehr. Um Schubert ist, meint man, immer ein Air der Bescheidenheit. Seine Größe wird nie überlebensgroß, wie etwa die Symphonik des als Person ja gewiß auch österreichisch-bescheidenen Bruckner. Schuberts Musik wirkt brüderlich. Sie wird von Musikern als eine Art Heimat empfunden.

Ob diese Wirkung mit unserer frühen, vorbewußten, ja elementaren Erfahrung Schubertscher Musik zusammenhängt? Es ist Schubertschen Melodien eigentümlich, daß man sie nicht kennenlernt, sondern immer schon zu kennen glaubte. Wer überhaupt großer Musik einen Platz einräumt in seinem Leben, der wächst (hierzulande und nicht nur hierzulande) mit Schubert auf wie mit etwas Selbstverständlichem. Wann man das erstemal den *Tristan*, die *Matthäus-Passion* oder gar den *Sacre* gehört hat, das weiß man sehr wohl. Schuberts Melos scheint für manche von uns die Musiksprache selber zu sein. Schuberts Leidmotive tönen aus frühester Kindheit her wie die Oktaven-Triolen des «Erlkönigs» oder die Schmeichelmelodien seiner Töchter. Sie klingen wie ein Märchen, sie hallen wie eine bereits vor dem Erwachen der Vernunft erlebte, präexistente Ballade durch unser schlafbefangenes Bewußtsein. Die Schwalben des *As-Dur-Impromptus*, die Trauer des Wanderers, des Müllerburschen, des dem Tode in d-Moll anheimgegebenen Mädchens: alles das ruht gleichsam im musikalischen Urgestein frühester Erfahrung. Man erkennt nicht, sondern man erkennt wieder. Für Mitteleuropäer ist Schubert ein ewiges Déjà vu. Musikalische Muttermilch.

Weil also Schuberts elementare Wirkung das Bild oder auch die Einbildung einer animalischen Vertrautheit hervorruft, weil sie so wirkt, als gleiche sie rätselhaften Naturereignissen aus dem Garten der Kindheit, darum bemühen sich viele Schubert-Bewunderer gar

Melodien und Dimensionen

nicht um die Anstrengung des Begriffs, der distanzierten Erläuterung. Die allermeisten machen sich nicht klar, daß dieser Franz Peter Schubert keineswegs als dörflich-bäurischer Naturmensch im Walde so für sich hin ging, um nichts zu suchen und trotzdem lauter Melodien zu finden. Schubert ist jedoch – von allen bedeutenden Komponisten seiner Zeit und seines Kulturkreises – der einzige Großstädter gewesen! In Wien gestorben und auch geboren – eben nicht in Salzburg oder Bonn oder Zwickau oder Eisenach oder Rohrau. Schubert hat, gegen die konservativen Berliner Schulen zwischen Sulzer, Johann Abraham Peter Schulz (der immerhin Komponist von «Der Mond ist aufgegangen» war), auch gegen Reichardt das literarische Kunstlied mit durchgearbeiteter Begleitung entwikkelt. Die Angehörigen der Berliner Liederschule bemühten sich im musikalisch ja eher traditionalistisch-konservativen Norden um Simplizität und eingängige Volkstümlichkeit. Diesem eklektisch gesuchten Volkston stellte Schubert, der Wiener Großstädter, der sensible, neugierige Leser von zeitgenössischer und avantgardistischer Lyrik, sein Kunstlied entgegen.

Es gibt Anekdoten genug über Schuberts Verlegenheiten, seine verkorkste Haltung zum anderen Geschlecht, seine stille Angst vor Beethoven, seine Versuche, es Rossini gleichzutun, seine Geistesschlichtheit. Man weiß, daß Schuberts guter Freund Franz Lachner, der bekanntlich später Münchner Generalmusikdirektor, Dr. h. c. der Münchner Universität, Passionsdirigent und heftiger Wagner-Gegner werden sollte, man weiß, daß der tüchtige Komponist Franz Lachner in aller eigentlich unentschuldbarer Unschuld noch 1884, als er es wirklich besser hätte wissen müssen, zu Max Friedlaender über Schubert zu sagen fertigbrachte: «Schade, daß Schubert nicht soviel gelernt hat wie ich, sonst wäre bei seinem außerordentlichen Talent auch ein Meister aus ihm geworden.»

Ob Schuberts Art, sich zu geben, ob vielleicht seine Fähigkeit, an einem Tag nicht nur eines, sondern manchmal auch vier, sechs oder sogar acht Lieder unmittelbar nacheinander zu komponieren, niederzuschreiben, ob Schuberts Unfähigkeit, sich taktisch und heroisch in Szene zu setzen, wie seine erstaunliche Fähigkeit, unfaßlich schnell zu schreiben, ob alles das gerade diejenigen außerstande setzte, sein Wesen und seine Größe zu erkennen, die *nah* um ihn waren? Robert Schumann hat angedeutet, daß die Wiener noch zehn Jahre nach Schuberts Tod eher maulend und mürrisch von ihm redeten. Sie hätten immer erst dann angefangen, ihren Schubert zu loben, wenn

Franz Schubert

Schumann jemand anders gerühmt habe, etwa den Mendelssohn. Dann sagten sie, ihr Schubert sei doch viel besser gewesen. Wir indessen kennen heute nicht nur seine Werke, nicht nur sein literarisches Gespür, sondern auch seine Gedichte, seine Prosatexte und seine Briefe, in denen er opportunistisches «Sich schmiegen in die Formen der Welt» verwirft, in denen er über unproduktive Beamte und Studenten (die eben keine Künstler seien) spöttelt, in denen er den Verfall literarischer Diskussionen beklagt. Trotzdem brauchen wir ihn nicht zum «Intellektuellen» zu stilisieren. Er war etwas anderes, war sehr viel mehr: ein Künstler, ein lyrisches und entflammtes Genie. Dabei sei seine vielberufene «Naivität» nicht unterschlagen! Fragen wir lieber, auf welcher (offenbar sehr hoher) Bewußtseinsstufe Schuberts Naivität ins Spiel, in die Kunst tritt. Denn von reinem, naivem Empfinden tönt seine Musik genauso wie von tief depressiver zwischen Moll und Dur changierender, untröstlicher, aber auch trostloser Zerrissenheit.

Viel spricht dafür, daß Schubert weder als konzipierender Gestalter noch gar als Text-Ausdeuter oder als Sonatenarchitekt im mindesten naiv arbeitete. Naiv im Sinne von rein, von unbefangen, vielleicht sogar von unbewußt war er indessen möglicherweise wohl als Melodien-Erfinder. Nicht nur, weil er es gelegentlich auf ein halbes Dutzend Liedvertonungen pro Tag brachte, nicht nur, weil er, obwohl so herzlich und eifrig auf einen Opernerfolg hinarbeitend, gerade für seine zahlreichen Opern so viele uncharakteristische, neutrale Melodien erfand. Die keineswegs besonders schwachen Libretti setzten ihn nicht in Bewegung. Man vergleiche einmal, wie verhältnismäßig neutral beispielsweise in den *Verschworenen* eine auf Effektwirkung angelegte Tutti-Stelle bleibt, wenn man der dort verwandten Melodie im *Oktett* begegnet, wo sie der fünfte Satz ist und wahrlich erst zu sich selbst gekommen scheint.

Ob Schubert gar nicht spürte, wo er «seinen» Ton getroffen hatte und wo nicht? Wie wäre sonst zu erklären, daß er Beethoven ausgerechnet die relativ schwachen *e-Moll-Variationen für Klavier zu vier Händen D 624* voller Verehrung und Bewunderung widmete, obwohl es doch so viele reichere und originellere Werke von ihm gab? Ob dieser Künstler dem eigenen Einfall gegenüber auf eine überbescheidene Weise zurückhaltend war? Nur von wenigem sprach er ja stolz und überzeugt. Über seine bedeutendsten Werke haben wir keine Silbe von ihm. Und welchen Genies Melodien sind häufiger bearbeitet, uminstrumentiert, paraphrasiert worden als die seinen?

Melodien und Dimensionen

Doch scheinbare Vertrautheit mit Schubert macht das Erkennen von Schuberts musiklogischer Verbindlichkeit anscheinend besonders schwer. Bei Schubert wird der Unterschied zwischen Seiendem und Werdendem zum Objekt einer übergeordneten musikalischen Anschauungs- und Darstellungsweise. Schuberts Musik hebt die Relation zwischen einer sich gleichsam fortbewegenden Entwicklung und dem vermeintlich festen Standpunkt des Betrachters, also des Hörers, auf. Sie läßt als Sehnsucht erscheinen, was sich wie Natur gibt; sie verwischt den für sicher, für unaufhebbar gehaltenen Unterschied zwischen Vorbereitung und Ereignis, zwischen Vollendung und Unendlichkeit.

Alle diese Behauptungen bedürfen, um plausibel zu werden, der Analyse. Man kann simpel anfangen: Wie entwickeln sich bestimmte Themen bei Schubert, die immer wieder vorkommen? Wie verändert sich zum Beispiel die Melodie des Allegrettos einer frühen *a-Moll-Klaviersonate*, wenn sie elf Jahre später, anders synkopiert, als Finale der nachgelassenen großen *A-Dur-Sonate* wiedererscheint? Oder: Wie verändern sich Vertonungen, die Schubert gleichen Texten mehrfach widmete? Wie hat er seine Melodien behandelt, wenn er sie zur Grundlage von Variationszyklen machte («Forelle», «Der Tod und das Mädchen», «Sei mir gegrüßt», «Trockene Blumen», «Wanderer»)? Dem nachzugehen wäre, was die Erkenntnis seines Genies und seines Stiles betrifft, ergiebiger, als zu fragen, ob er nicht doch den Vater haßte, weil er die gestorbene Mutter verehrte und sie in einer schriftstellerisch bedeutenden «Mein Traum»-Allegorie «revirginalisierte», wobei er die neue Stiefmutter unbewußt aus seiner Welt wünschte. Alle diese gewiß vorhandenen Konflikte erklären ja nicht einen einzigen Schubert-Takt. Schubert aber interessiert uns weniger als Objekt psychiatrischer Erkenntnis denn als komponierendes Subjekt.

So ist es Schuberts Symphonik, in welcher der auskomponierte Nachhall (wenn die Musik leiser, ihre rhythmische Härte weicher geworden ist, so daß Charakteristisches in die Ferne gerückt scheint) zum Tönen kommt! Was weder venezianische Doppelchörigkeit noch konzertantes Gegeneinander innerhalb eines Raumes, einer *Kammer*musik vermochten, das bringt seine Musik zum Reden. Sie stellt das Vergehen der Zeit, das Erlebnis der Ferne gleichsam doppelt dar. Musik, per definitionem Kunstform gegliederter Zeit, macht bei Schubert noch einmal eben die vergehende Zeit zum Thema. Sie führt Verschwimmen und Verhallen vor, ja an exponierter Stelle des lang-

Franz Schubert

samen Satzes der großen *C-Dur-Symphonie* sogar den Nachhall über Pausen und Riesenbezirke hinweg, in fremde Bereiche hinein! Solche Möglichkeiten kamen mit Schubert in die Musik. Sowohl seine Sonatensätze bewegen sich, als auch wir sind deren Schicksalen näher und ferner, umschreiten dabei gleichsam eine sich vor uns entfaltende Landschaft.

Das ist also das «Wandern». Eine zentrale Kategorie Schubertscher Kunst, wenn auch bei Schubert keineswegs immer nur gewandert wird, so als ob es den gehetzten Schwung des sich sputenden Kronos, die Atemlosigkeit der Finale später Streichquartette, den Wahnsinnsritt des «Erlkönigs», die punktierten Durchführungsrasereien aus dem Kopfsatz der *Unvollendeten* nicht gäbe.

Bei alledem dringt die Gravitation von Schuberts Musik so innig auf ihr fernes Ziel, daß der Komponist sich dieser Gravitation nicht nur für tausend schöne Augenblicke überlassen kann, sondern jeden Schritt in einen neuen Weg umwandeln darf. Musik ist und wird zum gleichsam unbeirrbaren Rausch.

Und im Augenblick allerhellsten Daseinsjubels meldet sich zu äußerster Steigerung des Lebensgefühls mit genau den gleichen vier halben C-Noten donnernd der Tod, von dessen Ankunft Leporello im *Don Giovanni* auf ebendiese Weise angstschlotternd berichtet hatte.

Wandern, Gravitation, Motive, die immer auf ihr irrationales Nachspiel hinauslaufen: wie mag das zu verstehen, zu interpretieren sein? Nach dem biederen Schubert des späten 19. Jahrhunderts, dem über-liszteten Schubert, dem Schubert einer Möchtegern-Klassizität, suchten und fanden die dreißiger Jahre unseres Jahrhunderts auch den heroischen Schubert, den schwungvollen, temperamentvoll hassenden Müllerburschen aus Julius Patzaks Interpretation der *Schönen Müllerin*, den unvergleichlichen dramatischen Mystiker aus Furtwänglers größter Zeit, den brillanten, federnden Theatraliker Toscaninischen Mißverständnisses. Darüber ist Fischer-Dieskau herrlich hinaus.

Die Pianisten Artur Schnabel und Eduard Erdmann, Edwin Fischer und Wilhelm Kempff waren Schuberts Geheimnis wohl immer recht nah, die Kammermusiker von Cortot und Casals bis zu den großen Streichquartetten der Epoche offenbar auch. Und Maurizio Pollini, Ashkenazy, vor allem aber Alfred Brendel dringen gegenwärtig tief in Schuberts Reich. Wenn man sich glänzende amerikanische Streichquartette oder verantwortungsbewußte russische Piani-

Die schöne Müllerin

sten, die ihren Schubert gewiß nicht in Chopin oder gar Tschaikowsky verwandeln wollen, vor Ohren hält: Es stört immer ein wenig, wenn Schuberts Musik zu prägnant, zu entschlossen, entschieden, martialisch-genau herauskommt. Das mag noch so «richtig» verantwortungsbewußt und belegbar geboten sein: Etwas Entscheidendes fehlt.

Auch im schlimmsten, im herbsten Augenblick muß bei Schubert ein schwer beschreibbares Schlendern mitklingen, eine gewisse unglücklich-triste Wurschtigkeit, wie manche Wiener und Prager Musiker sie können und viele andere leider nicht, die dann Schubert in einen inkonsequenten Beethoven verwandeln. «Die Lage ist ernst, aber nicht hoffnungslos», donnert das Rettungspathos von Beethovens *Fidelio*. «Die Lage ist hoffnungslos, aber nicht ernst», flüstert Schuberts Leiermann tonlos zurück.

18. XI. 1978

DIE SCHÖNE MÜLLERIN

Wenn Dietrich Fischer-Dieskau Schuberts Liederzyklus von der *Schönen Müllerin* singt, dann erlebt auch der kritischste Kritiker etwas, wonach er sich meist nur vergeblich und heimlich sehnen darf: Entwaffnung. Endlich kann er rückhaltlos bewundern.

Fischer-Dieskau sang den Zyklus ohne Unterbrechung – die «Pause» erscheint ja als zwölftes Lied leibhaftig auskomponiert –, ohne jede Intonationstrübung, auswendig, musikalisch und deklamatorisch gleich souverän. Er vermied es durchaus, dramatische Höhepunkte opernhaft überschwenglich darzubieten oder irgendwelche Einzelheiten effektvoll aus dem künstlerischen Zusammenhang herauszubrechen, wozu ihn seine fast unglaubliche, jede Nuance mühelos meisternde Gesangstechnik gewiß verleiten könnte. Nur manchmal tönte er einzelne Strophen virtuos gegeneinander ab, indem er die Kontraste von Wilhelm Müllers bildkräftigen Texten gut gelaunt unterstrich. Gleichwohl hatte man fast nie den Eindruck interpretatorischer Willkür. Seine *Schöne Müllerin* ist exemplarisch, weil hier ein Sänger alle Kunst dem Ganzen des Schubertschen Kosmos unterordnet.

Franz Schubert

«Das Wandern ist des Müllers Lust» war hier kein knalliger, pseudopopulärer Beginn, sondern ein harmlos heiterer, flüchtig rascher Anfang: Noch ahnte niemand etwas von den Abgründen, auf die dieser Wanderer zuschritt. Im «Wohin?» trübte sich die lebensfreundliche Harmlosigkeit dann ein wenig – Fischer-Dieskau legte in den vom Rauschen berauschten Sinn des Müllerburschen eine leise Ahnung von Differenziertheit und Leidensfähigkeit. Dann erzählte uns jener Müller, sich immer mehr verstrickend, die Liebesgeschichte. Es ist unmöglich, die Fülle der ausdrucksvollen Einzelheiten zu beschreiben, etwa die großartig einleuchtende Pause, über die fast alle anderen hinwegsingen: «sag – Bächlein, liebt sie mich?» aus dem «Neugierigen», in deren Zehntelsekunde die Ewigkeit einer Erwartung liegt, oder den gerade nicht jubelnden, sondern eher scheuen und glücksbefangenen letzten Vers der «Ungeduld», die, so gesungen, keineswegs mehr als Solistenreißer in flotte Wunschkonzerte gehört, sondern nur noch in diese Leidensgeschichte. Nach einer solchen Vorbereitung konnte der düstere zweite Teil des Zyklus mit einer Gewalt wirken, die Genrehaftes, Sentimentales, Biedermeierseliges ausschloß. Die Wildheit der Eifersucht, die im Wiederholungszwang immer wieder geflüsterte Vision vom Selbstmord, an die der Unglückliche sich klammert – alles das gab dem Zyklus die oft geraubte Größe wieder. «Die liebe Farbe», ein Lied, dessen traurig bohrender Pianissimo-Eindringlichkeit kaum etwas an die Seite gestellt werden kann, wurde zum melancholischen Höhepunkt des Abends, «Des Baches Wiegenlied» zum Ausdruck wahnsinnigen Schmerzes.

20. IV. 1959

Es ist kein normales Konzert, sondern ein Ausnahmeereignis, wenn der meistbewunderte Liedsänger des Jahrhunderts Schuberts unergründlichen Zyklus *Die schöne Müllerin* vorträgt. Darum war das Münchner Nationaltheater überfüllt mit Fischer-Dieskau-Fans aus nah und fern, die gespannt, aber auch ein wenig angstvoll dem Schicksal des Müllerburschen und seines Interpreten entgegenharrten.

Angstvoll? Als Schubert-Gestalter hat Fischer-Dieskau eigentlich nur einen wirklich gefährlichen Konkurrenten. Nämlich sich selbst –

Die schöne Müllerin

wie er im Laufe der Jahrzehnte neue Standards gesetzt, neue Wege gesucht, ungeahnte Seelenbewegungen dargestellt hat. Mittlerweile ist der am 28. Mai 1925 in Berlin geborene Sänger 66 Jahre alt. Er weiß auch, daß seine Stimme *natürlich* einst in der Höhe reicher war, daß sie rascher, frischer, flexibler und präziser ansprach. Eines der ersten jener (nicht allzu vielen) unvergeßlichen Konzerte, die ich im Herkulessaal erlebte, war 1959 Fischer-Dieskaus *Schöne Müllerin*. Damals begriff der Sänger *Die schöne Müllerin* als eine Novelle aus subtilen Liedern, die trotz aller Trauer oder Erregtheit nie Maß, Form und ästhetischen Kunstcharakter verloren.

Und 1991? Ist der Künstler, wie es das Alter angeblich mit sich bringt, «weiser» geworden, distanzierter, melancholischer, objektivierender? Oder wiederholt er gar bloß noch mit weniger frischen Mitteln längst Bewährtes?

Von alledem keine Spur! Fischer-Dieskau bricht demonstrativ – am Anfang wirkt es ziemlich befremdend, am Ende überwältigend – die Lieder auf. Er forciert den dialogischen Kern der Selbstgespräche, verbindet die atem- und pausenlos ineinander übergehenden Kompositionen zum Drama. Die Folge der Lieder 14 bis 18 (der ärgerniserregende «Jäger», «Eifersucht und Stolz», die Todessehnsucht der «Lieben Farbe», der hilflose Grimm auf die «Böse Farbe», die fahle Tonlosigkeit der «Trockenen Blumen») steigert der 66jährige Fischer-Dieskau zum musikdramatischen Exzeß. Das steht dem Tristan, ja der Kundry näher als – Wagner hat sich übrigens für Schubert wenig interessiert – dem Wiener Biedermeier des Vormärz. Den «Jäger» schleudert Fischer-Dieskau nunmehr als manischen, wegen aberwitzigen Tempos kaum verstehbaren Wutausbruch heraus. Früher hat er, man kann es in der Aufnahme von 1961 mit Gerald Moore hören, den «Jäger» wie das überlegene, hämisch-spöttische Lied eines wegen seines Nebenbuhlers leicht verunsicherten Liebhabers vorgetragen. Keine Rede mehr von «gepflegter Liedkunst». Fischer-Dieskau, der Lied-Regisseur, manisch-depressiver Exzentriker.

Gesangspädagogen und Stimmfetischisten dürften angesichts solcher Exzesse die Frage stellen, ob das denn «noch Schubert» sei. Wissen sie wirklich so genau, bis wohin man bei Schubert zu weit gehen kann? Arrau, Brendel, Afanassiev und eben Fischer-Dieskau haben uns eines Unheimlicheren belehrt. Sicher läßt sich einwenden, der reife Fischer-Dieskau mache aus der *Not* eine *Tugend*. Zugegeben: Weil ihm die strömende Schönheit nicht mehr wie früher zu Gebote steht, bietet er das erste heiter-behagliche Lied als eine (auch

Franz Schubert

was Intonation betrifft) ziemlich anfechtbare und forcierte Demonstration von Aufgeräumtheit und Heiterkeit. Das gilt gleichfalls fürs Lied Nr. 3, «Halt!». Doch ist eine *Tugend*, welchen Umständen sie sich auch verdanken mag, nicht etwas Positives?

Der dramatisierenden Tugend des Künstlers haben wir zu danken, daß lebendige Einzelheiten der Lied-Selbstgespräche unvergleichlich plastisch herauskommen. Daß die «Thränen» bereits erstaunlich früh als Leidmotiv und daß alle Erwähnungen des «grün» als Ausdruck einer Neurose erfühlbar werden.

Mit der «Pause» beginnt bei Fischer-Dieskau die Katastrophe: Deshalb nimmt er sie enorm langsam – dafür danach übergangslos das «grüne Lautenband» zwangsneurotisch verhetzt. Erstaunlicherweise halten die Matthias-Claudius-haft schlichten, treffsicheren Verse Wilhelm Müllers es ohne weiteres aus, auch als Momente eines Seelenkrimis zu erscheinen. So erbrachte Fischer-Dieskaus produktive Neugier eine Interpretation der *Schönen Müllerin*, die gewiß manchmal sehr anfechtbar war («Mein!» ist dem Künstler nur über kluges Forcieren erreichbar), aber eben doch neu, aufregend und in ihrer Wahnsinns-Konsequenz unwiderstehlich. Das Publikum dankte mit frenetischem Applaus, in den der Begleiter Hartmut Höll, der subtil und keineswegs bloß passiv sekundierte, respektvoll einbezogen wurde.   *22. VII. 1991*

DIE WINTERREISE

Was für eine schier unglaubliche Karriere! Vor zwei Jahren noch war Thomas Quasthoff, Jahrgang 1959, vollkommen unbekannt. Keine deutsche Musikhochschule hatte den jungen Gesangsstudenten, der wegen eines Contergan-Schadens nicht das für eine Zulassung notwendige Klavierspielen erlernen kann, aufnehmen wollen. (Der junge Hildesheimer Student entschloß sich also notgedrungen zum Privatunterricht bei Professor Charlotte Lehmann und ihrem Gatten in Hannover.) 1986 und 1987 stellten sich kleinere Wettbewerbserfolge ein. 1988 in München kam der Durchbruch. Ein bejubelter erster Preis beim ARD-Wettbewerb im September. Und nun, im November, unterzieht sich Quasthoff bereits der höchsten und

Die Winterreise

strengsten Prüfung, die es im Liedgesang überhaupt geben kann: Er wagt sich an Franz Schuberts Reigen «schauerlicher» Lieder – die *Winterreise.*

Der Herkulessaal, so rasch wuchs Quasthoffs Ruhm, ist überfüllt bis auf den letzten Stehplatz. Ein berühmter Konzertunternehmer, der keine Karte mehr bekam, lehnt erwartungsvoll an der Wand. Herzlicher Beifall begrüßt den jungen Sänger.

Am Anfang ist denn auch alles so, wie man nach den vielen, vor Begeisterung atemlosen Besprechungen erwartet hatte. Das «Charisma», diese schwer definierbare Konsequenz aus Bühnenpräsenz und Stimmqualität wirkt. Eine männliche, wohllautende Mittellage im Bariton-Baß-Bereich fällt auf. Und es fasziniert eine erhabene, trotzdem nicht protzig aufgedonnerte Tiefe. Schuberts Oktavsprünge nach unten, die bei vielen Sängern meist nur das Hervorbringen eines mulmig-undefinierbaren Luftstromes auslösen, setzen bei Quasthoff eine beneidenswert ausgeglichene, harmonisch timbrierte Fülle frei. Rasche, koloraturähnliche Bewegungen bereiten ihm keine Schwierigkeiten. Ein paar Ungenauigkeiten, auch des Sängers vielleicht mit Anfangsnervosität erklärbare Tendenz, Auftakte mehr zu betonen als Schwerpunkte – «*Die* Liebe liebt das Wandern» –, lassen keinerlei Zweifel daran aufkommen, daß man es mit einer runden, maskulinen, harmonisch ausgeformten Stimme zu tun hat.

Trotz alledem war es ein schwerer Fehler, daß der 29jährige Quasthoff es riskierte, bei seinem ersten großen Münchner Liederabend gleich die *Winterreise* ins Programm zu setzen. Ihm fehlen Ausdruckskraft, Passion, Wildheit. Mit den tonschönen Mitteln einer bescheidenen Direktheit und einer gewollt zurückhaltenden Dramatik läßt dieser Zyklus sich wahrlich nicht bewältigen. Erst im siebenten Lied, «Auf dem Flusse», stellte sich eine gewisse innere Spannung ein. «Rast», «Einsamkeit», «Täuschung», «Die Nebensonnen» gelangen ansprechend. Aber sonst? Man mußte sich immer wieder fragen, warum dieser mit einer so harmonisch-schönen Stimme begabte Sänger sich ausgerechnet auf Schuberts *Winterreise* gemacht hatte. Wollte er demonstrieren, daß man hochentwickelte, expressive Kunstwerke auch wie ruhige Volkslieder vortragen kann?

Zugegeben, das Eingangslied, dieser dumpf schlendernde Marschrhythmus, die Mischung aus Verzweiflung und Apathie, läßt sich im Konzert kaum treffen. Damit hat auch ein Fischer-Dieskau, eine Christa Ludwig Schwierigkeiten. Doch Quasthoff fehlte es im Verlauf des Zyklus dann auffällig an expressiver Gespanntheit, an

Franz Schubert

Farben, Farbwechseln. Er sang «Gefrorne Tropfen fallen von meinen Wangen ab» genauso – dabei ist es eine *Feststellung* – wie die herzbewegend komponierte *Folgerung*: «Ob es mir denn entgangen, daß ich geweinet hab'»? Er verstand Sechzehntel- und Zweiunddrei-ßigstel-Bewegungen, die hier eigentlich doch innere Erregung symbolisieren, als bloße Koloraturen. Quasthoff hatte auch keinen Sinn oder keine erkennbaren Ausdrucksmittel für die von Schubert im «etwas bewegten» Lied vom «Frühlingstraum» bewußt «langsam» vorgeschriebene Eisblumen-Glücksutopie mitten im Winter: «Doch an die Fensterscheiben, wer malte die Blätter da?»

Selbst in Liedern, die seinem Temperament wohl näherlagen, wie in der «Post», kam das verschämte, verlegene, beklommen-redens-artliche «Nun ja, die Post kommt aus der Stadt, wo ich ein liebes Liebchen hatt'» weder als bekümmerte Entschuldigung des Aufbrau-sens, noch hatte man das Aufbrausen selber – «mein Herz!» – mitfühlen können.

Für die *Winterreise* fehlt es Quasthoff (noch?) an Gestaltungs-kraft. Wenn er die Liedinhalte wie seltsame Geheimnisse zu berich-ten beginnt: «Eine Krähe war mit mir», gelingen ihm schöne Mo-mente. Doch daraus wird dann zuwenig.

Falls dieser Künstler die Karriere macht, die seine Freunde und Bewunderer ihm wünschen, dann dürfte er in ein, zwei Jahrzehnten sich einigermaßen verlegen den Mitschnitt dieses Konzerts anhören. Dringlich wäre ihm zu raten, doch mit Fischer-Dieskau oder einem Künstler solchen Ranges den großen Schubert zu studieren. Denn auch das wurde klar: Quasthoff mogelt nicht. Er singt angenehm prätentionslos, bescheiden. Wo ihm nichts einfällt, wo er nichts Besonderes fühlt, da macht er auch nichts. Mit fremden Expressions-federn will er sich nicht schmücken. Er singt offen und ehrlich.

An die Kunst des Begleiters Martin Galling mußte man sich gewöhnen. Der Anschlag klang eher verwaschen, alles andere als sonor oder differenziert. Aber auch Galling setzte auf Ehrlichkeit und Redlichkeit. Er gab kein Pathos, wo «pp» oder «staccato» vorgeschrieben waren. Hielt sich zurück. Im «Stürmischen Morgen» riskierten seltsamerweise weder Sänger noch Begleiter das (vorge-schriebene) Fortissimo. Am Ende donnerte um so lauter der Beifall.

29. XI. 1988

Die Winterreise

Ein schöneres (Weihnachts-)Geschenk für eine ruhige, erfüllte, bewegende Stunde kann man sich oder anderen kaum machen als diese herrliche, herzbewegende *Winterreise*. Natürlich sind die Jahre an Christa Ludwigs Stimme nicht spurlos vorübergegangen, zudem war es stets ihr Ehrgeiz, nicht nur unschlagbar musikalische Meisterin inniger Adagio-Lieder zu sein, sondern auch mit dem Fidelio oder der Ortrud hochdramatisch zu imponieren. Damit hat sie ihre Stimme – für mich, aber das ist ein «subjektives Geschmacksurteil», die *schönste*, der ich je lauschen durfte – gewiß nicht kaputtgemacht, denn sie ist eine enorm kluge Sängerin. Aber ihr Material doch gefährlichen Belastungsproben ausgesetzt.

Manchmal, wenn die Vibrato-Amplitude zu groß scheint, das Crescendo während eines Tones gefährlich anheulend langsam gerät, hört man das. So gibt es ein paar Momente in dieser *Winterreise* («des Hauses aufgestecktes Schild» aus der «Wetterfahne» oder «sind wir selber Götter» aus «Mut»), wo Christa Ludwig die Grenzzonen des Schrillen in Kauf nimmt. Das wäre ihr vor zwanzig Jahren gewiß etwas perfekter gelungen.

Doch diese wenigen Einschränkungen, die ich froh bin, nun hinter mich gebracht zu haben, stehen in überhaupt keinem Verhältnis zur innigen Kunst, mit der hier, staunenswert beseelt und faszinierend, der gewichtigste Liederzyklus gemeistert wird, den die Musikgeschichte kennt. Christa Ludwig nimmt manche Lieder (die man sonst tonmalerisch forciert hört: «Im Dorfe») in einen lyrischen Seelen-Innenraum zurück; andere verwandelt sie in balladeske Riesen-Crescendi wachsender Verzweiflung («Auf dem Flusse», «Die Krähe»). Als Schubert-Lied-Gestalterin – je verhaltener, ernster, desto ungeheuerlicher – ist sie selbst einer Jessye Norman oder gar der harmlosen Kathleen Battle einstweilen um Dimensionen der Eindringlichkeit und Ausdruckskraft überlegen...

Dabei hilft ihr hier, daß James Levine Schubert weit subtiler und schöner begleitet, als er ihn, wenn man an seine oberflächliche Deutung der großen *C-Dur-Symphonie* denkt, dirigiert. Was im Konzertsaal so gut wie nie gelingt, wird hier zur herrlich depressiven Selbstverständlichkeit: das schleppende Marsch-Wandertempo, das eben nicht sentimental *ver*schleppt, aber erst recht nicht gesund ausschreitend sein darf. Der Anfang des Zyklus: «Gute Nacht!» dauert ja so lang wie manche Sonaten- und Symphoniesätze (hier: 6′ 20″). Schuberts Wanderbewegung scheint so genau getroffen, daß Monotonie, depressives Kreisen und unseliges Weiter-Müssen zum

Franz Schubert

schlendernden Marsch geraten. «Mäßig, in gehender Bewegung.» (Alles das kommt als verhaltener Todesmarsch im «Wegweiser» beklemmend wieder.) Christa Ludwig findet – das sei wenigstens an den drei ersten Liedern des Zyklus demonstriert – mit tieferfahrener Sicherheit die Schubert-Aura aus verzweifelter Auflehnung und fatalistisch bitterer Ergebung. Wenn es das erstemal heißt: «Nun ist die Welt so trübe, der Weg gehüllt in Schnee», dann steigt die Kantilene eine Oktave hoch – und Frau Ludwig fügt dem «Schnee» ein gleichsam entsetztes Crescendo hinzu. Bei der sogleich folgenden Wiederholung kadenziert das «im Schnee» eine Quint in die Tiefe. Überhaupt kein Crescendieren mehr. Da klingt ein bitter achselzuckendes «Läßt sich nicht ändern», «kann man nix machen» mit. Die Lage ist hoffnungslos, aber nicht ernst. Und beim Dur-«Traum» ändern sich Timbre und Tempo unmerklich, selbst die Seufzer im Klavier trumpfen überhaupt nicht auf, tönen verhalten.

Das zweite Lied, «Die Wetterfahne», wird bei Christa Ludwig zu einem balladesk anwachsenden Rausch des Schmerz-Furioso. Sie nimmt klug zurück, bis zum Geheimnis, das «Der Wind spielt drinnen mit den Herzen wie auf dem Dach, nur nicht so laut». Um so expressivere Gewalt gewinnt dann der ekstatische Ausbruch.

Im (hier) vielleicht allerschönsten dieser schauerlichen Lieder, den «Gefrornen Tropfen», macht nicht nur Levine aus seinem Vorspiel Sternsekunden, sondern es gelingt Christa Ludwig, eine betörend rührende, weibliche Zartheit in die Frage zu legen, ob es der Seele einfach entgangen sei, «daß ich geweinet hab'?».

Es ist ungewöhnlich, aber keineswegs irritierend oder störend, daß eine Frau diesen männlichen Zyklus singt. Zugegeben, manchmal werden an unsere Abstraktionsfähigkeit gewisse Anforderungen gestellt. Etwa beim 14. Lied, «Der greise Kopf», wo der junge Mann sich, von Schneereif bestäubt, hocherfreut als «Greis» sieht, dann aber erkennen muß: «Doch bald ist er hinweggetaut, hab' wieder schwarze Haare, daß mir's vor meiner Jugend graut».

Für diese Verfremdung wird man als Hörer wahrlich entschädigt durch die Valeurs des Innigen, Bescheidenen, Rührenden, die singenden Männern schwerer, und dann oft doch mit allzu demonstrativem Nachdruck nur, erreichbar sein mögen.

Aus alledem darf nun aber nicht der Schluß gezogen werden, Frau Ludwig gestalte den Zyklus irgendwie weinerlich, weiblich emphatisch, gar mit einer unterdrückten Träne in der Stimme. Im Gegenteil

Schwanengesang

– wenn der Reisende mit sich spricht: «Mein Herz», dann hat das etwas geradezu Sachliches. Es ist ja kein anderer Partner da zur Erkundung der Lage. Unwiderstehlich gestaltet Christa Ludwig die eigentliche Triebkraft dieses Zyklus: Ob fallendes Blatt, blasendes Posthorn, kreisende Krähe – die harmlosesten Anlässe werden für den Wanderer zum Ausgangspunkt für verzweifeltes Assoziieren. Beim Posthorn kommt sein verrücktes Herz auf die irre Idee, die Post könne einen Brief der Geliebten (die ja überhaupt nicht weiß, wo er ist, und die bestimmt etwas Besseres im Sinne hat) überbringen. Und weil die Krähe nicht wegfliegt, gerät er in die Assoziationsraserei von der «Treue bis zum Grabe». Den «Leiermann» singt Frau Ludwig, erschütternd, mit halber Stimme.

Diese CD enthält also ein Mirakel großer Kunst sowie großer Gesangskunst.

Weil nun aber alles so durchdacht, erfüllt und schön herauskommt, seien einige Einschränkungen nicht unterdrückt: Warum – ich wüßte wirklich gern die Antwort –, warum nimmt Frau Ludwig «Die Post» («Etwas geschwind») so langsam? Will sie einen wunderlichen Verrücktheitsausbruch zur biedermeierlichen Genre-Szene reduzieren? Obschon Schubert doch den schwungvoll punktierten Rhythmus selber im zweiten und vierten Teil stockend verlangsamt, so daß er anfangs offenbar rasch hätte sein müssen! Und vielleicht ist ins Lied Nr. 19, «Die Täuschung», ein unnötiges Moment des irrlichthaft Neckischen hineingeraten: «Daß es verlockt den Wandersmann»? Solche Fragen ändern nichts am Rang der Einspielung. Sie sollen vielmehr belegen, daß diese *Winterreise*-Interpretation faszinierend interessant ist, nicht nur schön über alle Begriffe.

28. X. 1988

SCHWANENGESANG

Die unter dem Titel *Schwanengesang* vereinigten letzten Lieder Schuberts (nach Dichtungen von Rellstab, Heine und Seidl) stellen an Interpreten und Zuhörer womöglich noch höhere Ansprüche als die *Winterreise* oder die *Schöne Müllerin*. Keine zyklische Konstruktion stellt da einen übergeordneten, hilfreichen Zusammenhang her.

Franz Schubert

Kompositionen, die oft bis an eine finstere Grenze konzessionsloser, nicht im mindesten mehr liedmäßig genrehafter Expressivität gehen, stehen – durch nichts als Zufall verbunden – unvermittelt nebeneinander. Und wenn die einzelnen Liedgruppen nicht durch Beifall unterbrochen werden dürfen, was gewiß sehr wohltuend ist, weil man ungern durch brutale Prasselgeräusche in die Herkulessaal-Wirklichkeit zurückgerissen wird, dann muß sich der Zuhörer innerhalb weniger Minuten übergangslos vom «Atlas» zum «Doppelgänger», von der «Stadt» ans «Meer» oder von «Kriegers Ahnung» zum «Ständchen» transportieren lassen. Das ist kaum auszuhalten, weil es sich um Kompositionen obersten Ranges und gedrängtester Form handelt – falls man sich nicht einfach ein wenig gehenläßt und sich an schönen Melodien berauscht.

Zum Lobe des Baritons Hermann Prey, der zu den gefeiertsten Sängern der Welt zählt und sich in Amerika einer legendären Beliebtheit erfreut, braucht nichts mehr gesagt zu werden: Der außerordentliche Charme seiner kräftigen, leicht geführten, in der Tiefe an Fülle immer noch zunehmenden und sich verdunkelnden Stimme hat überall Bewunderung provoziert. Und ganz offenbar hütet sich der Künstler auch vor leichten Siegen: Er übertreibt nicht opernhaft, er überläßt sich nur selten dem süßen Sentiment, das ihm liegt. Ja er ist – so gern er gewinnend und wie ein blonder Kavalier sänge – streng mit sich. Manchmal erlaubt er sich nur ein stilles Parlando, wo er eigentlich loslegen könnte.

Und dennoch, trotz dieser sängerischen Selbstzucht, wurde man des *Schwanengesangs* nicht ganz froh. Zwar glückte herrlich das Träumerische, wähnend Sehnsüchtige, gleichsam nur verzückt Vorgestellte der «Frühlingssehnsucht», zwar entsentimentalisierte Prey das «Ständchen» wunderschön, zwar wurde die überwältigend gebannte Monotonie des «Doppelgängers» Ereignis. Aber es ließ sich doch nicht überhören, daß Prey sich da Askese befohlen hatte. Wo aber Kantilenen schubertisch aufblühen, drängt sich – andererseits doch wieder, es läßt sich schwer in Worte fassen – sozusagen ein Lächeln in die Stimme. Der Ausdruck wird dann zu liebenswürdig verbindlich. Und offenbar legt Prey auch – denn schließlich geht es bei einem Sänger seines Formats um die absoluten Forderungen, die der späte Schubert stellt, und um die Weiterführung der anspruchsvollen Tradition großen Liedgesangs – etwas zu wenig Wert auf die Färbung. So hebt sich der Mittelteil der «Liebesbotschaft» doch nicht zwingend genug vom Rahmen ab, so wird im ohnehin nicht ganz

Vokalduette, -terzette, -quartette

geglückten, etwas neutralen «Aufenthalt» das plötzliche Dur («hoch in den Kronen») nicht hinreichend stark. Da müßte doch alles in neuer Beleuchtung sein, eine unverlierbare Schubert-Melodie ist aus einem dramatischen Moll-Beginn gleichsam gewonnen. Prey singt es schön, empfindsam, aber vielleicht nicht konturiert und entschieden genug.

Ich glaube nicht, daß diese Entwicklungsmöglichkeiten, die sich da für den 38jährigen Prey noch abzeichnen, daß diese Vorbehalte also mit der leichten Indisposition zu erklären wären, die manchmal im ersten Teil des Liederabends hörbar wurde. Gelegentlich lag, im Piano der höheren Mittellage, ein leichter Schleier über der Stimme. Dieser Widerstand, der den Künstler anfangs zu besonderer, bewunderungswürdiger Konzentration zu zwingen schien und ihn vollends daran hinderte, sich auf ein ungerührtes Belcanto zu verlassen, dürfte seinen Ausdruckswillen sogar eher gesteigert haben.

Bei den Zugaben war dann die Spätstilaskese vorbei. Prey bezauberte und bezwang seine Gemeinde mit dem geradezu süffig schön vorgetragenen «Im Frühling», huldigte mit herrlicher Leichtigkeit der Sylvia, ging ganz aus sich heraus.

An Stelle des erkrankten Alfred Brendel sekundierte Karl Engel am Klavier. Engels Musikalität und seine Diskretion waren gleichermaßen überwältigend. Eine höhere Kultur der Liedbegleitung ist kaum denkbar. Peschko, Raucheisen, Moore – sie alle haben keineswegs besser, sondern höchstens anders den kleinen Formen des großen Schubert gehuldigt. Der Beifall war ovationsartig. Preys Beliebtheit ist so groß, daß begeisterte Zuhörer und Zuhörerinnen, die man sonst kaum je im Herkulessaal erblickt, die Plätze und das Podium füllten.

8. VI. 1968

VOKALDUETTE, -TERZETTE, -QUARTETTE

Ist es nicht so: Alle unanfechtbaren, großen Meisterwerke umgeben heutzutage jeden Musikinteressenten wie etwas Selbstverständliches. Wie die Luft, was nicht nur metaphorisch verstanden zu werden braucht. Sie sind ja in der Luft, werden von den Rundfunkprogram-

Franz Schubert

men immer wieder gesendet (mit Recht), stapeln sich auf Schallplatten-Regalen (natürlich auch mit Recht), stehen, gleichfalls zu Recht, immer wieder auf den Konzertprogrammen. Das kann kaum anders sein. Denn die Interpreten werden sich die Möglichkeit, große Werke darzustellen, nicht durch irgendwelche kulturkritischen Warnungen ausreden lassen, und die Hörer, die Nachwachsenden bestehen verständlicherweise auch darauf, dem Bedeutenden, dem Außerordentlichen zu begegnen und nicht nur dem Entlegenen oder Preziösen.

Wenn aber die Dinge so liegen, dann muß jeder ältere Musikfreund mit einem gewissen Bedauern feststellen, daß er Werke wie die *Brandenburgischen Konzerte*, den *Figaro*, die *Eroica*, die *Winterreise*, die Chopinschen Balladen oder die Mahlerschen Symphonien nie mehr zum erstenmal hören kann. Man kennt das alles sehr gut, ja zu gut, man vergleicht, wird gewiß von neuen Interpretationen getroffen, vernimmt das Werk dann wie zum erstenmal – aber man macht halt doch nicht mehr die niederschmetternd große Erfahrung, Mozarts *g-Moll-Symphonie* oder dem Schubertschen *Streichquintett* als etwas wirklich Neuem, noch Unerhörtem zu begegnen.

Dies die eine Seite der Sache. Die andere, gleichermaßen wohlbekannte: Natürlich werden immer wieder zu Unrecht verkannte Werke entdeckt, wiederausgegraben, manchmal auch nur forciert belebt, bengalisch beleuchtet, zu Meisterwerken hoch-gespielt. Aber dann begreift man, bei aller Freude, etwas Nicht-Geläufiges vorgesetzt zu bekommen, meist eben doch nur zu gut, warum das Vergessene vergessen ward.

Die Deutsche Grammophon hat verdienstvollerweise drei Vokalplatten herausgebracht – Schuberts Duette (Janet Baker, Dietrich Fischer-Dieskau), Schuberts Terzette (Elly Ameling, Peter Schreier, Horst Laubenthal, Dietrich Fischer-Dieskau) sowie Schuberts Quartette (Elly Ameling, Janet Baker, Peter Schreier, Dietrich Fischer-Dieskau) –, die alle hier angedeuteten Möglichkeiten belegen. Da findet sich Musik, die man erfreut, aber nicht fasziniert kennenlernt. Da findet sich auch ziemlich Harmloses, wirklich nicht ganz zu Unrecht Vergessenes. Aber, und darum übertreffen diese Neuaufnahmen, in denen jedesmal Gerald Moore als unaufdringlich sensibler, heiterer, meisterhafter Klavierspieler mitspielt, doch alle Erwartungen: Es finden sich auch einige Aufnahmen, denen man förmlich beschämt lauscht, glücklich und gerührt. Beschämt, weil man feststellt, daß es selbst im Œuvre des vielgeliebten, vielgespielten

Vokalduette, -terzette, -quartette

Schubert Höhepunkte gibt, von denen wahrscheinlich die allermeisten bis zum Augenblick des Erscheinens dieser Platten nichts ahnten.

Daß diese Werke unbekannt blieben, hängt mit der ungewöhnlichen Besetzung zusammen: Wo gibt es schon erstklassige Vokalquartette? Wann treffen sich (außer in der Oper) Weltklassesänger zum Ensemble? Fangen wir mit dem Allerschönsten an: mit den Vokalquartetten. Die vier Solistenstimmen produzieren einen herrlich entspannten und erfüllten Klang. Stücke wie «Der Tanz», wie, vor allem, «Des Tages Weihe», aber auch wie die «Hymne an den Unendlichen» gehören zum Aufrichtigsten und Atemberaubendsten aus Schuberts Feder. Die Besetzung mit vier Stimmen bedeutet offenbar für Franz Schubert eine Provokation, harmonisch reich und melodisch bezwingend zu komponieren. Für mich ist «Des Tages Weihe» ein Fund gewesen, so schön wie Schuberts berühmteste Streichquartett-Sätze oder Impromptus. Und ich bin sicher, daß alle Hörer mit dem vertonten Text übereinstimmen werden: «Schicksalslenker, blicke nieder, / Auf ein dankerfülltes Herz, / Uns belebt die Freude wieder...»

Zugegeben, der Fund beruht auf einem Zufall. Hört man nämlich zuerst in die Terzett-Platte hinein, die auch reizvoll aufgemacht und liebevoll dargeboten ist, dann sagt man sich nämlich: Sehr hübsch, aber doch ein wenig spießig, fast sogar etwas kleinbürgerlich-vergnügt, kantatenhafte Feiermusik, szenische Nettigkeiten, weder verwerflich noch unwürdig, aber Schuberts Größtem keineswegs an die Seite zu stellen.

Wieder anders reagiert man auf die Duette. Szenen wie «Hermann und Thusnelda» oder «Antigone und Oedip» lassen sich nur mit etwas angestrengter Neugier bedeutend finden. Aber die von Janet Baker und Fischer-Dieskau berauschend schön vorgetragenen «Singübungen» und die ins Duett übersetzte «Mignon»-Klage des späten Schubert sind dann doch wieder Perlen, Sternsekunden vokaler Musik.

Fazit: Die Quartett-Platte, die freilich auch ein paar neutralkantatenhafte Nummern enthält, ist für jeden Schubert-Verehrer, für jeden Musikfreund ein «Muß», die Duett-Platte zumindest ein «Durchaus», aber die Terzett-Platte ist höchstens ein «Vielleicht».

Was die Interpretation betrifft: Gerald Moore begleitet wunderbar zurückhaltend sonor, Fischer-Dieskau erweist sich beim ruhigen Artikulieren doch als wohl überlegenster Schubert-Sänger unserer

335

Franz Schubert

Zeit; wenn er freilich bestimmte Dinge mit Aplomb hervorhebt, dann wird er leider überdeutlich, übertreibend. Janet Bakers Stimme leuchtet mirakulös. Wie die vier Solisten sich während der schönsten Augenblicke zusammenfinden, das muß man haben, nach Hause tragen, hören.

21. XII. 1974

DIE GROSSE C-DUR-SYMPHONIE

Schuberts 9. *Symphonie* beginnt mit einer acht Takte langen Melodie des Horns, einem ruhigen romantischen Thema, das den Umfang einer Septime erreicht. Bereits als dieses Thema verklungen war, ahnte man, daß eine festliche Aufführung bevorstehen müßte, denn mit völlig ungezwungener, gelöster Sicherheit wurde der richtige, der Schubertsche Ton getroffen. Der Hornist des Rundfunkorchesters phrasierte überlegen, er vertraute dem erfüllten Augenblick und wagte, die einzelnen Teile des Themas ruhig voneinander abzutrennen. So entstanden im wahrsten Sinne des Wortes «natürliche» Perspektiven, tiefsinnige, nachhallerfüllte Zwischenräume, wie sie der Schubertschen Musik gemäß sind. Und auch als die Geigen dann mit einer ausdrucksvoll melodischen Gebärde den Einsatz des ganzen Orchesters einleiteten, wurde nie auf «Entwicklung», auf ein «Ziel» zugespielt, so, wie es unsere Orchester an den logisch voranschreitenden Beethoven-Symphonien lernen, sondern Böhm verstand es, die Ewigkeit der Sekunde zu entfalten, ohne darum doch das Ganze zu vergessen. Die 9. *Symphonie* enthüllte sich als ein Werk, das nicht irgendeiner Synthese entgegenschreitet – so überwältigend, so pompös die Stretta-Schlüsse auch auskomponiert sein mögen –, sondern als ein ruhiger Kosmos, in dem die belebte Natur selbst ihre Sprache findet. Der Hörnerruf, das Geschmetter der Trompeten, die magische Dur-Moll-Ambivalenz, die Dämonie der Pianissimo-Posaune, ungarisch getönte Seitenthemen: alledem geschah auf unvergleichliche Weise recht. Man könnte viele Einzelheiten hervorheben. Schuberts Lebensrhythmus ist ja – in fast allen großen Werken kann man es studieren, vom brausenden «Erlkönig» bis hin zu dieser Symphonie, die er nie gehört hat – die Triole. Böhm

Die große C-Dur-Symphonie

traf im Allegro ma non troppo das Triolentempo unbeschreiblich
richtig: lebendig pulsierend und doch ohne Hast. Plötzlich begriff
man, warum selbst im vorletzten Takt des ersten Satzes Hörner und
Posaunen noch ihre Triolendominante in Fortissimo aussprechen
dürfen.

Es ist im Zusammenhang mit Wagner-Opern durchaus üblich, auf
die wohl auch von Wagner selbst propagierte «Kunst des Übergangs»
hinzuweisen. Böhm ließ im ersten und im zweiten Satz der
9. *Symphonie* die Übergänge so spielen, daß man nicht mehr an ein
Kunst-, sondern an ein Naturereignis dachte. Das Orchester hat
mitten in der Durchführung des ersten Satzes einen As-Dur-fff-
Höhepunkt, die sechste Stufe also, erreicht. Irgendwo in der Ferne
ahnt man die Tonika. Zuvor aber lenkt die Flöte noch behutsam ins
as-Moll um, dann sagt die Oboe, das verhangene Piano weiterfüh-
rend, ihr trauriges Wort dazu, schließlich führt – Rudolf Gall übertraf sich selbst – die Klarinette eine ausdrucksvolle Bewegung zu
Ende, die alles in merkwürdiger (romantischer, märchenhafter,
Schubertscher) Schwebung zwischen sechster Stufe, C-Dur und
c-Moll beläßt. Und wenn dann schließlich, nachdem das As gar nicht
mehr weichen will, die erste Kadenz in c-Moll und die zweite in
C-Dur ertönt, bis sich endlich die Reprise im «großen» C-Dur
wieder öffnet, dann haben sich Vorgänge ereignet, die weit über das
hinausführen, was der Musik sonst zu sagen gestattet ist. Vor solchem Geschehen ward der Unterschied zwischen C-Dur und c-Moll
unwesentlich.

Das Publikum schien genau zu spüren, daß sich etwas Ungewöhnliches ereignete. Während dieser riesenlangen *C-Dur-Symphonie*
wurde kaum gehustet, auch während des zweiten Satzes nicht, in
dem Böhm nachtwandlerisch genau die Mitte zwischen traurigem
Marsch und persönlicher Klage, zwischen un-Schubertscher Eile und
anti-Schubertscher Sentimentalität traf. Wieder muß man den Horni-
sten loben, der aus seinem Übergang ein Drama zu machen wußte,
und die Cellisten, die nach einer Generalpause – wie sie Bruckner nie
grandioser gelang – mit einer über alle Worte besänftigenden Wendung begannen, in die sich dann die Oboe mischte, um ihr fatali-
stisch-melancholisches Wort dazu zu sagen. Nach solchen Anstren-
gungen gelang dann das Scherzo um eine Spur weniger intensiv. Erst
das Finale brachte den C-Dur-Schwung und unvergleichlichen Jubel
strahlend nach Hause.

Schuberts große *C-Dur-Symphonie* entfaltet sich nur dann in der

Franz Schubert

Zeit, wenn der Dirigent es fertigbringt, sie gleichsam aus Zeit und Entwicklungszusammenhang herauszunehmen, sie ihre eigenen Perspektiven, Relationen und Schönheiten gewinnen zu lassen, angesichts deren kein symphonisches Fazit mehr zählt. Je eiliger man dieses Stück spielt, desto länger dauert es; je ruhiger und beseelter man es nimmt, desto unwiderstehlicher entfernt es sich von der Diktatur des Uhrzeigers und des Vergehens. Schumanns nobles, aber unglückseliges Wort von den «himmlischen Längen» dieser Symphonie wird zurückweisen, wer ihren Kosmos durchschaut und sich vor Augen hält, daß das Wort «Länge» nun einmal etwas mit «Langeweile» zu tun hat. Eine kurze Melodie kann die Langeweile selbst sein. Wenn Karl Böhm jedoch mit dem Orchester des Bayerischen Rundfunks einen Glückstag hat, dann ist die *9. Symphonie* von Schubert nicht mehr «lang», dann ist sie nur noch himmlisch-irdisch vorhanden.

3. X. 1960

Unter Sergiu Celibidaches Händen begann die große *C-Dur-Symphonie* wie eine zarte Offenbarung. Ruhig und wunderbar durchsichtig entstand die Andante-Einleitung. Celibidache ließ das – nie genug zu preisende – Anfangsthema souverän, klug artikulieren. Die kurzen Notenwerte, also die Achtel nach den punktierten Vierteln, besaßen die gleiche melodische Wichtigkeit wie die längeren Töne, klangen gewissermaßen selbständig und schön, ohne daß der Rhythmus beeinträchtigt worden wäre.

So baute sich, gemessen und wohllautend und nur manchmal etwas tiftelig, die Einleitung auf. Was für ein Portal, dachte man in seeliger Erwartung der dann folgenden, riesigen Symphonie.

Aber durch dieses Portal schritten wir nicht ins Lebendige, Herrliche, Unendliche, sondern ins Leere. Als nach immerhin 77 spannungsvollen Einleitungstakten endlich das Allegro, der erste Forte-Einsatz erreicht war, da hatte die schöne, erwartungschaffende Vorbereitung einem nett und matt und gewiß nicht «forte» erklingenden Hauptthema gegolten! Die Punktierung besaß keine Schärfe, die Steigerungen entbanden keinen festlichen Ton, das Seitenthema blieb ohne lebendige Artikulation, und statt der hymnischen Schubertschen Schöpfungs-Feier erklangen günstigstenfalls Pointen.

Die große C-Dur-Symphonie

Nun könnte diese bei Celibidaches Umgang mit einem großen symphonischen Werk der Klassik erkennbare Forte-Berührungsangst, diese Furcht vor dem Lebendig-Werdenden, ja ein «kritisches», ein «heuristisches» Prinzip sein. Was bleibt, wenn die Wiedergabe vom frischfröhlichen Donnerschwung befreit, wenn also die große *C-Dur-Symphonie* kein Paukenkonzert ist, sondern himmlische Kammermusik?

Aber so leicht sind neue Wahrheiten doch nicht zu haben. Um sie zu erlangen, müßte die Veränderung der Dynamik durchgehend und in stets gleicher Relation vorgeführt werden – während Celibidache aus Affekt-Not oder einer preziösen Durchsichtigkeit wegen schlicht die dynamischen Gegensätze einebnete. Wenn es kaum einen Unterschied macht, ob das Hauptthema zu Beginn der Exposition im Forte oder zu Beginn der Reprise im Piano ertönt, wenn die Steigerungen der Durchführung sich nur brav entfalten – wozu dienen dann überhaupt die überwältigenden Überleitungen, Lichtwechsel und Schattierungen, wie sie Schubert am Ende der Durchführung komponiert, wie sie ein Karl Böhm unvergeßlich dirigiert hat?

Nun liegen die Dinge aber nicht so, daß er – wie etwa in der Coda des Kopfsatzes oder im schwunglosen Scherzo – immer zu «leise» dirigierte. Manchmal kommt schon ein größeres Forte, eine heftigere Abtönung. Doch das klingt, weil der Musik alles lebendige Strömen verboten scheint, dann nicht wie eine Äußerung von Kraft und Macht, sondern wie eine Pointe. Achtung: hier wird ein Akzent gesetzt.

Affektgedrosseltes Musizieren dieser Art, das übrigens bei Impressionisten erlesene Mischungen zeitigen kann (und das immer dann am schönsten klingt, wenn gewisse reine Kompositions-Spektren nachschaffender Interpretations-Dynamik gar nicht bedürfen), wirkt bei Schubert lähmend. Statt eine Welt zu durchwandern, blinzelt man in einen blankgeputzten Käfig voller chinesischer Nachtigallen.

Während des trostlosen Scherzos und des lobenswert exakten Beginns des Jubel-Finales glaubte ich zu begreifen, woher diese Lähmung kommt. Celibidache verhält sich offenbar in langsamen Sätzen, in meditativer Musik anders als in rascher, dynamischer. Während des hier ja bereits gerühmten Einleitung, noch mehr während der riesenlangen Schlusses des Andantes, als die fff-Schläge erregend erklungen waren, eine lange Echo-Pause beeindruckt hatte: da gestaltete der Maestro eine reine und reiche Musik, zart, als

Franz Schubert

himmlischen Traum ferner Wirklichkeit. Die synkopischen Geigen, das Thema sacht begleitend, das ätherische Verdämmern, Verhallen – das erklang atemberaubend, nachdem freilich der Anfang des Andante con moto harmlos verschenkt worden war.

Während Celibidache also im Langsamen artikulieren kann oder will, fehlt ihm die Gabe oder Hingabe, Musik auch im raschen Tempo sich gleichsam eigenständig entwickeln zu lassen. Die Dynamik gewinnt keinen eigenen Impuls, keine freie Artikulationslinie, sie gewinnt kein selbständiges, Schwung, Kraft, Geist produzierendes Werden. Es scheint, als würden immer nur Klänge hingestellt, Farben exponiert. Aber Gestalten heißen, herrlichen Atems und symphonischen Ernstes entstehen in Celibidaches Schubert-Allegros nicht.

30. VI. 1983

KLAVIERMUSIK

Was heißt das eigentlich: Jemand könne traditionelle wohlvertraute Musik philosophisch durchdringen, sie in einem modernen Bewußtsein spiegeln, neue Strukturen in ihr entdecken? Sind das nur Phrasen, die mit der Musik-Sache wenig zu tun haben? Genügt es denn nicht, wenn ein Pianist so lebendig und schön wie möglich spielt, was die Noten vorschreiben?

An der aufregenden, konzessionslosen, die Extreme bevorzugenden – dabei gewiß unausgeglichenen und keineswegs immer ein selbstverständliches Gelingen produzierenden – Kunst des Pianisten Alfred Brendel wird faszinierend deutlich, wie eine spekulative Interpretationshaltung beschaffen ist und wohin sie führt. Brendel ließ einen Abend lang Schubert in wechselndem, oft finster erregtem, manchmal auch entrücktem, überirdischem Licht erscheinen. Er trug *Drei Klavierstücke* aus Schuberts letztem Lebensjahr vor, darauf die *Wandererfantasie*, nach der Pause die *D-Dur-Sonate*.

Am tiefsinnigsten und plausibelsten gelang die philosophische Umdeutung der ersten beiden Sätze aus Schuberts *Wandererfantasie*. Auch dieses Stück ist ja eine (verkappte) Sonate, deren vier Teile ineinander übergehen. Brendel wandelt die scheinbar gegebene Sonatenform in eine Verlaufsform um. Mit ungeheurem Impuls beginnt er

Klaviermusik

den Kopfsatz im Fortissimo. Doch bei Schubert wird, gleich nach 16 Takten, der Anfang in leisem Piano wiederholt. Die Fermate vor diesem Piano dehnt Brendel zu einer Brucknerschen Generalpause aus. Wenn dann das C-Dur wiederkommt: verhalten, in anderem, dunklerem, milderem Licht – dann fand bereits etwas statt. Nämlich der Zusammenbruch eines «élan vital», einer auftrumpfenden Lebendigkeit. So geht es weiter. Auch der Pianissimo-Seitensatz wirkt wie ein beklemmendes Urteil über die vorherigen Fortissimo-Läufe. Die Finsternis des cis-Moll-Adagio-Themas empfindet man nicht einfach als zweiten Satz, der unvermeidlich dem ersten folgt, sondern wiederum als Konsequenz: Darauf mußte der grelle «fuoco»-Jubel hinauslaufen.

Was sich im Adagio abspielte, war noch ungeheuerlicher, subtiler. Brendel spielte das Zitat aus dem «Wanderer»-Lied atemberaubend «eng»: Keine pianistische Palette wurde dargeboten, sondern fahle Farbe. Die Variationen gerieten ihm nicht zur Bereicherung der Melodie, sondern fast zu einer Bedrohung. Wenn sich am Schluß des Adagios zwischen wüsten Tremolo-Farbflecken (die Schubert hier auch optisch komponiert hat, die Notenseiten sind fast schwarz) ein armes Residuum des Themas geltend zu machen versucht, dann hat Brendel, dieser wilde Philosoph am Klavier, wieder ein Formschema in einen spezifischen Verlauf umgebogen.

Die unvergleichliche Abstraktionshöhe und Direktheit großer Musik erlauben einem Pianisten Beleuchtungswechsel, wie Schauspieler sie im (ärmeren) Wortkunstwerk schwerlich zuwege bringen könnten. Brendel kultiviert förmlich die Möglichkeit, durch einen nachgestellten, fragenden Ton oder Akkord alles Vorangegangene umzudeuten, es rückwirkend zu verwandeln. Pausen, Echowirkungen, perspektivische Verzerrungen helfen ihm dabei. Alles «ist» und «bedeutet» – und im nachhinein fühlen wir doch, daß nichts so war, wie es schien.

Je heftiger die Kontraste, je gewaltiger die Übergänge, ja je exzentrischer das zu Bewältigende auseinanderdrängt, desto «richtiger» spielt Brendel. Musik scheint für ihn manchmal ein Vorwand, extreme Affekte zu verbinden, sie in höllisches oder himmlisches Licht zu tauchen.

Das ist natürlich bei kleinen Werken, deren Spannweite geringer sein muß, nicht ohne weiteres möglich. Da forciert Brendel. So holte er die wilde Dramatik, mit der er das erste der *Drei Klavierstücke* begann, zunächst nicht aus der Sache, sondern aus seiner eigenen

Franz Schubert

Unrast. Man merkte, wie er sich befeuerte, um in Feuer zu geraten. Das zweite Stück dann, ein Gegen-Stück zum Lied «Im Dorfe» aus der *Winterreise*, klang unter Brendels Händen gleichsam radioaktiv. Aber bei diesen *Drei Klavierstücken* deutete sich manchmal an, was während der letzten beiden Sätze der *Wandererfantasie* und auch im Kopfsatz sowie im Scherzo der *D-Dur-Sonate* herauszuhören war: Ist Brendel in seinem expressionistischen Element, dann nimmt er nicht nur manches «Pianistische» ein wenig nebenher (ohne freilich zu «schlampen» oder viele falsche Töne zu spielen), sondern es fehlt ihm auch die innere Waage, Fortissimo-Steigerungen und Piano-Gegensätze zu dosieren. Bei der *Wandererfantasie* erreichte er den Höhepunkt lange vor dem Schluß. Manchmal hielt ihn die Erregung im Mezzoforte, wo ein Piano vielleicht noch trauriger, angemessener geklungen hätte. Dafür fand er, bewunderungswürdig, für den letzten Satz der *D-Dur-Sonate* jenen überirdischen Ton, der Dur und Moll himmlisch gleichgültig erscheinen ließ und die Seelen-Landschaft in eine Engels-Landschaft verzauberte.

Schubert, so verstanden: das macht seine Musik ungemein fesselnd, phantastisch. Aber es macht sie auch erregt, redselig, sozusagen metaphysisch unbescheiden. Ihre traurig klare Selbstverständlichkeit ist nicht nur (zu Recht) angefochten, sondern dahin.

20. II. 1975

DIE A-MOLL-SONATE D 784

In seinem Münchner Konzert hat Pollini die rätselhaft starre *a-Moll-Sonate D 784 Opus 143* schwindelerregend wahr, tiefsinnig und aus einem Impuls heraus gespielt: vielleicht alles in allem die ungeheuerlichste Interpretation, die je von ihm zu hören war.

Ich scheue mich, nun den größten und tiefsten Eindruck dieses Schubert-Abends zu beschreiben, gar zu zerreden. Was Pollini in der *a-Moll-Sonate* «machte», läßt sich immerhin umkreisen oder fixieren – aber was das bedeutete, für die Schubert-Interpretation, im Hinblick auf Sonate und Subjektivität, das läßt sich kaum hinreichend verbalisieren. Die *a-Moll-Sonate* beginnt mit einem Pianissimo-Unisono-Thema. Halbe Noten, dann ein punktiertes Viertel und ein

Die a-Moll-Sonate D 784

Sechzehntel, dann a-Moll-Kadenz. Pollini spielte den charakteristisch punktierten Auftakt zum dritten Takt nicht, wie alle anderen es logischerweise tun, indem er ihn auffallend hervorhob, sondern schattenhaft ruhig. Er nahm ein objektiv sehr rasches Tempo; aber weil er es verstand, den ersten Satz ganztaktig erfühlen zu lassen und zu erfüllen, darum lag über der Raschheit doch eine große, sehr wehmütige Ruhe. Hier griff die interpretierende Subjektivität nicht ständig und mit Schmerzensmann-Gebärde in den musikalischen Verlauf ein, sondern Pollini ordnete seine einsame Sensibilität (ohne auf sie zu verzichten) dem Grundrhythmus des Satzes unter. Bei ihm führt äußerste Empfindsamkeit nicht zu jenem Expressionismus, den Brendel in Schubert entdeckt oder ausspielt. Aber der durchgehaltene Grundrhythmus hat auch nichts selbstsicher scheußlich Motorisches. Eher etwas von wilder Natur, wie eine Brandung. Manchmal ein um so tiefer erschreckendes Innehalten. Und so schön der E-Dur-Seitensatz abgetönt wird: gegen das melancholische Verhalten, gegen den natürlich strömenden Schmerz lehnt sich nichts auf. Nicht einmal der neue «weanerische» Gedanke in der Durchführung (Takt 127 ff.) darf so richtig munter schrammeln: Der Grundrhythmus im Baß herrscht so unausweichlich wie nur irgendein Beethovenscher Willens-Rhythmus im Allegretto der 7. *Symphonie*. Nur daß eben bei Schubert Natur zu sprechen scheint, nicht der gewalttätige einzelne. Wenn ein solches Konzept gelingt – und es gelang Pollini sternstundenhaft –, dann ordnet sich notwendig alles Folgende diesem klingenden Denkbild zu. Man spürt nun, was es bedeutet, daß in diesem qualvoll natürlichen Kosmos eine Melodie wie die des Andantes überhaupt sein und singen darf. (Nur die ppp-Einschiebsel, ähnlich wie der tiefe Triller am Schluß des Hauptthemas der nachgelassenen *B-Dur-Sonate*, setzen noch den magischen Naturzwang fort.) Pollinis Diskretion war so groß, daß er sich in die sonst leicht banal klingenden Des-Dur-Akkorde des langsamen Satzes nicht effektvoll hineinkniete; und selbst im Finale, welches wie Smetanas *Moldau* beginnt, spielte er die süße Melodie scheu, wie einen Abglanz ferner Erlösung.

15. X. 1973

Franz Schubert

DIE KLEINE A-DUR-SONATE

Man wird in ein paar Jahrzehnten – falls es dann Kontinuität und
Kultur und Klavierabende überhaupt noch gibt – über Alfred Brendels Schubert-Darbietungen wahrscheinlich so reden, wie wir heute
von Furtwänglers Beethoven-Beschwörungen oder Cortots Chopin-
Interpretationen sprechen. Also wie von großen, marksteinsetzen-
den und bewußtseinsverändernden Ereignissen. Gewiß, Brendel hat
«seinen» Schubert auf Schallplatten fixiert. Doch im Konzert dabei-
zusein, diese selbstverständlichen Wunder entstehen zu hören, die
vollkommene, andächtige Stille eines Publikums während eines
wohlbekannten langsamen Impromptus oder der sogenannten «kleinen» Schubertschen *A-Dur-Sonate* (im Gegensatz zur nachgelassenen «großen») mitzuerleben, das ist noch etwas anderes. Das kann
keine *Konserve* aufbewahren.

Auch keine *Beschreibung*. Aber deuten wir's wenigstens an. In
Schuberts *A-Dur-Sonate* aus dem Jahre 1819 holt Brendel ergreifende Wirkungen keineswegs nur durch das heraus, was man «Nuancie-
rung» oder «Übernuancierung» nennen könnte und was höchstens
zu dem ja nicht so schrecklich wissenswerten Ergebnis führen würde,
daß Schubert mindestens so problemerfüllt und reich wie Gustav
Mahler war. Nein, darüber ist Brendel hinaus.

Er spielt Schubert vielmehr mit wunderbar inniger, natürlicher,
nicht auf «Extreme», sondern auf lyrisches, verhaltenes Glück zie-
lender Tongebung. So begann er die kleine *A-Dur-Sonate*.

Beim zweiten Thema, das man zunächst als melodisches Ereignis
begreift, isoliert Brendel dann mit einfühlsamem Takt (genauestens
den Angaben des Notentextes folgend) allmählich den Rhythmus. Es
ist ein Klopfrhythmus: lang, kurz, kurz, lang, kurz – wie man ihn
ähnlich auch im Allegretto von Beethovens 7. *Symphonie* oder in
Schuberts Lied «Der Tod und das Mädchen» findet. Wo aber dieser
Rhythmus im ppp vorgeschrieben ist, da nimmt Brendel ein wenig
das Tempo zurück. Die Wirkung ist wahrhaftig gespenstisch. Ein
Todesrhythmus.

Im Andante findet er ein analoges Modell. Sogar im Finale kann er
während der Durchführung das Hauptthema so akzentuieren, daß
wir plötzlich ziemlich wörtlich Maries Verzweiflungsmelodie «Mä-
del, was fangst du jetzt an? Hast ein klein Kind und kein Mann!» aus
Alban Bergs *Wozzeck* vor uns zu haben glauben. Wird Schubert so

B-Dur-Sonate D 960

tiefsinnig verstanden, dann verändern sich vor zuhörender Ehrfurcht
solche *begriffenen rhythmischen Modelle* zu jenen Wegweisern, von
denen das 20. Lied der *Winterreise* handelt. Sie geleiten ins todbeklom-
mene Herz dieser Musik.

28. IV. 1982

B-DUR-SONATE D 960

Glaubte man bisher, Svjatoslav Richters besessen langsame Einspielung des Werkes, vor allem des Kopfsatzes «Molto moderato», sei ein
Extrem, so wird man eines anderen belehrt: Verglichen mit Afanassievs Kühnheit, auch das Schweigen einzubeziehen, Fermaten unendlich verhallen zu lassen, bis dann die Musik, als käme sie aus weiter,
weiter Ferne, verstört und sanft wieder ihre Flügel ausbreitet, wirkt
Richters berühmte Interpretation von 1972 brav-traditionell.

Die Entwicklung des ersten Schlusses (Takt 113–121 der Exposition des Kopfsatzes) ist ein beispiellos expressiver Verlauf, zerrissen
von Pausen und Fermaten, zusteuernd auf eine aberwitzige Fortissi-
mo-Katastrophe (wilde Dissonanzen, dann der unendlich lange Moll-
Triller im tiefsten Baß, als «fff» zu nehmen). Aus diesem schwersten
Schöpfungs- oder – man verzeihe den Ausdruck – «Urknall»-Traum
löst sich dann wieder der Hauptsatz, jene B-Dur-Melodie, die danach
gleichsam zögernd ins Leben tritt. Zu denken gibt es, daß noch bis in
die jüngste Zeit viele Schubert-Spieler diesen unaussprechlich ausdrucksvollen *ersten Schluß* samt der zwingend vorgeschriebenen
Repetition der Exposition einfach ausließen und somit den gezackte-
sten Verlauf der ganzen Sonate unterschlugen, weil sie es eilig hatten!

Aus dieser oft weggebrochenen Rückleitung macht Afanassiev ein
Ereignis, das jenem gespenstischen Stillstand im Adagio des Schubertschen *C-Dur-Quintetts* gleicht, wo vor der Rückkehr der Reprise
sechs rezitativisch zögernde Takte länger dauern als das ganze Finale
der Chopinschen *Trauermarschsonate*. Wir haben es also bei Afanassiev mit extremen Atempausen, Stillständen zu tun. Sie wirken
weniger als Verzerrungen des Rhythmus denn als Unendlichkeitsfel-
der, wo irdischer Rhythmus und Takt suspendiert scheinen. Wo Stille
herrscht.

Franz Schubert

Diese enorm ungewöhnliche Interpretation nötigt zu einer Begriffskorrektur. Normalerweise spielen doch Künstler, die man als *intellektuell* oder *hochbewußt* klassifizieren möchte, eher überschaubar, exakt, streng gliedernd. Was die Gefahr einer gewissen Starrheit, Trockenheit, Schwunglosigkeit einschließt. Die ist bei Instinktmusikern nicht zu befürchten, deren Temperament dafür manchmal den tiefen Ernst und das sanfte Gesetz großer Musik verfehlt.

Afanassiev scheint ein Musik-Intellektueller zu sein, der gerade nicht klar und vorhersehbar aufsagt, was er ertüftelt hat, sondern der sich um (vermeintlichen) Schubert-Stil, um die Unantastbarkeit des Grundtaktes überhaupt nicht kümmert. Afanassiev will spielend beweisen, daß verhaltene Pausen oder vorgeschriebene Fermaten den Molto-moderato-Satz zum Riesen-Adagio erstarren lassen, daß aber wiederum die Achtel-Triolen im Staccato zum raschen Allegro tendieren.

Es klingt befremdend, erschütternd, aufregend, aber nie langweilig, nie *himmlisch* oder irdisch «lang». Schade, daß der außerordentliche Interpret Afanassiev manchmal nur ein ordentlicher Pianist ist. Zwar scheint er den technischen Anforderungen dieser Sonate durchaus gewachsen – aber er neigt doch dazu, Akkorde etwas auseinander anzuschlagen (was nur Künstlern nachgesehen werden sollte, die älter als siebzig sind).

Doch die paar Fehler oder Unvollkommenheiten, die vielleicht den Zorn seriöser Klavierpädagogen hervorrufen, stören kaum. Afanassiev will deutlich machen, was ihm am Werk, an der *B-Dur-Sonate* Schuberts wichtig ist (deren Andante er als Largo versteht, deren Scherzo ihm nicht allzuviel sagt, deren Finale spannend gelingt). Natürlich gibt es Pianisten, die mehr «können». Doch gegenwärtig wohl niemanden, der einen freieren, kühneren, exzentrischeren Schubert riskiert. Vor einer Nachahmung dieser russischen Ungeheuerlichkeit sei gewarnt, aber um respektvolle Beachtung der originellen Interpretation inständig gebeten.

19. XII. 1986

KLAVIERTRIO B-DUR

Der Cellist Gaspar Cassadó, der Geiger Max Rostal und der Pianist Heinz Schröter sind bekannte Künstler und berühmte Pädagogen. Die drei Professoren haben sich zum Klaviertrio zusammengeschlossen. Welch Wagnis, mit Schuberts *B-Dur-Trio* zu beginnen! So zu tun, als könne man sich mit einem der geheimnisvollsten Sätze, die je zu Musik wurden, einspielen. Die Folge war: Nie trafen die drei Musiker den Schubertschen Ton, das Schubertsche Glück, das Schubertsche Tempo. Bleiben wir zunächst – weil sich am konkretesten darüber reden läßt – beim Tempo. Man nahm das Allegro moderato um eine Nuance zu rasch. Es fehlte die Festigkeit, die Ruhe des Voranschreitens. Aus dem Miteinander von Triolen und punktierten Sechzehnteln wurde etwas Verworrenes. Keine Gestalt. Was groß und tief sein müßte, klang nur nervös und verwirrt, glich der schlechten Übersetzung eines Gedichtes. Dann kam das Seitenthema. Es ist eine Melodie, wie selbst Schubert sie ganz selten empfing. Sogleich wurden die Herren langsamer. Als fange eine Arie, ein «schöner» Moment an. Aber man vermied durchaus die Gefahr, jetzt gar beim richtigen Tempo zu bleiben. Unsauber und stillos wurden aus den Sechzehnteln dann wieder Läufe, die aus nichts kamen und zu nichts führten.

Das Hauptthema des *B-Dur-Trios* erinnert an das Kopfthema des *Scherzos b-Moll* von Chopin. Spätestens in der Durchführung könnte man spüren, daß auch Schubert an Pomp und Grandiosität nicht sparte. Doch das Trio, bei dem einer respektvoll hinter dem anderen zurücktrat (so daß keine geistige Führung da war; nur wenn Melodien zu singen waren, dann setzten sich die Künstler plötzlich ein, als hätte jemand sie aufgerufen), verzettelte sich. Ja nicht einmal beim fff der Coda fiel eine Entscheidung. Denn das folgende Pianissimo, das wie erschrocken sein muß ob der soeben entbundenen Gewalten, klang leise und lau. Die Töne wußten nichts vom Ende des Satzes – der ja tatsächlich auch noch gar nicht wahrhaft begonnen hatte. So schwer ist Schubert.

Ich will jetzt nicht über den spannungslosen zweiten Satz, wo einzig das Cello ein wenig Süße entband, schreiben oder über das Scherzo, bei dem die vielen Wiederholungen in heftigem Mißverhältnis dazu standen, daß man die weit wesentlichere Exposition des

Franz Schubert

Kopfsatzes nicht wiederholt hatte, oder über das Finale, das um ebensoviel zu langsam und langweilig herauskam, wie der Anfang zu schnell und kurzatmig gewesen war. Greifen wir lieber das Grundsätzliche heraus. Alle drei Musiker sind gute Techniker. Daß der Pianist und der Geiger zuwenig zum Üben kommen, war trotzdem unüberhörbar. Sie verspielten sich nämlich sehr häufig gerade bei den leichten Stellen. Das Komplizierte war einstudiert, aber beim Einfachen, bei ruhigen Kantilenen und gefaßten Einwürfen, «passierte» allzu viel. Freilich, man verfiele nicht darauf, falsche Töne zu beachten, wenn das geistige Band, welches Patzer gleichgültig macht, dagewesen wäre. Hinzu kommt, daß die drei Künstler auch überaus verschieden intonieren. Der Cellist spielt nobel, auf Kantilene und Entfaltung bedacht. Der Geiger ist eher zurückhaltend. Er phrasiert diskret, sein Ton ist, zumal im Herkulessaal, sehr klein. Der Pianist legt es mehr auf Behutsamkeit an als auf Gestaltung, fungiert mehr als Begleiter denn als Führender. Und da Schröter auch den gerade für Schubert recht ungeeigneten Steinway-Flügel nicht im mindesten so zu behandeln wußte, daß der Schubert-Piano-Klang sich einstellte, drängten lauter bittere Gedanken sich auf. Nachdem München soviel Geld für die Oper aufbrachte, wäre wohl auch ein würdiger Kammermusik-Raum zu erwägen. Sonst vergessen wir vor lauter Richard Strauss, wie groß Schubert war.

28. XI. 1963

DAS DREIMÄDERLHAUS

Sind die talentierten Sünden der Väter erst Kulturgeschichte geworden, dann mag man sich übers Sündhafte nicht mehr erregen, wohl aber sich übers Talent amüsieren. Jene «Schwammerl»-Figur, wie sie als liebenswürdig-dümmlicher Künstlertypus das *Dreimäderlhaus* bewohnt, ist so äonenweit entfernt von unserem Schubert (dem neben Bach und Bruckner vielleicht größten Harmoniker der Musikgeschichte, dem Komponisten eisiger Wintereinsamkeit und Verlorenheit), daß man sich dem Bertéschen Singspiel mit weniger moralischen Hemmungen hingeben darf als Cole Porters *Kiss me, Kate* oder als dem *My Fair Lady*-Erfolg des Londoner Drury-Lane-

Das Dreimäderlhaus

Theaters. Letztere haben nämlich immer noch mehr mit *Der Widerspenstigen Zähmung* beziehungsweise dem *Pygmalion* zu tun als das *Dreimäderlhaus* mit dem *C-Dur-Quintett*. Man kann also die Geschicklichkeit der Bearbeiter reuelos genießen. Treffliche Aktschlüsse, liebenswert verlogene Figuren. («Und trägt man am schwellenden Mieder den duftenden Flieder».) Wirkungsvoll hingedreht die Trauer der Eltern, nachdem sich immerhin zwei von drei Töchtern verheiratet haben. Die Gesichter harter Großstadt-Tiger, die eben noch mit Verbissenheit ihren Parkplatz zu erkämpfen wußten, werden da – wie befohlen – streng und weich, man erinnert sich des eigenen Hausstandes, und Rührung zieht in jede Brust, wenn das alte Elternpaar sich trostlos tröstet.

Mir wurde beim Anhören dieses *Dreimäderlhauses* nachträglich klar, was die Klavierlehrerin bei Schuberts *A-Dur-Sonate* (An der sich Berté besonders brillant vergriffen hat) immer für einen seltsamen Text mitsang. Doch wie dem auch sei: Möglicherweise aus Trotz, weil man seine eigene Komposition verwarf, möglicherweise auch aus Faulheit hat Berté die Schubertschen Melodien kaum verändert, sondern ziemlich unversehrt aneinandergestückelt. So zeigt sich, daß der *Winterreisen*-Komponist nebenbei auch beliebig viele ideale Operetten hätte fertigbringen können. In oft verzerrtem Tempo, grotesk instrumentiert (Cembalo, Orgel und zwei Klaviere ertönten in der Briener Straße), gehen die Melodien gleichwohl ins Blut und machen alle Welt mitsummend. Und was das *Dreimäderlhaus*-Wien betrifft, so liegt in der abgekarteten Geschicklichkeit, mit der an die Gemütsdrüsen appelliert wird, bereits ein Hinweis auf den nachfolgenden schwarzen Humor der Kreisler und Qualtinger. Die Marneschlacht war verloren, die an der Somme tobte, und Verdun drohte, als man 1916 die kriegführende Bevölkerung mit schmerzlichen Altwiener Heiterkeiten zum Billettkauf veranlaßte.

16. IV. 1962

Chopin – Schumann – Liszt

FRÉDÉRIC CHOPIN: MAZURKEN

Ausgerechnet das letzte Stück auf der ersten Plattenseite bietet das Allerhöchste: Es ist die kleine *f-Moll-Mazurka Opus 68 Nr. 4*, die Chopin ein paar Tage vor seinem Tod komponiert haben und selber auf dem Klavier auszuprobieren bereits zu schwach gewesen sein soll. Michelangeli bietet das Stück in einer erweiterten Fassung, mit einem wunderschönen, hierzulande unbekannten Mittelteil, der sich weder in der Chopin-Gesamtausgabe des polnischen Musikverlages noch in der deutschen Breitkopf-und-Härtel-Ausgabe von Ignaz Friedmann findet. Die letzten anderthalb Minuten dieser Mazurka kann man nicht oft genug hören: Der große Benedetti Michelangeli spielt die Totenstarre des Stückes, das kein «Tanz» mehr ist, sondern jugendferne Erinnerung an einen Tanz, das Bewußtseinsecho zu sein scheint, wie eine Mazurka einst geklungen hat. Es ist eine Mazurka über eine Mazurka. Nackttanz hinter Glas, ständig von Stocken und Enden bedroht und doch sich weiterdrehend. Tausend Schwebungen zwischen Piano und Pianissimo: diese Vielfalt von Nuancen und Farben kontrastiert den leichenblaß starren Rhythmus. Beispiellose Magie des Leisen und Verletzbaren. Ein festgehaltenes Wunder.

Merkwürdigerweise holt Michelangeli aus den leichtesten Stükken, die ein Anfänger vom Blatt spielen kann, gerade das Entlegenste heraus; die *gis-Moll-Mazurka Opus 33 Nr. 1* besteht ja wie Rachmaninows berüchtigtes *cis-Moll-Prélude* aus nichts als aus einer Schlußformel; nur ist der Unterschied unsäglich zwischen Rachmaninows selbstzufrieden-trivialem Schmarren und Chopins herrlich undeutlicher Abkehr von der Welt. Michelangeli macht auch aus der Monotonie des immer wiederkehrenden h-Moll-Themas (*Opus 33 Nr. 4*) ein geniales Prinzip: Man spürt, wie die Mazurka ausbrechen möchte, wie es ihr aber nur einmal gelingt, das Glück einer H-Dur-Melodie zu finden, und wie dann wieder das zwanghafte h-Moll-Thema den pathologischen Kreis schließt. Diese drei Mazurka-Interpretationen, von zehn, bezeichnen Momente tödlicher Vollendung, sie reichen wohl noch hinaus über William

Michelangelis Reife

Kappells herrlich natürliche Mazurka-Einspielungen, über den tragischen Zugriff von Horowitz, dem die großen Mazurken besser liegen, und über Rubinsteins strömende Wohllaut-Fülle. Das Mazurka-Komponieren war ja für Chopin gleichsam ein Tagebuch-Schreiben, sein «Journal intime», lügenlos, phrasenlos.

22. VII. 1972

MICHELANGELIS REIFE

Einer der großen Pianisten des Jahrhunderts versenkt sich sein Leben lang in immer dieselben Meisterwerke, läßt Bewunderer teilnehmen an erlesen kalkulierten Chopin-Interpretationen, an einer spirituellen Begegnung von lateinischer Kultur und polnischem Pathos. Chopins *g-Moll-Ballade*, das *b-Moll-Scherzo*, die *f-Moll-Fantasie* sowie einige Mazurken, an denen, wenn man das Notenbild sieht, fast nichts «dran» ist, die aber, wenn Michelangeli sie spielt, zu zarten Mirakeln des Leisen, Depressiven geraten: diese Kompositionen führt Michelangeli seit Jahrzehnten vor.

Aber das Publikum wird der wohlbekannten Werke nicht müde. Ausverkaufter Kongreßsaal. Viele junge Zuhörer. Die drängten am Ende des Konzertes nach vorn, klatschten fasziniert und erhitzt-unermüdlich, so daß der ernste, 65jährige Meister sekundenlang fast zu lächeln schien und sich, überwältigt, herbeiließ, eine kleine (*g-Moll, Opus 67 Nr. 2*) sowie eine große (*h-Moll, Opus 33 Nr. 4*) Chopin-Mazurka zuzugeben, woraus die unvergeßlichen Höhepunkte dieses Klavierabends wurden.

Wenn er immer dieselben Stücke spielt, so könnte man fragen, macht er dann auch immer wieder dasselbe (wie etwa der alte Knappertsbusch), oder bietet er jedesmal etwas ganz Neues (wie Karl Richter, wie Horowitz)? Antwort: die wesentlichen Charakteristika und Grundzüge bleiben bei Michelangeli identisch. Doch er fügt immer neue Nuancen und Interpretationseinsichten hinzu. Es wäre eine ausführliche Studie wert, darzutun, wie die *g-Moll-Ballade*, die *f-Moll-Fantasie* sich unter Michelangelis Zugriff allmählich bereicherten.

Er übertreibt nie. Er stellt immer eine fragile Balance her zwischen

Chopin – Schumann – Liszt

ästhetisierendem Wohlklang, Vertiefung und rhetorisch belcantohafter Emphase. So nahm er früher den Trauermarsch-Anfang der Fantasie keineswegs dick – und machte erst mit einem gleichsam rückwirkenden Ritardando (am Ende des Themas, im 10. Takt) verfinsternd herb deutlich, was an Gewichtigem geschehen war. Das erklang wieder so. Hinzu kam aber: die melodische Dur-Gestalt, die dem Hauptthema folgt (Takt 21 ff.) versteht Michelangeli mittlerweile neu. Nämlich gleichsam tonlos, gespenstisch, grau. Dadurch wird sie nun zur steigernden Spiegelung und depressiven Beglaubigung von allem Vorhergegangenen. Und der Beginn nimmt Dimensionen an, von denen selbst so große Chopin-Interpreten wie Cortot oder Rubinstein sich nichts träumen ließen.

«Neu» sind auch die – viel längeren – Pausen nach bedeutungsschweren Akkorden. Die Musik geht nicht einfach weiter. Michelangeli hört, bei Debussy wie bei Chopin, in Klang und Nachklang hinein. Läßt ausschwingen. Seinem Spiel ist eine erhabene Ruhe, ein Moment von Weisheit zugewachsen. Jedesmal gelangen die Anfänge am schönsten. Doch da, wo Musik zur sich steigernden, feurigen Geschichte wird, bleibt sie bei Michelangeli allzuoft marmorn, gläsern, beherrscht exekutiert und unverändert. Er spielt das Klangwunder-Seitenthema aus dem raschen Teil der Fantasie dreimal vollkommen gleich, mit genau denselben, etwas maniert wirkenden Ritardandi, genau denselben klug erarbeiteten Affekten. Er verändert in der «Con anima»-Kantilene des b-Moll-Scherzos, die ja mehrfach vorkommt (und wo er es unglaubhafterweise fertigbringt, eine Oktav-Melodie so abzutönen, daß sie zweistimmig klingt!), überhaupt nichts. Wenn die Gestalten wiederkehrend ertönen, scheint keine Zeit vergangen. Die psychologische und prozessuale Dimension der Wiederholung und Entwicklung wird unterschlagen. Zeitlosigkeit bedeutet so auch Schicksalslosigkeit. Das aber ist ein enormes Opfer, dargebracht auf dem Altar des vollendeten Wohllauts.

Der Meister will nichts *wagen*, weder den bösen Zufall noch die lebendige Selbstbewegung von Musik. Er geht auch die gefürchteten Oktaven der Fantasie verhalten an, er vermeidet spontanen «Schwung» als Banalität. Er hat ja das Absolute gefunden.

Nach der Pause das zweite Buch der Debussy-*Préludes*. (Eine klare Übersetzung der schwierigen französischen Titel im Programmheft hätte dem Publikum mehr geholfen als ein unübersichtlich analysierender Aufsatz.) Debussys grandios frei komponierte

Die Balladen

Klangflächen und Verzweigungen können nicht kompetenter gemeistert werden. Ruhig zarte Sensibilität schloß hellwachen rhythmischen Sinn nicht aus. Sonst wanken doch die Träumer, und die Donnerer brausen besinnungslos. Michelangeli aber blieb wunderbar gespannt auch im Adagio und artikulationsbereit konzentriert selbst während raschester Steigerungen. Musikfreunde, die ihn zum erstenmal hörten, waren sprachlos verblüfft ob solcher Klavierkunst. Und jene anderen, die ihn seit Jahrzehnten verfolgen, werden auch das nächste Mal hindrängen, um zu erfahren, was aus Ballade, Scherzo, Fantasie und Debussy geworden ist.

29. IV. 1985

DIE BALLADEN

Chopins vier große Balladen fügen sich, ähnlich wie Schuberts letzte vier Impromptus, in ihrem Ablauf zu einer phantastischen Sonate zusammen; tiefsinnig groß ist das erste, lyrisch-vehement das zweite, ballszenenhaft-empfindsam das dritte und mystisch-finalhaft-bitter das vierte Stück.

Noch staunenswerter als der zarte Zusammenhang dieser vier Balladen untereinander trat deren Verschiedenheit hervor. Die erste, wohl berühmteste Ballade (sie steht in g-Moll; *Opus 23*) hat etwas von einer slawisch-wilden Erzählung, die traurig beginnt und sich dann steigert ins Überdimensionale. Trotz der Einleitung, die gleich Schmerzlichstes signalisiert, begann Casadesus das Thema relativ rasch-unbefangen. Nur langsam durfte es sich in heroische Finsternis hüllen. Zum Höhepunkt wurde die zweite Ballade (*F-Dur Opus 38*). Casadesus spielte das Stück nicht, als bestünde es aus stets gegenwärtigen, mit höchstem Espressivo wiederzugebenden Ausdruckspartikeln, sondern Casadesus verwandelte es in Reminiszenz. Den zart rhythmisierten, naiv-fernen Anfang, den plötzlichen Presto-Einbruch, den wüsten Glanz einer danach folgenden kriegerischen Vision (so muß es dem jungen Parsifal gegangen sein, als er, unerfahren, die prächtigen Reiter im Walde erblickte) und schließlich den Presto-agitato-Schluß, dessen vierstimmiger Wildheit, nach geradezu lisztscher, theatralischer Einführung, im Bereich der gesamten

Chopin – Schumann – Liszt

Klaviermusik kaum etwas entgegenzustellen ist – Casadesus spielte das so, wie jemand eine Ballade vergegenwärtigend erzählt. Und dann, und dann, und dann...

Die *As-Dur-Ballade* war danach vielleicht ein wenig zu sicher. Weder für die Koketterie noch für den Glanz, noch für die Erfindungskraft dieses den Salon sprengenden Salonstückes mochte er sich engagieren. Und in der *f-Moll-Ballade* nahm Casadesus die Gebrochenheit, mit der das Stück beginnt und der es erst am Schluß einen Riesenaufschwung entgegensetzt, zu melodisch, zu kräftig.

8. II. 1971

KLAVIERKONZERT F-MOLL

Man hat Chopin im 19. Jahrhundert als weiblich-weichen Antipoden von Franz Liszt empfunden, man hat ihn als polnisch-melancholischen Gegentyp zur deutschen Klassik bewundert oder diskriminiert, hat ihn als Poeten, Träumer, Ariel des Klaviers, Salonkomponisten mit Tiefgang geliebt. Die Vokabeln aus der Literatur über Chopin entsprechen diesem Bilde. Wie ein Zephir, wie Girlanden, wie sanfte Kaskaden hauchen angeblich Chopins Passagen ihre Seele aus dem Klavier. Wir erfahren, daß der zarte Künstler von Gräfinnen bemuttert wurde; es existiert sogar eine berühmte Karikatur: Steinern vertrotzt sitzt da eine alte Dame zwischen zahllosen Komtessen, Herzoginnen und Gräfinnen. Untertitel: «Sie ist die einzige, in deren Armen Chopin nicht gestorben sein soll.»

Dies alles ist nun erweislich falsch oder doch nur ein ganz kleiner Teil der wilden, phantastischen, antiakademischen, manchmal durchaus brutalen Individualität Chopins. Mittlerweile weiß man, daß Chopin Kraftausbrüche und Ekstasen komponiert hat, die vielleicht nicht lauter, aber sicherlich zerklüfteter, greller sind als Liszts Hochflächen. Mittlerweile weiß man, daß Chopin zu Wutanfällen neigte, daß er höchst direkte, unverblümt erotische Liebesbriefe schrieb, daß er zwar seltsam war, aber eben doch kein Säusler.

Shura Cherkassky spielte jedoch Chopins *f-Moll-Klavierkonzert* so, als sei das alles unbekannt. Er ließ wiederum nur Passagen rieseln, machte aus einem finsteren Monolog hübsche Unterhaltungsmusik,

Chopin und die Sonate

die ältere Frauenzimmer ganz entzückend finden dürften, ging über Fortissimo-Vorschriften und «Risoluto»-Angaben sanft entschlossen hinweg, fand keine andere Möglichkeit, bestimmte Höhepunkte hervorzuheben, als die empfindsam weiche. Offenbar ist die rechte Hand dieses technisch eminent versierten Pianisten zu schwach. Er muß sich immer wieder auf leises Perlen zurückziehen, muß Baß-linien betonen, muß säuseln, charmieren, entzücken. Nur: Mit großer, dunkler, phantasiebeschwingter Stimme sprechen, einen Riesen-Auftritt, einen männlichen Monolog auf dem Klavier darbieten, das kann er nicht. Darum war Cherkasskys Wiedergabe des ersten Satzes eine sozusagen entzückende Katastrophe, vielleicht gerade weil alles so hübsch und glatt und perfekt perlte. Darum war seine Interpretation des Rondos um eine entscheidende Dimension zu sehr ziseliert und zu wenig modelliert, bar allen Überschwangs. Dem langsamen Satz kamen Cherkasskys Künste noch am ehesten entgegen. Zwar könnte man sich die Fiorituren, also die riesig ausgeschriebenen Verzierungen dieses Larghettos, auch sehr viel durchartikulierter vorstellen, aber Cherkassky spielte sie doch mit zwingender Empfindsamkeit, und er verstand es auch, die riesige Rezitativstelle inmitten des Larghettos – eine großartige Paraphrase über das Rezitativ der Donna Anna aus dem *Don Giovanni*, nachdem Chopins *Opus 2* ja bereits Variationen über «Reich mir die Hand, mein Leben» gewesen waren – fesselnd vorzutragen. Endloser Beifall für eine Interpretation, die mich vielleicht deshalb so irritierte, weil sie, auf ihre Weise, keineswegs schlecht oder unperfekt, sondern nur eben falsch, unmännlich, verkleinernd und verzärtelnd wirkte.

5. VII. 1974

CHOPIN UND DIE SONATE

Es wäre absurd, zu behaupten, die Klaviersonaten Chopins würden von den Pianisten unterschätzt, verkannt, um dann triumphierend darzutun, inwiefern es sich zumindest bei der *b-Moll-Sonate Opus 35* und bei der *h-Moll-Sonate Opus 58* doch um völlig selbständige, logische – wenn auch höchst verschiedene – Lösungen des «Problems» (also: des Anspruchs) Sonate handele. Vor allem die soge-

Chopin – Schumann – Liszt

nannte *Trauermarschsonate*, aber auch die einige Jahre später entstandene *h-Moll-Sonate* gehören zu den wahrlich sehr oft – wenn auch selten gut – gespielten, ja im Konzertsaal fast zu häufig erklingenden Lieblingsstücken der Interpreten. Auch die Schallplattenindustrie braucht sich da keine Vernachlässigung vorzuwerfen: Rachmaninow, Cortot, Lipatti, Horowitz, Gilels, Pollini, Pogorelich, Zimerman, sogar ausgesprochen «deutsche» Beethoven-Interpreten wie Arrau, Backhaus, Kempff (und fast unübersehbar viele andere) haben die Sonaten, zumindest eine von ihnen, im Studio oder im Konzertsaal dargeboten.

Dies wäre die Situation im Musikbetrieb, zu dessen Säulen Chopin gehört (woraus man keinen Vorwurf gegen ihn ableiten sollte).

Blättert man die Sekundärliteratur durch, so scheint sich das Bild zu ändern. Chopins Sonaten und Konzerte werden – wobei immer wieder die gleichen Zitate vorkommen – meist als Geniestreiche, «obwohl», als »Trotzdem»-Siege beschrieben. Ganz abgesehen davon, daß es gar nicht so viele verbindlich-große Analysen gibt, wie man angesichts der Popularität Chopins unterstellen sollte, läßt sich kaum übersehen, daß die meisten Kommentatoren der Ansicht sind, die Form der großen Sonate oder der dramatische Konzert-Typ (Beethovens) sei eigentlich nicht Chopins Sache, sei nicht sein genuines Ausdrucksmedium gewesen. Die Sonate komme Chopins Freiheit, so wird es immer und immer wieder freundlich umschrieben, allzu wenig entgegen – aber auch in den Fesseln dieser Form verwirkliche er Bemerkenswertes und Bizarres. Es ist schwer, das Fazit zu umgehen, die gelehrte Sekundärliteratur erblicke in Chopin vor allem den polnischen Genius, der *unvergleichlich* war, wo er sich in Mazurken, Impromptus, Polonaisen, Préludes, Scherzi und Balladen aussprach – der sich aber, wenn er sich dem Sonaten-*Vergleich* mit der großen klassischen Wiener Sonate stellte, zwar als genialer Klavier-Komponist, kaum jedoch als geborener Sonaten-Meister erwies. Man erlasse es mir, hier Dutzende von Zitaten zwischen Hugo Leichtentritts zumindest sorgfältigen Analysen, den Randbemerkungen der Monographien und etwa Newmans gelehrten Feststellungen in *The Sonata since Beethoven* (Bd. III, S. 479 ff.) anzuführen.

Unreflektierte, begeisterte, liebevolle Wertschätzung der Pianisten für *Opus 35* und *58*, treffliche Aufnahmen der *Klavierkonzerte Opus 11* und *21* (Cortot, Gilels, immer wieder Rubinstein, Martha Argerich), nur wenige gute Darbietungen der *Cellosonate Opus 65*

Chopin und die Sonate

(für mich immer noch die gelungenste: Janos Starker/G. Seböck), keine einzige angemessene Interpretation der frühen *c-Moll-Klaviersonate Opus 4*, die eine Schülerarbeit sei – so sieht, ein wenig pauschal gesagt, die Situation der öffentlichen beziehungsweise auf Schallplatten besorgten «Pflege» jener Chopinschen Werke aus, die mit der Sonatenform zu tun haben.

Was die Chopin-Literatur betrifft: nur wenige hilfreiche Analysen haben das öffentliche Bewußtsein erreicht. Da geht es übrigens, diese Abschweifung sei erlaubt, wie so oft. Auf der einen Seite beklagt alle Welt eine unübersehbare Flut an Sekundärliteratur. Schrecklich, wie viele Bücher über Musik geschrieben werden, die dann im Chor schweigen. Doch wenn man mal etwas Vernünftiges über Beethovens großes *B-Dur-Trio Opus 97* (das *Erzherzogtrio*) lesen, etwas Hilfreiches über Mozarts *Dissonanzenquartett* erfahren, etwas über Schallplattenbegleittext-Gerede Hinausgehendes zu Brahms' *B-Dur-Klavierkonzert* wissen möchte – um drei Werke obersten Ranges zu nennen, die wahrlich keine Apokryphen sind –, dann muß man ganz hübsch suchen. Was Chopin und die Sonate betrifft, also Chopins Kompositionen, die mit dem Anspruch der Sonatenform, der Konzertform (Sonate für Solo und Orchester), ja auch des sonatenhaft entwickelten «Rondos» zu tun haben, so scheint auch da noch längst nicht alles gesagt.

Womit haben wir es eigentlich zu tun? Zunächst ein kursorischer Überblick. Wenn man das entwickelte Rondo, das «Sonaten»-Rondo, wo die Couplets wie Seitensätze, wie zweite Themen wiederkehren, mit einbezieht (was übrigens bei Chopins Auseinandersetzung mit der Sonatenform nicht allzuviel erbringt, abgesehen freilich vom *Opus 1*, dem Meisterwerk eines 15jährigen), dann wären folgende sonatenhaften oder sonatenähnlichen oder der Form des Sonatensatzes beziehungsweise des Sonaten-Rondos nahestehende Werke zu bedenken:

–*Opus 1*	*Rondo c-Moll für Klavier*	1825 (!)
–*Opus 4*	*Sonate c-Moll für Klavier*	1827/28
–*Opus 5*	*Rondo à la Mazur für Klavier*	1828
–*Opus 8*	*Klaviertrio g-Moll*	1828 ff.
–*Opus 11*	*Klavierkonzert e-Moll*	1830
–*Opus 14*	*Krakowiak – Großes Konzert-Rondo für Klavier und Orchester*	1828

357

Chopin – Schumann – Liszt

– *Opus 16*	*Rondo Es-Dur für Klavier*	1832
– *Opus 21*	*Klavierkonzert f-Moll*	1829
– *Opus 35*	*Sonate b-Moll für Klavier*	1837–39
– *Opus 46*	*Allegro de Concert für Klavier*	1840/41
– *Opus 58*	*Sonate h-Moll für Klavier*	1844
– *Opus 65*	*Sonate g-Moll für Cello und Klavier*	1845/46
– *Opus 73*	*Rondo C-Dur für Klavier solo*	
	oder für zwei Klaviere	1828

Das wäre alles in allem ein gutes Dutzend von Werken, die entweder Sonaten sind oder irgendwie mit der Form der Sonate, des Konzerts, des Sonaten-Rondos zu tun haben. Mehr als die Hälfte davon entstand vor 1830! Da Chopin am 1. März 1810 geboren wurde, ist es üblich und liegt es nahe, die weniger «berühmten», die vergesseneren dieser bis zum zwanzigsten Lebensjahr des Komponisten entstandenen Stücke als «Jugendwerke» oder gar als «Schülerarbeiten» zu betrachten und abzuqualifizieren.

Natürlich sind die Stücke des blutjungen Chopin in deutlicherer Weise von der großen virtuosen Klaviermusik, die Chopin damals studierte, abhängig als die Stücke des «reifen» Meisters: aber vollkommen originell war Chopin, der ja nur 39 Jahre alt werden durfte, gewiß schon Anfang Zwanzig... Doch wer das Wort «Schülerarbeit» wählt, das Artur Rubinstein für die frühe *c-Moll-Sonate* – die er wahrscheinlich gar nicht näher kannte – benutzte, wer mit diesem Ausdruck das Rondo des 15jährigen lächelnd brandmarkt oder das (nicht gleichermaßen originelle) *C-Dur-Rondo Opus 73* abtut, verkennt Chopins außerordentliche Frühreife. Der als 19jähriger einige seiner *Etüden Opus 10* und den noch vom strengen Ravel rückhaltlos bewunderten Klaviersatz des *f-Moll-Klavierkonzertes* ersann – er war ein Jugend-Wunder wie Mozart, Mendelssohn, Schumann. Und zwar nicht nur, was die frische Fülle der Einfälle angeht, sondern auch im Hinblick auf verwirklichte Konsequenz, Entwicklung und Architektur.

Das ließe sich am *Opus 1* demonstrieren. Man kann den finessenreichen Wechsel der Betonung in den ersten vier Einleitungstakten als polkahaft und das daran sich knüpfende Rondo-Hauptthema als «spritzig-konventionell» oder «bloß-virtuos» denunzieren: die Sicherheit der Präsentation und die Selbstverständlichkeit der eleganten Entfaltung stehen außer Frage.

Aber das noch Erstaunlichere folgt erst auf die 24 Takte lang

Chopin und die Sonate

während Exposition des Rondo-Themas. Es ist weniger ein typisches Zwischenspiel oder Couplet (die Tonart ändert sich nicht) als vielmehr ein sich zwingend entfaltendes zweites Motiv, ein Charaktergegensatz, der mit den Einleitungstakten verbunden scheint. Dann, in der Piano-Fortspinnung, wird der bisher diatonischen Sphäre eine aufregend chromatische, enge, sich machtvoll erweiternde Kontrast-Energie konfrontiert.

Dieser gleichsam dimensionsstiftende Kommentar zum Rondo-Thema erscheint im Verlauf des Stückes mehrfach wieder. Eines Stückes, dessen Lento-Couplet in E-Dur/gis-Moll immerhin schon ein ausgehörtes, nämlich dreistimmig entfaltetes, «typisch» Chopinsches Klangwunder enthält, dessen sich der späte Chopin kaum hätte zu genieren brauchen.

Noch verblüffender ist das Konsequenz-Denken im *Opus 1.* Jener Moll-Kommentar-Schatten, der dem Rondo-Thema gefolgt war, wächst zum finsteren, wirkungsvoll erweiterten Ende der ganzen Komposition! Dabei geht der junge Chopin so weit, die dynamischen Vorzeichen umzudrehen: der chromatische Nachsatz, der den charakteristischen Secco-Vierteln folgte, stand zunächst im Piano, der Vordersatz im Forte. Chopin verändert das jetzt final-logisch, und die Wirkung ist zwingend-donnernd. Mit 15 hat auch Mozart nicht besser komponiert.

Wem solche Gestaltungen bereits im *Opus 1* möglich sind, der erwirbt sich doch zumindest auf eines ein selbstverständliches Anrecht: daß jede seiner weiteren, späteren Kompositionen vollkommen ernst genommen und nicht nach flüchtigem Blick als unsicher tastende Studienarbeit beiseite gelegt wird.

Die *Sonate Opus 4 in c-Moll* vibriert von Heftigkeit, motivischer Arbeit, Überschwenglichkeit und lyrisch oder dramatisch ausgesponnener Melodik. (Beispiel für die beschwingte Weiterführung eines Walzerthemas: das entzückend parlierende Trio des Menuetts; Beispiel für ruhig lyrische Kantabilität: das den berühmten langsamen Sätzen der Chopinschen Klavierkonzerte vergleichbare Larghetto im selbstverständlichen 5/4-Takt; Beispiel für die dramatische Steigerung einer kraftvollen Melodie: das «Appassionato»-Gesangsthema des Presto-Finales, das übrigens in der Durchführung von Passagen-Sequenzen unterbrochen wird.)

Es ist unübersehbar, daß der 17jährige Chopin, der seinem (deutschen) Lehrer Elsner diese Sonate schrieb, im Kopfsatz auch mit dem

Chopin – Schumann – Liszt

«obligaten Accompagnement» auf die Welt gekommen zu sein vorgab. Die motivische Arbeit des Allegro maestoso hat etwas zugleich Fesselndes und Zwanghaftes. Eine charakteristische Vier-Ton-Bewegung wird heftig überfordert, der drängende Schwung des Ganzen läßt keinen selbständig kontrastierenden Seitensatz entstehen, und allzu viele, wenn auch originell modulierende Sequenzen oder Terzen-Passagen irritieren ein wenig. Ohnehin – jeder Musikkritiker weiß das und hat Angst davor – tendieren Jugendwerke oft zur Ausführlichkeit: Mozarts *Mitridate*, Beethovens *Sonaten Opus 2 Nr. 2* und *Opus 7*, Wagners *Rienzi*, Brahms' *H-Dur-Trio Opus 8* seien als beeindruckende, aber auch enorm redselige Belege für diese Behauptung angeführt. Junge Komponisten haben eben der Welt stets ganz ungeheuer viel zu sagen. Trotzdem macht sich lächerlich, wer über die *c-Moll-Sonate Opus 4* des jungen Chopin lächelt. Denn ungeachtet gewisser Übertreibungen – der Komponist fürchtete offenbar die Pedanterie allzu gut erlernter thematischer Arbeit und donnerte darum allzu viele donnernde Ausrufe-Zeichen, Sforzati nämlich, in die tönende Rede der Ecksätze – bietet das schwungvolle und keine Sekunde langweilige oder alberne Stück durchaus bereits die Idee Chopinschen Sonatenkomponierens. Es ist zudem in vielem dem *Opus 1 Nr. 3* Beethovens vergleichbar, nur war Beethoven acht Jahre älter, als er mit seinem *c-Moll-Klaviertrio* den gütigen Haydn erschreckte...

Spaßeshalber ein paar Musikologen-Urteile über Chopins *c-Moll-Sonate*, die keineswegs nur deutschem Stolz des Mißverstehens entstammen. In Ernest Hutchesons Standardwerk *The Literature of the Piano*, New York, Knopf, 1964, steht ohne jede weitere Begründung, daß diese Sonate als Schülerarbeit überhaupt nicht «zählt», James Hunecker schrieb in seiner sonst so enthusiastischen Chopin-Monographie, sie sei «die langweiligste Musik, die Chopin je geschrieben»; und sogar der Begleittext zur recht lieblosen Schallplatten-Einspielung von Vladimir Ashkenazy, der eigentlich nicht die Funktion haben sollte, potentielle Hörer abzuschrecken, faselt, daß Chopin in den Ecksätzen keine «in sich ruhende Individualität gefunden» und hier «die klanglichen Möglichkeiten des Instruments» kaum genutzt habe.

Aber was lehrt die *Sonate Opus 4* über die Einstellung Chopins zum Sonaten-Problem? Chopin will alles direkt Idiomatisch-Polnische vermeiden, wenn er Klaviersonaten schreibt. Das «Masowische», Glühende und Heftige seiner polnischen – später französisch

Chopin und die Sonate

und italienisch (belcanto-) bereicherten – Natur spricht in den Sonaten erst in zweiter Dimension zu uns. Chopin verbirgt beim Sonaten-Komponieren wahrlich nicht seinen Charakter, seine Wildheit, nicht einmal seine spezifische Harmonik und Modulationslust. Doch er vermeidet die polnische Folklore.

Ihm müssen also Klavier-Solo-Sonaten etwas anderes bedeutet haben als alle sonatennahen Rondos, Klaviertrios und Klavierkonzerte. Die Finale seiner beiden Klavierkonzerte sind, ganz im Gegensatz zu den Finale der Sonaten *Opus 4, 35, 58, 65,* ganz typisch und höchst reizvoll mazurkahaft (*Opus 21*) angelegt. Oder, wie Camille Bourniquel etwas süffisant bemerkt, von «einem herrlich bunten, nationalen Allerlei» erfüllt. Daß ein Stück, welches *Rondo à la Mazur* heißt (dem übrigens Liszt, der kundige Chopin-Bewunderer und Mazurken-Erläuterer, das Thema seines *A-Dur-Konzertes* entlehnte), oder ein Rondo namens *Krakowiak* genau jene polnisch-idiomatische Sprache sprechen wird, auf welche die Finale der Sonaten verzichten, braucht man nicht umständlich zu beweisen: die Titel genügen. Aber auch im *Klaviertrio Opus 8*, einem gleichfalls unterschätzten Werk, spricht der letzte Satz die Sprache Polens, die Sprache der Klavierkonzert-Finale. Das *Allegro de Concert Opus 46* wiederum, Mixtur aus auftrumpfendem Klavierauszug eines Klavierkonzerts und offener Bellini-Huldigung (das Solo-Instrument bietet sowohl die Orchester-Fülle wie auch die pianistischen Fiorituren), kann als einsätzige Komposition der Organismus-Forderung des «Sonatenhaften» schwerlich entsprechen. Kaum je komponierte Chopin belcantohafter, unbedrohter, glänzender und kühler als hier…

Vermeidung des Polnisch-Idiomatischen, die Wahl zwar unakademisch heftiger, aber eben doch keineswegs folklorehafter Motive: das ist, einstweilen, eine bloß negative Bestimmung. Sie erlaubt immerhin die Folgerung, daß Chopin, wenn er sich an Sonaten machte, (allzu) respektvoll das polnische Gewand ablegte und den allgemeineren, feinen europäischen Sonntagsanzug wählte. Verächter der Sonaten könnten hinzufügen, man merke das den Sonaten leider an, die an steifleinenem Formalismus krankten.

Oder war gar – für Chopin, Schumann, ja schon Weber – die Sonate ohnehin eine zwar ehrwürdige, anspruchsvolle, aber eben doch altväterische, verstaubte Angelegenheit, die man bewältigen mußte wie eine Fuge, in der man sich aber auch nicht so originell

auszudrücken vermochte wie in den selbstgeschaffenen, selbstge-
wählten freieren und neueren Formen etwa zwischen *Aufforderung
zum Tanz, Konzertstück, Carnaval, Kreisleriana* und – um eine der
originellsten Form-Schöpfungen Chopins anzuführen – *Polonaise-
Fantaisie?*

Die Frage klingt gewichtig. Es ließen sich gewiß massenhaft Zitate
anführen, wo die «Romantiker» sich von der Sonate distanzieren,
aber auch andere, wo sie bewundern. Indes: unsere Frage klingt nur
gewichtig, sie ist es nicht. Was hilft es, sich Chopin als den kühnen
Feuergeist einer neuen (pariserischen) Kunstrichtung vorzustellen,
dem Sonaten vielleicht nur eine Fleißaufgabe waren; was hilft es
andererseits, aus Chopins Briefen Zitate herauszuklauben, wo der
vermeintliche Avantgardist sich über die Modernen ärgert? Ignaz
Moscheles zum Beispiel, der Freund Mendelssohns, der vielbewun-
derte Pianist und Komponist, Beethoven-Schüler und späterer Leipziger Konservatoriumsprofessor (er lebte von 1794 bis 1870), galt
seinerzeit als konservativer Repräsentant einer älteren klassischen
Virtuosität. Aber an August Léo – also nicht an Moscheles selbst, das
könnte vielleicht bloße Schmeichelei sein –, an Léo schrieb Chopin
am 15. Oktober 1843 aus Nohant über Moscheles: «Wie schade, daß
Moscheles abgereist ist! – Warum bleibt er so kurz, wenn er schon so
selten kommt... Ich habe aus einem dürftigen Artikel der ‹Gazette
Musicale›, der übrigens seines Autors würdig ist, von Moscheles'
Erfolg bei Erard erfahren – und ich bedauerte es lebhaft, nicht
dabeigewesen zu sein. Das hätte mich ein wenig belebt und mich aus
den eingefahrenen, hohlen Pfaden der modernen Musik herausgerissen, die im allgemeinen so banal ist.»

Es hat offenbar wenig Sinn, über die Modernität und Anti-
Modernität Chopins zu spekulieren, über sein Verhältnis zur Sonate
und darüber, ob sie ihm eine eklektische oder eine absolute Herausforderung war. Nicht Chopins verbale Einstellung entscheidet, sondern Gehalt und Gestalt der künstlerischen Objektivationen.

Die Lösung, die Chopin in seiner *b-Moll-Sonate* fand, ist souverän formbewußt, vollkommen organisch und originell – was jeden
Satz für sich und auch die Einheit der vier Sätze als Werk angeht.
Trotz des Vollendet-Organischen krankt diese Sonate gleichwohl
nicht im mindesten an falscher, hohler Affirmation oder an eklektischer Abrundung. Ihr Verlauf läßt sich *logisch* begründen, *psychologisch* verstehen, hermeneutisch nachempfinden.

Die Sonatenform scheint gewahrt, höchst deutlich erkennbar.

Chopin und die Sonate

Aber sie bestimmt die Gestalt nicht mechanisch, sondern wirkt als Widerstand, der eine ganz spezifische Verlaufsform erkennbar macht. Man kann, tüftelig ins einzelne gehend, sogar ein «zyklisches Prinzip», das zumindest die ersten drei Sätze verbindet und dann vom Finale finster in Frage gestellt wird, herausfinden. Man hat überdies bereits hier jene Themen-Transformation nachweisen wollen, welche Chopins *Trauermarschsonate* in die Nähe der Lisztschen *h-Moll-Sonate*, der Lisztschen Konzerte und symphonischen Dichtungen brächte.

Die *h-Moll-Sonate Opus 58* ist dann ein improvisationshafterer, weniger gedrängter, vielleicht nicht ein ganz so «sonatenhafter» Versuch Chopins, der Form etwas Eigentümliches abzugewinnen. Ein gleichfalls hinreißend gelungener. Nur muß der Pianist, wie überhaupt bei Chopins Spätwerken, in der *h-Moll-Sonate* die Einheit, die sich hinter allzu vielen Kantilenen und Passagen verbirgt, wenn schon nicht *stiften* (zumal im Finale nicht), so doch zumindest unterstreichen.

Die *g-Moll-Sonate für Cello und Klavier Opus 65* wirkt im Einzelnen, vor allem der Ecksätze, grandios und überreich, im Ganzen aber doch problematisch, weil das Cello gewissermaßen zum kühn entfalteten Klaviersatz hinzutritt und so ein Übermaß an Melodik, an Melodienfülle, drängender Polyphonie entsteht. Der reife und todkranke Chopin scheint das gefühlt zu haben; er war der *Cellosonate* nicht ganz sicher. Er gab dem Kopfsatz, gleichsam als Ruhepunkt, einen wunderbar neutral verharrenden Seitengedanken. Er steigerte die Vielstimmigkeit im Finale zu programmatischer Polyphonie, die er ja in seinen späten Mazurken so romantisch-bachnah entwickelt hatte. Aber ganz so organisch gelungen wie die großen Klaviersonaten scheint die *Cellosonate* (eine Besetzung, über die Wagner sogar im Falle der *Sonaten Opus 102* Beethovens sich zu mokieren erlaubte) doch nicht zu sein. Sie ist zwar klug fürs wohlbedachte Cello geschrieben, aber doch allzu enthusiastisch vom Klavier her empfunden.

Daß die *Trauermarschsonate* keine Einheit, ja eigentlich keine richtige Sonate sei, wird bis zum Überdruß mit zwei Argumenten begründet: mit ihrer Entstehungsgeschichte und einem Schumann-Zitat. Absurderweise macht sich Ewald Zimmermann, der eine sorgfältige Ausgabe der Sonate im Henle-Verlag veranstaltet hat, beide Argumente zu eigen, obwohl er es besser wissen müßte. Zimmermann

363

schreibt im Vorwort: «Schumanns Ausspruch, daß Chopin in der Sonate in b-Moll op. 35 ‹vier seiner tollsten Kinder zusammenkoppelte›, deutet schon darauf hin, daß das Werk nicht einheitlich konzipiert ist. Nachdem der Trauermarsch bereits 1837 entstanden war, wurde die Sonate erst 1839 durch die übrigen Sätze ergänzt.» Nun ist der Umstand, daß ein Werk im Verlauf von drei Jahren entstand, wirklich kein zwingendes Argument dafür, daß es nicht einheitlich konzipiert sein könne. Man braucht sich da nur der Entstehungsgeschichte einiger Hauptwerke von Goethe oder Wagner zu erinnern... Gesetzt, Chopin hätte den Trauermarsch als erstes niedergeschrieben – was hätte ihn daran gehindert, die übrigen Sätze später um so entschiedener in Zusammenhang mit diesem Charakterstück zu bringen? Warum sollte er die «tollen Kinder» nicht gerade im Hinblick darauf konzipiert, gekämmt, gekleidet, geformt haben, daß sie in einem Kosmos vorkommen, der im Trauermarsch kulminiert und dem dann die Darstellung einer wahnsinnigen, bodenlosen, überhaupt nicht verbalisierbaren Reaktion auf ebendies Trauer-Ereignis folgt?

Robert Schumann war ein großer Musikschriftsteller, vielleicht der poetischste deutscher Sprache. Was er zur *b-Moll-Sonate* Chopins äußerte, verrät indes wenig über die Sache selbst, sondern nur, wie fremd das Werk damals sogar einem Genie gewesen. «Daß er es Sonate nannte, möchte man eher eine Caprice heißen, wenn nicht einen Übermut, daß er gerade vier seiner tollsten Kinder zusammenkoppelte...»

Erste Gegenfrage: Handelt es sich um «vier seiner tollsten Kinder»? Nehmen wir zur Widerlegung dieser Behauptung als augenfälligstes Gegenbeispiel den zweiten Satz. Er heißt «Scherzo». Vergleicht man ihn mit den vier großen Scherzi Chopins, die alle auf eine vehement ungestüme Coda, einen gewaltigen und triumphierenden Schluß zusteuern – dann wird das Sonaten-Scherzo als ein keineswegs mehr so tolles, sondern souverän in den Sonaten-Kosmos hineingezähmtes Kind erkennbar. Das es-Moll-Scherzo der Sonate schließt in Dur. Es verhallt, nachdem es abschließend noch einmal den lyrischen Mittelteil zitiert hat. Man braucht nicht so weit zu gehen wie Hugo Leichtentritt, der in seiner Erläuterung (*Analyse der Chopin'schen Klavierwerke*, Bd. 2, Berlin, Max Hesse, 1992) auf Seite 227 schreibt: «Der Anfang des Trauermarsches findet seine Vorbereitung schon in dem langsamen Ausklang des Scherzo, das gleichsam das Glockengeläut schon vorwegnimmt», um zu bemer-

Chopin und die Sonate

ken, daß dieses Scherzo sich in eklatantem Gegensatz befindet zu allen anderen Solo-Scherzo-Kompositionen Chopins, weil es nämlich abwartend, gleichsam fragend, verdämmernd endet. Ganz offenbar gehört es in einen größeren Zusammenhang, einen umfassenderen Verlauf. Dieser Verlauf hat eine Riesenkurve – das Gesamte der vier Sätze – und einen minuziös durchgearbeiteten Beginn: den Kopfsatz.

Was das Gesamte der vier Sätze betrifft, so sollen ein paar Andeutungen genügen. Der erste Satz hellt sich nach dem Ende der Durchführung auf. Er ist ja auch ab Takt 169 in B-Dur notiert. Die Reprise setzt da gleich mit dem zweiten Thema (in B-Dur) ein, selbst in der Coda kommt die kleine Terz, wie programmatisch, nicht vor, obwohl zwischen kleiner und großer Sext donnernd changiert wird. Der Satz schließt mit seinem stärksten dynamischen Akzent fff in B-Dur. Der zweite Satz, also das Scherzo, beginnt wie der Kopfsatz in Moll, Trio Ges-Dur. Wie im ersten scheint zunächst und auch bei der Wiederholung des Hauptteils, ein wüstes Moll zu überwiegen. Gleichwohl wird der Prozeß nicht in Moll abgeschlossen, sondern das Scherzo endet in verhallendem, nichts bestätigendem, sondern die dramatische Kurve träumerisch offenlassendem Dur. Der Trauermarsch mit seinen Trommelwirbeln und Aufschwüngen, mit seiner Pianissimo-Traumkantilene und seiner Entsetzens-Monotonie am Anfang und am Ende hat etwas von einer Prozession, der nichts Tröstliches anhaftet. Was bleibt, ist Finsternis. Man kann thematische Zusammenhänge, Terz-Aufbau, rhythmische Analogien zwischen dem Trauermarsch und dem Kopfsatz (nicht ganz mühelos) herausanalysieren. Das Finale scheint über Kategorien wie «Trost» oder «Verzweiflung» hinaus. Presto-Triolen im Unisono, «sotto voce e legato». Zynische Musik? Abschied von der Ratio? Aberwitz, Widersinn, Irrsinn? Manchmal Fetzen von Gestaltetem. Nichts Faßliches. Fahl, wortlos, melodielos, wahnsinnig und umtriebig reagiert hier ein Finale auf die Todesbotschaft des Trauermarsches. Diese Verweigerung von Sinn, am Ende einer Sonate, hat mit Impressionismus nichts zu tun, mit Etüdenläufen nichts und auch nichts mit jenem «Unisono»-Plaudern zweier Hände, als welches Chopin ganz offenbar ironisch den Schlußsatz bezeichnete.

Der Satz ist so schwer zu denken wie alles Un-denkbare und schwer zu spielen, weil er keinen Boden hat. Leise bleiben, monoton, unrhetorisch, rasch und gleichsam seelisch tot: das schafft kein lebender Interpret. Rachmaninow hat in Chopins Passagen rausch-

Chopin – Schumann – Liszt

hafte Melodien projiziert, die dem Satz wahrlich und wesenhaft ferner sind als Gounods *Ave-Maria*-Kantilene dem Bachschen C-Dur-Präludium. Auch die seriösesten Virtuosen und Interpreten des 20. Jahrhunderts vermochten die komponierte Sinnleere nicht auszuhalten. Sie boten und bieten Beleuchtungswechsel, dramatische Akzente. So blieb das Unverstehbare unverstanden...

Der Feststellung, daß in Chopins Sonaten das Polnisch-Idiomatisch-Folkloristische fehle (wenn natürlich auch ein kühn-vehementer «polnischer» Geist sie durchströme), wäre hinzuzufügen, was die *Sonaten Opus 35, 58 und 65* verbindet: die spirituelle Würde des nicht nur wunderbar pianistisch klingenden, sondern doch erhabenen, strengen thematischen Materials vor allem der Kopfsätze, aber auch der großen Finale. In der *b-Moll-Sonate* gewinnt Chopin die Gestalt des Hauptthemas genauso, wie er etwa in der *As-Dur-Polonaise Opus 53* das glänzende Polonaisen-Thema erzielt: In der Polonaise beginnt es mit einer punktierten, fallenden Terz – tamtata. Sie kehrt wieder, mit einem Auftakt versehen, um Tonwiederholung und Vorschlag bereichert. Diese Gestalt wird wiederum erweitert und als dritte Wiederkehr des Anfangs wiederholt. Daraus ist unversehens ein Komplex geworden, der dann seinerseits sequenziert repetiert wird.

Im Sonatenkopfsatz geht Chopin analog vor. Zuerst zwei Achtel: des-b, ein Terzfall. Wiederholung dieses Terzfalls mit Auftakt. Wiederholung dieser beiden Gestalten. Erweiterung des Modells zur Sext und Sept. Wiederholung des ganzen Zusammenhangs, vergrößert, im Forte.

Das zweite Thema beginnt gleichfalls mit einem Terzfall. Statt Moll – des-b – (kleine Terz: Grundton) nun As-f (also Quint: große Terz, Des-Dur). Daraus wird eine Kadenz, diese Kadenz wird umschrieben. Auch die Vierteltriolen der Schlußgruppe, aufeinander bezogene Quinten, sind in Terzabständen organisiert.

Wichtiger als solche mikrokosmischen Gemeinsamkeiten oder Zufälle oder Wesensgesetze scheint die Erkenntnis des Verlaufs. Beschränken wir uns auf den Kopfsatz. Die Verlaufsform, die Chopin dem Sonatensatz-Schema in der *b-Moll-Sonate* konfrontierte, ist nicht nur damit definiert, daß man darauf hinweist, inwiefern nach der gewiß regelhaften Modelldurchführung jener Moment fehlt, der bei Beethoven Höhepunkt war: die Wiederkehr des Hauptthemas in der Reprise (man denke an *Appassionata, Eroica, 9. Symphonie*). Chopin setzt als «Verlauf» nicht nur eine Negation, sondern eine

Chopin und die Sonate

Position: die Folge eines Steigerungsmodells. Beweis: Das Hauptthema wird bei seiner Wiederholung bis zum Fortissimo gesteigert
(Takt 37). Das so unvergleichlich edel beginnende Gesangsthema
erfährt vom Forte des Taktes 57 gleichfalls eine lange Steigerung hin
bis zum Höhepunkt (Takt 72). Die Schlußgruppe kulminiert im
Fortissimo des Taktes 97. Auch die Durchführung ist als Verlauf und
Folge ekstatischer Steigerungen gegliedert. Am Ende steht die überhaupt äußerste Steigerung des ganzen Satzes, ja Werkes, ebenjenes
Forte-Fortissimo (Takt 239), dessen Affirmationskraft zu zerschlagen die folgenden drei Sätze sich angelegen sein lassen.

Selbst ein nur flüchtiger Blick auf die *h-Moll-Sonate* legt den Gedanken nahe, Chopin habe seine eigene *b-Moll-Sonate* gewissermaßen
Satz für Satz aufheben, neu machen wollen. Hier beginnt nicht der
Kopfsatz, sondern das Finale – ein Hymnus auf Kraft, balladeskes
Daseinsgefühl, dargeboten mit dem wild-hysterischen Feuer des
vorweggenommenen Walkürenritts, mit dem alle Enge sprengenden
lebensbejahenden Rausch eines todkranken Genies – erst nach einer
kurzen Einleitung. Und wird zur Darstellung eines erhitzten Trium-
phes. Hier komponiert Chopin ein erhabenes Nocturne anstelle des
Trauermarsches. Hier steht das Scherzo in Dur – ein Pastell-Stück,
das man nicht kennt, wenn man es nicht von Lipatti kennt. Hier folgt
der erste Satz weniger einer Verlaufs- als einer *Reihen-Form*. Der
Ton des Allegro maestoso will durchgehalten werden gegen eine
Fülle herrlicher, gefährlich unendlicher Melodien. Endete die *b-
Moll-Sonate* im Leeren – so erfüllt sich die *h-Moll-Sonate* erst im
großartigsten und am pianistisch reichsten aller Chopin-Finale,
wenn nicht sogar aller Sonaten-Finale des 19. Jahrhunderts.

In seinen großen Sonaten ist Chopin Weltbürger. Er komponiert
keine Tänze, keine intimen Journale (wie in den Mazurken), keine
bewußt folkloristische oder entschieden *aristokratisierende* Musik.
Wer in den Sonaten den «eigentlichen» Chopin vermißt, wer die
Polonaisen fesselnder, die Préludes origineller, die Scherzi kühner,
die Balladen großartiger, die Etüden gekonnter findet, den dürfte so
leicht kein Appell, keine Analyse zur Meinungsänderung bewegen –
zumal es ohnehin mehr mit Konversationssport als mit Erkenntnis zu
tun hat, Qualitäten gegeneinander auszuspielen. Trotzdem möchte
ich klugen Verächtern der Chopin-Sonaten doch einen Stachel ins
Fleisch fügen: Sind sie ganz sicher, nicht einem deutschen (und
keineswegs bloß deutschen) Vorurteil zu erliegen? Nämlich dem, daß

Chopin – Schumann – Liszt

die große Sonate deutscher Tradition kaum Sache eines gewiß genialen polnischen Miniaturisten sein könne! Ich weiß auch, daß es in der Musikgeschichte keinen zweiten Komponisten gibt, der einen Sonaten-Kosmos wie den der 32 Beethovenschen Klaviersonaten hat vollenden dürfen. Dem kommt nichts gleich. Aber ich bin ebenso sicher, daß man sowohl die Größe wie die freie Eigenart des Chopinschen Schaffens verkennt, wenn man gerade den Sonaten Chopins die Größe und freie Eigenart abspricht.

18. IV. 1985

ROBERT SCHUMANNS KÜHNHEIT

Wer irgendwann einmal von Robert Schumanns Musik berührt, gebannt und entflammt wurde, wer sich daraufhin in einen lebenslänglichen Schumannianer verwandelte, wem kein Schumann-Liederabend zuviel wurde, keine Darbietung des *Klavierkonzerts*, des *Cellokonzerts*, der Symphonien und erst recht keine einigermaßen kompetente Interpretation der *Kreisleriana*, des *Carnaval*, der *Symphonischen Etüden* oder der *Fantasie* – der ahnt gewiß, wie schwer es ist, Schumanns Kunst angemessen zu preisen. Robert Schumann war ja kein – das Wort klingt abfälliger, als es gemeint ist – Weltanschauungsmusiker, wie der Symphoniker Beethoven, der Musikdramatiker Wagner, der Passionskomponist Johann Sebastian Bach Weltanschauungsmusiker gewesen sind. Weltanschauungsmusiker, die mit größtem Ernst ihre Wahrheiten, Ideen und «Anliegen» verkündeten. «Ihre Musik» – hatte spöttisch und zugleich bewundernd der Maler Franz von Lenbach zu Richard Wagner gesagt –, «Ihre Musik – ach was, das ist ja ein Lastwagen nach dem Himmelreich.»

Robert Schumanns wahrlich nicht un-spirituelle Kunst würde niemand als «Lastwagen nach dem Himmelreich» beschreiben wollen. Schumanns Entflammtheit, seine Unmittelbarkeit, Zartheit und Differenziertheit fordern zwar vom Hörenden und erst recht vom Spielenden äußerste Hingabe – aber sie bereiten keinerlei problematisierende Mühsal. Aus Schumanns Noten spricht, solange dem Künstler Schöpferkraft vergönnt war, immer der Dichter, nie der Akkord-Arbeiter oder der absichtsvolle Ideologe. So wahnsinnig,

Robert Schumanns Kühnheit

bis zur Unspielbarkeit schwer manche Klavierkompositionen Schumanns auch sein mögen, nie käme man darauf, Schumanns enorme manuelle Forderungen als «virtuose» Dekoration abzutun. Vom *Opus 1*, den *Abegg-Variationen*, bis hin zum *Opus 129*, dem *a-Moll-Konzert für Cello*, verdankt sich Schumanns Glanz eben nicht einer auskomponierten Dialektik von Virtuosität und Pathetik, was ja keine Schande wäre, sondern vielmehr einem herrlich spontanen Miteinander von erlesener Feingliedrigkeit und rückhaltlosem Rausch. Lauterkeit prägt Schumanns Kunst, ob sie von trüber Verlorenheit tönt oder von trotzigem Triumph. Und weil Schumanns Kunst die spontane Vergegenwärtigung wagt, das *reine Feuer*, die unmittelbare Ergießung fern von martialischem Getöse oder banalem Privatissimum − ebendarum empfindet man Schumann-Darbietungen als eine Reinigung. Als eine Reinigung von schmierigen, trivialen Affekten. Deshalb freut man sich auf Schumann-Vergegenwärtigungen wie auf Feste. Analoges gilt gewiß auch für Mozart. Aber bei Schumann, zumindest beim frühen und mittleren Schumann, kommt etwas hinzu, was wir so ausgeprägt selbst bei Mozart nicht finden: nämlich ein Moment der Kühnheit, der erhitzten intellektuellen Bizarrerie, der leisen und lauten Ekstase. Darum der Titel: Robert Schumanns Kühnheit.

Einstweilen bin ich in der Einleitung, sozusagen in der Ouvertüre, die jene eigentümliche Schwierigkeit umspielt, das Glück beim Namen zu nennen, welches Schumanns Feingliedrigkeit, Erhitztheit, Zartheit und Komplexität bereiten. *Im ersten Akt* werden wir Schumanns «kühne Konzeptionen» erörtern. *Im komplizierten zweiten Akt* möchte ich die beängstigende Kühnheit Schumannscher Dissoziationskunst darzustellen versuchen. *Im dritten Akt* soll es uns dann, etwas allgemeiner, um die humane und couragierte Reflexionskraft des Kritikers Schumann gehen. Das sind die drei Haupt-Akte meines Vortrages über Robert Schumanns Kühnheit. Ihnen schließt sich ein kurzer Epilog an, der Gerechtigkeit auch für Clara, die mittlerweile oft unterschätzte, herstellen möchte.

Robert Schumann ist ein gebildeter, auf sein Deutschtum und die Standards der deutschen Kultur freimütig stolzer Künstler gewesen. Wie die allermeisten musikalischen Riesen-Begabungen hatte auch Schumann ein Elternhaus, das ihn musisch prägte. Der schriftstellerisch tätige Vater August Schumann hat schon den 14jährigen Robert zur Mitarbeit an der von ihm herausgegebenen *Bildergalerie der berühmtesten Menschen aller Völker und Zeiten* herangezogen.

Chopin – Schumann – Liszt

Künstler, zumal solche, die als Wunderkinder oder Wunderjünglinge Aufsehen erregen, sind in aller Regel zweite Generation, kommen meist aus einem künstlerischen Elternhaus. Wissenschaftliche Begabungen können sich sehr spät, auch ganz unabhängig vom Geist des Elternhauses entfalten. Doch ein junger Mensch aus künstlerischem, notfalls auch bohemehaftem Hause, ein Theaterkind, von Jugend auf an Bühnenluft gewöhnt: solche familiär begünstigten Künstler sind denen, die dergleichen erst mit zwanzig Jahren oder noch später lernen und kennenlernen, fast uneinholbar voraus.

Schumann, enorm frühreif, kam also aus einem gebildeten, musisch-literarischen Dunstkreis. Das machte ihn stolz. Als Franz Liszt, der gefeierte Liebling zahlloser Pariser Gräfinnen und Komtessen, sich ein bißchen übers biederbürgerliche Leipzig mokierte, wo ihm denn doch die elegant gekleideten Damen fehlten, die Gräfinnen und Prinzessinnen, da verdroß das unseren Robert – und er schrieb Clara stolz, was er daraufhin dem Liszt zur Antwort gegeben habe: «wir hätten hier auch unsere Aristokratie, nämlich 150 Buchhandlungen, 50 Buchdruckereien und 30 Journale, und er solle sich nur in Acht nehmen.» Da lachte Liszt, der eben nicht immer bloß an Bücher dachte, und er fand den Schumann wahrscheinlich ein wenig «leipzigerisch» provinziell. Immerhin sei nicht vergessen, daß Liszt Schumanns Kunst neidlos bereits am 2. Oktober 1839 in der Pariser *Gazette musicale* gewürdigt hatte, als Schumann noch nicht einmal dreißig Jahre alt war – und daß Liszt sein gewichtigstes Klavierwerk, die große *h-Moll-Sonate* von 1853, Schumann widmete! Merkwürdigerweise macht es der klatschsüchtigen Nachwelt stets mehr Spaß, herauszubringen, wo und wie aufgeregte Künstler sich stritten, angeiferten, bekämpften, als dankbar zur Kenntnis zu nehmen, wo sie sich großmütig halfen und gelten ließen...

Glücklicherweise gibt es mannigfache Zeugnisse eines beträchtlichen Schumannschen Selbstbewußtseins. «Beschütze mich, mein Genius und täusche mich nie», notiert der 21jährige ins Tagebuch. Und er schreibt an Clara – wäre er so reich und wohlerzogen und von keinerlei Existenzsorgen bedrängt aufgewachsen wie sein Freund Felix Mendelssohn, dann würde er alle samt und sonders überflügeln... Daß es neben solchen Aufschwüngen Depressionen gab, scheint nur natürlich. Aber wie sich Schumanns Stolz und Formuliertalent mit seiner fürchterlichen Schweigsamkeit vertragen, das bleibt – wenn man nicht alles psychopathologisch erklären will – schwer begreifbar. Schumann hat sich beispielsweise gegenüber dem

Robert Schumanns Kühnheit

von ihm bewunderten Hebbel, dessen *Genoveva* er ja zur Oper machen wollte, 1844 schlechthin kränkend stumm benommen. Hebbel schildert kopfschüttelnd, wie Schumann nach kurzer Begrüßung schweigend dasaß und ihn «angaffte». Das ließ sich der Dramatiker eine Viertelstunde lang gefallen, ging dann ärgerlich ins Hotel zurück, wohin Schumann ihn begleitete und eine halbe Stunde weiterschwieg. Schumann war, laut Hebbel, ein hartnäckiger und unangenehmer Schweiger, «völlig in sein Talent eingesperrt».

Seltsam. Der gleiche Schumann, den wir als fabelhaften, seine Autoren geschickt aktivierenden Zeitschriften-Redakteur kennen, den Bälle und Maskenfeste, schwere Zigarren und Champagner faszinierten, der die Menschen liebte – sich aber noch lieber von ihnen zurückzog. Vielleicht verbirgt sich in dieser introvertiert schweigsamen, verkrampften Bewunderungsattitüde die typische Verlegenheitshaltung eines hochintelligenten Kleinbürgers gegenüber einem bewunderten Genie. Mit Mendelssohn, Liszt, Wagner und eben dem von Schumann als «genialste Natur unserer Tage» bezeichneten Hebbel kam Schumann – trotz oder sogar wegen seiner differenzierten Klugheit – im persönlichen Gespräch sowenig zurecht wie der doch wahrlich brillant formulierführige junge Theodor W. Adorno mit Schönberg – der den jungen Adorno nicht leiden konnte. Ein bißchen erinnern wir uns an Hebbels erschrockene Äußerungen über Schumann, wenn wir lesen, wie Schönberg Adornos Verhalten beschrieb. «Ich habe ihn ja», so Schönberg über Adorno, «nie leiden können. Wenn er mich mit sehrenden Augen verschlang, dabei körperlich immer näher an mich heranrückte, bis eine Wand mich daran hinderte, weiter auszuweichen...»

Macht gar Bewunderung verlegen, linkisch, gaffend? Offenbar. Daß Schumann andererseits darunter litt, wenn das oberflächliche Musikpublikum in ihm nur den Gatten der fabelhaften Pianistin Clara sah und keine Ahnung hatte von seinem Rang und seiner Leistung – man versteht es natürlich gleichfalls. Freilich nehmen die wunderbar lebhaften, herzlichen und klugen Tagebuch-Eintragungen, die Briefe, Aufsätze und Kritiken Schumanns uns derart für sein poetisches Formulier-Talent ein, daß wir es immer sehr schwer haben, uns den irgendwie mühsamen, linkischen, verlegenen Schweiger vorzustellen, der er in der Öffentlichkeit allzu oft war – wenn er schon als Primaner steckenblieb beim Vortrag während der Abiturfeier, wenn er patzig aus dem Zimmer stürzte, falls Äußerungen gefallen waren, die ihn oder seine Kunstansichten kränkten.

371

Alles das gehört wohl auch zum Bilde der absoluten, reizempfindlichen, genialisch-jünglingshaften Reinheit Schumanns, die stets bedroht war von Ängsten, Depressionen, Selbstmordabsichten, von labiler Unfähigkeit, ein Irrenhaus sehen oder eines Freundes Sterben ertragen zu können. Nietzsche hat, hoffentlich ohne direkt an Schumann zu denken, diese sehr linkisch deutsche Mentalität in *Jenseits von Gut und Böse* folgendermaßen beschrieben: «Die Schwerfälligkeit des deutschen Gelehrten, seine gesellschaftliche Abgeschmacktheit verträgt sich zum Erschrecken gut mit einer inwendigen Seiltänzerei und leichten Kühnheit.» Anders ausgedrückt: Fehlende Urbanität, fehlende höfische Finesse dürfe keineswegs mit Phantasielosigkeit oder Uncouragiertheit gleichgesetzt werden. Freilich hat Nietzsche auch, und zwar so gehässig, wie wirklich nur ein Sachse über den anderen herfallen kann, Robert Schumann als *«ewigen Jüngling»* bezeichnet und hämisch hinzugefügt: «es gibt freilich Momente, in denen seine Musik an die ewige ‹alte Jungfer› erinnert». Giftig resümiert Nietzsche: «Schumann... ein edler Zärtling... mit seinem Geschmack, der im Grunde ein kleiner Geschmack war (nämlich ein gefährlicher... Hang zur stillen Lyrik und Trunkenboldigkeit des Gefühls)...» (aus *Menschliches, Allzumenschliches*, hg. von Schlechta, Bd. I, S. 937; sowie *Jenseits von Gut und Böse*, hg. von Schlechta, Bd. II, S. 712 ff.). Nietzsches gehässiges Urteil kam aus der Wagner-Ecke: für die kämpferischen Bayreuthianer war Schumann nur ein sentimentaler Sachse. Erst kurz vor seinem Tode hat Wagner sich von Cosima sagen lassen, daß dieser Schumann doch ganz beachtlich gewesen sei, und sich darauf hinausgeredet, Künstler brauchten nicht «gerecht» zu urteilen. Heute, am Ende des 20. Jahrhunderts, können wir erkennen, wie vieles Wagner und Schumann verbindet: deutscher Reinheits-Konservativismus, Haß auf den Typus Meyerbeer. Überdies nimmt der Eusebius aus dem *Carnaval* die «Liebestod»-Melodik andeutend vorweg, und leider lassen sich sogar beim Mendelssohn verehrenden Schumann, nicht nur bei Wagner, antisemitische Töne vernehmen. Wenn also in unserer Gegenwart immer noch manche Musikfreunde die damalige Kampfposition der Neudeutschen gegen Schumann reproduzieren, dann hängt das wahrscheinlich auch mit folgendem zusammen: Jeder musikalische und ein wenig auch klavierspielende Mensch lernt Schumanns Genie in frühester Kindheit aus dem *Album für die Jugend* oder aus den *Kinderszenen* kennen. Und zwar auf einer Entwicklungsstufe, da man nicht daran denkt, über Musik zu reflek-

Robert Schumanns Kühnheit

tieren. «Die Träumerei», der «Fröhliche Landmann», der «Knecht Ruprecht», der «Wilde Reiter», das ist musikalische Muttermilch. Das senkt sich in die Seele wie eine elementare, vorbewußte, traumhaft frühe Lebens- und Kunst-Erfahrung. Ob aber nicht gerade diese Stücke – die jeder immer schon kennt und liebt – das Bild entstehen ließen vom innigen Schumann, dessen hübsche, kleine Dinge uns entzücken? Daß wiederum Schumanns Symphonien offenbar nicht so monumental symphonisch tönen wie die Beethovenschen, kommt als weiterer bestimmender Eindruck hinzu. So entwickelte sich in vielen Musikfreunden das Bild vom genialen Miniaturisten. Was es damit auf sich hat, sei erörtert.

Kühne Konzeptionen

1831, um den 15. Juni, notierte Schumann in seinem Tagebuch eine Romanidee: «Unterwegs entstand in mir die Idee zu den ‹Wunderkindern›. Charaktere und Personen fehlen mir nicht, aber die Handlung und Verbindung der Fäden. Paganini muß wunderbar auf Cilia einwirken. Vorläufige Personen sind Florestan, der Improvisator – Paganini, unter andern Namen – Wieck, Clara – Hummel als Ideal der Mechanik – Musickmeister Faulhaber mit seinen Kindern… Paganinis Frau…
– namentlich soll der Schluß in Italien seyn, der Anfang in Deutschland – Localinteresse vielleicht in Mailand – Ideal der Fertigkeit – Ideal des Ausdruck's – Verbindung beyder in Paganini – das Streben Clara's –»
So weit also reicht das vom jungen Schumann hingeworfene Roman-Konzept, das an den geliebten Jean Paul erinnert, aber auch ein wenig an die äußeren Umstände von Eichendorffs *Aus dem Leben eines Taugenichts*. Danach folgt in Schumanns Tagebuch der abgebrüht altkluge Aphorismus: «Befriedigung der Wünsche ist eben keine, weckt mehrere».
Diesem epischen Entwurf des 21jährigen Schumann begegnen wir in Schumanns *Carnaval* wieder. Schumann hat das hinreißend zupackende und elegante Vorspiel mit dem Schluß tonartlich und thematisch verbunden. Er hat komische Neben-Figuren ersonnen – den stolpernden Pierrot zum Beispiel, der gleich am Anfang glasigbeschwipst über die Bühne torkelt. Dann erscheinen die für Schumanns Fühlen und Denken so wichtigen Idole: Chopin, Paganini,

373

Chopin – Schumann – Liszt

Clara Wieck. Und was das ganze glänzend originelle Stück wahrlich in die Nähe einer großen Novelle bringt, ist die unüberhörbare Liebesgeschichte zwischen Florestan, dem stürmischen Ich Schumanns, und der «Coquetten». Die Grenzen zwischen «Romantischem» und «Romanhaftem» verfließen. Der abschließende *Davidsbündlermarsch* gegen die Philister reißt das Ganze aus dem Privaten heraus, atmet freiesten Sturm-Geist, entspricht der «Marseillaise», die Schumann so oft zitierte. Rauschhaftes Stretta-Happy-End. Eine richtige deutsch-romantische Revolution findet eben von Kopf bis Fuß in As-Dur statt, und sonst gar nicht. Dergleichen ersinnt kein «Miniaturist», kein Kleinmeister. Schumann konnte es sich von Anfang an leisten, Welt in seine Musik hineinzunehmen. Eigentlich schon im *Opus 1*, den *Abegg-Variationen*, war er seines spezifischen Stils, seines Tones, seiner Aura aus Feingliedrigkeit und Schwung sicher. Im *Opus 2*, den *Papillons*, einer Vorform des *Carnaval*, taucht am Ende jener Tanz auf, der dann im Finale des *Carnaval* explodieren wird. Die *Papillons* freilich wenden den Schluß noch ins Private, Skurrile. Die Turmuhr schlägt da erkennbar sechsmal – sechs Uhr früh! –, man versteht, daß im Kopf des todmüden poetischen Subjektes nun alle möglichen Motive impressionistisch oder alkoholisch durcheinandergehen und daß der Zyklus, was seltsamerweise nur der Pianist Wilhelm Kempff ganz deutlich herausgebracht hat, mit einem auskomponierten, riesigen Gähnen schließt. Im *Carnaval* darf dann keine Müdigkeit mehr vorgeschützt werden: die Davidsbündler jagen die Philister von der Bühne und triumphieren unwiderstehlich.

Nun rechnet man es der Musik, übrigens auch der Malerei, gern negativ an, wenn sie sich «anekdotisch» oder auch «novellistisch» geben. In der Tat kann von allzu selbstgefällig ausgesponnenem Anekdotischem eine gewisse Behaglichkeit ausgehen, die gleichsam von hintenherum dem gerade verjagten Spießig-Philiströsen doch wieder Zutritt gewährt. Davon kann beim frühen Schumann wirklich keine Rede sein. Im *Carnaval*, in den *Kreisleriana*, in den *Symphonischen Etüden* oder den *Papillons* dominiert nämlich ein scharfes, ja manchmal überscharfes Tempo, eine verwirrende Kontrastfülle. 1851 plante der «späte» Schumann ein «Luther»-Oratorium. Das sollte hübsch populistisch, «volkstümlich werden», so daß es «Bürger und Bauern verständen». Die von jähen Stimmungsumschwüngen, jagend wechselnden Bildern und Aufschwüngen erfüllten, frischen und virtuosen frühen Klavierstücke hätten biedere Bürger und Bauern jedoch eher verlegen gemacht. Schumann war dann sogar besorgt

Robert Schumanns Kühnheit

wegen des raschen Bilderwechsels, bei dem Hinz und Kunz nicht mitkommen. Er befürchtete, daß Leute, die noch gar nichts von ihm kennen, die jähen Wechsel nicht vertragen würden. «Im Carnaval», schrieb er Clara, die den *Carnaval* gern öffentlich spielte, «hebt immer ein Stück das andre auf...» In den *Fantasiestücken*, die er ihr empfahl, könne man sich dagegen recht behaglich ausbreiten.

Der von Anfang an herrlich verfügbare eigene Stil und Ton war nicht nur so geschmeidig, mannigfache literarische, anekdotische oder versteckt-persönliche Anspielungen aufzunehmen, sondern er leistete noch mehr. Schumann konnte, ohne jede eklektische oder neoklassizistische Anbiederung, auch Anspielungen auf Beethoven oder Bach beziehungsvoll seinem Kosmos einfügen, seinen Konzeptionen unterwerfen. Halten wir uns einmal das vorletzte Stück der *Kreisleriana* vor Augen und Ohren. (Das letzte ist eine Gigue, ein gespenstisch ins Pianissimo-Nichts galoppierendes Reiterstück.) Das vorletzte, siebte Stück der *Kreisleriana* – «Molto presto» – hat einen ungewöhnlichen Mittelteil. Motorisch absteigende Sechzehntel, die von Bach stammen, seiner großen *F-Dur-Toccata für Orgel* entnommen sein könnten. Aber diese offenkundige Schumannsche Rückwendung zu Bach, diese Beschwörung des Vergangenen, hat nichts zu tun mit einer stilistischen Spielerei, ist nicht im mindesten Ausdruck geistigen Alexandrinertums. Schumann gestaltet sowohl den Versuch, an vergangener kraftvoller Herrlichkeit vom eigenen Zwiespalt zu genesen, wie auch das Scheitern dieses Versuchs! Denn Schumanns Neo-Barock wirkt überhitzt, uneigentlich, romantisch. Da ist eben kein gefälliger Eklektizismus komponiert, sondern wir hören, fühlen und begreifen vielmehr die flammende, unerfüllbare Sehnsucht, die in solcher vergeblichen Rückwendung steckt. Gebrochenheit steht ein für Wahrheit. Die Töne besitzen gerade nicht Bachs Majestät, sondern Schumanns Nervosität. Sie ziehen vorbei wie ein Spuk, wie ein Traum von alten Ritterburgen und versunkener Herrlichkeit. Langsam verdämmernde Akkorde holen dann das träumende Ich zurück in seine romantische Gegenwart.

Der Schumann-Biograph Arnfried Edler hat darauf aufmerksam gemacht, daß Schumann, der die Ungebundenheit dem Gebundenen vorzog und bei Reimen Mißbehagen empfände, die Seite musikalischer «Prosa» bevorzugte, also kein unbedingter Verfechter des klassischen Periodenbaus gewesen wäre. Dagegen ließe sich manches einwenden, manches aus *Kinderszenen* oder den Liedern zitieren. Bemerkenswert scheint immerhin, daß romantisch freie Formen des

375

Komponisten Phantasie anfangs viel produktiver in Bewegung setzten als Sonate, Konzert und Symphonie – denen er gewiß auch Geniales abgewann. Romantisches und Romanhaftes treffen im *Carnaval*, den *Papillons* und vielleicht sogar der *Fantasie* sehr sinnfällig zusammen.

Nicht weniger fesselnd sind die verborgenen, geheimeren und abstrakteren Verläufe, wie sie sich etwa in der großen *Humoreske* finden, im grandios anti-affirmativ durch-individualisierten Trauermarsch aus dem *Klavierquintett* oder im Scherzo der *1. Symphonie*, dessen Trio am Ende in jeder Weise, quantitativ oder emotional, über den Hauptteil triumphiert! Solche Konzeptionen haben Größe und Gewicht, kommen Schumanns berühmten Zyklen für Klavier solo oder für Gesang gewiß gleich. In der *Humoreske Opus 20*, die mit vordergründig humoristischen Effekten überhaupt nichts zu schaffen hat, wird eine diffizile Kontrast-Dramaturgie zum Programm. Was innig und zart beginnt, steigert sich zum sehr Raschen, Leichten, Ritterlichen, kehrt dann zur Lyrik zurück. Was, danach, hastig anfängt, wird kontrastiert von einem Mittelteil, in dem Schumann eine rätselhaft schöne «innere Stimme» umschrieben hat. Ja: buchstäblich *umschrieben*. Schumann erläutert: «Diese innere Stimme soll nicht mitgespielt werden. Der Spieler soll hier gleichsam zwischen den Zeilen lesen.» Die Mittelstimme wird also – nur – umspielt. Sie findet sich virtuell in dem gespiegelt, was sie umgibt. Eine Phantom-Kantilene. So schafft Schumann eine tiefsinnige Kontrast-Dramaturgie. Wer das nicht erfühlt, bleibt gegenüber diesem ebenso erfüllten wie bizarren Kunstwerk einigermaßen hilflos. Lyrisches, Liedhaftes, Erstarrtes wird changierend und unvorhersehbar dem Raschen, Phantastischen, Hastigen, Fassungslosen, Emphatischen entgegengesetzt. Der fünfte Abschnitt dieser *Humoreske* stellt das gewiß aberwitzigste Steigerungsstück vor, das wir von Schumann kennen. Sehr lebhaft, immer lebhafter, forte fortissimo, stretta – also: noch schneller. Alles zielt, sich gleichsam überschlagend, auf einen Doppelpunkt. Dann eine General-Pause. Was nun? Was könnte entfesselten Wirbel aufhalten, auffangen? Gewiß keine noch so reiche Melodie, keine noch so schöne individuelle Antwort. Statt dessen erfindet Schumann einen kühnen, starren, großartig kahlen Polonaisen-Rhythmus. Mit «einigem Pomp», fordert er ausdrücklich, soll dieser grandiose Rhythmus ohne jedes melodiöse Dach ertönen. Ihm liegt ein Baß zugrunde, der so majestätisch tönt, als sei er verwandt mit dem Baß der Bachschen *Orgelpassacaglia*. Später erst tritt eine

Robert Schumanns Kühnheit

Trompeten-Stimme hinzu. Aber sie führt zu keinem triumphalen Schluß, sondern zu einem Rätsel. Die phantastische Musik versinkt in trüber, magischer Ruhe – so wie eine herrliche Vision erlischt. Selten nämlich endet Schumann so triumphal überhitzt wie im *Carnaval* und in den *Symphonischen Etüden*. Oder wie in den großen Kammermusikwerken und Symphonien, die auf große, festliche Finale hin entworfen scheinen, dem affirmativen Wirkungsgesetz der Gattung gehorsam. Wenn Schumann freie Formen ersinnt, wird bei ihm oft aus dem Beethovenschen «Durch Nacht zum Licht» ein trübes «Durch Licht zur Nacht». Statt Rausch und Jubelfinale leiser Ausklang. So verklingen die *Kinderszenen* im schweigenden Pianissimo, verdämmern die *Davidsbündlertänze*, versickert das «Ende vom Lied», zerrinnen spukhaft die *Kreisleriana*, schließt die *C-Dur-Fantasie* eben nicht mit dem grandiosen zweiten Satz, den einst Wilhelm Backhaus, samt der wilden Sprungstelle, einem explodierten Choral, schneller spielte als Pollini oder Horowitz. Sondern auch die *C-Dur-Fantasie* endet «langsam getragen».

Solche hoffmannesken «Todessprünge von einem Extrem ins andere» scheinen mir aufregender zu sein als die vielberedete, sinnfällige Aufteilung in zwei Seelen, die dem jungen Schumann so wichtig war. Eusebius und Florestan stellen zwei Ideal-Typen dar, zwei Prinzipien. Stürmisch, spontan, großzügig, ungenau, feurig: der Florestan – zart, innig, notengetreu, lyrisch, scheu: Eusebius. Wir wissen ja, daß Schumann seinem geliebten Jean Paul solche Spaltungen entlehnte – weil auch in seiner Brust zwei Seelen wohnten. Aber unterschätzt Schumann da nicht seinen inneren Reichtum? Nur zwei Seelen, zwei Prinzipien, zwei Ideal-Typen? Die geniale Kühnheit Schumannscher Konzeptionen reicht weit hinaus über diese allzu sinnfällige und sinnige Schematisierung innerer Gegensätze. Große Interpreten wie Claudio Arrau führen behutsam die unendliche Reihe der Zwischentöne vor. Arrau hat mit Scharfsinn und Scharfgefühl begriffen: jenes Gerede vom Riesenkontrast zwischen Florestan und Eusebius kann kaum das letzte Wort sein. Bei Arrau wirkt alles florestanische Zupacken auch verletzt, verdunkelt und keineswegs nur extrovertiert, während der angeblich so lieb-intime Eusebius oft herb und verrätselt und unversöhnlich erscheint. Für die Kühnheit Schumannscher Konzeptionen gibt es weder Standard-Formeln noch Standard-Figuren. Da ist des Studierens und Lernens kein Ende.

Kühne, unheimliche Dissoziationskunst

«Hör' ich das Liedchen klingen, das einst die Liebste sang, so will mir die Brust zerspringen, von wildem Schmerzensdrang. Es treibt mich ein dunkles Sehnen, hinaus zur Waldeshöh', dort löst sich auf in Tränen, mein übergroßes Weh.» Denken wir an die beiden kurzen Strophen dieses Stückes aus der *Dichterliebe* und an die zarte g-Moll-Melodie, dann stellt sich für diejenigen, die dieses melancholische Adagio-Lied so ungefähr im Kopfe haben, gewiß die Frage, inwiefern denn dieses sinnfällige, nicht einmal zwei Minuten dauernde Lied mit dem aufregendsten und beängstigendsten Bezirk zu tun haben soll, den es in Schumanns schöpferischer Seele gab. Das klingt und wirkt doch alles so selbstverständlich – warum sollte es einen Beleg darstellen für kühne und unheimliche Dissoziationskunst? Das Lied beginnt mit einem Klaviervorspiel. Vier wunderschöne g-Moll-Takte, welche die Melodie vorwegnehmen, mit der dann die Singstimme beginnt: «Hör' ich das Liedchen klingen...» Schumanns Dissoziations-Genius arbeitet und verzerrt unmerklich. Im Vorspiel erscheint zwar dieselbe Melodie wie beim Gesangsbeginn. Aber sie erscheint rhythmisch verrutscht, also nie auf Schlag, sondern immer ein Sechzehntel später. Weil die Eins ruhig im Baß vorkommt, bemerkt man zunächst diese rhythmische Rückung kaum. Was sie bedeutet, scheint nur zu klar: Die Erinnerung an das Liedchen, das «einst» von der Liebsten gesungen wurde, ist fern, undeutlich, schwankend, ein wenig verweht, gemäß dem Beginn der *Faust*-Zueignung: «Ihr naht euch wieder, schwankende Gestalten, die früh sich einst dem trüben Blick gezeigt». Schwankend deshalb, weil sie aus Dunst und Nebel der Erinnerung hervortreten.

Wenn nun aber Schumanns lyrisches Ich nach dem Klaviervorspiel zu singen anhebt, dann wird die eben noch gleichsam versetzte Melodie ganz regelhaft vorgetragen, wie es der schönen Gestalt zukommt. Was für ein Kunstgriff! Doch Schumann begnügt sich nicht damit. Beim Schluß der ersten Strophe: «So will mir die Brust zerspringen, von wildem Schmerzensdrang» ist sowohl das lyrische Ich da mit seiner direkten Äußerung, die regelhaft und unsynkopisch kommt, als auch die schmerzlich ferne Erinnerung an die Melodie von einst – die synkopisch ver-rückt erscheint. Das tönt ganz langsam durcheinander. In *einem* Moment hat der Komponist fixiert, was auf zwei sich kreuzenden Bewußtseins-Ebenen geschieht.

Robert Schumanns Kühnheit

Auf diese unheimliche Fähigkeit Schumanns wurde ich Anfang der siebziger Jahre aufmerksam. Und zwar, als ich Horowitz' maßstabsetzende Einspielung der *Kreisleriana* hörte. Im Schlußstück der *Kreisleriana*, einer Pianissimo-Gigue in g-Moll, einem gespenstisch dahinjagenden Reiterstück, heißt es «Die Bässe durchaus leicht und frei». Das klingt harmlos und ist doch bodenlos. Im 11., 14. und 15. Takt scheint der Baß nämlich jedesmal auf unbetonte Taktteile antizipiert, vorgezogen zu sein. Nun gut, denkt man, Synkopen. Aber Synkopen haben normalerweise etwas vom Widerstand. Sie rauhen den Rhythmus auf, betonen das Unbetonte charakteristisch. Sie trotzen dem Grundgesetz – und bestätigen es durch ihren Nachdruck. Doch gerade an diesem synkopischen Nachdruck fehlt es im Schlußstück der *Kreisleriana*. Unkonventionell, rhythmisch selbständig und aberwitzig, darauf macht Horowitz aufmerksam, hat Schumann ja die Bässe in fünf von acht *Kreisleriana*-Stücken geführt. Nur: am Ende aber sind es eben keine wohlgesetzten Synkopen mehr, sondern leise, huschende Zeugnisse einer wahnsinnsnahen Dissoziation. Darum auch fast unspielbar. Denn das Irreguläre darf weder demonstrativ hervorgehoben werden, wodurch es zu einer Art rhythmischer These würde – noch auch darf es verlorengehen... In der verrückten «Paganini»-Nummer aus dem *Carnaval* folgen zwei Presto-Verläufe einander nur um die Pulsation eines Sechzehntels verschoben, also im zeitlichen Abstand von höchstens zwei oder drei Zehntel Sekunden! Wer soll das deutlich spielen, wer es hörend aufnehmen können? Der Komponist Dieter Schnebel ist solchen Schumannschen «Ver-rückungen» psychoanalytisch und musikanalytisch nachgegangen. Er spricht von der «Spaltung des Zusammengehörigen in ein Mehrdimensionales, wo erste, zweite und dritte Stimme gleichsam schizoid auseinanderlaufen». Schnebel beobachtet psychoanalytisch, wann die dünne Decke des Schumannschen «Ichs» ihre ersten Risse bekommt – das geschah bereits im Jahre 1832 –, und versucht zu beschreiben, wie Schumann «das Bannen des Auseinanderstrebenden» in seiner Musik vollbringt.

Aber uns interessiert ja Schumann vor allem als Produzent, nicht so sehr als Patient. Und da ist dann der Folgerung kaum mehr auszuweichen, daß Schumann als junger Mensch und noch bis hin zu seinem 35. Lebensjahr, was ja den wunderbaren, überwältigend kunstvoll depressives Kreisen und manisches Entsetzen darbietenden Trauermarsch des *Klavierquintetts* mit einschließt, daß er also in seiner frühen und mittleren Zeit noch die Kühnheit besaß, es mit den

Dämonen der eigenen Seele aufzunehmen – später aber nicht mehr. Schumann, der Meister des späten *Cellokonzerts*, der strahlenden *Rheinischen Symphonie* mit ihren Bruckner-Antizipationen, war trotz gewaltiger Krisen immer ein bedeutender Komponist. Nur läßt sich kaum übersehen, daß seine Musik sich um so gesünder und simpler zu geben versucht, je ungesünder und bedrängter seine Seele war. Der holdselige Populismus von «Der Rose Pilgerfahrt», die beklemmende grelle Lustigkeit des letzten *Violinkonzert*-Satzes, die merkwürdige Harmlosigkeit mancher späten Chorwerke – manchmal scheint es, als sei die riskante Dissoziation da einem vorsichtigen, aber niemals unedlen oder geistlosen Dissimulieren gewichen. Wie begeistert Schumann dabei auch im Herbst 1853 noch zu fühlen vermochte, verdeutlicht beispielsweise der schwungvolle und genialsichere Aufsatz, mit dem er den jungen Brahms öffentlich begrüßte. Das war im Oktober 1853. Vier Monate später: Selbstmordversuch und Einlieferung ins Irrenhaus. Schumanns schöpferische, ordnende und fixierende Kraft war – solange die Krankheit ihn nicht endgültig besiegt hatte – den Abgründen seiner Psyche wunderbar gewachsen, ja produktiv überlegen. Nichts vermag das eindringlicher zu verdeutlichen als seine kühne, unheimliche Dissoziationskunst.

Vom kritischen Schriftstellern

Schumanns Schreiben ist immer ein «heller Sieg des Geistes über die Qual der Zeit» gewesen. Von den Nachtseiten seiner Existenz verraten die meisterhaften Kritiken, die poetischen Ergüsse Schumanns relativ wenig. Ein wenig pathetisch ließe sich behaupten, daß alles schriftstellerische Tun aus helleren, unbedrohteren Schichten seiner Seele kam als die Musik. Schumanns Kritiken lehren uns die verbindlichen, die hellen Tagseiten seiner bewunderungswürdig reichen Natur kennen. In dem sehr ergiebigen Schumann-Sonderheft der *Musik-Konzepte* hat der französische Komponist Henri Pousseur einen riesigen, weit über hundert Seiten starken Essay über die *Dichterliebe* publiziert mit dem Titel «Schumann ist der Dichter». Aber mit sozusagen französischem Überschwang überschätzt Pousseur Schumanns dichterischen Ehrgeiz und Schumanns dichterische Begabung. Der riesige Essay, fast ein Buch über den Dichter-Komponisten Schumann, hat zum Herzstück eine ehrgeizige Interpretation der Umdichtungen, die Schumann sich gegenüber Heines

Robert Schumanns Kühnheit

Texten erlaubt habe. Wir erfahren tiefbeeindruckt, auch durch direkte Gegenüberstellung, daß Schumann kühn und genial, wie er eben auch als Dichter war – bei dem Gedicht «Aus alten Märchen winkt es/Hervor mit weißer Hand» nicht nur ändert, modifiziert und bereichert, sondern gerade die phantastisch-kühne fünfte Strophe völlig neu hinzugedichtet habe:

> Und blaue Funken brennen
> An jedem Blatt und Reis
> Und rote Lichter rennen
> Im irren, wirren Kreis.

Zu meiner These, wie produktiv Schumann gerade durch die Bewältigung des Aberwitzigen und Nicht-Geheuren in seiner Seele geworden sei, paßt der Nachweis von Pousseur ausgezeichnet: «Und rote Lichter rennen/Im irren, wirren Kreis» – so komponierte er. (Alles nachzulesen bei Henri Pousseur in den *Musik-Konzepten*, Schumann-Sonderband 2, S. 101 ff.)

Doch ein wenig sollte man dem immer allzu gut ins Bild Passenden mißtrauen. Erstaunlich doch, daß in der Sekundärliteratur sonst so wenig über Schumanns schriftstellerisch poetisches Genie steht. Sollte Pousseur eine Entdeckung gelungen sein? Ich blätterte also auch in einer kritischen Heine-Ausgabe nach. Und siehe da: was Pousseur selig für eine Schumann-Erfindung hält – es ist ganz schlicht ein Heinrich-Heine-Text, eine Heine-Korrektur, eine Erweiterung, die Heine in späteren Auflagen vorgenommen hat. So wird Pousseurs Riesen-Arbeit durch einen entscheidenden Fehler versehrt.

Der Schriftsteller Schumann unterscheidet sich eben doch vom Komponisten: die Kühnheiten und Prophezeiungen, die Einwendungen und Beobachtungen scheinen sich immer einem harmonischen Bewußtsein zu verdanken, einem Charakter, der ganz mit sich im reinen ist, einer Schriftsteller-Ratio, die gewiß, wie Schumanns Musik, Herz, Witz und Takt besitzt, welcher aber nicht so leicht in den Sinn käme, mit dem Nicht-Geheuren es aufzunehmen, neue Formen zu erschaffen, die melodische Geste der «Mondnacht» oder der «Träumerei» in Worten zu erdichten. Als Schreiber war Schumann ein genialer Journalist, ein genialer Kritiker – aber eben nicht ein genialer Poet: dafür hatte er die Musik.

«Die Kritik», so deklarierte er im Geiste Lessings, «die Kritik stellt sich gleichsam der Produktivität entgegen; Thörichten, Einge-

Chopin – Schumann – Liszt

bildeten schlägt sie die Waffe aus der Hand; Willige schont sie, bildet sie; Mutigen tritt sie rüstig, freundlich gegenüber, vor Starken senkt sie die Degenspitze, salutiert sie.»

Vernünftiger, humaner kann sich niemand an die kritische Arbeit machen. «Es bleibt immer besser, die Krankheit beim Namen zu nennen, als schonen zu wollen…» Und: «Je sonderbarer und kunstreicher ein Werk augenscheinlich aussieht, je vorsichtiger sollte man urteilen…» «Kühn» war er auch hier. Seine Zeitschrift gehörte nicht, wie so manche andere, einem großen Musikverlag, wo dann die Erzeugnisse des eigenen Verlages günstig rezensiert wurden. Sondern um seiner Unabhängigkeit und Freiheit willen ließ er seine *Neue Zeitschrift für Musik* in einem kleinen Buchverlag erscheinen. Als Kritiker hatte Schumann, der mühsame Gesprächspartner, ein anmutiges helles Selbstbewußtsein. Früh schon schrieb er eine bewunderungswürdig präzise Analyse der *Symphonie fantastique* von Berlioz, wohl nur aufgrund des Lisztschen Klavierauszugs. Er referiert ausführlich das riesige erläuternde Programm, das Berlioz seiner Komposition beigegeben hat. Dann lächelt unser Buchhändlerssohn aus Zwickau ironisch nach Paris hinüber und sagt:

So weit das Programm. Ganz Deutschland schenkt es ihm: solche Wegweiser haben immer etwas Unwürdiges und Scharlatanmäßiges… Mit einem Wort, der zartsinnige… Deutsche will in seinen Gedanken nicht so grob geleitet sein! Schon bei der Pastoral-Symphonie beleidigte es ihn, daß ihm Beethoven nicht zutraute, ihren Charakter auch ohne sein Zutun zu erraten.

Was für eine Sprachgebärde: «Ganz Deutschland schenkt es ihm!» «Deutsch» – das war eben kein Schimpfwort für Schumann. Ohne zu erröten, schrieb er: «Am Spiele des Virtuosen hätten wir manches zarter, singender, deutscher gewünscht.» Und einem Komponisten hält er vor, der solle doch seinen deutschen Ursprung nicht verleugnen. Dabei war Schumann keineswegs chauvinistisch verstockt, was eine bemerkenswerte Rezensionspassage verrät, die überdies tatsächlich ein Schumannsches Kompositionsprinzip aufs Schreiben überträgt. Hier setzt Schumann die Worte genauso wie in der Musik die Noten…

Sage mir wo du wohnst, will ich dir sagen, wie du komponierst… Bloße Spazierflüge, Reisen sind nicht anzuschlagen, wenn sie auch momentan einfließen. Aber schließt Beethoven 10 Jahre in ein Krähwinkel ein (der Gedanke empört) und seht zu, ob er darin eine d-Moll Symphonie fertig gebracht. In Städten wohnen näm-

382

Robert Schumanns Kühnheit

lich Leute, im schlimmsten Falle Freunde; man komponiert, man frägt letztere: sie erstaunen; man schickt zum Druck, Zeitungen kommen drüber und fangen etwa an: «Sage mir». In diesem Text verbirgt sich neben der offenkundig zutreffenden Aussage ein schriftstellerischer Trick. Im Laufe seines Argumentierens kommt Schumann genau auf den Satz zurück, mit dem die Argumentenkette begann: «*Sage mir*, wo du wohnst». Die Wortreihe beißt sich gewissermaßen in den Schwanz. Nach genau demselben Prinzip hat Schumann das erste rasche Thema seiner *Humoreske* komponiert! Der Takt, mit dem das Thema beginnt, erscheint wieder, als sein Ende: so ergibt sich eine witzige Verschränkung von Anfang und Schluß, weil letzter und erster Takt identisch sind.

Der Kritiker Schumann, der mehr Große entdeckte als irgendein Rezensenten-Kollege, der freilich auch ganz hübsch irrte und überschätzte, macht unsereinen wehmütig: wie human, bildungsheiter und zart-zupackend konnte man doch vor 150 Jahren in Deutschland schreiben und lesen! Zu kritischem Räsonnement von Rang – wie Schumann es beherrschte – gehört nicht nur Menschlichkeit (die verstand sich von selbst), sondern auch Menschenkenntnis. Wie unselig reich an Sonderlingen, Verbitterten und Kleinmütigen Deutschland damals aus vielen, zumal politischen Gründen war – der Kritiker Schumann, der diese Situation kühn begriff und sich kühn über sie erhob, macht es an einem Einzelfall klar. Er war unser größer Musikkritiker, eben weil er mehr gewesen ist als nur ein Musikkritiker. So befindet er über eine längst vergessene Sonate von Wilhelm Taubert:

Von der Sonate von Wilhelm Taubert, seiner fünften, den Lesern einen Begriff zu geben, möchte schwer sein; sie ist absonderlicher Art, man muß sie sich selbst ansehen, und zwar öfter. Ich möchte sie hypochondrisch nennen; der Komponist hängt sich eigensinnig an ein paar Gedanken, die er zergliedert, wieder zusammensetzt, wieder wegwirft, bis er sich dann durch eine Volksmelodie aus der wenig erquicklichen Stimmung herausreißen möchte, und zuletzt, da ihm dies nicht glückt, sich gar auf das Gebiet der Fuge flüchtet, wo er recht ordentlich zu grübeln anfängt. Sich ein Publikum zu gewinnen, darauf geht er gewiß nicht aus; es ist eine Sonate, vom Komponisten gleichsam nur für sich geschrieben, vielleicht in besonderen Lebensverhältnissen entstanden... Carl Maria von Weber hat auch eine ähnliche geschrieben... nur daß die Melancholie der ersteren ... in Hypochondrie verkältet scheint. Dennoch übt die Musik auch hier ihre eigene verschönernde Gewalt aus, und so fesselt uns in der Kunst, wie so oft, was uns im Leben abstößt.

Handelte es sich hier um ein erdachtes Werk etwa für einen Musikerroman – dann wäre es ein psychologisches Kabinettstück: eine sinnfälligere Beschreibung von Hypochondrie läßt sich schwerlich denken. Dergleichen bot ein Robert Schumann, als wäre es selbstverständlich. Seine Reinheit und seine Courage hielten ihn ein schöpferisches Leben lang an, stets sachlich, künstlerisch und moralisch aufs Ganze zu gehen.

Es gehörte für Schumann wahrlich auch einiger Mut dazu, gegen alle möglichen, keineswegs nur schwiegerväterlichen und juristischen Widerstände die berühmteste Pianistin seiner Zeit zu heiraten. Es gehörte Kühnheit dazu, Clara Wieck entschlossen in eine vielbeschäftigte Hausfrau und sehr kinderreiche – dabei gewiß weder unglückliche noch auch völlig zufriedene – Mutter zu verwandeln. Daß Claras Üben den Komponisten beim Arbeiten störte, kann man verstehen, sie sah es ja auch wehmütig ein. Aber sie sah natürlich auch, wie wichtig ihre Konzert-Honorare für den großen Haushalt waren – was Robert selbstverständlich auch wußte. 1844 stand im gemeinsamen Tagebuch kurz und sehr nachfühlbar der zeitlos gültige Satz: «Wir verbrauchen mehr als wir verdienen.»

Bei alledem muß man sich klarmachen, daß der junge Schumann genau die virtuosen Komponisten vehement angegriffen hatte, mit welchen die noch jüngere Clara ihre ersten öffentlichen Erfolge erzielte, sogar vor Goethe brillieren durfte! Nämlich die etwas seichten Autoren virtuoser Gebrauchsmusik namens Heinrich Herz und Franz Hünten. Und man muß sich weiterhin vor Augen halten, daß Clara, die durch ihre Konzerte den Haushalt vor dem Zusammenbruch bewahrte, die acht Kinder hatte und sieben großzog, die Schumanns Beziehungen zur Außenwelt zu regeln versuchte, die liebevoll zurücktrat und liebevoll half, dabei in einer aussichtslosen Position war. Arnfried Edler faßt es beklemmend zusammen, wenn er schreibt: «Doch gerade diese Aufopferung, diese immense Treue und Tüchtigkeit Claras ... scheint in Schumann das früh vorhandene Gefühl der eigenen Unterlegenheit, ja Minderwertigkeit verstärkt und in ihm jene schweren Depressionen mit körperlichen Symptomen und Folgeerscheinungen ausgelöst zu haben, die ihn noch mehr als vorher vereinsamen und seinen Kontakt zur übrigen Welt auf ein Minimum schrumpfen ließen.»

Kinderszenen

Was für eine heikle Situation – diese Situation außerordentlicher Frauen an der Seite genialer, mühseliger Männer, wie sie im 19. Jahrhundert Clara Schumann – und gleichsam spiegelverkehrt auch Cosima Wagner – leben, ausfüllen und durchhalten mußten. Die Lebenskurven von Clara und Cosima verliefen – es wäre ein tolles Vorhaben, das einmal konkret auszuführen – charakteristisch verschieden. Cosima war anfangs, nachdem Wagner sie unter skandalösen Begleitumständen geheiratet, die Schuldbeladene, Passive, Sich-Unterordnende. Erst als Wagner gestorben war, wurde sie die selbständige, klug weitblickende, hochintelligente Bayreuth-Herrin. Als man sie fragte, warum um Gottes willen sie denn nicht schon früher, zu Wagners Lebzeiten, alle ihre Talente offenbart hatte, antwortete sie lakonisch mit einem Kundry-Zitat: «Damals diente ich.» Bei Clara verlief es umgekehrt. Die war anfangs vor ihrer Ehe eine europäische Klavierberühmtheit – von Chopin bewundert, von Liszt stürmisch verehrt. Ihre Kompositionen, das *Klavierkonzert* der Siebzehnjährigen, ein faszinierendes *Scherzo c-Moll Opus 14*, Lieder, das *g-Moll-Trio*, stellen nicht nur «begabte», sondern sprühende, ja außerordentliche Musik dar. Aber als sie geheiratet hatte, als sie Witwe geworden war, da wollte sie nur noch Schumann *dienen*, nur noch für ihn, für seine Musik dasein. Es scheint, daß sie deshalb ihre eigenen Kompositionen absichtsvoll schlechtmachte. Clara nahm sich selbst zurück, um Robert zu nützen. Und ließ davon nicht ab bis zu ihrem Tode.

8. VI. 1989

KINDERSZENEN

Hinter mir liegt eine Hör-Arbeit, bei der die jeweilige Erlebnisdauer und die relativ kürzere, objektiv vergehende Musikzeit manchmal in einem phantastischen, ja märchenhaften Mißverhältnis zueinanderstanden. Während eine *Kinderszene* wie «Von fremden Ländern und Menschen» oder «Am Kamin» in Sekunden vorbeizieht, beharrt das betroffene Gefühl gegen alle Logik darauf, es sei zwar Endendes, aber in «Wirklichkeit» doch Un-endliches geschehen.

Hinter mir liegt, von mancherlei Sekundärliteratur abgesehen, die

Chopin – Schumann – Liszt

bei dem Interpretationsvergleich wenig half, die Lektüre des schönen, dankenswerterweise auch die philologischen und entstehungsgeschichtlichen Fakten zusammenfassenden Aufsatzes von Alfred Brendel. Von nachschöpferisch-schöpferischen Künstlern («Vielleicht versteht nur der Genius den Genius ganz»), zumal wenn sie sich so präzis und engagiert auszudrücken wissen, ist meist mehr zu lernen als von jenen Gelehrten, die sich beim Schreiben immer nur auf Geschriebenes beziehen, so als ob Musik auf einem von Musikologen bewohnten Teil der Welt kommentiert und weiterkommentiert werde – während man sie auf einem ganz anderen Kontinent spielt und hört. Freilich werde ich auf diesen Brendel-Aufsatz undankbarerweise hauptsächlich dann eingehen, wenn ich anderer Meinung bin. Beispielsweise im Zusammenhang mit «Glückes genug» – einer *Kinderszene,* die Brendel, wie ich finde, grundlos als «ironisch» verkennt. So einleuchtend Brendels Nachkonstruktion des *Zyklus* erscheint, so bedenkenswert seine Überlegungen zum Metronomisierungs-Problem sein mögen: Offenbleiben muß wohl einstweilen, ob Brendels Anwendung des «Retischen Prinzips» auch etwas «bringt», wo es nur um die vier absteigenden Noten des *Kinderszenen*-«Grundmotivs» geht (mit dem das erste Stück, also der Zyklus beginnt) und nicht auch um die charakteristisch dazugehörende, den Anfang markierende Sexte.

Hinter mir liegt auch, warum soll man dergleichen nicht zugeben, einige Angst vor diesem Interpretationsvergleich. Ich hatte befürchtet, bei einer Gegenüberstellung werde vielleicht gar nichts irgendwie Triftiges herauskommen. Die *Kinderszenen* sind ja weder «virtuos» noch dramatisch entfaltet, noch polyphon problematisierend. Es haftet ihnen eher etwas genial Einleuchtendes an. Wer sie aufführt, dürfte gewiß ein inniges Verhältnis zu ihnen haben, wird gewiß nicht irgendwelche hier außerhalb aller Vernunft liegenden «virtuosen» Interessen oder irgendwelche ganz unangebrachten «Effekt»-Absichten mit ins Spiel bringen. Darum fürchtete ich, grob gesagt, die Darbietungen des Evidenten würden sich womöglich alle mehr oder weniger gleichen.

Schließlich handelt es sich – so unterstellt man doch mit Recht – bei den *Kinderszenen* ja nicht um entlegene Kompositionen, bei denen noch alles mögliche der Entdeckung harrt. Im Gegenteil. Die *Kinderszenen* sind zwar – Brendel hat das betont – nicht naiv oder kindlich. Aber sie reichen doch in die tiefste Kindheit jedes Menschen, der im Klima europäischer Musikkultur aufwächst. Wann

Kinderszenen

man die *Kinderszenen* (oder die Schubertschen Impromptus) das erstemal gehört oder selbst gespielt hat – das weiß man hierzulande kaum. Mit den *Kinderszenen* wächst man auf. Der pianistische Ehrgeiz ist rasch über sie hinaus. Man trifft allenthalben auf sie. Die *Kinderszenen*-Musik ist – so formulierte es Schumann gönnerhaft über Joseph Haydn – «wie ein gewohnter Hausfreund, der immer gern und achtungsvoll empfangen wird: tieferes Interesse aber hat er für die Jetztzeit nicht mehr». Also ein alter Hausfreund, der garantiert keinen Satz vorbringen wird, den man nicht schon längst von ihm auswendig kennt. Ja, wenn die Stücke im Konzert gespielt werden, dann geht es unvermeidlich so, wie es im 19. Jahrhundert mal ein Deutschlandbesucher schilderte, der einem Rezitationsabend beiwohnte, wo jemand Schillersche Balladen vortrug. Der Gast hatte das Gefühl, der Schauspieler sei der einzige im Saale, der nicht ganz sicher im Text gewesen wäre.

Setzt man sich, von solchen problematisierenden Vorüberlegungen und Bedenken erfüllt, dem Schumannschen *Opus 15* und seinen Interpretationen unbefangen aus, dann erweisen sich diese Ängste wie so oft als die falschen. An Interpretationsunterschieden, an grundsätzlichen und spezifischen Differenzierungen fehlt es wahrhaftig nicht. Jeder einzelnen Kinderszene ließe sich, keineswegs zu ernst, ein langer Essay widmen. Die Stücke werden immer magischrätselhafter, je tiefer man sich in sie versenkt. «Es ist…», so lautet der letzte Aphorismus von Schumanns *Musikalischen Haus- und Lebensregeln*, «es ist des Lernens kein Ende.»

Man käme den verschiedenen Interpretationen nicht allzu nahe, wenn man sie von vornherein daraufhin betrachtete, wie sie das Zyklushafte vorführen – also die Kontraste etwa zwischen der Bewegungsverdichtung der extrovertierteren Nummern 1, 2, 3, denen sich die mehr auf einen Seelenzustand zielenden Nummern 4 und 5 anschließen. So gesehen endet die erste Hälfte mit der «Wichtigen Begebenheit», die – ob nun ironisch oder ernst – ja auf die Überschriftsthematik von Nr. 1 («Von fremden Ländern und Menschen») und Nr. 2 («Kuriose Geschichte») zurückkommt. Offenbar zielen die Titel, die Überschriften von 1, 2 und 6 auf gleichsam Novellistisches: Was das Kind erlebt, was es an Wichtigem gesehen hat. Danach folgt die von Brendel mit Recht hervorgehobene Umschaltstelle zu den B-Tonarten: «Träumerei» als Mittelpunkt. Weiter in F: «Am Kamin», frisch-donnernd in C «Ritter vom Steckenpferd». Gegen Ende gehören «Fast zu ernst», «Fürchtenmachen» und «Kind im

Chopin – Schumann – Liszt

Einschlummern» als Mini-Wunder «nervöser Empfindsamkeit» wiederum zusammen. Übrigens: Daß man bei einem Schumann, der von Jean Paul mehr als von seinen Kontrapunkt-Studien gelernt zu haben behauptete, die Überschriften ernst und beim Worte nehmen kann, scheint mir zweifelsfrei. Und daß «Der Dichter spricht» mit seinem langen, alles in tiefer Ferne verdämmern lassenden Schluß-Ritardando sowohl die Rundung zum Ganzen (tonartlich) wie auch die poetische Besänftigung der Stücke 11 und 12 im Sinne haben könnte, gleichfalls.

Aber diese Zusammenhänge, ob nun erkannt oder durch intensive Versenkung ins jeweils einzelne Detail erreicht, werden gewiß nie völlig verfehlt (darum müßte sich ein Interpret geradezu bemühen). Andererseits besagen sie, während der Nummern 1–6, wenn sie dargeboten werden, über die Qualität der Durchdringung nicht allzuviel. Schließlich ist ja auch die *Waldstein-Sonate* noch keineswegs verbindlich interpretiert, wenn der erste Satz in pulsierendem Allegro con brio und doch nicht aufgedonnert, die Introduzione als verhangene Vorbereitung und doch nicht spannungslos, das riesige Rondo in zartem Morgengrauen-Pedalnebel und doch nicht verzärtelt erscheint. Über die Art des Gelingens verraten solche gewiß nicht leicht erreichbaren Gelingensvoraussetzungen wenig. So ist auch die Zyklus-Gestaltung der *Kinderszenen* eine zwar notwendige, aber noch nicht zureichende Voraussetzung. Und daß die «Träumerei», aus dem Kontext der 13 Nummern herausgelöst, keine Schnulze zu sein braucht, sondern lyrisches Ereignis sein kann, hat jüngst noch Cyprien Katsaris in seinem Münchner Konzert vom November 1980 beeindruckend vorgeführt.

Dem jeweils Spezifischen nähern wir uns leichter, wenn wir anfangs von Stück zu Stück voranschreiten – und dabei auf einige Besonderheiten aufmerksam machen, falls diese Besonderheiten Grundsätzliches verraten. Das Zyklus-«Gefühl» verdichtet sich erst gegen Schluß. Es ist gewiß kein Zufall, daß einige wichtige Kategorien für die Unterscheidung und auch Beurteilung von *Kinderszenen*-Interpretationen sich bereits dem ersten Stück – «Von fremden Ländern und Menschen» – entnehmen lassen, obwohl die Nr. 1 keine zwei Minuten dauert und ohne die vorgeschriebenen Wiederholungen nicht einmal eine Minute. Das Stück ist 22 Takte lang. Mit Wiederholungen vorgetragen (Schumanns Wiederholungsvorschriften sind selbstverständlich immer verbindlich!), kommt das Grundmotiv der ersten beiden Takte achtmal vor.

Kinderszenen

Diese natürlich keineswegs notwendig monotone Fülle der Wiederholungen erzwingt vom Interpreten folgende Entscheidung: Soll er das Stück – statt ihm übernuancierend zu nahe zu treten – auf einen «Ton» bringen, der sich dann im Mittelteil, als werde da Ernsteres berichtet, verdunkelt? Soll er in zurückhaltendem Piano das Vorgeschriebene zart vorbringen und die auf ein großes Ritardando hinauslaufende sequenzartige Moll-Mitte wie einen nachdenklichen Kontrast dazugeben?

Oder soll er – dies die Gegenthese – die Wiederholungen des Grundmotivs als immer neue Gesten auffassen, die von vornherein zueinander in gegensätzlicher Beziehung stehen?

Auf diese Frage wäre ich vielleicht nie gekommen, hätte mich nicht die seltsam statische, unbewegte Interpretation von Clara Haskil auf das Problem und die Phantasie von Wilhelm Kempff oder Alfred Cortot dann auf die Antwort gestoßen.

Man begreift offenbar (unbewußt) den Melodiker Robert Schumann einseitig, wenn man etwa die wunderbar weit ausgespannte Melodiebildung, wie wir ihr im Kopfsatz, zumal im ersten Thema, des *Klavierkonzertes Opus 54* begegnen (oder in den *Kinderszenen* beim «Fürchtenmachen»), für die eigentlich lyrisch-melodische Aussage-Form Schumanns hält.

Mindestens ebenso wichtig sind – das lehrt beispielsweise die Beziehung zwischen Gesang und Klaviernachspiel im Strophenlied «Erstes Grün» (aus den Kerner-Liedern *Opus 35 Nr. 4*) oder der Klavierpart des «Nußbaums» – in Schumanns Intim-Musik die «Gesten»!

Kehren wir zur Nummer 1 der *Kinderszenen* zurück. Wilhelm Kempff zeigt: Das Grundmotiv, die ersten beiden Takte des Stückes «Von fremden Ländern und Menschen» sind eine Geste. Eine «Geste», die man nie nur einfach so wiederholt. Etwa im Tone des passiven Piano, der leider für ein kurzes *Kinderszenen*-Stück so oft gewählt wird. Wenn eine Geste zweimal nacheinander genau gleich erscheint, wirkt es beabsichtigt! Es heißt: Ebendiese Gleichheit soll vorgezeigt werden. Jemand sagt demonstrativ zweimal nacheinander dasselbe. Aber ob er das täte, wenn er von einem so ausgespannten Thema erzählt wie «Von fremden Ländern und Menschen»?

Was macht also Kempff? Er spielt im ersten Stück der *Kinderszenen* das Grundmotiv (Takt 1–2) zunächst hell, aber zurückhaltend. Bei der Wiederholung nicht sehr, aber deutlich erkennbar stärker. Entschiedener. Dann aber, wenn im 5. und 6. Takt die melodische

Chopin – Schumann – Liszt

Geste auf die Kadenz hin umharmonisiert scheint, kommt angesichts der Aufmerksamkeit, die Kempff für die bereits in verschiedener Beleuchtung erschienene Geste erzielt hatte, das harmonisch Besondere nun sprechend deutlich.

Die Gefahr dabei ist die der Übertreibung: Des Pianisten Disziplin muß so groß sein, daß die Unterschiede sich im Minimalen herstellen und doch hörbar werden. Clara Haskil (eine Künstlerin, deren Darstellung des Schumannschen *Klavierkonzertes* eine unvergeßlich herrliche Konzert-Erfahrung für mich war) macht genau das Gegenteil: Sie formuliert die Gesten zwar nicht allzu langweilig, aber doch immer gleich. Und weil sie etwas hinzufügen möchte, kommt sie auf die Idee, die jeweils letzte Achteltriole der Begleitung vor Beginn des Grundmotivs so zu spielen, als sei die letzte Triole keine dritte Triole mehr, sondern etwas «Interessanteres»: nämlich Auftakt zur Melodie. Die lautet dann also nicht h-g-fis-e-d, wie gewohnt, sondern a-h-g-fis-e-d. Ein Fund, der außer Verwirrung und gesuchter Originalität wenig hinzufügt. Cortot versucht die einzelnen Gesten dadurch voneinander abzuheben, daß er sehr frei mit (wunderschön ausgehörten) Rubati, Ritardandi arbeitet (leider ein wenig auseinanderklappend anschlagend). Arraus Darstellung bleibt korrekt, aber doch etwas zu starr: Nie käme man auf die Idee, da ein Klavierstück zu hören, das zu «Kinderszenen» gehört und einen poetischen Titel hat.

Dafür findet Arraus beharrliche Genauigkeit etwas anderes: drei Takte vorgeschriebenen Ritardandos in einem Mittelteil (Form A B A) von ganzen sechs Takten, so argumentiert Arrau. Das ist relativ sehr viel. Dahinter muß also etwas stehen. Bei Arrau wird diese Verlangsamung zum Ereignis erhoben: Was wüßte der Erzähler nicht noch alles zu raunen – wenn er sich nicht, so deutet dies geheimnisvolle Erstarren an, den Mund verböte und unbefangen in G-Dur fortführe…

Alfred Brendel geht davon aus, daß die melodische Geste, die er im Essay so detektivisch als Grundmotiv durch die *Kinderszenen* verfolgte, als wäre sie das a-es-c-h des *Carnaval* – Alfred Brendel scheint beim Spielen wie von einer Selbstverständlichkeit auszugehen, daß man ein Motiv, auch wenn es noch so oft vorkommt, nur dann verändern, also auf sein vorheriges Erscheinen reagieren lassen darf, wenn es sich in neuer Harmonik präsentiert. Dadurch gerät seine Darstellung des ersten Stückes der *Kinderszenen* etwas geheimnisarm. Bei der Interpretation des Mittelteils gibt sich Brendel keineswegs mehr so notengläubig: Er beginnt das Moll im Mezzoforte,

390

Kinderszenen

weil er eine dynamische Fallhöhe benötigt – obschon Schumann da
«piano» vorgeschrieben hat in allen mir zugänglichen Ausgaben.
Brendel ist freilich der einzige, der die gehaltenen Mittelstimmen (in
der linken Hand vier Takte vor Schluß das G; im letzten Takt das H)
nicht nur akritisch hält, sondern auf diese Weise bewußt ein träumerisch ausklingendes Ereignis er-hält. Er weiß, daß dies Stück ein
Ende braucht, von welchem sich das nächste dann gleichsam «absto-
ßen» kann. Er fühlt nicht nur, sondern er denkt von vornherein
«zyklisch».

Pierre Boulez hat mir gegenüber im Gespräch über den Pianisten
Wladimir Horowitz angedeutet, daß er Horowitz zwar für einen
unübertrefflichen Skrjabin-Interpreten halte, aber jene Übernuancierung und Sentimentalisierung nicht ganz akzeptieren könne, die
Horowitz (mit Hilfe seines überreichen Klangsinns und seiner Anschlagskunst) bei Schumanns *Kinderszenen* betreibe. Doch auf Platten spielt Horowitz die Nummer I offenbar nicht so sentimental oder
sentimentalisch (was für mich kein Schimpfwort ist, sondern ein
Adjektiv) wie im Konzert. Horowitz konstituiert die Gegenposition
zu der gestischen Szenerie Kempffs: Er spielt das Stück aus wunder-
schönem, silbernem Klang, wobei er leider ein altherrenhaftes Auseinanderklappen, das hier übertriebene Dissoziation darstellt, nicht
zu vermeiden sucht.

Wie kurios ist die «Kuriose Geschichte»? Wenn Pianisten rhythmisch nicht überscharf artikulieren, wenn sie im Mittelteil das Melodische zart hervorheben, die Reibung nicht allzu banal-grell ausspielen im «Molto legato»: dann gerät die vermeintliche Kuriosität bald
zur melancholischen Empfindsamkeit... Vielleicht gar kein so ab-
wegiges Ergebnis. Brendel hebt das Langsame, das – sagen wir –
Verdutzte dieser *Kinderszene* hervor: Er spielt sie weniger scharf als
verträumt. Hier ist es Alfred Cortot, der auch die poetische Wahrheit
des «Kuriosen» nicht unter den Flügel fallen lassen will: Er beschleunigt im Mittelteil das Tempo, trotz a-Moll, er macht aus dem mit
pointiert chromatischen Durchgängen bereicherten Wiederauftritt
des Hauptthemas in der Reprise tatsächlich eine Überraschung, er
rettet den «esprit», welcher einer kuriosen Geschichte wohl ansteht.
Auch die «Träumerei» und «Kind im Einschlummern» interpretiert
der große Franzose bemerkenswert fließend!

Beim «Hasche-Mann» muß ein Pianist flinke Finger haben, sonst
entläuft ihm das Stück und vor allem die unangenehme Mehrstim-
migkeit der Takte 13 und 14. Horowitz zeigt, daß auch da noch

Anmut und Grazie möglich sind. Homero Francesch, in gewagtem Tempo, macht zwar keine Etüde aus dem Stück (dazu klingt's zu lustig), aber er raubt ihm den Duft und liefert dafür Klirrend-Brillantes.

Was bei «Bittendes Kind» überhaupt mißzuverstehen sei, fragt man sich höchstens so lange, bis man die neutral langweilige Darstellung des in Nr. 11 und 13 so freien und guten französischen Schumann-Spielers Jean-Bernard Pommier gehört hat: Der unterstellt offenbar, wenn ein Kind etwas ersehnt, dann tue es das in kühlblasser Terrassendynamik, mal laut, mal ein bißchen leiser, keineswegs rührend oder vom eigenen Eifer gerührt. Alfred Cortot hat hingegen eine psychologische Studie aus diesem kindlichen Bitten gemacht: pp bedeutet bei ihm tatsächlich ein Langsamer-Werden fast um die Hälfte. (Was das Kind mit relativ lauten Bittworten nicht erreichte, das sollen leise, eingeschüchterte, eher lispelnde Effekte erbringen.) Horowitz glaubt Clara Schumanns Tempo-Vorschriften offenbar mehr als denjenigen Roberts. In seiner Interpretation bettelt eine ritardandoselige russische Prinzessin bei Boris Godunow.

Die fließenden Tempi Brendels haben wunderschöne Wirkungen, weil sie eine Voraussetzung darstellen nicht nur für die Ritardandi, sondern auch für die unforcierten pp-Wiederholungen. Trotzdem beginnt bei Brendel das «Bittende Kind», wenn es so flott bittet, um eine Spur harmloser, als man es gewohnt ist. Brendels seelenkundlicher Hinweis läuft darauf hinaus, daß man sich beim Bitten gewissermaßen hineinsteigert – auch wenn's anfangs gar nicht so dringlich war. Intelligent ist Robert Alexander Bohnkes Methode. Bohnke macht die Mittelstimme, also die begleitenden Sechzehntel, je länger, je mehr zum psychologischen Kommentar darüber, wie sicher oder zögernd das Kind empfindet. Auf diese Weise braucht Bohnke die Melodie nicht zu überladen (wie Cortot) und dem Kind doch nicht die kalte Schulter zuzuwenden, wie es diejenigen tun, die sich auf kindliche Dringlichkeit nicht einlassen mögen, weil sie als Erwachsene ihre Sorgen für wichtiger halten, irrigerweise.

«Glückes genug», lesen wir bei Alfred Brendel, «der Titel steht in ironischem Widerspruch zur Musik. Was in der Musik vorgeht, gleicht vielmehr C.F. Meyers ‹Genug kann nie und nimmermehr genügen...› Das Kind erzwingt sogar ein da capo des ganzen Stückes – doch würde ich dort auf die Wiederholung verzichten.»

Aber warum denn so streng und asketisch, verehrter Großmeister und Philosoph am Klavier? Hier, wenn endlich in einer Welt, wo

Kinderszenen

Glück ohnehin von den Klugen und Strengen verketzert wird, im Künstler-Wachtraum des innig zurückfühlenden Dichters jemandem Glückes genug gegönnt, bestätigt und wiederholt wird, jetzt streicht Brendel sogar die Wiederholung!

Im Ernst: Ich habe keine Interpretation dieser *Kinderszenen* gefunden, die auszudrücken vermag, wovon – wenn ich nicht irre – Überschrift und Töne von «Glückes genug» erfüllt sind. Ob Clara Haskil, ob Arrau, ob Barenboim: sie machen alle den Fehler, den eigentlich weder die Überschrift nahelegt noch der so selig herumirrende, sich selber und das eigene Glück gleichsam nicht fassen könnende Melodieverlauf, sie spielen das Stück so, als seien die Tatsachen des «Glückes genug» und die wunderbar ausführliche Melodiefügung irgendwie selbstverständlich. «Glückes genug», scheinen sie anzudeuten, das kommt doch alle Tage vor.

Doch wie sehen die abschließenden vier Takte dieses Glücks-Wunders, das wenigstens Wilhelm Kempff annähernd erwähnt, aus? Nicht nur, daß die Melodie wiederum wie schon bei der F-Dur-Ausweichung zuvor ihre höchste Kurve erreicht. «Genug». Sondern: Jetzt kommt da etwas Umständliches, von Vorhalten und Durchgängen und nicht ganz zueinander passenden Harmonien Gezeichnetes hinzu: als ob jemand vor unbeschreiblicher, unbegreiflicher Freude gleichsam nicht genau wisse, wohin. «Glückes genug» als Idee einer beseligten Ziellosigkeit, die am liebsten alle Welt umarmen möchte und doch nicht ganz genau weiß, wie...

Mir hat für diesen Zusammenhang der Künstler Hans-Erich Riebensahm die Ohren geöffnet. Ihm gelang es, beim Durchführungsbeginn des Finales der *Les-Adieux-Sonate* die Glücksvision des «Wiedersehens» unvergeßlich zu verdeutlichen. Da ahnte man einen Seelenzustand – ich darf mein Buch über *Beethovens 32 Klaviersonaten und ihre Interpreten* zitieren – so «innig und diffus zugleich, selig und fast unstet... Als öffne der Glückliche die Arme und wisse doch nicht, wohin. Als zögere er, überwältigt. Als liege ihm ein ‹Glückes genug› auf der Seele» (a.a.O., S. 460). Und das soll bei Schumann nicht erkennbar oder unspielbar sein?

Ein Glück, daß alle die, die uns bei «Glückes genug» im Stich lassen, für die dann folgende «Wichtige Begebenheit» den rechten Ton finden. Dabei wäre diese Nr. 6 der *Kinderszenen* viel eher als ironisch mißzuverstehen. Wichtigkeit wird so plakativ vorgedonnert, so einschränkungslos, daß sich Zweifel an der Bedeutung des Hochwichtigen einstellen könnte, wenn man allzu schlau reagierte.

Die Pianisten reagieren freilich hier Gott sei Dank nicht allzu schlau. Sondern vielmehr so wie Rachmaninow bei seiner Interpretation des Trauermarsches aus Chopins *b-Moll-Sonate*. Sie machen aus dem Stück ein kondukthaft vorbeiziehendes Ereignis. Etwas nähert sich mit Getöse, wird sehr laut, entfernt sich dann allmählich wieder, scheint sich, so übertreiben manche die Dramaturgie, sogar am Horizont zu verlangsamen. Das ist die «Wichtige Begebenheit».

«Träumerei», nicht einmal «Traum» oder gar «Traumes Wirren» – und doch müssen wir den Ton ändern, wenn wir, nach der «Wichtigen Begebenheit», von diesem Wunder sprechen. Je länger man sich darin vertieft, desto unfaßlicher scheint die Kunst, die bei Schumann solche immateriellen «Tagträume» (oder Mondnächte) fixiert.

Um die Handgriffe beschreiben zu können, mit denen sich große Pianisten dem großen Musikstück nähern, sei es gestattet, hier grob und ohne Tonsatz-Skrupel auf jene fünf Teile hinzuweisen, die in den jeweils viertaktig aufgebauten Grundgestalten vorkommen. Schauen wir uns den Anfang an: Beginn jedesmal die Auftakt-Quarte. Sie wächst, zweiter Teil des Gebildes, in zarter Elevation, zum Akkord, der eine halbe Note lang ist. Dann folgt der dritte Takt, der sich mit Auftakt aus drei einander (auch imitatorisch) entsprechenden Bewegungen von je vier Achteln zusammensetzt und auf den Dominanten-Schluß im vierten Takt zuläuft.

Diese Fünfteiligkeit läßt mannigfache interpretatorische Artikulations-Nachdenklichkeiten und -Finessen zu. Bevor wir darauf eingehen, wollen wir uns bewußtmachen: Nach diesem Achsenstück der *Kinderszenen* bestimmt immer mehr die empfundene Anschlagskultur von Meisterpianisten die Wirkung des Einzelnen und Gesamten. Wenn der Flügel nicht so «klingt», wie er unter Arraus, Barenboims, Brendels, Cortots, Horowitz' und Kempffs Händen – was die *Kinderszenen* betrifft – halt glücklicherweise manchmal klingt, dann nützen allen noch so brillanten Klavierspielern keinerlei Fertigkeit und Pfiffigkeit. Man kann es – ich bitte für den Kalauer um Verzeihung – vielleicht so sagen: Der produzierte Klavierton ist nicht alles. Aber bei dem zweiten Teil der *Kinderszenen* ist ohne den Ton – alles nichts…

Die überraschendste Entdeckung beschert im Hinblick auf die «Träumerei» der Pianist Cyprien Katsaris. Nicht nur, weil er sich mehr Zeit läßt als alle anderen; er braucht etwa 3 Minuten und 20 Sekunden für das Herzstück der «Kinderszenen», während Brendel und Cortot keine 2½ Minuten benötigen. Aber Katsaris sentimenta-

Kinderszenen

lisiert die «Träumerei» nicht, sondern er zeigt, wieviel Durch-Imitation vor allem im besagten dritten, vierten und fünften Teil von Vordersatz und Nachsatz Schumann in diesen Tagtraum hineingeheimnißte. Katsaris führt das – es handelt sich um einen Konzert-Live-Mitschnitt, was ein beträchtlicher Vorteil sein kann – keineswegs dogmatisierend vor, streberhaft die Vielstimmigkeit unterstreichend, sondern in empfindsam freiem Ton, fast improvisatorisch. Das heißt, er artikuliert die Vielstimmigkeit des Stückes bei jeder Wiederholung ein wenig anders. Mal ist die motivische Bewegung der Tenorstimme (Takt 11 und 12) das Wichtigste, dann wird wieder die Melodie hervorgehoben, die über einer eventuellen Tenorstimme liegt.

Horowitz, der einmal berichtete, er habe in einem Konzert von Meisterschülern beobachtet, wie jemand fabelhaft sicher irgendwelche Liszt-Etüden hinlegte, dann aber, bei der «Träumerei», plötzlich in Schweißausbrüche geriet – Horowitz nutzt hier seine poetische Anschlagskunst aus. Das, was ich anfangs als dritten und fünften Teil bestimmte, ist bei Horowitz nie miteinander identisch. Hier kommen Farben ins Spiel, wunderbar sonor die ausgeschriebene Vierstimmigkeit des fünften Teils (Takt 4), silbriger die Dreistimmigkeit davor – zart und duftig die Auftakte (Teil 1).

Neben solchen Gestaltungsmöglichkeiten umschreibt die «Träumerei» mannigfach jene Zentralidee, die schwerlich zu überspielen und überhören ist: die «Elevation» nach dem Quarten-Auftakt, die sich zu einem immer neuen Akkord erhebt. Der allerletzte dieser Akkorde – drei Takte vor Schluß – ist sogar durch eine Fermate hervorgehoben. Die Interpretationsschwierigkeit besteht nun nicht darin, diese Akkorde – zunächst sind es Konsonanzen, dann immer spannungsvollere Dissonanzen – irgendwie «hervorzuheben». Sondern sie liegt darin, diese Zielakkorde nach der crescendierenden Elevation sanft, aber ohne ein Ritardando zu erträumen. Barenboim wird – man kann es ihm nachfühlen, aber es wirkt doch ein wenig manieriert – bereits während der Elevation langsamer. Das heißt, er macht den über-sensiblen Artikulationsfehler, einen Höhepunkt dadurch zu kennzeichnen, daß er beim (im Crescendo vorgeschriebenen) Erreichen des Höhepunktes, sozusagen hervorhebend, leiser wird. (Viele musikalische Künstler tendieren dazu, weil sie Schönes nicht grob sagen, sondern mit leiser Stimme ausdrücken wollen.)

«Am Kamin» ist ein Stück, bei dem Schumann uns zunächst keine genauen Hinweise gegeben zu haben scheint. Wird da gekost – oder

Chopin – Schumann – Liszt

herrscht Causerie –, was tun Kinder am Kamin? Folgendes fällt auf: Die melodische Linie verläuft zunächst während des ersten Teils im Sopran, wird nur am Ende (3. Takt, 7. Takt) von ein paar Begleitkontrapunkten unterwandert. Aber dann, im zweiten Teil, fallen Lagenwechsel auf. Mal hat der Sopran das Wort, mal der Alt, mal wieder der Sopran. Am deutlichsten und lustigsten wird der Gegensatz in den Takten 16–19. Da nimmt buchstäblich die Sopranstimme dem Alt das Wort aus dem Munde; die Melodielinie setzt eine Oktave höher im Piano fort, was im Alt eher etwas lauter formuliert worden war. Im dritten Teil hat das Plaudern etwas Zusammengefaßtes, Chorisches.

Dabei läßt sich viel assoziieren: Horowitz spielt eine empfindsame, witzige Unterhaltung; bei Kempff plaudert man gesetzter als bei Cortot. Homero Francesch unterstreicht die Zweistimmenhaftigkeit, Robert Alexander Bohnke gibt dem Stück mendelssohnsche Beredsamkeit. Warum Clara Haskil Staccato-Töne einfügt, vermag ich nicht nachzuempfinden. Brendel hat in seinem Aufsatz begründet, weshalb er «Am Kamin» – wegen Schumanns extremer Metronom-Vorschrift – so feurig spielt.

Beim «Ritter vom Steckenpferd» lassen sich nur ganz poetische Naturen daran hindern, aus der Kinderszene ein Husarenstück zu machen. Wenn man genau hinhört, scheint nur Horowitz imstande, sich die eminent schwere Kontrast-Rhythmik ganz klarzumachen und sie auch klar zu spielen. Die Melodie der linken Hand betont anders, als es die Akzente der rechten tun. Die «eins» muß links lauter sein als die «drei» – während die synkopiert geführte Rechte auf der «drei» einen Akzent hat, was die meisten Pianisten dazu provoziert, auch die Linke bei «drei» lauter oder ebenso laut zu spielen wie bei «eins» – gegen die eindeutige Vorschrift Schumanns.

Woher aber soll ein Pianist derartige Unabhängigkeit beider Hände in scharfem Tempo und erhitzter dynamischer Gangart nehmen? Wenn – Homero Francesch macht mit Recht kraftvoller als üblich darauf aufmerksam – am Schluß im Baß auf «zwei» ein tiefes C als halbe Note hinzugedonnert werden soll, fordert Schumann tatsächlich eine dreistimmige Kontrast-Rhythmik.

«Fast zu ernst» beginnt mit einer gis-Moll-Geste, die sich nach der Dur-Parallele wendet. Das H-Dur wiederum gravitiert zum dis-Moll. So lenkt der Verlauf etwas tröstlicherer oder etwas schmerzlicherer Modulationen dieses Stück. Es endet in Moll. Was daran, oder an der Überschrift, «ironisch» sein soll, verstehe ich nicht. Hier

Kinderszenen

sind jene Künstler «interessanter», die es darauf anlegen, seelische Kurven nachzuzeichnen – mit Farbwechseln und Empfindungsvarianten. Arrau tendiert dabei am Ende zu einer starren, Beethovens Adagio-Ton fortspinnenden «Schicksalhaftigkeit».

Ob die Unruhe sich freilich unstet oder melancholisch darstellt – das ist nicht entscheidend. Wenn überhaupt der Verlauf klar wird, kann es «Geschmackssache» jenseits des Belegbaren bleiben, wie gewichtig oder verhüllt ernst ein «Fast zu ernst» zu nehmen sei... Wahrscheinlich haben diejenigen Künstler die Bewegung begriffen, denen es gelingt, das von Schumann am Phrasen-Ende so oft vorgeschriebene «Ritardando» plausibel zu machen...

Kempff beginnt das Stück bewußt harmlos, als wehre sich jemand gegen das «Zu ernst»-Werden. Brendel spielt es mit der Gewalt eines erregten inneren Monologs.

Wenn auf die gis-Moll/H-Dur-Sphäre des «Fast zu ernst» die H-Quinte des e-Moll/G-Dur-«Fürchtenmachens» folgt, dann scheint – und so innig ist sonst die Verbindung zwischen den einzelnen «Szenen» nicht – noch einiges von der auskomponierten Trauer weiterzuwirken. (So, wie in klassischen Sonaten die in der Durchführung produzierten Energien noch bis weit in die Reprise pulsieren.) «Fürchtenmachen» ist mir nur so lange «klar» gewesen, bis ich darüber nachzudenken begann. Jetzt scheint es mir als unauflösbares Rätsel. Spricht die Melodie, vielleicht die sublimste des ganzen Zyklus, wirklich von Angst-machen-Wollen? Oder von Angst, die sich in Harmonie auflöst?

Die Kontraste des Stückes, auch wenn sie sich der Verbalisierbarkeit entziehen sollten, sind durchaus sinnfällig. Das «schneller» braucht – so meinen Kempff, der es kaum beschleunigt, und Horowitz – kein Virtuosen-Spuk zu werden. Die von Synkopen aufgerauhte Forte-Stelle (Takt 21–24), die bei vielen Interpretationen polternd heraussticht, versucht Horowitz vorzubereiten, indem er den Hauptsatz vorher bereits überraschend kräftig erregt enden läßt. (Freilich macht er's gegen Ende auch so.) Mit Ausnahme von Pommier und Barenboim bemüht sich kein Pianist, die diesem Forte folgende Kantilene tatsächlich im Piano zu spielen. Als handele es sich um einen Bezeichnungsfehler des Komponisten, lassen alle das vorhergehende Forte dick weiterklingen.

«Kind im Einschlummern»: Was für ein Gedicht! Vergleicht man Alfred Cortots verhältnismäßig rasche mit Alfred Brendels lyrisch ruhiger Einspielung, dann zeigt sich, daß überdeutliche Artikulation auch ein Nachteil sein kann. Brendels Nachteil, der den Beginn so genau und durchhörbar vorträgt, daß alles da ist – bis auf die sanfte Entrückung und Verundeutlichung des «Einschlafens». Cortots Geheimnis (oder Trick): Er begreift den Anfang nur von der linken Hand her, das ist die Bewegung der Wiege, welche das einschlummernde Kind schaukelt und dessen sanfte Empfindungen entstehen läßt. Nicht die Töne der Rechten sind dabei das eigentlich Wichtige. Ja, sie sind bei Cortot längst nicht so wichtig wie die herrliche Sicherheit der links wiegenden und ausartikulierten Bewegung.

Für diesen Einfall hat Cortot freilich, wenn das E-Dur-Pianissimo erreicht ist, den Preis zu zahlen. Statt leiser werden zu können (wie vorgeschrieben), muß er mehr Ton geben. Seltsamerweise tendieren viele Pianisten dazu, im weiteren Verlauf ein wenig zu beschleunigen – bevor das große Schlußritardando den Sieg des Sandmännchens oder Schlaf-Engels verkündet. Barenboim, Kempff, am Ende Brendel lassen diese *Kinderszene* tiefgründig ausklingen, wie ein Ende des Zyklus…

Und sie könnte ja auch das Ende sein. Denn alle Titel vom ersten bis zu diesem zwölften Stück kommen aus der kindlichen Welt oder lassen sich auf dieselbe beziehen. Das trifft nicht zu für die Nummer 13. «Der Dichter spricht». Unmöglich kann bei diesem innigen Bekenntnis gemeint sein, ein Kind tue, als wäre es Dichter. Um Jugendpoesie geht es nicht… (Völlig recht hatte einst, als man in Frankreich vor Jahrzehnten das lyrische Wunderkind Ninon Drouet pries, der Dichter Jean Cocteau mit seinem Hinweis: «Alle Kinder haben Genie – bis auf Ninon Drouet.») Nein, im letzten Stück entfernt sich der Komponist von der Kinderwelt. Gewiß, tonartlich schlägt er die Brücke zum ersten. «Von fremden Ländern und Menschen» steht in G-Dur, «Der Dichter spricht» gleichfalls – doch würde man nicht genausoviel zyklischen Zusammenhalt empfinden, wenn dem G-Dur der Nr. 1 das e-Moll von Nr. 12 korrespondierte? Wobei freilich zuzugeben ist, daß die Besonderheit des offenen Schlusses von Nr. 12 das «Kind im Einschlummern» ungeeignet macht, als Abschluß zu fungieren. Im Epilog der Nr. 13 versinkt die Kinderwelt im sinnenden Ausklang eines distanzschaffenden, unendlichen Ritardandos. Jetzt spricht ohne Maske der Dichter.

Eine akkordische Melodie – ab Takt 9 erscheint ihr Beginn wieder, diesmal mit absteigender Achtelbegleitung. Wer da auch nur etwas zu laut wird, zu absichtsvoll-lyrisch, zu sehr den Poeten posierend, der hat viel zerstört. Doch nur wenige Pianisten entgehen der Versu-

Kinderszenen

chung, sich sonor in Szene zu setzen in den Takten 9–12. Analoges gilt fürs Rezitativ: Da ist pp vorgeschrieben, dazu zwei dünne Crescendo-Gabeln, wahrlich keine Anlässe für rhetorisches Forte-Deklamieren... Und das Ende – wie so oft bei Schumann ein verhüllendes, leise Schauer beschwörendes Ende: ein sieben Takte langes «Ritardando». Und dieses «Ritardando» bedeutet ja nicht bloß plötzlich langsam – sondern, immer, immer langsamer werden. Mag das Tempo im retardierenden dritten, vierten Takt bereits schon still, fast erstarrt wirken – im fünften und sechsten muß die Bewegung eben noch langsamer ausfallen. Dann ahnt man, was für eine Beschwörung von Kindheit dem Dichter gelang – die nun so weit hinter ihm liegt. Jean-Bernard Pommier traut sich und seinen Hörern dieses Erstarren zu. Auch Barenboim und Arrau gelingt das «Dichterische» rein.

Wenn hier nun aber der Komponist selber, der «Dichter» spricht, dann darf man das Stück auch anders sehen, literarischer. Zugegeben, vielleicht gibt es in hochentwickelter Klaviermusik nicht allzu viele Rezitativ-Floskeln. Doch fällt nicht auf, daß die Rezitativ-Töne im zwölften Takt (aufsteigende Sext a-fis, dann der Fall e-e-dis) nur um einen Ton höher versetzt Beethovens *Rezitativsonate* zitieren (g-e-d-d-cis)? Fällt nicht auf, daß der Anfang wie eine Beschwörung des Solos aus dem Andante des Beethovenschen *G-Dur-Klavierkonzertes* (über-)interpretiert werden könnte, wenn der Solist dem e-Moll des Orchester-Unisonos mit choralhaftem G-Dur antwortet? Gewiß, die erste Analogie (Rezitativ) läßt sich belegen. Die zweite hier angedeutete kaum. Doch wenn Schumann überhaupt daran denkt, in «Der Dichter spricht» poetische Rezitationsstellen als Material für sich heranzuziehen, dann braucht auch die gewagtere Vermutung zumindest nicht absurd zu sein.

Statt eines Fazits: Der Kompositionsrang von Schumanns *Kinderszenen* hängt damit zusammen, daß vollkommen einfache Eingebungen nie preziös «gesucht» wirken – und doch nie simpel, banal abgedroschen oder posiert schlicht daherkommen. Vollkommen Sinnfälliges, vollkommen charakteristisch und dabei vollkommen untrivial. So vermochte dieser Dichter zu sprechen.

Für den Interpreten heißt das: Er darf nie zuviel machen. Überscharfe Tempi, sonore Kantilenen, donnerndes Forte zerstören die komponierte Erinnerung und Empfindung. Der Interpret darf nicht zuviel machen, aber er muß immer ein Äußerstes «geben». Das passive Piano, das Vertrauen auf die Wirkung kontrastloser Bildein-

Chopin – Schumann – Liszt

heiten: darüber ist Schumanns Differenziertheit hinaus. Nur nach-
dichtenden Seelen scheint es gegeben, diese dichtende Seele zu
beschwören.

1. VII. 1981

CARNAVAL

Faschingszeit, Maskenlust, Karnevals-Betriebsamkeit haben massenhaft muntere, überlaut lärmende Musikstücke auf dem Gewissen,
die während der närrischen Tage bis zum Überdruß heruntergenu-
delt werden. Aber es ist auch ein Werk allerhöchsten Ranges dabei:
Robert Schumanns *Carnaval*, eine Weltbühne in As-Dur – zahlreiche den Masken der Commedia dell'arte verpflichtete Porträts und
Szenen über vier Noten. Schumann schrieb dies, sein vielleicht
brillantestes Werk, das weit weltläufiger komponiert ist, als man es
damals in Paris oder Wien oder gar Berlin vermochte, als 24jähriger.
Später war ihm das Jugendwerk dann ein bißchen unheimlich –
«wechseln doch auch die musikalischen Stimmungen zu rasch, als
daß ein ganzes Publikum folgen könnte, das nicht alle Minuten
aufgescheucht sein will» –, und er empfahl, man möge sich lieber
seinen gesetzteren Stücken widmen.

Vielleicht machte Schumann, der übrigens kein kleinbürgerlich-
jünglingshafter Spießer war, sondern ein passionierter Champagner-
Trinker, auch die Entstehungsgeschichte seines *Carnaval* unbewußt
zu schaffen. Noch nicht fest zu Clara entschlossen, hatte der junge
Robert sich nämlich in eine gewisse Ernestine verliebt, die als «Adop-
tivtochter» eines Herrn von Fricken in Asch geboren war, in Wirklichkeit aber dieses Flöte spielenden Aristokraten uneheliches Kind
und vielleicht sogar «Gespielin» gewesen ist. (Na ja, die Menschen
waren wohl immer gleichermaßen moralisch wie unmoralisch; nur
existierte in den dreißiger Jahren des 19. Jahrhunderts noch keine
Regenbogenpresse.) In den *Carnaval* gingen nun alle flammend-
erotischen, literarischen und sogar politischen Spannungen, die des
jungen Schumann Seele bewegten, als teils geheime, teils offene
Trieb-Kräfte ein. Zunächst wirkt bereits Ernestinens und ihres Vaters Wohnort, das Städtchen Asch, hochmusikalisch. Es besteht

Carnaval

entweder aus den Noten as-c-h oder aus den Noten a-es-h. Kaum ein Takt im *Carnaval*, der nicht durchwirkt wäre von ebendiesen Tonfolgen. Weiterhin hat Schumann bereits im Vorspiel demonstriert, wie sich Festlichkeit aus einer winzigen Zelle entwickeln kann. Der Sekundschritt des Auftakts wird gesteigert, bis er explodiert und eine ganze Oktave in Anspruch nimmt.

Danach entfaltet sich Schumann gleichsam berauscht hinter den Masken seiner phantastischen Schöpfung. Der Pierrot, angefüllt mit süßem Wein, stolpert immer im eigentlich unbetonten letzten Takt seiner Perioden; Clara Wieck spricht als *Chiarina* ihr Leidenschaftswort dazwischen; Chopin und Paganini tauchen auf und verschwinden. Daß Schumann selbst hier, wie so oft, als Doppelgestalt erscheint, nämlich als innig-seelenvoller Eusebius, der schon Isoldes Schlußgesang vorwegnimmt, und als pfiffiger Florestan, überrascht nicht. Aufregender ist, wie es Schumann gelingt, in die Maskenfülle einen Roman hineinzufügen. Denn zwischen Florestan und der Coquetten «funkt» es; die Themen beziehen sich aufeinander, zudringliche Masken stören den Flirt, der dann aber doch im tränenseligen «Aveu», also im Geständnis, endet. Übermütig, wie später leider fast nie mehr wieder, komponiert Schumann sogar eine «Pause» in das Geschehen (eine Musiknummer, wo paradoxerweise vorbereitend wiederholt wird, was schon einmal war). Zum Beschluß donnern mit Hilfe eines altdeutschen Volksliedes die «Davidsbündler» gegen die Philister an! Besagte Davidsbündler waren eine revolutionäre Gruppe, die der junge Schumann tatsächlich einmal gegründet hat – in der Forschung indessen blieb umstritten, ob diese Davidsbündler auch real existierten oder doch nur in Robert Schumanns Phantasie.

Zumindest im *Carnaval* selber kommen sie geradezu ekstatisch vor. Merkwürdigerweise, dies sei hinzugefügt, spielen alte Pianisten das Stück meist überzeugender als noch so begabte junge. *Es ist der Geist, der sich den Körper baut* – und vielleicht interpretiert man dann ein *Carnaval*-Stück um so schwungvoller auf Tasten, je weniger man mit den Füßen noch tanzen kann. Der hochbetagte Rubinstein hat es im Konzert so strahlend und lyrisch gespielt, daß dem Carl Seemann (der ihn zum erstenmal leibhaftig hörte) die Tränen kamen. Auch der alte Cortot, der alte Arrau, der nicht mehr junge Michelangeli vermochten diese Weltbühne aus Tasten so zu erbauen, daß sich's nicht leicht vergißt.

23. II. 1993

Chopin – Schumann – Liszt

DIE NOVELLETTEN

Von Schumanns *Novelletten* ist nur die erste ins Bewußtsein der klavierspielenden Welt eingegangen. Wenn man jedoch die acht *Novelletten Opus 21* von Claudio Arrau gedeutet hört, dann weiß man, daß die erste eigentlich die schwächste ist, nämlich bloß die sinnfälligste, kompakteste. Arraus Interpretation läßt sich am besten im Vergleich mit der großartigen Einspielung von Jean-Bernard Pommier würdigen. Wo Pommier den chevaleresken Glanz, den Perspektivenwechsel, die Mischung von Gegenwärtigkeit und komponierter Vorgeschichte intelligent-motorisch darbot, da setzt Arrau tief erfahren und meisterhaft souverän auf Zwischentöne. Man könnte sagen, Arrau habe verstanden, ja «erfühlt», daß das Gerede vom Riesenkontrast zwischen Florestan und Eusebius gar nicht stimme: Alles florestanische Zupacken wirkt verletzt, verdunkelt und keineswegs extrovertiert bei Arrau, während umgekehrt der angeblich so lieb-intime Eusebius herb und verrätselt und unversöhnlich erscheint.

Was nicht exzentrisch ausgespieltes Thema ist (andere Pianisten bieten dergleichen brillanter, schwungvoller), sondern Mischfarbe, Überleitung, verborgener Konflikt: das gerät bei Arrau nicht «grau in grau», sondern als Entdeckung einer erfüllten Finsternis, die alle Farben enthält. So gespielt, gehören die *Novelletten* zu Schumanns Schönstem.

2. XI. 1974

DIE KREISLERIANA

Kreisleriana ist im 19. Jahrhundert zumindest von den Fachleuten für die bedeutendste und subtilste Klavier-solo-Komposition Schumanns gehalten worden. Dann geriet sie wohl in den Schatten strahlenderer, beliebterer Schumann-Kompositionen (*Toccata, Carnaval, C-Dur-Fantasie*). In jüngster Zeit, die eine deutliche Schumann-Renaissance zu bringen scheint, stehen die *Kreisleriana* wieder häufiger auf den Programmen – wenn vielleicht auch nicht auf den

Die Kreisleriana

Programmen unserer Klavierabende, so doch auf denjenigen der Schallplattenfirmen.

Seit einigen Monaten liegen drei Aufnahmen vor: Wladimir Horowitz und Artur Rubinstein spielen gegeneinander an; und auch die Luzerner Preisträgerin Dinorah Varsi (wie Martha Argerich, Nelson Freire, Bruno Leonard Gelber und zahllose andere hochbegabte Pianisten stammt auch sie aus dem in dieser Hinsicht beneidenswerten Südamerika) hat das Stück, zusammen mit der *g-Moll-Sonate Opus 22*, eingespielt. Zu denken, daß einst Chopin monatelang zu faul war, diese ihm von Robert Schumann gewidmete Komposition auch nur durchzublättern! Die *Kreisleriana* verstaubten auf Chopins Flügel; als er sie dann doch angeschaut hatte, sagte er mißmutig, das sei ja wohl gar keine Musik mehr. Deutschen Interessenten braucht nicht mitgeteilt zu werden, wer E. T. A. Hoffmanns Kapellmeister und Phantasiegestalt Kreisler gewesen ist. Schumann hat die *Kreisleriana* in acht Sätzen angelegt, drei langsamen und fünf raschen. Phantastische Traumschatten fallen auf das zweite und das vierte Stück, archaisierende Sehnsucht nach barocker Geborgenheit, die in fast bewegungslose Erstarrung sich wandelt, charakterisiert den sechsten, aber auch den siebenten Satz; flüchtiger Spuk, melodische Wildheit und am Schluß eine im Pianissimo vorbeihuschende Wahnsinnsvision treten hinzu.

Pianistisch setzen die *Kreisleriana* nicht nur eminente Geläufigkeit und Grifftechnik, sondern auch ein höchst individuelles Legato voraus. Ob man sich der teils verdüsterten, teils reinen Melodik des Stückes frei überläßt – also große Temposchwankungen riskiert – oder ob man angesichts der Vielgestaltigkeit der Sache nicht gleichsam gegensteuern und die identischen Momente rhythmisch betonen soll, ist bereits eine Auffassungsfrage.

So beginnt das erste Stück «äußerst bewegt», schwingt sich dann im Mittelteil zu einer unvergleichlich sublimen, gebrochenen Melodie auf (die Schumann übrigens an entscheidender Stelle seines Eichendorff-Liederkreises zitieren wird) und findet nach diesem zarten Pianissimo-Lied in Sechzehntel-Triolen dann wieder zum Agitatissimo zurück. Rubinstein nimmt diesen gesanglichen Mittelteil entschieden freier und langsamer, wechselt das Tempo, zugleich überraschend und logisch, zweimal; Horowitz hält seinen ohnehin noch rascheren Grundrhythmus eisern durch. Dinorah Varsi bleibt empfindsam in der Mitte. Dafür verzettelt sie sich während der raschen Intermezzi des zweiten Stückes sentimentalisch; und sie

Chopin – Schumann – Liszt

besitzt, bei aller wohllautenden Grazie, wohl doch nicht ganz die Mittel, um es während der übrigen Stücke einem Horowitz gleichzutun. Horowitz geht die *Kreisleriana* mit einer Anschlagskultur an, die beinahe überzüchtet wirkt. Sein Legato ist atemberaubend. Und er hat entdeckt, was alle anderen Pianisten nur so spielen: nämlich daß Robert Schumann wahrscheinlich in überhaupt keiner seiner Kompositionen jemals so phantastische, selbständige, frei nachschlagende und unkonventionelle Bässe geschrieben hat wie in mindestens fünf der acht *Kreisleriana*-Nummern. Das sind nicht nur Synkopen, sondern Zeugnisse fast wahnsinniger Dissoziation: Schumanns Vorschrift «Die Bässe durchaus leicht und frei» deutet das im letzten Stück zumindest an. Aber verhehlen läßt sich nicht, daß dieses Prinzip bei Horowitz bis zum Manierismus getrieben wird. Man muß die Aufnahme kennenlernen, auch wenn sie etwas Erkünsteltes hat, bei aller Kunst.

Demgegenüber bleibt Rubinstein um eine Spur zu selbstsicher, ja im zweiten Stück fast langweilig. Hier werden – auf Schallplatten wohl erstmals – denn doch pianistische Alterserscheinungen hörbar. Früher hat er klarer, pointierter, weniger massiv gespielt. Freilich erreicht Rubinstein in den letzten drei Nummern doch wieder Größe. Während er das letzte Stück mit geheimnisvoller Stetigkeit ins Reich der schwarzen Musik hinüberspielt, gerät bei Horowitz die Dramatik etwas zu offen. Auch wirkt Horowitz' Freiheit, tiefempfundene Akkorde zu brechen, recht altmodisch. Merkwürdigerweise weiß Dinorah Varsi gerade die eigentlich unproblematischen, musikalisch frei fließenden Stellen zwingender zu spielen als die Altmeister.

Alles in allem ist die Aufnahme von Horowitz wohl doch die «interessanteste». Aber weder Horowitz noch Rubinstein, noch Dinorah Varsi vermögen die großen, bereits existierenden Einspielungen der *Kreisleriana* (Wilhelm Kempff, Géza Anda, von Älteren ganz zu schweigen) überflüssig zu machen. Und es scheint eine neue Pianistengeneration nachzuwachsen (Pommier, Dino Ciani), die – zwei neue Gesamteinspielungen der *Novelletten* lehren es – Robert Schumanns jugendlich träumerischen Reichtum mit ungeahnter Empfindsamkeit und ritterlichster Brillanz zu treffen vermag.

18. III. 1971

Nachtstücke

NACHTSTÜCKE

Die Schallplattenindustrie wird nicht müde, immer wieder Reihen zusammenzustellen, in denen von «unsterblichen Interpretationen», vom «Schrein unvergänglicher Wiedergaben», kurz: von lauter schönen Ewigkeiten die Rede ist, die mehr mit Werbung als mit Wahrheit zu tun haben. Indessen stellt sich jeder Schallplattenliebhaber selber schon eine solche Sammlung des (für ihn) Außergewöhnlichen zusammen, also jener Platten, Interpretationen, Augenblicke, die nicht nur gut und richtig und glänzend und unangreifbar sind, sondern die auch beim hundertsten Wiederhören noch bezeugen, daß den Künstlern gelungen ist, was so selten gelingt: nämlich das spontane Glück musikalischer Beseelung und Vollendung. Dazu gehört, wie Pablo Casals im *B-Dur-Trio* von Schubert das Seitenthema spielt, wobei er Thibaut und Cortot mitzureißen scheint, wie Fischer-Dieskau einst einige Hugo-Wolf-Lieder sang, wie Strawinsky die Spannung seiner *Psalmensymphonie* in Bewegung setzt, Furtwängler den Trauermarsch der *Eroica* steigert, Rubinstein in Moskau zwei Chopin-Etüden zugibt. Dazu und noch zu vielleicht ein, zwei Dutzend anderen Aufnahmen kann man immer wieder zurückkehren. Sie machen das Geschwätz von der tödlichen Schallplatten-Unkultur zunichte und widerlegen wohl auch die immer wieder gedankenlos nachgebeteten Thesen von Walter Benjamin über die Schäden, die technische Reproduzierbarkeit dem Kunstwerk zufügt.

Diese weit ausholende Einleitung hat die Absicht, den Leser indirekt darauf aufmerksam zu machen, wie hoch hier Emil Gilels' Einspielung der *Nachtstücke Opus 23* von Schumann eingestuft werden soll. Sätze wie «Schönste Klavierplatte seit langer Zeit» oder «Beispiel meisterhafter Verinnerlichung» drücken, weil sie als Werbefloskel längst nicht mehr ernst genommen werden, überhaupt nicht aus, was hier gelang.

Daß Gilels einer der größten Pianisten der Erde ist, wenn nicht im Augenblick sogar der bedeutendste, wird von vielen Fachleuten angenommen. Gewiß, sein Münchner Klavierabend mißlang auf hohem Niveau, der Künstler war überaus nervös und fehlbar und tournee-erschöpft und offenbar föhnkrank. Aber selbst solche Unglücksfälle dürfen das kritische Gesamturteil über einen Künstler, der ja keine Maschine ist, nicht allzusehr verunsichern. Schon damals spielte ich mir zum Trost die hier in Rede stehende Schumann-

Chopin – Schumann – Liszt

Schubert-Platte vor. Was an ihr besticht, ist zunächst der Ton an sich; selten wurde – und gar auf den technisch meist miserablen UdSSR-Aufnahmen – der Klang eines schönen, nicht allzu obertonreichen, keineswegs scharfen, sondern wohllautenden dunklen und intimen Konzertflügels so rein und reich auf einer Platte hinübertransponiert.

Schumanns *Nachtstücke Opus 23* schließen die Reihe der genialen Klavierkompositionen zwischen *Opus 1* und *Opus 23* ab, mit denen der junge, leidenschaftlich antiakademische Künstler sich der Klavierwelt vorstellte und ihr neue, ebenso kühne wie träumerische Ausdrucksbezirke gewann. Die *Nachtstücke* gelten als relativ «schwach», selbst der Plattentaschentext gibt das gramvoll ehrlich veranlagt (wie Thomas Manns Dichter Detlev Spinell sagen würde) zu. Gilels straft die Skepsis Lügen.

Obwohl die Stücke verhältnismäßig leicht sind, geht sein eminentes Können gleichsam als grifftechnischer Überschuß in die Interpretation ein. Die gespannte Ruhe, mit der Gilels das erste *Nachtstück* steigert, die phantastische Unruhe, die er im zweiten erzeugt, der überwältigende Geschmack, mit dem er das großartige dritte Stück eben nicht in jene Rachmaninow-Nähe spielt, die sich ergeben würde, wenn der Pianist da allzu brillant aus sich herausginge, das verhaltene, um so glühendere Feuer, das sich als Anschlagsdiskretion ausdrückt: Reineres kann Klavierspiel kaum leisten. Und die volksliedhafte Lyrik des vierten *Nachtstücks* spielt Gilels unvergleichlich konzentriert und melodisch. Unvergeßlich der stille Schluß des Werkes, der jene Schauer verbreitet, mit denen so manches festlich anhebende Schumann-Stück düster endet.

8. VIII. 1979

KLAVIERKONZERT A-MOLL

Michelangeli spielt Schumanns *Klavierkonzert in a-Moll* als einen Schumann für Fortgeschrittene, für solche, die, genau hinhörend, mitzuerleben bereit sind, wie ein hundertmal schwungvoll heruntergerauschtes Stück seine Wahrheit nicht enthusiastisch-rhetorisch, sondern nun einmal in Gestalt von Klängen und Nuancen, von erfüllten Intimitäten und herrlich klaren Linien sagen darf. Luftig

Klavierkonzert a-Moll

sagen darf, mit einer Freiheit zum taghellen Traum sagen darf, die sich nicht als schmachtendes Ritardando oder als chevalereske Affektentfaltung versteht. Florestan und Eusebius, Schumanns Chiffre-Figuren für Temperament und Empfindsamkeit – bei Michelangeli sind sie zwar noch unterscheidbar, aber einander sehr verwandt. Sie sind zu gläsern-schönen Figuren geworden, die sich über die Sphäre derber Klavierwirklichkeit in einem lateinischen Klavierhimmel begegnen.

Handgreiflicher ausgedrückt heißt das: Die Akkordwiederholungen im liedhaft-traurigen Hauptthema hatten Leichtigkeit und Anmut, das Ritardando bei der typisch Schumannschen Gebärde wurde zu einem Hauch, die große Oktaventürmung, bevor das Thema in Dur eintritt, glich keiner dramatischen Steigerung, sondern einer pianistisch großartig exakten Zeichnung. Banalitätsferner lassen sich die noblen Aufschwünge nicht denken, und der langsame Dialog im ersten Satz zwischen Klarinette und Klavier erklang schöner, stiller und «absoluter», als ihn selbst Cortot oder Lipatti oder Arrau oder Kempff je dargeboten haben. Die Kadenz des ersten Satzes spielte Michelangeli wahrhaft meisterlich. Immer wenn es schien, als wollten die Achtel-Figuren sich in meditative Stille verlieren, was sie bei Schumann ja dürfen, dann zog er in der zweiten Hälfte des Taktes unmerklich-merklich das Tempo an; die Traumgestalt verlor nie ihre Konturen, die getürmten Akkorde leuchteten, und der Triller, den Michelangeli dann produzierte, müßte so ziemlich allen im Saal anwesenden Pianisten die Frage nahegelegt haben, ob sie nicht doch besser den Beruf wechseln sollten. Überwältigend das Andante. Die Trippelfigur des Anfangs hatte nichts Trippelndes, sondern zielte sehnsüchtig auf den jeweils letzten Akkord (erster und zweiter Takt), die Antwort war dann jeweils glücklich verzögerte Erfüllung (im dritten und im vierten Takt). Schumann, der für Jean Pauls Ballszenen schwärmte, habe keine «Grande Valse brillante» geschrieben? Irrtum: Michelangeli spielte den letzten Klavierkonzert-Satz als große, manchmal fast derbe Fantasiewalzer-Szene. Aber da fehlte dann manchmal doch der Lipatti-Glanz. Und jene verborgene Walzermelodie, die Claudio Arrau im Schluß aufgespürt hat, holte Michelangelis Linke nicht heraus.

Schumanns Klavierkonzert, so verstanden, ist eine Folge schöner, manchmal himmlisch schöner Stellen. Wie Michelangeli beispielsweise das rhythmisch kapriziöse zweite Motiv des letzten Satzes aufteilte, daß es sich in zwei Hälften gliederte, weil er, fast unbegreif-

407

Chopin – Schumann – Liszt

lich, einen Akkord genau in der Mitte dieses Themas so anschlug, daß er zugleich ausschwingendes Ende der ersten Hälfte und origineller Beginn der zweiten war, bleibt unnachahmlich. Aber die schönen Stellen hatten kein Schicksal. Jenes «Werden», welches die Deutschen (als Nation) für andere Völker so beängstigend, so grenzenlos, so gestaltlos macht, das aber – als Prinzip des Werdens – unserer großen Musik Kraft und Entwicklungstemperament verleiht: bei Michelangeli fehlt es. Da «wird» nichts, weil immer alles «ist». Ob Oktavenläufe dazwischen liegen, ob eine Durchführung vorbeiging, man kann es der Schönheit der einzelnen Stellen nicht anhören. Schönheit ist absolut. Nichts drängte vorwärts, so, wie Schumann hierzulande vorwärts zu drängen pflegt. Was übrigens die Tempokontroversen betrifft: Man vergesse nicht, daß dieses Stück erst allmählich zum «Reißer» geworden ist. An konzertant-brillanten Sechzehntel-Passagen fehlt es doch weithin. Und wenn Clara Schumann dieses Konzert noch lange nach dem Tod ihres Mannes als «Testament» vortrug, dann wunderten sich immer alle Zuhörer, wie langsam, wie schön es war.

12. XI. 1969

2. SYMPHONIE

Es war eine herrliche Erfahrung, eine Überraschung sondergleichen, ein Eindruck fürs Leben: Leonard Bernsteins Beschwörung von Robert Schumanns feurig-symphonischer Größe. Die *2. Symphonie Opus 61 C-Dur*, oft wegen Instrumentationsschwäche und Beethoven-Eklektizismus gescholten, stand urplötzlich da in herrlicher Majestät, angesiedelt irgendwo zwischen Schuberts großer *C-Dur-Symphonie* (die Schumann ein paar Jahre zuvor in Wien auf einem Dachboden entdeckt hatte) und Bruckner.

Nun behaupten auch viele Wohlmeinende, daß Robert Schumann zwar ein wunderbar origineller Klavier-Komponist, Lied-Poet und Kleinmeister gewesen sei, aber eben leider doch kein echter Symphoniker. Dazu stecke in ihm, dem «sentimentalen Sachsen», zuviel Biedermeierlichkeit, Genrehaftigkeit, Kurzatmigkeit. Und da er nicht recht instrumentieren konnte, spiele man seine Symphonien am

2. Symphonie

besten auf dem Klavier. So (natürlich nicht ganz so derb) argwöhnen viele Laien, und manche Fachleute sagen es auch.

Was hat denn nun Bernstein anders gemacht, um dieses Gelehrten-Gerede zum Schweigen zu bringen, zumindest für alle diejenigen, die das Glück hatten, seinem Schumann zu lauschen? (Schallplatten sind eine schöne Sache, aber die Spontaneität und Konzentration des Konzertsaales fangen sie doch nur in den seltensten Fällen ein.) Bernstein hat nicht nur, was keine Kunst ist, an Schumanns Melodien geglaubt, sondern voller Inständigkeit an die großen symphonischen Entwicklungsbögen des Werkes. Und weil er die Musiker des glänzend disponierten Bayerischen Rundfunksymphonieorchesters natürlich, frei und bei alledem höchst differenziert zu befeuern vermochte, stellte sich Schumanns Kraft her! Bereits die Einleitung, die Bernstein ganz als Bläserstück verstand (die Geigen begleiteten leise, mehr mystisch als melodisch), hatte fast Brucknersche Emphase. Doch hinter dieser Emphase stand kein Kosmos katholischer Universalität, sondern die flammende Seele eines feurig-reinen einzelnen.

Als dann das Allegro begann, dirigierte Bernstein nicht ein punktiertes Allegro-Thema ritterlicher (vielleicht gar grämlicher, eben nicht typisch schumannisch inspirierter) Art, sondern er faßte den Allegro-Beginn zusammen zum Ausdruck höchster Freude. Atmend setzte Bernstein von diesem Beginn dann das zweite Thema und die meditative Stimmung der Durchführung ab. Falsch wäre nämlich der Eindruck, Bernstein hätte stets alles zu überschäumender Ekstase gesteigert. Viel schwerer ist das zu erreichen, was Bernstein hier gelang: riesige Einheiten herzustellen, ohne irgendwelche Einzelheiten zu unterdrücken. Die Coda des Kopfsatzes gelang so, daß man unmittelbar an den noch immenseren Jubel von Schuberts großer *C-Dur-Symphonie* erinnert wurde.

Das Scherzo. Es erklang brillant (vielleicht doch nicht ganz so brillant, wie die Streicher amerikanischer Spitzenorchester dergleichen herausbringen). Dazu mit entzückender Freiheit der Erfindung und Empfindung, mit einer berauschenden Fülle der Übergänge. Die Musiker hingen an Bernstein. Ritardandi, Accelerandi, gemeinsame Verlangsamungen und Beschleunigungen sogar von Trillern oder Auftakten: es war schon ziemlich beispiellos, wie das alles kam und glückte.

Im Adagio nahm Bernstein Schumanns häufige fp-Vorschriften sehr ernst. Dadurch drang etwas fast Wagnerianisches, Sehnsüchtiges

Chopin – Schumann – Liszt

in die Musik. (Die Sachsen, damals, waren schon tolle Leute.)
Freilich, darum mögen sich, wenn auch mit weniger Nachdruck,
andere Dirigenten auch bemühen. Aber in der Mitte des Adagios
steht ein Pianissimo-Fugato. Eine Stelle, aus der einem sonst oft der
barock-närrische Schulmeister Schumann entgegengreint, der alles
andere besser konnte als ausgerechnet ein symphonisches Fugato.
(Im Finale des *Klavierkonzertes* findet sich ein ähnlicher Ansatz.)
Bernstein läßt das Fugato gespenstisch leise, fahl anfangen. Und
plötzlich ist es, als suche da ein romantisches, gequältes Menschen-
herz vergebens Halt bei einer alten Form. Und genau das war ja
Schumanns Situation! Was sonst als «Schwäche» erscheint, beeindruckte, ja verstörte als gespenstisch wahrhaftige Demonstration.

Im Finale endlich halfen Feuer, Glanz und die thematisch be-
schworene Erinnerung an die Einleitung. Wir hörten, daß sich in dem
Jubel auch schreckliches Dis-Simulieren, ein übergreller Frohsinn
verbarg, wie er sich wohl einstellen mag, wenn die Dämonen in eines
kranken Komponisten Seele rumoren. (Bald nach der Komposition
hatte ja Schumann einen schweren Leidensanfall.)

8. X. 1983

DICHTERLIEBE

In Schumanns *Dichterliebe* gelangen dem Tenor Fritz Wunderlich
die ganz verhaltenen, beinahe rezitativischen Lieder wie «Ich hab' im
Traum geweinet» oder «Aus meinen Tränen sprießen» wohl am
besten. Betörend schön sang Wunderlich auch das «Wenn ich in deine
Augen seh'». Doch weil es sich bei diesen Schumann-Liedern um so
unvergleichlich differenzierte und feine Gebilde handelt, seien ein
paar Anmerkungen zu Einzelheiten nicht unterdrückt. In «Wenn ich
in deine Augen seh'» steigert sich doch die Seligkeit vom Anblick über
den Kuß und die Berührung. Der Höhepunkt indessen: «doch wenn
du sprichst: ich liebe dich» ist plötzlich leise und bitter ernst. Das
geht kaputt, wenn die Kurve schon bei der (ausgerechnet) «Him-
melslust» abbricht. Das «Ich will meine Seele tauchen» wirkt schwer
und süß melancholisch nur dann, wenn die Melodie trotz der Zwei-
unddreißigstel-Begleitung verhalten und langsam klingt. Umgekehrt

410

Das Paradies und die Peri

darf die Interpretation von dem grandiosen «Das ist ein Flöten und Geigen» (die Allerliebste macht anderswo Hochzeit, wie es in Liederzyklen zwischen *Winterreise* und *Fahrendem Gesellen* üblich) nicht direkt Wut und Schmerz darstellen. Bei der Hochzeit wird durchaus lebhaft und flott getanzt – der Schmerz liegt gerade in der unaufhörlich sich drehenden, pulsierenden, nicht zu raschen Bewegung, aber nicht darin, daß man dieses Lied langsam und grimmig vorträgt, wie wenn es um die Götterdämmerung ginge. Wahrscheinlich hatte die zwar sehr sorgfältig durchdachte, aber manchmal manuell zu unsichere (und wohl auch zu laute) Begleitung von Heinrich Schmidt schuld daran, daß die Proportionen zwischen Lied und Begleitung wie auch innerhalb der Lieder sich mitunter verschoben. Die Ruhe indessen, mit der Wunderlich den in den *Buddenbrooks* verspotteten Schluß der *Dichterliebe* – «Ich senkt' auch meine Liebe und meinen Schmerz hinein» – vortrug, wird nicht so leicht zu vergessen sein. Bewahren doch die letzten beiden Gedichte des Zyklus alle Sehnsucht und alles Erstarren, alles Glück und alle Gefährdung der Romantik geradezu exemplarisch in sich auf.

2. IX. 1963

DAS PARADIES UND DIE PERI

Wie wird man als Peri entsühnt, was ist dem Himmel die liebste Gabe? Das Blut des tapferen sterbenden Freiheitskämpfers? Der Todeskuß einer Liebenden? Die Träne eines reuigen Sünders? Thomas Moore, der Textdichter, und Robert Schumann befanden, die Träne des bußfertigen Sünders müsse dem Himmel am liebsten sein. Während der Nazizeit gab es freilich jedesmal, wenn dieses keineswegs völlig «vergessene» Stück (die Plattentasche übertreibt da ein wenig) von irgendwelchen Chorvereinigungen aufgeführt wurde, Diskussionen, ob nicht eigentlich der Tod fürs Vaterland verdienstvoller sei. Eine Umstellung bot sich an.

Nicht Empfindsamkeit, ja nicht einmal ein Versiegen Schumannscher Erfindungskraft bedrohen dies Oratorium, sondern vielmehr die übergroße Simplizität des Chorsatzes. Die Fugato-Stellen («Doch seine Ströme sind jetzt rot von Menschenblut») klingen naiv,

Chopin – Schumann – Liszt

fast schlecht komponiert; an Schumanns Klavierreichtum darf man nicht denken, noch weniger an Haydns Oratoriumsmeisterschaft. Dieses schlicht und schlecht liedertafelhafte Moment wird im Oratorium vom Paradies und der Peri leider doch nicht ganz aufgewogen von melodisch-poetischen Einfällen.

Bedauerlicherweise macht die quadrophonisch bemühte, aber mittelmäßige Interpretation (es handelt sich um die Aufnahme einer Düsseldorfer Musikvereinsaufführung unter Henryk Czyz) eine zweifellose Wiederbelebung des Stückes nicht wahrscheinlich. Der Chor, das oft farblose Orchester (wie schlecht kommen die Streicher beim «Chor der Genien des Nils») und die Solisten (Edda Mosers Peri fehlt oft, vor allem in der Höhe, Süße und zart-feste Deutlichkeit, Nicolai Gedda forciert opernhaft, Brigitte Fassbaender bleibt neutral) schaffen nur Durchschnittliches. Ob die Schuld daran dem Dirigenten Henryk Czyz, der manche sinnlose Betonungen durchgehen läßt, zum Beispiel einen antimusikalischen Akzent auf «treueste, *liebendste* Brust» (gerade beim zart-schönsten Chor), gegeben werden muß oder den äußeren Aufnahme-Umständen, läßt sich nicht ohne weiteres entscheiden. Was vielleicht als Rettungsunternehmen für ein zu Unrecht verkanntes Werk geplant war, geriet zur Besonderheit für jene Interessenten, die alles Gewöhnliche längst besitzen und sich am Ausgefallenen, an der Trouvaille laben wollen.

2. XI. 1974

VIOLINKONZERT D-MOLL

Man merkt es Szeryngs Interpretation an, daß er «retten» will, ja vielmehr, inwiefern er leugnen möchte, daß da etwas gerettet werden müsse. Das Werk selbst ist rätselhaft. In jedem Takt erweist es sich echt und unverkennbar als ein temperamentvoller Schumann – und doch überzeugt es in keinem wirklich. Fast immer geht die Erfindung «in die Breite». Die bezwingende Formel stellt sich nicht ein, obschon alle Einzelheiten, für sich genommen, anderswo bei Schumann vorkommen könnten. Szeryng spielt das glühende Anfangsthema mit Nachdruck. Er holt auch aus den melodischen Passagen die Inbrunst heraus. Aber die Passagen müssen ganz und gar jener

Perspektive entbehren, die sonst erst Schumanns Klaviersatz allem Schumannschen Passagenwerk gibt. Hier will ein Komponist nicht ausgelassen-brillant sein, kann aber den eigenen Ton nicht finden. Besonders trostlos wirkt die Lustigkeit des Finales. Der Einfall muß so tun, als ob er einer wäre. Dies Konzert würde uns kein Kopfzerbrechen machen, wenn nicht überall Schumanns Ernst der Musik doch Würde verliehe. Szeryng macht auf feine Zusammenhänge aufmerksam, zum Beispiel darauf, daß im Takt 12 des zweiten Satzes das Seitenthema des ersten zitiert und im Finale wiederum auf den langsamen Satz angespielt wird. Wenn man so will, kann man Schumanns *Violinkonzert* verstehen als Gesang eines gefesselten Florestan. Er hat noch so viel zu geben, aber die Geige macht ihn unfrei, unschöpferisch, während selbst die beiden späten Sonaten für Violine und Klavier (aus dem Jahre 1851) noch erfüllt sind von herrlichen Ausbrüchen. Während wir im Mendelssohn-*Konzert* einen Szeryng hören, dem das Siegen fast zu leicht wird, haben wir in dieser Aufführung des Schumannschen *Violinkonzerts* einen Künstler zu bewundern, der am Unmöglichen wächst. Für Interessenten, die Schumann und die Vollständigkeit lieben, ist diese Platte ein Muß.

9. VII. 1966

DIE GENOVEVA-OPER

Wem noch nie mit schlagender Evidenz klar wurde, was, und warum, «Oper» eigentlich ist, inwiefern heftige Handlungen, herrliche Melodien, mannigfache Leidens- und Liebesszenen noch längst nicht «opernhaft» sind, falls etwas Entscheidendes fehlt – der höre Robert Schumanns *Genoveva* in vier Akten. Wolfgang Sawallisch stellt diese einzige Opfer des romantischsten Komponisten der Musikgeschichte im Rahmen der Münchner Opernfestspiele konzertant vor.

Die Solisten sind: Gabriele Benackova in der Titelrolle, manchmal zu heftig, aber immer temperamentvoll, wenn auch anfangs ohne hinreichend zarte Lyrizität; Marjana Lipovsek als beherrscht dämonische Margarethe, dazu ein glänzendes Herren-Ensemble mit dem

Chopin – Schumann – Liszt

trefflichen Peter Schreier, Dietrich Fischer-Dieskau, Wolfgang Brendel, Kurt Moll! Weiterhin wirken, leider nicht allzu eindringlich und charakteristisch, das Bayerische Staatsorchester und der Chor des Städtischen Musikvereins Düsseldorf mit.

Die Aufführung – am Ende herzlich und recht anhaltend beklatscht – versuchte, von der etwas redseligen Ouvertüre an, dramatisch schwungvoll zu überrumpeln. Man bevorzugte rasche Tempi, lautes, erregtes Musizieren. Dazu neigten besonders Fischer-Dieskau, die Titelheldin und das Orchester, es sollte gewiß eine leidenschaftliche Hilfe für eine dramaturgisch und musikalisch nicht überzeugende Partitur sein. Nur, wer weiß, ob dadurch nicht die Schwächen der Oper noch krasser herauskamen! Ob es nicht – da die musikdramatischen Trauben ohnehin zu hoch hingen – entschieden besser gewesen wäre, von vornherein gleich das Lyrische, Zarte, Verhangene zu suchen und zu betonen? Doch dann hätte unsere Kritik vielleicht die unnötige «Verweichlichung» einer Opernpartitur beklagt. Wahrscheinlich ist die Sache, in der herrliche Perlen schlummern, unrettbar. Aber warum?

Robert Schumann liebte schon als junger Mann die an Bildern und Empfindungen überreichen Roman-Ergüsse von Jean Paul – von dem er mehr «Kontrapunkt» gelernt zu haben behauptete als im Musikunterricht. Schwer begreiflich, daß Schumann dann für die Oper den Gegentypus zu Jean Paul wählte: nämlich den finsteren, psychologischen, heute grausam unterschätzten Tragiker Friedrich Hebbel und dessen *Genoveva*. Da gegenwärtig kein deutsches Theater die *Genoveva* aufführt (unspielbarer als manches von Beckett oder Pinter ist dies gedankentiefe Stück auch nicht), seien hier einige Sätze über Hebbels Opus metaphysicum gestattet. Der junge Golo, dem die Gattin seines in den Krieg ziehenden Herrn zum Schutz überantwortet wird, verliebt sich sündhaft in Genoveva. Er zögert, probiert Riskantes, Selbstmordähnliches – und glaubt sich dann gewissermaßen von Gott ermächtigt, sich der Genoveva zu bemächtigen. Hebbel zeigt, daß die Liebes-Leidenschaft ein Wert ist, natürlich. Aber Golo fühlt sich dabei gebunden an sittliche Normen. Weil er diese verletzen muß, wächst sein Selbst-Ekel. Darum läßt – es ist ein toller Circulus vitiosus – seine Würde und Widerstandskraft immer mehr nach. Zum Schluß nimmt er nahezu Abschied von Gott und Gewissen. Er wägt den Mord an Genoveva: «Hätt' ichs getan mit meiner eigenen Hand, *ich trüge es und wohnt in meiner Tat*» – was ja

Die Genoveva-Oper

ganz sartrehaft existentialistisch klingt. Eingespannt in diese Konflikte – geht er zugrunde. Schon die ersten Sätze, mit denen er im Stück als jung und tüchtig vorgestellt wird, sind unauffällige Metaphern von Grausamkeit, tödlicher Präzision und hitziger Kälte...

Und daran machte sich Robert Schumann? Schumann stützte sich auch auf Tieck. Robert Reinick sollte das Libretto bearbeiten. Richard Wagner gab kluge Ratschläge, die leider alle nicht befolgt wurden. Zustande kam eine in albern realistischem, manchmal opernparodienahem Deutsch verfaßte Mixtur, wo Genoveva kaum mehr ist als eine Märtyrerin, Golo kaum mehr als ein verliebter Junge, angestiftet von Margarethe, einer drahtziehenden Zauberin. Der Gatte ist kaum mehr als ein hochherzig vertrauensarmer, liebend dummer Ehemann. Mit Hebbels Anspruch hat das alles nichts mehr zu tun.

Das brauchte – siehe Figaro, Otello, Lulu – noch kein entscheidendes Handicap zu sein, obwohl bei einem derart auf psychologische Differenzierung angelegten Drama biedermeierliche Verharmlosung schon stört. Hinzu kommt bei Schumanns Oper, daß die Figuren allesamt zwar gelegentlich Schönes zu singen haben – aber durch ihren Gesang, also durch die Musik, überhaupt nicht dramatisch charakterisiert werden. Wenn dieser Golo und diese Genoveva im zweiten Akt die lyrische Perle der Oper vortragen – «Ihr singt so artig», spricht Genoveva, «laßt mit einer sanften Weise uns den wilden Lärm betäuben! Kommt, dort ist die Zither», worauf man «Wenn ich ein Vöglein wär'» als Duett anstimmt –, dann gelingt es Schumann trotz sichtbarer Dramatisierungsabsicht kaum, sein bereits 1840 geschriebenes zart verwandeltes Volkslied irgendwie mit der Handlung und den Charakteren der 1848 komponierten Oper in Verbindung zu bringen.

In der Oper spürt man immer wieder, wie gleichsam der Lauf der Handlung das freie Erwachen der Musik abwürgt. Schlimmer noch als die dramaturgisch zertrampelten Melodien wirken jene Stellen, wo Schumann opernhaft aufdreht. Ober wo er protestantisch-eifrig eine doppelchörige Motette Bachs imitiert – weil Bach und deutsches Mittelalter im frühen 19. Jahrhundert zusammengehörten.

Manchmal erinnert die elegante Kurzatmigkeit auch an etwas, was mit *deutschem Jüngling* schwer zusammenzudenken ist: an Pariser Opéra comique! («Sieh da, welch feiner Rittersmann! Man sieht ihn nur mit Freuden an» im Finale des ersten Aktes.) Und selbst wenn ein herrlich liedhaft unruhiges A-Dur-Duett («Du läßt die arme Frau

415

Chopin – Schumann – Liszt

allein, sie wird ohn' dich gar traurig sein») an größten Schumann gemahnt, dann hört man – vom oft banalen Orchester-Chor-Getümmel verroht – einer solchen Kostbarkeit nicht so zu, nach innen hin, lyrisch neugierig, wie man es in jedem Schumann-Liederabend täte. Und die Sache verhallt.

Es muß hier doch nicht beschwichtigend gesagt werden, daß Schumann ein großer Künstler, auch ein genialer Symphoniker war – dem eben nur das Opernhafte, um das er leidenschaftlich kämpfte, so schmerzlich fernlag. Auch im vierten Akt der *Genoveva* gibt es Schönes, Ergreifendes. Aber gerade weil manches die *Genoveva* mit *Lohengrin* und mehr noch mit dem *Tannhäuser* verbindet, begreift man hier, was für ein Operngenie Richard Wagner (dem allerdings kein einziger origineller Takt Klaviermusik gelang) gewesen ist. Die Opernanforderung macht aus dem einzigartigen Schumann einen mäßigen Heinrich Marschner. Was für ein aufschlußreiches Scheitern!

22. VII. 1982

FRANZ LISZTS H-MOLL-SONATE

Liszts *h-Moll-Sonate* ist sicherlich die originellste nach-Beethovensche Sonate. Das Stück, einfallsreicher, ernster, großartiger und wagemutiger als alles, was wir sonst aus Franz Liszts Feder kennen – wobei hinzugefügt werden muß, daß der späte Liszt sich außerordentlich weit in den Bezirk der sogenannten Modernität vorwagte (er war nicht nur, wie allgemein bekannt, ein Vorläufer Richard Wagners, sondern auch ein Vorläufer Bartóks) –, das Stück wird verhältnismäßig oft gespielt, und es wird fast niemals schlecht gespielt. Denn der 43jährige Meisterpianist – Liszt ist 1811 geboren, die Sonate entstand in den frühen fünfziger Jahren des vorigen Jahrhunderts – hat so außerordentliche, riesenhafte und unumgehbare Schwierigkeiten in seine große Sonate hineingebaut, daß jemand, der sie überhaupt spielen kann, bereits sehr gut Klavier spielen kann. Aber: Ist es möglich, die Sonate nicht nur gut, sondern perfekt, schwungvoll, expressiv und doch ohne Bombast zu interpretieren?

Es beginnt mit einer langsamen Einleitung. Auf zwei kurze,

Franz Liszts h-Moll-Sonate

dumpfe, hohle Oktaven folgt, zweimal nacheinander, eine langsam absteigende Tonleiter. Das erste Mal steht diese Tonleiter der alten, als besonders traurig geltenden «phrygischen» Intervallfolge nahe; das zweite Mal sorgen winzige Veränderungen dafür, daß plötzlich die Zigeuner-Tonleiter zu erklingen scheint. Diesen Einleitungstakten folgt ein Allegro: von energischen, wilden Oktaven angekündigt. Die eigentliche Pointe der Lisztschen Sonate besteht darin, daß Liszts auf den ersten Blick einsätziges Werk in Wahrheit die viersätzige Sonatenform geistreich und unauffällig reproduziert. Liszt benutzt nämlich identisches Material sowohl für den ersten Satz wie auch fürs Andante, fürs wildfugierte Scherzo und für das Finale, das zugleich eine Art Reprise des ersten Satzes darstellt, dabei aber mit aberwitzigem Coda-Schwung zugleich Finalwirkungen erreicht. Viermal verwendet Liszt sein motivisches Material; die Themenaufstellungen nähern sich Durchführungen an, was diese Sonate sowohl mit hochentwickeltem Brahms wie auch mit der Zwölftonmusik verbindet. Offensichtlich benützt der Komponist sein thematisches Material als eine Grundgestalt, aus der er, ähnlich wie Franz Schubert in der *Wandererfantasie* (nur viel freier), sämtliche Teile dieses einsätzigen Meisterwerks herausspinnt.

Es ist fast unheimlich, auf wie viele Zusammenhänge man bei sorgfältiger Analyse stößt. Liszts kombinatorisches Genie war groß.

Fangen wir mit dem Anfang an. Nelson Freire hat Liszts *h-Moll-Sonate* bei der CBS als Schallplatte herausgebracht. Er spielt den Beginn stumpf, sehr stark und donnernd. Der alte Rubinstein läßt den vorbereitenden Charakter dieses Anfangs deutlicher werden. Er artikuliert didaktischer, bei ihm hört man genau, wie die phrygische Tonleiter sich in die Zigeuner-Tonleiter verwandelt. Rubinstein nimmt also diesen Beginn nicht ganz so «schwer» wie Nelson Freire. Er läßt sich für die späteren Entwicklungen mehr Raum, führt darum den Anfang auch rascher vor. Die berühmteste Aufnahme, die es auf dem internationalen Plattenmarkt von Liszts *h-Moll-Sonate* gibt, ist aber weder diejenige Rubinsteins noch die glänzende Konzert-Aufnahme von Emil Gilels, sondern ganz zweifellos die Einspielung des jungen Wladimir Horowitz. Der muß ja wie ein junger Liszt gewirkt haben, als er sich um 1930 zum König aller Virtuosen emporspielte. Was das Spiel von Horowitz so einzigartig macht – man hört es auch dieser 1932 aufgenommenen Platte noch an, trotz aller akustischtechnischen Mängel –, sind die flammende Nervosität und die großartige Ausdrucksgeladenheit der Darstellung. Horowitz bewältigt pianistische Schwierigkeiten nicht, um zu zeigen, wie gut er Klavier spielt. Für ihn ist eine Oktavenstelle oder eine Sechzehntel-Passage aber auch nicht nur Gefäß irgendeines Ausdrucks, gewissermaßen eine technische Form, die dann einen musikalischen Inhalt hat. Horowitz holt vielmehr aus der pianistischen Schwierigkeit und Entladung als solcher den Ausdruck heraus. Er will mit der Passage nicht irgend etwas anderes demonstrieren, will nicht zwischen Musik und technischem Flitterkram unterscheiden, sondern aufzeigen, inwiefern vermeintliche Virtuosität bei Liszt, bei diesem Liszt, der Ausdruck selber ist. Darum kann er es sich auch erlauben, zu übertreiben, mit Glut und Gewalt aufzuladen.

Die Komposition, die am Anfang erfüllt ist von spannungsvollen, originellen und zusammenhängenden Wendungen, scheint später bedroht von der Gefahr einer gewissen Grandioso-Banalität. Das ist dann der Liszt, den man nicht mehr mag, der Schauspieler heroischer Gefühle, der Ekstatiker jener *Préludes*, die, wie Walter Friedlaender einst sagte, von den Nazis verdientermaßen zum Sondermeldungsthema erniedrigt wurden. Massiv scheint Liszt hineinzugreifen ins volle Klavierleben, die Akkorde sind dick, die Bässe dröhnen; der Geschmack wendet sich ab.

Wie kann man mit solchen Ballungen fertig werden? Es ist natürlich sinnlos, bei einem Lisztschen Fortissimo grandioso vornehm klein beizugeben und zu tun, als gelte es Schumanns «Vogel als Prophet» zu säuseln. Hinter Liszts geballten Akkorden steckt ja die Wahrheit einer Haltung: Stolz und triumphale Selbstdarstellung. Bringt «Sachlichkeit» da Hilfe?

Rubinstein nimmt die Stelle keineswegs zurück. Aber er spielt sie mit einer gelassenen Heiterkeit, er geht trotz aller Klaviersatz-Fülle der Melodie nach. Und er kann das, weil sein kleiner Finger, der hier im Forte fortissimo die Melodie zu spielen hat, rein physiologisch keineswegs ein kleiner Finger ist, sondern, verrückterweise, fast genauso lang wie sein Zeigefinger. Es gibt da Fotografien. Natürlich ist Rubinstein nicht mit diesem riesen-kleinen Finger auf die Welt gekommen. Aber wenn jemand 75 Jahre ausdrucksvolle Melodien mit dem kleinen Finger der Rechten zu spielen hat, dann wächst der vielbenützte Benjamin. Seltsamste «déformation professionnelle»... Rubinstein hält also mitten im Klavierkrach die Trompetenmelodie, sie könnte aus dem *Rienzi* sein, so leuchtend durch, daß die Musik plötzlich zugleich triumphal und natürlich klingt.

Der englische Meisterpianist Clifford Curzon ist nicht nur ein

Franz Liszts h-Moll-Sonate

tiefsinniger Mozart- und Brahms-Interpret. Seine Einspielung der *h-Moll-Sonate* von Liszt scheint stilistisch die interessanteste von allen. Curzon versteht es, die Logik dieser Musik hörbar zu machen. Da bleibt überhaupt nichts Kitschiges. Curzon bringt eine Härte, eine psychologische Sinnfälligkeit und eine Sensibilität in das Werk, von der die typischen Liszt-Spieler sich nicht träumen lassen. Unter Curzons Händen gerät die *h-Moll-Sonate* zur ungarischen *Appassionata*. Da werden plötzlich Zusammenhänge hörbar und evident, die man sonst höchstens beim Analysieren, beim Notenlesen bemerkt. Im ersten Teil der Lisztschen *h-Moll-Sonate* spielt ein Klopfmotiv eine wichtige Rolle, das aus fünf Achteln, zwei Sechzehnteln und zwei wiederum folgenden Achteln besteht. Curzon führt hörbar vor, wie dieses Klopfmotiv dann in verdoppelten Notenwerten erscheint. Was Achtel war, ist Viertel, was Sechzehntel war, wird Achtel.

Der zweite Satz beginnt als Andante sostenuto, dann setzt dieses «verdoppelte» Thema ein. Aber Liszt bleibt nicht lange lyrisch-kontemplativ. Sehr bald steigert sich auch im Andante-Teil die Dramatik, Oktaven-Passagen fahren dazwischen, es kommt zu einem Fortissimo-Dialog. Danach bezaubert, licht wie Lohengrin, eine lyrisch farbige Partie. Curzon und Rubinstein entdecken die hohe Poesie dieses Verlaufs. Die Gefahr, daß technische Eruptionen faszinieren und alles Langsame nur als retardierendes Moment empfunden wird, vermeidet Artur Rubinstein auch dadurch, daß er die Zweistimmigkeit der Akkorde spannend macht.

Wie in Liszts *Es-Dur-Klavierkonzert* ist in der *h-Moll-Sonate* der scherzoartige Teil besonders interessant und besonders schwierig. Emil Gilels hat 1961 eine Konzertaufnahme der *h-Moll-Sonate* herausgebracht. Der Schwung, in den Gilels sich da hineinsteigert, fasziniert, aber er betäubt nicht. Man hört klar und aufregend alles, was Liszt an Beinahe-Unmöglichem gefordert hat. Noch heller und wilder kann das niemand spielen. Man merkt der Aufnahme von Emil Gilels an, daß sie während eines Konzerts entstand. Was an Hustern und kleinen Flüchtigkeiten stört, wird mehr als aufgewogen durch die Riesenfreiheit, die sich der Pianist gleichsam im Zwiegespräch mit seinem Publikum erspielt und die aller Studio-Sterilität überlegen ist.

Kurz vor Schluß der Sonate rückt für alle Pianisten der Welt die Stunde, rücken, genauer gesagt, die dreißig Sekunden der Wahrheit heran: die berühmteste Oktavenstelle der Klavierliteratur, zunächst ein Presto, dann Prestissimo. Das donnert in einer halben Minute auf einen theatralischen Fortissimo-Ausbruch zu. Diese dreißig Sekunden sind noch gefürchteter (und gewiß schwerer) als die Oktaven der *Waldstein-Sonate*, die Oktaven der Schumannschen *Toccata*, die Oktaven des Tschaikowsky-*Konzerts*. Am äußersten Ende hat Liszt eine boshafte Barriere in seine Sonate eingebaut. Unbefugte können das Werk nicht betreten, sie würden hier hängenbleiben.

16. XI. 1970

LISZTS KLAVIERKONZERTE

An Liszt scheiden sich die Geister. Die einen sagen, er sei zwar eine faszinierende Gestalt, ein Feuerkopf, aber doch ein bombastischer, veralteter Komponist, der die Affekte und die Passagen häufe, ohne es zu etwas anderem zu bringen als zu Sentimentalität, Paprika-Schwung und falschem Gigantismus. Die anderen hingegen meinen, Liszt sei auch als Komponist ganz ernst zu nehmen. Seine Kunst, Melodien durchzuführen, sich in interessante harmonische Wagnisse einzulassen, zu instrumentieren und schwungvoll zu Ende zu bringen, reihe ihn durchaus unter die Großen des 19. Jahrhunderts ein. Was bombastisch wirke, sei zwar äußerlich, aber doch Zeichen kräftiger, impulsiver, unwiderlegbarer Lebenskraft. (Beide Parteien sind ihrer Sache ganz sicher und halten sich gegenseitig für ein bißchen unmusikalisch.) Ich gestehe, daß ich fast vorbehaltlos zu den Liszt-Bewunderern gehöre. Wenn man erst aufgehört hat, ihn an Chopin zu messen, und sein kompositorisches Terrain zwischen Wagner, Berlioz und Strauss sieht – dann kann man ihm schwerlich noch unrecht tun. Von dem hinreißenden, freilich auch kaum je attackierten Klaviersatz des größten Pianisten der Musikgeschichte ganz zu schweigen.

Claudio Arrau, der zwei konzertante Werke Liszts spielte, war allerdings der beste Kronzeuge, den es für Liszts Partei in Europa geben kann. Die ungeheure Besessenheit, mit der Arrau sich den faszinierend vorwärts strebenden konzertanten Variationen des *Totentanzes*, einem bösen Glanzstück, und dem *Klavierkonzert in A-Dur* widmete, hat ihresgleichen in Europa wohl kaum. Selbst Gilels und Rubinstein können gewiß nicht besser Liszt spielen – es erhebt

Funde bei Liszt

sich sogar die Frage, ob sie Arraus rhythmische Vehemenz aufzubringen vermöchten. Im *Totentanz* spielte Arrau übrigens nicht Silotis, des Liszt-Schülers, bekannte Bearbeitung, sondern Liszts authentische Fassung. Dadurch fiel mancher störende Zierat weg, das Stück gewann, so schien mir, konzertante Größe. Gleich der Anfang, Tschaikowsky vorwegnehmend und düster übertreffend, zog einen in den Bann dieses makabren Reigens. Eine klarere Grifftechnik, prasselndere Oktaven hat man in München schon lange nicht mehr gehört, und man wird wahrscheinlich bis zu Arraus nächstem Münchner Konzert warten müssen, wenn man ähnliches wieder erleben will. Manche Münchner Musikfreunde beklagen sich, daß die «ausländischen» Pianisten immer so sehr viel lobender behandelt werden als die deutschen. Nun gibt es aber keine brasilianischen oder germanischen Oktaven, sondern nur gut oder schlecht gespielte. Wer den beängstigend großen Abstand, der ein Klavierphänomen wie Arrau von der nachfolgenden Pianistengeneration trennt (in technischer Hinsicht wie vor allem im Hinblick auf den unbedingten, fanatischen Einsatz), bei einem solchen Konzert nicht wahrnimmt, dem ist schwerlich zu helfen.

7. III. 1961

FUNDE BEI LISZT

Trotz einer exzentrischen – Anhimmelung, Verachtung und Renaissance umschließenden – Wirkungsgeschichte dürfte Liszt nach wie vor der unbekannteste aller großen Komponisten des 19. Jahrhunderts sein. Die beiden Zwillingsbrüder Richard und John Contiguglia – sehr tüchtige Pianisten – haben zwei Liszt-Werke eingespielt, die tatsächlich völlig unbekannt und doch durchaus hörenswert sind: Liszts Bearbeitung von Beethovens 9. *Symphonie* für zwei Klaviere und Liszts *Festkantate* für Klavier zu vier Händen.

Die *Neunte* auf zwei Klavieren: das ist eine tolle Kuriosität – und mehr. Denn Liszt, der mit seiner Transkription dieser Symphonie für nur ein Klavier unzufrieden war (weil da die Chorstimmen wegfallen mußten), leistet hier eine erstaunliche Verfremdung: Man hört

Chopin – Schumann – Liszt

gleichsam die Musikverläufe ohne allzu gewohnte Orchesterfarben. Eine Röntgenaufnahme der *Neunten*. Natürlich wirkt es seltsam, wenn die schwere Hornpassage des Adagios hier von einem Pianisten hingelegt wird – und der «sanfte Flügel» des Finales, vor dem die Sopranistinnen zittern, ist im Steinway-Flügel allzu sicher aufgehoben, gewiß. Aber im Scherzo und im ersten Satz hört man einiges, was die Orchester überhören lassen.

Bei der *Festkantate* handelt es sich um den Klavierauszug eines von Liszt zu Ehren Beethovens komponierten Vokalwerkes. Das fängt frei und donnernd an, erinnert dann sehr an Mendelssohn, der mit einigen Themen Pate gestanden zu haben scheint. Zum Schluß mündet das Stück in eine Fantasie über den langsamen Satz aus Beethovens *Erzherzogtrio*. Alles ein wenig geklittert, potpourrihaft, zugegeben; aber eben doch ungewohnt, interessant und ganz aus dem Rahmen fallend. Etwas für Neu-(oder Alt-)Gierige.

27. IV. 1974

Giuseppe Verdi

IL FINTO STANISLAO

Begraben unter nichtssagenden biographischen Auskünften, weitergeschleppten Schmähungen und einer distanzierenden Äußerung des Meisters selbst, modert *Il finto Stanislao* – nach dem *Oberto* Verdis zweite Oper – in Operngeschichten, Verdi-Biographien (die dann rasch auf Wesentlicheres übergehen) und schwer erreichbaren Klavierauszügen. Daß Verdi auch «komische Opern» schreiben konnte, erfährt der deutsche Musikfreund erst durch den *Falstaff*.
Es handelt sich um eine Verdi-Partitur von überraschender Frische, Fülle und Brillanz. Man braucht sich nicht im mindesten auf das hohe Roß des «Für-den-Anfang-schon-ganz-schön» zu setzen und einen Panzer des Wohlwollens anzulegen: Die Kraft der musikalischen Einfälle, die effektsichere Aufbereitung, der harmonische Reichtum einiger – nur nicht hinreichend ausgesponnener – Ensemblesätze hat mit dem üblichen Konservatoriumscharakter verschollener Erstlingsopern wirklich nichts zu tun. Davon kann ohnehin keine Rede sein, da Verdi bekanntlich, nachdem er Kompositionen vorgelegt und vorgespielt hatte, «wegen erwiesener Unfähigkeit» in das Mailänder Konservatorium gar nicht erst aufgenommen wurde.
In dieser frühen Verdi-Oper wird alles das auf unbekümmerte Art vorgetragen, was wir am späten Verdi lieben: jähe, vehemente Akkordschläge, die eine musikalische Phrase befeuern und weitertreiben, klare und weitgeschwungene Melodien, ergreifende Harmonisierungen mancher Ensemblesätze. Wer die Geduld hat, über manchen Leerlauf hinwegzuhören (der von einer guten Bühneninszenierung überspielt werden könnte), trifft schon im ersten Teil auf eine schlagende E-Dur-Stretta und auf das schlechthin hinreißende As-Dur-Ensemble, das mit den Worten «Ah! questo bene» beginnt. Verdis Humor kommt offenkundig noch von Donizetti und Rossini her, zielt aber gelegentlich sogar auf Offenbach. Die von Joseph Strobl geleitete Aufführung trifft Verdis Brio zügig, feurig und voller Wohlklang – wenn auch manchmal allzu exakt. Edoardo Cittanti, Elda Cervo und der junge Giorgio Merighi prunken mit Tempera-

ment und Stimmkultur. Einzig Stina Britta Melander fällt stilistisch
ein wenig aus dem Ensemble heraus.

Wer nicht zu den Verdi-Verehrern zählt, braucht nicht gerade mit
diesem frühen, allzu hellen Werk zu beginnen. Doch all denen, die
Verdi lieben, winkt hier eine Entdeckung.

20. VI. 1964

DER TROUBADOUR

Gebildete Musikfreunde lächeln, wenn sie von Verdis *Troubadour*
sprechen. Keine andere Oper der musikalischen Weltliteratur –
ausgenommen vielleicht der *Lohengrin* – hat soviel Spott provozieren
können wie gerade dieses Werk. (Merkwürdig genug: *Lohengrin* und
Troubadour sind zweifellos die melodienreichsten Opern von Wagner und Verdi.) Darin, den *Troubadour* komisch zu finden, sind so
verschiedene Temperamente wie Arnold Schönberg und Leo Slezak
sich einig. Schönberg bemängelt die monotone Symmetrie etwa der
Stretta-Melodie, und Leo Slezak wies vergnügt darauf hin, daß der
Text völlig unverständlich sei. Es gehört darum Mut, ja Snobismus
dazu, den *Troubadour* zu loben.

Doch was heißt loben? Dies Werk ist dazu da, hinzureißen, zu
überwältigen, zu besiegen. Wer von einem Opernlibretto verlangt, es
müsse pedantisch jeden Schritt der Handlung begründen, die Vorgeschichte einer jeden Figur mitteilen, der hat die Idee der Gattung –
zumindest des Belcanto-Bezirks dieser Gattung – nicht erkannt. Man
kann den Umstand, daß der *Troubadour* ein wenig verworren geriet,
leicht aus der Vorgeschichte des Librettos ableiten. Verdi war aufgrund des Erfolgs, den er mit seinem 16. Werk, dem *Rigoletto*,
gehabt hatte, ein berühmter und beliebter Komponist geworden.
1851 fiel ihm das Schauerdrama *El Trovador* von Antonio Gutiérrez
in die Hände. Er bat Salvatore Cammarano, ein Libretto daraus zu
machen. Im selben Jahr starb Verdis Mutter, an der er sehr hing, auch
wenn er sich angesichts ihres Todes vorwerfen mußte, daß er unnötige Spannungen zu seinen Eltern hatte entstehen lassen. Weil nun 1852
auch der Librettist Cammarano ganz plötzlich verstarb, mußte das
Libretto von L. E. Bardare vollendet werden. Vollenden hieß in

Der Troubadour

diesem Fall: den dritten und den vierten Akt fertigmachen. Bei alledem fielen die «politischen» Voraussetzungen sozusagen unter den Opern-Tisch. Daß der Graf Luna vom König dazu bestimmt ist, seinen Statthalterposten gegen einen aufständischen Konkurrenten zu verteidigen, in dessen Reihen Manrico kämpft, daß wir also auch die Phasen eines Erbfolgekrieges miterleben, wird beim besten Willen nicht klar.

Ist das so schlimm? Die Musik interessiert sich für etwas anderes. Für den finsteren, grausamen, leidenschaftlich verliebten (und in dieser Liebe sogar zärtlichen) Grafen Luna; für die temperamentvolle Leonore, einen dramatischen Koloratursopran, die gerade nicht den heiß werbenden Grafen Luna liebt, sondern einen Fremden: den Troubadour nämlich – der heimlich im Garten singt, überdies Sohn einer Zigeunerin zu sein meint. Für eine wild fortschreitende Opernhandlung sind das bereits Voraussetzungen genug.

Im ersten Akt kommt es zum Zweikampf zwischen den Nebenbuhlern. Man glaubt, der arme Troubadour sei getötet. Leonore eilt nun nicht etwa resignierend in die Arme des Grafen Luna, sondern dann lieber doch gleich ins Kloster. Sowohl der Graf als auch der Troubadour wollen sie vor diesem endgültigen Entschluß bewahren, indem sie sie rauben. Dabei hat der Troubadour mehr Glück, und er reißt Leonore aus dem Chor stilles Es-Dur singender Nonnen hinweg. Die Szenen-Anweisung daraufhin ist eindeutig: «Der Graf wütet. Die Frauen fliehen ins Kloster.» Aber Graf Luna rächt sich. Er versucht es, die Mutter des Troubadours auf den Scheiterhaufen zu bringen, und läßt den Troubadour hinrichten. Erst in den letzten Takten der Oper erfährt der Graf, was die Zuschauer schon längst gewußt haben: Der Troubadour ist sein Bruder. Er erfährt es, weil er dadurch die Rache der Zigeunerin Azucena besonders heftig zu spüren bekommt. Einst nämlich hatte der inzwischen verstorbene Vater des Grafen Azucenas Mutter auf dem Scheiterhaufen hinrichten lassen. Dafür hatte Azucena den einen Sohn des Grafen Luna geraubt mit der Absicht, ihn gleichfalls zu verbrennen. Das war ihr nicht gelungen; versehentlich hatte sie ihr eigenes Baby den Flammen übergeben. So lebte des Grafen Luna Bruder als vermeintlicher Sohn einer Zigeunerin weiter bis zu diesem tragischen Zusammentreffen.

Wenn man sich die Handlung vor Augen hält, zeigt sich: Die Grundstruktur ist gar nicht so schwierig. Zwei Nebenbuhler, der Vollzug einer Rache, eine Geliebte, die sich das Leben nimmt. Daß wir in alledem nur gleichsam die Privat-Tragödie neben einer hoch-

Giuseppe Verdi

politischen Auseinandersetzung zu sehen haben, stört nicht im mindesten. Wie sehr es Verdi auf den einzelnen Effekt und nicht etwa auf das politisch erhellende Gesamtkunstwerk ankam, beweist schon der Umstand, daß die einzelnen Akte Überschriften haben: «Der Zweikampf», «Die Zigeunerin», «Der Sohn der Zigeunerin», «Das Hochgericht».

Wer es nun fertigbringt, beim *Troubadour* zu lächeln, der hat noch nie gespürt, daß er es nicht nur mit der vielleicht feurigsten Oper der Musik-Literatur zu tun hat, sondern wahrhaft mit einer Feuer-Oper. Da gibt es nichts Harmloses, alles läuft auf Vernichtung hinaus oder leitet sich aus dem Feuertod her. Schon die e-Moll-Erzählung des Ferrando beschreibt das Ende von zwei Menschen auf dem Scheiterhaufen. Die Azucena hat geradezu ein Flammentod-Trauma. Nicht nur ihre Kanzone «Lodernde Flammen schlagen zum Himmel» handelt davon. Selbst die Stretta des Manrico, in der Verdi glühend zwischen C-Dur und subdominantischem f-Moll verbindet, komponiert den Feuertod: «Lodern zum Himmel seh' ich die Flammen.» Das ist der Grundton der Oper. Nur wenige humane Regungen dürfen sich melden, etwa die innere Stimme des Troubadours, der die Familienbande fühlt, ohne von ihnen zu wissen. (Ein Lieblingsthema der Romantik, von Grillparzer ebenso wie von Lortzing und anderen benutzt.) Hinreißende Lyrik umgibt auch das Andantino der Leonore («Es glänzte schon das Sternenheer»); es erinnert in seiner Ambivalenz – As-Dur/as-Moll – an Schubertsche Innigkeit. Unmöglich, hier die frische Meisterschaft fast sämtlicher Nummern aufzuzählen. Die Unbefangenheit etwa, mit der Verdi Kadenzen zugleich auskomponiert und auf Nebenstufen ausweicht, die schlagende Kraft der Steigerung, die klug eingesetzte Chromatik, beispielsweise wenn Leonore singt «Die Kräfte schwinden mir» – und nicht zuletzt das brillante Parlando. Niemals, außer vielleicht in der *Aida* und im *Otello*, ist Verdi so viel eingefallen.

Merkwürdig genug, daß man gerade der reinen Fülle gegenüber lächelt. Daß man es einem Komponisten vorwirft, wenn er mit vollen Händen schenkt und nicht sorgfältig-sparsam ein paar Einfälle verwaltet. Verdi zahlt im *Troubadour* bar. Er verschwendet dabei. Er komponiert das Feuer selbst. Um so typischer und opernhafter, daß angesichts einer von Morden, Hinrichtungen und Kriegen erfüllten Welt die Liebenden rein auf ihrem Gefühl bestehen. Gegenüber dem im *Troubadour* manchmal sich abzeichnenden Verismo beharren die Helden auf einer opernhaften (unglaubhaften?) Eindeutigkeit und

Rigoletto

Unbeirrbarkeit des Gefühls. Das heißt, eigentlich nur Leonore beharrt darauf. Der Troubadour selbst ist nur zu leicht geneigt, zu zweifeln, läßt sich aber rasch überzeugen und singt dann desto feuriger.

Gewiß, der *Troubadour* ist eine Sänger-Oper, ungeschützt von jener dramaturgischen Intelligenz, mit der ein Richard Wagner sich und seine Nibelungen zu panzern wußte. Im *Troubadour* strahlt das «con brio», strömt die entzückte Seele sich aus. Aber dies Verdische Singen ist keiner heiteren Welt abgewonnen, sondern einer nächtlichen, finsteren – einer, in der Tod und Verderben wohnen.

1. VII. 1962

RIGOLETTO

Von *Euryanthe* über *Rigoletto*, *Troubadour* bis hin zu Hindemiths *Cardillac* reicht eine seltsame Opernverwandtschaft: Es ist die Dynastie der kranken Libretti, der an Absurdität, Inkonsequenz, Unglaubwürdigkeit oder Plattheit dahinsiechenden Operntexte. Große Musik muß da ihre Vorlage für etwas Höheres nehmen. Nicht immer gelingt das bruchlos.

Wenn nun Walter Felsenstein – über dessen einsamen Rang als Opernregisseur kaum noch eine Diskussion möglich ist – an Verdis *Rigoletto* herangeht, dann warten die Operninteressenten in aller Welt voller Spannung auf das Ergebnis: Wird Felsenstein, wie schon so oft, den szenischen Beweis führen, daß man sich irrte? Daß sich auch hier ein dramatisches Meisterwerk verbarg (wie etwa in «seiner» *Traviata*)?

Geht man den Weg dieses Regisseurs zunächst selbst und liest Francesco Piaves *Rigoletto*-Textbuch, als handle es sich um Shakespeare, dann springen mehrere entwicklungsfähige Tendenzen ins Auge. Rigoletto selbst, buckliger und subalterner Hofnarr, offenbart sich als Schizophrener. Im privaten Bezirk, das heißt in der Beziehung zu seiner Tochter, sucht er sein Glück und will es halten: Reine Liebe, unbefleckte Innigkeit sollen ihm gleichsam ersetzen, was er professionell zerbricht, wenn er seines Herzogs Lüsternheit zum Mord aufstachelt, sich um die Gefühle der geschändeten Liebchen nicht im mindesten kümmert, sich mit den aggressiven Instinkten seines Herrn schamlos identifiziert. Freilich, die Handlung belehrt den alten Narren rasch, daß die Moral unteilbar ist und daß auch im 16. Jahrhundert ein Monsieur Verdoux von Mantua – mögen der eigene Buckel und die Bosheit der Mitmenschen den Narren auch in diese Rolle gezwungen haben – scheitern muß. Inszenierungswürdig wäre auch die raubtierhafte Frivolität des Herzogs, der schon während der Exposition auf mindestens drei Liebesverhältnisse zugleich festgelegt wird. Ja, selbst der Mörder mit dem Ehrenkodex, Sparafucile, oder die engelsreine, aber doch unaufrichtige Tochter namens Gilda: Sie alle müßten sich aus der Konventionalität dieses Librettos erlösen lassen.

Die Überraschung nun der Hamburger Aufführung war, daß Felsenstein darauf verzichtete, erhellend ins Seelendunkel der Protagonisten einzudringen. Rigoletto war nicht einmal ein «interessanter» Charakter, seine Zwiespältigkeit blieb ungespielt, nur seine Mitleidswürdigkeit wurde konventionell unterstrichen; doch man sympathisierte nicht allzu heftig mit dieser armen Vater-Figur. Passiv auch Gilda, in deren Rolle Expressivität und Koloratur fast unrealisierbar zusammentreffen. Stolz, leichtfertig, aber ohne jede Dolcevita-Brillanz der Herzog.

Der Regisseur Felsenstein war nämlich einen anderen Weg gegangen. Er bot keine individualisierende Aufführung, sondern eine balladeske. Die Vorgänge sollten naiv-spannend sein, was sie zumindest im großartig sturmgeschüttelten letzten Bild auch waren. Zugleich spielten die Requisiten fesselnd (und weit über das in der Oper übliche Maß hinaus) mit. Rudolf Heinrichs düstere, spätromantische Bühnenbilder und Kostüme, voller Pracht und Belebtheit, standen fast erdrückend im Mittelpunkt. Was die Massenszenen betrifft, so hatte Felsenstein es wiederum auf Deutlichkeit und Glaubwürdigkeit angelegt, ohne allerdings die kantable Opernentfaltung durch realistisches Getue stören zu wollen.

Festliches Getümmel im ersten Bild, rot die Edlen; ausdrucksschwer gebeugt, eine Mischung aus Alberich und spätem Gerhart Hauptmann, der Narr, der in Tanzrhythmen die Treppe herabhumpelt; goldschwarz der Herzog. Wenn der arme Monterone schmerzbeladen erscheint, versinkt der Hofstaat in Finsternis. Monterone allein verharrt im Scheinwerfer, übrig bleibt sein Fluch. Doch so großartig dieses Ende herauskam, so undeutlich war der Anfang, unverständlich die Exposition, verwirrend die Fülle. Mir schien, als

Rigoletto

sei Felsenstein gerade mit diesem Bild nicht ganz fertig geworden – in seiner Ostberliner Komischen Oper hätte er sicher noch vier Wochen länger daran inszeniert.

Freilich kam eines hinzu, was manche Zwiespältigkeit erklärt. Der Dirigent Janos Kulka war dem Regisseur nicht gewachsen. Opern-Paradox: Die Bühne tötete das Orchester.

Ein präzisierender Despot wie Felsenstein muß wohl in einer Dirigentenpersönlichkeit vom Range Karajans Widerstand finden, sonst erschlägt die Regie die Spontaneität des Musizierens – selbst wenn der Regisseur bei Arien und Duetten die Sänger vernünftigerweise ruhig und mit vor der Brust gekreuzten Armen stillstehen läßt.

Bewunderungswürdig, wenn auch nicht unnachahmlich die Einzelheiten. Felsenstein läßt die Sänger im Rezitativ so klug agieren, daß sie wie von selbst ihre Arienposition erreichen. Dadurch wird bemerkenswerterweise die Arie (oder das Duett) musikalisch herausgehoben, szenisch aber eingebettet. Doch wenn Rigoletto im dritten Bild opernhaft larmoyant klagen darf, dann bleibt der Bezirk glaubhaften Schmerzes unerreicht, solange der Dirigent den Fehler macht, das wunderbare, scheinbar gleichgültige «La-La» Rigolettos in e-Moll langsam und dick zu nehmen, statt fließend und von noch tränenloser Bewegtheit, wie es vorgeschrieben ist. Daß die Höflinge sich abwenden und zur Mauer werden, daß Gilda vor Scham sich nicht mehr in Rigolettos Nähe wagt und sich an eine Säule klammert, um dann großartig starr ihre Leidensgeschichte zu erzählen: solche Einzelheiten hinwiederum belegen Felsensteins Kunst.

Seine Meisterschaft jedoch offenbarte erst das Schlußbild. Die Mordkneipe des Sparafucile wird in einem Bühnenbogen eingebaut, Fischernetze flattern im Orkan, der Herzog hat Zugang zur gutherzigen Dirne Maddalena, ohne daß er dem lauschenden Paar Rigoletto und Gilda begegnen muß. Auf wilde Seestücke, Blitze und Stürme versteht man sich in Hamburg. Es war von schaurigster Spannung, wie das alles im Quartett und in der folgenden Mordszene zusammentraf.

In dunkler Ecke begannen der Herzog und Maddalena ihr denkbar eindeutiges – vornehm gesagt – «Liebesspiel». Dem Schlager des Herzogs setzt Maddalena ihre gerade noch tändelnden Sechzehntel entgegen, die Gilda mit klagend hohem Ausdruck fortführen müßte. (Schlimm, aber wohl unvermeidlich, daß Gildas Sopran heller und neutraler klang als Maddalenas Koketterien – denn Gilda leidet ja, nicht die schwesterliche «Dienerin der Liebe».) Wenn es dann in

429

Giuseppe Verdi

dunkler Ecke zum Äußersten zu kommen scheint, hat die Regie Gilda auf ihren schmerzlichsten Ton geführt: Eine hinreißende, gewagte, großartige Übereinstimmung zwischen der beobachtenden, liebenden Seele und dem Tun des Frivolen, Treulosen ist erreicht. Sparafuciles düstere Majestät und Rigolettos Kummer trafen im Schlußbild grandios zusammen. Endlich kam auch die Musik frei zu ihrem Recht.

15. V. 1962

DIE MACHT DES SCHICKSALS

Giancarlo del Monaco, eines großen Sängers Sohn und einfallstrotzender, unternehmungslustiger Regisseur dazu, scheint die in der *Macht des Schicksals* versammelten Vorgänge für unüberbietbar konfus zu halten. Weil aber das Publikum ohnehin nie völlig begreifen kann, wer da gerade warum, unter welchem neuangenommenen Namen und in was für einer Verkleidung (Uniform/Mönchskutte/Diakonissentracht) aus einer Ecke treten und singen werde – darum, so folgerte Monaco, müsse es der zeitlichen wie problemkritischen Annäherung dienlich sein, wenn diese schicksalhaften Musikvorwände sich im Spanischen Bürgerkrieg (der bekanntlich von 1936 bis 1939 dauerte und eine unfaßlich grausame, blutige Auseinandersetzung gewesen ist) abspielen.

Aber Monaco irrte. Verglichen mit dem, was bei ihm um ästhetische Sinnfälligkeit ersuchte, ist Ghislanzonis Verdi-Libretto geradezu kristallklar. In Ulm mußte man für möglich halten, daß Francos Schwarze mitten in aberwitzig brutalem Kampf vor allem von dem Problem geschüttelt sind, ob die höhere Tochter einen Inka-Abkömmling heiratet oder nicht. In modernen Uniformen stehen sie da, legen den Kopf schief und singen Liebesleid. Dabei dröhnen Sirenen und die Legion Condor. Im doch nicht hinreichend gerechtfertigten Vertrauen darauf, daß es mit der akustischen Verständlichkeit des Textes nicht sehr weit hersein könne, ereifern sich diese Spanienkrieger des 20. Jahrhunderts rührend fromm über Gnade und Ehre und Gott.

Bei dieser Umfunktionierung handelt es sich also um groben, aber

Die Macht des Schicksals

langweiligen Unfug. Nie war erkennbar, was diese Aktualisierung denn erbringen könne. Gut, man begriff, wovon ja eigentlich auch die Originalfassung Kunde gibt: Die Figuren sind in Not, hasten von einer Katastrophe in die nächste. Kirchliches tröstet melodisch. Doch in dem Maße, in dem das seltsame Ambiente von der Musik ablenkte, drängte die Inszenierung den Schluß auf, auch während des Spanischen Bürgerkriegs hätten die Betroffenen Freiheit und Kraft besessen, ihre reinen Seelenzustände singend darzustellen. Was aber eine fürchterliche Verharmlosung ist. Wie wenn Florestan in Auschwitz wunderschön singen würde: «Gott, welch ein Dunkel hier...»

Klar war zunächst, daß Monaco die Opernbesucher ärgern wollte, und zwar mit hübschen, widersprüchlichen Unklarheiten. Also: Der Vorhang enthielt ein Schlachtengemälde aus alter Zeit. Rokokohaft Livrierte erschienen dann stoischen Gesichts und bauten ein wenig um, machten Symbole und Plakate der Bürgerkriegswelt sichtbar. Zuerst wurden sie bestaunt, alsbald beklatscht, gegen Ende bejohlt.

Die Macht des Schicksals als modernes Volks-Krieg-Spektakel? Das ist absurd genug, wurde hier aber gänzlich widersinnig, weil man gerade die (schwach komponierten) Volksszenen selber weithin herausgestrichen hatte. Zur banal ballettösen Kriegsmusik Verdis donnerten Sirenen. Dafür spielte die in ihre Einsiedelei verbannte Leonora am Schluß mit einem Kinde.

Warum nicht – wenn die Welt schon derart aus den Fugen ist. Sollte also die Beziehung Leonora-Alvaro nicht ohne Folgen geblieben sein? Es muß ja nicht alles stimmen, was ehrpußlige Liebhaber und Geliebte über Keuschheit dahersingen. Fehlschluß. Fräulein Leonora, ein spanisches Gretchen, spielte gänzlich sinnverwirrt mit einem Wunschkind, mit Puppe und Puppenwagen. Gründe für Irrsinn wurden allerdings reichlich nachgeliefert. Denn – bei Dürrenmatt kommt's nie gehäufter, und auf dem Weg der absurden Steigerung ließe sich der Text sehr wohl «kritisch» vorführen – als Leonora sich über den (ganz unvermutet) sterbend herbeikriechenden Bruder warf, hob dieser mit welkem Arm seinen Revolver und erschoß sie aus nächster Nähe.

Immerhin: Die letzte Szene verriet des Regisseurs Talent, mehr als die schlecht balletthaften, ungenügend geprobten Kriegs-Marionetten-Ideen zuvor. Die *Troubadour* wäre was für Monaco. Der könnte, falls gewünscht, durch historische Ergänzungen wirklich

Giuseppe Verdi

verständlich werden. Verdi und sein Texter haben da die alles erklärende andere Hälfte der Stückvorlage platterdings unter den Bühnenboden fallen lassen.

Donnernder Publikumsunmut entstand in Ulm, als Bettelnde, auf Blechgeschirre klopfend, nach Suppe schrien. Was für eine törichte sozialkritische Einlage, tönte der Premierenvolks-Zorn. Nur daß gerade diese Szene in der *Macht des Schicksals* vorkommt.

PS: Es gab auch Musik. Ein mäßig animiertes Orchester unter Friedrich Pleyer, ein vorzüglicher Soloklarinettist. Und eine Entdeckung: die außerordentlich musikalische, hochbegabte Uta-Maria Flake als Leonora. Schönes Material, oben etwas füllig, nie kaltlassend. Sie hat Zukunft, vielleicht sogar eine große, wenn sie – noch keine 25 Jahre alt – sich anfangs an weniger große Partien macht. Doch ein Urteil über diese momentweise faszinierende Sängerin kann nicht gewagt werden, weil sie gehemmt schien, schauspielerisch überfordert und weil etwas Allerseltsamstes geschah. *Nach* den ersten beiden Akten trat ein Herr vor den Vorhang und teilte mit, nicht weniger als drei Protagonisten, auch Fräulein Flake, seien aber schon seit Tagen sehr erkältet. Anscheinend war zu Beginn der Vorstellung, wo man davon noch nichts erfuhr, eine kleine Besserung eingetreten. Aber die dauerte eben nur bis zu den ersten mißlingenden hohen Tönen.

16. IX. 1975

DON CARLOS

Ist Karajan wirklich der größte Verdi-Dirigent der Gegenwart? Dergleichen läßt sich gewiß nicht nachmessen oder beweisen, aber da der *Don Carlos* zum Festspiel-Hit des Jahres 1975 gemacht worden ist zwischen Paris, München und Salzburg und da alle großen Verdi-Dirigenten zwischen Abbado und Solti sich während der letzten Jahre mit der *Don Carlos*-Partitur auseinandergesetzt haben, ist ein Vergleich doch möglich.

Karajan artikuliert – für mein Gefühl – Verdi doch vielgestaltiger, lebendiger, freier und faszinierender als (gegenwärtig) alle anderen. Das fängt mit wunderschönen Selbstverständlichkeiten an, an die man sich rasch gewöhnt, obwohl sie leider ziemlich ungewöhnlich sind.

Don Carlos

Karajan dirigiert langsame Verdi-Kantilenen eben nicht als logische, melodische Entwicklungen, sondern als freie kantable Entfaltungen, die an ihrem Schluß jedesmal eine zugleich zarte und rhetorische Bestätigung erfahren. Niemand versteht es so wie er, Verdis melodischen Ausdruck auf einen Nenner zu bringen; jedesmal fällt vom Ende einer melodischen Phrase gleichsam rückwirkend Licht auf die ganze Gestalt.

Fügt Karajan dem tragisch-langsamen Verdi die Souveränität ausatmenden Verklingens hinzu, so verhält er sich bei den schnellen Nummern genau umgekehrt. Da wird er am Schluß ebenso unspürbar-spürbar rascher, elektrisierender, effektvoller. Aber alles dies ereignet sich nicht als bloße oder direkte Übertreibung, sondern innerhalb eines atmenden Gleichmaßes. So beschwört Karajan Verdis dunklen melodischen Fluß. Der tatsächlich ziemlich überflüssige Streit des Richard Straussschen *Capriccio*-Konversationsstückes, was da noch wichtiger sei, Wort oder Ton, wird also von Karajan so entschieden, wie es im Musikdrama wirklich selbstverständlich ist. In der Oper ist natürlich der Ton wichtiger. Beim *Don Carlos* (nicht nach Schiller, sondern nach Verdi) heißt das aber, die Orchesterbegleitung und der Chorklang sind eben nicht nur Begleitung, nicht nur Kommentar, sondern mindestens Antithese zum Sänger-Ausdruck und zur Textbedeutung. Wenn nicht sogar Hauptsache.

Damit setzt aber, wenn man diesen Sachverhalt bedenkt, bereits eine Karajansche Interpretation der Gesamtpartitur ein, und zwar eine konservative, ja reaktionäre. Denn Karajan zeigt sich, wie wohl auch Verdi selber es war, fasziniert von dem prächtigen, finsteren Schrecken, den die kämpfende, scheiterhaufenschichtende Kirche verbreitet. Bei Karajan fängt die Autodafé-Szene an wie der letzte *Carmen*-Akt – festlich und stierkampfbeschwingt. Viel Mitleid für die Opfer bringen weder Musik noch Dirigent auf, und für die (in Salzburg lichterloh, aber gleichwohl läppisch) Verbrennenden mag es ein schwacher Trost sein, daß zum Schluß das Akts eine Engelstimme («weit entfernt») Begütigendes singt, zumal wenn sie so unsauber und kitschnah singt, wie es Anna Tomowa-Sintow tat.

Nein, das bißchen Protestantismus des Marquis Posa, das knappe Sich-Aufbäumen des Don Carlos: dies alles bleibt private Nebensache. In Verdis blechtönender und blechdröhnender musikalischer Konzeption behält ein dunkler, schöner, tiefkatholischer Schreckenslaut das letzte Wort.

Und zwar ein schmetterndes Wort. Wenn Verdi im *Don Carlos*

irgend etwas nicht war, dann vornehm-verhalten oder rational-psychologisierend. Wenn die Königin beleidigt zu ihrem Gatten eilt, dann kommentiert das Orchester nicht nur, sondern es regt sich donnernd auf; wenn die Königin ihre Hofdame tröstet, dann weint das Orchester nicht nur, sondern die Holzbläser brillieren erinnerungsselig und entzückend; und der Posa stirbt, obzwar eine Kugel im Leib, mit einer allzu süßen Kantilene auf den Lippen.

Da ist nichts zu beschönigen oder zurückzunehmen. Karajan tut das auch nicht. Sondern frei und unverkrampft und unverschnörkelt wie selten, kräftig gesund bei der Sache, donnert oder flüstert er seinen Verdi hin. Es ist ein Orchesterfest höchsten Ranges.

Mirella Freni (Königin) und Christa Ludwig (Eboli), Nicolai Ghiaurov (König Philipp II.), Plácido Domingo (Don Carlos), Piero Cappuccilli (Posa): Das kommt einem Ideal-Ensemble nahe. Viel «höher» ist diese Oper nicht zu besetzen. Trotzdem wurde es kein reines Sängerfest. Der Regisseur und Dirigent Karajan hatte sich mit dem diesmal leider recht uninspirierten Bühnenbildner Günther Schneider-Siemssen dafür entschieden, die Oper ohne jeden Verfremdungseffekt als direkt realistisches Affektstück vorzuführen. Kein Zuschauer mußte irgendwelche fernen Ereignisse umsetzen – man war dabei, im Riesen-Festspielhaus. Die Riesenstimmen der Weltklassesänger schafften das, gewiß. Aber doch auf Kosten jenes Glanzüberflusses, den ein Ensemble von solchem Rang in einem normalen Opernhaus, diskret begleitet, produzieren könnte. Es war eine absichtsvolle Belastungsprobe für Belkantisten.

Dagegen konnte sich Plácido Domingo nicht leicht behaupten. Denn Karajan hatte den Fontainebleau-Akt gestrichen. So erlebte man diesen wunderbaren Tenor nie als schwungvoll Liebenden, sondern von vornherein als gebrochenes, verbiestertes Opfer. Er schaut seine ehemalige Braut kaum an, er liebt, verzweifelt, offenbar nur seine ehemalige Liebesempfindung – aber nicht die Frau selber, der diese Empfindung gegolten hat. Immerhin: Endlich ein Freundespaar im *Don Carlos*, das nicht zu brüllen braucht, sondern in jeder Lebenslage singen kann. Von Nicolai Ghiaurov ging, wenn er den König Philipp gestaltete, in früheren Jahren manchmal nicht nur Kälte aus, sondern auch Unbeteiligtheit. Aber ähnlich wie Karajan scheint auch Ghiaurov gegenwärtig in einer ganz besonders engagierten, direkten Gestaltungsphase zu sein. Das teilte sich merkwürdigerweise am wenigsten in der großen Soloszene des Königs Philipp mit.

Ein Maskenball

Da die Aufführung das Schwarz-Spanische so rückhaltlos betonte und die Macht des Großinquisitors wirklich zum geheimen und immerwährenden Mittelpunkt erhob, wirkt es doppelt konsequent und schade, daß der Sänger dieser Partie (Gheorghe Crasnaru) weder über einen besonders schönen noch über einen besonders schwarzen Baß verfügte.

Zwischen Christa Ludwig und Mirella Freni herrschte ein seltsames, unbeabsichtigtes Entsprechungsverhältnis. Frau Ludwig begann faszinierend und endete immer noch meisterhaft, aber doch etwas neutraler. Dafür fing Mirella Freni sehr nervös an, entfaltete aber in «ihrem» Schlußakt eine bewunderungswürdige Mischung aus Lyrik und Empfindung.

Auf Karajans Inszenierung ausführlich einzugehen lohnt nicht. In den teils quälend schematischen, teils geschmacksunsicher realistischen Bühnenbildern von Schneider-Siemssen kommt – mitten in der hochentwickelten Salzburger Festspielkultur! – plötzlich wieder ein ganz naiver altitalienischer Aufführungstypus zu Ehren. Die Sänger stehen einander entweder symmetrisch gegenüber oder gleich an der Rampe. Personenregie, wie sie im *Don Carlos* nötig und möglich wäre, ist kaum zu erkennen. Auch manche Bilderbucheffekte hatten etwas Kindliches. Dänische Doggen, ein Zwerg – und mögen sie zehnmal auf zeitgenössischen spanischen Gemälden erscheinen – sollten aus diesem Rahmen doch nicht direkt in das Salzburger Festspielhaus entlaufen und dort von der Musik ablenken.

13. VIII. 1975

EIN MASKENBALL

In Verdis *Maskenball* mischt sich höchst Widersprüchliches. Da gibt es die rückhaltlose Liebespassion, aber auch ihre edle Überwindung. Da gibt es die Drastik bösen Verschwörertums, aber auch die Heiterkeit des königstreuen Volkes. Hinzu kommt eine gnadenlose szenische und (was im Opern-Genre höchst selten ist) sogar *musikalische* Ironie pfiffiger Spottchöre. Momente der Angst oder Erregung komponiert Verdi unvergleichlich nobel. Die Rolle der unglücklichen Amelia, die ihrer gerade noch platonisch bleibenden Liebe

Giuseppe Verdi

voller Schmerzen zu entsagen versucht, kann als eine der ergreifendsten Frauenpartien der Opernliteratur gelten. Amelias musikalischer Gegenpol, der Page Oscar, ist wiederum eine im Geist französischen Opernwitzes angelegte Figur (und nicht etwa, wie bei der Nationaltheater-Premiere, ein frecher Shakespeare-Clown). Wenn im Schlußakt dieser Oscar sein elegant-frivoles Allegro brillante anstimmt in B-Dur und die verzweifelte Amelia dazu ausdrucksvolle b-Moll-Wendungen singt, dann demonstriert Verdi derartige Stil- und Charakter-Verschiedenheiten wunderbar sinnfällig.

Was aber macht nun die gefährliche *Stil-Vielheit* des *Maskenballs* zur *Opern-Einheit*? Antwort: das dramatische Zielbewußtsein, die vorwärts treibende balladeske Dynamik der Verdischen Disposition und Inspiration. Der *Maskenball* ist, wie schon Busoni festgestellt hat, «ein derbes, brutales Werk». Aber dadurch ist er keineswegs leicht aufzuführen oder gar «unverwüstlich». Im Gegenteil: Hier muß bar gezahlt werden. Derbe Brutalität von überwältigender Kraft und Plastik ist nämlich sehr viel schwerer mit Seele und Stimme zu erreichen als eine Interpretation von Werken, denen man mit intellektueller Interessantmacherei oder schrägem psychologischem Auffassungsgetue beikommen kann.

Wenn nun eine *Maskenball*-Aufführung – es war immerhin die eigentliche Eröffnungspremiere der Ära Peter Jonas – so beklemmend mißlingt, wie wir es im Nationaltheater miterleben mußten, dann liegt es nahe, die Schuld beim Dirigenten zu suchen. Bei Verdi sollte nach wie vor die Musik das Wichtigste sein. Aber der Dirigent Peter Schneider, der heftiges Buh hinnehmen mußte, war nicht allein schuldig. Münchens *Maskenball*-Mißlingen präsentierte sich vielmehr als schauriges Gesamtkunstwerk. Da kam viel zusammen. Weil Tom Cairns und Aletta Collins, das britische Regie-Team, komplizierte Schrägen, die nicht uninteressant und oft virtuos beleuchtet waren (sich aber im Programmheft weit besser ausnahmen als in ihrer szenischen Realität), für nötig hielten, waren mehrere grausam lange Umbaupausen die Folge. Zum Verdi-Bogen vorwärts treibender balladesker Dynamik kam es also nicht; statt dessen wandelte man lustlos im Foyer. Die Inszenierung bot gewiß zahlreiche intelligente Einzelheiten oder Hinweise. Aber dergleichen bleibt Schnickschnack, wenn weder ein klarer Stil erkennbar noch die Gegebenheit des mit so vielen Opfern erkauften Bühnenbildes konsequent genutzt wird. So hatte Verdi kaum eine Chance – und weil Peter Schneider zwar hingebungsvoll erregt, aber erschreckend Verdi-fern dirigierte

Ein Maskenball

(ohne Sinn für die Idiomatik, den Atem und das Ausschwingen von Kantilenen), eigentlich überhaupt keine.

Was machte dieser gewiß strebsame und in Bayreuth ja auch erfolgreiche Musiker denn so falsch, daß man sich immerfort nach irgendeinem kompetenten italienischen Kapellmeister sehnte? Schneider verwechselte seine direkte Lautstärke mit trockenem, federndem Schwung (den man bei Toscanini, Karajan, Kleiber, Abbado und manchen anderen hören kann). Schneider dirigierte Kantables zu germanisch-naiv, als hätte er Lortzing vor sich oder Carl Maria von Weber. Er weiß oder fühlt kaum, daß eine Verdi-Kantilene nichts Gleichförmiges ist, sondern sich entfalten, sich *ohne Drücker* aufschwingen muß zu Höhepunkten – um am Ende durch die zarte rhetorische Bestätigung des Schlusses gleichsam als Ganzes noch einmal in neues Emotionslicht getaucht zu werden.

Ein unheimliches Verschwörer-Fugato wiederum ist bei Verdi gestisch drohende Musik und keine absolute Polyphonie wie von Telemann. Bei Schneider blieben Kraftstellen und Melodien also zu uniform, darum schlicht langweilig und banal. Weil er sich überdies ständig dynamisch verausgabte, konnte er nicht mehr zulegen, wo es wirklich drauf ankam, wie etwa im Mahler-nahen, finster-marschhaft erregten Andante sostenuto von Renatos Rachemonolog im dritten Akt. Die blöde, stumpfe Derbheit, mit der im Münchner Nationaltheater (das als eine der führenden Opernbühnen der Welt gilt) ein Verdischer Spott-Chor geblökt wurde, als erschalle aus Deggendorf mattes, sattes Bierbanklachen, wirkte fast schon wieder komisch. Und die herzbewegend schöne Modulationseingebung, als Amelia auf ihres Gatten As-Dur-Fortissimo-Wut mit schmerzlich wunderbarer as-Moll-Modulation antwortete, fiel unters Dirigentenpult.

Wenn ein Dirigent sich im Schweiße unseres Angesicht mit für ihn einstweilen unlösbaren Verdi-Problemen abmüht, dann kann er seinen Gesangssolisten kaum hilfreich zur Seite stehen. Darunter mußte bedauerlicherweise auch die hochverehrte Julia Varady leiden – eine der großen Verdi-Sängerinnen unseres Jahrzehnts. Ihr Amelia-Ausdruck wirkte oft aufgesetzt, kam nicht von innen, so betörend das Timbre ihres in Höhe und Koloratur diesmal nicht völlig sicheren Soprans auch tönt. Den lyrischen Höhepunkt der Oper, das einzigartig schöne f-Moll-Andante über jenes Kraut, welches Liebesqual vergehen läßt, verschenkte Julia Varady ein wenig, da sie den Fehler machte, die relativ langen Noten der Melodie zu lang und dafür die

Giuseppe Verdi

kadenzierende Sechzehntel-Triole, welche die Melodie ja erst krönt, viel zu flüchtig zu verhudeln. Nicht nur Wagner lehrt, daß man auf die kurzen Notenwerte achtgeben solle («die langen kommen von selbst»). Mit einem weißen, durchsichtigen, von ihr auffallend ungeschickt benutzten Schleier lehnte sich Frau Varady gelegentlich verzweifelt an Säulen, wie sie in schwedischen Wäldern oder zumindest in Cairns' Bühnenbildern halt vorkommen.

Die Wahrsagerin Ulrica hielt sich in einem antipoetischen, starrquadratischen Wohncontainer auf: einem Rechteck mit Tür, das gelegentlich auch wie der Mittelteil eines Röntgen-Apparates wirkte, auf dem Teuflisches sichtbar werden kann. Daß Ulrica dieses Cairnssche Lieblingsobjekt (in seiner Stuttgarter *Bohème*-Ausstattung sah man es ein wenig modifiziert auch) teils bewohnt, teils verläßt, um Duett zu singen, erschien grotesk inkonsequent. Nina Terentieva besitzt eine große, volle Stimme. Doch sie ist für die Ulrica nicht dunkel genug, hat wohl überhaupt zuwenig Farben.

Wolfgang Brendel, als Renato anfangs bieder und ohne Ausstrahlung, steigerte sich im – ohnedies am weitaus besten gelungenen – Schlußakt. Julie Kaufmanns agiler Oscar schien in falscher, frecher Clownsrichtung hoffnungslos überinszeniert.

Innerhalb kürzester Zeit war der Isländer (und in München als Tenor bereits aufgetretene) Kristjann Johannson für Dennis O'Neill eingesprungen, der erst am Premierentag endgültig absagte. Natürlich muß diese fast probenlose Umbesetzung Irritationen verursacht haben – wenn etwa Johannson über die Bühne irrte, nach rechts zum Pagen sah, während Oscar links von ihm stand. Doch alles in allem hinterließ der mutige Einspringer stimmlich einen bombensicheren frischen Eindruck. Er kennt die Partie, wenn auch nicht die Inszenierung. So entstand eine gewisse Spontaneität, und manche Zuschauer wurden zu der Frage gedrängt, ob sich Opernregie nicht womöglich ein bißchen überschätzt.

Das Publikum war während der Aufführung besten Beifallswillens, am Ende allerdings auch buh-freudig. Peter Jonas, dem neuen Staatsintendanten, kann man vorwerfen, nicht sein Veto eingelegt zu haben bei einer Bühnenbildplanung. Aber ich habe Sympathie für schlechte Starts. Nach diesem *Maskenball* kann es eigentlich nur noch aufwärtsgehen.

2. II. 1994

Aida

DAS «NIL-C»

Wem diese Überschrift etwas sagt... der soll sich schämen. Denn der Betreffende ist offenbar auch angesteckt von der ägyptischen Verdi-Seuche, die darin besteht, in der *Aida* nicht mehr die großartige Musik als solche, sondern nur noch die berühmten exponierten Töne hören zu können. Statt des vollen Notenalphabets nehmen manche Kenner nur noch wahr, was zwischen B und C passiert. Genauer gesagt: Sie sind gespannt, ob und wie Radames in seiner Auftritts-nummer «Holde Aida» das hohe B erwischt, und sie bangen zweiein-halb Akte lang mit Aida, die in ihrer Nil-Klage ein zweigestrichenes C im Dolce bringen soll und die gewissermaßen vertan und versun-gen hat, wenn das mißglückt.

Bei Licht besehen ist die Aufregung unnötig. Wenn die Aida im achten Takt ihres ersten, wunderbar passionierten Auftritts das hohe A wohllautend kriegt, wenn sie ein paar Minuten später das Fortissi-mo-H schmettert, ja wenn sie bereits im ersten Finale das zweigestri-chene C bringt (in einem großen Ensemble-Satz mit Verdischem Tutti bekleidet, nicht gewissermaßen nackt, wie später am Nil), dann hat sie wahrlich genug getan, und das verfluchte C ist unwichtig. Doch welcher Opernfan besieht schon etwas bei Licht? Er will sein Nil-C und soll es selten haben. Auch Rita Orlandi-Malaspina, aus Mailand kommend und für Antonietta Stella eingesprungen, brachte es nicht richtig, obschon die Karten Sonderpreise kosteten. Sie sang es, auf Nummer Sicher gehend, im schrillen Fortissimo. Und sie war offenbar so aufgeregt, daß sie die ganze Nil-Arie zwar nicht stimm-lich, aber musikalisch schmiß, den Aufbau unklar ließ, sich um die wehmütige Steigerung nicht kümmerte.

27. XI. 1967

AIDA

Während mancher Höhepunkte dieses immer wieder begeisternden Premierenabends erlebten wir *große italienische Oper* als beeindruk-kendes Exempel nicht nur Verdischer Kunst, sondern italienischer

Giuseppe Verdi

Grandezza. Schwung ist hier mehr als nur Pomp, hat zu tun mit Herzenskraft, Lauterkeit, Idealität. Und Belcanto ist mehr als bloße Leierkasten-Melodik. Der zwingend melodische Einfall – gleichviel, ob in den herrlich rezitativischen Partien gerade des späten, verblüffend Wagner-nahen Verdi oder in entschieden arioser Steigerung –, dieser melodische Einfall nämlich transponiert Dramatisches, Psychologisches und Situatives ohne jeden Rest in seine eigene Ausdrucksform.

Daß Münchens Premieren-Publikum so offenkundig bereit schien, sich vor Verdis Kunst, in der Naives und Erhabenes untrennbar miteinander verbunden sind, einschränkungslos zu verbeugen, war das Verdienst des Dirigenten Riccardo Muti. Und es war ebenso zweifellos Verdienst des sehr überlegt zusammengestellten Solisten-Sextetts, in dem es, abgesehen vom etwas matt bleibenden König des Nikolaus Hillebrand, keine Schwäche, sondern hochqualifizierte und spannungsvoll charakterisierende Gesangskunst zu bewundern gab.

Der junge Dirigent Riccardo Muti hat sich mit dieser *Aida* am Nationaltheater außerordentlich kraftvoll eingeführt. Wer Mutis Karriere verfolgt, weiß, daß er manchmal zu schönfärbender Neutralität neigt, was ihm die Interpretation großer deutscher Musik schwermacht. Sein Verdi war nicht im mindesten angekränkelt von kulinarischem Objektivismus. Im Gegenteil: obwohl Verdis *Aida*-Partitur (worauf übrigens Pfitzner eher abwertend hinwies) erfüllt ist von differenzierten Überleitungen, ja offenkundigen Leitmotiv-Variationen, die durchaus denken lassen an die von Wagner entwickelte Ausdrucksform der *dichterisch-musikalischen Periode*, ließ sich Muti von diesen Finessen nicht so weit einschüchtern, nun eine übermäßig zarte, versponnene, lauter kleine Übergänge auskostende Musik zu dirigieren. Er war vielmehr fähig, elementare, dramatisch-überraschende Kontraste hervorzuheben. Diese zu plötzlichen Generalpausen gesteigerten Fortissimo-Effekte, diese beeindruckende Kontrast-Fülle verlieh der Musik Tempo und *Gefährlichkeit!* So stellte sich, weil eben nicht unentwegt wohllautend-elegante Überleitungen angenehme Verbindlichkeit schufen, manchmal der Klang einer drohenden Archaik her. Daß während der großen Chor-Finale die kompakte Masse der Chöre dem Dirigenten nicht ganz so unmittelbar zu folgen schien, hing möglicherweise mit dem Klang und Energie schluckenden *Bühnenbild* zusammen. Aber darauf kommen wir noch...

Aida

In dieser Oper erlebt man recht oft eine seltsame Verkehrung: häufig ist Amneris, die leidende, eifersüchtige und gefährliche Pharaonen-Tochter, interessanter als die Titelfigur Aida, deren ziemlich ausweg-loser Kummer genauso statisch-monoton bleibt wie der Radames als ein stürmisch verliebter, aber auch nicht gerade sehr individuell fesselnder Feldherrn-Tenor-Gockel. Alexander Berrsche hat sich darüber sogar im Zusammenhang mit Carusos Radames-Interpreta-tion skeptische Gedanken gemacht. Von solcher Banalisierung, und darin lagen auch die Stärken der Regie des Franco Enriquez, versuchte die Aufführung sich zu befreien. Denn Brigitte Fassbaender als Amneris hatte es auf sich genommen, ihre Partie so weit durchzucha-rakterisieren, daß daraus auch, wie aus allem Spezifischen, eine Begrenzung resultierte. Frau Fassbaender stellte Pharaonen-Hoch-mut, kalten Stolz, die prüfende Verlogenheit der Amneris nicht nur mimisch, sondern auch stimmlich dar. Wir erlebten, zumal anfangs, eine singende Intrigantin. Später erst kamen die Herztöne. Mit dem Urteil darüber, ob Brigitte Fassbaender mit dieser Auffassung bei ihrem Rollen*debüt* etwas zu weit ging, nämlich an die Grenze des Affektierten, wollen wir abwarten. Sicher kommt bald noch eine gewisse Selbstverständlichkeit hinzu. Gefährlich und wohl unzulässig ist es aber, wenn die Künstlerin, um der angestrebten Charakterisie-rung willen, wunderbar melodische und keineswegs ironische oder verlogene Verdi-Wendungen (etwa am Anfang der berühmten Num-mer «Szene und Duett» aus dem zweiten Akt) heuchelnder Schärfe opfert. Doch da die Regie das Verhältnis der Personen zueinander aufmerksam kenntlich machte, paßte Brigitte Fassbaenders Extremis-mus ins Konzept. Sie bot, bei manchen hohen Einsätzen vielleicht etwas zu wenig ums Piano bemüht, eine in sich logische Leistung.

Den Vorteil dieser Amneris-Selbstbescheidung hatte die Aida der Anna Tomowa-Sintow. Sie konnte nun als unmittelbar zarte, gefühl-volle, weiche und temperamentvolle Frau den Kontrast-Gewinn einheimsen. Sie brauchte nicht Hochdramatisches zu forcieren. Innig-keit, ein schönes Timbre, ein sicheres Nil-C sowie zunehmende Expressivität genügten. Und weil der Radames (Plácido Domingo) großartig sicher begann (sein Spannungsbogen fiel manchmal ein wenig ab), weil darüber hinaus der bitterböse Oberpriester Ramphis zum geheimen Mittelpunkt des Dramas wurde (außerordentlich stark Robert Lloyd, dagegen konnte sich selbst Siegmund Nimsgerns Amonasro nicht immer behaupten), ließ die Aufführung als Musik-Gesamtereignis wenig zu wünschen übrig.

Giuseppe Verdi

Im großen Allegro-maestoso-Chor des ersten Aktes scheute sich Muti offenbar ein wenig vor Donner-Banalität, als wäre nicht der Umschlag vom Banal-Schwungvollen ins Zwingend-Brillante gerade in solchen Momenten Verdis Geheimnis. Auch kam in der Schlußszene die Todesverzückung (warum sonst, da man doch zum Sterben durch Verhungern verurteilt ist, das selige Dur?) nicht eindrucksvoll genug heraus. Aber alles das lag wohl auch an den ärgerlichen Bühnenbildern.

Anfangs mochte man sich noch daran gewöhnen. Wenn die Figuren in bewußter Kunstmitte zwischen «Typen» und realistisch geführten Personen verharren, dann braucht auch das Bühnenbild keine archäologisch-altägyptische Studie zu sein. Nebulos goldige Prunkentfaltung, denkt man, mag genügen. Aber man schafft diesen Gleichmut nicht eine vierstündige Aufführung lang. Zunächst sieht ja diese Mischung aus Groß und Gold, aus Katze und Pseudo-Modernität etwa so aus, als sei Chagall auf dem Weg nach Ägypten versehentlich gleich bis nach China geraten, wo er sich dann in Ali Babas und seiner vierzig Räuber Burg verlief. Daß die Aufmarsch-Stätte des zweiten Aktes ein wenig auch Arena sein muß: zugegeben. Und so wie Harald Kreuzberg in Bayreuth die *Meistersinger*-Zünfte auf der Festwiese tanzte, hatte man sich auch hier bemüht, vom allzu drolligen Elefanten- und Choristenauftrieb irgendwie abzusehen. Völlig gelang das nicht, denn Paolo Bortoluzzis Choreographen-Künste stehen seinen tänzerischen durchaus nach. Schlimm an alledem war, daß der unanheimelnd prächtige Riesenaufbau soviel Klang der entfernten Chöre wegschluckte! Und noch schlimmer wirkte, daß man sich während des dritten Aktes plötzlich in der impressionistischen Nacht von Debussys *Pelléas et Mélisande* glauben mußte, üppig und fern, während im vierten Raum- und Regie-Ungeschicklichkeit gleichermaßen die erstrebte Wirkung abschwächten.

Gewiß, eine *Aida* ganz ohne Pomp, ohne belustigendes Triumphmarsch-Spektakel wäre etwas allzu Feines, Verkünsteltes. Trotzdem fällt immer mehr auf, daß schlechte oder unzureichende oder stillose Bühnenbilder Aufführungen gefährden, die zwar trefflich, nur leider gar nicht vor«bild»lich sind.

24. III. 1979

OTELLO

Da springt jemand im *Otello* einfach probenlos ein, da wird eine Aufführung, die bei der Premiere auch mannigfache Kritik provozierte, mit lauter neuen, der Papierform nach keineswegs besseren Künstlern wiederholt – und dann geschieht nicht eine Pleite, nicht eine brave, halbwegs funktionierende Repertoireveranstaltung, nicht eine routiniert-improvisatorische Vorstellung, bei der man über alle möglichen Schwächen hinweghören kann. Sondern es passiert ein faszinierendes, beschwingtes Wunder! Ich traue mich kaum zu sagen, wie ungeheuer gut es war, weil ich spüre, wie unwahrscheinlich, wie paradox der Bericht über dieses phantastische Gelingen jedem kunstverständigen und skeptischen Leser vorkommen muß.

Gleichwohl sei hier einschränkungslos ausgesprochen, daß seit den Tagen Knappertsbuschs ein derart spontanes, vollkommen spannungsvolles, durchrhythmisiertes und routinefernes Musizieren – beim ungeprobten Übernehmen eines schweren Stückes – nicht mehr zu erleben war. Lorin Maazel übertraf mit dem wohlvorbereiteten Orchester deutlich und musikalisch-neugierig den von Carlos Kleiber einst hergestellten, sehr schönen Premiereneindruck. Er war fesselnder, bei den großen Chorszenen kräftiger, professioneller, beschwörender – als Levines *Otello* in Hamburg. Er produzierte mehr Tempo-Nuancen und weit überraschendere rhythmische Charaktere als selbst der Verdi-Meister Karajan. Der junge Solti hat einst den späten Verdi auf ähnliche Weise dynamisch durchzugliedern versucht. Wir haben also in München einen 48jährigen Weltklasse-Dirigenten erlebt, der ungemein konzentriert arbeiten mußte, weil er die Aufführung «übernahm», weil er nicht die Sicherheit des Gewohnten erwarten konnte. Da muß schon gefragt werden, ob nicht die improvisatorische Hoch-Gespanntheit, die natürlich manchmal auch zu Katastrophen führt, die aber im Falle des Gelingens schwindelnd hinwegträgt übers Normale, Brave, Regelmäßige – eine Vorbedingung sternstundenhaften Glücks sein kann... Es handelte sich um Maazels Münchner Operndebüt. *Wenn solche Köpfe feiern, welch ein Verlust für unsere Stadt.*

Erste Stärke Maazels: Sein genauer Schlag, sein Feuer, seine fesselnde rhythmische Vitalität. Zweite Stärke: Er kann auch scharf, ohne massiven Lärm, dirigieren, kann einem kurzen Fortissimo sogleich Stille folgen lassen. Wie gefährlich das wirkt, wie herrlich

Giuseppe Verdi

nervös! Schon sein Salzburger *Figaro* war davon geprägt. Dritte Stärke: Er ist wirklich ein polyrhythmisches Genie. Schnell – Mittel – Langsam kommen bei ihm nicht in langweilig vorhersehbaren Relationen, sondern immer hinreißend frei und interessant. Vierte Stärke: eine feurige Intelligenz. Der vermag doch wirklich darzustellen, daß Musik «lügt». Wenn Jago im verschwimmend melodischen Andantino dem Otello was vorschwindelt, dann läßt Maazel das süßliche Legato-Verschleifen so übertreiben, daß es fremd, unwahrscheinlich, eben: gelogen wirkt. Und im Riesen-Chorfinale des dritten Aktes wählt er anfangs ein auffallend bewegtes Tempo. Erfüllt es ohne Rastlosigkeit. Hat dann Zeit für ein stolzes, pompöses Langsamer-Werden, das keine Verdickung belästigt. Und bei ihren empfindsamen, langsamen Monologen begleitete er die Solisten makellos. Nur im letzten Teil des letzten Aktes ließen Spannung und Gelingensglück ein wenig nach.

Bei alledem gewann die Aufführung sehr. Die Inszenierung, zumal die Choreographie der Massenszenen, schien seit der Premiere sehr viel selbstverständlicher geworden; Neumeiers Absicht, die Oper ins 18./19. Jahrhundert zu verpflanzen, zumal mit sehr sinnvollen, schönen Kostümen und sorgfältigen Detailstudien, wurde deutlich erkennbar. Bei den Solisten viel Licht und sanfter Schatten. Katia Ricciarelli wunderbar ausdrucksvoll und in der Höhe herrlich rein als Desdemona. Nur ihre Mittellage wirkt verblaßt. James McCracken, ein im Spiel vorzüglicher, im Espressivo guter, in der Tiefe überforderter, sonst immer noch edel-annehmbarer Otello. Silvano Carroli bot als Jago eine unauffällige, auch undämonische Meisterleistung. Sehr viel Beifall für dieses *Otello*-Festspiel.

Als knappes Buh den Otello traf, der für Domingo eingesprungen war, dachte ich: ungerecht, aber leider verständlich. Als es auch Maazel traf, weil er für Carlos Kleiber eingesprungen war, dachte ich: ungerecht, aber leider auch dumm. Wenn nicht mal die Leute in der Galerie vorurteilslos zuhören können, wenn soviel Stumpfsinn schon am Grünen Holze wuchert, was soll man dann vom morschplüschigen Parkett verlangen? Ich jedenfalls habe ein selbständigeres, gewagteres und gelungeneres Verdi-Abenteuer noch nie erlebt. Hoffentlich existiert ein Mitschnitt, ein Dokument, notfalls ein Raub – damit wir wenigstens die wunderbaren Tempi dieses Abends irgendwo fixiert finden und nicht voll ohnmächtiger Sehnsucht an jenen Glücksfall zurückdenken müssen.

4. VIII. 1978

Falstaff

FALSTAFF

Es war der weitaus jugendlichste Falstaff-Dickwanst, aber auch die weitaus älteste Eröffnungspremiere, die man seit langem an einem seriösen Opernhaus erlebt hat. Denn sieben Jahre – 1980 fand Giorgio Strehlers Mailänder *Falstaff* in ebendiesen Dekorationen Ezio Frigerios und mit ebendiesem damals erst 33jährigen Juan Pons in der Titelrolle statt – sind für eine Bühnenaufführung keine Kleinigkeit. Gewiß begrüßen wir dankbar den Import einer berühmten Mailänder Theaterarbeit, zumal, wenn sie dem Scala-Hausgott Verdi dient und wenn der Dirigent der einstigen Premiere, Lorin Maazel, wiederum am Pult steht, energiegeladen.

Bei der heftig bejubelten *Falstaff*-Darbietung hatte man nicht den Eindruck, einer Premiere beizuwohnen, sondern eher das Gefühl, teils Aktionen zu sehen, die so abgeschliffen wirkten, als hätten sie ihre szenische Geburt viele Jahre hinter sich, teils aber auch Abläufen und gestischen Sequenzen zu begegnen, die noch nicht ganz fertig schienen, noch nicht selbstverständlich in den Rahmen des Konzeptes paßten. Manchmal – mir ging es zumal bei Wolfgang Brendels bemerkenswert schön gesungenem Ford und bei Claes H. Ahnsjös musikalisch akzeptablem, aber nicht hinreichend pedantischem Dr. Cajus so – glaubte man eher gewisse von Mailand weitergereichte szenische *Anweisungen* zu erkennen als deren gelungene *Verkörperung*.

Festspielbesucher, die pro Premierenkarte über 200 Mark hingeblättert haben, sind zur Freude, zum Vergnügen, zur Begeisterung entschlossen, Gott sei Dank – denn ohne guten Willen geht fast gar nichts. Sie müssen dabei nur eben, sonst läßt die Jubel-Potenz nach, spüren, daß da ein brillanter Dirigent wie Maazel mit Vehemenz zur Sache geht, daß Stimmen von Rang (hervorzuheben: Juan Pons, in einigem Abstand auch Wolfgang Brendel, Pamela Coburn als Alice, Angela Maria Blasi als Nanette) einer gestisch expressiven Partitur dienen, und sie müssen die Hand des genialischen Strehler ahnen noch hinter manchem Affektierten, hinter so mancher übertriebener Commedia-dell'arte-Schelmerei. Bewunderung riefen die Farben und Gestimmtheiten des entzückend italienisch-ländlichen zweiten Bildes hervor (da herrschte fast Robert-Wilsonsche Erlesenheit), und der Reiz des Rustikalen wurde mit poetischer Ferne (sowie Frigerios

Giuseppe Verdi

enorm eleganten Kostümen, Realismus muß ja nicht sein) bezaubernd verknüpft. Zu bestaunen waren weiterhin geistvolle, meisterhafte Parallelismen der Personenführung, etwa bei den Abgängen lustiger Figuren. Die vielgelobte zarte Öffnung ins Publikum am Ende, wenn langsam das Licht im Saale erstrahlt, so daß sich jedermann in Verdi/Shakespeares Narrenkosmos einbezogen fühlt, wirkte bezwingend.

Strehlers Kunstabsicht, Seelen, die sich reflektieren, in eine Zone der Dunkelheit zu bannen, das reale Tageslicht aber übers Gemeinsame und Mitmenschliche leuchten zu lassen, wurde nur andeutungsweise klar. Es ist dies eine wohlvertraute Strehlersche Inszenierungsweise, wobei sich jedesmal die Frage stellt, ob nicht die umgekehrte Tendenz noch einleuchtender wäre: In der Oper erscheint doch, dank der Musik, die normalerweise stummbleibende Seelen-Regung in reiner Gegenwärtigkeit, während das Alltägliche verblaßt. Aber warum über Regeln streiten, die ein großer Künstler sich selber gab? Das Opernpublikum zumindest ist jedenfalls jubelnd zufrieden, wenn die berühmten, im *Falstaff* ach so kurzen Nummern eindringlich ertönen, die Ensembles plappern, die Spiellaune Kunstbeglaubigung erfährt und bei aller eventuellen «Kritik» an Menschen und ihren Schwächen doch immer ein versöhnlich weiser Wirbel herrscht.

Der fabelhaft kräftig und schön singende Juan Pons, ein Heldenbariton von Rang, ein berühmter Jago auch – sah gut aus, war gewiß ein durchaus denkbarer Liebhaber. Schließlich hat er eben noch ein Pferd zuschanden geritten; jene greisen Dickwänste, die oft genug aus dem Falstaff eine Mischung aus Michelin-Männchen und Litfaßsäule machen, kämen unmöglich auf irgendeinen Gaul... Trotz so glänzender Voraussetzungen ließ sich nicht hinreichend erkennen, wer oder was eigentlich hinter der Figur steckt. Der saß und stand nie wie ein Mensch, sondern er mußte immer nur sich spreizen oder liegen oder tänzeln oder den Bauch herauswölben. Das tut Ritter Falstaff bestimmt alles auch. Aber wenn er sich nur aus affektierten Haltungen zusammensetzen darf, dann ist er ein Popanz, eine outrierte Kunstfigur. Daß Brendel seinen Ford noch nicht spielte, sondern immer nur Einzelheiten wiedergab, hängt vielleicht – manchmal mußte man auch bei der trefflichen Brigitte Fassbaender (Mrs. Quickly) und der eleganten Pamela Coburn daran denken – mit dem Unterschied zwischen lateinischer und nördlicher Wesensart zusammen. Haltungen, die sich ausdrucksstark buffohaft ver-

Falstaff

spielt ausnehmen sollen, wirken bei minimalster Forciertheit oder Steifheit gleich kindisch-affektiert.

Es trat freilich hinzu, daß dem sehr munteren Damen-Quartett denn doch vollkommene Prägnanz und trockene Sicherheit fehlten. Maazel war da längst nicht so weit gekommen beim Probieren wie Karajan in Salzburg oder Bernstein einst in Wien. Spürt man aber auch nur die Angst, etwas könne vielleicht wackeln, dann verhüllt hier die Vollendungsmuse ihr Haupt. Und leider war der lyrische Tenor Eduardo Villa um eine Spur zu schwach, bei aller Kultur. Oder er hatte eine sanfte Träne in der Stimme, wenn er sich belcantohaft steigern wollte. So widerfuhr der reinen Liebe, für die er und die am Ende fast überforderte, zarte Angela Maria Blasi einstehen, hier doch keine hinreichende Belcanto-Gerechtigkeit.

Alles das vollzog sich auf hohem, wenn auch nicht höchstem Niveau. Leider gefährdeten die allzu eigenwilligen Bühnenbilder doch zwei wichtige Verdi-Kunstabsichten. Eine wahnsinnige Suche nach einem verborgenen Liebhaber wirkt im Wohnzimmer, wo alles überschaubar ist und der verrückte Druck sozusagen nicht entweichen kann, unendlich viel komischer und panischer, als wenn dergleichen unnötigerweise aus dem Haus des reichen, geizigen Ford ins Freie, in irgendwelche Arkaden-Nähe, Brücken-Atmosphäre verlegt worden ist. Warum? Auch soll Falstaff, während er beim Schein der Abendsonne im Wirtshausgärtchen über die schlechte Welt nachdenkt, den wärmenden Wein poetisch lobend, sich wohlig erholen vom nassen Abenteuer. Statt dessen sitzt er – warum? – in einem heroischen Keller.

Der Übergang von sinkender Sonne zum letzten Bild kann nicht stattfinden, Falstaff ist eher König Lear, der auf Kent wartet, als verdrossen tragischer Held. Da könnte auch ein Maazel in Überform nicht die Poesie dieser verbauten Szene retten. Doch schien Maazel, den ich als weltbesten *Otello*-Dirigenten verehre, für den *Falstaff* etwas zu gleichmäßig erregt, zuwenig flexibel im Ändern der Tempi, zuwenig jäh im ersten Bild (das Laute kam nicht scharf genug), zu konventionell.

Ein Letztes: um etwas von einer *Falstaff*-Aufführung zu haben (wenn man nicht fließend Italienisch spricht und wie ein Luchs hört), muß man den Text wirklich Wort für Wort im Kopf und im Sinn haben. Unzählige Anspielungen an die *Aida*, an die *Frömmigkeit*, zischen vorbei und bleiben, falls un-erkannt, einfach un-komisch. Wer nicht kapiert, daß im vierten Bild zwei Intrigen zusammensto-

Giuseppe Verdi

ßen, wobei die sekundenkurze beunruhigte Frage der Alice «Ist das Spaß oder Ernst?» (Dassenno oppur da burla?) als Angelpunkt fungiert; wer nicht versteht, daß Falstaffs Weltschmerzmonolog im fünften Bild seinen Ehrmonolog aus dem ersten Bild spiegelt – der kann sich gewiß über vieles noch freuen, aber von einem großen, heiklen Spätwerk begreift er weder Reichtum noch Substanz, sondern nur einige melodische oder muntere Effekte. Es ist bestimmt klüger und lustiger, hier die Mühe genauer Textkenntnis auf sich zu nehmen, als festlich gekleidet die viel unangenehmere Arbeit zu leisten, einen ganzen Opernabend lang beflissen zu verdrängen, daß man sich jubelumtost ein wenig langweilen muß.

8. VII. 1987

REQUIEM

Italienischer, ekstatischer, als Riccardo Muti Verdis *Requiem* dirigierte, hat man dieses gewaltige Werk diesseits der Alpen gewiß kaum je gehört. So war der Eindruck, der sich vom ersten Ton an beim zweiten Münchner Rundfunksymphoniekonzert im Herkulessaal herstellte, zunächst überraschend, für manche – wegen der rückhaltlos dargebotenen Schreckensgewalt der Todesvisionen – manchmal fast befremdend, im ganzen aber schlechthin überwältigend.

Wenn große deutsche Dirigenten das *Requiem* interpretieren (und Italien-Kenner, wie etwa unser unvergessener Hans Mollier, pflegten zu sagen, Verdi werde eigentlich in Deutschland besser gespielt als in Italien), dann gehört das Werk ohne weiteres zum Bestand großer geistlicher Kompositionen des 18. und 19. Jahrhunderts. Nur eben als relativ opernnahes, dem Belcanto und der *Aida* verpflichtetes Gebilde. Geistliche Musik mit Operntouch, sozusagen.

Riccardo Muti, der 1941 in Neapel geborene italienische Maestro, sieht das alles ganz anders. Und wenn er, ein schlanker neapolitanischer Feuerkopf, dieses «andere» dirigiert, dann glaubt man ihm, weil er daran glaubt. Daran nämlich, daß ein Requiem, welches von der Todesangst der Seelen und der innigverzweifelten Bitte um Gnade handelt, sich nicht etwa kirchenmusikalisch verhalten geben müsse, bläßlich, scheu, gediegen, fromm. Nein. Wenn es um Le-

Requiem

bensende, Weltenende und den Tag des Jüngsten Gerichts gehe, dann dürfe und müsse die Erregung in jeder Weise unendlich größer sein als bei einem königlichen Hauskrach in Madrid oder bei einer Eifersuchtsgeschichte auf Cypern.

Das heißt: Muti dirigierte die Schmettertrompeten des Jüngsten Gerichts mit einer Heftigkeit, welche die im *Otello* auskomponierte Seeschlacht als harmloses Manöver erscheinen ließ. Er machte Affektpausen, die nicht nur gewagt, sondern übertrieben gewesen wären, wenn man nicht vorher mit beispielloser Pianissimo-Insistenz gehört hätte, daß am Tage des Jüngsten Gerichts *nichts*, wirklich *nichts* ungesühnt bleiben werde, was wir Menschen während des Erdenlebens begehen...

Muti verstand das Verdi-*Requiem* also nicht als herrlich autonome Musik – die es natürlich auch ist –, sondern als kochende, bodenlos erregte Widerspiegelung jener Schrecken, die vom Jüngsten Gericht und vom Tode ausgehen.

Er stürmte dabei, im Leisen wie im Lauten, im Rhetorischen wie im Dramatischen, weit über die Stilgrenzen hinaus, die man hier normalerweise für gegeben hält. Und es schien ihn überhaupt nicht zu stören, daß nicht alle Trompeteneinsätze rhythmisch vollkommen klar durchhörbar wurden oder daß die Geigen bei seinem «Diesirae»-Tempo an den Rand des manuell Möglichen kamen.

Natürlich mußte man sich fragen, warum das Werk – solchen Belastungsproben zwischen erregt-beklommenem Flüstern und aberwitzigen Ekstasen ausgesetzt – nicht plötzlich «grell» wirkte, irgendwie aufgedonnert, unkultiviert. Doch: wenn jeder Ton so leiderregt, mitleiderregt und besessen vorgeführt wird, dann überwältigt die Wahrhaftigkeit des Brio und des Schönen eigentlich jeden vorsätzlichen Stilwillen. Mit Hilfe eines überscharfen, fast heiterironischen, von Überschwang kündenden Tempos neutralisierte und verzauberte Muti auch die Harmlosigkeiten des Sanctus, die in anderen Aufführungen so oft banal hervortreten.

Verdis und Mutis italienischer Genius breitete also im Herkulessaal die Schwingen aus über Gerechte und Ungerechte. Auch über vier Weltklasse-Solisten, die sich keineswegs diesem gewiß nicht vorsätzlichen Italianità-Konzept unterwarfen, sondern vielmehr eine interessant und aufregend bereicherte Nationalitätenbuntheit zubrachten, wie sie der Verdischen Katholizität gut ansteht. Der Bassist Jewgenij Nesterenko mischte einen dunkel-mystischen russischen Büßerton ins Ganze, überzeugte mit kluger Phrasierung. Einzige

Giuseppe Verdi

Einschränkung, die aber wahrscheinlich den Dirigenten trifft: Das Andante des «Oro supplex et acclinis» wurde um eine entscheidende Nuance zu rasch genommen.

Der Tenor José Carreras kam aus Spanien. Er war in letzter Sekunde eingesprungen, bot eine manchmal fast übermäßige Inbrunst, wie wir sie von den Mienen mancher El-Greco-Heiligen kennen. Die Sopranistin Jessye Norman und die Altistin Agnes Baltsa standen nebeneinander wie Sinnbilder der irdischen und himmlischen Liebe. Jessye Norman, die sich wegen einer im Verlauf des Abends kaum zutage tretenden Indisposition hatte entschuldigen lassen, bestach wieder einmal mit phänomenaler Reinheit, einem beispielhaft sicheren Wechsel zwischen wunderbar tiefem und herrlich zartem hohem Register sowie dramatischer Kraft. Ihr individuelles Moment war ein keineswegs störender, zart-unverkennbarer rhythmischer *Spiritual*-Gestus: wenn sie etwa im b-Moll-Andante, beim «Dona eis», bei drei leisen Achteln die Triole andeutete und eben doch nicht sang: wenn sie wunderbar genau artikulierte, langsamer werdend, ohne das Grundtempo zu beschädigen.

Einer solchen Sopranistin gegenüber hätte es jede Altistin schwer gehabt. Nicht Agnes Baltsa. Deren griechische, manchmal von fern an die Callas erinnernde Herbheit, ihre wunderbare Kraft zum reinen Sich-Versenken beeindruckten auch da, wo die Altistin sanft forcieren mußte. Aber diese vier Sänger denkbar verschiedener Herkunft verstanden sich bei den heiklen A-cappella-Stellen trotzdem so gut, daß man die Tonhöhe hielt. Woraufhin die Wiederbegegnung mit dem Orchester nicht zur Entlarvung, sondern zum unauffälligen Triumph geriet.

Am Schluß Ovationen. Die Künstler, auch die Mitglieder des von Gordon Kember vorzüglich einstudierten Rundfunkchores klatschten dem Maestro zu. Wir haben eine italienische Offenbarung erlebt, nach der deutsche Aufführungen des *Requiems* es sehr schwer haben dürften.

10. X. 1981

Requiem

Herbert von Karajan hat dem *Requiem* von Verdi eine sensibel durchdachte, trotz aller Monumentalität der Chorbesetzung zarte, manchmal wie aus dem verklärten Jenseits, dem Paradies, herübertönende Aufführung bereitet: Selbst Seufzer und Schmerzensschreie wirkten verhalten, innig – als ob die Sänger alles derbe irdische Leid manchmal nicht mehr berührte. Die Darbietung überwältigte vor allem während des ersten Teils: «überirdisch» in jedem Sinn. Wie Karajan Pausen setzt, wie er die wunderbar diskret begleitenden Wiener Philharmoniker erregt, oft frei, solistisch und doch nie opernhaft mitspielen läßt, wie er – was man selten so gehört hat – überlaute Forte-Pizzicati der Kontrabässe (zuerst erschrak das Publikum, fürchtend, eine Saite sei laut geplatzt) hervorknallte, so als ob zumindest Desdemona ermordet oder der Jochanaan geköpft werden sollte, was ja die großen Momente exaltierter Kontrabässe sind... Das alles war schon atemberaubend, manchmal rührend, herzbewegend.

Doch im ganzen besaß die Aufführung nicht jene universale Überzeugungskraft, an die uns der Verdi-Dirigent Karajan seit langem gewöhnt hat und die ja gerade Interpretationen des *Requiems* zu Höhepunkten unseres Musiklebens zu machen pflegen. Die Ungleichmäßigkeit der Salzburger Aufführung hing gewiß nicht mit Karajans extremem Altersstil-Konzept zusammen. Daß er dieses Werk weder als eine erhabene Verdische Schreckensoper über den Tod begreift (wie es jüngst noch Riccardo Muti wunderbar in München tat, der übrigens auch im festlichen Salzburger Publikum zu sehen war), daß Karajan Verdis *Requiem* auch nicht aller Italianità entkleidete, wie man es in Deutschland manchmal für richtig hält, weil gewisse Germanen, bigotterweise, musikalisch-dramatischer Sprache keine Frömmigkeit und frommen Todesgedanken keine musikdramatische Energie zutrauen – das war dem Maestro gewiß nicht vorzuwerfen. Der 76jährige, der übrigens das mehrfach wiederholte «Dies irae» stets ein wenig anders zu pointieren schien, brachte nur eben nicht ganz die Spannkraft auf, den riesigen Chor (Wiener Staatsopernchor, Chor der Nationaloper Sofia), die Wiener Philharmoniker und die Solisten auch da im Sinne seines verklärten Todesgedenkens zu befeuern, wo gewisse Forte-Stellen wie von selbst zu kommen scheinen, in Wahrheit aber, um ganz außerordentlich zu geraten, doch stärkster Dirigenten-Befeuerung bedürftig gewesen wären.

Als ob im Paradies zart-traurig über den Tod geträumt würde: so

451

Giuseppe Verdi

begann es. Erschreckend schmetterte das «Dies irae» dazwischen. Doch gleich wieder verwandelte die herrliche Musik sich unter Karajans Händen in ästhetisch reine Tonkunst. Selbst die Tuba des Jüngsten Gerichtes setzte zaghaft ein, leise wie im Andante, nicht im vorgeschriebenen Allegro, so als hätte der blasende Erzengel jene Angst, welche doch die Sterblichen empfinden sollten, die da Rechenschaft ablegen müssen. Freilich steigerte sich das sensualistisch verhalten einsetzende Geschmetter dann doch vehement genug.

Das «Lacrimosa» begann etwas flüssiger, als man es gewohnt ist (Largo, lungo e lamentoso schreibt Verdi da vor), wuchs dann aber zu einer herrlich strömenden Kantilene. Merkwürdigerweise interessierte sich Karajan für die erregte Riesenmelodie des «Quam olim Abrahae» kaum, als wäre sie ihm gleichgültig; und auch die Riesen-Steigerung der «Libera me»-Polyphonie, die ja mehrfach ansetzt und dann zum gewaltigsten Höhepunkt des Werkes mit zweigestrichenem C des Solo-Soprans und riesiger Kadenz führt, begann Karajan relativ sehr langsam. So entstand die Steigerung nicht dramatisch, sondern sie war plötzlich da wie eine Bravournummer, für welche nur eben leider die Kraft der Sopranistin Anna Tomowa-Sintow nicht ganz ausreichte.

Überhaupt ließ sich schwerlich überhören, daß selbst Weltklasse-Solisten im Großen Festspielhaus ihre unliebe Müh und Not haben können. Weil, oft zu laut-derb schmetternd, der Tenor José Carreras nicht ganz ins sonst homogene Solisten-Ensemble paßte, wirkte die Baßstimme des José van Dam nun verhältnismäßig klein und zugleich unverhältnismäßig harmlos. Agnes Baltsa war die Königin des Solisten-Quartetts. Sie überwältigte mit allem Leisen und Mittleren. Beim Ausbruch jedoch wirkte sie manchmal nicht stark, nein: nicht pathetisch-leidenschaftlich genug, während Anna Tomowa-Sintow zwar anfangs auf Karajans Intentionen sensibel einging, aber am Ende des *Requiems* offenbar auch am Ende ihrer Kräfte war.

16. VIII. 1984

Register

Komponisten und Werke

Adan, Adolphe 287
Giselle 287
Arcangelo, Corelli 104
Auber, Daniel François Esprit
301, 311

Bach, Johann Sebastian 36,
47–101, 102 f., 106–110,
116, 123, 194, 206, 220, 239,
348, 368, 375, 415
*Die Brandenburgischen
Konzerte* 49, 93, 194, 196,
206, 334
    *4. Brandenburgisches
    Konzert G-Dur* 49
    *5. Brandenburgisches
    Konzert D-Dur* 194, 196,
    206
*Chaconne für Solo-Violine
d-Moll* 52, 98
*Chromatische Fantasie und
Fuge d-Moll* 92
Fantasie G-Dur für Orgel
48, 51
Fürchte dich nicht (Motette)
58
Goldberg-Variationen 50,
90–93
Hohe Messe in h-Moll 36,
50, 60, 64, **77–83**, 219
(30) Inventionen 92
Italienisches Konzert F-Dur
53, 91, 93, 101
Johannes-Passion 65, 70,
74 f., 273
Kaffeekantate 55
Die Kunst der Fuge 50, 53,
83, 220
Matthäus-Passion 22, 54, 56,
59, 62, **64–77**, 90, 92, 111,
312, 318
Ein Musikalisches Opfer 96,
220
*Partita für Violine solo d-
Moll* 97
*Partita für Violine solo h-
Moll* 97 f.
*Passacaglia und Fuge für Or-
gel c-Moll* 376
«Play Bach» **99–101**
Präludium C-Dur (Wohl-
temperiertes Klavier) 366
*Sonate für Violine solo
g-Moll* 97

Toccata für Orgel d-Moll 100
Toccata für Orgel F-Dur 375
Violinkonzert a-Moll 49, 51
Violinkonzert E-Dur 22
Weihnachtsoratorium 45, 50,
55–64
Das Wohltemperierte Klavier
53, 84–89, 93
Bach, Johann Christian 185
Bartók, Béla 9, 416
Beethoven, Ludwig van 10,
34–36, 51, 81, 106, 111, 116,
123, 138, 154, 181, 184, 189,
192 f., 196, 198, **202–280**,
281 f., 284, 286, 307, 309,
316 f., 320, 323, 336, 356,
362, 368, 375, 377, 382, 422
*An die ferne Geliebte Opus
98* 279, 317
An die Hoffnung Opus 94 279
Bagatelle Opus 33 Nr. 6 206
Bagatelle Opus 119 Nr. 9
260–262
*Coriolan-Ouvertüre c-Moll
Opus 62* 208, 234
*Diabelli-Variationen (33
Veränderungen über einen
Walzer von A. Diabelli)
C-Dur Opus 120* 45, 231,
267–269
*Fantasie für Chor, Klavier
und Orchester Opus 80*
244 f.
Fidelio 56, 115, **212–216**,
263, 323
*Gellert-Lieder (Sechs geistli-
che Lieder von Gellert)
Opus 48* 279
*Die Geschöpfe des Prome-
theus* 232
Große Fuge B-Dur Opus 133
210
*Klavierkonzert Nr. 1 C-Dur
Opus 15* 189, 245
*Klavierkonzert Nr. 2 B-Dur
Opus 19* 196, 245
*Klavierkonzert Nr. 3 c-Moll
Opus 37* 245 f., **247–249**
*Klavierkonzert Nr. 4 G-Dur
Opus 58* 245 f., 250, 253, 276,
399
*Klavierkonzert Nr. 5 Es-Dur
Opus 73* 58, 217, 245 f.,
249–251, 253

*Klaviersonate f-Moll Opus 2
Nr. 1* 206
*Klaviersonate A-Dur Opus 2
Nr. 2* 256, 360
*Klaviersonate A-Dur Opus
101* 42, 271–273
*Klaviersonate As-Dur Opus
2* 6 257
*Klaviersonate As-Dur Opus
110* 182, 209, 280, 231,
265–267
*Klaviersonate B-Dur Opus
106 (Hammerklaviersonate)*
210 f., 262
*Klaviersonate B-Dur Opus
22* 43, 257
*Klaviersonate C-Dur Opus 2
Nr. 3* 256, 259
*Klaviersonate C-Dur Opus
53 (Waldstein-Sonate)* 22, 27,
167, 258, **263** f., 273, 388, 420
*Klaviersonate c-Moll Opus
10 Nr. 1* 256
*Klaviersonate c-Moll Opus
13 (Pathétique)* 223, 257
*Klaviersonate c-Moll Opus
111* 221, 260, **265–267**
*Klaviersonate cis-Moll Opus
27 Nr. 2 (Mondscheinsonate)*
42, 86, 207, 253, 257, 263 f.,
267, 269
*Klaviersonate D-Dur Opus
10 Nr. 3* 209, 256
*Klaviersonate d-Moll Opus
31 Nr. 2* 201, 207, 257,
260–262, 399
*Klaviersonate E-Dur Opus
14 Nr. 1* 257
*Klaviersonate E-Dur Opus
109* 40, **265–267**, 280
*Klaviersonate e-Moll Opus
90* 262
Klaviersonate Es-Dur Opus 7
207, 209, 256, 259, 360
*Klaviersonate Es-Dur Opus
27 Nr. 1 (Fantasiesonate)*
207, 257
*Klaviersonate Es-Dur Opus
31 Nr. 3* 91, 257
*Klaviersonate Es-Dur Opus
81a (Les-Adieux-Sonate)* 43,
87, 258, 393
*Klaviersonate F-Dur Opus
10 Nr. 2* 256

453

Register

Klaviersonate F-Dur Opus
54 258, 257
Klaviersonate f-Moll Opus 2
Nr. 1 256
Klaviersonate f-Moll Opus
57 (Appassionata) 209, 258,
263 f., 366, 419
Klaviersonate Fis-Dur Opus
78 255, 258
Klaviersonate G-Dur Opus
14 Nr. 2 257
Klaviersonate G-Dur Opus
31 Nr. 1 257
Klaviertrio B-Dur Opus 97
(Erzherzogtrio) 205, 223,
357, 422
Klaviertrio c-Moll Opus 1
Nr. 3 360
Konzert für Violine und Or-
chester D-Dur Opus 61 36,
223, **251–254**
Leonoren-Ouvertüre Nr. 2
C-Dur Opus 72a 234
Leonoren-Ouvertüre Nr. 3
C-Dur Opus 72b 213, 215
Missa Solemnis D-Dur Opus
123 9, 107, 111, 211, 213,
216–222, 244
Rondo G-Dur Opus 129
(Die Wut über den verlore-
nen Groschen) 223
Sonate für Klavier und Violi-
ne A-Dur Opus 47 (Kreut-
zer-Sonate) 33, **269 f.**
Sonate für Violine und Kla-
vier F-Dur Opus 24 (Früh-
lingssonate) 223
Sonate für Violoncello und
Klavier A-Dur Opus 69
22
Sonate für Violoncello und
Klavier B-Dur Opus 102
Nr. 2 363
Sonate für Violoncello und
Klavier C-Dur Opus 102
Nr. 1 363
Sonate für Violoncello und
Klavier D-Dur Opus 102
Nr. 2 272 f., 276
Sonate für Violoncello und
Klavier F-Dur Opus 5 Nr. 1
273
Sonate für Violoncello und
Klavier g-Moll Opus 5 Nr. 2
271 f.
Sonatinen Opus 49 258
Streichquartett a-Moll Opus
132 **274–276**
Streichquartett B-Dur Opus
130 (mit der großen Fuge)
274–276, **277 f.**
Streichquartett cis-Moll

Opus 131 210, 221, **274–276**
Streichquartett Es-Dur Opus
127 **274–276**
Streichquartett F-Dur Opus
135 **274–276**
Streichquartett G-Dur Opus
18 Nr. 2 (Komplimentier-
quartett) 276
Sturmsonate s. Klaviersonate
Opus 31
Symphonie Nr. 1 C-Dur
Opus 21 **226–228**, 231
Symphonie Nr. 2 D-Dur
Opus 36 120, 227 f., 231,
234 f.
Symphonie Nr. 3 Es-Dur
Opus 55 (Eroica) 182, 208,
223, 228 f., 234 f., 334, 366,
405
Symphonie Nr. 4 B-Dur
Opus 60 229, 235
Symphonie Nr. 5 (für Kla-
vier) **238–240**
Symphonie Nr. 5 c-Moll
Opus 67 (Schicksalssympho-
nie) 202, 207, 229 f., 232, 317
Symphonie Nr. 6 F-Dur
Opus 68 (Pastorale) 217,
225, 230, 257, 308, 382,
Symphonie Nr. 7 A-Dur
Opus 92 21, 223, 230 f., 276,
343 f.
Symphonie Nr. 8 F-Dur
Opus 93 231, 234
Symphonie Nr. 9 d-Moll
Opus 125 82, 120, 204,
207 f., 210, 223 f., 226,
231 f., 234 f., **240–244**,
266 f., 276, 366, 382
Variationen über «Bei Män-
nern, welche Liebe fühlen»
für Klavier und Violoncello
WoO 46, 271

Bellini, Vincenzo **301–304**
Norma **301–304**
Die Puritaner 300
Berg, Alban 14, 107, 123
Wozzeck 71, 191, 344
Berlioz, Hector 155, **304–309**,
382, 420
Symphonie Fantastique
Opus 14 307 f., 382
Das Requiem (Große Toten-
messe) Opus 5 **308 f.**
Die Trojaner **304–307**
Berté, Heinrich 348 f.
Bizet, Georges 41
Carmen 173, 195, 283, 433
Boccherini, Luigi 201
Brahms, Johannes 14, 51 f.,
107, 182, 189, 192, 195,

197 f., 233, 263, 269, 380,
417
(Ein) Deutsches Requiem
Opus 45 63
Klavierkonzert Nr. 1 d-Moll
Opus 15 22
Klavierkonzert Nr. 2 B-Dur
Opus 83 219, 357
Trio H-Dur Opus 8 360
Violinkonzert D-Dur Opus
77 17, 32, 195
Britten, Benjamin 193, 197
Bruckner, Anton 78, 160, 207,
248, 318, 348, 380, 408 f.
Busoni, Ferruccio 89, 195, 436
Super Carmen 41

Cherubini, Luigi 166, **281–284**
Medea **281–284**
Chopin, Frédéric 9, 35, 182,
189, 198, 323, **350–368**, 385,
401, 403
Allegro de Concert für Kla-
vier Opus 46 358, 361
Ballade Nr. 1 g-Moll Opus
23 351, 353
Ballade Nr. 2 F-Dur Opus 38
353
Ballade Nr. 3 As-Dur Opus
47 354
Ballade Nr. 4 f-Moll Opus 23
351, 354
Barcarole für Klavier Fis-
Dur Opus 60 40
Etüden Opus 10 358
Fantasie f-Moll für Klavier
Opus 49 22, 351 f.
Klavierkonzert a-Moll Opus
11 356
Klavierkonzert e-Moll Opus
11 357
Klavierkonzert f-Moll Opus
21 **354 f.**, 358, 361
Klavierkonzert h-Moll Opus
58 356
Klaviertrio g-Moll Opus 8
357, 361
Krakowiak Großes Konzert-
Rondo für Klavier und Or-
chester Opus 14 357, 361
Mazurken **350 f.**
Mazurka gis-Moll Opus 33
Nr. 1 350
Mazurka h-Moll Opus 33
Nr. 4 350 f.
Mazurka g-Moll Opus 67
Nr. 2 351
Mazurka f-Moll Opus 68
Nr. 4 350
Variationen über «Reich mir
die Hand, mein Leben»
Opus 2 355

Komponisten und Werke

Polonaise As-Dur Opus 53
(Heroique) 366
Polonaise As-Dur Opus 61
(Polonaise-Fantaisie)
362
Rondo c-Moll für Klavier
Opus 1 357–359
Rondo à la Mazur für Kla-
vier Opus 5 357, 361
Rondo Es-Dur für Klavier
Opus 16 358
Rondo C-Dur für Klavier so-
lo oder für zwei Klaviere
Opus 73 358
Scherzo b-Moll Opus 31 347,
351
Sonate c-Moll für Klavier
Opus 4 357–361
Sonate b-Moll für Klavier
Opus 35 (mit dem Trauer-
marsch) 26, 345, 355 f., 358,
361–364, 366 f.
Sonate h-Moll für Klavier
Opus 58 41, 190, 355 f., 358,
361, 363, 367
Sonate g-Moll für Cello und
Klavier Opus 65 356, 358,
361, 363, 366
Clementi, Muzio 223
Czerny, Carl 106, 268

Dallapiccola, Luigi 137,
153–155
Debussy, Claude 27, 40, 43,
223, 247, 312, 352 f.
La Mer 27
Pelléas et Mélisande 442
Dedler, Rochus 75
Dietrich 29
Donizetti, Gaetano 9,
299–301, 423
Lucia di Lammermoor
299–301

Eisler, Hanns 73 f.

Galuppi, Baldassare 104
Gluck, Christoph Willibald
115, 117–120, 166, 281 f.
Iphigenie 115
Orfeo ed Euridice 117–120,
124
Gounod, Charles 366
Ave-Maria 366
Grieg, Edvard 198

Halévy, Jacques Fromental
311
Händel, Georg Friedrich 10,
104, 106–117, 181, 239
Israel in Agypten 107
Jephta 112 f.

Judas Maccabäus 115–117
Julius Cäsar 114 f.
Der Messias 106–112
Saul 107
Haydn, Joseph 106, 120–126,
201, 205, 316, 360, 387, 412
Die Jahreszeiten 122 f.
Orfeo ed Euridice 124–126
Die Schöpfung 120 f., 205
Streichquartett B-Dur Opus
76 Nr. 4 «Der Sonnenauf-
gang» 104
Henze, Hans Werner 30,
247–249, 311
Herz, Heinrich 384
Hellmesberger, Joseph d. Ä.
237
Ballszenen 237
Hindemith, Paul 12, 45, 223,
317
Cardillac 427
Hoffmann, Ernst Theodor
Amadeus 224, 284–287, 403
Undine 284–287
Hummel, Johann Nepomuk
193, 268, 373
Hünten, Franz 384

Kagel, Mauricio 13, 202 f.,
272
Kaiser, Reinhard 102–104
Krösus 102–104
Kalkbrenner, Friedrich 268
Kreutzer, Conradin 268

Lachner, Franz 283, 319
Lehár, Franz 117, 314
Die Lustige Witwe 117
Liszt, Franz 32, 106, 182, 208,
240, 268, 354, 361, 370 f.,
385, 416–422
Beethovens 9. Symphonie
auf zwei Klavieren 421
Dante-Sonate 40 f.
Festkantate 421 f.
Klavierkonzert Nr. 1 Es-Dur
43, 419
Klavierkonzert Nr. 2 A-Dur
420
Les Préludes 418
Sonate h-Moll 43, 190, 370,
416 f.
Totentanz 420
Lortzing, Albert 285, 293,
426

Mahler, Gustav 37, 45, 182,
189, 308, 317, 344
Lieder eines fahrenden Ge-
sellen 411
Symphonie Nr. 1 D-Dur
«Der Titan» 45

Marschner, Heinrich 291–294,
416
Der Vampyr 291–294
«Marseillaise» 374
Massenet, Jules 311–314, 311
Manon 311–314
Mendelssohn-Bartholdy, Felix
64, 67 f., 107, 160, 237,
309–311, 320, 358, 362,
370–372, 422
Hebriden-Ouvertüre (Die
Fingalshöhle) Opus 26 310
Klaviertrio Nr. 1 d-Moll
Opus 49 20
Ein Sommernachtstraum
Opus 61 309 f.
Streichoktett Es-Dur Opus
20 111
Symphonie Nr. 3 a-Moll
Opus 56 «Die Schottische»
309 f.
Violinkonzert e-Moll Opus
64 20, 309, 311, 413
Messiaen, Olivier 26
Meyerbeer, Giacomo 301, 327
Milhaud, Darius 155
Moscheles, Ignaz 268, 362
Mozart, Wolfgang Amadeus
102, 106 f., 110 f., 117, 123,
127–201, 206 f., 223, 231,
233, 247, 268, 281 f., 284,
286 f., 293, 299, 309, 316,
358 f., 369
Ave verum corpus KV 618
59
La clemenza di Tito (Titus)
124, 137, 144, 166–170, 180
Cosi fan tutte 28, 117, 124,
137–141, 167, 199
Don Giovanni 19, 77 f., 128,
135 f., 142, 146, 153–166,
167, 173, 182, 199, 244, 322,
355
Die Entführung aus dem Serail 128 f., 131, 137, 146–148
Die Hochzeit des Figaro 116,
132–136, 142, 148–153, 167,
206, 334, 444
Idomeneo 37, 127, 137,
143–146, 180, 186, 199
Klarinettenquintett A-Dur
KV 581 199
Klavierkonzert A-Dur KV
488 60, 190, 194, 196
Klavierkonzert B-Dur KV
595 191 f.
Klavierkonzert c-Moll KV
491 135, 141, 197
Klavierkonzert D-Dur KV
537 «Krönungskonzert»
190
Klavierkonzert d-Moll KV

455

Register

466 22, 43, **190f.**, 196
*Klavierkonzert Es-Dur KV
271 «Jeunehomme»* 185f.,
186,
*Klavierkonzert Es-Dur KV
482* 186, 197
*Klavierkonzert G-Dur KV
453* **189f.**
*Kleiner Trauermarsch KV
453a* 184
*Konzert für zwei Klaviere
und Orchester Es-Dur KV
365* 191
*Maurerische Trauermusik
KV 477* **181–184**
Messe in c-Moll KV 427 127,
180f., 198
Mitridate 360
Requiem d-Moll KV 626
127, 182f., 219, 282
*Serenade G-Dur KV 525
«Eine kleine Nachtmusik»*
199
Sonate a-Moll KV 310 45
*Sonate für zwei Klaviere
D-Dur KV 448* 199
*Sonate für Violine und Kla-
vier Es-Dur KV 481* 21
*Streichquartett C-Dur KV
465 (Dissonanzenquartett)*
357
*Streichquintett B-Dur KV
174* 199
*Streichquintett C-Dur KV
515* 198, 200
*Streichquintett c-Moll KV
406* 200
*Streichquintett D-Dur KV
593* 201
*Streichquintett Es-Dur KV
614* 201
*Streichquintett g-Moll KV
516* 200
Symphonie D-Dur KV 45
186
Symphonie Es-Dur KV 184
186
*Symphonie Nr. 25 g-Moll KV
183* 186, 334
*Symphonie Nr. 28 C-Dur
KV 200* 186
*Symphonie Nr. 31 D-Dur
KV 297 «Pariser Symphonie»*
187
*Symphonie Nr. 34 C-Dur
KV 338* **188**
*Symphonie Nr. 36 C-Dur
«Linzer Symphonie» KV 425*
187
*Symphonie Nr. 38 D-Dur
«Prager Symphonie» KV 504*
187

*Symphonie Nr. 39 Es-Dur
KV 543* 187
*Symphonie Nr. 41 C-Dur
«Jupitersymphonie»* 160,
201
Die Zauberflöte 124, 131,
133, 137, 139–142, 144, 146,
165f., **171–179**, 186f., 191,
263
Mussorgski, Modest 13
  Boris Godunov 13

Offenbach, Jacques 294, 423
  Hoffmanns Erzählungen
  294, 423

Paisiello, Giovanni 160
Petridis, Petro Jean 153
Pfitzner, Hans 247, 285, 440
Pousseur, Henri 380f.
Prokofjew, Sergei 44
  *Klavierkonzert Nr. 3 C-Dur
  Opus 26* 43
  Toccata Opus 11 43
Puccini, Giacomo 311
  La Bohème 33, 438
  Favorita 33
  Tosca 58, 307
Purcell, Henry 107

Rachmaninow, Sergei 263,
  356, 365, 394
  Sonate Nr. 2 43
  *Prélude cis-Moll Opus 3 Nr.
  2* 350
Ravel, Maurice 9, 358
Reger, Max 195
  Präludium Opus 117 Nr. 6
  195
Reichardt, Johann Friedrich
  319
Reinecke, Carl 192
Rossini, Gioacchino 292,
  294–299, 319, 423
  La Cenerentola 295
  Der Barbier von Sevilla
  294–296
  L'Italiana in Algeri
  296–299

Saint-Saëns, Camille de 192,
  197
Scarlatti, Domenico 14, 81,
  104–106, 154
Schmidt, Franz 182
Schnebel, Dieter 379
Schnittke, Alfred 193
Schönberg, Arnold 12, 107,
  123, 154, 209, 317, 371,
  424
  *Ein Überlebender aus
  Warschau, Opus 46* 27

Schostakowitsch, Dmitri 44
  *Symphonie Nr. 5 D-Dur
  Opus 47* 44
Schubert, Franz 36f., 51,
  77–79, 110, 160, 182, 198,
  201, 268f., 309, **315–349**,
  353, 426
  Das Dreimäderlhaus **348f.**
  Die schöne Müllerin 322,
  323–326, 331
  *Drei Klavierstücke es-Moll,
  Es-Dur, C-Dur* 340f.
  *Fantasie C-Dur Opus 15
  «Wandererfantasie»* 340,
  342, 417
  *Forellenquintett A-Dur
  Opus 114* 20
  Impromptu As-Dur Opus 90
  318
  *Klaviersonate A-Dur Opus
  posthum* 317, 321, 349
  *Klaviersonate a-Moll Opus
  143* 321, 342f.
  *Klaviersonate B-Dur Opus
  posthum* 317, 343, **345f.**
  *Klaviersonate c-Moll Opus
  posthum* 317
  *Klaviersonate D-Dur Opus
  53* 340, 342
  Klaviertrio B-Dur Opus 95
  271, **347f.**
  Klaviertrio B-Dur Opus 99
  405
  Klaviertrio Es-Dur Opus 100
  317
  *Kleine A-Dur-Sonate Opus
  120* **344f.**
  *Der Musensohn, Opus 92
  Nr. 1* 22
  Oktett F-Dur Opus 166 320
  Schwanengesang 317,
  331–333
  *Streichquartett d-Moll
  «Der Tod und das Mädchen»*
  344
  *Streichquartett G-Dur Opus
  161* 315
  *Streichquintett C-Dur Opus
  163* 201, 315, 317, 334, 345,
  349
  *Symphonie h-Moll
  «die Unvollendete»* 315, 322
  *Symphonie C-Dur «die Gro-
  ße»* 13, 37, 317, 322, 329,
  336–340, 408f.
  *Variationen für Klavier zu
  vier Händen e-Moll D 624*
  320
  Die Verschworenen 320
  Winterreise 37, 317,
  326–331, 334, 342, 345,
  349

Interpreten und ausführende Künstler

Schulz, Johann Abraham Peter
319
Schumann, Clara 369–371,
373 f., 384 f., 392, 400 f., 408
Klavierkonzert 385
Trio g-Moll 385
Scherzo c-Moll Opus 14 385
Schumann, Robert 9, 21, 182,
198, 224, 247, 319 f., 338,
358, 361, **368–416**, 418
ABEGG-Variationen Opus
1 268 f., 369, 374, 406
Album für die Jugend Opus
68 372
Carnaval Opus 9 91, 362,
368, 372–374, 376 f., 379 f.,
400 f., 402
Cellokonzert a-Moll Opus
129 368, 380
Davidsbündlertänze Opus 6
374, 377
Dichterliebe 378, 380,
410–412
Fantasie C-Dur Opus 17
368, 377, 402
Fantasiestücke Opus 12 375
Genoveva 287, 371, **413–416**
Humoreske Opus 20 376,
383
Kerner-Lieder Opus 35 Nr. 4
389
Kinderszenen Opus 15 372,
375, 377, **385–400**
Klavierkonzert a-Moll
Opus 54 368, 389 f.,
406–408, 410
Klavierquintett Es-Dur
Opus 44 376
Konzert für Cello a-Moll
Opus 129 369
Konzertstück für Klavier
und Orchester Opus 129 362
Kreisleriana, Fantasien für
Klavier Opus 16 362, 368,
374 f., 377, 379, 402–404
Nachtstücke Opus 23 405 f.
Noveletten Opus 21 402,
404
Papillons Opus 2 374, 376
Sonate g-Moll Opus 22 403
Symphonie Nr. 1 B-Dur

Opus 38 «Frühlingssympho-
nie» 376
Symphonie Nr. 2 C-Dur
Opus 61 **408–410**
Symphonie Nr. 3 Es-Dur
Opus 97 «Rheinische» 380
Symphonische Etüden Opus
13 368, 374, 377
Toccata Opus 7 402, 420
Violinkonzert d-Moll 45,
380, 412 f.
Schütz, Heinrich 21, 60, 72
Historia von der Geburt
Christi, Weihnachtsorato-
rium 60
Skrjabin, Alexander 35, 42, 391
Smetana, Friedrich 292, 343
Die Moldau 343
Die verkaufte Braut 292
Strauss, Johann 179
Die Fledermaus 103, 179
Strauss, Richard 9, 14, 187,
247, 298, 305, 420
Ariadne auf Naxos 19, 167,
187
Capriccio 433
Elektra 56, 187
Salome 187
Till Eulenspiegel 22, 60
Strawinsky, Igor 78 f., 119,
223, 247, 266
Le sacre du printemps 318
Psalmensymphonie 405

Tartini, Guiseppe 104
Taubert, Wilhelm 383
Sonate Nr. 5 383
Telemann, Georg Philipp 437
Tomaschek, Wenzel Johann
268
Tschaikowsky, Peter 198, 247,
263, 323
Klavierkonzert Nr. 1 b-Moll
Opus 13 420
Violinkonzert D-Dur Opus
35 17

Verdi, Giuseppe 80, 208, 309,
314, 423–452
Aida 27, 426, **439–442**, 447 f.
Don Carlos **432–435**

Ein Maskenball **435–438**
Falstaff 423, **445–448**
Il Finto Stanislao 423 f.
Die Macht des Schicksals
430–432
Oberto 423
Otello 426, **443** f., 447, 449
Requiem 19, **448–452**
Rigoletto 56, 300, 424,
427–430
La Traviata 427
Troubadour **424–427**
Vivaldi, Antonio 104

Wagner, Richard 10, 14, 102,
113, 121, 138, 160, 178, 182,
187, 207 f., 217, 220, 247,
282, 286, 291 f., 305–307,
309, 317, 325, 337, 368,
371 f., 416, 420, 427, 438
Der Fliegende Holländer 13,
292
Götterdämmerung 33, 56,
312
Lohengrin 292, 416, 424
Die Meistersinger von Nürn-
berg 19, 22, 73, 442
Parsifal 220 f.
Rheingold 103, 233
Rienzi 360, 418
Siegfried 33
Tannhäuser 292, 301, 305,
416
Tristan und Isolde 22, 238,
318
Walküre 22

Weber, Carl Maria von 282,
285 f., **288–291**, 361, 383
Aufforderung zum Tanz
362
Der Freischütz **288–291**,
293, 312
Oberon 282
Euryanthe 282, 427
Webern, Anton von 12, 96
Marcia funebre 182
Wieniawski, Henri 20
2. Violinkonzert d-Moll 20

Zelter, Karl Friedrich 68

Interpreten und ausführende Künstler

Abbado, Claudio 118, 432
Adam, Theo 158, 183, 215
Afanassiev, Valery 37, 260,
263, 325, 345 f.
Ahnsjö, Claes H. 63, 299, 445

Alaimo, Simone 297
Alban-Berg-Quartett 35
d'Albert, Eugen 32
Amadeus-Quartett 274
Ameling, Elly 334

Anda, Géza 193, 404
Anhorn, Carmen 314
Anievas, Agostín 190 f.
Araiza, Francisco 299 f.
Arandes, Elaine 102

Register

Argerich, Martha 32, 38, 40,
256, 403
Arrau, Claudio 36, 38, 90–93,
255–258, 325, 356, 377, 390,
393 f., 397, 399, 401 f., 407,
421
Asagaroff, Grischa 296
Ashkenazy, Vladimir 258, 360

Bach-Chor 78
Backhaus, Wilhelm 224, 255,
257 f., 356, 377
Badura-Skoda, Paul 193
Baker, Janet 38, 334–336
Baltsa, Agnes 297 f., 450, 452
Barenboim, Daniel 35, 37, 191,
244–247, 255–258, 263,
307 f., 393–395, 397–399
Battle, Kathleen 329
Bauer, Harold 258
Baumgardt, Peter 103
Becher, Josef 289
Beecham, Thomas 308
Behrens, Hildegard 33, 35
Béjart, Maurice 117
Berganza, Teresa 149 f.
Bergman, Ingmar 165
Berman, Lazar 26
Bernstein, Leonard 38, 189,
213–216, 221, 237, 241–243,
408–410, 447
Berrsche, Alexander 441
Berry, Walter 79, 149, 152, 218
Beyer, Franz 200
Bignens, Max 295
Bishop, Stephan 258
Blankestijn, Marieke 222
Blasi, Angela Maria 445, 447
Böhm, Karl 21, 88, 117, 146,
148, 184–188, 228, 236, 336,
338 f.
Bohnke, Robert Alexander
392, 396
Bonney, Barbara 80
Bonynge, Richard 125
Borac, Luisa-Roxana 41
Bortoluzzi, Paolo 442
Boulez, Pierre 247, 391
Brendel, Alfred 33, 35, 37 f.,
193, 249–251, 256–258, 263,
322, 325, 333, 340 f., 343 f.,
386 f., 390–394, 396–398
Brendel, Wolfgang 414, 438,
445 f.
Buchbinder, Rudolf 193
Büchner, Otto 94
Buck, Peter 200
Bülow, Hans von 106, 231,
241, 267
Burkhardt, Gisela 63
Busch, Fritz 146
Busch-Quartett 274 f.

Cairns, Tom 436, 438
Calabria, Vera Lucia 312
Callas, Maria 281, 298,
300–302, 304
Calm, Birgit 314
Capell, Manfred 294
Cappuccilli, Piero 434
Card, June 283
Carlos, Walter 83
Carreras, José 450, 452
Carroli, Silvano 444
Carsen, Robert 300
Caruso, Enrico 32, 441
Casa, Lisa della 114
Casadesus, Robert 257 f.,
353 f.
Casals, Pablo 90, 223,
270–274, 276, 322, 405
Cassadó, Gaspar 347 f.
Cazal, Olivier 43
Celibidache, Sergiu 13, 79–81,
338
Cervo, Elda 423
Cherkassy, Shura 354 f.
Choi Hie-Yon 44
Ciani, Dino 190, 404
Cittanti, Edoardo 423
Clement, Manfred 94
Clementi, Muzio 106
Coburn, Pamela 445 f.
Cochran, William 284
Collins, Aletta 436
Contiguglia, John 421
Contiguglia, Richard 421
Conz, Bernhard 148
Cordes, Marcel 286 f.
Corena, Fernando 148
Cortot, Alfred 32, 38, 194,
271, 322, 344, 352, 356,
389–392, 394, 397 f., 401,
405, 407
Cossotto, Fiorenza 303 f.
Cotrubas, Ileana 120
Covey-Crump, Roger 83
Cox, John 283
Crasharu, Gheorghe 435
Crass, Franz 213, 215
Crespin, Régine 305
Cuberli, Leila 120
Cupido, Alberto 313 f.
Curzon, Clifford 418 f.
Czyz, Henryk 412

Dallapozza, Adolf 214
Dalley, John 199
Dam, José van 33, 452
Dara, Enzo 297
Daus, Joshard 80
Davis, Collin 221
Dean, Stafford 158 f.
Demus, Jörg 38, 268
Dessi, Daniela 168

Devrient, Eduard 67 f.
Dickie, John 63
Dohnányi, Christoph von
281, 284
Domingo, Plácido 33, 441,
444
Donose Danila, Ruxandra
Maria 80
Duse, Eleonora 303

Engel, Karl 333
Enriquez, Franco 441
Erb, Karl 18, 32, 72
Erdmann, Eduard 35, 322
Ericson, Eric 177
Eschenbach, Christoph
247–249
Evangelatos, Daphne 115
Evera, Emily van 83
Everding, August 164–166

Fahberg, Antonie 286 f.
Fassbaender, Brigitte 310, 412,
441, 446
Feinberg, Samuel 256
Felsenstein, Walter 141, 156,
175, 288 f., 427–429
Ferro, Gabriele 115
Feuermann, Emanuel 273
Fischer, Annie 258
Fischer, Edwin 18 f., 32, 38,
193, 224, 250, 322
Fischer, Lore 18
Fischer-Dieskau, Dietrich
30 f., 35, 37, 39, 77, 158,
279 f., 322–328, 334–336,
405, 414
Fissore, Enrico 159
Flake, Uta-Maria 432
Fournier, Pierre 272 f.
Francesch, Homero 392, 396
Freire, Nelson 190, 403, 417
Freni, Mirella 434 f.
Freund, Karl 19
Friedmann, Ignaz 269 f.
Frigerio, Ezio 445
Froschauer, Helmuth 121
Furtwängler, Wilhelm 32 f.,
35, 80, 82, 95 f., 173, 194,
196, 224–227, 229, 233–235,
237, 241–243, 246, 269, 322,
344, 405

Gall, Rudolf 337
Galling, Martin 328
Garrison, Kenneth 314
Garros, Christian 99 f.
Gavanelli, Paolo 299
Gedda, Nicolai 78 f., 125, 171,
412
Gelber, Bruno Leonard 257 f.,
403
Genackova, Gabriele 413

Interpreten und ausführende Künstler

Georgiadis, Nicholas 283
Gerheim, Ina 287
Ghiaurov, Nicolai 158, 434
Gieseking, Walter 257 f.
Gilels, Elena 191
Gilels, Emil 32, 106, 191, 256–
258, 356, 405 f., 417, 419 f.
Goerges, Horst 281
Gould, Glenn 9, 36, 83, 93,
193, 238 f., 256–258, 261,
263
Gruberova, Edita 299 f., 312 f.
Guarneri-Quartett 199 f.,
274–276
Gulda, Friedrich 26, 33, 35 f.,
42, 85–89, 93, 193, 251, 253,
255–258, 263, 272 f.
Guttenberg, Enoch zu 36,
62–69, 81, 180 f.
Gziffra, György 32

Haefliger, Ernst 72, 183
Hager, Leopold 188
Halm, August 32
Hamari, Julia 118
Harnoncourt, Nicolaus 36 ff.,
143–146, 191, 221 f.
Hartmann, Rudolf 124
Harwood, Elizabeth 149, 151 f.
Haskil, Clara 106, 389 f., 393,
396
Hayegard, Hakan 179
Heger, Robert 287
Heggen, Almar 295
Heifetz, Jascha 97
Heinrich, Rudolf 148, 288, 428
Hellmesberger, Joseph 237
Heppner, Ben 168
Herrmann, Ursel 168 f.
Herrmann, Karl-Ernst 166,
168–170
Hess, Myra 273
Hillebrand, Nikolaus 115, 440
Hillebrecht, Hildegard 305
Höffgen, Marga 217
Hoffman, Grace 305
Hofmann, Josef 32
Hofmann, Peter 33
Höhenrieder, Margarita 38
Höll, Hartmut 326
Holl, Robert 222
Holliger, Heinz 38
Hollweg, Werner 146
Honolka, Kurt 306
Horowitz, Wladimir 26, 32 f.,
43, 106, 256, 258, 351, 356,
377, 379, 391, 394–397,
403 f., 417
Horszowski, Mieczyslaw
271 f.
Huberman, Bronislaw 19,
269 f.

Hudson, Richard 299

Iconomou, Panito 83
Immler, Christian 83
Inbal, Eliahu 251
Ischii, Kenzo 180

Janowitz, Gundula 217
Joachim, Joseph 32, 195, 254
Jochum, Eugen 230
Johannson, Kristjann 438
Jonas, Peter 436, 438
Jones, Gwyneth 213, 215, 241,
244
Jungwirth, Helena 115

Kalachew, Sergei 42
Kamnitzer, Peter 277
Kanawa, Kiri te 165
Kaneko, Megumi 40 f.
Kappell, William 350 f.
Karajan, Herbert von 77–79,
121, 149, 152, 216–219,
223–232, 242, 429, 432–435,
443, 447, 451 f.
Kasarova, Vesselina 168
Kaskashian, Kim 199
Katsaris, Cyprien 388, 394 f.
Kaufmann, Julie 314, 438
Kavafian, Ida 199
Kelemen, Zoltan 152
Kember, Gordon 450
Kempff, Wilhelm 18, 22, 32,
36, 42, 191, 193, 255–258,
272, 322, 356, 374, 389–391,
393 f., 396–398, 404, 407
Kilian, Michael 83
King, James 215
Kirkby, Emma 83
Kirkpatrick, Ralph 84 f., 88,
105 f.
Kirstein, Jack 277
Klarwein, Franz 287
Kleiber, Carlos 37 f., 236–238,
250, 290, 443 f.
Kleiber, Erich 224
Klemperer, Otto 35, 82,
216–219, 221, 226, 230,
244–247, 306, 329 f.
Kloke, Bernhard 294
Kmentt, Waldemar 218
Knappertsbusch, Hans 351,
443
Kollo, René 33, 241, 244
Konya, Ladislaus 284
Kraus, Lilly 258
Krause, Tom 149, 153
Kreisler, Fritz 19 f., 195, 254
Kremer, Gidon 36 f., 195
Kreuzberg, Harald 442
Krips, Josef 171
Kubelík, Rafael 112 f.

Kulenkampff, Georg 19
Kuhn, Gustav 167
Kulka, Janos 429

Landowska, Wanda 90 f., 93,
257
LaSalle-Quartett 277 f.
Lateiner, Isidor 311
Laubenthal, Horst 334
Lehmann, Charlotte 32, 326
Leitner, Ferdinand 18
Levin, Walter 277, 443
Levine, James 33, 329 f.
Lipatti, Dinu 106, 356, 367,
407
Lipovšek, Marjana 222,
413 f.
Lloyd, Robert 441
London, George 158
Longo, A. 106
Lopardo, Frank 297
Loussier, Jacques 99 f.
Lövaas, Kari 180
Ludwig, Christa 77, 125, 213,
217, 327, 329–331, 434 f.
Ludwig, Heinz 124
Lupu, Radu 37

Maazel, Lorin 162, 164,
443–445, 447
Malas, Spiro 125
Massary, Fritzi 32
Mathis, Edith 149, 152 f., 310
Matthias, Eberhard 293
Maurice, Thomas 41
Mayer, Franz 180
Mayer, Frederic 294
McCracken, James 444
Mehta, Zubin 148
Mei, Eva 222
Melander, Stina Britta 424
Melcher, Wilhelm 200
Melchior, Lauritz 32
Melos-Quartett 200
Mengelberg, Willem 82
Menuhin, Yehudi 252
Merighi, Giorgio 423
Meyer, Henry 277
Meyer, Kerstin 150
Michelangeli, Arturo Benedet-
ti 106, 256, 258–261, 350,
351–353, 401, 406–408
Michelot, Pierre 99 f.
Mies, Georg Achim 292, 294
Milstein, Nathan 32, 97 f.
Moll, Kurt 33, 159, 241, 244,
414
Monaco, Mario del 305 f., 431
Montarsolo, Paolo 150
Moore, Gerald 325, 333 f., 336
Moser, Edda 183, 412
Mottl, Felix 305

Register

Murray, Ann 168
Muti, Riccardo 118 f., 166 f., 440, 448 f., 451
Mutter, Anne-Sophie 36, 38 f.

Nesterenko, Jewgenij 449
Neumeier, John 444
Ney, Elly 224, 258
Nikisch, Arthur 90, 196
Nimsgern, Siegmund 441
Nissen, Hans Hermann 287
Noelte, Rudolf 161–164
Nohara, Midori 43
Nolsson, Birgit 213
Norberg-Schulz, Elizabeth 168
Norman, Jessye 329, 450

Odnoposoff, Ricardo 251 f.
Ogdon, John 258
Ohnesorg, Franz Xaver 13
Oistrach, David 40
Orlandi-Malaspina, Rita 439

Pace, Patricia 297
Paganini, Niccolò 197, 373
Palmer, Felicity 146
Parrott, Andrew 82 f.
Patzak, Julius 322
Pavarotti, Luciano 33
Pears, Peter 72
Peschko, Sebastian 333
Peters, Karlheinz 295
Petri, Egon 258
Piatigorsky, Gregor 272 f.
Picht-Axenfeld, Edith 88
Plasson, Michel 299, 301
Pletnjow, Michail 263
Pleyer, Friedrich 432
Poettgen, Ernst 305
Pogorelich, Ivo 39, 263, 356
Polaski, Deborah 294
Pollini, Maurizio 33, 37, 40, 263, 322, 342 f., 356, 377
Pommier, Jean-Bernard 392, 399, 402, 404
Ponnelle, Jean-Pierre 30, 144, 149–152, 166, 173–177, 296–299, 312–314
Pons, Juan 445 f.
Ponti, Michael 38
Popp, Lucia 159, 172, 213–215
Prêtre, Georges 301
Prey, Hermann 114 f., 158, 171, 332 f.
Price, Leontyne 78
Price, Margaret 159
Pritchard, John 146
Proebstl, Max 286 f.
Pscherer, Kurt 294

Quasthoff, Thomas 326–328

Raffeiner, Walter 115
Raimondi, Ruggero 158, 163
Raucheisen, Michael 333
Reich, Cäcilie 287
Reinking, Wilhelm 281
Rennert, Günther 148, 158, 161, 171, 176
Rennert, Wolfgang 296, 305
Renzetti, Donato 298
Ricciarelli, Katia 444
Richter, Karl 36, 38, 64, 78, 81, 93 f., 182, 351
Richter, Svjatoslav 86, 88, 197, 256–258, 261, 273, 281, 345
Richter-Haaser, Hans 257
Ridderbusch, Karl 215
Riebensahm, Hans-Erich 258, 393
Riefling, Robert 258
Rilling, Helmuth 36
Rinaldo, Alberto 314
Rolfe Johnson, Anthony 222
Ronconi, Luca 118–120
Rose, Jürgen 161, 163
Rostal, Max 347 f.
Rostropowitsch, Mstislaw 273
Rothenberger, Anneliese 148
Rubinstein, Artur 38, 97, 251, 256–258, 271, 351 f., 358, 401, 403–405, 417–420
Rudel, Julius 312, 314
Ruzickova, Zuzana 88

Samar, Pari 284, 295
Sarasate, Pablo 32, 97
Sauter, Lily 290
Sawallisch, Wolfgang 159 f., 162, 413
Schädle, Lotte 115
Schenk, Otto 213 f., 216
Scherchen, Hermann 209
Schipa, Tito 32
Schlusnus, Heinrich 18, 22
Schmidt, Heinrich 411
Schmidt, Trudeliese 146
Schnabel, Alfred 35 f.
Schnabel, Artur 224, 255–258, 322
Schneider, Peter 436 f.
Schneider-Siemssen, Günther 214, 434 f.
Schneiderhan, Wolfgang 252–254
Schreier, Peter 80, 334, 414
Schröck, Sophia 103
Schröter, Heinz 347 f.
Schumann, Clara 52, 192, 196
Schwalbé, Michel 219
Schwarz, Hanna 64, 183, 241, 244
Schwarz, Reinhard 103

Sciutti, Graziella 163
Scotto, Renata 33
Seemann, Carl 401
Seböck, G. 357
Sénéchal, Michel 152
Serkin, Rudolf 189, 224, 257, 263, 266 f., 272 f.
Shukow, Igor 37, 263
Siepi, Cesare 158
Silja, Anja 281, 283
Söderström, Elisabeth 217
Solomon (Solomon Cutner) 36, 42, 224, 257 f., 272 f.
Solti, Sir Georg 165 f., 305, 432, 443
Sonnleitner, Florian 64
Souzay, Gérard 79
Soyer, David 199
Spagnoli, Pietro 168
Stadler, Irmgard 290
Starker, Janos 357
Steffek, Hanny 286 f.
Stein, Horst 32
Stein, Peter 170
Steinhardt, Arnold 199
Stern, Isaac 97
Stier, Gothart 63
Stratas, Teresa 33, 152
Strehler, Giorgio 118, 129, 146–148, 445 f.
Strobl, Joseph 423
Sukis, Lilian 115
Sutherland, Joan 125, 300
Szeryng, Henryk 98, 412 f.
Szigeti, Joseph 19

Talvela, Martti 218
Taverner Consort 82
Taverner Players 82
Tear, Robert 309
Tebaldi, Renata 304
Tenenbom, Steven 199
Terentieva, Nina 438
Thiebaud, Jacques 271, 405
Thomas, David 83
Tietze, Ekkehard 62
Tomowa-Sintow, Anna 433, 441, 452
Toscanini, Arturo 32, 36, 155, 221, 230, 232
Tree, Michael 199
Troyanos, Tatjana 33

Urrila, Irma 177

Varady, Julia 158, 165, 437 f.
Varsi, Dinorah 403 f.
Villa, Eduardo 447
Vinocour, Lew 42
Voss, Gerhard 200
Voss, Hermann 200

Allgemeines Namenregister, Librettisten, Autoren und Werke

Wagner, Wieland 156
Walter, Bruno 35, 187, 230
Weingartner, Felix 227
Weissenborn, Günther 280
Wernicke, Herbert 13, 115 f.
Wiens, Edith 180
Wieter, Georg 287

Wildermann, William 289 f., 305
Windmüller, Yaron 103
Winkler, Hermann 159
Wolff, Eva Marie 294
Wulkopf, Cornelia 80
Wunderlich, Fritz 114, 148, 217, 410 f.

Yakar, Rachel 146

Zechlin, Dieter 255
Zeffirelli, Franco 301 f.
Zimerman, Krystian 263, 356
Zimmermann, Jörg 103
Zimmermann, Reinhart 157

Allgemeines Namenregister, Librettisten, Autoren und ihre Werke

Adorno, Theodor W. 12, 68, 82, 107, 221, 371
Philosophie der Neuen Musik 11 f.
«Verfremdetes Hauptwerk» 217
Allgemeiner Reichsanzeiger 285
Altnikol, Johann Christoph 70
Amenda, Karl 204
Anouilh, Jean 55 f.
Apollinaire, Guillaume 172
Aristoteles 130

Bach-Jahrbuch 1975 69
Bachmann, Ingeborg 30
Badini, Carlo Francesco 125
Bardare, L.E. 424
BBC 224
Beaumarchais, Pierre Augustin Caron de 132 f.
Die schuldige Mutter 132
Der tolle Tag 132
Beckett, Samuel 211, 216, 414
Benjamin, Walter 405
«Ursprung des deutschen Trauerspiels» 12
Benn, Gottfried 21
Bergman, Ingmar 176–179
Szenen einer Ehe 178
Zauberflöte 176–179
Bloch, Ernst 68
Philosophie der Musik 71
Bobrowski, Johannes 20
Litauische Claviere 20
Bourniquel, Camille 361
Brecht, Bertolt 51, 68, 73 f., 161, 205
Galileo Galilei 169
Mutter Courage 103
Bretzner, Chr. Friedrich 147
Büchner, Georg 123
Woyzeck 123
Bunge, Hans 73 f.
Fragen Sie mehr über Brecht 73
Byron, Baron George Gordon Noel 293

Calzabigi, Raniero 118
Cammarano, Salvatore 424
Carossa, Hans 21
Cavendish, William 107
Céline, Louis-Ferdinand (d.i. L. f. Destouches) 21
Chagall, Marc 171 f., 174, 442
Chaplin, Charlie 295
Claudel, Paul 51
Claudius, Matthias 326
Cocteau, Jean 24, 398
Les enfants terribles 116
Colette, Gabrielle-Sidonie 312
Cube, Hellmut von 197
Mitleid mit den Dingen 197

Dahlhaus, Carl 12, 204, 220
Daisenberger, Joseph 75
Dante Alighieri 155
«Inferno» XIV 155
Des Knaben Wunderhorn 308
Deutsch, Otto Erich 316
Diabelli, Anton 267
Döblin, Alfred 21
Drouet, Ninon 398
Dürr, Alfred 65, 70
Dürrenmatt, Friedrich 431

Edler, Arnfried 375, 384
Eichendorff, Joseph von 373
Aus dem Leben eines Tauge-nichts 373
Einstein, Alfred 117, 141, 144
Elsner, Joseph 359

France, Anatole 73
Frank, Salomo 54
Freystaedtler, Jakob 268
Fricken, Ernestine von 400
Friedlaender, Max 319
Friedlaender, Walter 418
Friedmann, Ignaz 350
Frisch, Max 165
Fröhlich, Hans J. 316

Gazette Musicale 362, 370
Geck, Martin 113
Georg II. von England 112
Georgiades, Thrasybulos 206

Ghislanzoni, Antonio 430
Gide, André 154
Goethe, Johann Wolfgang von 52, 68, 107, 119, 130, 132, 173, 384
Clavigo 132
Egmont 259
Faust 73, 378
Iphigenie 259
Der West-Östliche Divan 203
Grass, Günter 23
Die Plebejer 23
Greither, Aloys 141
Grillparzer, Franz 144, 203
Gründgens, Gustaf 232
Guggenheimer, Walter Maria 11
Gutiérrez, Antonio 424
El Trovador 424

Hahn, Harry 69
Hebbel, Friedrich 371, 414 f.
Genoveva 414
Hegel, Friedrich 68, 249, 251
Phänomenologie des Geistes 251
Heine, Heinrich 247, 331, 381
Hemingway, Ernest 73
Herzfeld, Friedrich 234
Hildesheimer, Wolfgang 144
Hilpert, Heinz 11
Hitzig, Julius Eduard 285
Hoffmann, Ernst Theodor Amadeus
Don-Juan-Novelle 285
Hölderlin, Friedrich 230
Hsinhua (Presseagentur) 202
Hunecker, James 360
Hutcheson, Ernest 360
The Literature of the Piano 360

Ionesco, Eugène 76

Jean Paul (Jean Paul Friedrich Richter) 373, 377, 388, 407, 414

Register

Jennens, Charles 108
Joyce, James 65
Kaiser, Joachim 11, 393
Beethovens 32 Klaviersonaten und ihre Interpreten 11, 393
Kaufmann, Harald 119
Kennedy, John F. 271
Kersting, Jürgen 33, 300
Die großen Sänger 33
Kiergegaard, Sören 75, 137
Kinnoul, Earl von 111
Kleist Heinrich von 170
Der Prinz von Homburg 170
Klopstock, Friedrich Gottlieb 205
Komorzynski, Egon 140
Korn, Karl 12
Kretzschmar, Hermann 57
Kraus, Karl 27

Leichtentritt, Hugo 356, 364
Analyse der Chopin'schen Klavierwerke 364
Lenbach, Franz von 368
Lessing, Gotthold Ephraim 381
Ludwig XIV. 109
Luther, Martin 59

Mann, Thomas 10, 78, 212, 251
Die Buddenbrooks 411
Joseph und seine Brüder 251
Marivaux, Pierre Carlet de 169
Meyer, Konrad Ferdinand 392
Michelsen, Peter 12
Mollier, Hans 448
Moore, Thomas 411
Morenz, Siegfried 142
Mortier, Gérard 170
Moser, Hans Joachim 69
Motte-Fouqué, Friedrich de la 285
Mozart, Wolfgang Amadeus d. J. 268
Mozart-Jahrbuch (1950) 132
Müller, Wilhelm 323, 326
Musil, Robert 204

Nagel, Ivan 139
Neues Deutschland 202
Newman, Ernest 356

The Sonata since Beethoven 356
Nietzsche, Friedrich 221, 372
Jenseits von Gut und Böse 372
Menschliches, Allzumenschliches 372
Nolet, Claudio 38

Odyssee 203

Paumgartner, Bernhard 145
Perticaroli, Sergio 41
Piave, Francesco 427
Picander (Christian Friedrich Henrici) 53–55, 70
Pincherle, Mark 90
Pinter, Harold 414
Ponte, Lorenzo da 118, 132 f., 156, 162
Pousseur, Henri 380 f.
Musik-Konzepte 380 f.
Prévost, Abbé 311
Proust, Marcel 154, 223
Racine, Jean 154
Radbruch, Gustav 142, 175
Reinick, Robert 415
Rellstab, Ludwig 331
Rieger, Gottfried 268
Riezler, Walter 217
Rolland, Romain 228, 238
Roosevelt, Theodore 271
Rosenbaum, Joseph Carl 204
Rühmann, Heinz 179

Sade, Donatien-Aldonze-François (eigentlich Graf von, *genannt* Marquis de) 138
Schelling, Friedrich Wilhelm von 76
Schikaneder, Emanuel 140 f., 173
Schiller, Friedrich 107, 240, 387
Don Carlos 232
Wallenstein 232
Schindler, Anton 211
Schönzeler, Hans-Hubert 234
Schrammek, Winfried 69

Schumann, August 369
Bildergalerie der berühmte-

sten Menschen aller Völker und Zeiten 369
Schumann, Robert 382, 387
Musikalische Haus- und Lebensregeln 387
Neue Zeitschrift für Musik 382
Schuppanzigh, Ignaz 204
Schweitzer, Albert 54, 59, 90
Seeger, Horst 156
Seidel, Heinrich 331
Shakespeare, William 203
Coriolan 259
Falstaff 116
Hamlet 173
Der Kaufmann von Venedig 130
König Lear 73
Macbeth 173
Richard III. 173
Romeo und Julia 173
Der Sturm 173, 208, 260
Simenon, Georges 312
Slezak, Leo 424
Soden, Friedrich Julius Heinrich Graf von 285
Der Spiegel 144
Stablein, Bruno 66
Stalin, (d. i. Jossif Wissarionowitsch) 44
Stephan, Rudolf 12
Sterbini, Cesare 294
Sternberger, Dolf 147
Stuppner, Hubert 40, 42
Sulzer, Johann Georg 319

Tausig, Carl 89, 106
Tieck, Ludwig 415
Tolstoi, Leo 90, 270

Umbach, Klaus 144

Valéry, Paul 23
Volkow, Solomon 44

Wagner, Cosima 372, 385
Werker, Wilhelm 69

Zelter, Carl Friedrich 111
Zimmermann, Ewald 363
Zmeskall, Nikolaus von 204

Glossar

Abstraktionsebene 128
Abstraktionshöhe 341
Abstraktionsprinzip 119
Accompagnato-Rezitativ 67
Achsenstück 394

Affektpause 449
Affektvergrößerung 183
Akademismus 308
Akkordbrechung 48
Alberti-Baß-Begleitung 50

Aleatorik 275
Alexandrinertum 375
Alexandrinertum, leeres 38
Altersstil 255, 451
Anthem 107 f.

Glossar

Antisemitismus 75
Apolliniker 81
Appoggiatur 145
Archaik 440
Arienposition 429
Artikulation, musikalische 286
Assoziationsraserei 331
Auffassungsgetue 436
Aufführungsskandale 292
Aufführungstypus, altitalienischer 435
«Auflösungsfelder» 243
Auschwitz 117, 431
Ausdruck, atmender 41
Autograph 194

Bärenreiter-Klavierauszugsfassung 145
Baßlinie 49
Betonung
anapästische 94
daktylische 94
Biedermeier 293
Bilderbucheffekt 435
Breitkopf-und-Härtel-Ausgabe 350
«Bruchtheorie» 140
Bühnenaktionismus 103
Busoni-Wettbewerb 38–44

C-Dur-Fläche 315
«Cäcilianismus» 220
Chopin-Gesamtausgabe 350
Choral, protestantischer 107
Chorfuge 121
Chorregie, expressive 305
Chorsatz 411
Chorsatz, freier 67
Chromatik 48, 141, 160, 183, 200, 220, 359, 426
Concerto grosso 194

Da-capo-Arie 67
Davidsbündler 374, 401
«déformation professionelle» 418
Deklamationsprinzip 206
«Deutero Jesaja» 108
Dissonanzen 48 f.
Dissoziationskunst 369, 378–380, 404
Dodekaphonie 155
Dolce-vita-Brillanz 428
Donner-Virtuosen 262
Doppelaufführung 307
Doppelchörigkeit 321
Doppelgriff 98
Doppelgriff-Hexenmeister 36
Doppeloper 305
Dramma giocoso 138, 244
Dramma per musica 57
Dreischritt, dialektischer 251

Dreißigjähriger Krieg 288
«Drücker» 242, 308, 310, 437
Durchführung 242 f., 253
Durchführungsstelle (Beethoven: Es-Dur-Klavierkonzert) 58
Dynamik, balladeske 436

Ecksatz 57
Eichendorff-Liederkreis 403
Einheitsbühnenbild 299
Eitelkeit 28
Eleusinische Mysterien 240
Elfen-Scherzo-Typus 309
Endlösung 115
Engführung 85
Ensemblesätze 423
Entlehnungen 292
Erstlingsoper 423
Establishment, Wiener 316

Fallhöhe 236, 391
Feuertod 426
Finesse, kanonische 200
Fioritura 355
Formalismus 361
Formstruktur 210
Freimaurerei 142
Frühromantik 293

Gegensätze, dynamische 339
Generalbaß 99 f.
Generalpause 337, 341, 376, 440
«Genio» (Gluck, Orfeo ed Euridice) 125
Gesamtkunstwerk 177
Gestaltungsphase 434
Girlanden, rezitativähnliche 207
Grandioso-Banalität 418
Grundtakt 346
Guckkasten-Bühne 174 f.

Halteton 237, 273, 310
Hauptmotiv 236, 315
Heiligenstädter Testament 235
Historismus 193
Homophonie 124
Hosenrolle 119

«Idée fixe» 426, 308
Idiomatik 437
Impressionisten 121
«Interessantmacherei» 117, 436
Interpreationsvergleich 33–36
Interpretation, reaktionäre 433
Interpretationskonsequenzen 133
Interpretationstyp 25
Intervallfolge, phrygische 417

Ironie, musikalische 435
Islam 299
Italianità 108, 449, 451

«Jugendwerke» (Chopin) 358

Kadenz
anapästische 58
«aufgehaltene» 193, 198
improvisierte 193
Kadenzfreiräume 195
«kahle» 199
Originalkadenz 193 f.
Kantabilität, lyrische 359
Kastraten 114, 118, 143, 166
Klassizität 236
Klavierauszug 238 f., 283, 382
Klavierschule, deutsche 249
Klopfmotiv 202, 419
Klopfrhythmus 344
Köchel-Verzeichnis 184
«Kombinationsereignis» 243
Konsequenz-Denken (Chopin) 359
Konservatoriumscharakter 423
Konstruktionsgeheimnisse 315
Kontrapunkt 53, 99 f., 124, 141, 220, 242, 388, 396, 414
Konversationseleganz 226
Kopfsatz 37, 45, 95, 135, 192, 197, 199–201, 235 f., 242 f., 245, 249, 251, 263, 307, 339, 341 f., 348, 359, 365–367, 389, 409
Kopfthema 347
Krankheitsschübe (Donizetti) 300
Krönungsmusik 107
Kunst
gesunde 24
kranke 24
moderne 24

Lagenwechsel 239
Legion Condor 430
Leitmotiv 287
Leitmotivtechnik 312
Leitton 217
Libretti, «kranke» 427
«Liebesspiel» 429
«Liedertafel-Schmalz» 82
Liszt-Transkription 238 f.
Liturgie, römische 66
Ludwig van... (Film) 203
Ludwig van... (Montageschallplatte) 203
Lyrizität 41, 115

Maggio Musicale Fiorentino 118

463

Register

Mailänder Konservatorium 423
Manierismen 185, 404
Martellato-Effekt 43
Massenszenen 288 f.
Metronomisierung 223
Miniaturisten 368, 373 f., 408
Modulationsschema 104
Monodie 67
Monologcharakter 246
Monophon-Aufnahme (Beethoven) 226
Mozart-Forschung 149
Musikidiom 282

Nachfeiern 30
Naturpoesie 308
Natursymbolik 170
Neoklassik 196, 231
Neue Sachlichkeit 92
«Nil-C» 439, 441
Nilklage 439
Noten-Positivismus 229

Oberammergauer Passionsspiel 75
Oktaven-Donner 36
Oktavenstelle, berühmteste 419
Oktaventürmung 407
Oper, große 197, 303, 306
Opera buffa 149, 166, 296, 298
Opéra comique 294, 311, 313, 415
Opera seria 124, 136, 143 f., 166–169, 180
Opernführer 129
Opernwirklichkeit 129
Orchesterfarben 248
Orchesterreißer 308
Orgelpunkt 49
Originalfassung 431
Originalinstrumente 36

Pantheismus 308
Paraphrase 238
«Park-Rationalität» 302
Parodie 56 f.
Partiturstudium 141
«Pausenflucht» 113
Periode, dichterisch-musikalische 440
Periodenbau 375
Pianistenbetulichkeit 249
Pifferoni 110
Polyphonie 110, 220, 310, 452
Polyrhythmie 444
Portamento 95

Post-Post-Moderne 220
Programm-Musik 60, 69, 208

Reduktion, dramatische 207
Reflexionskraft 369
Reizharmonie 53
«Revelge»-Szenen 308
Rokoko-Geperle 37
Romantiker 362

Schaffensexplosion (Schubert) 317
Scherenschnitt-Theater 174
Scherenschnittverfremdung 147
Schicksalmotiv 224
Schlagtechnik 281
Schluß, erster s. *Schubert, Klaviersonate B-Dur Op. posth.* 345
Schrägen 436
Schubert-Stil 346
«Schülerarbeit» (Chopin) 358, 360
Schwebungen 227
Secco-Rezitativ 67
Sekundärliteratur 356 f.
Sekund, chromatische 111, 135
Sekundschritt 401
Sentiment 332
Silotis-Bearbeitung (*Totentanz*, Liszt) 421
Singspiel, deutsches 144
Sonatenform 417
Spanischer Bürgerkrieg 430 f.
Spätstilaskese 332 f.
Sphäre, diatonische 359
Spiritual-Gestus 450
Spiritualität 237
Spottchor 435, 437
Sprachelemente (Beethoven) 208
Staatsaktmusik 107
«Stimm-Schaukelei» 298
Stimmführung 53
Stimmpotenz 298
Stockwerk, soziologisches 136
«Strawinskyvierung» 83
Stretta 374, 376, 423 f., 426
Striche, radikale 284
Strukturen, dialogische 185
Subjektivität 25
Sympathie-Lenkung 49
Symphonik, klassische 307
Synkope 378 f., 404
Synkopierung 321, 339
Synkretismus 197

Tanzsätze 52, 56
Techniken, kanonische 220
Terrassendynamik 133, 392
Terzfall 366
Textbuch 129
Textkenntnis 448
Textmilderung 113
Theaterkind 370
Theatermuseum 301
Thomasschule 48
Todesrhythmus 344
Transkription 421
Triole 336, 347, 365 f., 390, 438
Trippelfigur 407

Umdeutung, philosophische 340
Umschaltstelle 387
Umschaltstelle, transpsychologische 141

Variationszyklen 321
«Verdi-Seuche» 439
Verfremdung 115, 143
«Verführungstonart» 140
Verismo 426
Verkörperungskunst 303
Verschleppung 329
Verssprache 128
Verwertungspraxis 57
Vibrato-Amplitude 329
Virtuosität 48
Virtuositätsanforderung 300
Vis comica 298
Vivaldi-Konzert-Typus 52
Vordersatz 359
Vortragsweise, lateinische 66

Wanderbewegung, Schubertsche 329
Weltanschauungsmusiker 368
Wiener Biedermeier 325
Wiener Espressivo 37
Wiener Maschinentheater 142 f.
Wiener Sonate, klassische 356
Wiener Subkultur 316
Wiener Volkstheater 142, 174
Wunderkinder 370

Zeitkontinuum 129
Zielbewußtsein, dramatisches 436
Zweistimmigkeit, programmatische 254
Zweite Wiener Schule 277
Zwölftonmusik 417
Zwölftonprinzipien 263

Registererstellung Kathania Gerwens
und Jan Kaczmirczak